D1867058

Simone Mahrenholz

Kreativität

Simone Mahrenholz

Kreativität

Eine philosophische Analyse

Akademie Verlag

Gedruckt mit freundlicher Unterstützung des Instituts für Philosophie der Freien Universität Berlin.

Abbildung auf dem Einband: Innenohr eines Säugetiers (Cochlea), Foto von Marc Lenoir, EDU-Website "Promenade around the cochlea", http://www.cochlea.org, von Rémy Pujol u. a., INSERM und Université Montpellier.

ISBN 978-3-05-004642-6

Bibliografische Information der Deutschen Nationalbibliothek
Die Deutsche Nationalbibliothek verzeichnet diese Publikation in der Deutschen Nationalbibliografie; detaillierte bibliografische Daten sind im Internet über http://dnb.d-nb.de abrufbar.

Ein Wissenschaftsverlag der Oldenbourg Gruppe

www.akademie-verlag.de

Einbandgestaltung: Ingo Scheffler, Berlin
Satz: Veit Friemert, Berlin
Druck: MB Medienhaus Berlin
Bindung: Norbert Klotz, Jettingen-Scheppach

Dieses Papier ist alterungsbeständig nach DIN/ISO 9706.

Printed in the Federal Republic of Germany

Inhaltsverzeichnis

Vorrede und Dank

In einer Zeit, in der Krisen, Kriege, drohender ökonomischer und ökologischer Systemkollaps und mediale Informationsüberflutung das Individuum bis an den Rand seiner Kapazität fordern, ist Kreativität einerseits zum fast magischen Erlösungswort avanciert. Andererseits wurde sie auch trivialisiert, wurde zu einer Chiffre, hinter der sich ein treibender Imperativ verbirgt. Von kreativem (Selbst-)Management, „creative leadership“ und „creative capitalism“ über Kreativindustrie und „creative commons“ bis hin zu Kreativitätstechniken und Kreativitätstraining verbindet sich der Begriff mit einer Aufforderung, die zwischen Problemlösungsoptimierung und erzwungener Selbstausbeutung oszilliert. Der in ursprünglich befreiender Absicht gesprochene Slogan ‚jeder ist kreativ‘ beinhaltet mittlerweile ein Moment subtilen Terrors: die oft unbewußte Vorstellung, daß dann, wenn in einem individuellen Leben etwas mißlingt, ein Mangel, ein Defekt im Selbst der Grund ist: die mangelnde Fähigkeit zur Selbst-Übersteigung, nicht genügend Elastizität, nicht genug Selbst-Realisierung. Kreativität und Krise liegen eng beieinander.

Kreativität und Krieg ebenfalls. Die exemplarischen *uomini universale* der italienischen Renaissance wie Leon Battista Alberti, Leonardo da Vinci oder Michelangelo Buonarroti waren auch Ingenieure: technische Erfinder im Dienste der Waffenkunde. Ebenso ist Kreativitätsforschung im engen Sinn der gleichnamigen Disziplin ein Produkt des Kalten Krieges, finanziert aus Quellen der US-Rüstungsindustrie.[1] Die exemplarische Figur hier ist der Ingenieur. Der zeitgenössische Kreativitäts-Diskurs der Medien wiederum speist sich wesentlich aus ökonomischen und ökologischen Entgleisungen. Die exemplarische Figur hier ist der Manager. Beide, Ökonomie wie Ökologie, die gegenwärtigen Krisenherde par excellence, verweisen auf die unantizipierbar eigendynamische Komplexität globaler Systeme. Diesen Bereich thematisiert der Diskurs der Ökologie: im weiten Sinne des Denkens in ganzheitlichen, rückgekoppelten Systemen. „Ökologie“ in dieser Bedeutung beerbte das Denkmodell der Kybernetik, dem sie historisch entstammt.[2] Insofern ist es kein Zufall, daß die genannten Kreativitätsdiskurse der letz-

1 Vgl. hierzu etwa Mathias Wallner, „American Creativity Research in a Bipolar World: A Look at One Chapter in World History and History of Science“ sowie Fußnote 3.

2 Der Diskurs der „ecology“ löste das kybernetische Denkmodell von seiner historisch bedingten Fixierung auf die Maschine; vgl. hierzu unten Kap. 6 sowie Kap. 8 (Schlußwort).

ten gut 60 Jahre in den ursprünglich ebenfalls ballistisch motivierten Macy-Konferenzen gründen, aus denen die „Kybernetik" hervorging.[3] In jenem interdisziplinären Umfeld aus führenden Wissenschaftlern, darunter Ingenieuren, Psychiatern, Ethnologen, Anthropologen, Neurobiologen, Mathematikern und Sprachwissenschaftlern, entzündeten sich Debatten, die unter anderem um die heute so selbstverständliche *analog-digital*-Unterscheidung erstmals definitorisch rangen.[4] Nicht zuletzt durch den Enthusiasmus Gregory Batesons und Margaret Meads pflanzten sich diese informationstheoretischen Inhalte in die Geistes- und Sozialwissenschaften fort und haben ein gegenwärtiges Echo in Symbol-, Medien-, Kommunikations- und Bild-theoretischen Debatten.[5] Aus diesem letzteren Komplex speist sich die philosophische Grundidee des vorliegenden Buches.

* * *

Kreativität ist in philosophischer Hinsicht eine Provokation. Das schöpferische Sich-Einstellen von Neuem straft zentrale Bemühungen der Philosophie um Exaktheit, Gewißheit, Wiederholbarkeit, Linearität und Nachvollziehbarkeit im Denken Lügen, kurz, um methodische *Kontrolle*. Alles, was die akademische Philosophie nach Möglichkeit meidet, nämlich Brüche, Abweichungen, Nicht-Verallgemeinerbares, unantizipierte Überraschungen, Instinkte und Intuitionen, Ausnahmen und Ambiguitäten sind Quellen und Nährboden der Kreativität. Natürlich gilt das nicht für die Philosophie schlechthin, und natürlich existieren gerade im gegenwärtigen Zeitalter der Transdisziplinarität zunehmend Ausnahmen.[6] Doch diejenigen Philosophen, die sich mit der Entstehung von schöpferischem Neuen im Menschen und in der Natur beschäftigten, zählen nach wie vor tendenziell zum *Off*-Kanon der Philosophie: zum Luxus, den sich philosophische Institute leisten, wenn die *basics* abgedeckt sind. [7]

---

3 Die Macy-Konferenzen fanden 1946–1953 in New York statt, ihre Teilnehmer kannten sich zum Teil aus den Forschungszentren der amerikanischen Armee. Der Ursprungs-Konferenztitel lautete „Circular Causal and Feedback Mechanisms in Biological and Social Systems". Vgl. Claus Pias: *Cybernetics – Kybernetik* – Bd. 1 und 2, vgl. ders., „Die kybernetische Illusion". – „Der Grundstock für den interdisziplinären Ansatz der Macy-Gruppe wurde in der Teamarbeit im zweiten Weltkrieg gelegt und setzte sich unter den Bedingungen des Kalten Kriegs fort, zum Teil bis heute. Ebenso die Art der Finanzierung von wesentlicher Spitzenforschung in den USA durch das Militär, direkt oder durch private Foundations und halb-staatliche Firmen." (http://www.t-h-e-n-e-t.com/html/_film/them/_them_macy.htm, Zugriff 31.12.10) – Vgl. hierzu auch Peter Galison, „Die Ontologie des Feindes. Norbert Wiener und die Vision der Kybernetik", ferner Ian Hacking, „Weapons Research and the Form of Scientific Knowledge".

4 Die entsprechende Macy Debatte ist festgehalten unter: Ralph W. Gerard, „Some of the Problems Concerning Digital Notions in the Central Nervous System" (1950), in: Claus Pias (Hg), *Kybernetik – Cybernetics* Bd. 1, S. 171–202. – Vgl. ferner unten Kap. 6.

5 Vgl. Jens Schröter, Alexander Böhnke (Hg.), *Analog/Digital – Opposition oder Kontinuum? Zur Theorie und Geschichte einer Unterscheidung.*

6 Dies gilt nicht erst seit der Ausrufung des Themas „Kreativität" für den XX. Deutschen Kongreß für Philosophie 2005 an der Technischen Universität Berlin.

7 Hierzu gehören Autoren wie John Dewey, Henri Bergson, Charles Sanders Peirce, Alfred North Whitehead, Michel Foucault, Peter Sloterdijk und diverse andere. Selbst mittlerweile „Klassiker",

Diese Arbeit behauptet das Gegenteil. Die theoretische Rücksicht auf Kreativität gehört, so die These, zum Kern philosophischen Verstehens von Denken, Erkenntnis, Wahrheit, Wissenschaft und Rationalität, und Theorien, die diese nicht in ihren Kern einbeziehen, gehen am Phänomen des menschlichen Denkens und Handelns vorbei. Kreativitätstheorie fordert dabei einen deutlich umfassenderen Sinn philosophischer Schlüsselbegriffe.[8] Sie impliziert ein Konzept mentalen Erkenntnishandelns, das in angrenzenden Wissenschaften längst Gemeingut ist. Dieses ist keineswegs nur an Verbalem, an Denken „in Worten" orientiert, versteht Erkennen, Schließen und Urteilen nicht als rein geistige Tätigkeiten, im Sinne des Gegensatzes zum Körperlichen oder Sinnlichen. Sondern es betrachtet diese Leistungen als Produkte eines Kontinuums: das Gehirn ist ebenso eine Extension des Körpers wie der Körper eine Extension des Gehirns ist.[9] Und seine physiologischen sowie emotionellen Zustände – der Erregung, des Genusses oder der Aversion – lassen sich auffassen als Formen des Urteilens, bevor sie in Sprache übersetzt sind. Sinnliches Wahrnehmen ist dabei nicht als passives Aufnehmen zu verstehen, sondern als eine „enaktive" Tätigkeit.[10] All dies gilt unter anderem für Bereiche der Wissenschaft, Ökonomie, Ästhetik und Alltagsrationalität.[11]

Welche Vorteile hat diese Sicht: die Position, daß Kreativität nicht als das „Andere" der Vernunft, als deren Subversion, Ausnahme zu betrachten ist, sondern als ihr zu erkundendes Eigenes, als ein ihr unbeobachtbarer Grund, den es dennoch zu ‚heben' gilt? Die Implikationen dessen und ihre Verbindungen zur philosophischen Tradition sind Gegenstand der vorliegenden Arbeit. Hier nur soviel: Diese Sicht stimmt mit Ergebnissen der an die Philosophie angrenzenden Disziplinen überein: denen der Neurophysiologie wie der kognitiven Psychologie, Tiefenpsychologie, Handlungstheorie, Wahrnehmungstheorie und Kunstwissenschaften.[12] Vor allem jedoch koinzidiert sie mit unseren Erfahrungen und Handlungsrealitäten. Sie hebt Dichotomien auf zwischen Kunst und Erkenntnis, Körper und Geist, Denken und Fühlen, Wissenschaft und Kunst, Logik und Ästhetik, *entweder–oder* und *sowohl–als–auch*. Allgemeiner gesagt steht hier die Alternative von exklusiv-schließender binärer Logik und inklusiv-öffnender Prozessualität auf dem Prüfstand. Aus einem neuen ins-Verhältnis-Setzen der genannten Dichotomien speist sich die vorliegende Kreativitätstheorie.

Dieses Buch präsentiert eine logische Grundidee zur Kreativität. Dabei verbindet es methodisch vor allem erkenntnistheoretische, Sprach- und Symboltheoretische sowie me-

---

die zu dieser Gruppe zählen, wie Schelling, Schopenhauer, Nietzsche oder Walter Benjamin, präsentierte man institutionell lange nicht ohne pädagogische Kautelen.

8 Einen entsprechend weiten Erkenntnisbegriff, der Geistiges, Sinnliches und Physiologisches umfaßt, vertrat philosophisch bereits Nelson Goodman mit seiner Allgemeinen Symboltheorie, vgl. sein *Languages of Art*, 1968, insbes. Kap. VI.

9 Vgl. etwa Thomas Kohlhammer (2010), *Das Gehirn, Ein Beziehungsorgan. Eine phänomenologisch-ökologische Konzeption.* Vgl. ferner Antonio R. Damasio, *Descartes' Irrtum. Fühlen, Denken und das menschliche Gehirn.*

10 Vgl. exemplarisch Alva Noë, *Action in Perception.*

11 Diskussionen dieser Formen des Urteilens finden sich jüngst etwa im Werk von Gerd Gigerenzer, Malcolm Gladwell oder Antonio Damasio – mit Vorformen bei Kant. Zu letztem vgl. unten Kap. 4.3.

12 Als Beispiel für letztere, samt der angesprochenen archäologischen Figur des ‚Hebens' von Unbeobachtbarem vgl. Barbara Stafford, „Noch tiefer. Das unbewußt Erhabene oder Die Kunst und Wissenschaft des Versunkenen" (2010).

dienwissenschaftliche Ansätze mit dem Erbe informationstheoretischer Debatten. Zwangsläufig galt es in der Exemplifikation dieser Grundidee, diverse Bereiche der Geschichte des Denkens von Kreativität auszusparen oder nur zu streifen, darunter Epochen wie Mittelalter, Renaissance oder Romantik, Autoren wie Hegel, Freud oder Marx und Themen wie die Beziehung von Kreativität und Arbeit, Kreativität und Evolutionstheorie, Kreativität und Neurophysiologie. Selektivität war der Preis für die Darstellung eines einheitlichen logischen und systematischen Grundgedankens. Das Buch zeigt, inwiefern von Philosophen wie Platon und Aristoteles über Kant bis hin zu Kybernetikern, Informationstheoretikern und Computerwissenschaftlern der jüngeren Vergangenheit eine im Kern identische Figur den Erklärungs- und Verstehensversuchen von Kreativität zugrunde liegt. Damit bezieht sich die systematische Studie auf zwei Jahrtausende Philosophie- und Denkgeschichte, und sie schließt an sie eigene Überlegungen zu der beschriebenen Denkfigur an.

* * *

Dieses Buch wäre so nicht entstanden ohne Sybille Krämer. Während der Hauptzeit des Schreibens lehrte und forschte ich an ihrem Lehrstuhl am Philosophischen Institut der Freien Universität Berlin. Ihr menschlicher und wissenschaftlicher Enthusiasmus, ihre vorurteilsfreie, universelle Neugier und ihre generöse Unterstützung bei vielfachen Gelegenheiten waren und bleiben Energiespender und Inspiration. Ein weiteres Mitglied dieses Instituts, Michael Theunissen, prägte im frühen Grundstudium das diese Arbeit leitende Bild des Philosophierens als einer zugleich körperlichen Tätigkeit. In seinen interdisziplinär besuchten Seminaren war er der denkbar physischste Philosoph, dessen jedes Wort ebenso seinem Geist wie seinem Körper zu entstammen schien und unter hohem expressivem Druck artikuliert wurde: ein Grad des physischen Vertretens von Auffassungen, den ich lange als selbstverständlich für philosophische Tätigkeit annahm. – Günter Abel ist der dritte Philosoph, der dieses Buch wesentlich mit prägte. Mit seiner Gabe der Verbindung von kontinentaler und „analytischer“ Philosophietradition und seiner intellektuellen Offenheit ist er für mich eine immer wirksame philosophische Inspiration. Weiterer Dank gilt Ulrich Pothast und seinem couragiert individuellen philosophischen Œuvre sowie Dieter Mersch, mit dem sich die platonische Ur-Idee des philosophischen Gesprächs über lange Zeit realisierte. Eine eigene philosophische „Hintergrundstrahlung“ schließlich bildet Dieter Henrich, durch mannigfachen Austausch nicht nur über Musik.

Neben diesen im weitesten Sinne akademischen Lehrern verdankt dieses Buch nicht minder Zentrales der Klugheit, Expertise, Generosität und Freundschaft meiner akademischen Kollegen: allen voran David Lauer, *without whom ...* , ferner Eberhard Ortland, Maria Kronfeldner, Gernot Grube, Werner Kogge, Juliane Schiffers, Mirjam Schaub, Roderich Barth, Emmanuel Alloa, Jan Wöpking, Philipp Wüschner und Alice Lagaay. Dank geht zudem an das Forschungscolloquium Sybille Krämers am Philosophischen Institut der FU Berlin, an Holm Tetens und „Griechischer Wein“ im nächtlichen Institut und an Peter Bieri für imaginäre Horizonte. Sehr herzlich danke ich Wolfram Hogrebe, dessen Beispiel als Autor und Unterstützung das Buch Zentrales verdankt, sowie Oswald Schwemmer.

Besonderer Dank geht an das „Collegium Budapest“ für einen einjährigen Forschungsaufenthalt als „Senior Fellow“ 2005/6, während dessen wesentliche Teile des vorliegenden Buchs entstanden. Interdisziplinäre Diskussionen mit vor allem Barry Loewer, Axel Gelfert, Katalin Bálog, Milan Loewer, Helga Lénart-Cheng, Imre Kondor und Eörs Szathmáry fügten den Überlegungen auch von den angrenzenden Disziplinen der Quantenphysik, Ökonomie, Biologie, Mathematik und Literaturwissenschaft her Prüfsteine und fruchtbares Material hinzu. Weitere Inspiration boten hier Gespräche mit Adam Kondor und Peter Csobo.

Anregung und Unterstützung verdanke ich ferner Dieter Hinse, Norbert Schappacher, Frank Werner Pilgram, Jörg Paul Müller, Asmus Petersen, Georg Bertram, Isabel Mundry, Jillian Suffner, Susanne Brian, Achim Goeres, Raphael Gross, Jochen Kuhn, Eike Gebhardt, Sabine Carbon, Heidrun Hankammer, Johannes Niehoff-Panagiotidis, Niels Hillner von „Studio Neu", Marc Jordi, Ellen Kobe, Ariadne von Schierach und Stefan Brusberg. – Ein besonderer Dank geht überdies an Alan Bern, Cyrus Khazaeli, Barbara Wolff sowie Hans Wolfram Gerhard und seine Hughes River Farm in Rappahannock County. Und an Wolfgang Rihm.

Gedankt sei ferner Mischka Dammaschke vom Akademie-Verlag, der den Entstehungsprozeß der Druckfassung des Buches mit lebenskluger Unterstützung vorwärtstrieb, sowie Veit Friemert für den Satz.

Sehr danke ich meiner Familie: Ingeborg Mahrenholz, unbestechlicher Künstlerin und Komplizin, Ernst Gottfried Mahrenholz, vor allem für gemeinsames Lachen, und Peter John Mahrenholz, ohne den von Anfang an alles nicht einmal halb so viel Spaß gemacht hätte.

Ich danke ferner Jakob Tanner. In Gesprächen mit ihm, darunter am Lake Earie, entzündeten sich entscheidende Ideen. Ich danke der seelischen Resonanz und Weisheit von Robin Draganic, Sabine Cofalla, Jean Clam und Thomas Brian. Und ich danke Ralph Stern, der mich permanent herausfordert.

Gewidmet ist dieses Buch der Animationsfilmerin und Malerin Gabriela Gruber.

Berlin, 1. 1. 2011

1. Einleitung
Der Forschungsgegenstand – die Grundfrage

Intelligence can be viewed as a subset of creativity. Creativity comprises intelligence.

Robert Sternberg

1.1 Entstehung und Motivation der Arbeit

Der Begriff „Kreativität" ist jung, kaum älter als ein halbes Jahrhundert.[1] Das Phänomen „Kreativität" ist sehr wahrscheinlich älter als der Mensch. Die Wurzeln dieser Studie liegen in einem frühen Erstaunen anläßlich von Erfahrungen, die sich als eine Art unbestimmte Enthüllung von Wahrheit oder Erkenntnis bezeichnen lassen: das Erfassen eines höheren Zusammenhangs. Jeder Mensch, der an der Empfindung eines solchen Prozesses als Kind, als Jugendliche(r) oder als erwachsener Forscher teilhatte – und damit letztlich *jeder Mensch* – wird sich erinnern, daß ein solches Erleben zwischen Aktivität und passivem Zufallen liegt, als untrennbarer intellektueller und körperlich-seelischer Prozeß, und einen Gefühlskomplex aus Freude, Erregung und ‚metaphysischer Erfaßtheit' beinhalten kann. In solchen Momenten fühlt man sich, instinktiv oder bewußt, in einer Einheit mit jenem Universum, dessen Ausprägung, Verkörperung, Variation man ist.[2]

Unabhängig davon, ob einem derartige Erkenntnis-Momente in naturwissenschaftlicher, kulturell-geisteswissenschaftlicher oder künstlerischer Auseinandersetzung zufallen, sind die Ausprägungen auf der basalen Entstehungsprozeß-Ebene sehr ähnlich: künstlerische wie naturwissenschaftliche Entdeckungsmomente sind im Kern gemeinsamer Natur. Sie teilen sowohl sinnlich-ästhetische Elemente als auch intellektuell-entdeckende, und ihnen sind emotionelle Prozesse als explorierende Richtungsweiser gemeinsam.[3] Beide

---

1 Die Kreativitätsforschung und damit der Eintritt des Begriffs in die Alltagssprache beginnt in den USA und dies in den 50er Jahren in der Zeit des Kalten Krieges. Vgl. *Oxford English Dictionnary*, Second Online Edition (Abruf Juni 2010), wo der Begriff vor Ende der 50er Jahre überhaupt nur zweimal vorkommt: 1875 im Zusammenhang mit Shakespeares Produktionsweise sowie bei Alfred North Whitehead in seiner Lecture: „Religion in the making" von 1926.

2 Ein solcher Eindruck ist möglicherweise verwandt mit dem ästhetischen Erlebnis des „Passens" (nämlich in-die-Welt-Passens als: physisch Teil des Ganzen sein) in Kants *Kritik der Urteilskraft*; vgl. dazu unten Kap. 4.3.3.

3 Dies wird in vielen Selbstzeugnissen gerade von Physikern deutlich. Zu den zahlreichen Autoren, die sich in dieser Richtung explizit geäußert haben, gehören David Bohm und zuvor Werner Heisenberg, vgl. etwa ders., *Allgemeinverständliche Schriften*, Bd I. S. 244f.

operieren außerdem mit symbolisch-zeichenhaftem Material, das jeweils einer eigenen Logik folgt.

Damit ist die Wurzel dieser Studie in ihrem Kern einfach, in ihrer phänomenologischen Ausrichtung aber mindestens ‚zweifach'. Sie interessiert sich für wissenschaftliche sowie künstlerische Entdeckungs- und Erkenntnisprozesse: für dasjenige, was wissenschaftliches und künstlerisches Erkennen-im-umfassenden-Sinn jeweils auszeichnet und was beides verbindet. Die Studie bewegt sich mithin zwischen Erkenntnistheorie, Theorie der Rationalität und des Verstehens sowie Sprach-, Symbol- und Medientheorie, und sie schließt jene Interessen der Ästhetik und Psychologie ein, die erkenntnistheoretischer Art sind.[4] Methodisch ist sie bewußt so inklusiv wie ihr Gegenstand selber, auch wenn sie sich dezidiert als philosophische Arbeit versteht. Das heißt auch, daß sie nicht oder nur sehr am Rand mit Beispielen und empirischen Mitteln argumentiert. Offen ist sie hinsichtlich der Frage, welche innerphilosophischen Methoden und Sub-Disziplinen sie verwendet und wie weit sie den Begriff „Philosophie" faßt. So umfassen die Autoren, auf die sie sich direkt oder indirekt bezieht, auch Nicht-Philosophen, sofern die zu kreativitätstheoretischen Fragen erkenntnistheoretisch argumentiert haben: wie etwa Gregory Bateson, Michael Polanyi oder Arthur Koestler – um nur einige zu nennen.

Fragt man, was es denn ist, das (Natur-)wissenschaftliche und künstlerische Entdekkungsprozesse unterscheidet und verbindet, so läuft die ältere traditionelle Antwort grob gesagt darauf hinaus, daß die Wissenschaften objektiv, die Künste subjektiv sind, daß sich erstere für Wissen und letztere für Emotionen und die sie begleitenden Wahrnehmungen interessieren, daß erstere auf Wahrheit, Wirklichkeit und das Erfassen von Zielen gerichtet ist und letztere auf Wohlgefallen und die Produktion von Imagination und Schönheit. Demgegenüber artikulierte die zeitgenössische Moderne mehr oder weniger deutlich, daß sie sich insofern gar nicht unterscheiden, als beide auf Verstehen, auf Erkenntnisgewinn, auf Welt-Zuwachs hin ausgerichtet sind, daß beide sowohl mit Intellekt als auch mit Sinnlichkeit operieren, und daß der Unterschied vor allem in der Struktur der verwendeten Begrifflichkeit oder auch der symbolischen Formen, Zeichensysteme liegt. Diese Sicht wurde philosophisch bereits vor Kant artikuliert, vor allem von Alexander Gottlieb Baumgarten, von wo sie über die Zwischenglieder Kant, Ernst Cassirer, Susanne K. Langer und Nelson Goodman schließlich in der Philosophie der Gegenwart prominent wurde: als die Erkenntnis, daß Epistemologie und Ästhetik letztlich zwei Seiten derselben Medaille sind.

Praktisch fand sich diese Einheit künstlerischen und wissenschaftlichen Entdeckens und Erfindens bereits lange vorher in prominenten Forscher-Lebenswerken realisiert, darunter in denen Leonardo da Vincis oder Michelangelo Buonarrottis. Beide waren zugleich berühmte Erfinder, die vor allem zur Kriegskunst, zur Waffenentwicklung entscheidende neue technologische Beiträge leisteten: Aktivitäten als Ingenieure, die mit ihrem lebenslangen Forschen als Künstler nicht nur zeitlich, sondern vor allem auch sachlich koinzidierten. (Und es ist vor diesem Hintergrund ein doppelter Witz und alles andere als Zufall, daß die frühesten Forschungen zu dem Begriff „creativity" wie auch die ersten expliziten Analysen zum Begriffspaar „analog" und „digital" der amerikani-

4 Bekanntlich entstand die Ästhetik aus dem Bedürfnis, die defizitäre rationalistische Erkenntnistheorie zu erweitern, vgl. dazu unten, v. a. Kap. 4.2.2 zu Alexander Gottlieb Baumgarten.

schen Kriegs- und Rüstungsforschung aus der Zeit um und nach dem zweiten Weltkrieg entstammten.)[5]

Den Ausgangspunkt der vorliegenden Studie bildete also ein Eindruck, der sich früh einstellte im Umgang vor allem mit Literatur, Musik und Film: daß hier, im Feld zwischen beispielsweise Dante Alighieri, Beethoven und Francois Truffaut um Welterschließung, Erkenntnis-Artikulation gerungen wurde, mit meist höchster Investition an Intelligenz und Energie. Dieses Faktum, das zu erfassen mit dem *Erfassen dieser Kunstwerke* zusammenfiel, ist in höchstem Maße herausfordernd: sprechen diese Künstler-Wissenschaftler in ihren Werken doch von unserer aller Existenz, von der *conditio humana*, sie artikulieren das Verhältnis von Selbst und Welt, und auffallend an der Rezeption ihrer Kunstwerke ist das Sich-Einstellen von etwas, das zwischen ‚Wahrheit', ‚Offenbarung' und Erkenntnis oszilliert. Der subjektive sinnliche Genuß, der mit ihnen einhergeht, entbehrt nicht dieser im höchsten Maße objektiven Komponenten; im Gegenteil, je stärker und unpersönlich-selbstauflösender, *das Selbst auflösender* das Erfassen ihrer ist, desto gültiger ist es. „Musik ist höhere Weisheit und Offenbarung als alle Philosophie", äußerte Ludwig van Beethoven, und diese Aussage, die auch auf Literatur und Film übertragbar ist, bildet das früheste Motiv der Interessen, auf denen diese Studie basiert. Es ist offensichtlich, daß das Monopol der Wort- und Zahlsprache als Ebene dessen, was als Wahrheits- und Erkenntnistransportmittel gelten kann, mit dieser Sicht aufgegeben ist, zugunsten eines Bereichs, der Artikulationsformen jenseits von Buchstaben, Zahlen und Formeln einschließt, und der auch innerhalb der Wort-Domäne nicht mehr nur *sagend*, sondern auch *zeigend*, expressiv, materialiter operiert. Der Bereich dessen, was als als satisfaktionsfähiges „Format" wissenschaftlicher Darstellung zählt, als „Symbol" oder „Zeichen", wird damit substanziell erweitert – um etwas, das man ‚kontinuierliche', ‚zeigende', „analogische" Zeichensysteme nennen kann. Dies ein Prozeß, der durch so unterschiedliche Autoren wie Nietzsche, Peirce, Cassirer, Wittgenstein, Langer, Goodman oder W. J. T. Mitchell vorangetrieben wurde.

Die erste Fassung dieses Projekts hatte daher den Titel „Analogisches Denken". Es galt der Frage, wie Denken und Artikulieren in *kontinuierlich* oder *analog* strukturierten, d. h. nicht-notationalen Symbolsystemen aussieht, welche Eigenlogik es hat, und wie es konkret mit Denken und Darstellen in Symbolsystemen mit *endlich* bzw. *finit differenzierter* Syntax interagiert. *Die Logik des Analogen* hätte man jenes Projekt auch nennen können. Aus diesem Ansatz gingen im Umfeld dieser Studie diverse Aufsatzpublikationen hervor.[6]

Im Verlauf jener Überlegungen zum „Analogen" zeigte sich, daß die Untersuchung der Denk- und Handlungsprozesse, welche künstlerischem und wissenschaftlichem Erkenntniszuwachs gemeinsam sind, unausweichlich in einen Bereich menschlicher Aktivitäten führen, den wir „kreativ" nennen: Bereich des Erkundens der Entstehungsbedingungen

---

5 Vgl. oben S. 10.

6 Vgl. Verf., „Analogisches Denken. Aspekte nicht-diskursiver Rationalität" (2003), ferner: „Logik, A-Logik, Analogik. Musik und die Verfahrensformen des Unbewußten" (2000) sowie „Logik – A-Logik – Analogik. Welcher Organisationsform folgt nicht-digitale bzw. nicht-diskursive Symbolisation?" (1999).

des menschlichen Schaffens von wertvollem Neuem, Überraschendem, „Unerhörtem“.[7] Diese Entstehungsbedingungen charakterisiert ein auffälliges Ineinander von Aktivität (Schöpfertum) und Passivität (Zufallen, Zufall, *Nicht-Steuern-Können*), von Erfinden und Entdecken, von *Neu*-Schaffen und *Um*-Schaffen, von verbal artikulierbar und nicht-sag-, sondern nur *zeig*-bar, von ‚bewußt‘ und ‚unbewußt‘ geschehend. Im Unterschied zur sich daraus ableitenden ‚natürlichen‘ Einstellung betrachtet diese Arbeit Kreativität nicht als prinzipielle terra incognita des menschlichen Geistes. Die verbreitete Bestandsaufnahme, daß sich kreatives Denken prinzipiell nicht näher untersuchen und nicht verstehen lasse, gilt so apodiktisch nur dann, wenn man ein Konzept von Verstehen und Denken wählt, das einseitig am Sprach-Logos orientiert ist.

„Kreativität“ bezeichnet allgemein eine „Black Box“ des Denkens und Handelns, und diese Arbeit zielt mit ihren Reflexionen bewußt paradox auf eine nähere, quasi-formale Beschreibungen ihres Inneren.[8] Die dem zugrundeliegende Idee ist eine systematische These; dies ist daher in erster Linie eine systematische Arbeit. Zugleich ist sie aber auch historischer Art, insofern sie demonstriert, in welcher Hinsicht sich die ihr zugrundeliegende Figur in anderem Vokabular zur Untersuchung und Erklärung menschlicher Schöpferkraft durch die Jahrtausende abendländischen Denkens zieht. Denn ist der Begriff „Kreativität“ auch vergleichsweise jung,[9] so reicht die mit ihm ausgesprochene Thematik des menschlichen Herstellens von fruchtbarem Neuem letztlich in die Antike zurück, wie hier entgegen der üblichen Auffassung nachgewiesen wird. Behandelt wird die Zeit Platons und Aristoteles’, ferner die Umbruch-Phase zwischen Leibniz und Kant, welche die Neuentwicklung der Idee abendländischer Rationalität stark prägte und schließlich die jüngere Vergangenheit bis Gegenwart. Genauer meint dies jene Zeit zwischen dem Aufkommen der Rede von „Kreativität“ Mitte der 40er Jahre und heute, wo der Begriff als Opfer seiner Kommerzialisierung dabei ist, sich ins Omnipräsente aufzulösen.[10] Konstatiert wird damit selbstverständlich keine Identität heutiger und älterer Positionen; getreu dem Slogan „die Antike kennt uns nicht“[11] werden vielmehr strukturelle Übereinstimmungen in bestimmten Hinsichten vorgestellt. Diese Hinsichten sind jedoch

---

[7] Technischer gesprochen bezeichnet dies: folgenreiche Produkte, neu bezüglich des Erwartungssystems der sie auswertenden Gruppe und dieses Erwartungssystem modifizierend. Vgl. hierzu W. Matthäus: „Kreativität“, S. 1194.

[8] Vgl. hierzu näher Kap. 2. – Damit widmet sie sich einem Bereich, den schon Kant letztlich bewunderte: „Daß das Feld unserer Sinnesanschauungen und Empfindungen, deren wir uns nicht bewußt sind, ob wir gleich unbezweifelt schließen können, daß wir sie haben, d. i. dunkeler Vorstellungen im Menschen … unermeßlich sei, die klaren dagegen nur unendlich wenige Punkte derselben enthalten, die dem Bewußtsein offen liegen; daß gleichsam auf der großen Karte unseres Gemüts nur wenig Stellen illuminiert sind, kann uns Bewunderung über unser eigenes Wesen einflößen“. Kant, *Schriften zur Anthropologie* § 5, S. 418f.

[9] Der Begriff ist in Form des Theoretisierens über „creation“ gut 100 Jahre alt (Th. Ribaut, Henri Bergson), das englische „creativity“ ist erstmals für 1931 nachgewiesen, als psychologischer Fachterminus und Begründung eines eigenen Forschungsgebietes datiert er von 1950, im Deutschen findet sich „Kreativität“ als Übersetzung von „creativity“ seit Ende der 60iger Jahre. Vgl. W. Matthäus, Artikel „Kreativität“, S. 1195f.

[10] Man denke an den Berufszweig der „Kreativen“ in der Werbung oder an die zunehmend boomende sogenannte „Kreativwirtschaft“.

[11] Vgl. Marie-Thérès Fögen: *Römische Rechtsgeschichten*, S. 14.

alles andere als zufällig, sie legen, so die hier vertretene These, etwas bislang vielfach theoretisch Umkreistes frei, das in dieser Form noch nicht artikuliert wurde: zur Frage nach dem menschlichen Denken und Erkennen und den Möglichkeitsbedingungen des ihm entspringenden Neuen.

Die Grundidee, die diese Studie vorschlägt, wäre in einem anderen historischen Moment als diesem wohl kaum entstanden. Sie verdankt sich besonderen historischen Einflüssen, beschreibbar als Zusammentreffen der Erkenntnistheorie Kants, vor allem in Form ihrer Weiterführung durch Ernst Cassirer und C. S. Peirce, ferner des logischen Positivismus und Wittgensteins auf der einen Seite – mit der Kommunikationstheorie und Informationstheorie andererseits, welche letztere eng mit dem Aufkommen des Computers verknüpft sind. Dies ist eine Entwicklung, zu deren Ausprägungen heute wesentlich die vergleichsweise jungen Disziplinen der Bild- und allgemeiner der Medientheorie zählen. Es ist, in anderen Worten, kein Zufall, daß systematisierende Versuche zur Kreativität gegenwärtig, am Ende des 20. und zu Beginn des 21. Jahrhunderts auch philosophisch auftreten.[12]

1.2 Kreativität als Gegenstand der Philosophie und Philosophie als Disziplin der Kreativitätsforschung

Das Thema „Kreativität" betrifft philosophisch gesehen das Thema des „Denkens": auch als motiviertes, begründetes Handeln. An ihm interessieren uns bislang unverstandene Aspekte und Formen auch des Verstehens: darunter etwas, das sich retrospektiv *zeigt*. Es ist eine Form des Interesses für das Unbekannte, Fremde im Eigenen: das Unbeobachtete oder Unbeobachtbare. Insofern ist es eine Art reflexives oder auto-erotisches Interesse: am nicht-antizipierbaren Neuen, das sich zwischen prinzipiell unterschiedlichen Seiten abspielt, die wir als zu uns selbst gehörig erkennen. Zugleich ist das Thema ein lange vernachlässigtes der Philosophie: der es um das Verstehen des Verstehens, das Denken des Denkens geht, um einen Nachvollzug des menschlichen epistemologischen Selbst- und Fremdverhältnisses. Das Thema „Kreativität" ist ein Aspekt des Themas der menschlichen Vernunft und Rationalität. Kreativität ist danach also keineswegs das der Reflexivität, Vernunft oder Ratio *Andere*. Die großen Begabungen oder auch fruchtbaren Revolutionäre in der Geschichte der Wissenschaften und der Künste waren gewöhnlich alles andere als Advokaten der Irrationalität oder Unvernunft. Ihre Ausnahmeleistungen basierten vielmehr auf Ratio und Handwerk; sie machten sich die Gesetze ihres Metiers zunutze und zeigten ihre Agenten gewöhnlich auf maximaler Höhe des Möglichen ihrer Zeit und Zunft. Dies beinhaltet, daß Kreativität keineswegs plan *außer*halb der Vernunft oder Logik anzusiedeln ist; vielmehr bedürfen wir Konzepte ersterer, um letztere zu verstehen. Dennoch gibt es natürlich Gründe für die Grenzen der Systematisierbarkeit desjenigen, was

---

[12] Vgl. etwa Hans Lenks Buch *Kreative Aufstiege* von 2000, die erste philosophische Monographie zu diesem Thema mit einem relativ umfassenden historischen und systematischen Anspruch, sowie den Umstand, daß der XX. Kongreß der „Deutschen Gesellschaft für Philosophie" fünf Jahre später dem Begriff „Kreativität" galt. Vgl. zu letzterem die Kongreßbände, hg v. Günter Abel: *Kreativität* I und II sowie: *Die Kunst des Neuen. Kreativität als Problem der Philosophie*.

wir „kreativ" nennen, Grenzen, die unter anderem in dem Umstand begründet liegen, daß Kreativität ein negativer Begriff ist. Dies wird gleich näher erläutert.[13]

Das Nachdenken über Kreativität läßt also einen ganzen Strauß menschlicher Konzepte nicht unberührt: nicht nur unsere Begriffe von Vernunft, Rationalität und Denken, sondern auch unsere Idee des Mensch-Seins, die Frage, wie der Mensch in der Welt ist und wie die Welt sich im Menschen artikuliert, wie sie in ihm existiert. Nicht nur bildet der Mensch in sich die Welt ab, sondern die Welt bildet sich auch in ihm ab. Nicht nur versucht der Mensch, das Universum zu verstehen, sondern der Mensch ist einer der zahllosen Austragungsorte des Universums. Eine zentrale These dieser Arbeit ist also, daß ohne das (philosophische) Verständnis des Phänomens der Kreativität das jahrtausendealte Projekt des Erfassens seiner selbst und der Welt grundlegend unvollständig ist. Kreativität ist gleichsam der unmarkierte Raum, ‚unmarked space' unseres Denkens und Handelns, der blinde Fleck. Sie ist das, was im Rücken unseres Selbst-Beobachtens liegt, was wir uns nicht selber zurechnen, sondern was uns im doppelten Sinne zufällt: dem ‚Unbewußten', der ‚Inspiration', dem ‚Zufall' oder dem ‚Göttlichen' zugeschrieben.

Damit ist sie im strengen Sinn nicht theoriefähig. Kreative Leistungen sind höchstens in Grenzen im Nachhinein erklärbar, es gibt bekanntlich keine Formel für sie, und sie treten in so vielfältigen Formen auf, daß einen gemeinsamen Nenner ihrer finden zu wollen ein sinn-widriges Programm ist. In diesem Buch wird jedoch eine systematische Grundthese oder Grundformel zum Zustandekommen von Kreativität vorgeschlagen und in ihren Erscheinungsformen durch Zeiten und Theorien hindurch verfolgt: eine Beschreibung dessen, was an Denk-Handeln stattfindet, wenn Kreativität vorliegt.

Was jedoch meint „Kreativität"? Ausführlicher wird der dieser Studie zugrundeliegende Gebrauch dieses Begriffs in den folgenden Unterkapiteln bestimmt. Unstrittig ist jedoch zunächst das eben Angedeutete: der Begriff „Kreativität" bezeichnet im Menschen eine Leerstelle, eine ‚Black Box'. Er verweist auf etwas in uns und unserer Spezies selbst, in Gestalt einer Frage: etwas das wir suchen, erforschen, erkunden wollen ohne zu wissen, was es ist und wo es sich befindet. Vor allem fragen wir uns, welche Gesetze oder eher welche Prozesse an diesem gesuchten blinden Fleck unseres Selbst vorherrschen. Die Suche nach jenen *strange loops*, nach jenen Stromschnellen des Geistes, diese selbstreflexive Schleife macht uns mit einer Andersheit und Abgründigkeit unseres Selbst bekannt, welche zu denken heißt, unser Denken eben darin zugleich zu suspendieren, zu verändern. Sie führt in ein scheinbares Paradox, das kein Enden unseres Denken fordert, sondern einen veränderten Ausgangspunkt.[14] In der Antike wurde dieser geistige Bereich unter anderem mit dem Begriff der „Mania" zu erklären versucht, im 17. bis 19. Jahrhundert mit dem des „Genies", und man suchte in beiden Diskursen zugleich zu systematisieren, inwiefern er sich nicht systematisieren läßt.[15] Es wurde damit eine Grenze des Verstehbaren unseres Verstehens markiert, mit dem Ziel, zugleich auf beiden Seiten dieser Grenze Erkenntnisse zu gewinnen: wenngleich nicht *als Der/Dieselbe*. Eine gewisse strategische Schizophrenie, Gleichzeitigkeit des Einnehmens inkompatibler Perspektiven

13 Vgl. unten Abschnitt 1.3.

14 Zur unvermeidlichen Verknüpfung von Selbstrückbezüglichkeit und Paradoxien vgl. etwa Watzlawick/Beavin/Jackson: *Menschliche Kommunikation*, S. 240.

15 Vgl. beispielsweise Kant, *Kritik der Urteilskraft*, § 46, S. 182.

gehört zu dieser Forschungsabsicht dazu. Bei Platon äußerte sie sich folgerichtigerweise in der Artikulationsform des Dialogs. In dieser Arbeit geht es um den Versuch, diese Grenze zu untersuchen und sie dabei als möglichst etwas anderes denn eine *Grenze* zu verstehen.[16]

Die vorliegende Kreativitäts‚theorie' ist damit gerade keine Genie- oder Manie-Theorie. Sie ist vielmehr eine Selbstverständigung des menschlichen Denkens.[17] Das Denken will sich selbst und sein Anderes begreifen – begreifen, daß das scheinbar ‚Andere' des Denkens auch Denken ist, aber ein anderes geartetes. Nach diesem „Anderen" wurde im Verlauf der Geschichte vor allem an zwei Orten gesucht: einmal gleichsam transzendentalphilosophisch als *Ab-* oder *Ur*grund seiner, im Sinne des „*Davor*liegenden", der kategorial-logischen Bedingtheit[18], und einmal als Abgrund alias Grenze im Sinne des „*Daneben*liegenden": Kreativität als der Bereich, wo der rationale ‚feste', Boden endet. Zu beiden Orten wurde in der Geschichte des Denkens überlegt, ob hier eine andere Vernunft, Logos, Gesetzmäßigkeit vorliegt, oder ob hier Chaos herrscht bzw. darwinistisch wirkender Zufall.[19] Diese Studie bezieht behauptet ersteres, in einer Form allerdings, in der sich die Differenz zwischen beiden Alternativen verflüssigt.[20]

1.3 „Kreativität": logisches Phänomen, negatives Konzept und Bezeichnung von Denk- und Handlungsformen

Man muß Heimat haben, um sie nicht nötig zu haben. So wie man im Denken das Feld formaler Logik beherrschen muß, um darüber hinauszuschreiten in fruchtbare Regionen des Geistes.

Antoine de Saint-Exupéry

Was soll der Begriff „Kreativität" in dieser Studie bezeichnen? Seine Anwendung ist, dem Vorkommen in der Alltagspraxis entsprechend, bewußt offen, inklusiv gehalten. Kreativität ist formal ein rein negativer Begriff, ein Grenzbegriff. Er bezeichnet das (noch) Unbestimmte: einen Bruch mit dem Bekannten. Eine Leistung als „kreativ" zu bezeichnen bedeutet grundsätzlich, daß jemand anders operierte als erwartet; die Person hat nicht so agiert, wie es Usus, Regel oder Erfahrung nahelegten. Die in konkreten Zusammenhängen geäußerte Aufforderung ‚sei doch mal kreativ!' bedeutet: weiche ab, von dem, wie Du es bisher gemacht hast, mache es nicht wie andere, brich mit dem Usus, mache einen Sprung (über die Regeln dessen hinaus, was bisher Praxis, Regel, Logik war). Man sieht, daß „kreativ" etwas markiert, was die kreative Handlung *nicht* sein soll. Demgegenüber sie an-

16 „Die Grenzen müssen die relevanten Wege einschließen, nicht abschneiden." Gregory Bateson, *Ökologie des Geistes*, S. 592

17 Eben dies läßt sich anhand von Kants Genietheorie zeigen – vgl. dazu unten Kap. 4.3.3.

18 Michel Foucault versuchte dies im Anschluß an Kants *Kritik der reinen Vernunft* in seiner Monographie *Die Ordnung der Dinge*, insbes. Kap. 9.

19 Nicht wenige Kreativitätstheorien implizieren daher darwinistische Modelle; vgl. dazu unten Kap. 6 und 7.2.

20 Vgl. hierzu unten Kap. 2 sowie 7.4.

ders ist.[21] Eben hier entspringt die häufige inhaltliche Assoziation von „kreativ" mit „neu", neuartig oder auch „frei". Der Begriff ist insofern zunächst eine rein negative Qualifizierung: einen unbestimmten Bruch-mit, ein anders-als bezeichnend. Kreativität ist folglich ein zumindest zweiwertiges Konzept: abhängig von etwas, *demgegenüber* sie anders sein, von dem sie abweichen soll. Das heißt zugleich, daß das ihr strukturell eigene Moment der Freiheit oder auch Spontaneität –„Kreativität" ist ein in seiner Anschlußlogik offener Begriff – im selben Atemzug eine Bindung gewinnt: an etwas, das selbst bestimmt sein muß, damit eine Freiheit-von überhaupt möglich ist. Eben hier artikuliert sich die ‚kreativitätstheoretische' Weisheit, daß erst maximales materiales Können („Transpiration") die Voraussetzung dafür ist, daß ein kreativer Akt („Inspiration") entstehen kann.

„Freiheit" ist mithin ebenfalls ein negativer, zweiwertiger und offener Begriff. Dasselbe gilt für das Konzept der mit Freiheit und Kreativität verbundenen „Spontaneität" (Kreatives „kommt", unantizipierbar).[22] Spontaneität bedarf Ahnen, vorgängiger Generationen, sie geschieht, wie Kreativität, nicht *ex nihilo*, jedenfalls (um metaphysisch-kosmologische Aussagen zu meiden) nicht im Bereich menschlicher Leistungen. In einer zentralen Hinsicht ist „kreativ" daher vorab und allgemein bestimmbar: eine kreative Leistung beinhaltet immer sowohl Innovation wie Tradition – die reine Abweichung, der reine Bruch ist logisch nicht möglich. Dies ist die ‚Dialektik' des Neuen und zugleich die ‚Dialektik der Kreativität'.

Damit zeichnet sich ab, daß der häufige Einwand gegen die Existenz menschlicher Kreativität, sie könne nur mittels Neu-Kombination des Alten vor Augen stellen, was in seinen Elementen schon vorhanden war, sie könne nichts erfinden – daß dies nicht nur kein Einwand ist, es formuliert vielmehr umgekehrt, worin der hervorbringende Motor des Kreativen liegt. Auf der Basis reiner Re-Kombination des Alten ist stets die Emergenz von phänomenologisch Beispiellosem als Ergebnis möglich, genauer: auf die Dauer nicht zu verhindern. ‚Emergenz' von Neuem aus der Re-Kombination des Alten heißt: das Neue ist einerseits *präzedenzlos* (im Sinne von: gehorcht anderen Gesetzlichkeiten oder Funktionsweisen als dasjenige, woraus es ‚zusammengesetzt' ist), andererseits *nie voraussetzungslos*: es hängt genea-logisch von etwas ihm Vorausgehenden ab.[23] Und dieses Vorherige ist auch in seinen (überwundenen) Gesetzmäßigkeiten zwingende Voraussetzung für Neues: was sich daran zeigt, daß der Besitz jener Expertenkenntnis des Materials und der Regeln, die man im kreativen „Sprung" schließlich gebrochen oder verlassen haben wird, dafür unabdingbar ist. *Dies heißt, daß Kreativität weder nach dem Modell der creatio ex nihilo, des göttlichen Demiurgentums gedacht werden kann, noch als* „reine Rekombination" *vorhandener Elemente.* „Kreative Sprünge" kommen isoliert (ex nihilo) nie vor, sondern immer nur auf der Basis einer Wissens- oder Handlungs-Praxis.

---

[21] Dabei ist es in konkreten Kontexten meist von charakteristischer Schwierigkeit anzugeben, wovon man sich negativ absetzt, was dieser „Sprung" genau für einer ist, womit ein „Bruch" vorgenommen wird, was es ist, demgegenüber man sich anders, negierend und in diesem Sinne ‚neu' verhält; dies wird gleich noch einmal aufgegriffen.

[22] Henri Poincaré benutzt den hier verwendeten Begriff von „Freiheit" in einem unserem vergleichbaren Sinne in „Die mathematische Erfindung", S. 49f. Vgl. zu Poincaré ferner unten Kap. 7.

[23] Zum Konzept der Emergenz und seine Verwendung bei Michael Polanyi vgl. unten Kap. 7.

Die Rede von Sprung oder Bruch impliziert logische Anschlußfragen: *wovon weg* einen Sprung? Womit einen Bruch? Was ist es, wozu sich anders, negierend und in diesem Sinne ‚neu' verhalten wird? Ist es die „Sprache"? Das Denken in Begriffen – statt in Bildern? Der Sprach-Logos? Rationalität? Das Gesetz des Widerspruchs, das Gesetz vom auszuschließenden Dritten? Jede dieser Antwortmöglichkeiten, so wird sich herausstellen, ist für sich allein so irreführend wie sie andererseits als Bestandteile zutreffend sind.

Die strukturelle Negativität des Begriffs „Kreativität" deutet zugleich an, inwiefern die Idee der Kreativität zwar entgegen verbreiteter Auffassungen nicht im strengen Sinn ein Paradox bezeichnet, jedoch ein logisches Problem.[24] „Logisch" bezieht hier das Formallogische ein, ist aber nicht auf es beschränkt: Es meint die Formen des Übergangs vom Einen zum Anderen (Zeichen, Zustand, Behauptung, Handlung). Logische Probleme sind damit Übersetzungs- oder Übertragungsprobleme (wie komme ich widerspruchsfrei von ‚a' nach ‚b'). Wenn „negativ" zugleich „offen" meint, ferner aber auch „nicht chaotisch", so liegt in der näheren Bestimmung dieses Verhältnisses eine logische Herausforderung. Eben diese Bestimmung wird in Kapitel 2 vorgenommen, in welchem Kreativität als Produkt eines dort näher bestimmten *Übersetzungsverhältnisses* charakterisiert wird, das zwischen zwei Seiten stattfindet, die je unterschiedlichen logischen Eigengesetzlichkeit gehorchen.

So weit die begriffliche Umkreisung der ‚Intension' des Begriffs „kreativ". Nun zu seiner Extension. Was kann überhaupt sinnvoll als „kreativ" bezeichnet werden? Worauf bezieht sich der Begriff, und worauf nicht? In Frage kommen drei „Klassen": a) Handlungen, Prozesse, b) Produkte, Gegenstände und c) Personen, Köpfe.[25] Aus Gründen, die gleich erläutert werden, soll „kreativ" sich in dieser Arbeit ausschließlich auf die erste Gruppe beziehen: auf Handlungen, Aktivitäten, Prozesse (zu denen auch Denken zählt). Also auf das Herstellen von etwas: sei dieses eine Theorie, ein Kunstwerk, ein Werkzeug oder Apparat, ein Beweis, eine Erklärung oder ein Modell. „Kreativ" bezieht sich nicht auf diese hervorgebrachten Entitäten selbst, sondern auf den Vorgang, den Akt, die Leistung ihres Hervorbringens. Warum diese Beschränkung auf Prozesse, warum nicht auch Entitäten? Die Bezeichnung von Dingen als „kreativ" steht auch im alltäglichen Sprachgebrauch elliptisch für die Leistung des sie-Hervorbringens. Nicht Gegenstände wie Theorien oder Kunstwerke sind kreativ, sondern sie sind Ergebnisse eines als kreativ qualifizierten Akts. ‚Kreativ' soll sich hier ferner auch *nicht* auf kreative Personen beziehen. Einen Menschen ‚kreativ' oder einen ‚kreativen Kopf' zu nennen, steht für: ‚läßt diverse kreative Leistungen erwarten' oder ‚hat die Disposition zu kreativen Leistungen', oder, will man keine Dispositionen annehmen, ‚hat kreative Leistungen hervorgebracht'. Dies gilt unabhängig davon, was man unter „kreativ" versteht.

Hieraus folgt zweierlei. Erstens: die gegenwärtige Untersuchung ist keine psychologische, auch keine empirische. Es geht nicht um die Analyse von Charaktereigenschaften, um Genieforschung, Persönlichkeitsdispositionen oder kreativitätsfördernde Erziehungsformen. Zweitens: Kreativität beschrieben als eine Leistung oder Aktivität des Denkens

---

24 Zu den häufig verwendeten Begriffen der Bezeichnung dieser logischen Anomalie zählen „Antinomie" und „Paradox"; vgl. beispielsweise Jerome Bruner, „The Conditions of Creativity", oder Dieter Mersch, „Paradoxie der Kreativität. Zu Ortschaften kultureller Produktion".

25 Vgl. zu dieser Unterscheidung auch Matthäus, „Kreativität", S. 1194f.

und Handelns schränkt die Möglichkeit dessen, wie sie beschrieben oder „erklärt" werden soll, erheblich ein. Wenn es so etwas wie eine Antwort oder eine Theorie auf die Frage nach Kreativität gibt, wird ihr auch von dieser Seite her eine Dynamik, etwas Prozessuales innewohnen.

Zusammengefaßt: Der Extensionsbereich des Begriffs „Kreativität" ist in dieser Arbeit auf Aktivitäten wie Denken bzw. Handeln beschränkt und beinhaltet potentiell so umfassende Bereiche wie die der Wissenschaften, Künste, des Alltagslebens, Industrie, Wirtschaft, Diplomatie und vieles mehr. Kreativität bezieht sich nicht auf Dinge bzw. Entitäten selber – wie kreative Gegenstände oder kreative Köpfe. Untersucht werden weder Produkte noch Dispositionen. Es geht um Aktivitäten: Denk- oder Operationsmodi, Verknüpfungsformen, in diesem Sinne Handlungen. Einbezogen werden damit auch Denk- oder Operationsmedien: das *In-was*-denken/handeln/symbolisieren-wir: in diesem Sinne Formate und die ihnen innewohnende ‚Logik' des beanspruchten Materials.[26] Es geht im weitesten Sinne um Denkformen – die sich jedoch auch in einer Handlungspraxis äußern können, ohne je explizit mental gespiegelt zu werden.[27]

1.4 Wir können nicht *nicht* kreativ sein

Diese Untersuchung sagt damit nicht, was Kreativität *ist*. Sie sagt stattdessen, warum sich Kreativität nicht vermeiden läßt. Warum wir nicht *nicht* kreativ sein können. Inwiefern Kreativität, das Herstellen von Neuem, die Innovation, Weiterentwicklung (und mit ihr im Schlepptau Fehlschläge, Katastrophen, Rückschritte) notwendig mit dem Denken, Handeln und Sein verknüpft sind. Wieso die Entwicklung des Geistes und der Natur in gewisser Weise irreversibel ist. – Der Seiteneffekt einer solchen umgekehrten Betrachtung kann dann tatsächlich auf sekundärem Wege in der Entdeckung von Strategien liegen, wie sich dasjenige, was wir kreatives Handeln nennen, befördern läßt.

Ein Kern der Überlegungen liegt wie schon angedeutet darin, daß die geistige Entwicklung, das geistige Tun in Übersetzungs-, Transformations-, Abbildungsverhältnissen besteht. Genauer, es werden Denk- und Darstellungsformen aufeinander abgebildet (oder ineinander übersetzt), und dies im Dienste einer ununterbrochen stets neu hergestellten Re-Figuration, Verflüssigung, Erleichterung oder ‚Ökonomisierung' des Denkens. Die dabei miteinander konfrontierten Seiten – die konkret grenzenlos mannigfaltig sein können – lassen sich analysieren mit der hier vertretenen Grundthese, derzufolge es in unserem Denken unweigerlich nicht nur ein, sondern *zwei* logische Konzepte von Präzision, von Genauigkeit gibt.[28] Wir „ticken" in zwei ‚logischen' Formen und Richtungen gleichzeitig, und dies tun wir nicht versehentlich, sondern dieser gleichsam zweistellige, diastolisch-systolische Denk-Rhythmus ist der Motor, der uns vorwärtstreibt und uns das Probleme-Lösen und Erfindungen-Machen ermöglicht. Die beiden logischen Konzepte

[26] Diese Thematik wird unten insbesondere in Kapitel 5 ausgeführt.

[27] Letzteres Konzept des Denkens findet sich etwa in Gilbert Ryle, *Der Begriff des Geistes*, vgl. ferner auch Michael Polanyis Unterscheidung von „knowing-that" und „knowing-how", welcher man eine parallele Unterscheidung bezüglich des Denkens an die Seite stellen könnte, in Michael Polanyi, *Implizites Wissen*, Kap. 1.

[28] Konkret gibt es mannigfaltige Formen der Präzision, aber logisch basieren sie auf zweien.

von Genauigkeit sind: „*jeder Unterschied zählt*“[29] und „*ziehe eine Grenze des Unterscheidens*“. Erstere Darstellungsweisen sind „dichte“ oder „kontinuierliche“ (in diesem Sinne „analoge“) Artikulationsformen[30]; zu ihnen gehören etwa Bilder, Gesten, Tonfälle und generell „Expressives“. Hier sind stets Nuancen von Bedeutung. Letztere Darstellungsweisen sind finite, diskrete oder auch „digitale“ Artikulationsformen: darunter Schriften, Zahlen, Formeln, Schemata, Notationen. All unsere mentalen Denk- und Darstellungsformen lassen sich als „Stellungnahmen“ zwischen, d. h. innerhalb des Feldes dieser beiden logischen Verhaltensoptionen begreifen. Zwischen „jeder Unterschied zählt“ und „differenziere *end*lich“ liegt ein grundlegender Unterschied, eine logische Kluft. Diese Denk- und Handlungsformen sind inkommensurabel oder auch: es sind inkompatible Prozesse. Das heißt: indem zwischen ihnen Inhalte hin- und herge*map*t, aufeinander abgebildet werden (was konkret ständig geschieht), bleiben notwendig Reste, Widerständigkeiten, Überschüsse: gleichsam ‚Kopierfehler‘, *strange loops*, Irregularitäten. Diese Reste und Überschüsse enthalten – neben viel Abfall – Neues; sie sind das „Gold“ des Denkens. Kreative Leistungen sind vielfach als glückliche Kategorienfehler anzusehen.

Statt uns in einer unaufhörlichen Jagd nach Kreativität zu finden, läßt sich die Perspektive auf dieses kulturelle Phänomen also auch umkehren. Wir versuchen ständig in unseren Darstellungs- und Artikulationsbemühungen, an uns selbst und andere anzuschließen, sie in gewissem Sinne zu wiederholen, zu repetieren, kopieren, bevor wir (daraus) etwas Neues machen; doch wir können nicht zweimal dasselbe denken, wir *formulieren um*, wir *bilden ab*: mit dem unwillkürlichen Ziel, *abzukürzen*. Unser Denken ist auf Beschleunigung aus; bei jedem ‚zweiten‘ Mal sind wir unweigerlich getrieben, die Daten neu und effektiver zu ordnen.[31] Der Mensch sucht bekanntlich Komplexitätsreduktion, dafür nutzt er unter anderem die Sprache, Formeln, Notationen. Klassifizierung ist Ökonomisierung, ist: die Welt aufteilen in Aspekte, auf die zu achten ist und Aspekte, die sich vernachlässigen lassen. Es geht darum, die Daten- oder Informationsmenge handhabbar zu machen.

---

29 Das heißt in anderen Worten: zwischen beliebigen zwei Unterschieden gibt es immer noch einen dritten.

30 Der Terminus „Dichte“ entstammt der Mathematik und wurde als Gegenbegriff zum „Notationalen“ von Nelson Goodman eingeführt, um *ästhetische* Lesarten von Symbolsystemen logisch zu charakterisieren (*Sprachen der Kunst*, Kap. IV). Mathematisch gesehen ist eine durchgängig geordnete Menge dicht, wenn zwischen je zwei verschiedenen Elementen ein drittes gefunden werden kann. Dies drückt, z. B. beim Messen mit rationalen oder reellen Zahlen, die beliebige Verfeinerbarkeit der Bestimmungen aus: „jeder Unterschied zählt“. Was mit dem Begriff in der Philosophie ausgedrückt werden soll, ist phänomenal ein Kontinuum; dabei wird allerdings strenggenommen vernachlässigt, daß „Dichte“ ein Kontinuum bedeuten *kann* (Menge der reellen Zahlen, Punkte auf einem Zahlstrahl), aber nicht *muß* (Menge der rationalen Zahlen). Diese mathematische Unterscheidung jedoch zwischen der dichten Menge der rationalen Zahlen und dem Kontinuum der reellen Zahlen, die nach Dedekind [Richard Dedekind, *Stetigkeit und irrationale Zahlen*] darin liegt, daß nur im Kontinuum der reellen Zahlen jeder Schnitt durch eine Zahl hervorgebracht wird, spielt für die hier relevante Unterscheidung zwischen finitem und infinitem Unterscheiden keine Rolle. Der zentrale Punkt ist dieser: Die Lesart eines Phänomens *als Kontinuum* bzw. als „dicht“ (im philosophisch-ästhetischen Sinn) wird hier nicht als Gegenstück des Differenzierens, sondern nur als Gegenstück *finiten, endlichen* Differenzierens aufgefaßt. – Vgl. hierzu unten Kap. 5.

31 Jeder wiederholte Gedanke verändert bekanntlich die Hirnstruktur, es gibt Verstärkungen von Verbindungen, Einkurvungen, die jede Wiederholung eines Gedankens zu einem alterierten Gedanken macht und diesen „Abkürzungseffekt“ zeitigen.

Wer sie am effektivsten reduziert, kann mit größerer Komplexität umgehen.[32] Eben dieses unwillkürliche Ökonomisieren ist es, was potentiell Kreativität als Überschuß, Beiprodukt, „Abfall“ freilegt – indem Informationen von einem Format der Darstellung auf ein anderes Format abgebildet, übersetzt werden: etwa Daten in Bilder. Die Erfindung von Bildern für Sprache und die Erfindung von Sprache für Bilder sind einfachster Ausdruck solcher Ökonomisierungsprozesse. Die notwendigen Verluste und mit ihnen einhergehenden strukturellen Überschüsse (im Fall der Kunst die spielerischen Explorationen) dieser Übersetzungen sind es, die die Keime und Ermöglichungsbedingungen für Neues, für Problemlösungen, für überraschende Schöpfungen beinhalten.

Diese Position versteht sich als Gegensatz zu zwei üblichen logischen Alternativen, auf die viele Diskurse zum Thema reduzierbar sind: einerseits jene von Kreativität als intentionalem Schaffen „ex nihilo“, nach dem Modell göttlicher Kreativität, andererseits die genannte komplementäre Konzeption von (intentionalem oder zufälligem) kreativem Schaffen als reinem Um-Schaffen von bereits Vorhandenem, das nur neu zusammengesetzt oder -gewürfelt wird und dabei sozusagen andere Formen annimmt. Beiden – konzeptionell aufeinander bezogenen – Positionen gegenüber beansprucht die hier vertretene Auffassung eine Gegenposition einzunehmen, gleichsam ein *nicht-vermittelndes* Drittes. Das Neue stammt demzufolge weder aus dem Nichts, noch ist es das Alte in neuer Kombination. Sondern das Neue ist die *nicht vermeidbare Abweichung* – aus der potentiell neue Stufen der Organisation emergieren.[33] Dies jedoch nicht im trivialen oder neutraler, ontologischen Sinne der Idee, daß „alles fließt“ (Heraklit), daß alles Seiende *prozeß*haft-Seiendes ist (Nietzsche, Whitehead) oder auch modern, daß jeder Sinn „gleitet“ (Derrida). Sondern im logischen Sinn: daß das in der Tat prozessuale Abbilden (mapping) mit Abweichungen, Resten, Überschüssen einhergeht, nicht nur versehentlich, sondern aus logischen Gründen, strukturell „eingebaut“ und neben trivial Neuem auch unvermeidlich Innovatives, relativ zu bestimmten Zwecken Besseres mit sich führen. Wie dies genauer geschieht, dies will die „Grundidee“ dieser Arbeit näher klären.[34] Was aus dieser Sicht folgt ist grundsätzlicher Art und wird am Schluß dieser Überlegungen ausgeführt. Es bedeutet letztlich, daß Kreativität, innovatives Denken nicht zu suchen ist und letztlich immer zu wenig existiert, sondern im Gegenteil: sie existiert latent im Überfluß, es gilt sie zu bremsen und zu kanalisieren, zu lenken, sie einzusetzen.

Die prinzipiellen Konsequenzen dieser Theorie des Kreativen sind erheblich; sie werden im Schlußkapitel skizziert. Sie beinhalten vor allem eine grundlegende *Entspannung*. Nicht etwas tendenziell Fehlendes gilt es zu suchen in der Globus- und Disziplinen-umspannenden Suche nach dem rettenden Gut Kreativität. Nicht ein prinzipielles Defizit, ein Mangel ist zu beheben unter hohem Einsatz endlicher Ressourcen, sondern es gilt umgekehrt sich dessen zu bedienen, was als Überschuß, Abfall, drohendes Chaos stets schon vorhanden ist und dessen man sich zu entledigen suchte. Es gilt, dieses Potential nicht auszulöschen, sondern im Gegenteil auf das jeweilige Ziel hin einzugrenzen. Nicht *mehr*

32 Bildgebende Hirnscan-Verfahren zeigen beispielsweise, daß hochbegabte Mathematiker sich von gewöhnlichen Mathematikern beim Lösen schwieriger Aufgaben dadurch unterscheiden, daß in ihren Hirnen weniger geschieht (nicht mehr).

33 Zur Figur der Emergenz im hier verwendeten schöpferischen Sinne vgl. das gleichnamige Kapitel in Michael Polanyi, *Implizites Wissen*.

34 Sie wird näher ausgeführt in Kapitel 2.

Kraft ist aufzuwenden und so zur institutionellen, monetären und individuellen Erschöpfung und Ausbeutung global beizutragen, sondern deutlich weniger. Dafür ökonomischer, gezielter. Es ist dies letztlich eine ganzheitliche Sicht, eine Perspektive, die zudem einiges von dem enthält, was in systemtheoretischen sowie kybernetischen Debatten diskutiert wurde, auch im Sinne dessen, was Gregory Bateson in seiner Rede von einer „ecology of mind" noch bis in die 80er Jahre zu entwickeln versuchte.[35]

1.5 Zum Aufbau

Das Buch verfolgt wie schon angedeutet eine systematische Grundthese, die sich wie ein roter Faden durch die Ausführungen zieht. Diese wird zunächst im folgenden Kapitel 2 vorgestellt. Obwohl besagte These vor allem mit dem Instrumentarium philosophischer, insbesondere „analytischer" Reflexion ab der Mitte des 20. Jahrhunderts gewonnen ist (und Elemente der Informations- und Kommunikationstheorie einschließt), finden sich in der älteren Geistesgeschichte einige herausragende philosophische Momente, in denen die für ihre Entwicklung zentralen begrifflichen Weichenstellungen und problemarchitektonischen Umkonzeptionen statthatten. Diese haben die Debatten der heutigen *philosophy of mind* sowie Erkenntnistheorien geprägt und damit auch die Entstehung und Gestalt der hier vertretenen Grundthese. Daher wird ihr Auftreten – in scheinbar ganz anderer Erscheinungsform – zunächst anhand zweier ausgewählter Epochen der Philosophie- bzw. Geistesgeschichte vorgestellt. Im ersten historischen Hauptteil der Arbeit ist dies die griechische Antike (Kapitel 3); dargestellt wird die Denkfigur vor allem an Platons „Daimon"-Konzept aus dem „Symposion", samt einiger Ausflüge in seine „Mania"-Konzeption, die zum heutigen Begriff des „Unbewußten" und der „Inspiration" konkrete Verbindungen hat.[36] Der zweite Abschnitt des Antike-Kapitels behandelt Aristoteles' „phantasía"-Charakterisierung aus „De Anima": einen Text, ohne den diverse anschließende Reflexionen der Philosophiegeschichte wie etwa die Konzepte von „Anschauung" und „Begriff" in der uns vorliegenden Form nicht gebildet worden wären. Kants Begriff der „Einbildungskraft" etwa ist ohne Aristoteles' Begriff der phantasía nicht zu denken – obwohl beide alles andere als identisch sind.

Dem folgt der zweite historische Hauptteil: die Phase zwischen Leibniz und Kant (Kapitel 4). Unter anderem in Gegenreaktion auf Descartes' Bestimmung, daß alles was „klar und deutlich" erkennbar ist, wahr sei[37], führt Leibniz das ‚Kontinuierliche' oder ‚Indiskrete' in die Epistemologie ein.[38] Aus seinem damit verbundenen Stufen- und Aufstiegs-

[35] Vgl. hierzu unten Kap. 6 und 7. Vgl. ferner Gregory Bateson, *Steps to an ecology of mind*, deutsch: *Ökologie des Geistes*, vgl. auch ders., *Mind and Nature*, deutsch: *Geist und Natur*, sowie: *Angel's Fear*, deutsch: *Wo Engel zögern*.

[36] Allerdings werden hier keine geistesgeschichtlichen Genealogien, sondern logisch-strukturelle Parallelen verfolgt.

[37] Vgl. Descartes, *Discours de la Méthode* Teil 2. sowie ders. *Meditationes*, Vierte Meditation („Über Wahrheit und Falschheit"), Punkt 15, 17.

[38] Vgl. dazu unten Kap. 4.1 (zum Begriff der „petites perceptions").

modell der Erkenntnis[39] wird im Verlauf der nächsten 100 Jahre ein letztlich überraschend anders geartetes „Zwei-Stämme"-Modell: unter tätig-kritischer Mitwirkung u. a. Christian Wolffs und Alexander Gottlieb Baumgartens. Kants „Kritik der reinen Vernunft" bildet hierbei den Kulminationspunkt einer vorausgegangenen, gut ein Jahrhundert währenden Phase lebendigster erkenntnistheoretischer Auseinandersetzungen – wovon auch noch die Umkonzeptionen des Werks von der ersten zur zweiten Auflage zeugen. So ist es der nur zehn Jahre ältere Baumgarten, dem Kant die Rede von der „transzendentalen Ästhetik" im Eingangskapitel der „Kritik der reinen Vernunft" verdankt wie auch das theoretische Instrumentarium der „Kritik der Urteilskraft". Insbesondere Baumgartens „Metaphysica" bildete jahrzehntelang die Basis von Kants Universitätsvorlesungen. Das berühmte Diktum der „Kritik der reinen Vernunft", das bis heute als Echo durch zahllose erkenntnistheoretische Debatten hallt[40], „Gedanken ohne Inhalt sind leer, Anschauungen ohne Begriffe sind blind"[41], wäre gleichermaßen ohne die erkenntnistheoretischen Generations- und Emanzipationskämpfe seiner Vorgänger nicht denkbar.[42] Dies wird im zweiten historischen Hauptteil dieser Arbeit (Kapitel 4) ausführlich beschrieben: u. a. anhand des Prozesses der wiederholten Umakzentuierung des seit der Antike diskutierten Verhältnises von Sinnlichkeit/Anschauung und Begrifflichkeit/Sprache/Denken: etwas begründend, das man *„Epistemologie-als-Ästhetik"* nennen könnte und das heute aktueller ist denn je.[43] Für die zentralen logisch-systematischen Konzepte, derer sich spätere kreativitätstheoretische Diskurse bedienen, werden hier die theoretischen Grundsteine gelegt: von der „unbewußten Wahrnehmung" (Leibniz) über das „unbewußte Denken" (Baumgarten) bis hin zum „Genie"-Konzept (Kant).

Der systematische Hauptteil (Kapitel 5 bis 7) stellt die eingangs exponierte Grund-Idee anhand zeitgenössischer Theorien dar, wobei diese zugleich weiterentwickelt werden. Die Linie zwischen „historisch" und „systematisch" ist dabei in der Diskurspraxis nie scharf zu ziehen; selbstverständlich beinhalten die „historischen" Kapitel im Kern systematische Überlegungen von aktueller Sprengkraft; und sämtliche systematischen Reflexionen entbehren ohne das Bewußtsein ihrer eigenen Historizität aller theoretischen Tiefendimension.[44]

---

39 Es findet sich implizit v. a. in den „Betrachtungen über die Erkenntnis, die Wahrheit und die Ideen" (1684) sowie den *Nouveaux Essais* (1703/05), vgl. unten 4.1.

40 Man denke etwa an John McDowell, *Mind and World.*

41 Kant, *Kritik der reinen Vernunft*, B 75.

42 „Wie nun die Beurteilungskraft ohne Geist ganz kalt und matt ist, so ist der Geist ohne die Beurteilungskraft ausschweifend und blind.", so etwa Johann Christoph Gottsched, in *Vernünftige Tadlerinnen* II, S. 61, zitiert nach Baeumler, *Das Irrationalitätsproblem*, S. 147.

43 Die entscheidenden Akteure in diesem Prozeß sind wiederum Wolff und vor allem Baumgarten. Über Kant, Ernst Cassirer und Susanne K. Langer gelangte dieser Diskurs dann durch Nelson Goodman in die zeitgenössische analytische Philosophie (vgl. dazu auch unten Kap. 5), von wo er nicht zuletzt in den Medien- und v. a. Bildtheorien etwa eines W. J. T. Mitchell weiterlebt.

44 Wie prekär allerdings noch heute an Universitäten die philosophische Auftrennung in „historisch" und „systematisch" ist, zeigt sich beispielsweise in der Begründung der Ablehnung eines Kandidaten seitens einer Berufungskommission für eine Universitätsprofessur: „Er konnte den Verdacht nicht ausräumen, daß er sich für historische Fragen nur aus systematischen Gründen interessierte." (Persönliche Mitteilung)

Die systematischen Hauptteile schließen vor allem an theoretische Ideen Nelson Goodmans, Fred Dretskes und Gregory Batesons an, unter selektiver Hinzuziehung von Überlegungen Bertrand Russells und Ludwig Wittgensteins (Kapitel 5 und 6). Goodman und Dretske gaben, obwohl sie selbst keinerlei Kreativitätstheorie vorlegten oder auch nur thematisierten, durch ihre theoretischen Entscheidungen Impulse zur Entwicklung der hier verfolgten Grundidee. Bateson wiederum, obwohl kein Berufsphilosoph, wird ausführlich vorgestellt und weiterentwickelt, da sein Denken Ansätze zu einer (aus seinen Texten schwer zu rekonstruierenden) Kreativitätstheorie beinhaltet, die zu dem hier Vorgestellten in einigen Hinsichten überraschende Parallelen hat. Sein von ihm ausdrücklich als „epistemologisch" beschriebener Ansatz öffnet die Philosophie ferner hin zu einer Transdisziplinarität, die sich nicht nur in kreativitätstheoretischen Diskursen heute kaum noch ignorieren läßt.

Das Abschlußkapitel liefert zuerst eine kurze Zusammenfassung (7.1) und diskutiert anschließend die Frage, in welcher Form sich die systematische Grundfigur, die den roten Faden der Überlegungen bildet, durch diesen Durchgang verändert und konkretisiert hat (7.2). Anschließend wird eine bei Leibniz und später bei Bateson wiederholt gefundene Anomalie beleuchtet: das, kurz gesagt, logische Ineinander der Abstiegs- und Aufstiegsmetapher der Erkenntnis (7.3). Die „Black Box"-Metapher der Kreativität wird anschließend re-evaluiert und in eine neue Gestalt überführt (7.4). Zugleich wird die zweistellige Grundfigur der Arbeit mit einem dreistelligen Konzept kombiniert, das sich im Durchgang bereits mehrfach andeutete: dem „Schema" oder auch der „Gestalt" als vermittelnder systematischer Instanz (7.5).

Die Konsequenzen münden schließlich in einige abschließende Ausblicke. Zunächst wird überlegt, welche Desiderate, zukünftige Untersuchungen betreffend, aus dem Bisherigen folgen (7.6). Der zweite Ausblick leitet aus dem Vorangegangenen Schlußfolgerungen samt einer Art „Verhaltensanweisung" ab (7.7, 7.8). Schließlich (8.) werden konkrete Konsequenzen für unsere kreative Praxis beleuchtet, auch hinsichtlich der Gesamtheit menschlicher Bemühungen, den ökologischen, ökonomischen und mentalen Herausforderungen unseres Planeten anders als eskalierend zu begegnen.

2. Wie ist Kreativität möglich? Hauptthese der Arbeit

2.1 Die Grundfigur. Weder beliebig, noch determiniert: Übersetzung vor dem Hintergrund der Unübersetzbarkeit

In diesem Punkt liegt irgend etwas so Einfaches, so unendlich Einfaches, so außergewöhnlich Einfaches, daß es dem Philosophen niemals gelungen ist, es auszudrücken. Und darum hat er sein ganzes Leben lang darüber gesprochen.

Henri Bergson

Auf ihrer Suche nach Präzision sind alle unsere Denk-, Artikulations-, Verstehens- und Repräsentations-Bemühungen von zwei einander entgegengesetzten Prinzipien oder Bestrebungen nach Genauigkeit geleitet. Diese sind beschreibbar als einerseits *endliches (finites) Differenzieren*, also: *‚Ziehe eine* Grenze *des Unterscheidens'*, und andererseits *nicht-endliches Differenzieren*: *„Jeder Unterschied zählt'*. Beide sind aufeinander bezogen, d. h., wo das eine auftritt, ist das andere als Bezugsgröße oder Gegensatzfolie ebenfalls präsent; und zugleich schließen endliches und nicht-endliches Differenzieren einander logisch aus, sie sind nicht Rest- oder Überschuß-frei ineinander überführbar. (Inwiefern dies der Fall ist, wird gleich näher erläutert, zunächst: Man kann nicht zugleich und in derselben Hinsicht *Grenzen* des Unterscheidens ziehen, d. h. Unterschiede löschen, und neue Unterschiede *suchen*: unbegrenzt zu verfeinern trachten.) Hierin liegt das in dieser Arbeit so genannte „Paradox des Präzisen". Die Grundidee lautet, daß im Phänomen der Kreativität diese beiden inkommensurablen Ordnungen, Denkformen oder Logiken aufeinanderprallen. Dadurch treten notwendig Irregularitäten auf: jede Übersetzungs- oder Überführungsmaßnahme unter ihnen beinhaltet Momente des Nicht-Ausrechenbaren oder -Algorithmisierbaren, des ‚Spontanen': ‚geregelte Freiheit'. *Die Kreativitäts-ermöglichende Situation tritt also ein, wenn zwei einander logisch ausschließende Handlungsformen gleichzeitig aktiv sind, das endliche und das nicht-endliche Differenzieren, und ihre Interaktion charakteristische Spontaneitäten aufweist.*

Diese Grundidee ist so abstrakt und einfach, daß es schwierig ist, sie zum Zweck ihrer Konkretisierung und Veranschaulichung aus ihrer Form herauszulösen, ohne sie damit nicht partiell „distinct from, and therefore, false to itself" zu machen.[1] Die folgenden Kapitel des Buches sind eine Form der begrifflichen Konkretisierung und Veranschaulichung ihrer: einerseits in ausgewählten Momentaufnahmen über die Zeitspanne von zweieinhalb Jahrtausenden oder 100 Generationen hinweg, andererseits in systematischen Ausarbeitungen.

Zunächst aber eine erste abstrakte Annäherung in heutigen Termini: wie sind die beiden Seiten näher zu beschreiben? Was hier vorliegt ist die Unterscheidung zwischen ‚endlichem Differenzieren' und ‚unbegrenztem Verfeinern' in der Bestimmung. Erstere, die *innerhalb des Unterscheidens Grenzen setzende* Praxis des Denkens und Handelns ist eine, die Unterschiede ver-endlicht (die abstrahiert), die zwischen wichtigen und unwichtigen Teilen unterscheidet: zählenden und nicht-zählenden Aspekten. Die ferner Momente negiert, folglich generell *bestimmend* wirkt, präzisierend (im Sinne des ‚*omnis determinatio est negatio*'). Man kann diese Tätigkeit je nach Perspektive und Kontext etwa mit *begrifflichen* oder auch *formalisierenden* Operationen identifizieren.[2] Kennzeichnend ist, daß hier ‚*endlich*' (*finit*) differenziert wird, daß mit dem Unterscheiden an ein Ende gelangt wird: wo dieses Ende jeweils angesetzt wird, ist theoretisch unerheblich. – Die dem komplementär gegenüberstehende Verfahrensform dem Begegnenden gegenüber läßt sich beschreiben als ‚jeder Unterschied zählt' (‚zwischen zwei Zeichen liegt immer ein drittes': mathematisch „Dichte", *density*[3]). Es ist das, was wir vortheoretisch als „Wahrnehmen", „Anschauen" beschreiben: eine Tätigkeit, die zunächst einmal *methodisch-willentlich nichts ausgrenzt,* diskriminiert (*de facto* tut sie dies aufgrund unserer perspektivischen und kapazitären Endlichkeit natürlich doch). Es ist eine mentale und sinnliche Aktivität, die den Anspruch, die „*injunction*"[4], selbstgegebene Handlungsanweisung hat, simultan ‚alle' vorliegenden Momente aufzufassen – wie unbestimmt und unthematisiert im einzelnen auch immer. In der Tat ließe sich *eine* Fassung dieses Unterschieds als der von „sinnlich Wahrnehmen" und „begrifflichem Denken" beschreiben, als Perzeption und Konzeption[5] (wenn dies nicht verfrüht suggerierte, daß Ersteres jeweils kein Denken sei oder ‚irrational'). Es liegen mit den beiden Seiten fundamental unterschiedliche, gleichermaßen rationale Operationsweisen vor, die, obwohl miteinander agierend und zusammen auftretend, dennoch *nicht aufeinander rückführbar* sind (in diesem Sinne inkommensurabel). Sie sind nicht nur unterschiedlich, sie schließen einander aus, und dennoch sind sie stets aufeinander bezogen. (Letzteres Verhältnis artikuliert sich in Kants bekanntem Satz: „Gedanken ohne Inhalt sind leer, Anschauungen ohne Begriffe sind blind."[6])

Der Begriff „injunction" beinhaltet, daß es sich bei den beschriebenen zwei Seiten um zwei *Verhaltensformen* handelt. Sie bezeichnen nicht Entitäten, Sachen, sondern Operationsweisen, Formen der *Anschlußbildung* – man kann auch sagen: Handlungsan-

1 George Spencer-Brown, *Laws of Form*, S. 105.

2 Vgl. die ausführlichere Darstellung unten Kap. 5, insbes. 5.4.

3 Vgl. dazu unten Kap. 5.4 sowie oben Seite 24.

4 George Spencer-Brown, *Laws of Form*, S. 77.

5 Dies findet sich beispielsweise bei Fred Dretske in *Knowledge and the Flow of Information.*

6 Dies gilt bei gleichzeitigem: „Der Verstand vermag nichts anzuschauen, und die Sinne nichts zu denken" (*Kritik der reinen Vernunft*, B 75), insofern in der Tat: einander logisch ausschließend und nicht ohne einander zu denken.

weisungen. Die erstere Form lautet: *ziehe Grenzen des Unterscheidens*, lasse nicht jede Unterscheidung gelten. Der andere Fall: ziehe keine Grenzen des Unterscheidens, *jeder Unterschied zählt*. Im ersteren Fall werden Unterschiede gelöscht, für irrelevant erklärt; es ist die beschriebene Handlung des ‚Bestimmens', die grundsätzlich mit dem Verwenden von Sprache und Formeln, Notationen einhergeht. *Für diese digitalisierende Seite ist charakteristisch, daß sie mit der Bildung von Zeichen für „nein" und „nicht" einhergeht*: Zeichen für Negation und für Nicht-Seiendes. Dies ist für das Verständnis der behaupteten Inkommensurabilität der beiden Seiten logisch zentral. Die Erfindung des Sprechens ist

a) immer mit der Erfindung des Negierens, Digitalisierens verknüpft (jede begriffliche Prädizierung schließt ‚andrängende' Alternativen aus), und
b) mit der Fähigkeit zur präziseren Imagination und Kalkulation von nicht-Seiendem (etwa *noch nicht* oder *nicht mehr* Seiendem, was erst Zukunft und Vergangenheit als rationale Handlungsdimensionen erschließt). Zugleich ist die Erfindung der Sprache auf Grund besagter Negations-Fähigkeit damit
c) logisch verbunden mit der „Arbitrarität" ihrer Zeichen, der Sprengung eines „natürlichen Bandes" zwischen Zeichen und Bezeichnetem.

Auf der anderen der beiden Seiten steht die Verhaltensanweisung: ‚jeder Unterschied zählt'. Das heißt auch: im Prinzip liegt zwischen allen zwei Zeichen ein drittes, können potentiell *bei jeder weiteren Begegnung neue Unterschiede auffallen*[7], die nicht weniger ‚zählen' als die alten (beschreibbar mit besagtem mathematischen Terminus der „Dichte"). Illustrieren läßt sich diese Art der Verhaltenseinstellung oder *injunction* in ästhetischen Kontexten etwa mit dem Verhalten angesichts von Gemälden in einer Ausstellung: Man betrachtet diese nicht, um Unterschiede zu begrenzen, sondern jeder weitere Blick legt potentiell neue Details frei. Es gibt hier beim Unterscheiden – ohne daß es damit irrational oder alogisch wäre – kein prinzipielles Ende. Die Konsequenzen dessen für ‚analog' strukturierte Wahrnehmung oder Kommunikation: Wenn jeder Unterschied zählt, haben wir

a) nur positive Werte. Es gibt hier keine Negation, kein Nicht.[8] (Ein Bild kann nie zeigen: ‚Peter trägt keinen grünen Pullover'.[9]) Haben wir nur positive Werte, ‚zählt' also *alles*, so kann die Negation nicht artikuliert werden. Es ist
b) die Mitteilungsform des „Zeigens", und in der Tat haben Kommunikationswissenschaftler wie etwa Paul Watzlawick und vor ihm bereits Sigmund Freud auf diese logische Besonderheit hingewiesen: letzterer anhand der zeichentheoretischen Analyse der Bildsprache (in der „Traumdeutung"), ersterer anhand der ‚Analogkommu-

---

[7] Unter anderem aufgrund dieses anschluß-logischen Umstands ist der Einwand verfehlt, *nicht endliches* Unterscheiden sei gar kein Unterscheiden – wie etwa von Logikern wie Pirmin Stekeler-Weithofer oder Paul Hoyningen-Huene gesprächsweise eingewandt wurde.

[8] Es gibt in analogen Symbolsystemen im allgemeinen und pikturalen im besonderen keine Kontradiktionen – es gibt jedoch Kontraste.

[9] Er kann nur beinhalten: Peter trägt einen roten Pullover. Vgl. hierzu auch Simone Mahrenholz, „Bildtheorie als Medientheorie. Der logische Doppelstatus der Bilder und sein paradoxaler Ursprung bei Leibniz und Kant".

nikation‘ (bei Tieren einschließlich dem Menschen für Beziehungskommunikation eingesetzt und grundsätzlich expressiv).[10]

Das sprachlich-begriffliche, ver-endlichende Denken auf der anderen Seite führt zugleich das Nein, die Negation, das Nicht ein. Das heißt, um mit der Charakterisierung des Sprechens und mithin der syntaktisch digitalen Zeichen fortzusetzen:

d) dort, wo vordem, im Analogen, *Differenzen und Kontraste* waren, sind nun *Distinktionen und Kontradiktionen*. Begrifflich denken impliziert *entweder-oder*-Strukturen, wo vorher (auf der Ebene des „Seins“) ‚*mehr oder weniger*‘ galt. Es bedeutet, *Ausschluß*relationen zu denken, wo vorher *Anschluß*relationen, *sowohl - als auch* oder *erst dies, dann das*, existierten.[11]

Kreativität entsteht dieser Grundthese zufolge also, wenn die beschriebenen zwei Verhaltensanweisungen aufeinanderprallen. Das heißt, die Genese von Kreativem beansprucht *sowohl* das *Gesetz vom ausgeschlossenen Dritten,* die eben erwähnte Ausschlußrelation, *als auch dessen Aufhebung*. (Sie beansprucht das Gesetz vom zu vermeidenden Widerspruch schon deshalb, damit sie es gezielt und partikular aufheben kann: zu ihm in jenes logische Reibungsverhältnis treten, aus dem die logisch irreguläre Transformation entstehen kann: der kreative „Sprung“.) In anderen Worten: Kreativität gründet im Prozeß der wechselseitigen Übersetzung zwischen diesen beiden Denk-Formen. Da sie einander wechselseitig ausschließen (aber jeweils nur in ein- und derselben Hinsicht), ist deutlich, daß in diesem Hin-und-Her der Übersetzung notwendig *Sprünge* vorliegen, indeterminierte Übergänge oder Brüche, folglich Alternativen.[12] Der systematisch springende Punkt ist, daß es für diese Übersetzungen keinen Algorithmus, keine Regel gibt, oft nicht einmal einen beobachtbaren und in seinem Zustandekommen reproduzierbaren Übergang. Diese logisch begründeten Zonen der Unbestimmtheit markieren just darin eine *Black Box* unseres Denkens. Und hier liegt der systematische Ort für Kreativität.

Kreativität entsteht also im Umgang mit einem (Denk- oder sonstigen) Material, wenn zwei verschiedene, genauer, entgegengesetzte Operationsweisen aufeinanderprallen: die Handlungsanweisung: nimm finite Unterscheidungen vor im Umgang mit dem Material, das Dir begegnet, digitalisiere es bzw. folge dessen digitalisierter Struktur – sowie andererseits: beachte jedes Detail. – Zwischen beiden Varianten gibt es keinen graduellen Übergang; es ist ein ‚entweder-oder‘.

Kreativität entspringt in dieser Betrachtung mithin einer Hin- und Her-Übersetzung, um einen Ausdruck Fred Dretskes zu leihen: einer *analog-digital-Konversion* sowie *digital-*

---

[10] Dies wird unten in Kap. 5.5 und 6.2 näher ausgeführt. Vgl. auch Watzlawick/Beavin/Jackson, *Menschliche Kommunikation. Formen, Störungen, Paradoxien.*

[11] Werner Heisenberg spielt auf den strukturellen und logischen Unterschied dieser beiden Formen des Symbolgebrauchs an: „Das Gegenteil eines ‚richtigen‘ Satzes ist ein falscher Satz. Das Gegenteil eines ‚wahren‘ Satzes wird aber häufig wieder ein ‚wahrer‘ Satz sein.“ Das hier „analog“ Genannte nennt er „dynamischen“, das „digitale“ „statischen“ Zeichengebrauch. Vgl. Werner Heisenberg, *Gesammelte Werke*, Abt. C, Allgemeinverständliche Schriften, Bd. I. S. 244 f.

[12] Dies wird unten in Kapitel 5 ausführlich dargestellt.

analog-Konversion.[13] Das heißt einerseits Digitalisieren, also sinnlich Wahrnehmbares in Begriffe, Konzeptionen, „Information", Modelle, Theorien, Formelfolgen zu übersetzen. Andererseits bedeutet es, Begriffe, Theorien, Modelle wiederum zurück in Anschauungen, Wahrnehmungen, „Materie" zu transformieren. Letzteres geschieht etwa, wenn ein Wissenschaftler überlegt, ob seine Theorie mit der Wirklichkeit korrespondiert, oder auch im Prozeß des Übersetzens einer Formelfolge in ein veranschaulichendes Bild – wie etwa im Erstellen von Wissenschaftsbildern als Illustrationen von Theorien. Jede Bearbeitung im Sinne einer Digitalisierung gründet dabei auf einer nicht-festgelegten Auswahl (nichts am Material deutet alternativelos darauf hin, „wo" die Schnitte gemacht werden). Umgekehrt bleiben einmal gelöschte Daten verloren.[14] Jegliche Rück-Verwandlung ins Analoge, Sinn-hafte, Sinnliche operiert mithin mit partiell ‚erdichteten' oder ‚ausge-dichteten' („density") Daten, *also hinzuerfundenen, die nicht aus dem bestehenden Material stammen können*. Hier liegt informations-logisch die kreative ‚Wunde', oder das kreative Potential. Allerdings sind gerade Analogisierungen – Dretske nennt sie auch „restorations"[15] – damit weder beliebig noch chaotisch. Sie sind schlicht nicht determiniert. Sie haben ihren Spielraum innerhalb eines Rahmens: jenen digitalen Randbedingungen oder ‚Rand-Daten', mit denen sie kompatibel sein müssen.

Es geht in der Genese von Kreativität also um Übersetzungsphänomene, um Analog-Digital-Analog-Konversionen, und der bereits betonte entscheidende Umstand ist: hier gibt es selbst dann immer Alternativen, wenn um maximale Genauigkeit gerungen wird. Aus der Inkommensurabilität beider Seiten resultieren strukturell eingebaute „Kopierfehler"[16], und in diesen gründen die kreativen Potentiale. Es sind darin ‚freie', nicht algorithmisierbaren Prozesse, für die es keine Regel gibt und die in diesem Sinne indeterminiert sind: auf ‚Sprüngen' basieren: *strange loops* bilden, Stromschnellen des Geistes. Just hierin liegt die symbol-logische Einsatzstelle von Neuem: gelenkte Übersetzung vor dem Hintergrund der Unübersetzbarkeit. Das Kreative, die kreativen Prozesse sind damit weder chaotisch, weder frei im Sinne von *ex nihilo*, noch determiniert.

2.2 Im „Inneren" der Black Box

Weder chaotisch noch determiniert – der Bereich dieser konkreten Operationen wurde eben als „Black Box" bezeichnet. Hier liegen auch die strukturellen Gründe für viele an der Oberfläche liegende und in das kollektive Bild eingegangene Eigenschaften der Kreativität: die Bedeutung des ‚*Unbewußten*', die *Unausrechenbarkeit, Unplanbarkeit, Spontaneität, Nähe zum ‚Wahnsinn'*, die *Nicht-Mitteilbarkeit* des *wie* diese Prozesse vonstatten gingen und wie sie ausgelöst wurden, die damit verbundene *Fremdzuschreibung*, Zuschreibung einer *höheren Instanz* etc. Fast alle dieser Eigenschaften werden im Verlauf

[13] Dretske benutzt den Ausdruck von der „analog-digital"-Konversion jedoch nicht im Zusammenhang mit Kreativität und in anderem Argumentationskontext, vgl. sein: *Knowledge and the Flow of Information*. S. 147 sowie ausführlich unten 5.4.

[14] Dies wurde häufig beispielsweise in Testberichten zu MP3-Playern pointiert.

[15] Vgl. Dretske, *Knowledge and the Flow of Information*, S. 147.

[16] Vgl. für die Rede von ‚Kopierfehlern' unten Kap. 5.4.

dieser Studie im einzelnen wieder auftreten. Hier vorgreifend einige einführende Bemerkungen.

„Black Box“ heißt: was hier geschieht, geschieht ohne die mentale Spiegelung und Steuerung desjenigen, der es vollzieht. (So wie man einen körperlichen Akt unbewußt und ungesteuert vollziehen kann und ihn nur an seinem Ergebnis erfaßt, so kann man auch einen geistigen Akt entsprechend vollziehen.) Diese mentale Unbewußtheit hat keinen mystischen oder tiefenpsychologisch erkund- und beschreibbaren Grund, sondern liegt zunächst einmal geheimnisfrei darin, daß das Geschehen aus strukturellen Gründen unbeobachtbar ist. Dies zum einen, weil es sich wesentlich im nicht-sprachlichen Bereich abspielt: Genauer gesagt findet die Übersetzung unter anderem zwischen verbalisierbaren und strukturell unsprachlichen, etwa visuellen Bereichen statt. Damit ist das Geschehen – die introspektive Überlegung eines Wissenschaftlers des ‚was tat ich, damit oder als mir diese zündende Idee kam?‘ – nicht sich selbst oder anderen mitteilbar.[17] Es gibt jedoch noch mindestens drei weitere Gründe für diese strukturelle Unbewußtheit[18]; Leibniz hat sie als erster zu systematisieren gesucht. Hierzu gehört zum einen, daß die entscheidenden Geschehnisse oft „zu gering und zu zahlreich“ sind, um merklich zu werden[19], zweitens, daß sie vielfach tatsächlich „vor“, d. h. im Rücken des Beobachtens und Bewußtseins liegen, dieses konstituierend (z. B. kann ich natürlich die schnellen Schwingungsfrequenzen, die mein Hören konstituieren, nicht selber hören, sondern nur ihren Ausdruck, die Tonhöhe, Klangfarbe etc.). Dieser Aspekt der strukturellen Unbewußtheit wird bei Leibniz auch als ‚nescio quid‘ (‚je ne sais quoi‘) bezeichnet[20] und hängt mit dem Umstand zusammen, daß sinnliche Eindrücke, phänomenale Qualitäten sich sowohl der genauen Beschreibbarkeit entziehen (den Sinneseindruck rot und den Geschmack der Madeleine kann man nur demonstrieren, nicht verbalisieren) als auch der Analyse in einzelne Komponenten. Sie bilden damit den Bereich, der in der scholastischen epistemischen Tradition „verworrene“ Kognition bzw. Sensation genannt wird (*cognitio confusa*, von Leibniz korrigiert als „klare und verworrene“ cognitio). [21] Für diese „Verworrenheit“ bieten sich in der informationstheoretisch geprägten Moderne andere Ausdrücke an: Analogizität oder *Dichte*[22], letztere im Sinne von: „zwischen allen zwei Zeichen liegt immer ein drittes“: die *im Prinzip* nicht-final-abschließbare-Analyse eines Sinnenmate-

---

[17] Vgl. Wittgensteins: „Wenn man aber sagt: ‚Wie soll ich wissen, was er meint, ich sehe ja nur seine Zeichen‘, so sage ich: ‚Wie soll *er* wissen, was er meint, er hat ja auch nur seine Zeichen.‘“ *Philosophische Untersuchungen*, S. 504.

[18] Der Begriff des „Unbewußten“ ist allerdings bekanntlich in- und außerhalb der Psychoanalyse extrem vielschichtig, vor allem wenn man zwischen *logischen* Gründen für Unbewußtes und *physiologischen* Gründen (die Leibniz mit im Sinn hat) unterscheiden will. Als hilfreiche Übersicht vgl. Mai Wegener: Artikel „Unbewußt/das Unbewußte“, in: *Ästhetische Grundbegriffe* (ÄGB); vgl. ferner die historische Verbindung von Psychoanalyse und Philosophie in Günter Gödde: *Traditionslinien des Unbewußten.*

[19] Vgl. G. W. Leibniz, *Neue Abhandlungen über den menschlichen Verstand* Bd. I, Einleitung S. XXI; vgl. dazu auch unten Kap. 4.1.

[20] Vgl. G. W. Leibniz, „Betrachtungen über die Erkenntnis, die Wahrheit und die Ideen“ S. 23 sowie Leibniz, *Neue Abhandlungen über den menschlichen Verstand* Bd. I, S. 454 („je ne say quoy“).

[21] Vgl. hierzu ausführlich unten Kap. 4.1.

[22] Beide sind logisch nicht dasselbe, jedoch phänomenologisch: ein Unterschied, der für den gegebenen Kontext zu vernachlässigen ist.

rials. Leibniz’ Beschreibung des „Klaren und Verworrenen“ betrifft das Phänomen einer nicht verbalisierbaren und nachvollziehbaren Urteilskraft, das sich generell auf kreative Situationen übertragen läßt:

> „[Wir können] beobachten, daß Maler und andere Künstler ganz vortrefflich erkennen, was richtig und was fehlerhaft gemacht ist, häufig aber nicht imstande sind, von ihrem Urteil Rechenschaft zu geben und auf Befragen nur antworten, sie vermißten in der Sache, die ihnen mißfällt, irgend etwas, sie wüßten selbst nicht was (nescio quid).“[23]

Das Umgekehrte gilt ebenso: es erscheint einem etwas als richtig, passend, angemessen, ohne daß man über dieses Urteil vollständig Rechenschaft ablegen könnte – und dies betrifft gleichermaßen Entscheidungen auf dem Weg der wissenschaftlichen Theoriebildung. Dieses „nescio quid“ – etwas wissen, aber dieses nicht zu sagen wissen – ist eine eingeschränkte Form von Unbewußtheit, aber keine *durchgehende* Unbeobachtbarkeit. Man fällt ein Urteil auf der Basis von etwas, das man beobachtet, man hat das *Material* seines Urteils exakt vor Augen oder *in mind*, aber die Prozesse dieses Urteils gehen dennoch in bestimmter Weise intern unbeobachtbar vor sich. Das Verhältnis von „Unbewußtheit“ und „Analogizität“ wird unten thematisiert – im Zusammenhang mit der Frage, *was* es ist, das sich am kreativen Prozeß strukturell der Beobachtung, Vorhersage und bewußten Initiierbarkeit entzieht.[24]

Kreativität findet demzufolge also statt (bzw. die kreativitätsfördernde Situation tritt ein), *wenn gleichzeitig eine bestimmte Ordnung und die Aufhebung dieser Ordnung* zugunsten einer anderen stattfindet, wenn im selben Moment zeitliche Sukzessivität des Diskursiven und simultane Pluralität des Analogen, etwa auch Visuellen, die geistige Operationsform bilden. Wenn zugleich *entweder-oder* (des Diskursiven) und *sowohl-als auch* (des Simultanen) aufrechterhalten werden. Als prominentes Beispiel hierfür gilt der berühmte Traum des deutschen Chemikers Friedrich August Kekulé von der Schlange, die sich in den Schwanz beißt: ein Traumbild, das es ihm angeblich ermöglichte, seine Formeln in ein lang gesuchtes operables Modell zu synthetisieren. Diese Übersetzungsleistung fand nicht zuletzt über die deutsche Philatelie Eintritt ins öffentliche Bewußtsein (Abb. 1). Die visuelle Formel ist Frucht der paradoxen Aufgabe, zwei mentale Operationsformen, die einander logisch ausschließen, gleichzeitig präsent zu haben. Klar ist: dies sind herausgehobene, nicht auf Dauer zu „haltende“ Zustände, die a) Vorbereitung brauchen und b) nur „zufallen“, d. h. auf inspiratorische ‚Gunst‘ angewiesen sind. Insofern rechnen sich „Kreative“ die Momente ihrer entscheidenden Einfälle oft nicht selber zu.

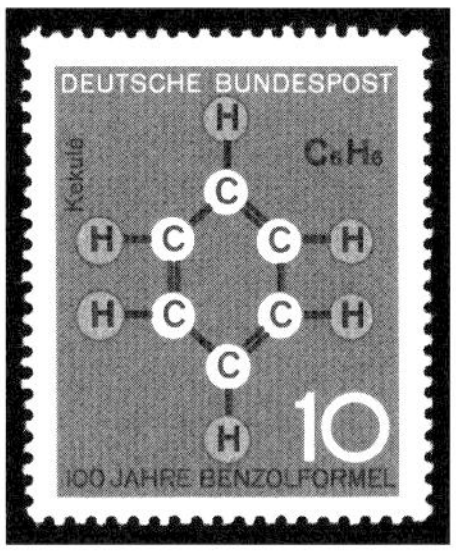

Abb. 1

Ansatzweise dürfte jedoch bereits deutlich werden, daß es einen strukturellen Zusammenhang gibt zwischen dieser logischen Form der „Dichte“ und demjenigen, was gerade in der Vergangenheit oft das ‚Göttliche‘ oder ‚Transzendente‘ genannt wurde: dem Gefühl, etwas nur zu empfangen, dem Gefühl des Zufallens, des Sich-eine-Leistung-nicht-selbst-Zuschreibens. ‚Gott‘ ist also in der Tat eng verknüpft mit dem Konzept der ‚Unendlichkeit‘ oder des ‚Unendlichen‘, aber es ist eine Unendlichkeit, der wir uns *in uns*

23 „Betrachtungen über die Erkenntnis, die Wahrheit und die Ideen“, S. 23

24 Vgl. Kapitel 5.4.

selbst stellen und die wir uns zugleich aus logisch-strukturell-kognitiven Gründen nicht zurechnen können, die vor allem nie „rein“ auftritt (‚reale‘ Unendlichkeit, könnte man sagen, gibt es nicht), sondern immer nur als *uns-selbst-überschreitender Widerpart*.[25] Gott, könnte man unter kreativitätstheoretischem Blick sagen, tritt mithin *im* Menschen auf – an der logischen und *zeitlichen* Grenze zwischen des Menschen aktueller Möglichkeit und seinem ihn fordernden und übersteigenden Potential – aber er tritt ohne den Menschen gar nicht auf: ohne des Menschen Endlichkeit fehlte auch seine Unendlichkeit.[26] – Es ist, wie sich hier andeutet, kein Zufall, daß das jetzige informationstheoretisch geprägte Zeitalter sowohl das Zeitalter der Kreativität(sdiskussion) als auch der ‚Wiederkehr der Religionen‘ ist. Dies hat neben politisch-gesellschaftlichen Gründen auch solche, die aus der logischen Eigendynamik des Computerzeitalters resultieren: nicht als deren einfache Gegenbewegung, sondern als ein logisches Moment innerhalb seiner.

Die kreativitätsbedingende Situation läßt sich demzufolge also auch beschreiben als: ‚Handele nach zwei Prinzipien zugleich: Beobachter-relativ (Beobachter meint immer Selbst-Beobachter) und ‚Beobachter-los‘ (entsprechend dem logischen Konstrukt des Gottesgesichtspunkts). Letzteres geht in der Tat nur jenseits des an Sprache gebundenen Bewußtseins (oder der an Bewußtsein gebundenen Sprache – es gibt allerdings auch ein *anderes* Bewußtsein und eine *andere* Sprache).[27] Sprache trägt, wie das an sie gebundene Bewußtsein, den ‚Beobachter‘, welcher die für beides notwendigen Unterscheidungen trifft, bereits in sich.[28] Das bedeutet Bestimmung, Präzisierung, aber ebenso Verengung im Sinne des *omnis determinatio est negatio*. Um diese Bestimmung und Verengung aufzubrechen gilt es also, eine mentale Situation herbeizuführen, welche die Unterscheidungen aus der Perspektive des ‚Beobachters‘ aufhebt (samt der ‚rekursiven‘ Selbstverständigung in Sprache und Bewußtsein): in der es also darum geht, das, mit Julian Jaynes, „Hindernis Bewußtsein“ auszuschalten.[29] Es ist wiederum das *praktisch* angezielte Paradox, daß wir zwei mentale Operationsformen, die einander logisch ausschließen, gleichzeitig präsent haben müssen: ein Zustand der herausgehobenen Spannung zwischen etwas, das man auch *aktiv sein, perspektivischer Beobachter sein* (finites Unterscheiden) und *passiv sein, den aktiven Beobachter in sich suspendieren* (nicht finites Unterscheiden) nennen könnte. Eine Art wachste Passivität. In anderen Worten ein Paradox. Dies beinhaltet, daß dieser gleichsam aufgehobene Unterschied zwischen „tertium datur“ und „tertium non datur“ (ein uns später noch interessierender produktiver ‚Kategorienfehler‘[30]) nur in ko-

---

25 Die Frage ist, ob die Gegensätze und Paradoxien, die hier auftreten, nicht in der Tat nur in der gerade beschriebenen Er- und Übersetzung von analogen in digitale Denkformen auftreten: wenn also mit diskreten Zeichenformen und ihrer Fähigkeit zur Negation die beschriebenen *Ausschluß-* an die Stelle von *Anschlußrelationen* treten.

26 Vgl. hierzu, zur „strukturell-logischen“ Göttlichkeit die Kapitel 3.2 (die Götter Platons) und 4.1 (der Gott Leibniz').

27 Ersteres wird in dem folgenden Platon-Kapitel vor allem in Abschnitt 3.2.2 diskutiert, letztere ist z. B. die Sprache der Dichtung oder der bewußtlosen, „sehenden“ Rede der antiken Orakel, wie sie etwa Julian Jaynes in *Die Geburt des Bewußtseins* am Beispiel Delphi beschreibt.

28 Sprache ermöglicht Bewußtsein und leichtert damit die Beobachtbarkeit eigener Operationen, aber es gibt auch bewußtes Operieren, das nicht sprachlich ist. (Näher dargelegt ist dies etwa bei Michael Polanyi, *Implizites Wissen*, vgl. dort seine Ausführungen zum „Knowing-how“, Kap. I.)

29 Julian Jaynes, *Die Geburt des Bewußtseins*, S. 454.

30 Vgl. hierzu unten Kap. 6 und 7.

gnitiven Ausnahmesituationen, in kurzen Momenten, auf Zeit zufällt: ein transitorischer, ein Übergangs-Moment, den man mit Technik und Glück höchstens auszudehnen hoffen kann.

Im Ort bzw. mentalen Operationszustand der genannten Black Box[31], um die Metapher weiter zu verwenden, hält man sich folglich immer nur übergangsweise, transitorisch auf, und das Folgende stellt in den unterschiedlichsten philosophie-historischen und systematischen Formen Expeditionen ins ‚Innere' dieser Black Box dar. (Dieses Innere fällt, als Handlungs*praxis*, mit dessen Raum-losem Äußeren direkt zusammen; natürlich ist die Black Box buchstäblich *a-topisch*: ein Nicht-Ort). Ohne Aporien ist dieser metaphorische Bereich nicht darzustellen, das eingangs vorgestellte „Paradox des Präzisen" deutete dies bereits an, und daß wir nicht „ständig" kreativ sind und sein können, obwohl wir fast ebenso beständig die irregulären Übersetzungspraktiken zwischen inkommensurablen Darstellungs- und Denkformen vornehmen wie wir atmen, dürfte sich tatsächlich bereits in dem besagten Umstand zeigen, daß wir den Unterschied zwischen „tertium datur" und „tertium non datur" immer nur sehr vorübergehend aufheben können: diese mentale A-Logik hält sich bei aufrechterhaltener geistiger Gesundheit nicht lange durch. Das ‚klüger' werden als die Logik, sie übersteigen, und das ‚dümmer' werden als die Logik, sie unterlaufen, sind zwei Seiten einer Medaille – hierin kündigt sich bereits eine in dieser Studie öfter auftretende Figur des zugleich aufwärts- und abwärts-Steigens an: ein, gleichsam, *„Escher"-Loop.*[32]

Den Unterschied *zwischen* „tertium datur" und „tertium non datur" *aufheben* läßt sich auch ausdrücken als: sich in einem „dritten" Feld, alias, Operationsmodus *zwischen* kontinuierlich-analog-differenziell und dichotomisch-digital-distinkt bewegen. Dies ist ein Modus oder Spiel-Feld, in dem gleichzeitig das binäre *entweder-oder* wie das kontinuierliche *sowohl-als auch* gilt – eine Figur, die uns noch häufiger in verschiedenen Erscheinungsformen begegnen wird. Auch dies eine atopische Verhaltensform, ein Nicht-Ort, an dem wir vor allem *im Übergang* von einer zur anderen Operationsweise eventuell einen Moment lang verweilen (und mit Glück so etwas wie mentale Kernspaltung und Kernfusion vornehmen[33]), mit besagtem Risiko für die geistige Gesundheit.

Zwischen diesen mentalen Spaltungen und Fusionen ist also das Phänomen des ‚Kreativen' genea-logisch anzusiedeln, und inwiefern genau diese Beschreibung weit mehr zu sein beansprucht als eine *metaphorisch-literarische* Evokation der *creative condition*, nämlich eine systematisch-logische, möge sich in den folgenden historischen und systematischen (Re-)Konstruktionen erweisen.

Sie beginnen mit Platon. Dieser thematisiert besagten transitorischen Zustand im Verlauf seines Œuvres gleich mindestens in vierfacher Form: mit dem Konzept der Mania, mittels des Dämonischen, mit der Figur des Daimon Eros, und schließlich, säkular, in seinen Reflexionen zum eigentümlichen „Zwischenraum", den er beschreibt als ‚mit Grenze' sowie ‚Grenzenlosigkeit'. Immer finden wir hier einerseits eine Opposition

---

[31] Sie wird ausführlich auf ihre logischen und phänomenologischen Implikationen für unsere Thematik hin analysiert in Kap. 7.4.

[32] Angespielt ist hiermit auf die bekannten logisch unmöglichen, visuell mehrdeutigen Bilder des M. C. Escher; vgl. dazu näher unten Kap. 6.6 und 7.3.

[33] „Discussion conserves, invention requires rapid intuition and *being as light as weightlessness.*" Michel Serres, http://www.michelserres.com/ (19.6.08)

(Dichotomie der Sprachlogik) und andererseits einen ortlosen Raum dazwischen, ein Drittes, ein ‚Feld', das sich der Logik der einen wie der anderen Seite entzieht und ein Dementi des *entweder-oder* vorschlägt: stattdessen gleichsam ein analoges Kontinuum. Aufregend ist, und als gewählter, gesetzter Starting-Point[34] im doppelten Sinne folgenreich für die anschließenden 2500 Jahre, daß sich hinter Platons fabel-gleichen Erzählungen figurativer Art hier immer eine strenge Ratio verbirgt. Dem Ziel, diese zu rekonstruieren bzw. freizulegen – nebenbei in einer Form, die sich an das zeitgenössische Computerzeitalter überraschend nahtlos anschließen läßt – dienen die folgenden Ausführungen.

---

[34] Und sei es durch die historisch ‚höhere Gewalt' der erst hier einsetzenden reicheren Überlieferung.

3. Historischer Hauptteil I: Antike
Verbinden und Unterscheiden – Vom Eros zur Kritik

3.1 Vorbemerkung

So wie jeder Denker, jedes große Buch seine gravierenden inneren Widersprüche aufweist, so durchzieht mehr noch jedes fruchtbare Zeitalter charakteristische Spannungen, die sich auf die zentralen Fragen der menschlichen Existenz beziehen. Zahlreich finden sich Argumente dafür, daß die alten Griechen, daß die gesamte Antike kein Konzept des menschlichen schöpferischen Hervorbringens von Neuem kannte. Platons Ideenlehre, welche das menschliche Schaffen als Abbilden von Urbildern charakterisiert, Aristoteles' Lehre von der menschlichen Kunstfertigkeit als „Nachahmung" (*mimesis*) der Natur: sie sind nur die offensichtlichsten Theoriemomente unter jenen, die das Konzept genuin menschlicher Kreativität für Jahrhunderte zu unterbinden scheinen.[1] Die folgenden Diskussionen zu Platon und Aristoteles verfolgen zwei Ziele. Das erste liegt darin, zu zeigen, daß dieses monochrome Bild bei näherem Hinsehen autonome Sub-Biotope enthält, die mit dem offiziellen keineswegs übereinstimmen: Passagen allerdings, welche zu dieser Frage gewöhnlich nicht konsultiert werden und oft im Widerspruch – oder zumindest in einer gravierenden Spannung – zur Gesamt-Metaphysik und -Ontologie ihrer Autoren zu stehen scheinen. Das zweite Argumentationsziel knüpft an dieses erste an und besteht in dem Nachweis, daß bei Platon und Aristoteles die zentralen Aussagen zur menschlichen Kreativität überraschend präzise mit der Logik der in Kapitel 2 dargestellten Grundidee übereinstimmen.

Woher rührt das Problem, das die antike Metaphysik und Ontologie nicht nur mit menschlicher Erzeugungskraft, sondern generell mit der Entstehung, der Genesis von Neuem hatte – ein Problem, dessen Erbe sich bis in das heutige Denken, bis in die heutige Metaphysik(-Kritik) fortsetzt? Sein Motiv läßt sich zumindest bis zu Parmenides zurückverfolgen. Dessen Philosophie, für uns am ehesten erkennbar in seinem ‚Lehrgedicht' aus der Zeit um Sokrates' Geburt 470 vor Chr., hallt im Untergrund bis in heutige Konzeptionen nach. Zuvor hatte die durch Hesiods „Theogonie" inspirierte Auffassung

[1] Entsprechend ist der Tenor der Forschung in dieser Frage auffallend unkontrovers und letztlich unkritisch – selbst da, wo die Argumentationen in den Details differenziert und vielschichtig sind; vgl. exemplarisch Hans Blumenberg, „‚Nachahmung der Natur'. Zur Vorgeschichte der Idee des schöpferischen Menschen", und hier insbes. S. 266 ff., 271 ff.

von einer *Genesis* der Welt aus etwas *vorher nicht Bestehendem* dominiert;[2] Parmenides machte dem ein Ende durch sein entschiedenes Credo: ‚Das Nicht-Seiende ist nicht'.[3] Nimmt man dieses Diktum ernst, kann es weder Werden noch Vergehen geben, denn beides impliziert vorheriges oder späteres Nicht-Sein. Die Konsequenz, die Nachfolgende wie Platon und Aristoteles aus der Wucht dieses Arguments zogen, liegt in dem naheliegenden ‚metaphysischen' Manöver, zwei unterschiedliche Formen von *Sein* anzusetzen, inklusive der mit jener Aufspaltung verbundenen Hierarchie unter ihnen.

Es gibt also – Parmenideisches Erbe – ein ‚wahres' Sein bzw. Seiendes (*ousia*); dies begegnet uns u. a. in Form der *eide* oder der *ideai* – und es gibt jenes Materielle (*hyle*), an dem wir Werden und Vergehen und räumliche Bewegung beobachten, ein abgeleitetes, auch oft täuschendes Sein. Letzteres, der Bereich des Werdens und Entstehens ist, als minder „wirklich", zentral abhängig von jenem ersteren, unwandelbaren: ein Dualismus, aus dem sich die nachfolgenden Probleme und internen Theoriespannungen des Konzepts des menschlichen schöpferischen Hervorbringens von Neuem speisen. Platons „Philebos" etwa reflektiert gleich zu Beginn das Problem und die Alternativen des Seienden:

> „Über diese [Einheiten des Seienden] wird bei ernsterer Behandlung und Auseinanderlegung leicht Streitigkeit entstehen … Zuerst, ob es dergleichen Einheiten gebe als wahrhaft seiend. Dann aber auch, wie diese, da jede von ihnen doch immer dieselbe ist und weder Werden noch Untergang zuläßt, dennoch … wiederum als zerrissen und vieles geworden zu setzen ist oder ganz *in* ihnen *außerhalb* ihrer selbst, was doch für das Unmöglichste von allem zu halten wäre".[4]

Diese logische Alternative – zwischen mit sich identischem Sein und außer sich geratendem Werden – wird in den anschließenden Theorieversuchen immer wieder durchgespielt werden. Das Problem des Neuen stellt sich aber nicht nur auf der ontologischen Ebene des Seienden (als die auch ‚metaphysische' Version der Alternative von Ding- und Prozeß-Ontologie), sondern auch als kombinatorisches. Die Frage ist: Sind alle Elemente von einem sehr frühen Zeitpunkt der kosmologischen Entwicklung an bereits vorhanden, sodaß jegliches Entstehen von Neuem nur ein Re-Arrangement aus Altem darstellt? Ist also ein jegliches Schöpfen nur ein *Um*bauen? Oder gibt es so etwas wie eine *creatio ex nihilo*? Diese klassische Frage im Zusammenhang mit Kreativität bildet bei näherer Untersuchung keine disjunkte Alternative. Denn ab wann bildet eine Rekombination bekannter Elemente etwas genuin Neues? Was *ist* etwas genuin Neues? Etwas, das anderen Gesetzen, Verhaltensweisen oder „Phänomenologien" gehorcht als das Bisherige? Dies etwa auf dem Weg der „Emergenz"? Daß durch den puren „Umbau" von Vorhandenem Neues entsteht, läßt sich schon täglich in der Evolution beobachten und war naturwissenschaftlich auch in der Antike bekannt. Evident ist von vornherein, daß sich diese Frage metaphysisch nicht abstrakt beantworten läßt. Betrachten wir also zunächst jene Platon-Passagen, in denen – nach der hier vertretenen Auffassung und der offiziellen Lesart Pla-

---

2 Vgl. Hesiod, *Theogonie*, Z. 116 f.: „Wahrlich, zuerst entstand das Chaos, und später die Erde… . Und in des Tartaros Dunkel, im Abgrund der wegsamen Erde, Eros zugleich, der schönste der ewigen Götter".

3 Vgl. etwa Parmenides, Fragment 6 bis 8, in: Wilhelm Capelle (Hg), *Die Vorsokratiker*. Fragmente und Quellenberichte, S. 165–169.

4 Platon, *Philebos* 15b.

tons zum Trotz – die entscheidenden antiken Konzepte zum ‚Hervorbringen' und zum ‚Neuen' diskutiert werden.[5] In ihnen wird sich – und dies ist das zweite, nun systematische Argumentationsziel der folgenden Überlegungen – exakt jene logische Figur zur Kreativität wiederfinden, welche die Grundfigur dieser Studie ist und in zeitgenössisch-modernen Denkzusammenhängen entstand: Denk- und Lebenszusammenhängen, die der Informations- und Kommunikationstheorie, den Medienwissenschaften und allgemeiner semiotischen Theorien entstammen.

3.2 Der „Logos" des Schöpferischen bei Platon

3.2.1 Symposion: Die Geburt des Schöpferischen aus der Opposition von Mangel und Fülle

Eine zentrale Passage, die anderes als das übliche Licht auf das Denken der Kreativität in der Antike zu werfen geeignet ist, findet sich im „Symposion": Platons Darstellung jener Tischrunde, in der reihum eine Lobrede auf den Gott Eros gehalten wird. Es ist die Rede des Sokrates, in der entscheidende Begriffe für das Konzept des menschlichen einfallsreichen Hervorbringens von Neuem fallen: darunter *gennan* (*genesis*: Hervorbringen, Erzeugen[6]), *tiktein* (Erzeugen, Befruchten, Gebären), *poiein* (*poiesis*: Schaffen, Erzeugen), *porimos* und *heuriskein* (erfinden).[7] Hinzu tritt das zentrale Konzept des *daimon*. Der These dieses Kapitels zufolge sprengt die Bedeutung dieser Begriffe die Auffassung, derzufolge Neues in der griechischen klassischen Antike bloß in den Kategorien der Umformung, Nach- und Abbildung auftritt, und enthalten *in nuce* ein Konzept menschlicher Kreativität. Dieses Konzept wird vor dem Hintergrund der hier vorgestellten Grundidee als logisch-strukturelles gesehen.

Wie sieht das näher aus? An Sokrates' Bestimmung des Eros überrascht sofort der Umstand, daß dieser, als fundamentale hervorbringende Kraft, auf einer Figur basiert, die vor dem Hintergrund der vorangegangenen Lobreden einigermaßen abseitig erscheint und in ihrerAusrichtung auf Subjektivität und Individualität geradezu modern wirkt: die Figur des *Mangels*. Eros ist kein herrlicher Gott, dessen Schönheit, Glanz und Vollkommenheit das menschliche Treiben und alles Lebende in einer Art Teilhabe motiviert und adelt. Eros, so wird sich noch zeigen, ist in Sokrates' Darstellung überhaupt kein Gott.

---

5 Vgl. zu der Position, daß „die Alten" kein begriffliches Konzept von menschlicher Kreativität besaßen, unten Kap. 3.2; unter den neuen Positionen argumentiert in diesem (von der Position der vorliegenden Arbeit abweichenden) Sinne etwa Wladyslaw Tatarkiewicz, *Geschichte der sechs Begriffe Kunst, Schönheit, Form, Kreativität, Mimesis, Ästhetisches Erlebnis*, insbes. S. 356–359, 366, 270 ff. sowie Boris Groys, *Über das Neue. Versuch einer Kulturökonomie*, S. 67, ferner klassisch: Hans Blumenberg, „‚Nachahmung der Natur'. Zur Vorgeschichte der Idee des schöpferischen Menschen".

6 Aus dem griechischen „gignomai", Hervorbringen, Werden, Entstehen, Gezeugt werden ging das lateinische „gignere" samt „ingenium" hervor, das sich im heutigen „Genie" oder „Genius" noch niederschlägt; vgl. auch Eberhard Ortland, Artikel „Genie", insbes. S. 664.

7 Vgl. Platon, *Symposion*, insbesondere 203d, 205b–c, 206c–e, 207b–d, 208e–209e, 210d ; vgl. ferner Gerhard Krüger, *Einsicht und Leidenschaft. Das Wesen des platonischen Denkens*, S. 53.

Sondern er ist Suchender, Begehrender, und jegliche Form des Begehrens beinhaltet hier das couragierte und immer riskante Eingeständnis des *„noch nicht Vorhandene[n] und nicht Fertige[n,]... was er nicht hat und nicht selbst ist und wessen er bedürftig ist“.*[8] Dies ist eine durchaus existentielle Not: ein Angewiesensein, bei dem im Grenzfall Leben und Tod auf dem Spiel stehen. Es ist der Akt des Eingestehens einer Wunde: Eingeständnis dessen, was einem fehlt und woran man schlimmstenfalls zugrundegehen kann. Und es ist der Entschluß, auf ihr – zumindest unter bewußter Einkalkulierung ihrer – sein weiteres Handeln aufzubauen, samt des damit verbundenen Risikos. Diese Formel mag zunächst dramatisierend wirken; das aber, worum es „Eros“ geht, ist letztlich ohne den Bruch mit dem Gegebenen und folglich ohne existentiellen Einsatz nicht denkbar. In diesem Widerspruch – gerade das Absehen auf das „Ganze“ erfordert Sprünge, Brüche mit dem Vorhandenen – steckt das produktive Paradox des Inventiven – wobei „Sprung“ hier unter anderem das eingegangene Risiko meint, am Ende mit weniger dazustehen als zu Beginn.

Was zunächst nur für „Liebesdinge“ im engeren Sinne zu gelten scheint, dahinter verbergen sich, wie die Entwicklung der von Sokrates zitierten Reden Diotimas schnell zeigt, weit umfassendere Belange: bis hin zu den menschlichen Wissenschaften und dem menschlichen Hervorbringen im Allgemeinen.[9] Betrachten wir hierzu Diotimas Aussagen näher: die Aussagen der Frau aus Mantinea, zu der Sokrates als junger Mann in die Lehre ging.[10] Wenn sie die Eros-Figur durch „Mangel“, durch Bedürftigkeit (*endeia*)[11] kennzeichnet, so in zweierlei Hinsicht: der Genesis und der „Bewegungsdynamik“ nach.

Zunächst zu letzterer: Die entscheidende Pointe ist bekanntlich, daß Eros das begehrt, was er *nicht hat*.[12] Denn „wünscht wohl jemand, der groß ist, groß zu sein, und der stark ist, stark zu sein?“[13] Vielmehr folgt aus dem Umstand, daß Eros ein Begehrender ist, wie Diotima Sokrates aufklärt, daß er *kein Gott* sein kann – den Äußerungen der Vor-Redner zum Trotz.

Das ursprüngliche Begehren ist nun das nach (physischer) Schönheit. Auf Sokrates' Frage, ob Eros dann folglich ‚häßlich‘ oder ‚schlecht‘ sei, kontert sie:

> „Willst du wohl nicht lästern? Oder meinst du, was nicht schön ist, das sei notwendig häßlich? – Allerdings wohl. – Auch was nicht weise ist, das töricht? Hast du nicht gemerkt, daß es etwas *mitteninne* gibt zwischen Weisheit und Torheit?[14] ... Folgere also nicht, was nicht schön ist, sei häßlich noch, was nicht gut, sei schlecht. Ebenso auch vom Eros, da du doch selbst eingestehst, er sei weder gut noch schön, glaube deshalb dennoch nicht, daß er häßlich und schlecht sein müsse, sondern etwas, sagte sie, zwischen beiden. Aber das, sprach

---

[8] Platon, *Symposion* 200e

[9] Vgl. *Symposion* 209a.

[10] *Symposion* 201d. Zur Existenz einer historischen Diotima vgl. Gerhard Krüger, *Einsicht und Leidenschaft*, S. 142 ff., ferner S. 320, Fußnote 31.

[11] *Symposion* 200a, 200e, 201b.

[12] Das Begehren des schon Vorhandenen zielte vielmehr darauf, es möge einem bleiben: dahinter steht das für den Menschen zentrale Problem des Vergehens, der Zeitlichkeit.

[13] *Symposion* 200a.

[14] Hvh. S. M. – Diotima argumentiert weiter, daß eine richtige Vorstellung, von der man keine Gründe angeben kann, keine Erkenntnis sein kann, andererseits auch nicht schlicht Unverstand: da sie etwas Wahres enthält (*Symposion* 202a).

> ich, wird doch von allen eingestanden, daß er ein großer Gott ist. .... Da lachte sie und sagte: Und wie, Sokrates, könnte wohl von denen eingestanden werden, daß er ein großer Gott sei, welche behaupten, er sei überhaupt kein Gott? – Wer sind die, fragte ich. – Einer davon bist du, sagte sie, und eine ich."[15]

Hier ist einerseits ein philosophisch neues Konzept des „Seienden" angelegt, das *inmitten* (metaxy) oder *zwischen* etwas Seiende, und zugleich wird das Denken in polaren Alternativen kritisiert, in dichotomischen Gegensatzpaaren, die immer *schließend* sind: Denkmöglichkeiten vermindernd. Dies, das Übersteigen des Moments der binären Logik, ist ein Motiv des Kreativen, das oben bereits angesprochen wurde.[16] Eros verkörpert in seinem Handeln nicht die Matrix des *entweder-oder*, eher die des *sowohl-als auch*. Denn die hier dem Mangel entspringende Dynamik impliziert zwar den polaren Gegensatz – so begehrt Eros eben exakt das, was er *nicht* hat –, an die Stelle der zweiwertigen Operationalität der binären Alternative tritt hier jedoch ein *Feld*. Es ist ein Feld, das zwar von polaren Spannungen *organisiert*, aber nicht *determiniert* ist (wie wir dies auch in der Struktur tonaler Musik kennen, welche ebenfalls von Grundspannungen lebt, von diesen aber nur strukturiert, in Bewegung gehalten, nicht kontrolliert wird). Dieses ‚analoge' Feld – nach Übergängen, nicht nach ja/nein-Oppositionen organisiert – wird, wie sich gleich zeigt, bei Sokrates als Feld des ‚Dämonischen' beschrieben und weist eine für unsere Ausgangsfrage aufschlußreiche Operationslogik auf.

Zunächst sei jedoch zusätzlich zu diesem produktiv-dynamischen auch der ‚genealogische' Zusammenhang zwischen Eros und Mangel betrachtet: skizziert in Eros' Geburtsmythos.[17] Eros wird, so Diotima, am Geburtstag der Aphrodite, der Göttin der Schönheit gezeugt. Als sich auf diesem Fest der Gott Poros – „Wegfinder" oder *„Fülle"* (an Alternativen) – mit Nektar berauscht in den Garten legt, kommt die Göttin Penia – die Armut, der Mangel – an die Tür, um zu betteln. Sie sieht den schlafenden Poros, legt sich zu ihm und empfängt von ihm ein Kind.[18] Eros ist damit *strukturell* Frucht des Mangels und der Fülle und *metaphorisch* Sohn der Entbehrung/Not und des „Wegfinders", Einfallsreichtums. Letzterer, Vater Poros – wir treffen gleich auf das Adjektiv *porimos*, erfinderisch – ist übrigens selbst wiederum Sohn der Metis (Klugheit).

Eros gilt zudem, da am Geburtstag der Aphrodite gezeugt, als der ‚Schönheit' ständiger Begleiter. Angesichts der Nähe zwischen Erfindungsreichtum und Schönheit gilt es zugleich an den Umstand zu erinnern, daß diese seit der Antike, zumindest aber seit der Renaissance immer wieder als Kriterium wissenschaftlicher Theoriebildung und Wahrheitsfindung gilt. Gerade in der modernen Phase verlorener „Korrespondenz" zwischen Theorie und Wahrheit tritt das Ästhetische in Form des Kriteriums der „Einfachheit", „Eleganz", des Sparsamen einer Theorie oder eines Modells als neues Wahrheitskriterium immer wieder in Erscheinung.[19]

Diese mythologische Genealogie des Eros beinhaltet eine Fülle systematischer Aussagen. Wir erinnern uns an die theoretische Ausgangsfigur, wie sie oben in Kapitel 2 beschrie-

---

15 *Symposion* 201e–202c.

16 Vgl. Kap. 2.

17 *Symposion*, 203b–204e

18 *Symposion*, 203b, c

19 Äußerungen von Kopernikus bis David Bohm lassen sich in dieser Richtung anführen.

ben wurde: Kreativität entsteht aus einem aktiven Zugleich des Einander-Widersprechenden, logisch Inkompatiblen: als Frucht der Transformation zwischen oder Überlagerung von zwei einander ausschließenden Handlungsformen. Diese sind in ihrer abstraktesten Form beschreibbar als: ‚Ziehe eine *Grenze* des Unterscheidens' einerseits, ‚Lasse *jeden* Unterschied gelten' andererseits. Es ist in anderen Worten die Handlungsform des endlichen Differenzierens (Digitalisierens, Ausdünnens) einerseits – bei gleichzeitigem nicht-endlichen Differenzieren (Umgang mit Kontinuierlichem, Analogem, ‚Fülle') andererseits.[20] Eben diese Grundfigur läßt sich direkt an besagtem Geburtsmythos, mit *Poros*, Fülle, Reichtum (an Wegen, Handlungsalternativen) und *Penia* (Mangel) parallelisieren: Poros als *‚(immer) vermehrt-werden'* (Fülle herstellen und damit mathematisch ‚Dichte')[21], Penia als *‚(immer) vermindert-werden'* (Digitalisieren, Mangel herstellen). Es liegt nahe, hier an das Digitalisieren, Löschen von Informationen zu denken, an, mit Fred Dretske, den ‚analog-digital-Wandler'[22] – samt des komplementären „Füllens", Aus-Dichtens, zurück ins Analoge Transformierens. Eros, als *erzeugende* Kraft par excellence, ist also ein Produkt zweier einander entgegengesetzter Prinzipien bzw. eines Gegensatzpaares.[23] Doch wie wir oben sahen – in Diotimas gerade zitierter Kritik am Denken in ausschließenden Alternativen – sind binäre Alternativen *schließend.* Damit diese Kraft hervorbringend, also öffnend wirken kann, tritt an die Stelle der exklusiven Alternativen das beschriebene einschließende Feld. Wie wird dieses aber bei Platon eingeführt?

Es geschieht in der Antwort auf die Frage, warum Eros begehrt: und warum ausgerechnet das ‚Schöne'. Die Überlegungen, die Sokrates der Tischrunde vorträgt, zeigen, daß es nicht die Schönheit an sich ist, auf die der Eros zielt. Es ist vielmehr das Zeugen,

---

20 Zur Erinnerung: nicht-*endliches* Differenzieren bedeutet der Theorie dieser Arbeit zufolge weder *nicht* Differenzieren noch auch realiter „unendlich" zu differenzieren; vgl. hierzu oben Kap. 2 sowie ausführlich unten Kap. 5: die Auseinandersetzung u. a. mit symbol-, kommunikations- und informationstheoretischen Kategorien.

21 „Dichte" wird hier im symbol-logischen Sinne verwendet von „zwischen allen zwei Zeichen ist immer ein drittes", vgl. dazu unten Kap. 5.

22 Vgl. unten Kap. 5, v. a. die Ausführungen zu Fred Dretskes *Knowledge and the Flow of Information.*

23 Besagtes Gegensatzpaar des Digitalisierens und Auffüllens, Vermehrens und Verminderns läßt sich auch zu einer nur scheinbar ganz anderen Opposition in Bezug setzen: zu *Anschauung* respektive Wahrnehmen (aisthesis) einerseits, *Begriff* respektive Denken, Logik (noesis) andererseits: Anschauung, die *noch* auf alles zielt (daher ‚nicht Denken' ist) und *immer zu viel* liefert (um sie als Ganzes nutzbar zu machen), und Begrifflichkeit, die *bestimmt*, und die darin immer ‚zu wenig' von dem beinhaltet, was sie unter sich an Einzelfällen subsumiert: die vom Vorgefundenen abstrahiert, es ausdünnt, digitalisiert, handhabbar und übertragbar macht. Beides sind komplementäre und zugleich inkompatible Aktivitäten, die wir dauernd unternehmen und die ständig potentiell entgleisen können: man kann am Zuviel und am Zuwenig scheitern. Zu ‚komplementär und inkompatibel': entsprechend wird Eros – Produkt und dämonischer Agent dieser beiden Prinzipien – als ein Paradox charakterisiert: „begierig nach Einsicht" und „erfinderisch in Wegen dazu" (203d), ferner „ein Philosoph sein Leben lang …, was er aber zuwege bringt, zerrinnt ihm immer wieder, so daß er niemals Not leidet, aber auch niemals reich ist" (203e). Erinnert letzteres an die Selbstbeschreibung vieler „Kreativer", derzufolge ihre Produktion jeweils durch die nächstfolgende kritisiert und korrigiert wird (vgl. etwa Wolfgang Rihm „Vertraue auf die Schwerkräfte", S. 162–168), so illustriert die Gesamt-Konstellation aus Klugheit, Wegfindung und notorischem Mangel das Sprichwort „Not macht erfinderisch." (Andersherum: dem Kreativen wachsen die Fragen immer nach.)

Hervorbringen *im* Schönen. Das Schöne ist gleichsam ein generierendes „Feld", eine atmosphärische „Blase".[24] Dies ist erklärungsbedürftig, und Diotima erläutert es mit einem anthropologischen Exkurs. Ihm zufolge sind „alle Menschen" grundsätzlich fruchtbar, *genontai*, und dies „einerseits dem Körper, andererseits der Seele nach".[25] Diese Fruchtbarkeit ist als das Verlangen, hervorzubringen nun auf Leben und Tod angewiesen auf die Präsenz des Schönen. Warum gerade des Schönen? Die erste Antwort Diotimas wirkt noch etwas formal, konstruiert: Schöpfen, Erzeugen ist göttlicher Natur, und allein das Schöne ist dem Göttlichen angemessen, passend, keinesfalls aber das Häßliche.[26] Daß für das *physische* Erzeugen körperliche Schönheit gesucht wird, ist vielleicht noch unmittelbar einsichtig. Bezogen auf das jedoch, worum es Diotima geht, *seelisches* Hervorbringen[27], ist diese zwingende Angewiesenheit auf das Schöne im Menschen – zunächst die körperliche, dann wichtiger jedoch die der Psyche[28] – zunächst noch auffallender. (War doch beispielsweise Sokrates, ein legendärer Verführer, ebenso legendär häßlich.) Dahinter muß ein systematischer Grund liegen. Zunächst aber: welcher Art sind just diese seelisch-psychischen Zeugungen, die im Feld des Schönen entstehen? Es sind Diotima zufolge

> „Weisheit (*phronesis*) und jede andere Tugend, deren Erzeuger (*gennetores*) auch alle Schaffenden (*poietai*) sind und alle Künstler/Gewerbetreibende (*demiourgoi*), denen man zuschreibt, erfinderisch (*heuretikoi*) zu sein."[29]

Die hier fallenden Begriffe – „erfinderisch", schaffend/herstellend (*poietai*, *gennan* – vgl. *genesis*) – bilden unzweifelhaft einen Sinnkomplex, in dem das Hervorbringen auch von *Neuem*, darunter das schöpferische (geistreiche) Erfinden eine Rolle spielt. Generell war zuvor die *poiesis*, das Hervorbringen definiert worden als „das, was nur für irgendetwas *Ursache* wird, *aus dem Nichtsein in das Sein zu treten*".[30] Gerade diese Art *psychischer* Erfindungsreichtum („*heuretikos*") hat nun ‚kalogenetische', aus Schönheit hervortretende Entstehungsbedingungen:

> „Wenn das Zeugungslustige dem Schönen naht, wird es beruhigt und von Freude durchströmt und erzeugt und befruchtet: wenn aber Häßlichem, so zieht es sich finster und traurig in sich zusammen und wendet sich ab ... erzeugt nicht, sondern trägt mit Beschwerde seine Bürde weiter. Darum beeifert sich, wer von Zeugungsstoff und Lust erfüllt ist, so sehr um das Schöne, weil es ihn großer Wehen entledigt. Denn die Liebe, o Sokrates, geht gar nicht auf das Schöne, wie du meinst. – Sondern worauf? – Auf die Erzeugung und Ausgeburt im Schönen."[31]

---

24 Vgl. Peter Sloterdijk, *Sphären I: Blasen.*

25 *Symposion* 206c.

26 *Symposion* 206d.

27 *Symposion* 209a.

28 Das griechische „psyche" findet sich im Deutschen immer als „Seele" übersetzt, doch es umfaßt natürlich vor allem auch kognitive Fähigkeiten.

29 *Symposion* 209a.

30 *Symposion* 205c. Weiter: „Daher liegt auch bei den Hervorbringungen (*ergasiai*) aller Künste (*technai*) *poiesis* zugrunde, und die Meister (*demiourgoi*) darin sind sämtlich Schöpfer (*poietai*)."

31 *Symposion* 206d, e.

Hierin liegt doppelter Sprengstoff. Einerseits zeigt sich, daß es ursprünglich schwerer ist, *nicht* hervorzubringen als hervorzubringen; esse est producere. Hierin liegt gleichsam eine Produktions-Anthropologie. Zweitens hat *jegliche* Hervorbringung offensichtlich eine relationale, dynamische Bedingung: ein Anderes, ein Gegenüber, ein „Feld" benötigend. Das einsame, solitäre Schaffen ist ein Nicht-Konzept: alleine, nur aus sich als Individuum heraus, erzeugt sich nichts, nichts Fruchtbares. Unabdingbar ist jener *Raum* zwischen einem selbst und dem, ‚*was man selbst nicht hat und dessen man bedürftig ist*': ein *Zug* in jene Richtung, wo sich die Chance auf ‚Neues', auf Zuwachs bemerkbar macht, hinein in ein eigendynamisches „Feld", worin andere Gesetze gelten. Anders gesagt: in ein Kraftfeld, wo man eine Chance sieht, sich zu übersteigen. Dies ist zugleich ein Zug in Richtung der versuchten Schließung dieser Kluft, versuchter ‚Heilung'. Begehrt wird, so Diotimas Pointe, nicht das Schöne, das sich beim Anblick einer Person oder einer geistigen Leistung auftut, sondern der sich ergebende Raum dazwischen, in dem die Chance auf (Er-)Zeugen von Neuem existiert.

Hier liegt also eine bereits systematischere, eine gleichsam hydraulische oder auch kybernetische Antwort auf die Frage nach der Bedeutung des Begehrens des Schönen: Das „Schöne" fungiert als Attraktor, um überhaupt einen Raum entstehen zu lassen, in dem anschließend das Neue, Erzeugte auftreten und Platz finden kann. Denn der im Begehren neu entstandene Raum zwischen Begehrendem und seiner Ausrichtung provoziert instantan ein Vakuum und damit eine zwingende Bewegungsdynamik: des beabsichtigten Füllens der Kluft, die entsteht zwischen dem Seienden und dem, was (man) noch nicht ist.[32] Auf diese Weise also stellt das Schöne einen Raum her: insofern es als Begehrtes, *noch nicht* Besessenes einen Zug auslöst, eine Dynamik. Das heißt also: die Menschen brauchen das Transzendente, sie Übersteigende, Vor*bild*liche (Imago) – und zwar *als durch eine strukturelle Kluft von ihnen getrennt* – um sich überhaupt zu transzendieren, entwickeln. (Dafür also ist die Religion von Anfang an wichtig – für das Ethos ebenso sehr wie für Kreativität.)[33]

Der fundamentalste Mangel nun, der den Menschen und alles Lebende betrifft, ist seine Sterblichkeit. Hier situiert Diotima folgerichtig das stärkste Motiv jeden Hervorbringens: Jedes Lebewesen sucht „nach Vermögen, immer zu sein und unsterblich".[34] Unsterblichkeit ist das entscheidende Trennende zwischen Göttern und Menschen; und so liegt just in der Erzeugung von etwas (Über-)Dauerndem auch das „Göttliche".[35] Und so wie sich zeigte, daß das Hervorbringen, (Er-)Zeugen *in* etwas stattfinden muß, in einem Raum, einem ‚erotischen' Feld, das vom Mangel als Schubkraft organisiert ist und durch

---

32 Dies ist auch kompatibel mit Parmenides eingangs genanntem Diktum: Es unterstützt es sogar. Etwas entsteht nicht aus dem Nicht-Seienden, sondern strebt innerhalb des Seienden in die Kluft, das ‚Zwischen', die Mitte, *metaxy* seiner Elemente – zu dessen Schließung.

33 Vielleicht liegt hier ein Motiv des Christentums, die Antike kreativitätsfeindlich zu interpretieren; andernfalls würde die Religion nicht nur auf dem Ethos, sondern zugleich auf dem Eros – und mit ihm auch der Kunst – basieren: beides etwas potentiell Ungezügeltes. – Zu der Spannung zwischen den antiken Inspirationsmodellen und christlichen Intentionen vgl. Peter Sloterdijk: *Sphären II: Globen*, 684 f.

34 *Symposion* 207d.

35 *Symposion* 206c. Die menschliche „Endlichkeit" ist also nicht zufällig eine mit zuerst temporaler Konnotation.

das sich Gegensatzpole spannen, so wird Eros folgerichtig gekennzeichnet als *Mittler* zwischen Gegensätzen.

Er ist ein Mittler, insofern Eros einerseits kein Gott[36], andererseits auch kein Mensch ist. Sondern „ein großer Dämon".[37] Was aber sind Dämonen? Sie stehen zwischen (*metaxy*) Göttern und Menschen. Dies gilt einerseits für ihre Gattung, Wesen, ihr Sein. Andererseits gilt es für ihr Tun, ihr Handeln. Betrachten wir die Weise, wie Diotima deren Übersetzungsarbeit nun näher charakterisiert, vor dem Hintergrund der oben beschriebenen Grundfigur dieser Arbeit, so zeigt sich die eigentlich logische Intention dieser mythologischen Figur. Ihre Aufgabe ist

> „zu verdolmetschen (*hermeneuon*) und zu überbringen (*diaporthmeuon*, über-setzen, hinüberfahren) den Göttern, was von den Menschen und den Menschen, was von den Göttern kommt. Den Göttern überbringen sie die Gebete und Opfer der Menschen und den Menschen die Gebote und Gnaden der Götter, und helfen überhaupt die Lücke zwischen beiden füllen, so daß das All fest in sich selbst beschlossen ist. ... Denn die Götter treten mit den Menschen nicht in Berührung, sondern aller Verkehr und alle Offenbarung der Götter an die Menschen ... wird durch die Dämonen vermittelt".[38]

Im letzten Satz dieser Auskunft finden wir die beschriebene Kluft als eine grundsätzliche Distinktheit innerhalb des Seienden: nicht nur zwischen Göttern und Menschen, sondern grundsätzlicher: innerhalb des Alls, des Ganzen (pan). Die getrennten Seinssphären stehen nicht im Verhältnis des graduellen Ineinander-Übergehens, des Mehr oder Weniger zueinander. Vielmehr sind die Unterschiede kategorial: markiert durch einen Abstand. Die Götter kommunizieren nicht direkt mit den Menschen. Die Voraussetzung jeglicher schöpferischen Hervorbringung ist also eine solche Distinktheit, Kluft innerhalb des Seienden – welches das Dämonische auf den Plan ruft mit dem Auftrag, diese Kluft zu schließen und darin ein *Feld* zu eröffnen.[39] Dieses ermöglicht es, jene Bereiche des Seins/Handelns, die zu einander nicht in *kontinuierlicher*, sondern in diskreter Ordnung stehen, miteinander in Verkehr treten zu lassen. Wir haben mit diesem personifizierten „Mittler" eine Art Medium, einen Boten, aber auch so etwas wie „ontologischen Kitt": einen Kitt, der durch *Handlung*, durch Aktivität wirkt. Die Götter verkehren nicht mit den Menschen, das heißt: Beide könnten nichts voneinander in Erfahrung bringen und letztere sich nicht auf erstere hin um neue Dimensionen erweitern – *wenn* nicht, wie Gerhard Krüger treffend und mit kritischem Seitenblick auf das Christentum bemerkt, „*im weltlichen Leben selbst* die Macht der *einen*, paradoxen Leidenschaft erschiene, die Eros heißt".[40] Und mit dem Auftreten dieser Leidenschaft, die aus der Lücke zwischen Göttern und Menschen,

---

36 Dies hält sich allerdings in Platons Oeuvre nicht durch: im späteren *Phaidros* beispielsweise wird Eros doch als „göttlich" qualifiziert (vgl. *Phaidros* 227a–257c).

37 *Symposion* 202d.

38 *Symposion* 202e–203a.

39 Ohne eine solche Kluft oder Wunde wird man also auch kein Günstling des Dämonischen, genauer: man entwickelt sich nicht. George Spencer Brown, in seinen kosmologischen Anmerkungen zu seinem mathematisch-logischen Werk *Laws of Form,* S. 105 spricht vom „*universe that cuts itself up ... in order to see itself*", und fragt, „*how or why the world conceives a desire ... to see itself and appears to suffer the process*". Hier, bei Platon, liegt vielleicht eine Antwort auf Spencer-Brown.

40 Gerhard Krüger, *Einsicht und Leidenschaft*, S. 154, Hvh. G. K.

Unendlichem und Endlichem ein Kontinuum macht, ist zugleich die binäre Logik durch eine kontinuierliche Ana-Logik – weniger ersetzt als ergänzt worden.

Nicht der eine Gott, nicht die vielen Götter übernehmen die Initiative und Verantwortung für die Kommunikation (womit sie die Menschen entmündigen und in ihre ‚Schuld' setzen würden), sondern der Kontakt entsteht allein auf Rechnung des suchenden, dabei seinen Mangel exponierenden Menschen: der eben darin „dämonisch" ist. Es kann, in anderen Worten, nur das Unvollkommene, das nicht vollendet-„eudämonisch" in sich Ruhende sein, das die Verantwortung für das Übertreten der Kluft übernimmt; und eben dieser Aufbruch mit Risiko, diese Aktivität, die nicht mehr rein menschlich und noch nicht göttlich ist, wird provoziert durch eine dritte, „dazwischenliegende" „daimonische" Dimension, angezogen oder angesogen durch den Raum der Schönheit: mitsamt seines besagten hydraulischen Effekts. Der fragende und damit seine Grenzen sprengende Mensch ist also immer auch der dämonische, und jene Konnotationen von Kraft, Trieb, Dynamik und Tabu-Behaftetem, die dem Begriff des Dämonischen heute anhaften[41], haben mit der angesprochenen paradoxen Logik der Kluft bzw. Wunde zu tun: aus der ebenso etwas austritt (Kraft verlorengeht) wie sie Motor des Fragenden, Begehrenden, Innovation-Beanspruchenden ist. Diese Lücke ist zugleich eine Quelle.

Damit verbunden ist eine besondere Form des *Inter-esses*, des Dazwischenseins, Heraustretens also aus jener rein menschlichen Hervorbringenssphäre, welch letztere – als nur „Technik" und Handwerk (*techne, demiourgos*) – von Diotima mit beiläufiger Entschiedenheit als „banausisch" abqualifiziert wird[42]: ein Inter-esse als Aspiration des „Dazwischentretens", des Übersteigens von Grenzen. Hier eben liegt eine der Verbindungen von „Eros" und Risiko, Verlieren-können: das „Heraustreten" aus dem Überkommenen, ins Offene und Ungeschützte, das ein Moment alles Kreativ-Innovativen ist.

Die, mit Krüger, „*eine*, paradoxe Leidenschaft" zeigt sich also wesentlich als die permanente Notwendigkeit des Sich-selbst-Übersteigens. Sie beinhaltet, daß dieser Abstand zwischen Gott und Mensch sich auch *im* Menschen selbst vollzieht: als Abstand zwischen seinem Mangel-Ich und seinem anvisierten Vervollkommnungs-Ich, dem Objekt seines Verlangens: der begehrten Er-füllung. Dieses Verhältnis zum Anderen wird ja in der Tat stets alles andere denn als graduell empfunden, und den Sprung in Angriff zu nehmen ist, jedenfalls wenn es um nicht-Triviales geht, eine biographisch-existentielle Entscheidung: mit dem „Preis", durch das Zurücklegen dieser Kluft ein Anderer zu werden. Die „eine, paradoxe Leidenschaft" der Selbstüberschreitung steht bei Diotima im Dienste der dämonischen Absicht, auf dem „Botengang" zwischen Göttern und Menschen „die Lücke zwischen beiden [zu] füllen, so daß *das All fest in sich selbst beschlossen ist*".[43]

41 In der Tat ist der „Dämon" heute, anders als in der Antike und vor allem ganz anders als seine christlichen Nachfolger, die Engel, vor allem *negativ* konnotiert, als potentiell gefährlich („dämonisch"), ins Verderben reißend – man kann sagen, daß der Dämon heute die Notionen des Teufels angenommen hat: als des sich allzu selbständig in Gottesnähe gewagt habenden und daher „gefallenen" Engels. – Zu der bereits oben angesprochenen Spannung, die zwischen antiken und christlichen Inspirationsmodellen herrscht, vgl. Peter Sloterdijk, *Sphären II: Globen*, 683 ff.

42 *Symposion*, 203a.

43 *Symposion*, 202e.

Dieses ist ein in der Tat weitreichender Befund: der Sprung über die Kluft, welche allein das Dämonische zu überwinden fähig ist, betrifft offensichtlich weit mehr Seiendes als das Verhältnis von Göttern und Menschen. Ist dies eine ontologisch-metaphysische Aussage? Oder ist es eine psychologische, die vor allem etwas über die Struktur der ‚erotischen' Dynamik sagt? Mit der Frage nach dem Kreativen im Hintergrund tritt eine dritte Möglichkeit auf: es steckt hier, hinter dem Verhältnis von Göttlichem und Menschlichem eine *logische* Bestandsaufnahme (und zugleich kosmologische). Der Mensch kann seine eigenen Fähigkeiten nur konturieren, indem er zugleich eine Gegenfolie setzt. Die Vorstellung der „Endlichkeit" des Menschen (ein Begriff, gegen dessen Angemessenheit Cornelius Castoriades luzide polemisiert[44]) hat nur Sinn, wenn der Mensch zugleich eine Unendlichkeit, Vollkommenheit annimmt, von der aus (und auf die hin) er sich bestimmt. In dem Begriff des Göttlichen verkörpert sich das logische Denkproblem, daß Endlichkeit zu denken Unendlichkeit auf den Plan ruft und umgekehrt: daß beide diametral entgegengesetzt und darin aufeinander bezogen sind. Das heißt auch: Gott gäbe es ohne Menschen nicht. Dies nicht nur, weil er von ihnen gesetzt ist, sondern weil auch Unendlichkeit ohne komplementäre Endlichkeit nicht denkbar ist. (Und *mit* Endlichkeit ebenfalls nicht: die Idee der Vollkommenheit oder Omnipotenz streicht sich selbst logisch durch.)[45] Die Interaktion von „Unendlichkeit" und „Endlichkeit" ist also eine der Dauer-Übersetzung – mit notwendig innovativen Folgen. Und sie geschieht durchaus in beide Richtungen; es geht auch darum, den Göttern die Mitteilungen der Menschen zu überbringen. Denn deren Fundus an Unendlich-Sein verlangt selbstverständlich nach konkreter Realisierung; vor allem aber: erst der Menschen Anliegen an sie definiert sie als Götter.

Was heißt aber Diotimas Aussage genauer: Göttliches und Sterbliches seien zwei distinkte *logische* Sphären? Entsinnen wir uns der Denkfigur zur Kreativität, die oben in Kapitel 2 angesprochen wurde. Das Schaffen des kognitiv Neuen, das, wie noch ausgeführt wird, u. a. wesentlich im Herstellen eines *eidos*, einer Form besteht, die kreative Aktion also vollzieht sich immer in einem Feld des Zugleich von ‚eine Grenze des Unterscheidens ziehen' (*endlich, also finit differenzieren*) aus der menschlichen Perspektive heraus, und ‚*keine* Grenzen der Unterscheidung ziehen'. Letzteres unternehmen wir häufig, obwohl wir es als zur endlichen, perspektivischen Wahrnehmung Gezwungene gleichzeitig nicht können. Wir tun es immer dann, wenn wir uns um Wahrnehmung oder Anschauung bemühen. Wie ist das jedoch möglich: nicht-endlich und zugleich endlich wahrnehmen? Es geschieht als an uns selbst erlassene *Verhaltensanweisung.*[46] Wer „wahrnimmt" und „anschaut", will *alles* am Objekt wahrnehmen – was ihm andererseits schon als in-der-Zeit-operierendem Wesen nicht möglich ist: nicht als *Aktion.* Als *Intention* hingegen, als selbst verordnetes Programm ist es Alltag. Wenn Diotima also das ‚All' als von Klüften durchzogen kennzeichnet und erst die Dämonen, allen voran Eros, diese *Selbst-Verbindung des Ganzen* stiften, so ist folglich alles Erkennbare und in diesem Sinne Seiende

---

44 Cornelius Castoriades, *Gesellschaft als imaginäre Institution. Entwurf einer politischen Philosophie.* S. 338 f. (Original: L'institution imaginaire de la societé, Editions du Seuil, Paris, 1975). – Endlichkeit heißt hier: keine *res extensa* schaffen zu können – was der Mensch abgesehen davon noch alles schafft (neue Ideen, *eide* etc.), scheint gleichgültig.

45 Alle Perspektiven einnehmen heißt, keine einzunehmen: ‚*omnis determinatio est negatio*'.

46 George Spencer-Browns Begriff der „injunction" steht hier wiederum Pate; vgl. oben Kap. 2 und unten Kap. 5.

darauf angewiesen, daß das ‚endliche' Erkennen die Aspiration auf das nicht-Endliche beinhaltet. Das All und die Götter bedürfen insofern in der Tat der begrenzt erkennenden Menschen: vor allem jener, die sich eine Wunde leisten und auf Transzendierung von Grenzen aus sind. (Insofern kommt tatsächlich, mit Krüger gesprochen, „Eros, Sohn des Poros, des Inbegriffs selbständiger Techné, nicht ohne den festlichen Rausch der Welt zustande".[47]) Zu sagen, hier sei ein logisches Verhältnis beschrieben, meint: das Erkennen und also auch das Schaffen von Neuem ist immer ein Imperativ mit Paradox. Es ist der Imperativ, *zugleich endlich und nicht-endlich zu sein*: die Passage auf sich nehmen zwischen dem, was einem möglich ist und dem, was diese Grenzen der Endlichkeit sprengt (womit man strenggenommen aufhörte zu sein, der man ist). Denn wie lautete die Tätigkeit des Dämonischen: „*Zu verdolmetschen und zu überbringen den Göttern, was von den Menschen, und den Menschen, was von den Göttern kommt.*"[48] Kaum eine ansprechendere Definition des Kreativen ist abstrakt möglich. Eben dies tut die Aktivität des Daimon Eros: welcher durch diese Akte zugleich das All, das Ganze „vollendet"[49], ein Stück weit mehr mit sich selbst verbindet. Selbstverständlich kann man diese Figur auch säkular verstehen. Ob man die „göttliche" Perspektive einnimmt oder die logische, ist für den Erklärungswert dieser Figur ohne Belang.

Insgesamt: Diotimas Pointe, daß der Stufenweg des Erkennens von dem einen schönen Körper des geliebten Menschen hin zu schönen Leibern allgemein, von dort über die schönen Seelen, die Weisheiten und Tugenden bis schließlich zum Angesicht des Schönen an sich verläuft – wobei jede Stufe konstitutiv ist für die nächste, – diese Gesamtstruktur der Eros-Figur führt etwas vor Augen, worum sich jetzt, 2500 Jahre (und doch keine 99 Generationen) später die Avantgarde der Neurophysiologen, Psychologen und Erkenntnistheoretiker bemüht. Es ist der Nachweis, daß Sensibilität, Irritabilität, Passion, Interesse, Antrieb, sinnlich-physische Erregbarkeit sämtlich unverzichtbare Bestandteile der menschlichen Erkenntnis sind.[50] Die ‚Kreativität' des Anders-Denkens kommt ohne eine sinnlich-physische Passion nicht zustande, und Passion bedeutet hier die existenzielle Bereitschaft, den Status quo, das Erreichte zu verlassen; hier zeigt sich das strukturell wirksame Erbe der Penia, des stets wieder eintretenden Mangels, für das Hervorbringen von Neuem.

Rekapitulieren wir und greifen zugleich vor: Der Bereich des schöpferischen Hervorbringens siedelt in einem ‚paradoxen', das heißt auch energetisch aufgeladenen ‚Feld', das Eigenschaften des ‚Göttlichen' oder Unendlichen mit denen des ‚Menschlichen' verbindet. Es ist jener daimonische Bereich, in welchem beständig Übersetzungsleistungen vorgenommen werden. Diese Übersetzungsleistungen sind es, aus denen sich das produktiv Neue, neu Hervorgebrachte speist, denn die beiden Seiten sind ‚inkommensurabel', in ihren Gesetzen nicht aufeinander reduzierbar und daher nicht ohne Irregularitäten und Sprünge ineinander übersetzbar. Dieser Bereich ist ein *dritter* Bereich, der nicht schlicht

---

47 Krüger, *Einsicht und Leidenschaft*, S. 155

48 *Symposion* 202e.

49 *Symposion* 202e: *sympleroi*, vgl. *pleroma*.

50 Vgl. stellvertretend für eine Fülle neurophysiologischer Arbeiten hierzu etwa Antonio Damasio: *Ich fühle, also bin ich*. – Philosophisch gibt es ebenfalls eine lange Tradition von Epistemikern, die jene Position vertreten: das Werk Nietzsches durchzieht ebenso eine solche Auffassung wie das des Logikers Nelson Goodman. (Vgl. zu letzterem etwa *Languages of Art*, Kap. VI.)

als Verbindung beider Seiten zu denken ist; in ihm regiert die analoge Logik des kontinuierlichen ‚Feldes'.

Die Natur dieser Übersetzungen zwischen Gegensätzen, betrachtet bis hin zur Gegenwart, bildet den Gegenstand der vorliegenden Gesamt-Untersuchung, wobei ‚göttlich' einen Pol in diesem Spannungsfeld markiert, der in neueren Theorieansätzen eine säkular-*logische* Erscheinungsform annehmen wird. Was Eros damit stiftet, ist alles andere als eine Vereinigung (die bei Platon auch nirgends beschrieben wird). Es ist vielmehr eine Dauer-Bewegung, welcher seine Charakterisierung des heimatlosen, mithin ortlosen (atopischen) „vor den Türen", auf der Straße „im Freien" schlafenden ständigen Wanderers und „gewaltigen Jägers"[51] exakt entspricht.

3.2.2 *Mania* in ‚Phaidros' und ‚Ion' – Das Kollabieren der Gott-Mensch-Opposition im Menschen

Auch die Götter haben vom menschlichen Geist die Gabe des Schöpferischen empfangen.

Paul Valéry

Hinweise auf diese Übersetzungstätigkeit zwischen Inkompatiblem finden sich auch in den Dialogen „Phaidros" und „Ion", und sie stehen im Kontext des menschlichen Hervorbringens von *etwas, das die Menschen sich nicht selbst zurechnen* können. Das in beiden Dialogen zentrale Konzept der „*Mania*" ist ebenfalls ein vermittelnder Zustand, insofern er das Göttliche im Menschlichen beschreibt, genauer: jene Ausnahmesituation der Anwesenheit einer Einsicht, Eingebung, die den Horizont des einzelnen Menschen übersteigt und ihn dadurch beständig korrigiert. Damit bezeichnet auch *Mania* die beschriebene paradoxe Bewegung, hinter der sich die Grundform der Hervorbringungsenergie verbirgt. Der Begriff, übersetzt ebenso als Wahnsinn wie als Extase, bezeichnet als Göttliches in der Antike eine omnipräsente, um nicht zu sagen alltägliche Instanz: Bedingung künstlerisch-schöpferischer Hervorbringungen.[52]

Das logische Sprengstoffpotential auch in diesem Begriff spiegelt sich zunächst in dem Umstand, daß er ‚doppelt kodiert' ist. Er ist das *Positive*, göttlich-be-*geist*-ernd-Rauschhafte, sich selbst Übersteigende, und zugleich beinhaltet der Begriff die *negative* Besessenheit, den Wahn, die Krankheit, das Auszumerzende oder zu Bekämpfende. Im Dialog „Phaidros", der das Konzept am ausführlichsten vorstellt, wird der letztere, negative Pol allerdings früh explizit aussortiert[53]: stattdessen begegnen wir einer Kasuistik, wel-

---

51 *Symposion* 203d.

52 Selbst wenn man den Gemeinplatz heranzieht, daß die antiken Begriffe von Kunst (techné) und „schöpferisch" keineswegs den heutigen entsprechen, so steht doch außer Frage, daß Platon in den Passagen zur Dichtkunst exakt das Phänomen künstlerisch-kreativ-inspirativen Hervorbringens zu thematisieren sucht: jenes Hervorbringen, für deren Ergebnisse es strenggenommen keine (menschliche, rationale) Erklärung gibt und auch keine Urbilder.

53 Vgl. *Phaidros* 265a: „Wir behaupten, ... vom Wahnsinn [*Mania*] gebe es zwei Arten, die eine aus menschlicher Krankheit, die andere aus göttlicher Aufhebung des gewöhnlichen ordentlichen Zustandes." Vgl. auch ebda 243a–c: „U n w a h r i s t j e n e R e d e welche behauptet, daß, wenn ein

che der positiven Form der *Mania* gleich vier Formen zuschreibt. Es sind die Wahr- oder Weissagekunst (*mantike*), die Kunst der Mysterien (*telestike*), die Dichtkunst der Musen und – ausdrücklich als höchste, adelige Form der *Mania* bezeichnet: die *Mania* des Eros: mit ‚Wahnsinn der Liebe' nur einseitig übersetzt.[54] Eros ist *die* herausgehobene Form der *Mania* – wie er *der* herausgehobene Daimon war. „Phaidros" teilt also mit dem „Symposion" den Ausgangspunkt und Motor der dialektischen, kreativitätstheoretischen Erörterungen. Im „Phaidros" wird die Frage facettenreich durchgespielt, ob der das (erotische) Verliebtsein begleitende Wahn generell als schädlich oder als vorzüglich anzusehen sei: ob also Verlieben oder Nichtverlieben von Vorzug ist. Er baut damit den Gedankenzug des „Symposion" neu auf: mit anderem Mythos und anderen Bildern, aber einer strukturellen Energetik oder logischen Physiognomie, die an das Symposion anknüpft und Einiges stärker konturiert. Das heißt: Im Symposion speiste sich die Energie des Schöpferischen aus den Polen zwischen Mangel und Fülle. Die Reden, mit denen Sokrates im „Phaidros" wie im „Ion" den Zustand der *Mania* kennzeichnet, spannen demgegenüber ebenfalls ein logisch-psychologisches Spannungsfeld auf, innerhalb dessen sich der göttlich Inspirierte bewegt. Allerdings sind die Entgegensetzungen hier anders gefaßt, und *Mania* ist anders positioniert. War Eros an der logischen Stelle des „Zwischen" angesiedelt, so ist *Mania* demgegenüber ein Differenzbegriff: eine Markierung für das „Andere". *Mania* besetzt nämlich im Spannungsfeld zwischen „bewußt" und „unbewußt" letzteren Pol[55], ebenso in der Opposition von „mit Erkenntnis" und „ohne Erkenntnis".[56] *Mania* ist ferner Gegenbegriff zu den Handwerkskünsten, da diese letztere im eigenen Vermögen liegen[57], sie hingegen ‚durch Gunst' *zufällt*.[58] Sie ist als „ohne Bewußtsein" nicht initiier- oder steuerbar. Das Konzept der *Mania* bezeichnet also gegenüber dem erotischen „Zwischen" im Symposion das umkreiste Phänomen vor allem von der „göttlichen" Seite der beiden Antagonisten ‚göttlich' und ‚menschlich', unendlich und endlich, her.

Gerade indem *Mania* nicht durch „Denken" und „ohne wirkliche Erkenntnis" vorgeht[59], ist sie für Sokrates im „Phaidros" paradoxerweise geeignet, gravierende Probleme zu lösen:[60]

> „Die größten Güter entstehen uns aber aus einem Wahnsinn [*Mania*], der jedoch durch göttliche Gunst verliehen wird. Denn die Prophetin zu Delphi und die Priesterinnen zu Dordone haben im Wahnsinn vieles Gute in besonderen und öffentlichen Angelegenheiten unserer Hellas zugewendet, bei Verstand aber Kümmerliches oder nichts. … Um vieles

---

Liebhaber da sei, man vielmehr dem Nichtliebenden willfahre müsse, weil nämlich jener wahnsinnig sei, dieser aber bei Sinnen. Denn wenn freilich ohne Einschränkung gälte, daß der Wahnsinn [*Mania*] ein Übel ist, dann wäre dieses wohl gesprochen; nun aber entstehen uns die größten Güter aus einem Wahnsinn, der jedoch durch göttliche Gunst verliehen wird … Dies … aber ist es wert, anzuführen: daß auch unter den Alten die, welche die Namen festgesetzt, den Wahnsinn nicht für etwas Schändliches oder einen Schimpf hielten".

54 Vgl. *Phaidros* 265b.

55 Genauer: „nicht bei vernünftigem Bewußtsein" versus „ihres Bewußtseins mächtig" (*Ion* 533e).

56 *Vgl. Ion* 542a.

57 *Ion* 533d.

58 Vgl. *Phaidros* 244a.

59 *Ion* 542a.

60 *Phaidros* 244e. Vgl. auch *Ion* 542b.

vortrefflicher ist auch nach dem Zeugnis der Alten ein göttlicher Wahnsinn als eine bloß menschliche Verständigkeit."[61]

Diese Illlustration der *kognitiven Superiorität der Mania* gegenüber „bloß menschlicher Verständigkeit" beschränkt Platon jedoch nicht nur auf derlei Ausnahmephänomene. Eingebungen aus jenen Bereichen, die heute zu den Prototypen des ‚Kreativen' gehören, wie Dichtkunst und Musik, zählen auch bei ihm zu den Paradebeispielen:

> „Wer aber ohne diesen Wahnsinn der Musen in die Vorhallen der Dichtkunst sich einfindet, meinend, er könne durch Techné, Handwerk allein ein Dichter werden, ein solcher ist selbst ungeweiht und seine, des Verständigen Dichtung wird von der des manisch Befeuerten verdunkelt."[62]

Das Göttliche wird also gleichsam als „ohne Erkenntnis" qualifiziert: ein Gott *erkennt* nicht, er *weiß*. Im Symposion hieß es dezidiert „kein Gott philosophiert"[63], und noch Kant betont spöttisch gegen die „Theologen", daß Gott *nicht denkt* (da Denken „jederzeit Schranken beweiset"[64]). Zu reden ist beim göttlich Inspirierten also von einer Art divinatorischer, intuitiver ‚Gesichte' – und in der Tat tritt da, wo das menschlich-*endliche* Denken entweder verlassen ist[65] oder noch nicht begann, grundsätzlich die optische Metapher der Schau, die (sinnliche oder geistige) Anschauung auf: etwa in der vorgeburtlichen Wahrnehmung der göttlichen Ideen.[66]

Es verhält sich im „Phaidros" also in dieser Hinsicht wie im „Symposion": das Göttliche markiert den einen logischen Pol, dessen anderer das Menschlich-Endliche ist, und *zwischen* ihnen springt jener manische Funke, jener Energiefluß, dem ‚Neues' (im oben zitierten Sinn von „bislang noch nicht Existierendes") entspringt. Betrachten wir die Seite der „göttlichen" *Mania* aber genauer, indem wir ihre anderen Charakteristika hinzuziehen. Diese sind:

- Offenbarung (versus Denken, Erkennen), damit verbunden
- Überzeitlichkeit (Vorgeburtlichkeit), ferner
- durch Gunst erworben, zufallend, nicht bewußt initiierbar (Passivität), daher
- ohne *techne*, ohne eigenes Vermögen (so weist beispielsweise Sokrates im „Phaidros" beständig alle eigene Autorschaft seiner Reden von sich[67])
- von einer gewissen Ortlosigkeit, *atopia* gekennzeichnet, einer göttlichen Aufhebung der gewohnten Denk-Ordnung[68],
- der *atopia* korrespondiert wiederum die Aufhebung des Logos: ein *alogos*.

---

61 *Phaidros* 244a–d.

62 *Phaidros* 245a. Vgl. die Analogstelle *Ion* 534b: „Denn ein Dichter ist … nicht eher imstande zu dichten, als bis er in Begeisterung gekommen und außer sich geraten ist und die klare Vernunft nicht mehr in ihm wohnt; solange er aber diese klare Besinnung noch besitzt, ist jeder Mensch unfähig zu dichten und zu weissagen." – Es ist deutlich, daß hiergegen Aristoteles seine „Poetik" schrieb.

63 *Symposion* 204a.

64 Immanuel Kant: *Kritik der reinen Vernunft*, B 71.

65 Vgl. *Symposion* 210e–212a.

66 Vgl. *Phaidros* 250a–251.

67 Vgl. *Phaidros* 235d.

68 Vgl. *Phaidros* 265a.

Zugleich befindet sich der (manisch) Inspirierte im Zustand

- ohne Bewußtsein, Besinnung, Kontrolle[69], deshalb
- ohne „wirkliche Erkenntnis"[70]; jedoch
- mit körperlicher Symptomatik (aufgeregt, befeuert; Angst, Fieber, Schauder, Umwandlung und Schweiß und ungewohnte Hitze), und
- damit ist dieser, mit der „Schau" verbundene Zustand einer der *Fülle*.[71]

Auffallend ist, daß das Gros dieser Konzepte auch heute in der empirischen Kreativitätsforschung präsent ist. Systematisch zentral im „Phaidros" ist jedoch: das beschriebene „kreative" Potential der *Mania* liegt keineswegs nur auf der Seite des „Göttlichen", es wird nur aus der Hand der Götter empfangen.[72] Diese für sich haben bei Platon, wie Diotima darlegte, in ihrer ‚Fülle' kein Motiv, keinen Anlaß für Kreativität:[73] sie können erst im Menschlichen kreativ, d. h. *wirklich* göttlich werden. Das hier mit *Mania* Umkreiste ist das „Göttliche" in der menschlichen Erkenntnis. Es bezeichnet die Anwesenheit des Unendlichen im Endlichen. Nicht die Götter sind außer sich, die Menschen sind es – in der *Mania*. So bezeichnen Platon bzw. Sokrates die Dichter in diesem Zustand auch als „Dolmetscher (*hermeneutai*) der Götter".[74] Daß hier, im „Phaidros" wie im „Ion", die manisch-göttlich beflügelten „Dichter" es sind, denen diese Übersetzer-Rolle zufällt, während es im „Symposion" gerade die Daimonen *zwischen* Mensch und Gott waren, ist Ausdruck des beschriebenen Umstands, daß Platon mit den Mythen in den hier untersuchten Dialogen strukturell ein logisch-energetisches Feld beschreibt, in dem sich alle fremd-inspirierten Hervorbringungen – in Form der Selbstübersteigung – ereignen. „Göttlich" ist also nach dieser Interpretation eine bestimmte Auszeichnung *menschlicher* Erkenntnisqualitäten.[75]

---

69 *Ion* 533e, 534a.

70 *Ion* 542a.

71 Vgl. etwa *Symposion* 202e.

72 *Ion* 542b.

73 Dies wird direkt ausgesprochen im *Symposion* 204b.

74 *Ion* 534e; dies entspricht der Charakteristik des Dämon im *Symposion*.

75 Der kognitive Prozeß, für den das „Göttliche" im Menschen steht, sei hier noch mal rekapituliert und zugleich vorgreifend dargestellt: der Mensch muß, um erkennen zu können, perspektivisch begrenzt handeln – omnis determinatio est negatio –, er muß Informationen ignorieren, vergessen, löschen, um überhaupt welche aufnehmen zu können. Zugleich muß er *dieses* Löschen immer wieder dementieren, diese Grenzen immer wieder auf- und neu ausheben, um sein Potential zu entbinden. Er tut dies (offiziell-gesellschaftlich) in der ästhetischen Kontemplation und im Rausch der Feste und des Alkohols, er tut dies (individuell) in den hervorbringenden Künsten und generell im Moment kreativer Neu-Schöpfungen, in den Revolutionen der Wissenschaften, sowie in der erotischen Ergriffenheit. Das Verlieben gilt deshalb als „göttlich", weil hier ein Zustand der *Um*-Ordnung, des sich Übersteigens auftritt, auch: des Fremd-Schubes (der gespeist wird von etwas Drittem, das „zwischen" einem selbst und dem Geliebten liegt und das beide nicht verantworten). Diese Figur – der Mensch muß einen endlichen Standpunkt wählen und zugleich sich übersteigen und „sich bestimmen lassen" (um einen jüngeren Buchtitel Martin Seels zu erwähnen) – ist ein Hauptmotiv besagter dreier platonischer Dialoge: des „Symposions", des „Phaidros" und des „Ion".

3.2.3 Zwischenüberlegung: Das Schweigen der Götter

Was bedeutet das Bisherige für die Frage nach der Bedingung der Möglichkeit von Kreativität? In dreierlei Hinsichten zeigten sich jene Hervorbringungen, die bei Platon unter dem *Eros-*, *Daimon-* und *Mania*-Konzept diskutiert werden, als „kreative" menschliche Hervorbringungen von Neuem.

Erstens: Platons oben zitierte, sehr weite Definition von Hervorbringen, Poiesis als „das, was nur für irgend etwas Ursache wird, aus dem Nichtsein in das Sein zu treten"[76] läßt nicht, wie oft über die Antike behauptet, etwas Göttliches als irdisches Abbild erzeugt sein – wie sich unschwer aus dem Kontext dieser Stelle erkennen läßt. Diotima erklärt Sokrates vielmehr:

> „Du weißt, das Schaffen, die Poesie, ist dem Worte nach eigentlich ein vielumfassender Begriff. Denn jeder *Übergang eines Dinges aus dem Nichtsein in das Sein* beruht auf einem Schaffen, *so daß auch die Arbeiten in allen anderen Künsten und Gewerben Poesie sind, und die Handwerker* [demiurgoi], *die sie tun, Poeten.* ... Und doch, weißt Du ja, heißen sie nicht Poeten, sondern von der ganzen Poesie trennt man einen kleinen Teil ab, der es mit der musischen Kunst und dem Silbenmaße zu tun hat, und benennt ihn mit dem Namen des Ganzen".[77]

Nicht wird das Schöpfen am Beispiel des Gottes gedacht sondern ausdrücklich am Beispiel der Handwerker vorgestellt. Hierin liegt ein Begriff von Schöpfung, bei dem in keiner Weise nach- oder umgeschöpft wird. Ein Handwerker ist vielmehr derjenige, der einem ungeformten oder unbegrenzten (*apeiron*) Stück Stoff (*hyle*) eine Form, eine Gestalt gibt (sein *eidos* oder seine *idea*).[78] Da nun nach Platon ein Gegenstand durch seine Form konstituiert wird (was einen Tisch von anderen hölzernen Gegenständen unterscheidet, ist sein *eidos*, nicht sein Material), kann sich die *poiesis* eines Gegenstands nur auf seine Form beziehen. *Poiesis* ist Hervorbringen von Form, von *eidos*; die Materie ist immer schon da. *Eide* nun werden von Handwerkern wie Künstlern häufig neu geschaffen. Klar formuliert diesen Zusammenhang Cornelius Castoriades:

> „Erst das *eidos*, die Form macht das Holz zum Tisch, die Bronze zur Statue und den Ton zur Vase. Die Bronze *ist* Bronze, egal welche Form sie hat. Die Statue dagegen ist Statue nur durch ihre Form. Ihr Statue-Sein, ihr Wesen *ist* ihr *eidos. Eine Statue (ontologisch) schöpfen* kann nur heißen, daß das *eidos* dieser Statue geschöpft worden ist, daß Eidetisches geschaffen wurde (zumindest gilt das für *den* Bildhauer, der nicht eine andere Statue kopiert). Man kann die Statue als Statue und als diese Statue nur *sein lassen*, indem man ihr eidos erfindet, sich vorstellt, *ex nihilo* setzt. ... Das Rad, das sich um seine eigene Achse dreht, ist eine absolute ontologische Schöpfung ... [wobei] der Erfinder des Rades oder eines Schriftzeichens nichts nachahmt und nichts wiederholt". [79]

---

[76] *Symposion* 205c; Parallelstellen finden sich in den *Sophistes* 219b, 265b–266d.

[77] *Symposion* 205c.

[78] Zur Austauschbarkeit der Worte „eidos" und „idea" bei Platon (und deren strategische Unterscheidung bei Aristoteles) vgl. Artikel „eidos", in: *Wörterbuch der antiken Philosophie*, Hgs. Christoph Horn, Christoph Rapp, S. 120.

[79] Castoriades, *Gesellschaft als imaginäre Institution*, S. 335, Hvh. Castoriades. – Zugleich macht er darauf aufmerksam, inwiefern Platons und Aristoteles' Metaphysik und Ontologie selber diese ihre eigene Darstellung der Dinge grundlegend unterlaufen. „Das *eidos* ist *akineton*, die wahren For-

Diese Überlegungen zeigen überdies, daß man Kreativität in der Antike am Beispiel der Künste denken *kann* (wie es im „Ion“ und „Phaidros“ geschieht) aber keineswegs muß, um die fragliche Präzedenzlosigkeit des Geschöpften nachzuweisen. Im Gegenteil, das Beispiel der Künste scheint zunächst das Schöpfertum aus dem Bereich des Menschlichen hinauszukatapultieren – hinein in göttliche *Mania* oder erotisierten Gottes-‚Dienst‘. Eben dies wäre jedoch eine die Position der Antike mißverstehende Sicht.

Zweitens nämlich: die diskutierte, hervorbringende Übersetzungs-Aktivität der Dämonen bedarf ganz offensichtlich *beider* Seiten, des Göttlichen wie des Menschlichen. Daß die Seite der Menschen entscheidend dazu beiträgt, daß das All in sich selbst beschlossen, „erfüllt“ ist[80], zeigt auch, daß alles in der Welt Hervorgebrachte seitens der selbstgenügsamen, un-erotisierten Götter nicht hervorgebracht *würde*. Diese Götter sind notwendig als Ideale, als gleichsam entflammende Inspiratoren, aber sie selber sind logisch gesehen stumm: nicht entflammbar. Das Neue entsteht allein auf Rechnung des Unfertigen, Bedürfenden – wenn auch „in Richtung“ der Götter: die Kluft schließend.[81] Um auf den Ausgangspunkt der Reflexionen zum Thema „Antike und menschliche Kreativität“ zurückzukommen: Damit sind in der Binnenlogik des „Symposions“, „Ions“ und „Phaidros“ die Behauptungen, das Hervorbringende bei den Griechen sei nicht menschlicher, sondern rein göttlicher oder ‚idealer‘ Natur, gegenstandslos. Es ist göttlicher Natur *im Menschen.* Es ist das im Menschen auf (s)eine Grenze Gerichtete.[82]

Drittens stehen damit die Götter, mit Platon gegen Platon gelesen, keineswegs für das, was wir uns nicht selbst zurechnen. Sie stehen für dasjenige *in uns*, was wir uns nicht selbst zurechnen. Auch aus dieser Perspektive ist das neu Hervorgebrachte (*gennan, tiktein*) *menschliches* Neues. Immer dann, wenn gewöhnliche Muster von Kausalität, Logik, Reiz-Reaktionen nicht erklären, wie ein bestimmter Denkvorgang entstand, wird der Schauplatz des mysteriösen Geschehens in die Götter, d. h. nach außen verlagert. Und wie im ersten Kapitel deutlich wurde, gehört dieses „etwas sich nicht selbst zurechnen“ zu den charakteristischen Selbstzeugnissen „kreativer“ Persönlichkeiten, unabhängig davon, wie säkular oder „transzendent“ diese eingestellt sind. Anders ausgedrückt, in symbol- bzw. medien-logischen Termini: Es geht hier um das Verhältnis von ‚Unendlichkeit‘ (Götter) und ‚Artikuliertheit‘ (Menschen). Der Mensch fragt. Im Idealfall richtet er ‚leidenschaftliche‘ Fragen an das Andere: die Götter, die Umwelt, den Forschungsgegenstand, das geliebte Gegenüber. Seine Artikulation wie sein Denken sind immer ‚endlich‘, da sie Unterscheidungen und damit Wahl beinhalten. Die, auf der anderen Seite, göttliche Vorstellung ist stets konturlos, in sich ruhend und darin ‚wahr‘ (alternativelos), weil hier keinerlei ‚Riß‘ oder Frage vorliegt, welche eine Aktion oder auch nur eine Aussage, Haltung, Physiognomie provozierte. Das heißt, das ‚Werden‘ entsteht „zwischen“ der in

---

men sind unwandelbar, unvergänglich, unerzeugbar: wie könnte da jemand neue schöpfen wollen?“ (S. 338) In dieser Sicht auf das Problem der Genesis ist das eingangs zitierte Echo des Parmenides zu finden.

80 *Symposion* 202e.

81 Und damit die *schließende* (binäre) Logik öffnend – wie wir oben sahen und wie sich unten noch ausführlicher darstellen wird – vgl. Kap. 5.

82 Die Menschen beschreiben sich also mit den Göttern selbst: eine Seite in sich, die ihnen streng genommen aus logischen Gründen zu erfassen nicht zugänglich ist: sie benennen mit Gott dasjenige, das sie übersteigt und das sie zugleich aspirativ lenkt.

sich vollendeten Fülle der Götter und der menschlichen (unter-)scheidenden Artikulation. Damit etwas überhaupt als „Fülle" wahrgenommen werden kann, muß es aus der Sicht einer artikulierenden Wahrnehmung geschehen – als eine gesetzte, ideale Fülle, welche die Wahrnehmung übersteigt und so Imagination freisetzt.

Platons Insistenz auf dem Nicht-Kommunizieren von Göttern und Menschen, das dann die Dämonen als (Ver-)Mittler, Dolmetscher auf den Plan ruft, diese Stifter eines dritten Raums eigener Gesetzlichkeit, wo das Nicht-Seiende in Erscheinung tritt, das menschlich neu Geschaffene – besagte kommunikative Lücke sagt eben dies: Fülle und Endlichkeit gehen nicht ineinander über. Beide sind *toto coelo distinkt*. Dennoch bedürfen sie einander. Das Endliche oder Ver-endlichende kann nur aus dem Ganzen seine Begriffe holen, nur in das Fleisch des Kontinuierlichen die Zähne der Analyse schlagen. Das Voll*ende*te ist wie ein stillgestellter Körper. In anderen Worten, denen des 17. und 18. Jahrhunderts: Begriffe ohne Anschauungen sind leer (kein Stoff), Anschauungen ohne Begriffe sind blind (keine Konturen, Physiognomie). Das Schlüsselwort für diese erschaffende, endliche und verendlichende Tätigkeit ist also *Unterscheiden* und mit diesem Artikulieren zugleich: Begrenzen.

3.2.4 Platons Übergang zur Säkularisierung des Werdens im „Philebos": „Genesis" als Mixtur von Unendlichem und Artikulation

In dem späten platonischen Dialog „Philebos" findet sich die Rolle der *Artikulation* für das Entstehen von Neuem noch ausdrücklicher formuliert. Im Rahmen der Debatte, ob die Lust oder die Vernunft für den Menschen höher zu bewerten sind, äußert Sokrates die nun schon bekannte Gedankenfigur ein weiteres Mal, in einer Form, die unserer logischen „Grundidee" noch einmal deutlich näher kommt. Dieser späten Platon-Sokratischen Darstellung zufolge gehen alles Seiende und alles Werdende[83] aus zwei unterschiedlichen Gattungen hervor: dem „Unbegrenzten" (*apeiron*) und dem „mit Grenze" (*peras*): als Verbindung aus Beidem. Die Unendlichkeit oder Grenzenlosigkeit einer Sache ist gleichsam noch Nichts, wie die vergeblichen Versuche, es zu verstehen, zeigen: denn „das Unendliche ... macht jedes Mal, daß du in der Kenntnis nicht zu Ende kommst".[84]

Sokrates erläutert dies an dem Musterbeispiel der Artikulation: den Buchstaben. Man erkennt zunächst den Laut als ein unendliches Phänomen von grenzenloser Varietät an, damit ist allerdings noch nichts verstanden.[85] Aus diesem Grund hatte es einst des zentralen Aktes seitens eines ‚göttlichen Menschen' bedurft: eines Aktes der Unterscheidung von Lauten, der Typologisierung der Zeichen, „so lange, bis er, ihre *Zahl* innehabend, jeden einzeln und alle insgesamt Buchstaben nannte".[86] Und unmittelbar anschließend folgt eine Aussage zur Logik der Buchstaben, die den Strukturalismus sowie die angloamerikanische Notationstheorie Nelson Goodmans antizipiert: „Und da sah er, daß niemand von uns auch nicht einen [Laut, Buchstaben] für sich allein *ohne sie insgesamt* verstehen

[83] *Philebos* 26d.
[84] *Philebos* 17e, Hvh. S. M.
[85] *Philebos* 17b, 18b.
[86] *Philebos* 18c.

kann".[87] Das heißt: Alle Bestandteile einer (notationalen) Ordnung definieren sich erst durch die Gesamtheit der *begrenzten* Alternativen des Systems. Daher mußte in diesem Mythos die Zahl der Buchstaben festgestellt werden: als eine endliche.

Nicht nur alles Verstandene – das Epistemische – sondern auch alles Werdende – das Ontologische – entsteht also *zwischen* Unendlichkeit und Grenze.[88] Damit ist hier eine ebenfalls logisch-strukturelle Variante jener Kreativitäts-‚Formel' gegeben, die eingangs in Kapitel 2 skizziert ist: hier sind die beiden Denkformen (endliches und nicht-endliches Differenzieren) Bereiche des Seienden. Und sieht man sich Platons Charakterisierung dieser Bereiche genauer an – es gibt insgesamt vier Bestimmungen – so sind die sich anbietenden Parallelen zu logischen, system- oder informationstheoretischen Beschreibungen noch offensichtlicher. Das *Unbegrenzte* oder Unbestimmte (*apeiron*) ist geordnet nach den Prinzipien des „mehr oder minder",[89] es ist ferner „ohne Anfang und Ende", ein Gegenstück zum „Gemessenen" oder Gezählten, mithin ohne Maß und Unterscheidung. Für diese „unbegrenzte" Daseinsform des „mehr und weniger" läßt sich auch ‚kontinuierliche Ordnung' einführen: ‚kontinuierlich' wiederum im Sinne von ‚in-diskret', von ‚analog sortiert', von ‚zwischen allen zwei Zeichen ist ein drittes'. Dies war oben in Kapitel 2 das „nicht-endliche Unterscheiden", mathematisch „Dichte". – Die logische Gegenform zu diesem Grenzenlosen oder Unbestimmten ist bei Platon als diejenige „*mit Grenze*" (*peras*) charakterisiert[90]: vor allem als *Zahl* und *Maß*.[91] Das „mit Grenze", die zweite Gattung oder Ordnung des Seienden, ist also das Gemessene, Gezählte; modern könnte man hier wiederum vom „Notationalen" sprechen, und Sokrates' angeführte Illustrationen sind in der Tat Paradebeispiele dessen: Zahlen, Musik bzw. Tonkunst (die durch feste Zwischenräume, definierte Tonleitern, Takte etc. kodifiziert ist) und vor allem Sprache: die Laute und das Alphabet.

Platon bzw. Sokrates führt auf dieser Basis aus, daß alles was entsteht (Werden, Genesis), *zwischen* diesen beiden einander entgegengesetzten Ordnungen auftritt[92], aus einer *Mischung* (*mixis*) oder Verbindung ihrer. So liegt es in der Natur gerade dieser Phänomene, daß man zwar ein *endliches* Set von Bauteilen hat (endlichen Tonvorrat, endliche Buchstaben), mit diesen aber durch Kombination *unendliche* Alternativen herstellt.

Daß es hier um die Entstehung von etwas Neuem, das (so) vorher noch nicht existiert hat, geht, zeigt sich auch in der Gesamtargumentation des Dialogs, der ja dem Verhältnis von Lust (*hedone*) und Vernunft gilt: Lust als Beispiel des Unbegrenzten, Vernunft als die Verkörperung von Maß und Grenze. Sokrates legt so argumentativ aufwendig wie phänomenologisch suggestiv dar, daß auch hier erst die Mischung aus beidem überhaupt etwas Erstrebenswertes ergibt, da Lust alleine ohne Vernunft nicht einmal als solche wahrgenommen, geschweige denn genossen und erinnert werden könnte.[93] Da beide Kategorien, das Unbegrenzte und die Grenze für sich allein jeweils „der Selbstständigkeit ermangeln und der Kraft des Hinreichenden und Vollkommenen"[94], muß das, was als Mixtur aus

87 *Philebos* 18c.
88 Vgl. *Philebos* 26d.
89 *Philebos* 25c.
90 *Philebos* 24a.
91 *Philebos* 25a f.
92 *Philebos* 25c–26d.
93 Vgl. *Philebos* 21b–d, 60e.
94 *Philebos* 67a.

ihnen entsteht, bereits etwas Neues, qualitativ Verschiedenes sein – ein weiteres Beispiel bzw. Argument für die Möglichkeit des Entstehens von Neuem in Platons Konzeption.

Vor dem Hintergrund der beschriebenen Abstraktheit, Unselbständigkeit des „Unbegrenzten" ist es auch als Materie, *hyle* interpretierbar:[95] *hyle*, der Stoff, der als Material jedem Entstehungsprozeß zugrundeliegt. Das Unbestimmte ist, anders gesagt, die quasi-materielle Voraussetzung des Werdens, der Genesis. Damit aus Materie, Stoff etwas entsteht, muß Maß, Form (*eidos*) hinzutreten: als Grenze und Bestimmung. In dieser Fassung ist der Gedanke allerdings derart plausibel, daß er bereits ans Tautologische grenzt. Nichts kann existieren, ohne eine Form und damit eine Grenze innezuhaben – nichts *ist* ohne Bestimmtheit[96], nichts ist zugleich, das nicht auf eine Form der Materialisierung angewiesen wäre, um überhaupt gedacht werden zu können.

Worin liegt dennoch die Pointe dieses Gedankens? Worin liegt die subversiv-produktive Strömung – auch innerhalb des Platon'schen Gedankengebäudes? Sie gründet in dem Umstand, daß hier nicht über Denken und *Sein*, sondern wesentlich über *Werden*, Entstehen diskutiert wird. Die These ist, daß alles, was *wird* (um dann zu *sein*: in der schönen Rede vom „Werden zum Sein" oder „Erzeugung zum Sein"[97]) als Mischung aus zwei entgegengesetzten Relata entsteht. Diese Relata, Unbegrenztes und Begrenztes, modern Analoges und Digitales, stehen nun – und das ist der zentrale Punkt – bei Platon durchaus im Verhältnis der Andersheit oder Kluft zu einander. Das heißt, das eine geht auf keine Weise aus dem anderen hervor oder in dieses über, modern gesprochen sind sie inkompatibel.

Wenn dies aber so ist, wenn die Relata A und B in diesem logischen Sinne *unterschieden* sind, so folgt, daß zwischen A und B notwendig *Unbestimmtheit* herrscht, das heißt, daß dasjenige, was als Mischung oder Mitte aus beidem entspringt, ein Moment der Indeterminiertheit, des Bruchs der bestehenden Ordnung innehat. Genau hier liegt die immanente Spannung und Unruhe, die sich Platon mit dieser Figur des „Zwischen" und der „Mischung" ontologisch und metaphysisch eingehandelt hat und die sich schon früher im „Symposion" anhand der Rolle der Dämonen artikulierte. Platon geht sogar so weit, über das „*Werdende und Gewordene*" in just diesem Sinne zu sagen, daß „niemals irgend etwas auf gleiche Weise sich weder verhalten hat noch verhalten wird, noch auch nur in dem gegenwärtigen Augenblick verhält".[98] Das ist eine Form wesentlicher Unbestimmtheit jenseits von Kausalität und Logik, die *das Neue nicht nur zuläßt, sondern mit allen Mitteln nicht unterbinden kann*. Hierin liegt eine zeichenstruktur-logische Variante der obigen Anthropologie Diotimas zur menschlichen Schöpfung von Neuem: der Mensch kann sie nicht verhindern.

Es findet sich hier also eine auffällig ähnliche Figur zu den drei bislang betrachteten Dialogen, allerdings anders *gewertet*: Figur einer Dichotomie von einerseits inkompatiblen, nicht ohne weiteres ineinander übersetzbaren Gegensätzen, welche andererseits *zusammen*arbeitend die Bedingung der Möglichkeit des Werdens, der Genese von Neuem

---

95 Und in der Tat äußert Platon in diesem Dialog auch, daß alle Hilfsmittel und Werkzeuge und jede *hyle* … „*um eines Werdens willen* bereit liegen" (*Philebos* 54c); vgl. auch Horn/Rapp, *Wörterbuch der Antike*, S. 203.

96 Hierzu kritisch Castoriades, *Gesellschaft als imaginäre Institution*, S. 372 ff.

97 *Philebos* 26d.

98 *Philebos* 59b.

sind. Die Figur war uns zunächst im „Symposion“ anhand der ‚Dämonen‘ und des Verhältnisses von Fülle und Mangel begegnet; allerdings ist sie hier, im „Philebos“, seltsam umkonnotiert. Die Seite der Fülle (in den anderen Dialogen: der Gottheit und generell *positiv* gewertet) ist im „Philebos“ die Seite des Unbestimmten, auch der Lust (Werden, Chaos, im „Philebos“ insgesamt *negativ* bewertet); die Seite des Mangels (negativ, da perspektivisch be*grenzt* als menschliche Endlichkeit) ist hier im „Philebos“ die Seite der Grenze (Ordnung, Maß, Bestimmung schaffend und insgesamt *positiv* bewertet). Dieser Umstand, daß die Einschätzung beider Seiten im Verlauf von Platons Œuvre die Plätze tauscht, oszilliert, ist logischer Ausdruck und Folge des im zweiten Kapitel eingeführten ‚Paradox des Genauen‘.

Deutlich ist, daß hier zwischen den beiden Relata (‚Unbegrenztes‘ und ‚Sein mit Grenze‘) trotz ihrer Kluft eine Wechselabhängigkeit besteht und daher die Gattung des Dazwischen-Liegenden (*mixis* im „Philebos“) oder -Agierenden (Dämonen im „Symposion“) die *Neues-hervorbringende* Rolle spielt.

Der späte Dialog „Philebos“ nimmt damit eine für Platon bemerkenswerte Säkularisierung oder Naturalisierung jener Handlungsform des Hervorbringens von Neuem vor. Es findet nun nicht mehr bezogen auf das Göttliche statt und auch nicht mehr nach dessen Modell, wie im dämonischen oder manischen Tun. Stattdessen entfaltet sich die Genese von Sein zwischen Unbestimmtheit/Grenzenlosigkeit (*apeiron*) und Grenze (*peras*) logisch *als* Artikulieren, Ver-endlichen, Grenz-Ziehen selbst. An die Stelle des Verhältnisses von Gott und Mensch treten zwei verschiedene logische (und wie sich andeutete, auch zwei unterschiedliche temporale) Seinsweisen. Und an die Stelle des versuchten ‚erotischen‘ Erreichens des Göttlichen tritt die aktive (Unter-)Scheidung. Dies ist eine Säkularisierung, die sich bei Aristoteles radikalisieren wird und die wir im folgenden untersuchen.

Zuvor sei noch einmal abschließend festgehalten, daß Platon die logisch-paradoxalen Probleme, die mit der Grundidee verbunden sind, im Verlauf seines Œuvres durchspielt. Wir haben einerseits zwei distinkte ontologisch-logische Regionen: die des Unendlichen und des Endlichen – oder auch des Göttlichen und des Menschlichen. Wir haben andererseits den Raum dazwischen, die Verbindung dazwischen: gestiftet durch die Über-Setzer, Fährmänner der Dämonen, als deren herausragender der Dämon Eros fungiert. Nicht nur wird mit diesem das binäre, dichotomische Modell von „unendlich“ und „endlich“ (analog und digital) durch einen dritten Raum „dazwischen“ angereichert. Dieser dritte Raum ist auch nicht einfach eine Kombination zwischen beiden, sondern er stiftet „zwischen“ diesem Dualismus eine Region ganz eigenen Rechts und eigener Logik: ein *Kontinuum*, und genauer: ein Neues hervortreibendes quasi-räumliches *Vakuum*. Anders als die ‚christlichen‘ Nachfolger dieses antiken Daimon Eros operiert dieser jedoch nicht auf Geheiß der Götter, sondern vielmehr auf Initiative des Menschlichen. Gerade dessen „Endlichkeit“, welche als Neues-stimulierender Mangel empfunden wird, provoziert den Dämon dazu, die Lücke zwischen den Seiten zu füllen – wobei die Kluft zwischen Menschen (innerhalb des Endlichen) und die Kluft zwischen Menschlichem und Göttlichem nur graduell unterschiedliche zu schließende Lücken in der Selbst-Vervollkommnung, Selbst-Füllung des Alls sind. – Mit dem Konzept der *Mania* wird dies dann zu Ende gedacht, wird der „göttliche“ Ort der Produktion von Werken und Problemlösungen direkt ins Innere des Menschen verlegt: Die Differenz zwischen Unendlichem und Endlichem ist jetzt keine räumliche, sondern vielmehr eine operationale. Damit ist Aristoteles’ Behandlung des Problems, seine frühe „philosophy of mind" in „De anima" direkt vorbereitet.

3.3 Aristoteles: Von der Imagination zur Invention. Die Entstehung der *Phantasia* aus dem ‚kritischen' Unterscheiden

3.3.1 Von „mit Körper" zu „ohne Körper": Das Problem der Kluft zwischen Sinneswahrnehmung und Denken

Die folgenden Analysen Aristotelischer Überlegungen haben vor allem drei Ziele. Erstens korrigieren sie, wie schon die Untersuchungen zu Platon, das überlieferte Bild, demzufolge die Antike kein Konzept des menschlichen Hervorbringens von Neuem hat.[99] Zweitens geschieht dies wesentlich durch eine Analyse desjenigen Begriffs, der die Reflexionen zur menschlichen Kreativität sowie zum Genie-Konzept seit spätestens dem 18. Jahrhundert prägte: der *phantasia*. Sie ist es, die später in den Termini „Einbildungskraft", „Vorstellungskraft", „Imagination" etc. mannigfache Theoretisierung erfuhr,[100] nicht zuletzt durch Kants Reflexionen zu Erkenntnis und zum Genie.[101] Zunächst scheint

---

[99] Zu dieser Auffassung bezogen auf Aristoteles vgl. etwa Ludger Jansen, „Aristoteles und das Problem des Neuen: Wie kreativ sind Veränderungsprinzipien?"; ferner Johannes Hübner, „Machen wir je etwas Neues? Aristoteles über technische Kreativität" sowie Georg Gasser, „Der aristotelische Seelenbegriff als Kreativitätsbegriff", ebd. S. 51–61, alle mit negativem Ergebnis. Die Autoren differenzieren jedoch zwischen dem weiten Begriff von Kreativität im Sinne des *Hervorbringens* und dem engen im Sinne des Hervorbringens *von Neuem* – verneint wird nur der letztere: wobei diese Unterscheidung allerdings hoch problematisch ist, wie im vorliegenden Kapitel ausgeführt wird. Catherine Newmark kommt als eine der seltenen abweichenden Stimmen in: „Die dýnamis des Aristoteles: Kreation und Prokreation, Kunst und Zeugung" demgegenüber zwar zu dem Schluß, daß Aristoteles künstlerische Zeugungskraft sehr wohl vorsieht, und zwar unter dem breiten Label der dýnamis: allerdings tritt diese auf im Rahmen eines Dualismus von aktiver männlicher Kreativität und passiver weiblicher Materialität (ein Dualismus, der sich bis ins 20. Jahrhundert durchhielt). Exemplarisch faßt die gängige Auffassung ferner Matthias Perkams zusammen, in: „Intuitives Erkennen und die einheitsstiftende Funktion der Vorstellungskraft. Zwei Entdeckungen in den neuplatonischen De Anima-Kommentaren" S. 63: „Dagegen hatte die antike Philosophie in der Vorstellungskraft (*phantasia*) in aristotelischer Tradition eher ein rezeptives Vermögen gesehen, das die einmal aufgenommenen sinnlichen Erkenntnisse bewahrte, so daß sie ggf. dem diskursiven Denken wieder zur Verfügung standen."

[100] Bereits zu Aristoteles' Zeiten unterstand dieser Begriff einer bemerkenswerten Varietät, wie exemplarisch Thomas G. Rosenmeyer in „Phantasia und Einbildungskraft. Zur Vorgeschichte eines Leitbegriffs der europäischen Ästhetik" ausführt, insbes. S. 218: „Es ist in der Tat für einen Kantianer oder Empiriker britischer Prägung bemerkenswert, wie früh bei Aristoteles der schillernde Bedeutungsumfang von „Imagination" bzw. „Einbildungskraft" vorweggenommen ist, und wie unproblematisch Intelligenz (*nous*) und *phantasia* bei ihm zusammenwirken." Diese Einschätzung einer Nähe zwischen antikem und modernem Begriff – für die, wie sich im folgenden zeigen soll, vieles spricht – wird allerdings von der Mehrheit der Forscher nicht geteilt.

[101] Die Darstellung einer Geschichte des *phantasia*-Begriffs und ihrer Verbindung zur Erkenntnis, ausgehend von Plotin und mit Bezug auf den in dieser Arbeit ausgelassenen Bereich des Mittelalters unternimmt Wilhelm Schmidt-Biggemann in Kap. II seiner *Philosophia perennis*.

dieser Begriff allerdings alles andere als schöpferische Konnotationen zu beinhalten sondern vielmehr schlicht so etwas wie erinnerte, also ‚behaltene' Wahrnehmung.[102] Nähere Analysen verändern und erweitern das Bild jedoch schnell. Vor allem wird sich zeigen, worauf sich bislang in der Forschung wenig Aufmerksamkeit richtete: daß in der *phantasia*, einem wesentlich kritischen (unterscheidenden) Vermögen, zugleich das produktive, schöpferische Moment, eine ein-*bildende*, herstellende Kraft liegt.

Drittens erweist sich damit vor allem, welche Elemente der logisch schwer erschließbaren Natur menschlicher Kreativität erst durch Aristoteles in den Blick gerieten. Die Ergebnisse sind – neben dem eben Angedeuteten – zweifach: einerseits gibt Aristoteles der in diesem Buch verfolgten „Kreativitätsformel" eine differenziertere logische Dimension. Zweitens erlaubt erst er einen umfassenden Blick auf die nächste entscheidende Periode der hier untersuchten Entwicklung einer logischen Idee: die Phase zwischen Leibniz und Kant[103], welche die heutige Erkenntnistheorie entscheidend prägte. Erst von Aristoteles' Überlegungen aus gesehen gewinnen gegenwärtige erkenntnistheoretische Begriffe ihre historische Tiefendimension.

Wie schon bei Platon findet sich mithin auch bei Aristoteles eine bemerkenswerte Spannung zwischen der öffentlichen Lesart dieses Autors, derzufolge menschliches genuines Schöpfertum von Neuem in der Antike unmöglich ist, vielmehr die ‚Kunst' (*techne*) die Natur nachahmt (*mimesis*) oder vollendet[104] – und andererseits dem, was die genauere Betrachtung der aristotelischen *philosophy of mind* bezüglich des Auftretens genuin schöpferischer Leistungen freilegt. Das epistemische Konzept der *phantasia* besitzt hier entscheidendes logische Potential und hat wie kein zweites die späteren, u. a. kantischen Konzepte der „Einbildungskraft" formiert: samt der sich in diesen entfaltenden und bis in heutigen Diskursen präsenten „Genie"-Konzeptionen. Daß dies gilt, obwohl die Ausführungen zu dem Begriff v. a. im Dritten Buch von Aristoteles' geistesphilosophischem Hauptwerk „De Anima" zunächst nichts mit Schöpfertum zu tun haben[105], zeigt bereits die Ambivalenz, die innere Dynamik zwischen dem Wortsinn der *phantasia* an der Ober-

---

[102] Speziell zu Aristoteles' *phantasia*-Begriff existieren diverse Einzelanalysen, aufschlußreich darunter vor allem Hubertus Busches detaillierte Untersuchung der sehr unterschiedlichen Vorkommnisse von *phantasia* in: „Die Aufgaben der phantasia nach Aristoteles"; vgl. ders., *Die Seele als System. Aristoteles' Wissenschaft von der Psyche*; vgl. ferner Dorothea Frede, „The cognitive role of phantasia in Aristotle"; ferner Deborah K. Modrak, *Aristotle – The Power of Perception*, Jakob Freudenthal, *Über den Begriff des Wortes phantasia bei Aristoteles*, Gerald Watson, *Phantasia in classical thought*, sowie ders., „Aristotle, De Anima 3.3"; vgl. auch allgemeiner: Thomas Rosenmeyer, „Phantasia und Einbildungskraft. Zur Vorgeschichte eines Leitbegriffs der europäischen Ästhetik" – um nur einige zu nennen.

[103] Vgl. das folgende Kapitel 4.

[104] Eine farbige und materialreiche Darstellung der aristotelischen Position und ihrer mannigfachen Nachwirkungen bis heute, die mit der hiesigen Position nicht in allen Details übereinstimmt (vgl. o. Kap. 3.1) gibt Hans Blumenberg in: „‚Nachahmung der Natur'. Zur Vorgeschichte des schöpferischen Menschen".

[105] Dies zeigt sich schon daran, daß sich zur *phantasia* in Aristoteles' Œuvre Ausführungen vor allem in seiner Schrift über das Gedächtnis, *De memoria*, finden sowie in seiner Abhandlung über den Schlaf, *De insomnia* (beide, zusammen mit fünf anderen kleinen Schriften sind seit dem 13. Jh. unter dem Titel *Parva naturalia* zusammengefaßt); erkenntnistheoretisch sind jedoch die Passagen in *De Anima* die relevanten.

fläche und der logischen Bewegung des Begriffs darunter: Es ist eine Dynamik, die erst die nähere Analyse des auch für Aristoteles schwer zu bestimmenden Verhältnisses zwischen Wahrnehmung und Denken freilegt.[106] Hier finden sich zentrale Momente einer schöpferischen Dimension, ohne welche *phantasia* bei Aristoteles nicht zu denken ist.[107]

Zunächst allgemein: Die eben in Platons Spätdialog „Philebos" aufgewiesene beginnende Säkularisierung, d. h. Vermenschlichung und Ver-Endlichung kognitiver Selbstüberschreitungen wird endgültig von Aristoteles vollzogen: vor allem in seinen erkenntnistheoretischen Untersuchungen in „Über die Seele", aber auch in den „Zweiten Analytiken/Analytica Posterior" und diversen Stellen seiner „Metaphysik". Nicht nur eignet sich Aristoteles' Konzept der „Kritik", des „Unterscheidens" dazu, das symbol-logische Problem des Herstellens von Artikuliertheit bereits 2500 Jahre früher anhand griechischer Konzeptionen zu formulieren. Es stellt sich vielmehr auch in seinen Reflexionen zum Verhältnis von Wahrnehmen und Logos das ‚kreative' Konzept des „Zwischen", der „Mitte" in unmetaphysischer Gestalt ganz neu dar. Was bei Platon das Mittelglied (*metaxy*) *zwischen* Mensch und Gott, *zwischen* Mangel und Vollkommenheit ausmachte, findet sich bei Aristoteles in der menschlichen Seele „zwischen" *aisthesis*, Wahrnehmung und *noein/nous*, genauer, den menschlichen Wahrnehmungs- und Denkvermögen. In diesem Zwischen-Feld spielt sich die schon beim späten Platon angetroffene, *ins einzelne Subjekt verlegte* Dynamik ab zwischen Fülle, Vollkommenheit, Unbestimmtheit einerseits, Unterscheidung, Artikuliertheit, Bestimmtheit andererseits, und es gilt sie vor allem deshalb zu analysieren, weil Aristoteles' Konzept indirekt bis in die heutigen Debatten zum Verhältnis von Anschauung und Denken bzw. Begriff fortwirkt.[108]

---

[106] Eine ausführliche Analyse des Verhältnisses von *aisthesis* und *logos*, von sinnlicher Wahrnehmung und deren Erkenntnischarakter unternimmt Wolfgang Welsch in seiner Habilitationsschrift, publiziert als: *Aistheis. Grundzüge und Perspektiven der Aristotelischen Sinnenlehre*. Welsch akzentuiert sowohl die interne Rationalität samt Reflexionscharakter der *aisthesis* als auch das ihr eigene aktiv-artikulative Moment – sowie die grundlegend somatisch-organische Verfaßtheit der sinnlich-aisthetischen Tätigkeit. Ferner finden sich hier Momente einer fortführenswerten aristotelischen Medientheorie. Zugleich schließt auch er sich der überwiegenden Sicht an, daß Aristoteles' *phantasia*-Begriff kein im starken Sinne schöpferisches Moment impliziert; vgl. etwa S. 385. Vgl. ferner das einschlägige Buch von Deborah K. W. Modrak, *Aristotle – The Power of Perception*. sowie Franco Volpi, „Das Problem der Aisthesis bei Aristoteles". Friedo Ricken rezensiert Welsch und Modrak in „Probleme der Aristotelischen Wahrnehmungslehre".

[107] Vgl. zu einer differenzierteren Einschätzung als der üblichen Verneinung der kreativen Imagination bei den Griechen Rosenmeyer, „Phantasia und Einbildungskraft", S. 231: „Es ist eine Sache zu behaupten, die Griechen hätten das Phänomen der kreativen Imagination nicht beachtet; es ist eine ganz andere zu leugnen, daß es antike Belege für das Aufkommen einer produktiven Imagination gibt. … [D]ie Vorstellung der Inspiration, des *Enthusiasmos*, dient nur dazu, das axiomatische Reaktionsmuster zu bestätigen: In Ermangelung einer Erklärung dafür, wie ein bestimmter Denkvorgang zustande kommt, wird ein äußerer Ursprung, werden die Götter herangezogen." Exakt dieses Verfahren des Rückgriffs auf eine übermenschliche Instanz können wir heute noch beobachten, inbesondere in Form kreativer Selbstzeugnisse; diese letztere Bestandsaufnahme bestätigt und motiviert auch Boris Groys, „Innovation und Kreativität", in ders., *Über das Neue. Versuch einer Kulturökonomie*, insbes. S. 66 f.

[108] Vgl. exemplarisch John McDowell, *Mind and World*, Lecture I: Concepts and Intuitions.

Die gesamte epistemisch-psychologische Untersuchung „De Anima“ kreist letztlich um eine Thematik, die auch noch Kant zum Ausgangspunkt seiner „Kritik der reinen Vernunft“ macht. Es geht um das Verhältnis von Wahrnehmen und Denken, von Sinnlichkeit und Intellekt, von körperlicher und geistiger Welt-Orientierung. In „De Anima“ tritt das Verhältnis auf als einerseits Erfassen von Sachverhalten oder Gegenständen *mit Materie*, andererseits solcher, die *abgetrennt* sind von der Materie (letzteres wären Begriffe, Gesetze, Prinzipien und ähnliches). Ferner untersucht er die Natur der Interaktion zwischen Erkennen *mit Körper* und solchem *ohne Körper*. Beide Fragestellungen hängen eng zusammen. Generell kreisen sie um die Frage, wie der Mensch zu *Abstraktionen* gelangt: vom vielen Einzelnen Wahrgenommenen zum einen Allgemeinen – Gedachten oder Erfaßten. Wie nun schon bei Platon die Frage, ob und wie das Unendliche und das Endliche (das *mit Grenze*) miteinander kommunizieren, zu einer systematischen Frage wurde, an der sich das Ganze (*pan*) des Kosmos entschied, so wirft auch deren säkularisierte Variante, die nach der Natur des Verhältnisses von *aisthesis* und *nous*, Wahrnehmen und Verstand die entsprechenden Probleme auf: Gehen sie ineinander über? Sind Begriffe nur unterscheidende Schneisen in der Wahrnehmung, nur aus-gedünnte und somit abstrahierte Wahrnehmung?[109] Sind die *aistheta* nur der Nährboden der *noeta*, aus dem sich letztere in Form der Begriffe mittels eines graduellen Prozesses wachsender Abstraktion erheben?[110] Eine solche Figur setzte beide Seiten in eine Kontinuität zueinander – wie wir sie später bei Leibniz finden werden.[111] Oder sind sie bei Aristoteles irreduzibel unterschiedlich, beinhaltet ihr Verhältnis einen Bruch?

Seine Position, um es vorwegzunehmen, oszilliert in dieser Frage. Sie macht ihm sichtlich Schwierigkeiten, und er legt diese Ambivalenz auch offen dar,[112] bevor er an später Stelle in „De Anima“ ein Beantwortungsangebot macht, das für unsere Theorie einen Schlüssel darstellt.

Zunächst: Aristoteles säkularisiert wie schon angedeutet die menschlichen Vermögen; hier gibt es keine den Göttern zugeschriebene *Mania* und keine eingeborenen Ideen. Schon seine „Poetik“ stellt darin ein deutliches Gegenkonzept zum platonischen „Phaidros“ dar: An die Stelle der göttlichen Inspiration im dichterischen Prozeß treten hier klare Rezepte für verschiedene Genres der Autorschaft. Entsprechendes geschieht in seiner Erkenntnistheorie. In den „Zweiten Analytiken“ Buch II, Kap. 19, einer der zentralen Passagen zum Verhältnis von *aisthesis* und den Vernunftprinzipien, erteilt er jeglichem Konzept eines durch vorgeburtliche göttliche Schau erworbenen vor- oder unbewußten Wissens eine Absage. Er erörtert dort die Frage, wie unsere Erkenntnis „erster Prinzipien“ einer jeden Wissenschaft entsteht: ob analog zum wissenschaftlichen Beweis, also intellektuell-diskursiv, oder – wofür Aristoteles argumentiert – durch ein vom wissenschaftlichen Beweisen unterschiedenes Vermögen. Dieses Vermögen nun gründet bei ihm in deutlicher Abgrenzung zu Platon nicht in „Wiedererinnertem“, es ist vielmehr

109 Mit Bradford Keeney, Sprache als Werkzeug, mit dem wir unserer Welt Unterscheidungen aufzwingen; vgl. ders., *Ästhetik des Wandels*, S. 37, S. 29.

110 Diese Frage findet sich unter klarer Herausarbeitung der diesbezüglichen Aristotelischen Ambivalenz intensiv diskutiert bei Deborah K. Modrak, *The Power of Perception*, S. 118–124, vgl. auch Dorothea Frede, „The cognitive role of phantasia in Aristotele“, S. 288 f., 293 f.

111 Vgl. hierzu unten Kap. 4.

112 Vgl. hierzu etwa die unten näher thematisierte Passage in *De Anima* 429b (S. 169 f.).

„ein angeborenes *unterscheidendes* Vermögen [*dynamin kritiken*], das man Sinneswahrnehmung [*aisthesis*] nennt".[113]

In der Frage, wie man von dieser sinnlichen Erkenntnis zur Erkenntnis von Prinzipien gelangt, erinnert seine Antwort nun an die Art und Weise, wie ein Computer sich selbst programmiert, also „lernt". Die Voraussetzung hierfür ist Speicherung, also Gedächtnis, und Übereinanderlegen: die Fähigkeit des Verbleiben-Lassens (*mone*) der Wahrnehmung. Alle Lebewesen haben Aristoteles zufolge *aisthesis*, aber nicht bei allen verbleibt diese.[114] Es werden hier mehrere, zeitlich auseinanderliegende Sinneswahrnehmungen (Datenkurven) übereinandergelegt, bis daraus eine Form, ein abstrahiertes „Verhältnis" (*logos*) ersteht. Diese Form wird sozusagen ge*morpht*. Aristoteles führt dies so aus:

„Aus der Wahrnehmung nun entsteht Erinnerung ... und aus der wiederholten Erinnerung über dasselbe Objekt entsteht Erfahrung, denn die zahlenmäßig vielen Erinnerungen machen *eine* Erfahrung aus. Aus Erfahrung bzw. aus jedem Allgemeinen, das in der Seele verbleibt – als das Eine neben den vielen Einzeldingen, das immer allen jenen als eines und dasselbe innewohnt – entsteht ein Prinzip von Kunst (*techne*) und Wissenschaft; von Kunst wenn auf Entstehung (*genesis*) gerichtet, von Wissenschaft, wenn auf das Seiende."[115]

Erkenntnisse entstammen also der Sinneswahrnehmung: und zwar in einem Prozeß zwischen Abstraktion und Induktion, den er *epagoge* nennt und der aus dem Einzelnen zum Allgemeinen fortgeht:

„in der Tat nämlich wird zwar das Einzelne wahrgenommen, aber die Wahrnehmung richtet sich auf das Allgemeine ... Es ist also klar, daß uns die ursprünglichen Dinge [ersten Prinzipien] notwendig durch Induktion bekannt werden."[116]

Hier, in den „Zweiten Analytiken" stellt sich die Frage nach dem Verhältnis von Sinneswahrnehmungen und Denkprinzipien als jene nach dem Verhältnis von wahrgenommenem Einzelnem und jenen *Einteilungen des Seienden,* welche mittels Prinzipien oder Begriffen geschieht. Aristoteles beschreibt, *daß* Induktion stattfindet, indem das Viele nach Gemeinsamkeiten untersucht wird, via Abstraktion. Aber der genauere Prozeß ist bei ihm alles andere als klar.[117] In der Problemdarstellung aus *De Anima*: Die beiden Seiten, das sinnliche wahrnehmbare Einzelne und das nicht wahrnehmbare Allgemeine – Sinnlichkeit und Denken – sind hier bei Aristoteles durch eine Kluft (*diaphragma*) getrennt: jener von Physischem und Intellektuellem. Der hier verhandelte Unterschied ist der von „körperlich" bzw. „mit Körper" (*aisthesis*) und dem intellektuellen Akt des Be-

---

113 Aristoteles, *Zweite Analytiken* 19, S. 193. Zur Zitierweise: sofern nicht anders angegeben wird dieses Buch nach der deutsch-griechischen Ausgabe von Horst Seidl zitiert, gelegentlich nach der Herausgabe und Übersetzung von Wolfgang Detel: dann ist es gesondert ausgewiesen.

114 Vgl. *Zweite Analytiken* 19, S. 195: dies ist wiederum Bedingung auch für das Entstehen von Begriffen, Verstand (*logos*); ebd.

115 Aristoteles, *Zweite Analytiken* 19, S. 195

116 Aristoteles, *Zweite Analytiken* 19, Hg und Übersetzung Detel, S. 84.

117 Wie Wolfgang Detel in seinem Kommentar zu den *Zweiten Analytiken* betont, sind seine Bemerkungen, die er hier zur Induktion macht, „auch eher geeignet, Verwirrung zu stiften", *Zweite Analytiken* Hg. Detel, S. 248.

greifens (*noein*) von Prinzipien: stattfindend „ohne Körper".[118] Wie immer Sinnlichkeit zu Denken, Sinneserkenntnis zu Prinzipienerkenntnis wird – es geschieht dies nicht in einem kontinuierlichen Übergang, sondern durch einen Sprung, den Sprung der Induktion oder *epagoge*. Und hier, für die Möglichkeit dieses Sprunges, tritt nun bei Aristoteles eine völlig neue Fakultät auf, deren historische Weiterentwicklung später u. a. als Einbildungskraft vor allem bei Kant Karriere machen wird. Wie sieht dies genauer aus?

3.3.2 Das verbindende Dritte: *Phantasia* als „kritisches" Vermögen

Wie immer, wenn eine Frage nach der Verbindung zwischen kategorial Getrenntem sichtbar wird, kommt ein neues, drittes Moment ins Spiel. So wie bei Platon der *Daimon* (äußerlich) bzw. die *Mania* (innerlich) auftraten für die Verbindung zwischen Göttern und Menschen, und wie es bei Kant das von der Einbildungskraft erstellte *Schema* sein wird, das die Überbrückung der Kluft zwischen Anschauungen und Begriffen leistet, so ist es bei Aristoteles das Vermögen der *phantasia*: im Deutschen oft mit „Vorstellung", englisch als „imagination" und „image" übersetzt.[119] Es ist eine menschliche Fähigkeit, die Aristoteles im Buch III von „De Anima" vielfältig (und, der schwierigen logischen Natur dieses Konzepts entsprechend[120] alles andere als einheitlich) charakterisiert.[121] Aristoteles führt es in einem erkenntnistheoretischen Zusammenhang ein: an einer Stelle, an der er erneut für den Unterschied von (unterscheidendem) Wahrnehmen und Erkennen argumentiert:

> „Die Wahrnehmung von spezifischen Objekten ist nämlich immer wahr und liegt bei allen Lebewesen vor, das Denken hingegen kann auch fehlerhaft sein und liegt nur dort vor, wo auch Verstand: denn Vorstellung [*phantasia*] ist etwas anderes als Wahrnehmung und Denken. Und wie sie selbst nicht ohne Wahrnehmung vorkommt, so gibt es ohne Vorstellung keine Annahme/Verallgemeinerung [hypolepsis]."[122]

---

[118] Vgl. *De Anima* 429b, S. 169: „denn das Wahrnehmungsvermögen besteht nicht ohne Körper, die Vernunft hingegen ist abtrennbar (vom Körper)". Vgl. auch *De Anima* 429a, S. 167: „Daher hat es auch seinen guten Sinn, daß sie (die Vernunft) nicht mit dem Körper vermischt ist."

[119] Das Konzept der *phantasia* hat Aristoteles ursprünglich von Platon übernommen und deutlich modfiziert. Platon thematisiert es v. a. in den Dialogen *Sophistes*, *Theaitetos* und *Philebos*; allerdings tritt es bei diesem, ganz anders als bei Aristoteles und damit anders als für die vorliegende Studie relevant a) weniger als eigenes Vermögen denn hinsichtlich seiner Produkte auf, und b) werden die Produkte der Phantasie als Scheinbilder pejorativ verwendet. Dies ist exzellent zu beobachten in der ausführlichen Charakterisierung der *phantasia* in den *Sophistes* (264a), vgl. auch *Philebos* (38c ff). Zu diesen Zusammenhängen und generell zur Geschichte und Interpretation des *phantasia*-Begriffs in der Antike vgl. Oliver Primavesi, „Phantasie bei den Griechen?" Unveröffentlichtes Manuskript der Antrittsvorlesung an der Universität München.

[120] Vgl. unten Kap. 4.3.2 zu Kants Schematismus-Kapitel; auch bei ihm gelten diese Ausführungen als zu den dunkelsten des Buchs zählend.

[121] Die im folgenden diskutierten Passagen aus *De Anima* sind in vielen Hinsichten die Parallelstelle zu den *Zweiten Analytiken* 19; mithin stellt sich die Frage, warum die phantasia da nicht näher thematisiert ist; für Dorothea Frede beantwortet sie sich damit, daß sein Begriff von Aisthesis dort ein anderer ist: umfassender und mithin undifferenzierter (vgl. Frede, „The cognitive role of Phantasia", S. 292).

[122] *De Anima* 427b, S. 155.

Phantasia ist hier also jene Übergangsfakultät, mit der wir uns aus der reinen Wahrnehmung prüfend-unterscheidend herausbewegen. Wir bilden, im Sinne von kristallisieren mit dem von ihr aus der Wahrnehmung Gewonnenen eine Art Bild, Entwurf eines Sachverhalts heraus, eine Hypothese oder eben Verallgemeinerung. Diese unterscheidend-prüfende, nämlich: „kritische" (unterscheiden = *krinein*) Fakultät wird auch gleich näher beschrieben, und ihr Ergebnis, der ge*bild*ete Entwurf, bekommt einen eigenen Namen: das Vorstellungsbild.

> „Wenn die Vorstellung (*phantasia*) etwas ist, wodurch in uns, wie wir sagen, ein Vorstellungsbild (*phantasma*) entsteht, und wir nicht im übertragenen (metaphorischen) Sinne von ihr sprechen, so scheint sie eines der Vermögen oder Haltungen zu sein, womit wir unterscheiden und Wahres oder Falsches sagen."[123]

Die *phantasia* unterscheidet also innerhalb der Materie des Wahrgenommenen. Aristoteles wird in der Folge mit dem Problem kämpfen, ob er *phantasia* als Teil der Wahrnehmung charakterisieren soll oder plausibler als ein Drittes zwischen Wahrnehmung und Denken: als ‚*etwas anderes aber nicht ohne*' Wahrnehmung, so eine seiner typischen Wendungen. Die beiden hierzu notwendigen Fakultäten, Gedächtnis und Abstraktionsvermögen, hatten wir eben im Zusammenhang der „Zweiten Analytiken" kennengelernt. Die *phantasia* produziert damit eine neue, eine Meta-Wahrnehmung, ein Vorstellungsbild, für das charakteristisch ist, daß es nichts Konkretes ganz abbildet: da es allgemeiner, schematischer ist. Sie ist, mittels Gedächtnis und Abstraktion, bereits ein aktiver, mental-kognitiver Akt.

Diese Verallgemeinerung oder Abstraktion beinhaltet nun – und dies ist hier der zentrale Punkt – sowohl ein *Negieren* (von Aristoteles hier als Wegnehmen, *aphairesis*[124] beschrieben) als auch ein *Hinzufügen* von etwas (der strukturierenden Kriterien: *prostithenai*), und enthält damit in doppelter Hinsicht ein Moment der Wahl unter Alternativen. Denn Erfahrung ist nicht vor-perforiert bzw. vor-schematisiert. Damit findet ein Übergang statt: von einer konkreten Sinneswahrnehmung (einem Erleiden, *paschein*, und mithin passiv[125]) zu einer intellektuellen Anschauung – welcher Sprung bereits eine kognitive Aktivität enthält. Es ist wie in der Konversion von Analogem zu Digitalem: Löschen und (dafür Kriterien) Wählen sind diskontinuierliche, artikulierende, grenz-ziehende Tätigkeiten. Hier liegt jener „Sprung" unter Übersetzungen, den wir schon oben, v. a. in Kapitel 2 kennengelernt hatten.

Vom Verstand, *nous* also hat die *phantasia* das Element des aktiv-Unterscheidenden[126]: es bedarf für ihr Auftreten keiner *akuten* Sinneswahrnehmungen (wohl aber vergangener). Von der Sinneswahrnehmung hat sie ihr Material, sie teilt mit ihr die Anschaulichkeit (samt deren nicht-visueller Pendants). Vor allem aber: der *phantasia* ist eigen, daß sie die ursprünglich geschiedenen Bereiche des Erkennens und des Körperlichen verbindet und damit tatsächlich ein ‚Drittes' bildet. Dies zeigt sich schon an jener Stelle im Ersten

---

123 *De Anima* 428a, S. 157.

124 Vgl. zu diesem Akt instruktiv Deborah K. Modrak, *Aristotle – The Power of Perception.*, insbes. S. 119; vgl. ferner *De Anima* 431b.

125 Aristoteles bemüht für diese Art Wahrnehmung die Siegelringmetapher; vgl. unten.

126 Vgl. *De Anima* 428a, S. 157.

Buch von ‚De Anima', an der *phantasia* zum ersten Mal eingeführt wird – wiederum in einem Atemzug mit der Vernunft:

> „Am meisten scheint der Seele das vernünftige Erkennen (*noein*) eigentümlich zu sein. Wenn aber auch dieses eine Art Vorstellung (*phantasia*) – oder jedenfalls nicht ohne Vorstellung – ist, dann dürfte auch dieses sich nicht ohne den Körper (sc. ohne Organ) vollziehen."[127]

Phantasia ist also eine Art *noesis*, vernünftiges Erkennen, zugleich ist sie gebunden an den Körper, an körperlich-sinnliche Organe. „Nicht ohne den Körper", zugleich aber das Körperliche übersteigend: es zeigt sich hier das logische Problem, daß jegliche Konzeptualisierung und Abstraktion ohne sinnliche Wahrnehmung nicht auskommt, sowohl körperlich ist als auch *von* Körperlichem handelnd, und dennoch konzeptuell-verallgemeinernd über das Körperliche hinausgeht.[128] Insofern gibt es Stellen, an denen *phantasia* ausdrücklich als etwas Anderes (und daher Drittes) auftritt:

> „Vorstellung (*phantasia*) ist *etwas anderes* als Wahrnehmung (*aisthesis*) und Denken (*dianoia*)"[129], ... die Vorstellungsbilder (*phantasmata*) sind nämlich wie die Wahrnehmungsobjekte, nur *ohne die Materie*"[130]

Die *phantasia* gelangt also *über* den Körper, über sinnliche Wahrnehmung zu etwas, das sie *unter Abstreifung* des Körperlichen (Materiellen) erst nutzbar macht. Dieses Abstreifen, Negieren (*aphairesis*) ist nun aber bemerkenswerterweise besagtes „kritische", unterscheidende Vermögen, das wir gerade angesehen hatten. Es ist im Grunde erstaunlich, daß durch Wegnehmen von Teilen des Körperlichen/Materiellen etwas Unkörperliches/ Immaterielles entstehen soll („ohne Körper"). Das *negierende* Abstrahieren ist identisch mit dem *hinzufügenden* Konstruieren – von einer Form. Ein uns noch häufiger in dieser Studie begegnender Kreis, genauer, ein „Escher"-Loop, zeichnet sich hier ab.[131]

Anders gesagt: wenn nicht aus den vielen Sinneswahrnehmungen etwas von diesen Unterschiedenes und ihnen dennoch Gemeinsames konstruiert würde (Schema, Gestalt, Idee, Form, Begriff, Prinzip), könnte die Vernunft niemals, etwa angesichts vieler unterschiedlicher Dreiecke[132], beim nächsten, davon unterschiedenen Gebilde, auf das Vorliegen eines weiteren Exemplars schließen.

Der Übergang vom Materiellen zum Immateriellen, Unkörperlichen ist jener vom Abbilden zum Bilden (und vom Wegnehmen, Abstrahieren zum Hinzufügen); denn wir nutzen zu diesem Zweck nicht unsere *vielen* Bilder im Kopf, wir haben für diesen Zweck *ein* Vorstellungsbild gebildet mittels, so Aristoteles, Abstraktion von der Materie, und dies in einer *unterscheidenden* Tätigkeit. Diese hat angesichts konkret auftretender Sinneswahr-

---

127 Buch I, Kap. I (403a).

128 Lowe weist, ebenso wie Modrak, auf eine zentrale Unentschiedenheit Aristoteles' hin, insofern er sich nicht final festlegt, ob das Verhältnis von Wahrnehmung und Denken als Kontinuierliches zu denken ist. Malcolm F. Lowe, „Aristotle on Kinds of Thinking", S. 25 f.

129 *De Anima*, 427b, S. 155.

130 *De Anima*, 432a, S. 187.

131 Vgl. zu diesem logischen „Loop" näher die Ausführungen zu Leibniz und Bateson, Kap. 4.1 und 6.5.

132 Aristoteles' Beispiel ist ein bronzenes Dreieck, vgl. *Zweite Analytiken* 74a. – Kants Beispiel, später, wird außer Dreiecken auch ein Hund sein; vgl. unten Kap. 4.3.2.

nehmungen die wesentlichen von den unwesentlichen Eigenschaften zu unterscheiden: „wenn man etwas betrachtet, dann muß man es zugleich mit einem Vorstellungsbild betrachten".[133] Wahrnehmen ohne *phantasia* ist also strenggenommen nicht möglich. Eben darum hatte auch Aristoteles mit den hier verhandelten Verhältnissen die besagten charakteristischen Schwierigkeiten.

Diese kritisch-unterscheidende Fakultät des Bildens von Vorstellungsbildern (*phantasmata*) hängt also mit dem Wahrnehmen und Denken eng zusammen. Betrachten wir, inwiefern Aristoteles aus dieser Problematik heraus den Begriff der *aisthesis*, der Wahrnehmung in unterschiedlich weiter, umfassender Form verwendet, so stoßen wir einerseits auf die bekannte Siegelringmetapher:

> „Die Wahrnehmung ist das Aufnahmefähige für die wahrnehmbaren Formen ohne die Materie, wie das Wachs vom Ring das Zeichen (Siegel) aufnimmt ohne das Eisen oder das Gold."[134]

Hier ist Wahrnehmung eine passive „Art von Erleiden" (*paschein*)[135], wir können sie uns mit dieser Metapher wie ein analoges Meßgerät vorstellen: reines *Empfangen* einer Form, ohne Materie.

Diese Siegelringmetapher scheint allerdings im nächsten Atemzug schon dementiert zu werden, wenn analog zur Bemerkung der „Zweiten Analytiken" von der Wahrnehmung als „angeborenem unterscheidendem Vermögen" nun die *aisthesis* als unterscheidend (*kritike*) charakterisiert wird.[136] Noch geschieht dieses Unterscheiden jedoch innerhalb des Kontextes der Passivität. Aristoteles beschreibt hier die konkrete Wahrnehmung als sich stets zwischen Gegensätzen abspielend und auf Gegensätze hin ausgelegt: jede konkret gefühlte Temperatur liegt „zwischen" heiß und kalt, jede konkrete Lichtwahrnehmung „zwischen" hell und dunkel – in gewisser Weise handelt es sich hier um ein „kontinuierliches", modern gesprochen „dichtes" Unterscheiden oder „Kritisieren" – im Analogen.[137] Diese Figur ist schon deutlich aktiver als das Siegelring-Bild.

Eben zur Erklärung dieser ebenso phänomenologisch naheliegenden wie logisch problematischen Annäherung zweier bei Aristoteles zugleich strikt getrennter Vermögen tritt, wie wir sahen, die vermittelnde *phantasia* auf den Plan. Sie ist der *deus ex machina*, das neue, dritte Konzept, das die Probleme der Kluft lösen und verbinden soll: „Vorstellung [*phantasia*] ist *etwas anderes* als Wahrnehmung und Denken."[138]

Es gilt damit nun drei Fakultäten zu unterscheiden: *aisthesis*/Wahrnehmung, *phronesis* bzw. *dianoia* (auch: *logos*)/diskursives Denken und eben *phantasia*. Erstere Form kennt als, modern gesprochen, analog strukturierte, keine Verneinung, damit hat sie nur positive Werte. In Aristoteles' Worten: sie ist „immer wahr". Die zweite Fakultät, der Logos, das diskursive, begriffliche Denken kann auch falsch sein: phänomenologisch, weil sie auch ohne Sinneswahrnehmung stattfinden kann (sich vom Informierenden ablöst und damit

---

[133] 432a, S. 187 f.

[134] *De Anima* 424a, S. 133.

[135] Ebd.

[136] 424a, S. 133.

[137] Im Verlauf des Buches ändert sich dies jedoch zuweilen und wird, wie wir sahen, in die Nähe eines aktiven Unterscheidens gestellt, vgl. 427a3, vgl. auch unten 3.3.4.

[138] *De Anima* 427b, S. 155, Hvh. S. M.

fallibel wird), und logisch – um Aristoteles vor dem Hintergrund der hier verfolgten Grundidee zu ergänzen – weil sie binär unterscheidet und damit auch der Negation, der Verneinbarkeit/Fehlbarkeit fähig ist. Dies paßt zu der hier exemplifizierten Grundidee der *unterschiedlichen Formen von Unterscheiden bei aisthesis und noesis*: nicht-endlichem versus endlichem Differenzieren, und ihres ‚Aufeinanderpralls' unter Hervorbringung eines von beiden unterschiedenem Dritten. (Und man kann versucht sein, hier an die eben beschriebene Interaktion von „Unbegrenztem" (*apeiron*) und solchem „mit Grenze" (*peras*) aus Platons „Philebos" zu denken.) Die *phantasia* also, als dazwischenliegend, vermittelt dadurch zwischen beiden Formen: der digitalen (des *entweder-oder*, der „kritischen" Scheidung) und der kontinuierlichen Organisation von Material (dem sowohl-als auch).

Damit ist sie selbst, wie wir sahen, eines jener Vermögen, „womit wir unterscheiden (*krinein*) und Wahres oder Falsches sagen".[139] Trotz dieser starken epistemischen Aktivität wird sie anschließend innerhalb der Seelenvermögen zunächst stark heruntergestuft, vor allem mit dem Argument, daß die *phantasia*, Vorstellung, häufig dem Irrtum unterliegt[140] – welchen Vorwurf er jedoch auch explizit dem Denken macht. Die Rolle der *phantasia* wird dann besonders für den Vorgang der Wahrnehmung und ihren Bezug zum *Handeln* prominent. Diese Bestandsaufnahmen sind für unsere logische Grundidee vor allem hinsichtlich des uns interessierenden Vorgangs der Abstraktion oder *aphairesis*, dem ‚Wegnehmen' und dem komplementären Hinzufügen von Belang: in Bezug auf die Frage, inwiefern hierin eine kreative, Neues herstellende Tätigkeit involviert ist.

Die Rolle der *phantasia* für das Handeln betrifft die Bewertung der Wahrnehmungsinhalte: soll das Wahrgenommene verfolgt oder vermieden, bejaht oder verneint werden?[141] Um dies zu beurteilen, bedarf es der *phantasmata*, Vorstellungsbilder, Produkte der *phantasia*. Aristoteles behauptet sogar explizit, daß die Seele „*vernünftig nie ohne Vorstellungsbilder*" erkennt![142] Eben hieraus leitet er eine Handlungstheorie ab, insofern es die Vorstellungsbilder sind, die eine gegenwärtige Wahrnehmung in die Zukunft zu projizieren erlauben und aus dem Urteil über das Wünschbare oder zu Meidende dieser Projektion weitere Handlungsoptionen ableitbar macht. Sie sind also einerseits *Projektionen* in die Zukunft, sie sind dies andererseits als *Abstraktionen* von der gegenwärtigen Situation.

> „Das vernünftige Vermögen (*noetikon*) erfaßt die (intelligiblen) Formen in den Vorstellungsbildern (*phantasmata*), und wie in ihnen das Erstrebbare und Zu-Meidende für dieses (Vermögen) in bestimmter Weise vorliegt, so wird es auch jenseits der Wahrnehmung, wenn es bei den Vorstellungsbildern verweilt, in Bewegung versetzt. Z. B. sieht man die Fackel, weil sie Feuer ist, und erkennt mit dem Gemeinsinn, indem man sie sich bewegen sieht, daß es der Feind ist. Zuweilen ... ist es so, daß man mit den Vorstellungen, das heißt dem vernünftig Erfaßten in der Seele, sie gleichsam sehend, das Zukünftige gegen das Gegenwärtige abwägt und beurteilt. Und wenn man sagt, daß dort (in der Vorstellung) das Lustvolle oder Schmerzliche ist, so meidet man es hier (in der gegenwärtigen Lage) oder verfolgt es, *und so überhaupt beim Handeln*."[143]

---

[139] 428a, S. 157.

[140] Konkreter: dem Irrtum, den Leidenschaft, Krankheit oder Schlaf bringen kann: 429a, S. 167.

[141] 431a, S. 179.

[142] 431a, S. 181.

[143] 431b, S. 183, Hvh. S. M.

Mittels der *phantasia* projiziert die Vernunft das relevante Gemeinsame der einzelnen Wahrnehmungen in die Zukunft (sich dabei des „Gemeinsinns" bedienend). Es ist dies eine Form der Induktion und gleichzeitiger Rück-Deduktion (*epagoge*: bei Peirce später als Abduktion diskutiert), welche beide zusammen eine Form der Abstraktion bilden. Ohne die Verbindung von Wahrnehmungen mit induktiv gebildeten Vorstellungsbildern können diese also überhaupt nicht mit Sinn versehen, bewertet, für die Vernunft nutzbar werden – insofern „erkennt die Seele vernünftig nie ohne Vorstellungsbilder".[144] Die *phantasia* ist es also, welche der Vernunft die Wahrnehmungen überhaupt erst zuspielt, sie ‚greifbar' macht.

Die Rolle dieser Vorstellungskraft kann hiernach kaum fundamentaler angesetzt werden. *Phantasia* ist jene *konstruierend-abstrahierende* Kompetenz, welche die Form des Abstrakten[145] mit dem Fleisch des Konkreten verbindet – und umgekehrt: die es überhaupt erst ermöglicht, durch kritisches Unter-scheiden aus Wahrnehmungen *Erfahrung* zu destillieren: eine Fakultät also, auf der jegliches Denken und Handeln beruht.

Aristoteles illustriert die Leistung der *phantasia* nicht nur am Beispiel des Handelns, sondern vor allem anhand der den Handlungen vorausgehenden Vorstellungen: der visuellen Eindrücke. Das, was man sieht bzw. wahrnimmt, muß in eine Zeit- und Bewegungsreihe eingeordnet werden, es gilt induktiv zu be-urteilen, wie dasselbe Vorkommnis *in anderer Zeit und aus anderer Perspektive* wirkt. Aus anderer Perspektive als der menschlichen wäre die Sonne etwa, wie Aristoteles diskutiert, nicht mehr „einen Fuß breit". Deshalb ist auch das *phantasma* von der Sonne größer als das *phantasma* der Erde[146]: sehr im Unterschied zu beider *aisthesis*. Wir sehr unsere Wissens- und Erfahrungs-gespeiste Imagination in unsere Wahrnehmung eingeht, zeigt sich etwa hieran: Wenn wir die Sonne am Horizont aufgehen sehen, *nehmen wir diese kleine Scheibe in der Tat zugleich als größer als die Erde wahr*! Doch impliziert diese fundamentale Leistung der Imagination in der Tat kognitive Sprünge (eben dies macht sie irrtumsanfällig). Sie erfordert besagte Abstraktion und Konstruktion zugleich, *aphairesis – prostithenai*: Wegnehmen und Hinzufügen. In diesem Fall: a) ich nehme die Sonnenscheibe klein am Himmel wahr: ich ‚sehe' die Scheibe analog; b) ich weiß aus einer Kombination aus Beobachtungen, Theorien und Begriffen, daß die Sonne größer als die Erde ist: c) bei jedem weiteren, nun „bewußten" Blick an den Himmel sehe ich die Sonne, aber nun nicht mehr als einen kleinen Gegenstand, sondern *als* einen großen: mein Vorstellungsbild von ihr (phantasma), das ich zugleich mit der Wahrnehmung aufrufe, ist größer als das der Erde. Dies impliziert ein wahrnehmen-*als* oder sehen-*als* – das von dem sehen-*von* nicht zu trennen ist.

Man kann rekapitulieren, daß Wahrnehmen und Denken hier ursprünglich, wie so oft, in Widerspruch zueinander stehen, es muß ein übersetzendes Drittes her. Dieses ist

---

144 431a, S. 181.

145 Gemeint sind hier die „intelligiblen Formen".

146 Vgl. 428b, S. 161. Die hier verfolgte Interpretation von *phantasma* deckt sich nicht mit Modraks – dennoch vorzüglicher – Diskussion dieses Sachverhalts und seiner Probleme in ihrem Buch *Aristotle – The Power of Perception*, vgl. dort insbesondere 119–124. Ihr zufolge wäre das Vorstellungsbild der Sonne kleiner als das der Erde. Demgegenüber wird Aristoteles hier so interpretiert, daß unserer aller kognitive Überzeugung, daß die Sonne größer ist als die Erde, eben gerade in der Bildung eines solchen, von der Wahrnehmung abweichenden Vorstellungsbildes *besteht*. Eben darin, in der Ablösung von der Wahrnehmung, ist dieses zugleich schöpferisch.

die Leistung der *phantasia* (Einbildungkraft), welche *phantasmata* oder Schemata bildet, mittels derer wir die „analoge“ (wahrnehmende) und die „digitale“ (begriffliche) Seite verbinden. Und dieses leistet sie wie gesagt durch den Doppelakt des *Abtrennens*-von (sinnlich Wahrgenommenem) plus *Hinzufügung*-von (Wissen), und dies über die Leistung des Denkens bzw. erworbener Informationen. Eine solche Leistung ist zweifellos kreativ: kreativ war sie bei ihrem ersten Auftreten, dem ersten Verstehen eines solchen Sachverhalts in der Geschichte der Menschheit, in diesem Fall offensichtlich lange vor Aristoteles. Deutlich wird: nicht jede Leistung der *phantasia*, nicht jedes geschaffene *phantasma* ist kreativ im starken Sinne, doch umgekehrt ist jede kreative Leistung ein solches Produkt der *phantasia* oder *phantasma*-Bildung.

Phantasia impliziert mit ihren gegenstrebigen Akten der *aphairesis* und des *prostithenai* also einen doppelten konstruktiven Sprung – wobei Sprung jeweils heißt, daß die Handlung nicht determiniert ist, ein Moment der Subjekt-, Situations- oder Zweck-abhängigen Gewichtung oder Kontingenz enthält. Es ist ein Prozeß der Übersetzung zwischen zwei logisch unterschiedlichen psychisch-seelisch-kognitiven Akten: *aphairesis* und *prostithenai*.

In diesem Zusammenhang stellt Aristoteles auch noch einmal, auffallend spät innerhalb seiner Reflexionen, die Gretchenfrage nach dem Unterschied von Begriffen oder ersten Prinzipien – und Vorstellungsbildern: welche ja beide bereits zu den *endlich* unterscheidenden Denkformen gehören: „Aber welchen Unterschied sollte es geben, daß die ersten Begriffe (*prota noemata*) keine Vorstellungsbilder (*phantasmata*) sind?“ Man kann diese Frage modern auch als jene nach dem Unterschied von Begriffen und Gestalten fassen: beide abstrahieren, sehen ab von Details, negieren bzw. subtrahieren Information. Und er schließt unmittelbar an, mit seiner in derlei Verlegenheiten typischen Formel, die gleichsam die Antwort ins Unbestimmte verlagert:

> „Oder es sind auch diese wie die übrigen Begriffe *keine Vorstellungen aber nicht ohne Vorstellungen*.“[147]

Der Unterschied zwischen beiden, so könnte man sagen, liegt darin, daß Begriffe eindeutig Abstraktionen sind, während Vorstellungsbilder auf der Basis der Abstraktionen eben auch wieder aus-dichtend, ergänzend operieren. Aristoteles jedenfalls bricht hier erstmal im Angesicht der kritischen Frage nach dem Verhältnis beider die definierenden Überlegungen explizit ab.[148] Er tut dies wohl nicht zufällig auch in ‚gefährlicher‘ Nähe zu jener zirkulären Position, wonach die Vorstellungsbilder bereits *Produkte* und gleichzeitig *Bedingung* des Denkens sind, beide sich also – trotz und auf dem Boden der früher gemachten Unterschiede – schlecht separieren lassen.[149]

In der Forschung wird ein schöpferisch-hervorbringendes Moment der *phantasia* erst in jüngerer Zeit, seit ein, zwei Jahrzehnten diskutiert. Zu den wenigen Autoren, die diese zumindest in der Nähe einer aktiven, schöpferischen Leistung stellen, gehört Dorothea

[147] 432a, S. 187. Damit ist er zurück an die Bestimmungen des Anfangs gekehrt: In Buch 1 Kapitel 1 bestimmt er das „vernünftige Erkennen“ als „eine Art Vorstellung oder nicht ohne Vorstellung“, 403a, S. 87.

[148] „... so mag es bei den soweit genannten Bestimmungen über die Wahrnehmung und die Vernunft bleiben“. 432a, S. 187

[149] Vgl. 427b, S. 155.

Frede: in ihren Reflexionen zur kognitiven Rolle der *phantasia*.[150] Obwohl sie andernorts ausdrücklich ebenfalls die *phantasia* von einer schöpferischen Einbildungskraft im modernen Sinne abrückt[151], betont sie, daß die *phantasia*-geleitete Projektion einer Situation in die Zukunft auf der Basis gemachter Sinneswahrnehmungen die Schöpfung, die „creation" der „appearance of a future good" beinhaltet.[152] Dies ist jedoch nicht radikal genug: sie besteht damit auch in der ‚creation' der Vorstellung einer zukünftigen *Wahrnehmung*! Bezogen auf das Sonnen-Beispiel: Wer zum Größenverhältnis zwischen Sonne und Erde eine Hypothese, ein Vorstellungsbild hat, der antizipiert mit diesem auch potentielle, nicht-aktuale Wahrnehmungen (er antizipiert etwa das Größenverhältnis zwischen Sonne und Erde vom Cockpit eines zukünftigen Raumschiffs oder einem imaginierten Gott aus gesehen). Frede versteht *phantasia* als „*creation* of an appearance, so that it is related to the former like active to passive".[153] Wahrnehmung ist die passive Tätigkeit – *phantasia* die auf dieser basierende aktive; „*phantasia* can thus be separated from their origin, while perceptions cannot".[154] Genau in dieser Trennung liegt die aktive sinnlich-intellektuelle und unterscheidende Leistung.

Ganz im Sinne der in dieser Arbeit verfolgten Grundidee parallelisiert Frede ebenfalls Aristoteles' Problem mit demjenigen in Kants Schematismus-Kapitel aus der „Kritik der reinen Vernunft", ohne letzteres jedoch explizit zu erwähnen.[155] Sie kommt zu dem Ergebnis, daß die Produkte der *phantasia*, die *phantasmata* oder *phantasiai* als so etwas wie „Gestalten" zu interpretieren sind:

> „It seems that Aristotle, like Kant, wants to say that we cannot think of a line without drawing one in our mind … he still insists that whenever we think of the form of something we have something like a *Gestalt* of it in mind … . If we had only the formal definition we would have no way of recognizing an exemplar when we met one, since we should have no Gestalt that told us what they looked like. Nor could we do instructions in geometry, of course, since it depends on seeing the relevant relationships. … The scientist, however, has to have not just a view of this or that leopard in front of him, spottet in this or that way; he has to form a picture of ‚leopards' and, among other things, their specific spottedness before he can go into the more abstract business of his science."[156]

Die sich hieran anschließenden Reflexionen über die „Logik" solcher Vorstellungsbilder parallelisieren auffallend das eingangs vorgestellte „Paradox der Genauigkeit", wie es sich zugleich in den Reflexionen über den logischen Status und die strukturellen Eigen-

---

[150] Vgl. Dorothea Frede, „The cognitive role of phantasia in Aristoteles", S. 279–295. Dieser Aufsatz kommt einer ‚kreativen' Interpretation der phantasia am nächsten. Vgl. ferner auch Rosenmeyer.

[151] Vgl. Dorothea Frede, „Aristoteles über Leib und Seele", S. 87–109, vgl. insbes. 97 f.

[152] Frede, „The cognitive role", S. 279.

[153] Ebd.

[154] Ebd., S. 285.

[155] „The strict separation of the sensual and the intellectual capacities of the soul is asserted time and again: the nous is the form of the (intelligible) forms, while sense-perception is the form of the perceptibles. … And this is the point where imagination comes in. It establishes the connection between the intellect and its sensible objects", ebd., S. 288.

[156] Ebd., S. 290 f. Das Hundebeispiel wie das Geometrie-Beispiel in Kants Schematismus-Kapitel schwingen sehr direkt mit. Vgl. zu letzterem unten Kap. 4.3.2.

schaften bildlicher Schemata wiederfindet. Der Grund, warum diese inneren Bilder oder *phantasmata* diesen kognitiven Service leisten können, liegt schlicht hier: Sie sind

> „less detailed but more general, … the disadvantage of inaccuracy turns then into an advantage. … Thus, although the images are less vivid, and mostly less accurate … they are also more fruitful because they give us something like a standarized picture of a state of affairs in general.“ [157]

Kant wird dieses „standarized picture“ später beschreiben als „allgemeines Verfahren“[158], „Methode“[159] oder auch

> „Regel, nach welcher meine Einbildungskraft die Gestalt … allgemein verzeichnen kann, ohne auf irgendeine einzige besondere Gestalt, die mir die Erfahrung darbietet, oder auch ein jedes mögliche Bild, was ich in concreto darstellen kann, eingeschränkt zu sein.“[160]

Gerade an diesem Punkt der Engführung von Aristoteles und Kant wird deutlich, daß Fredes keineswegs singulärer Stoßseufzer, Aristoteles verkörpere hier „the untidy-genius syndrome to an unusual degree. Repetitions and inconsistencies abound“,[161] zweifellos mit in der Sache selbst gründet.

3.3.3 Fazit. Wie ‚kreativ' ist die *Phantasia*?

So wie sich die Gesetze der Physik sehr verschieden darstellen, je nach gewähltem Größenmaßstab der betrachteten Objekte, so hängt die Beantwortung der Frage, ob Aristoteles' Modell der Dreifaltigkeit von Anschauung, Denken und *phantasia* nicht exakt jene mentalen Prozesse beschreibt, um deren Bedingung der Möglichkeit es der philosophischen Kreativitätsforschung geht, ebenfalls von der Perspektive ab. Argumentiert wurde, daß es die explizit „kritische“ (*krinein*), unterscheidende Leistung der *phantasia* ist, welche dieses potentiell innovative Moment liefert: ihre Eigenschaft, von konkret Wahrgenommenem, von Sinnesmaterial zu abstrahieren (etwa der Größe der Sonne), um nicht nur auf abstrakte *features* zu kommen (etwa Begriffe, Gesetze, erste Prinzipien), sondern konkreter noch, zu Ergebnissen, die die sinnliche Wahrnehmung dementieren, korrigieren, re-organisieren. Insofern ist die kritische Instanz eine doppelte. Auf der Mikro-Ebene der mannigfachen Wahrnehmung besteht sie im Digitalisieren (oder, mit Aristoteles, der *aphairesis*, Abtrennung), auf der Makro-Ebene konkreter Wahrnehmungs-Ergebnisse umgekehrt im Korrigieren und dabei Ergänzen (*prostithenai*). *(Obwohl sich dahinten ein Busch zu bewegen scheint, ist es der Feind. Obwohl die Erde flach zu sein scheint, ist sie rund.*) Es ist klar, daß diese Leistung der *phantasia* nicht nur eine kognitive ist, sondern sie ist die Bedingung des potentiell immer auch Neues Bringenden – Neues zumindest beim je ersten Mal einer Begegnung. Anders gesagt: *wenn* in dieser aristotelischen Problemarchitektur irgendwo das Potential zu kreativen Neuschöpfungen des menschlichen Geistes besteht,

---

[157] Ebd., S. 291 f.
[158] *Kritik der reinen Vernunft*, B 180.
[159] *Kritik der reinen Vernunft* B 179.
[160] Ebd.
[161] Frede, „The Cognitive Role“, S. 281.

dann hier. Und es dürfte sich ferner abzeichnen, daß die Grenze zwischen alltäglichen, überlebensnotwendigen Leistungen der *phantasia* und solchen, die ein Ausdruck genuin menschlicher Innovativität, Schöpferkraft sind, schwer genau zu markieren ist, aber deswegen dennoch existiert. Jede bahnbrechende Leistung oder Entdeckung auf wissenschaftlichem Gebiet ist eine, deren Bestandteile im Nachhinein als bekannt anzusehen sind. (Der Kreativitätstheoretiker Arthur Koestler etwa betont stets, daß die Informationen, die ‚geniale' Wissenschaftler für ihre Innovationen verwenden, ihren Kollegen gewöhnlich genauso vorlagen.[162])

Auch wenn also die *phantasia* nur die Nachbildung einmal gemachter Wahrnehmung wäre, wie Aristoteles passagenweise nahelegt, ist dies kein logischer Einwand gegen a) die Möglichkeit menschlicher Kreativität bei Aristoteles und b) die *phantasia* als generierenden Ort ihrer. Dies zeigt auch die angesprochene handlungstheoretische Komponente seines *phantasia*-Konzepts. Das Projizieren eines Zustands in die Zukunft, um daraus dessen Wünsch- oder Nicht-Wünschbarkeit abzuleiten, scheint nur auf den ersten Blick trivial. Bezogen auf politische Modelle, ökonomische Maßnahmen bedarf es erst einer jahrelangen Expertise und Erfahrung (und nicht einfachen Nachdenkens), um eine solche Leistung zu erzielen – eine Leistung, die Kant entsprechend erkannte als „*verborgene Kunst in den Tiefen der menschlichen Seele*, deren wahre Handgriffe wir der Natur schwerlich jemals abraten und sie unverdeckt vor Augen legen werden".[163]

Aristoteles also ist als Theoretiker nicht nur nicht inkompatibel mit Überlegungen zur menschlichen Kreativität, er hat vielmehr in Bezug auf die hier verfolgte und in jedem Kapitel anders beleuchtete Grundfigur entscheidende Weichenstellungen und Akzentuierungen zu verantworten. Zwei Hinsichten sind besonders auffallend. Erstens spielt die oben angedeutete Idee des kreativen Prozesses als eines der Transformation zwischen einander entgegengesetzten Handlungsformen, nämlich des Digitalisierens, Abtrennens und des Re-Applizierens, Hinzufügens schon bei Aristoteles in der Analyse des Denkens und der Vernunft eine basale Rolle. Die erstere, artikulierende, kritisch-selektive Tätigkeit ist es, welche für die anschließende Transposition auf andere Gebiete die Bedingung schafft, und der kreative Akt besteht häufig in exakt diesem: ein Muster, eine Figur aus einem Bereich auf einen anderen, scheinbar sachfremden zu übertragen. Anders gesagt: im Übergang von den Ausgangswahrnehmungen (*aisthesis/aistheta*) über die selektive Löschung von Material bis zur anschließenden Übertragung samt Re-Analogisierung (Auffüllen mit anderem konkreten Material) – in diesem Übergang sind logisch undichte Stellen, irrationale Löcher, in denen sich ebenso Zufall wie Genie einnisten können.

Zweitens weist Aristoteles gerade mit seiner Reaktion auf Platon neuerlich darauf hin, daß der kreative Akt nicht allein in der Konfrontation von zweierlei Unterschiedenem besteht (wie es Platons Eros-Figur verkörperte), auf daß entweder dadurch oder dazwischen etwas Neues entstehe, sondern er zeigt, daß Kreativität zugleich wesentlich im Fallenlassen, Löschen, Verneinen von Irrelevantem liegt (eben dem *krinein*, Unterscheiden, und dem *aphairein*, Wegnehmen). *Phantasia*, Imagination fügt nicht einfach etwas hinzu, sie nimmt auch wesentlich etwas weg: sie unter-scheidet. Dies ist ein logischer Umstand, der sich mit Aristoteles weit deutlicher und kompromißloser zeigt als zuvor ohne ihn. Eben

---

[162] Vgl. etwa Arthur Koestler, „The Three Domains of Creativity".

[163] Kant, *Kritik der reinen Vernunft* B 180, S. 200.Vgl. hierzu unten Kap. 4.3.2.

dies meint die Eingangs-Rede des Kapitels ‚Vom Eros zur Kritik'. Kritik ist der Kern der Kreativität, so könnte man sagen. Synthetisieren und Unterscheiden: – eines ist evidenterweise ohne das Andere unvollständig. (Ein konsequenter dritter Schritt wäre vielleicht die *conclusio* vom Eros *als* Kritik.[164])

Die voranstehenden Überlegungen schlagen damit vor, daß unabhängig von der Frage, ob die griechische Antike der Idee des menschlichen Schöpfertums fremd gegenüberstand, die Untersuchung zentraler Textpassagen zur platonischen kosmologisch-ontologischen Poietik wie zur aristotelischen *theory of mind* Sub-Zellen menschlicher Geistesaktivität freilegt, die überraschend kompatibel sind mit modernen Interpretamenten aus Logik, Symbol- und Informationstheorie.[165]

Noch schlagender zeigen sich diese Parallelen bei der Untersuchung eines Denkers, den zu erreichen einen deutlichen zeitlichen Sprung erfordert: einen Sprung, der nicht zuletzt Mittelalter und Renaissance aus der Betrachtung herausnimmt.[166] Gerade die letztere Phase, deren politische Instabilität herausragende Exemplare der Gattung *uomo universalis* hervorgebracht hat, wäre prädestiniert, konkrete Beispiele für kreatives Handeln zwischen Wissenschaft und Kunst bereitzustellen.[167] Im Interesse eines stringenten Gedankengangs sei diese Zeit hier übersprungen und späteren Analysen vorbehalten. Stattdessen konzentrieren wir uns auf einen Autor, der sich, häufig abgrenzend, vielfach direkt oder indirekt auf Aristoteles bezieht und dessen fast konkurrenzlos facettenreiches Œuvre zu beiden Aspekten der hier vorgestellten logischen Grundfigur zur Kreativität mit einer je eigenen ‚Theorie' zu aufwartet. Es ist wie Aristoteles ein Autor, ohne den die Entwicklung hin zu heutigen Konzepten von Epistemologie, *philosophy of mind*, Computertechnologie, aber auch Psychologie und Psychoanalyse völlig anders verlaufen wäre.

---

164 Vgl. in diesem Sinne den philosophisch bemerkenswerten Aufsatz des französischen Filmkritikers Jean Duchet, „Die Kunst zu lieben".

165 Gedacht ist hier vor allem an die Theorien von Fred Dretske und Nelson Goodman, vgl. oben Kap. 2 und v. a. unten Kap 5.2.

166 Vgl. zu den *phantasia*-Äquivalenten im Mittelalter jedoch die umfassende Studie von Wilhelm Schmidt-Biggemann, *Philosophia perennis*.

167 Vgl.jedoch zur Analyse kreativer Prozesse eines Vertreters der Renaissance die sehr eigenwillige und fesselnde Analyse des Paul Valéry, *Leonardo da Vinci*.

4. Historischer Hauptteil II: Aufstieg und Bruch der epistemischen Stufenleiter vom späten 17. zum frühen 19. Jahrhundert

4.1 Vom Unbewußten zum Computer: Die Entdeckung des Geistes als transzendentaler „Black Box“ bei Gottfried Wilhelm Leibniz

4.1.1 Einleitung. Zwischen Turing und Freud: Spannungen innerhalb der Leibniz’schen Innovationen

Unter der Logik oder Denk-Kunst verstehe ich die Kunst, den Verstand zu gebrauchen, also nicht allein, was fürgestellt, zu beurtheilen, sondern auch, was verborgen ist, zu erfinden.

Leibniz

Überraschenderweise hat Leibniz mit seiner aus der Aristoteles-Tradition übernommenen Kontinuums-Theorie der Erkenntnis nicht eine, sondern gleich zwei Epistemologien entwickelt und damit unausgesprochen auch zwei Kreativitätstheorien. An der Oberfläche freilich hat er scheinbar gar keine: die platonistische Seite seiner Theorie leistet der Perspektive Vorschub, daß der menschliche Geist alle seine Inhalte in unartikulierter Form bereits besitzt und es nur der Aufmerksamkeit und Auseinanderlegung bedarf, um sie hervor- und also zur Ansicht zu bringen.[1] Bei näherem Hinsehen finden sich in seinem Werk jedoch zwei Modelle menschlicher Geistesaktivität, deren jedes zentrale Aspekte heutiger kreativitätstheoretischer Diskurse nicht nur enthält, sondern in dieser Form geistesgeschichtlich zum *ersten Mal* vorlegt. Seine Innovationen schaffen die Voraussetzungen für zwei Konzeptionen der Idee von Kreativität und menschlicher Schöpferkraft. Es sind dies einerseits die Idee des ‚Unbewußten‘, andererseits die Idee der Schöpfung von *semantisch* Neuem durch rein *syntaktische* Operationen. Dies soll im folgenden näher ausgeführt werden.

---

[1] Vgl. Leibniz *Metaphysische Abhandlung* § 26, S. 133: „wir können nichts lernen, von dem wir nicht schon im Geiste die Idee hätten, die gleichsam die Materie ist, aus der der Gedanke sich bildet. … Das zeigt, daß unsere Seele all das der Möglichkeit nach weiß und nur der Aufmerksamkeit („animadversion“) bedarf, um die Wahrheiten zu erkennen, und daß sie folglich zum mindesten die Ideen besitzt, von denen diese Wahrheiten abhängen.“

Dabei sei nicht vergessen, daß Leibniz nicht nur der bei weitem komplexeste der in dieser Studie verhandelten Autoren ist, sondern vor allem auch der hinsichtlich des Inventorischen und des Verhältnisses von Philosophie und Praxis systematisch reichste. Aus diesen Gründen kann das Folgende kaum Anderes als ein kurzer, notwendig sehr Abriß einiger systematischer Denk-Motive sein, sofern sie für den in diesem Buch ausgeführten Gedankengang und die Genese seiner historischen Bedingungen relevant sind. Bevor in den nächsten Unterkapiteln die Einzelheiten der hier aufgestellten Thesen vorgestellt werden, zunächst ein vorgreifender Überblick in acht Schritten.

1.) Leibniz hat mit größerer Klarheit als das Gros seiner Vorgänger – darunter vor allem Descartes – den Erkenntnisprozeß als *Minimierung von Unbestimmtheit* konzipiert. Der Weg von der Empfindung zur Erkenntnis, von der Sinneswahrnehmung zur Kognition ist bei ihm einer der steigenden „Deutlichkeit" („Distinktheit") und Abstraktion: eine kontinuierliche Stufenleiter.[2] Damit besteht zwischen Empfindung und Erkenntnis kein grundsätzlicher, sondern ein gradueller Unterschied. Kant wird genau hiergegen später Widerspruch einlegen; allerdings dezidiert nicht aus logischen Gründen (wie etwa später Nelson Goodman[3]), sondern aus solchen, die „den Ursprung und den Inhalt"[4] betreffen: beide stammen für ihn aus unterschiedlichen „Quellen", die Empfindung aus dem Reich des Sinnlich-Empirischen, die Erkenntnis aus dem Reich des Verstandes.[5]

2.) Besagte kontinuierliche Leiter nun bedeutet für unsere Grundidee zur Kreativität, daß deren Basis bei Leibniz gerade noch *nicht* vorliegt. In seiner Konzeption müssen die Unterschiede-maximierende Wahrnehmung und die Unterschiede-minimierende Begrifflichkeit nicht in einem stets indeterminierten Akt aufeinander abgebildet werden (welche Form der Applikation und Übersetzung dann das kreative neue Moment ermöglichte), sondern Erkenntnis ist hier gleichsam trockengelegte Empfindung, ‚Begriffs-Drainage'. Insofern gibt es hier kein Oszillieren, kein Hin- und Her-Übersetzen; sie gehen ineinander weniger *auf* als *über*. Dies zumindest auf den ersten Blick. Bei näherem Hinsehen werden die Dinge allerdings komplexer, und es gilt durchaus von Übersetzung zu sprechen: inwiefern, wird einer der Gegenstände der folgenden Überlegungen sein.

3.) An der Oberfläche ist Leibniz also kein Kreativitätstheoretiker. Und in der Tat, gerade seine tendenziell platonistisch ausgerichteten Äußerungen stehen dem vielfach auch explizit entgegen. Gleichzeitig war er jedoch, wie sein Schüler Christian Wolff, besessen von einer „ars inveniendi"; und mehr praktische Erfindungen als Leibniz verantwortet vermutlich kein Philosoph. Kant andererseits, der in seiner *Kritik der reinen Vernunft* dieses Kontinuum explizit auseinanderreißt, einschließlich zahlreicher Invektiven gegen die „Leibniz-Wolffsche-Schule", ist auch explizit ein Theoretiker der Kreativität-unter-anderem-Namen; er wird die Konsequenzen aus seiner Erkenntnistheorie in

2 Genaugenommen ist eine „Leiter" nicht kontinuierlich (wenn auch die Bewegung *auf* ihr); die als Stufenfolge konzipierte Erkenntnis bei Leibniz, die nichtsdestotrotz als Kontinuum verstanden wird, resultiert aus dem Zusammendenken mehrerer Theoreme, darunter einerseits dem unten in 4.1.2 dargelegten Aufstiegs-Stufenmodell der Erkenntnis, andererseits der anschließend diskutierten Lehre von den „petites perceptions" und ihrer graduellen abstraktiven Verklumpung, Verdichtung, Kompression hin auf dem Weg ins Bewußtsein.

3 Vgl. hierzu unten Kap. 5.

4 Kant, *Kritik der reinen Vernunft*, A 44, B 62, S. 85.

5 Dies wird ausführlicher unten dargestellt, vgl. Kap. 4.3.2.

der *Kritik der Urteilskraft* ziehen und dies wiederum nicht zufällig vor allem in seiner „Genietheorie". – Der dramaturgisch fesselnde und ziemlich genau ein Jahrhundert währende Weg von Leibniz zu Kant, der Umsturz der Stufenleiter der Erkenntnis, geschieht durch die beiden „Zwischenglieder" Wolff und Baumgarten: in einem Prozeß, der unter anderem zur Gründung einer eigenen philosophischen Disziplin geführt hat. Eben dies wird in den nächsten Kapiteln dargestellt.

4.) Leibniz führt die für alle Formen des Nachdenkens über Schöpferisches und Inventives wichtigsten Theorie-Momente überhaupt erst in die theoretische Auseinandersetzung ein. Dies geschieht vor allem durch zwei, an der Oberfläche konträre Theorie-Entscheidungen bzw. Schachzüge. Erstens entwickelt er, in Auseinandersetzung mit vor allem John Locke, zwingende Argumente für die Annahme eines kognitiven Unbewußten,[6] und gerade moderne Kreativitäts-Reflexionen, auch wenn dezidiert nicht freudianisch, sondern logisch, kommen heute in den seltensten Fällen ohne die Setzung eines Unbewußten aus. Zweitens hat er eine komputationale (d. h. kalkülisierende und kombinatorische) Sicht auf die Operationen des menschlichen Geistes, aus der er explizit die Möglichkeit des Entdeckens und Erfindens von Neuem ableitet („ars combinatorica" als „ars inventionis"). Die Idee dahinter liegt darin, *einfache, bekannte* Elemente zu *neuen, komplexen* Formen zusammenzusetzen (und dies in potentiell ‚unendlicher' Weise). Der Geist funktioniert nach diesem Modell gleichsam „komputational", seine Aktivitäten basieren auf etwas, das man, wie Leibniz ausdrücklich betont, mit nichts als Kombinationen aus 0 und 1 darstellen kann (der Geist als ‚komputionale Turing-Maschine').

5.) Mit diesen beiden latent gegenstrebigen Theorie-Elementen, salopp gesprochen jenem Leibniz, der Freud vorwegnimmt, und jenem Leibniz, der Turing antizipiert, zeigt sich zugleich das angesprochene „Paradox des Genauen". Denn der Fokus einerseits auf dem subliminalen *unendlich* Kleinen und daher Unbewußten, und andererseits jener auf dem bis zur nur noch binären Differenz „Verdeutlichten" (der Setzung *finiter Elemente* und damit des *Endlichen*) bildet bei ihm jeweils Anknüpfungspunkte für Konzeptionen des explizit Schöpferischen.

6.) Damit ist die „Black Box" bei Leibniz gleich zweimal vorhanden: im Bereich unbewußter Tätigkeiten, die aufgrund ihrer unendlichen Kleinheit und Schnelligkeit von uns nicht eingesehen werden können, und im Komputationalen, das aufgrund der „Blindheit der Symbole", also der rein syntaktischen Logik, dem es folgt, ebenfalls nicht ‚eingesehen', nicht inhaltlich gefüllt wird. Wir geben etwas ein, und über den „Output" entscheiden nicht wir, selbst wenn wir die „Regeln" gemacht haben, auch nicht die „Realität" (denn die kommt in den Operationen selber nicht vor), sondern die formale Eigengesetzlichkeit, „Mechanik" der Zeichen.

7.) Die Unterschiede der beiden „Black Boxes", der analogen (unbewußten) und der digitalen (komputationalen) liegen in ihrer verschiedenen Logik. Inwiefern diese Logiken sich unterscheiden, wird allerdings erst im zwanzigsten Jahrhundert genauer artikuliert, zunächst bei Sigmund Freud[7] und später im Umkreis der Informations- und

6 Vgl. unten 4.1.4.

7 Vgl. Sigmund Freud, *Die Traumdeutung,* S. 312 ff.

Kommunikationstheorie.[8] Die Basis dieser Unterscheidung ist die Frage: Ist die Negation anwesend oder nicht? Genau diese Frage ist für die Diskussion der „Inkompatibilität" beider Seiten der entscheidende Punkt, und genau dieses läßt sich ohne die Untersuchung der erkenntnistheoretischen Entscheidungen und Umbrüche von Leibniz bis Kant nicht hinreichend herauspräparieren und verstehen.

8.) Leibniz ist der erste, der – in kritischer Auseinandersetzung u. a. mit Descartes und vor allem mit Locke – das „Verworrene", Konfuse, Mehrdeutige nicht nur erkenntnisfähig macht, sondern zu einer indispensablen Basis von Erkenntnis, es also nicht nur als notwendiges Übel konzipiert, sondern als Fundament des Sicheren, Klaren und Distinkten. *Er führt, in anderen Worten, das „Analoge" in den Bereich wahrheitsfähiger Erkenntnis ein.* Dies macht kreativitätstheoretisch den Weg frei für heutige Positionen, welche man etwa mit Ernst Kris „Regression im Dienste der Progression"[9] nennen kann: die Technik, zur Gewinnung neuer Erkenntnisse oder Lösungen hinunterzugehen vom Bereich auskristallisierter Kategorien in jenen vorbewußten Bereich, in dem diese Kategorien noch nicht existieren, um von hier aus, über neue Aufstiege und Kristallisationen, zu alternativen Kategorien zu gelangen, welche zuvor versperrte Lösungswege ermöglichen. Leibniz nimmt in diesem Zusammenhang, etwa wenn er die überlegene Problemlösungs-Kapazität unbewußter mentaler Operationsformen wie die des Traums diskutiert, Elemente zeitgenössischer Kreativitätstheorien vorweg.[10]

Das Folgende stellt erstens Leibniz' Kontinuumsmodell der Erkenntnis vor (4.1.2), mitsamt der Diagnose einer hier festzustellenden logischen Anomalie („Escher"-Kreis).[11] An dieses Modell knüpfen sich, wie zu zeigen ist, zwei einander scheinbar diametral entgegengesetzte Kreativitätstheorien. Die eine schließt an die „obere" artikulierte Seite an und beinhaltet ein kombinatorisches oder auch komputationales Modell menschlicher Kreativität (Stichwort „ars inveniendi"), verbunden mit der Idee der „blinden" symbolischen Tätigkeit (4.1.3). Die andere knüpft an die komplementäre „untere" Seite des Kontinuums an und diskutiert unter diesem Gesichtspunkt Leibniz' Theorie der „petites perceptiones" – samt der ihr inhärenten partiell explizit *schöpferischen* Geistestätigkeit (4.1.4). Das Ganze mündet in eine Reflexion über das Verhältnis dieser beiden Seiten (4.1.5).

---

8 Vgl. unten Kap. 5.

9 Vgl. Ernst Kris, *Psychoanalytic Explorations in Art*.

10 Vgl. hierzu unten Kap. 4.1.4.

11 Diese Figur wird unten in Abschnitt 7.3 auf der Basis zeitgenössischerer Denkmodelle wieder aufgenommen.

4.1.2 Die doppelte Black Box: Das epistemische Kontinuum als „Escher"-Loop

> *Denn was merklich ist, muß aus Teilen zusammengesetzt sein, die es nicht sind. Nichts entsteht nämlich auf einen Schlag, die Gedanken nicht mehr als die Bewegungen.*
>
> Leibniz[12]

Leibniz' Stufenleiter ist eine Kritik an Descartes in gleich zweifacher Hinsicht. Einerseits zielt sie auf die Überwindung der cartesianischen Zwei-Substanzen-Lehre, andererseits richtet sie sich gegen Descartes' berühmtes und folgenreiches Kriterium des Wahren. In Leibniz' Worten:

> „Mit dem vielgerühmten Prinzip ,Alles, was ich klar und deutlich (clare et distincte) von einer Sache erfasse, das ist wahr ...', wird heutzutage viel Mißbrauch getrieben. Häufig nämlich scheint ... etwas klar und deutlich, was in Wahrheit dunkel und verworren ist. Dieses Axiom ist also unnütz, wenn nicht die Kriterien des Klaren und Deutlichen ... angegeben ... werden". [13]

Seine Problemdiagnose beginnt mit dem Vorwurf, daß „klar" und „deutlich" bei Descartes nicht eindeutig voneinander abgegrenzt sind. Leibniz leistet die Unterscheidung durch die Bildung von Gegenbegriffen: „klar" hat als Gegenbegriff „dunkel" bzw. „obskur", „distinkt/deutlich" ist hingegen Gegenkonzept zu „confusa/verworren". Daraus folgt, daß eine „klare" Erkenntnis nicht automatisch „deutlich" ist (sonst wären die beiden Begriffe extensionsgleich), sondern daß etwas durchaus „klar und verworren" sein kann. Man kann Leibniz' Ausführungen zu den Formen oder Stufen der Erkenntnis („cognitiones") wie folgt systematisieren – wobei „cognitio" bei Leibniz „Wahrnehmung" einschließt. Eine Erkenntnis oder eine Wahrnehmung ist, wie er in dem eben zitierten, nur acht Seiten kurzen und höchst einflußreichen Text „Meditationes de Cognitione, Veritate et Ideis" ausführt, entweder:

I.) dunkel (und verworren, *confusa*), oder

II.) klar und verworren, oder

III.) klar und deutlich (*distincte*).

Die deutlichen Erkenntnisse sind entweder

IV.) deutlich und inadaequat, oder

V.) deutlich und adaequat,

die adaequaten entweder

VI.) adaequat und symbolisch, oder

VII.) adaequat und intuitiv.

---

12 *Neue Abhandlungen über den menschlichen Verstand* I, S. 119, im folgenden zitiert als *Neue Abhandlungen*.

13 *Betrachtungen über die Erkenntnis, die Wahrheit und die Ideen*, orig: *Meditationes de Cognitione, Veritate et Ideis*, S. 27, im folgenden abgekürzt als *Betrachtungen*.

Die unterste Erkenntnisstufe ist also die der *dunklen* Inhalte: wenn das, was erkannt werden soll, *für uns nicht über genügend unterscheidende Merkmale* verfügt. Das bedeutet, daß die unter ihn fallende Wahrnehmung/Erkenntnis auf dieser Stufe *nicht wiedererkennbar* oder von einer ähnlichen nicht deutlich zu unterscheiden ist.[14] Zu Leibniz' nicht ganz unpolemischen Beispielen hierfür zählen interessanterweise auch philosophische Termini: ausdrücklich solche der Schulphilosophie.[15] Eine *klare* Erkenntnis beinhaltet demgegenüber wiedererkennbare Inhalte: auf der Basis bekannter Merkmale. Die klare Erkenntnis ist wiederum verworren oder deutlich. Klar und *verworren* (Stufe II) ist sie, wenn der Gegenstand zwar über diverse sondernde Merkmale verfügt, man diese Merkmale jedoch nicht aufzählen, einzeln wahrnehmen kann (wie das z. B. bei phänomenologischen Gehalten alias Sinneswahrnehmungen wie Farben, Gerüchen, Geschmacksempfindungen der Fall ist). Seine Beispiele für diese zweite Stufe des Klaren und Verworrenen sind neben Sinneseindrücken auch Urteile im Bereiche der Kunst: die sich zwar oft mit erstaunlicher Sicherheit fällen lassen, ohne daß man deren Gründe jedoch angeben könnte. Die Erkenntnis ist demgegenüber klar und *deutlich*, distinkt, wenn diese Merkmale und Definitionen zur Verfügung stehen, d. h. wenn sich ein Begriff nach seinen Komponenten auseinanderlegen läßt. Naheliegenderweise ist diese Kombination des Klaren und Distinkten (Stufe III) das wissenschaftlich Erstrebenswerte: die Möglichkeit des Gebens von Definitionen, die Analysier- und Zergliederbarkeit von Begriffen, und natürlich das Angeben von Merkmalen gehört zu den Zielen und Merkmalen wissenschaftlicher Präzision.

Leibniz führt weitere Differenzierungen ein, dem Umstand geschuldet, daß es *Grade* von Deutlichkeit gibt[16] (was den Kontinuumscharakter des Erkenntnismodells beinhaltet). Denn die Unterbegriffe lassen sich wiederum selbst zergliedern. Wenn und soweit wie dies gelingt (im Idealfall bis zu den letzten „primären", nicht weiter zergliederbaren Begriffen), ist der Begriff in Leibniz' weiterer Taxonomie nicht nur deutlich, sondern auch ‚*adaequat*' – sofern dies nicht gelingt, nur deutlich und inadaequat (Stufen IV und V).

Eigentlich sollte die Stufenleiter menschlicher *perceptiones* bzw. *cognitiones* folglich hier vollständig sein. Doch Leibniz ist, wie die Philosophen seiner Zeit, metaphysischer Logiker (Theo-loge) und führt zwei weitere, aufeinander bezogene Unterschiede ein. Es sind die in unserem Zusammenhang aufschlußreichsten, welche aber in gewisser Weise mit der bisherigen Perspektive brechen. Bislang hatte er den wachsenden Erkenntnisgewinn (die steigende Stufenleiter) mit einem Zuwachs an Distinktheit, Deutlichkeit innerhalb des Klaren beschrieben, was nur möglich ist, wenn klassifikatorisch geschieden wird und dies mittels der Analyse begrifflicher Komponenten. Dies geschieht nicht anders als mit Zeichen, Symbolen. Seine nun folgende letzte Stufen-Unterscheidung betrifft

---

14 Leibniz spricht in den *Betrachtungen* von Tieren oder Pflanzen, die wir uns erinnern, früher schon einmal gesehen zu haben, sie jedoch bei neuer Begegnung nicht wiedererkennen bzw. von alternativen Arten unterscheiden könnten. In den *Neuen Abhandlungen* zählen zu seinen Beispielen auch Wellenrauschen, Meeresrauschen – Geräusche, die wir wahrnehmen, ohne ihre Bestandteile jedoch voneinander unterscheiden zu können. Vgl. z. B. Bd. I, „Einleitung", oder auch etwa S. 155.

15 Vgl. *Betrachtungen*, Übersetzung H. Buchenau, S. 23, u. a. am Beispiel der „Entelechie" des Aristoteles.

16 *Metaphysische Abhandlungen* § 24, S. 127.

eben diese Leistung: es ist die von „symbolischer" (zeichenhafter) versus „intuitiver" (anschauender) Erkenntnis.

Wenn Leibniz erst hier die symbolische Erkenntnis einführt, so heißt dies natürlich nicht, daß erst hier Symbole ins Spiel kommen. Zeichen und hier vor allem Begriffe sind für Leibniz in jede gedankliche Tätigkeit involviert[17] (mit Ausnahme vielleicht der ‚obskuren', ‚dunklen'); alles Denken jenseits des Grenzfalls der ‚reinen' Wahrnehmung impliziert bei ihm zweifellos Zeichen. Es geht mit der Unterscheidung von *symbolisch* versus *intuitiv* darum, wie die Wahrnehmung konkret *gewonnen* und *verarbeitet* wird. Leibniz führt mit dieser Unterscheidung unausgesprochen ein temporales Element ein. Generell geht es um die Art, wie mit Information umgegangen wird, welche im einzelnen abzubilden geraume *zeitliche* und intellektuelle Kapazität beanspruchen würde.

> „Meistens, zumal bei längerer Analyse, sehen wir nicht das ganze Wesen der Sache *zugleich* ein, sondern bedienen uns *an Stelle der Dinge* der Zeichen, deren Erklärung wir beim augenblicklichen Denken der *Abkürzung* wegen aussetzen, da wir wissen oder glauben, daß wir sie zur Verfügung haben: wenn ich so an das Chiliogon, das heißt, das regelmäßige tausendseitige Vieleck denke, so erwäge ich nicht immer das Wesen der Seite und der Gleichheit und der Tausendzahl (oder des Kubus der Zehnzahl), sondern bediene mich dieser Worte (deren Sinn wenigstens dunkel und unvollkommen dem Geiste vorschwebt) in Gedanken an Stelle der Ideen, die ich davon habe, deren Erklärung ich aber jetzt nicht für nötig halte; ich pflege diese Erkenntnis *blind* oder auch *symbolisch* zu nennen, derer wir uns in der Algebra und Arithmetik, ja sogar fast überall bedienen."[18]

Zeichen stehen hier also nicht nur „an Stelle der Dinge", sondern sind hier auch Abkürzungen für andere Zeichen und ihre Gehalte („Ideen"). Symbole, Sprachen sind unter anderem Maßnahmen zur *Komplexitätsreduktion*, besonders da, wo es um die Übertragung, den Transport von Informationen geht. Wichtig ist hier der Aspekt der Abkürzung, Kompression: an die Stelle vieler Zeichen treten wenigere, die wir deswegen im Geiste problemloser operational manövrieren können, weil wir a) nicht sämtliche Implikationen dieses Zeichens uns bewußt machen und b) die Symbole nach rein syntaktischen Regeln manipulieren, völlig unabhängig von möglicher Bedeutung.[19]

In anderen Worten, das von Leibniz auseinandergelegte Ideal der Adäquatheit von Zeichen gilt es in der Praxis des Begriffsgebrauchs häufig gerade zu vernachlässigen; vorauszusetzen ist jedoch, daß wir die Analyse potentiell vornehmen *könnten*. Statt aufwendig mit komplexen Informationen zu operieren, bewegen wir Kürzel und bezahlen deren leichtere Manövrierbarkeit mit deren „Blindheit" und korrespondierender ‚Leichtigkeit': sie werden nach Regeln transformiert unabhängig von ihrer Bedeutung oder Interpretation. Blindheit ist hier durchaus eine Tugend, ja, eine Bedingung für anspruchsvolle Geistesoperationen vor allem in der Mathematik, aber letztlich, wie Leibniz gerade äußerte, „fast überall", denn Symbolverwendung und Denken generell wird hier nach dem Modell der Mathematik und Geometrie betrachtet.

---

17 Vgl. hierzu etwa seinen „Dialog über die Verknüpfung zwischen Dingen und Worten", S. 18.

18 *Betrachtungen*, hier in der Übersetzung von Hans Heinz Holz, S. 37, Hvh. S. M.

19 Diesen Punkt arbeitete insbesondere Sybille Krämer in diversen Publikationen heraus, vgl. hierzu unten Kap. 4.1.3; vgl. ferner Detlef Feger, „Logik ohne Dornen", S. 215.

Diese auf den ersten Blick unschuldige und plausible Überlegung zur Blindheit des Symbolischen enthält als Keim bereits den gesamten Hintergrund dessen, was später das komputationale Denken genannt wird und ist Gegenstand des folgenden Unterkapitels. Was ist gegenüber dem „Symbolischen" nun „intuitiv"? Leibniz:

> „[G]ewiß können wir, wenn der Begriff sehr zusammengesetzt ist, nicht alle in ihn eingehenden Begriffe gleichzeitig denken: wo dies dennoch zulässig ist, oder wenigstens in dem Maße, in dem es zulässig ist, nenne ich die Erkenntnis *intuitiv*."[20]

Hier kommen wir zu dem gerade angesprochenen temporalen Aspekt; der entscheidende Punkt ist das „*gleichzeitig* denken". Wie können wir das auseinanderlegen? Das Symbolische geht in Darstellung wie Analyse diskursiv und damit sequenziell, temporalisiert vor sich: speziell dann, wenn ein komplexerer Begriff analysiert, verstanden (also ent*blind*et) werden soll. Das Intuitive unterscheidet sich vom Symbolischen dadurch, daß dessen *Sukzessives* durch einen *simultanen* Akt des Verstehens ersetzt wird: *im Nu*. Schlagartiges Sehen versus schrittweises Vollziehen.

> „Und wenn mein Geist *in einem Zuge* und auf deutliche Weise alle die ursprünglichen Bestandteile eines Begriffs auffaßt, so hat er von ihm eine intuitive Erkenntnis, die sehr selten ist, da die meisten menschlichen Erkenntnisse nur verworren oder vielmehr auf Voranahmen beruhend („*suppositives*") sind."[21]

Die Nähe von Intuitivität und augenblicklichem Erfassen *in-einem-Akt* ist in der Tat Bestandteil des gesunden Menschenverstands: Intuition ist das, was nicht schrittweise zum Ergebnis kommt, sondern gleichsam trotz einer ‚Hürde': über etwas hinweg. Damit ist Intuition (wie Kreativität) ein rein negativer Begriff, insofern er nichts anderes bezeichnet als die Abweichung von der üblichen Praxis: hier allerdings in der Tat vor allem auf temporaler Ebene. Die Intuition, sofern es sich um einfache primäre Begriffe handelt, ist mithin auf deren unterster Stufe obligatorisch, notwendig: was nicht weiter analysiert werden kann, wird intuitiv aufgefaßt. Sofern es um komplexere Sachverhalte geht, ist deren intuitives Erfassen dem (idealen) göttlichen Verstehen vorbehalten. (Sodaß „Intuition" historisch in wichtigen Belangen immer auch in die Nähe von etwas Übermenschlichem geriet. In jüngerer Zeit, unter Hinzuziehung psychologischer und neurophysiologischer Ergebnisse, wird dieses „Göttliche" vornehmlich als ganzheitlichere Denkweise, als „holistisches" oder gestalthaftes Operieren aufgefaßt.)

Sehen wir uns vor diesem Hintergrund Leibniz' Unterscheidungen komprimierter gefaßt noch einmal an:

I.) dunkel und verworren (Aisthesis, undifferenzierte Wahrnehmung)
II) klar und verworren (phänomenales Erleben, differenzierte Wahrnehmung, Kunst)
III) klar und deutlich (Wissenschaft)
VI) adaequat und intuitiv (das „Göttliche")

Dieser Konzeption zufolge ist das menschliche Denken von der Sinnesperzeption (Stufe I und II) bis zum begrifflichen Denken also in einer Folge aufsteigender Deutlichkeit

---

[20] *Betrachtungen*, hier in der Übersetzung von Hans Heinz Holz, 37 f.
[21] *Metaphysische Abhandlung*, S. 127, Hvh. S. M.

organisiert (man kann auch sagen: in einer kontinuierlichen Ordnung wachsender symbolischer Präzisierung). Von der ‚Sensation' zur ‚Kognition' führt ein Prozeß der Unter-Scheidung, Distinktion oder auch modern: Digitalisierung, Prozeß der zunehmenden – in Leibniz' Worten: – „Blindheit". Im Konzept der symbolischen Erkenntnis als *blind* liegt zugleich deren Gegenbegriff: die intuitive Erkenntnis, als *Schau*. Dieser Gegensatz ist ein alter; schon Plotin hatte die Intuition als geistiges Sehen, als geschautes Licht, und zwar „plötzlich", assoziiert. „Intuitiv" ist Gegenpol sowohl zu blind und „symbolisch" als auch zu „schrittweise", nämlich diskursiv.[22]

Wie sieht diese „intuitive" Erkenntnis näher aus? Obwohl sie auf der Stufenleiter ganz oben angesiedelt ist und in ihrer Umfassendheit nur einem Gott oder in wenigen Ausnahmen dem Mathematiker vorbehalten, ist sie zugleich auch ganz unten anzusiedeln – was Leibniz nur implizit äußert:

> „In der Tat können wir, wenn eine Vorstellung sehr zusammengesetzt ist, nicht alle in sie eingehenden Merkmale zugleich denken; ... in dem Maße wie dies möglich ist, nenne ich die Erkenntnis intuitiv. Von den distinkten, primitiven Vorstellungen ist keine andere als intuitive Erkenntnis möglich, während das Denken der zusammengesetzten Vorstellungen für gewöhnlich nur symbolisch ist. Hieraus erhellet bereits, daß wir, um die Ideen von solchen Inhalten zu haben, die wir distinkt erkennen, notwendig des intuitiven Wissens bedürfen."[23]

Der letzte Satz hat es in sich: er beinhaltet, daß unser distinktes Wissen auf dem intuitiven aufbaut. Interessanterweise ist die intuitive Erkenntnis, faßt man sie als vom symbolisch-blinden Denken unterschieden, in beiden Fällen der ersten und der letzten Stufe vorbehalten. Offenbar haben die unterste und die oberste Stufe etwas gemeinsam: beide sind in gewisser Weise *nicht ‚menschlich'*: die unterste ist *prä-human* (ihrer sind auch Tiere und kleine Kinder fähig), die oberste ist *trans-human*, übersteigt die menschliche endliche Gebundenheit. Offensichtlich teilen die göttliche und die vor-distinkte Stufe des menschlichen Geistes (die kindliche etwa) bestimmte logische Eigenschaften. So ist die Herausbildung von Kategorien (die uns die Diskretisierung der Wahrnehmung ermöglichen) zugleich Stärke wie Hindernis. Dieser Umstand läßt sich mit einem kurzen Betrachtungs-Sprung auf die phänotyptische Ebene der menschlichen Entwicklung illustrieren. Alles Lernen ist implizit *Ver*lernen, wie in jüngerer Zeit beispielsweise Ludwik Fleck und Michael Polanyi in ihren Erkenntnistheorien ausgeführt haben.[24] Wenn, mit Spinoza gesprochen, „omnis determinatio est negatio", so bedeutet jede wachsende „Klarheit und Distinktheit" auf dem Weg von der Sensation zur Erkenntnis die Notwendigkeit von Ausblendungen. Man denke etwa an den Umstand, daß es in der Entwicklung der menschlichen Denk-Fähigkeit, zu welcher Sprachenlernen gehört, nur ein bestimmtes

[22] Vgl. für eine historische Übersicht Theo Kobusch,Artikel „Intuition".

[23] *Betrachtungen*, Übersetzung H. Buchenau, S. 25.

[24] Vgl. Ludwik Fleck, *Entdeckung und Erfindung einer wissenschaftlichen Tatsache*, „Das unmittelbare Gestaltsehen verlangt Erfahrung, eventuell Vorbildung: *Freilich verliert man zugleich die Fähigkeit, der Gestalt Widersprechendes zu sehen.*", S. 121, Hvh. S. M. – Vgl. ferner Michael Polanyi, *Implizites Denken*, S. 47: „ein sich entwickelnder Geist muß ... den ganzen Begriffsrahmen und sämtliche Regeln des Verstandesgebrauchs ... noch einmal schaffen. Insofern *vermindert jede solche Fixierung den Spielraum* seiner schöpferischen Fähigkeiten, vergrößert diese Fähigkeiten aber auch durch die Bereitstellung neuer Instrumente."

Zeit-Fenster gibt, in dem akzentfrei Sprachen gelernt werden können, dafür aber potentiell gleich mehrere. Hier können also Unterschiede wahrgenommen und wiedererkannt, d. h. auch reproduziert werden, die in einer späteren Entwicklungsphase (und gleichsam phänotypischen Aufwärtsbewegung auf der Kontinuitätenskala) nicht mehr als Unterschiede reproduziert werden können. Es gibt also Fähigkeiten, die uns beim kognitiven Aufstieg verlorengehen.

Um von der Ebene der individuellen Entwicklung zurück zur epistemologischen Stufenleiter der Erkenntnis zu gehen: die unterste (konfuse und verworrene) Stufe und die oberste (adäquate und intuitive) sind nicht nur logisch Grenzformen, sondern auch praktisch: es ist nicht den Menschen und wohl auch nicht höheren Tieren möglich, eine reine „konfuse und verworrene" Anschauungs- bzw. Wahrnehmungsleistung zu vollziehen, es gibt eine zumindest bei allen höheren Säugetieren angeborene Schematisierungs- und Gestaltbildungsleistung[25], das heißt: Bildung nonverbaler Konzepte. Dasselbe gilt evidenterweise für die adäquate und intuitive: auch sie, die umfassende Schau sämtlicher Merkmale ist eine logische Grenz-Vorstellung; aber eben auch ein Ideal, das je nach Position „Gott" oder das Wissenschaftsideal der (Meta-)Physik genannt wird.

Hier also liegt in anderen Worten die Paralle der untersten und der ‚göttlichen' Ebene: Das Ideal der Erkenntnis (von der logischen ‚Gott'-Stelle repräsentiert) ist eines, das nichts ausblendet und ist zugleich eins der umfassenden Merkmals-Fülle. Merkmale erfassen und sie darstellen ist dem Menschen jedoch nur auf dem Weg des *Symbol*-Gebrauchs möglich: womit man sich gerade von dem Ideal des Umfassenden (und der ‚Schau') wieder entfernt, da Symbole immer nur perspektivisch begrenzt und „blind" operieren. Hier treffen wir es also wieder an, das eingangs in der „Grundidee" genannte „Paradox des Genauen".[26]

Diese Entfernungs- und wieder Annäherungsbewegung vom Symbolischen hat etwas von einem *Kreis* (oder auch einer Spirale) statt einer Geraden. Die reine, konzeptlose Schau auf der untersten Stufe (prä-human) und die reine Schau der Intuition (trans-human) sind strukturell verwandt. *In actu* wird ein solcher ‚Kreis' des Wissens durchlaufen, wenn beispielsweise Marcel Proust in seiner „Recherche du temps perdu" versucht, sämtliche Wahrnehmungen seiner Kindheit möglichst präzise in Worte zu kleiden. Was er intendiert, ist die durch Worte/Wissen vergleichsweise wenig vordeterminierte „schauende" Beobachtung des Kindes mit dem Wissens-Vokabular des Erwachsenen zu verbinden.[27] In der Tat ist dies eine Kreisbewegung, eine paradoxe Kreisbewegung mit gleichsam „*Escher*"-Qualitäten: über den *Aufstieg* durch die Verdeutlichung schließlich *unterhalb* der menschlichen Kategorisierung zu landen.[28]

---

[25] Vgl. für Details den ausgezeichneten Sammelband von Dominik Perler (Hg), *Der Geist der Tiere*.

[26] Vgl. oben Kap. 2.

[27] Der Gemeinplatz des ‚unschuldigen' Kinder-Blicks als eines göttlichen Blicks hat in diesem logischen Zusammenhang seinen Grund.

[28] Horst Bredekamp hat in *Die Fenster der Monade. Gottfried Wilhelm Leibniz' Theater der Natur und Kunst* das logische Dilemma Leibniz', das zu einer solchen Konsequenz führt, gerade in seiner Auseinandersetzung mit der Metapher der (göttlichen) Schau bei Leibniz immer wieder herausgearbeitet, vgl. dort insbesondere Kap. V.4 sowie VI.

Dies zeigt sich besonders in Übersicht. Wenn wir Leibniz' Beschreibung des Verhältnisses von dunkler und konfuser hin zu intuitiver Erkenntnis ansehen, so haben wir folgende Leiter:

I	II	III	IV
dunkle und verworrene Erkenntnis	klar und verworren (Sinnesqualitäten, Kunst)	klar und distinkt (Wissenschaft)	intuitiv, Intuition (Wahrheit, Ideen)
Begriffs-/konzeptionlose Schau	(Schemata)	„blinde Symbole"	Begriffs-/konzeptionlose Schau[29]

Hierbei biegt sich die Leiter in der Tat gleichsam zu einem Kreis, da an beiden Enden die reine Schau, nämlich die durch keinerlei wegschneidende, zurüstende und damit verendlichende Begriffe (um)formierte Erkenntnis qua Anschauung steht. Intuition, wo und insoweit sie gelingt (in trivialen Situationen wie in solchen des ‚Zufallens'), zeichnet also eine menschliche Erkenntnisform positiv aus. Genauer: ihr Ergebnis ist positiv, ihre Methode verhält sich zur gewöhnlichen menschlichen Denkform negativ. Sie teilt diese formale Eigenschaft mit dem Begriff „kreativ", den wir oben ebenfalls als negativen bestimmt hatten, nämlich abweichend von gewöhnlichen menschlichen Denk-Praktiken und -Routinen. Ferner teilt „intuitiv" mit „kreativ" die Angewiesenheit auf ihre negierte Gegenseite auch praktisch: So wie das zunächst Kreative, sofern anerkannt, in den gewöhnlichen Denk-Korpus einsinken wird, also auf die Gegenseite rückt, so kann und muß das intuitiv Gewonnene anschließend mit den Mitteln der Symbole und der schrittweisen Logik artikuliert, plausiblisiert werden – oder zumindest plausibilisierbar sein. Auch das intuitiv Erfaßte fällt zur weiteren Bearbeitung dem Korpus dessen anheim, von dem es sich zunächst abgegrenzt hatte. (Der Delphin kann nur aus dem Wasser springen, wenn er sich beim Absprung auf dieses stützt.)

Daß das Intuitive in die gewöhnliche menschliche Erkenntnisdisposition eingeht, zeigt sich – um gegenwärtige kreativitätstheoretische Diskurse kurz zu streifen – auch in der häufigen Nähe des Begriffs „intuitiv" zu so etwas wie übernatürlicher bzw. göttlicher Eingebung: Intuition beinhaltet Inspiration. Menschen rechnen sich das intuitiv Gewonnene oft nicht selber zu, und die Gunst, auf die man sich dazu in der Tat häufig angewiesen fühlt, wird entweder „Begabung" zugeschrieben (die eine externe „Gabe" impliziert) oder „Inspiration", in jedem Fall etwas, das dem zielgerichteten schrittweisen Analysieren oder Synthetisieren widersteht: darunter das Moment der Schlagartigkeit oder Plötzlichkeit und eben auch Ungerufenheit („*diese verfluchte Intuition!*").

Leibniz' Theorien der Erkenntnis schließen je an die beiden Enden des menschlichen Kontinuums an: An die „dunkle und verworrene" Seite (Stufe I) knüpft er eine Theorie der „perceptions insensibles" und damit des Unbewußten. An die symbolische Seite des „Klaren und Distinkten" (Stufe III) knüpft er eine Theorie des Kombinatorischen und Komputationalen. Beide werden in den nächsten beiden Abschnitten vorgestellt. Sie sind inhaltlich für unterschiedliche Traditionen von Kreativitätstheorien zentral gewor-

29 Gott hat nach Leibniz das einschränkende Werkzeug der Symbole nicht nötig zu benutzen. Vgl. hierzu auch unten das Kapitel 4.3 zu Immanuel Kant.

den,[30] und die in dieser Arbeit vorgeschlagene Theorie bildet gleichsam eine „logische (enharmonische)“ Kombination ihrer.

4.1.3 „Sich selber Rechnen“ der Symbole – Die „Blindheit“ der Zeichen und die „ars inveniendi“

> *Der Geist hat nicht nur eine Perzeption von den Werken Gottes, sondern ist sogar in der Lage, etwas zu erzeugen, das ihnen, wenn auch im kleinen, ähnlich ist. Denn, um von den Wundern der Träume zu schweigen, in denen wir ohne Mühe (aber auch ohne es in unserem Willen zu haben) Dinge erfinden, über die man in wachem Zustand lange hätte nachdenken müssen, um darauf zu kommen – gleicht unsere Seele auch in den willentlichen Handlungen sozusagen einem Architekten: und indem sie die Wissenschaften aufdeckt, denen gemäß Gott die Dinge (nach Gewicht, Maß, Zahl usw.) geregelt hat, ahmt sie in ihrem Bereich und in ihrer kleinen Welt, in der es ihr gestattet ist, sich zu erproben, das nach, was Gott in der großen geschaffen hat.*
>
> Leibniz, *Prinzipien der Natur und Gnade*

Stammt die Idee der Kombinatorik als der Bildung *un*begrenzter Inhalte aus einer begrenzten Menge von Elementen bereits aus dem 13. Jahrhundert, nämlich von Raimundus Lullus[31], so ist deren Radikalisierung hin zum logischen Kalkül erst Leibniz' Erfindung. Die durchgehende Kalkülisierung sollte der anvisierten „Erfindungskunst“ einen sicheren Boden bereiten: als Methode, zu neuen wahren Aussagen über die Realität zu gelangen. Die Frage, ob es sich bei dieser gesuchten „ars inveniendi“ um das *Entdekken* oder das *Erfinden* von Neuem handelt, löst sich vor dem Hintergrund auf, daß die Technik des Problem-Lösens zugleich das Paradigma des Erfindens ist. Dies gilt für Leibniz wie beispielsweise für einen seiner ‚Vorgänger‘, Leonardo da Vinci: Musterexemplar des *homo faber*, zu dessen Entdeckungen die Dimension des Erfindens im Sinne des *Herstellens* neuer Techniken grundsätzlich dazugehörte. Damit umfaßt die „ars inveniendi“ neben der hier untersuchten Dimension des neue-Problemlösungen-(Er-)Findens oder des neue-Geräte-Entwickelns auch das Auffinden von Bestehendem, wie etwa existenter Naturgesetze: diese wurden schließlich gerade für technische Erfindungen gebraucht.

Schon früh suchte der zwanzigjährige Leibniz in seiner *Dissertatio de arte combinatoria* (1666) Regeln für eine universelle Kombinatorik, die auf alle Sachgebiete lebensweltlicher, logischer und erkenntnistheoretischer Art anwendbar sein sollte. Diese Kombinations-Kunst ist zugleich eine Logik des Erfindens, „logica inventionis“, und er hat sie ausdifferenziert, indem er der „ars inveniendi“ ein Überprüfungs- oder Beweisverfahren, die „ars iudicandi“ an die Seite stellte. Der Grundgedanke der „ars combinatorica“ liegt

---

30 Selten hat man sich dabei allerdings auf Leibniz besonnen – zu den seltenen Ausnahmen gehört Norbert Wiener, „Zurück zu Leibniz“, in: *Futurum Exactum*, S. 93-104.

31 Vgl. Detlef Feger, „Logik ohne Dornen. Zum Zusammenhang von wissenschaftlicher Methode und sinnlicher Erkenntnis im 17. und 18. Jahrhundert“, S. 200. Vgl. ferner Sybille Krämer, *Berechenbare Vernunft*, S. 88 f., vgl. zum Lullismus, u. a. zu Lullus' Kombinatorik zwischen Herstellungsverfahren (Technik) und Herstellung *von etwas* auch Wilhelm Schmidt Biggemann, *Topica Universalis.*

im Konzept *endlicher* Grundbausteine (wir erinnern uns an das Prinzip der *endlichen Differenzierung*), einem Atomismus aus unmittelbar (intuitiv) erfaßten einfachen Begriffen oder Elementen, die – mit den entsprechenden Verknüpfungsregeln - zu sämtlichen nur möglichen Inhalts- und Gedanken-Komplexen führen sollten. Die Grundidee der „ars inveniendi" als einer „ars combinatorica" ist also die der *unendlichen* Bildung von Inhalten aus *endlichen* Bestandteilen (was später, nach der Erfindung von Alan Turings Maschine, auch die Basis der Chomsky'schen Sprachtheorie werden sollte). An dieses Prinzip seiner früh entwickelten und als System nie realisierten „ars combinatorica" sollte Leibniz Zeit seines Lebens anknüpfen.[32]

Ein weiteres Merkmal symbolischer Charaktere, die – neben der *Finitheit* ihrer Elemente – methodische *Blindheit*, beinhaltet, daß die Zeichen nicht mehr gemäß ihrer Bedeutung bzw. Interpretation, sondern gemäß syntaktischer Regeln manipuliert werden. Damit rücken sprachliche Zeichen in die Nähe der Mathematik. Das Äquivalent dieser Blindheit ist für Leibniz eine kontext-relativ durchaus nützliche gedankliche „Taubheit"; so spricht er explizit von der

> „Nützlichkeit, die man beim Überlegen darin findet, sich der Zeichen und *tauben Gedanken* zu bedienen. Es würde nämlich viel Zeit in Anspruch nehmen, wenn man alles erklären und immer die Definition an die Stelle der Termini setzen wollte."[33]

Hier begegnet uns das Prinzip der *Symbolisierung als Komplexitätsreduktion.* Das Grundprinzip dahinter ist, daß gedankliche Operationen nicht mehr mit Dingen, sondern mit Zeichen vorgenommen werden; die Manipulationen gelten

> „nicht für die Sache selbst ... , sondern für die Charaktere, die wir an Stelle der Sachen gesetzt haben, [sie werden ausgeführt] mit den Charakteren auf dem Papier".[34]

Diese Beschränkung auf die Syntax anstelle der Bedeutung (und damit auf logisch-formale statt auf kausale Gesetze) *entlastet*, d. h. *beschleunigt* nicht nur die Sache des Denkens, es soll sie vor allem auch absichern. Mathematik ist eine verläßliche Wissenschaft, gerade weil ihre Manipulationen internen, syntaktischen Gesetzen und nicht den Unwägbarkeiten der Empirie und puren Spekulation folgen; insofern besteht Leibniz' früher Traum darin, anknüpfend an Descartes' methodisches Projekt der „mathesis universalis", die Mathematik als Modell der Philosophie, ja, sämtlicher Wissenschaften zugrundezulegen.

> „Die echte Methode muß uns einen Ariadnefaden in die Hand geben, d. h. ein *rein sinnliches* Hülfsmittel, wie es die Linien der Geometrie und die Formeln der Arithmethik sind, die man die Schüler lernen läßt. Ohne eine solche Hilfe müßte unser Geist bei jedem einigermaßen langen Weg notwendig in die Irre gehen. Die Analysis gibt uns ein deutliches

[32] Leibniz näher: „die Charaktere, die alle unsere Gedanken darstellen, [werden] eine neue Sprache bilden, die geschrieben und gesprochen werden wird: diese Sprache wird sehr schwer herzustellen, aber sehr leicht zu erlernen sein. Sie wird wegen ihres großen Nutzens und ihrer überraschenden Leichtigkeit bald von jedermann angenommen werden". Leibniz, *Fragmente zur Logik*, S. 91. – Dies erinnert an die optimistische Einstellung eines anderen Kombinatorikers, Arnold Schönbergs, die erwartete allgemeine ästhetische Durchsetzungskraft seiner 12-Ton-Technik betreffend.

[33] *Neue Abhandlungen* I, S. 5.

[34] Leibniz, *Fragmente zur Logik*, S. 89, vgl. auch S. 90.

Beispiel hierfür: - und wären wir in der Metaphysik und Moral nur erst im Besitz solcher Zeichen und Folgerungen, die sich aus ihnen gewinnen lassen, so würden wir auch hier zu wichtigen, durchaus sicheren Sätzen gelangen.“ [35]

Diese Aussage als ganze erinnert bereits an spätere Intentionen des „Wiener Kreises“ und des ihm entsprungenen Logischen Positivismus: die Bemühung eines logisch einwandfreien Zeichensystems zur Lösung im Sinne der Auflösung philosophisch-metaphysischer Probleme.[36] Leibniz ringt um eine Methode, mit der die kalkulatorische Sicherheit der Mathematik auf die labyrinthischen Unwägbarkeiten der Erkenntnis und Moral übertragen werden kann. Seine Methode liegt im Projekt der Entwicklung einer „characteristica universalis“, dessen Kern die Idee eines logischen Universalkalküls bildete, wobei er „Kalkül“, „calculus“ definiert ist als

„eine Operation, die … in der Herstellung von Beziehungen [besteht], welche durch Umwandlungen von Formeln … entsprechend gewissen vorgeschriebenen Gesetzen vollzogen werden.“[37]

„Metaphysik und Moral“ (wie auch Jurisprudenz, Kriegskunst, Spionage etc.) sollten so mit der Gewißheit von Algebra und Arithmetik behandelbar werden; im Rahmen dieses Projektes befindet sich auch Leibniz’ Entwicklung des Dualzahlsystems, das sämtliche Geistesinhalte qua Buchstaben mit einer Kombination aus 0 und 1 darstellbar macht und damit in gewisser Hinsicht die Grundidee des Computers vorwegnimmt, der in der Tat ein Generator sämtlicher möglicher Geistesinhalte ist.

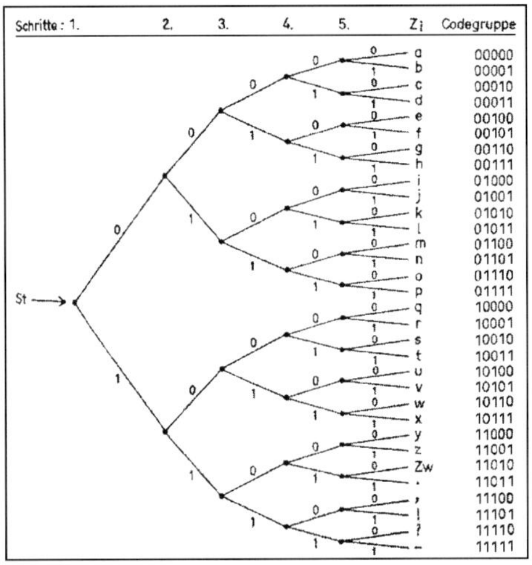

Abbildung 1: Leibniz’ „Codierungsbaum“[38]

[35] „Dialog über die Verknüpfung zwischen Dingen und Worten“, S. 18, Hvh. S. M.

[36] Man denke etwa an Rudolf Carnaps *Logischer Aufbau der Welt*, oder ders: „Scheinprobleme der Philosophie“.

[37] Zitiert nach Feger, *Logik ohne Dornen*, S. 214.

[38] Entnommen aus Werber, „Vom Unterlaufen der Sinne“, S. 88; dieser entnahm es wiederum dem Computergrafiker und Zukunftsforscher Herbert W. Franke, *Die geheime Nachricht. Methoden und Technik der Kryptologie*, S. 127.

Auf dieser Basis wird mit Zeichen evidenterweise *nicht* auf der Basis ihrer Bedeutungen operiert, insofern haben wir es, wie oben schon erwähnt, mit „interpretationsfreien" bzw. „bedeutungsfreien" Zeichen zu tun.[39] Eben dies führt Leibniz dann auch zur Entwicklung einer der ersten Rechenmaschinen, die die vier Grundrechenarten beherrschte: von ihm selbst mit sprechender Metaphorik eine „*lebendige* Rechenbank, in der alle *Zahlen sich selbst rechnen*"[40] genannt. Die Rechenmaschine illustriert hier, daß menschliches Denken nur noch das ausführende und in diesem Sinne „blinde" Organ dessen ist, was in der Materialität, oder mit Leibniz, „Sinnlichkeit" der Symbolik selbst steckt. Die Zahlen „*rechnen sich selbst*", hat man die formalen Regeln einmal festgesetzt, ihr „*Lebendiges*" benötigt keine menschliche Physiologie mehr, und sie tun es mit einer (klapparaturhaften) Unfehlbarkeit, welche schließlich höchstens noch durch das „halting problem" irritiert werden kann:[41] durch die auf rein syntaktischer Ebene irgendwann unweigerlich entstehenden selbstreferentiellen Paradoxien. In der Tat ist damit die Binnenprozessualität der Turing-Maschine und später des Computers vorweggenommen.

Rechnen wird also ein Denk-Vorgang mit „blinden" Zeichen, und er kann das sein, weil er „taub" ist, ohne Inhalt, rein syntaktisch. Blindheit und Taubheit ergänzen einander, und daß Leibniz „Rechnen" zumindest in der mittleren Phase um 1686 als Modell des Philosophierens und Denkens allgemein sah, zeigt sein Bonmot, demzufolge die „characteristica universalis"

> „eine Art von Algebra [sei] und gäbe die Mittel an die Hand *zu denken, indem man rechnet. So könnte man statt zu diskutieren sagen: Rechnen wir.*"[42]

Man denkt, indem man rechnet, und man rechnet, indem man, strenggenommen, der dem Rechnen innewohnenden logischen Mechanik folgt. ‚Rechnen' ist darin, vom Ergebnis, nicht vom *procedere* her gesehen, potentiell inventorisch.

Das Prinzip hier ist die Ersetzung der ‚Unendlichkeit' durch die ‚Endlichkeit'. Indem an die Stelle unendlicher Bedeutungen endliche Zeichen treten und an die Stelle der un-

---

[39] Vgl. Sybille Krämer, „Symbolische Erkenntnis bei Leibniz", S. 224 f., 228 f.; vgl. ferner auch dies., *Symbolische Maschinen. Die Idee der Formalisierung in geschichtlichem Abriß*, sowie: *Berechenbare Vernunft. Rationalismus und Kalkül im 17. Jahrhundert*, vgl. ferner Detlef Feger, „Logik ohne Dornen", S. 215. – Friedrich Kittler resümiert diesen Sachverhalt: „Nie zuvor hatte jemand den systematischen Versuch gemacht, weder Dinge noch Worte noch Menschen, sondern nackte und stumme Zeichen zu manipulieren." Friedrich Kittler, *Draculas Vermächtnis*, S. 156.

[40] Hvh. S. M. Das Zitat im Zusammenhang (Leibniz in einem Brief um 1671 an den Herzog Johann Friedrich von Braunschweig-Lüneburg): „In Mathematicis und Mechanicis habe ich vermitteltst artis combinatoriae einige Dinge gefunden, die in praxi vitae von nicht geringer importanz zu achten, und erstlich in Arithmeticis eine Maschine, so ich eine Lebendige Rechenbanck nenne, dieweil dadurch zuwege gebracht wird, daß alle Zahlen sich selbst rechnen, addiren subtrahiren mulitpliziren dividiren, ja gar radicem Quadratam und Cubicam extrahiren ohne einige Mühen des Gemüths … Und ist der nuzen noch dazu dabey, daß, solange die machina nicht bricht, kein Fehler im rechnen begangen werden kann." Zitiert nach Feger, „Logik ohne Dornen", S. 216.

[41] Dies meint die Frage der Entscheidbarkeit, ob ein Computer, gegeben ein Programm, Energie und ein endlicher Input, endlos weiterläuft oder irgendwann in der Operation zu einem Ende kommt. Vgl. Henry M. Walker, *The Limits of Computing*, kurz in: http://www.juniata.edu/faculty/rhodes/intro/theory2.htm (18.6.2010).

[42] Brief Leibniz' an Ernst August, 1685-1687 (AAI, 4 S. 315), hier zitiert nach: Reinhard Finster, Gerd van den Heuvel, *Gottfried Wilhelm Leibniz*, S. 89.

endlichen Verknüpfbarkeit unendlicher Dinge die eigendynamische Verknüpfung finiter Zeichen durch formale Regeln, schafft man die nötigen Restriktionen, die es ermöglichen, durch „sichere“, das heißt vergleichsweise kontrollierte Bedingungen die Wahrscheinlichkeit funktionierender Outputs zu maximieren. Die alten metaphysischen Kategorien des Denkens (Wahrheit oder Falschheit) werden hier durch pragmatische Kategorien (Funktionieren oder Scheitern) ersetzt.[43] Und just dies ist das Prinzip, welches laut Leibniz' Ausführungen zur „characteristica universalis“ „die Erfindung schöner Dinge ganz leicht machen würde … es würde nicht nötig sein, sich den Kopf so zu zerbrechen, wie man heute gezwungen ist zu tun.“[44]

Leibniz' Projektideal einer gleichsam *semantischen* (also Anwendungs-orientierten) Herstellung von Neuem durch rein *syntaktische* Operationen erinnert in gewisser Weise an die Art, wie in der genetischen Biologie die Entstehung von Neuem und deren Erklärung diskutiert wird: Der Darwinismus macht gegenüber seinem Vorgänger, dem Lamarckismus gerade geltend, daß die Neuerungen nur auf der syntaktischen Ebene (der Gen-Mutationen) entstehen (und nur sekundär durch Selektion über den Umweg der Verkörperungen), während Lamarck von evolutionärer Entwicklung auf der Ebene jener ‚Gebilde‘ spricht, die erst nach der genetischen ‚Notation‘ ‚gebaut‘ werden mußten.

Betrachten wir nun, wie es auf der „anderen Seite“ des menschlichen Erkenntniskontinuum aussieht – zu welchem Leibniz ebenfalls konzeptionelle Neuerungen anzubieten hat mit einer Grundkonzeption, die in der Geschichte der Kreativitätstheorien vermutlich bis heute am intensivsten bemüht wurde, ohne bewußte Referenz auf Leibniz: der Konzeption eines „Unbewußten“.

4.1.4 „Gedanken ohne zu Denken“: Die Entstehung einer Theorie des Unbewußten

Gerade hatten wir an die wissenschaftliche Seite der dem Menschen zugänglichen Stufe des „Klaren und Distinkten“ angeknüpft, was zugleich das „Symbolische“ beinhaltete. Die Konsequenzen der „Blindheit“ der Symbole, welchen eine „Taubheit“ der Gedanken korrespondiert, zeigten sich gerade als Vorteil, als positive Bedingungen des Inventorischen: Eben dies als positiven Bedingungszusammenhang erkannt, ausbuchstabiert und durch konkrete Erfindungen auch verkörpert zu haben (von denen die Rechenmaschine nur eine unter zahllosen ist), ist eine bahnbrechende Leistung Leibniz'. Dieser etablierte mit dieser „Blindheit“ oder auch diesem, wie er es nannte „Denken, indem man rechnet“ eine, modern gesprochen, „Black Box“ des Denkens.

Eine in gewisser Weise komplementäre Figur treffen wir auf der entgegengesetzten, der „unteren“ oder „subliminalen“ Seite der Leibniz'schen Stufenleiter an. Sie ist Gegenstand des Folgenden, entsprechend unserer eingangs gemachten Behauptung, daß Leibniz nicht nur eine, sondern (mindestens) zwei zeitgenössische kreativitätstheoretische Topoi

[43] Vgl. hierzu auch Sybille Krämer, „Symbolische Erkenntnis bei Leibniz“, S. 225; vgl. auch Nelson Goodman/Catherine Z. Elgin, *Reconceptions in Philosophy and Other Arts and Sciences*.

[44] *Fragmente zur Logik*, S. 91.

begründet. Betrachten wir jetzt diese zweite Seite genauer, vor allem auch im Hinblick darauf, ob und wie beide Seiten zusammenhängen.

In den „Nouveaux Essais" wird Leibniz nicht müde, dafür zu argumentieren, daß in der menschlichen Seele mentale Prozesse vonstatten gehen, Perzeptionen wie Kognitionen, die unbewußt sind: „petites perceptions" oder „perceptions insensibles". Das ist eine logische Konsequenz des Umstands, daß die unterste Ebene des mentalen Geschehens als „dunkel" und „verworren" qualifiziert ist, und damit führt er gleichsam – um an das Vokabular der Grundidee dieser Arbeit anzuknüpfen – das „Analoge" in die Philosophie ein. Das Problem des „Verworrenen" der Erkenntnis bzw. Perzeptionen bringt es analytisch mit sich, daß es Wahrnehmungen und Kognitionen gibt, die nicht bis zur re-identifizierenden „Deutlichkeit", Distinktheit auseinanderzulegen sind. Wenn mit steigender Distinktheit steigende Bewußtheit einhergeht, so ist es unterhalb einer bestimmten Differenziertheitsschwelle des Bewußtseins nicht möglich, Details zu unterscheiden.

Historisch neu und gegen Descartes' Dualismus gerichtet ist nun die aus Leibniz' Kontinuumsprinzip folgende Position, daß gerade dieser subliminale Bereich ungeschiedener, dunkler Perzeptionen für die distinkte, klare Erkenntnis alles andere als wertlos ist, vielmehr im Gegenteil diese herstellt, bildet, ja, *bestimmt*. Leibniz betont, daß es

> „in jedem Augenblick in uns eine unendliche Menge von Perzeptionen ohne bewußte Wahrnehmung und Reflexion gibt, d. h. Veränderungen in der Seele selbst, deren wir uns nicht bewußt werden, weil diese Eindrücke entweder zu gering und zu zahlreich oder zu gleichförmig sind, sodaß sie im einzelnen keine hinreichenden Unterscheidungsmerkmale aufweisen. Nichtsdestoweniger können sie zusammen mit anderen ihre Wirkung tun und sich insgesamt wenigstens in verworrener Weise zur Wahrnehmung bringen."[45]

Hier zeigt sich allerdings auch schon eine gewisse inhaltliche Spannung unter den Gründen dafür, weshalb es sich bei den Seelen-Prozessen um *unbewußte* handelt: die beiden genannten Eigenschaften – fein und zahlreich einerseits, monoton andererseits – sind merklich unterschieden hinsichtlich der Frage, ob sie grundsätzlich bewußtseins(un)fähig sind. So wird auch der letztere eben von Leibniz zitierte Fall, die Monotonie, am Beispiel jenes unbewußt wahrgenommenen Lärms beschrieben, der mit Aufmerksamkeit sehr wohl wahrnehmbar wäre.[46] Ersterer Fall wiederum ist der philosophisch interessantere:

---

[45] Leibniz, *Neue Abhandlungen* I, S. XXI

[46] Leibniz, *Neue Abhandlungen* I, S. XXIIIf: „So führt die Gewohnheit dazu, auf die Bewegung einer Mühle oder eines Wasserfalles nicht mehr zu achten, wenn wir eine Zeitlang ganz nahe dabei gewohnt haben. Nicht als ob jene Bewegung nicht immer noch unsere Sinneswerkzeuge träfe … vielmehr sind die Eindrücke in der Seele und im Körper, wenn sie den Reiz der Neuheit verloren haben, nicht mehr stark genug, um unsere Aufmerksamkeit … die von fesselnderen Gegenständen in Anspruch genommen wird, auf sich ziehen. … wenn uns jemand jedoch … auf irgendeinen Lärm aufmerksam macht, der sich gerade hören ließ, so erinnern wir uns daran und werden uns bewußt, davon soeben eine Empfindung gehabt zu haben. Also waren es Perzeptionen, die von uns nicht sogleich wahrgenommen wurden … Um diese kleinen Perzeptionen … noch besser zu fassen, bediene ich mich gewöhnlich des Beispiels vom Getöse oder Geräusch des Meeres, welches man vom Ufer aus vernimmt. Um dieses Geräusch zu hören, muß man sicherlich die Teile, aus denen sich das Ganze zusammensetzt, d. h. das Geräusch einer jeden Welle hören, … von jedem Einzelgeräusch, so gering es auch sein mag, müssen wir doch irgendeine Perzeption haben, sonst hätte man auch von hunderttausend Wellen keine, *da hunderttausend Nichtse zusammen kein Etwas ausmachen*. Man schläft niemals so tief, daß man nicht immer noch eine schwache und verworrene Empfindung hätte,

„zu fein und zahlreich" heißt, die *Feinheit* der Unterschiede erhöht die *Anzahl* der Unterschiede, bis in die Nähe des „Unendlichen". Leibniz zieht daraus den

> „Schluß, daß auch die *merklichen Perzeptionen* stufenweise aus solchen entstehen, welche zu gering sind, um bemerkt zu werden. Anders urteilen heißt, die unermeßliche Feinheit der Dinge wenig erkennen, die stets und überall eine *wirkliche Unendlichkeit* in sich schließt."[47]

Was Leibniz hier beschreibt – theoretisch unbegrenzte Feinheit der Unterschiede – ist eine genaue Charakterisierung dessen, was oben mathematisch-symboltheoretisch als „Dichte" beschrieben wurde und was hier zugleich auch die Dichte der Welt beinhaltet.[48] Feinheit der Unterschiede bedeutet: zwischen allen möglichen Distinktionen liegt im Prinzip eine weitere. Auf der Basis dieser „unermeßlichen" und unmerklichen Dichte und Feinheit der Unterschiede entstehen bzw. bestehen die *merklichen* Perzeptionen. Leibniz diskutiert diesen „verworrenen" Bereich in den „Nouveaux Essais" auch am Beispiel der Sinnesqualitäten[49]: gegen Locke betonend, daß die scheinbar einfachen Ideen, die vom Geist nicht weiter zerlegbar sind, sich dennoch aus kleineren Bestandteilen zusammensetzen, welche der Geist nicht wahrnimmt. Die einfachen Ideen sind mithin

> „nur dem Anschein nach einfach, weil sie verworren sind und so dem Geiste nicht das Mittel an die Hand geben, zu unterscheiden, was sie in sich enthalten".[50]

Das Argument, das er daran anschließt, hat zweifellos Eleganz und findet sich bereits zwanzig Jahre früher, am Ende der „Betrachtungen über die Erkenntnis, die Wahrheit und die Ideen":

> „Es ist zum Beispiel offenkundig, daß das Grüne aus zusammengemischtem Blau und Gelb entsteht; so kann man glauben, daß die Idee des Grünen auch aus diesen beiden Ideen zusammengesetzt ist. Dennoch erscheint uns die Idee des Grünen so einfach wie die Idee des Blauen oder des Warmen. So muß man glauben, daß auch diese Ideen des Blauen und Warmen *nur dem Anschein nach einfach* sind. Ich halte es jedoch ohne weiteres für richtig, daß man diese Ideen als einfache behandelt, weil wenigstens unsere bewußte Wahrnehmung sie nicht aufgliedert."[51]

Die sogenannten einfachen Ideen sind zwar als einfach zu *behandeln* – sodaß die Idee einer ‚adaequaten' Analyse bis hinunter zu „einfachen" Ideen weiterhin als sinnvoll zu betrachten ist (obwohl ihre „Atome" gerade aufgelöst wurden) – diese Einfachheit ist

---

und man würde niemals durch das stärkste Geräusch der Welt erweckt werden, wenn man nicht irgendeine Perzeption seines, wenngleich nur schwachen, Anfangs gehabt hätte" (Hvh. S. M.).

47 Leibniz, *Neue Abhandlungen* I, S. XXIX, Hvh. S. M. (Hier zeigt sich erneut, daß Leibniz zwischen Epistemologie und Ontologie, zwischen den Perzeptionen/Kognitionen und dem, was perzipiert, erkannt wird, nicht unterscheidet.)

48 Leibniz nimmt damit implizit einen Übergang von Epistemologie („unermeßlich") zur Ontologie („unendlich") vor – doch die Frage der Unendlichkeit und ob sie gedacht wird oder vorhanden ist, ist generell ohne weitere Spezifikation, wie etwa der Größenskala, die man der Frage zugrundelegt (klassische Physik, Quantentheorie etc.), unentscheidbar.

49 In den *„Betrachtungen über die Erkenntnis, die Wahrheit und die Ideen"* waren die Sinnesqualitäten allerdings nicht verworren, sondern „klar und distinkt", vgl. oben 4.1.2.

50 Leibniz, *Neue Abhandlungen* I, S. 123.

51 Leibniz, *Neue Abhandlungen* I, S. 123 f., Hvh. S. M.

letztlich jedoch nur eine Illusion oder Schein: „die verworrenen Ideen *erscheinen* … einfach."[52]

Dort also, wo sich die *cognitio* scheinbar am meisten von der untersten Stufe des „Konfusen und Obskuren" entfernt, bei den absolut einfachen, distinkten Primärbegriffen, fußt diese Klar- und Distinktheit gerade auf dem Umstand, daß ihre verworrene Basis unbewußt bleibt; sie können daher, wie wir im letzten Unterkapitel sahen, nur „intuitiv" aufgefaßt werden. Der Geist *verdankt* diese Klarheit gerade seiner *Unfähigkeit*, diese verworrene Basis zu bemerken! Es gilt, für Distinktionen blind zu sein, um eine feste Basis aus Grundbegriffen zu haben, aus denen sich dann ein Gebäude wissenschaftlicher Termini aufbauen läßt.

Wichtig ist nun für die Kreativitätsthematik, daß diese unmerklichen oder unbewußten Perzeptionen Einfluß auf unser Denken und – Denken ist Handeln wie Handeln Denken – damit auch auf unser Handeln haben. Leibniz beschreibt die Idee eines ‚Denkens ohne *bewußt* zu denken', beschreibt so als erster unbewußtes Denken, und dies zunächst ausgehend von Handlungen. Er tut dies, insofern

> „diese kleinen Perzeptionen es sind, die uns bei vielen Vorfällen, ohne daß man daran denkt, *bestimmen* und die gewöhnliche Betrachtungsweise durch den Schein eines völlig *indifferenten Gleichgewichts* täuschen, als wenn es uns zum Beispiel völlig gleichgültig wäre, ob wir uns nach rechts oder links wenden."[53]

Und später in demselben Werk:

> „Alle Eindrücke habe ihre Wirkung, aber nicht alle Wirkungen sind immer merklich. Wenn ich mich eher nach der einen als nach der anderen Seite wende, so geschieht das oft auf Grund einer Kette von kleinen Eindrücken, die ich nicht bewußt wahrnehme, die aber die eine Bewegung ein wenig unbequemer machen als die andere. Alle unsere *ohne ausdrücklichen Entschluß* ausgeführten Handlungen sind die Ergebnisse eines Zusammenwirkens kleiner Perzeptionen. Selbst unsere Gewohnheiten und Leidenschaften, die so viel Einfluß auf unsere Entschlüsse haben, kommen daher."[54]

Es sind mithin die *indistinkten* Geistesprozesse, die die Basis der *distinkten* Denk-Elemente, Begriffe, Entscheidungen, Konzepte bilden:

> „die Perzeptionen der anscheinend einfachen Ideen sind zusammengesetzt aus den Perzeptionen der Teile, aus denen diese Ideen zusammengesetzt sind, ohne daß der Geist sie bewußt wahrnimmt, denn die verworrenen Ideen erscheinen ihm einfach."[55]

In gewisser Hinsicht erinnert diese Bestandsaufnahme an die Quantentheorie, in welcher feste Körper und sogar vormals nicht weiter analysier- oder zerteilbare Elemente bei immer feinkörnigerer Analyse ins Unberechenbare abgleiten: Bestandteile enthalten, die samt ihrem Verhalten nicht beobachtbar sind und deren Effekt ebenso unberechenbar ist wie die Art und Weise, in der die „petites perceptions" Verhalten und Entscheidungen

---

[52] Leibniz, *Neue Abhandlungen* I, S. 125, Hvh. S. M.

[53] Leibniz, *Neue Abhandlungen* I., S. XXVII.

[54] Er schließt an: „Ich habe schon ausgeführt, daß diejenigen, die diese Wirkungen … leugnen, jene schlecht unterrichteten Menschen nachahmen, die die nicht wahrnehmbaren Korpuskeln in der Physik leugnen." Leibniz, *Neue Abhandlungen* I, S. 113.

[55] *Neue Abhandlungen* I, S. 125.

bestimmen. Je kleiner die Ereignis-Figurationen sind, desto unkalkulierbarer – obwohl sie *Fundament* der sichtbaren Realität sowie der beobachtbaren Ebene des Denkens und Entscheidens sind. ‚Unkalkulierbar' heißt hier zunächst: es sind oft unmerklich kleine, nicht-kalkülisierbare (Perzeptions-)Ereignisse, auf die eine „Entscheidung" für eine der genannten möglichen Seiten zurückgeht. Die Begriffe „verworren" bzw. „confusa" indizieren eine kognitiv nicht-abschließbare Berechnung – eine „unberechenbare Vernunft". Wir finden hier also die Vorform einer ‚Handlungstheorie', in welcher Handlungen auf unbewußten Geistesprozessen basieren: eine moderne, bis in die Nähe aktueller „rational choice"/„bounded-rationality"-Ergebnisse reichende Bestandsaufnahme.[56]

Mit diesen Überlegungen ist der Grundstein gelegt zu jener Position, die bekanntlich das Nachdenken über Kreativität des 20. Jahrhunderts revolutionierte[57] und die erst zweihundert Jahre später durch Sigmund Freud das öffentliche Bewußtsein erreichte: das Konstatieren unbewußter Wahrnehmungs- und Denkprozesse. Leibniz verwendet statt des Ausdrucks „unbewußt" jedoch „unmerklich" („insensible") und spricht davon, daß diese unmerklichen Perzeptionen unsere Entscheidungen und Handlungen „*bestimmen*", mithin auch unsere Entschlüsse. Der Weg von ‚Entschluß' zu (logischem) ‚Schluß' ist nicht *a priori* groß: Was nach Leibniz für Handlungen gilt, diese Eigenschaft des durch Unmerkliches bestimmt-werden, gilt auch für mentale Übergänge: Denk-Schlüsse. Spätere Forscher wie etwa Albert Einstein, aber auch John Dewey, Michael Polanyi, Ludwik Fleck, Ernst Mach und zahllose andere nehmen explizit auf diese Möglichkeit bzw. Wirklichkeit der problemlösenden Denk-Prozesse unterhalb der Wahrnehmungsschwelle Bezug. Und in der Tat gelangt Leibniz hier explizit zur Konsequenz des „Gedankens ohne zu denken", was näher heißt: Denken, ohne sich über den Gedankengang Rechenschaft ablegen zu können.

> „Es ist leicht, … zu beweisen, daß es nicht möglich ist, daß wir immer ausdrücklich über alle unsere Gedanken reflektieren. … [E]inmal muß das Reflektieren über alle diese Reflexionen aufhören, und *schließlich muß es einen Gedanken geben, den man durchgehen läßt, ohne zu denken*. Sonst würde man immer bei derselben Sache bleiben."[58]

Leibniz verdankt diese Pointierung seiner Kritik John Locke, der die Möglichkeit unbewußter mentaler Prozesse bestritten, das heißt, die vollständige Selbst-Transparenz des Mentalen behauptet hatte.[59] Leibniz hingegen spricht, wenn er die Problemlösungs-Kapazitäten der „unmerklichen" Denkvorgänge verteidigt, im modern kreativitätstheoretischen Sinn von den Leistungen, oder wie er es nennt

> „Wundern der Träume …, in denen wir ohne Mühe (aber auch ohne es in unserem Willen zu haben) Dinge erfinden, über die man in wachem Zustand lange hätte nachdenken müssen, um darauf zu kommen".[60]

---

[56] Vgl. stellvertretend Gerd Gigerenzer, *Bauchentscheidungen. Die Intelligenz des Unbewußten und die Macht der Intuition.*

[57] Die Geschichte des Begriffs „unbewußt", die platonistischen Einflüsse auf Leibniz und alternative Traditionen, die in unseren heutigen Begriff des Unbewußten eingingen, resümiert Mai Wegener in dem Artikel „Unbewußt/das Unbewußte", vgl. dort insbes. S. 205 und 206 ff.

[58] Leibniz, *Neue Abhandlungen* I, S. 119 f.

[59] Leibniz, *Neue Abhandlungen* I, S. 119.

[60] Leibniz, *Prinzipien der Natur und der Gnade*, S. 433. Damit greift er zahllosen Berichten von Forschern der jüngeren Vergangenheit vor, die über die gefundenen „Lösungen" ihrer Probleme durch

Damit antizipiert er einen Punkt, der in der Kreativitätsforschung des 20. Jahrhunderts zum stehenden Topos wurde, nämlich die Fähigkeit des Traums, Material für Leistungen beizubringen, welche Probleme lösen, die im Wachen unüberwindbare Hindernisse darstellen. Die Anschauung im Traum *simultaneisiert* (übersetzt) mithin Prozesse, die in bewußter, *sequentialisierter* Form ihre „Lösung" nicht oder nicht so leicht darbieten. Was der Traum mit Leibniz hier leistet – man könnte auch mit Freud von der Übersetzung von Formeln in Geometrie, Bilder, sprechen – leisteten in der oben erwähnten ersten Konzeption gleichsam die automatischen, „blinden" Symbolisationsprozesse, und modern: der Computer.

Wahrnehmungen, die wir nicht wahrnehmen, Gedanken, die, das wir nicht denken, „bestimmt" werden von etwas, das wir nicht bemerken: dies ist der geschlossene Bereich, in den die philosophische Kreativitätsforschung hineinzusehen sucht: die unerkennbaren „Bedingungen der Möglichkeit" menschlichen mentalen Agierens. Es ist in dem Sinne eine transzendentale „Black Box".

4.1.5 Zusammenfassung. Invention und Kompression: Von Quanten zu Qualia – Übersetzung mit dem Ziel der Komplexitätsreduktion

Wir trafen an den beiden äußersten Enden des dem *Menschen* zugänglichen Erkenntniskontinuums, dem Dunklen und Verworrenen und dem Klaren und Distinken, jeweils a) eine im Ergebnis innovative Erkenntnistheorie, b) eine Basis für heutige Kreativitätstheorien und c) je eine charakteristische „Black Box" an. Wie hängen diese zwei an der Oberfläche so unterschiedlichen Seiten zusammen? Verbindet sie überhaupt etwas: die eine, die aus der Unmerklichkeit und Unkontrollierbarkeit der Geistesprozesse eine eigene Art der Handlungstheorie ableitet[61], und die andere, die aus der Finitheit der *cognitiones* und symbolischen Zeichen das Programm eines Universalkalküls gewinnt, das neben erleichterter Innovation vor allem Kontrollierbarkeit und Sicherheit der Entdeckungen gewährleisten soll? In anderen Worten, aus der einen, der letzteren Seite ergibt sich das Konzept einer, mit Sibylle Krämer gesprochen, „Berechenbaren Vernunft" mit Hilfe „Symbolischer Maschinen", aus der ersten Seite die gegenteilige Idee eines „ohne ausdrücklichen Entschluß", das heißt *un-berechenbar* „bestimmt"-werdens: nicht zuletzt in unseren Handlungen und Schlüssen von unmerklichen Quantitäten kleiner wimmelnder Perzeptionen.[62]

Immerhin verbindet beide Seiten folgendes: So wie wir *diese* Akte und Geschehnisse aus strukturellen Gründen nicht selber bewußt (nach)vollziehen können, sie also für unsere Aufmerksamkeit im Dunkeln bleiben, so ist unser Augenmerk auch auf der anderen, der Zeichen-Seite von den weltlichen Geschehnissen der realen Zeichen-Bedeutungen abgeschnitten, wenn wir deren „blindem" symbolischen Funktionieren im Algorithmus folgen. In beiden Fällen ist gleichsam das ‚Wimmeln der Zeichen' *ausgelagert*: im Falle der „sich selbst rechnenden" symbolischen Kalküle ist das Bewußtsein für Einzeldinge,

---

Visualisierungen vor bzw. unmittelbar nach dem Aufwachen berichten – vgl. etwa die oben erwähnte Geschichte der Entdeckung des Benzolrings durch Kékulé.

[61] Vgl. dazu das vorige Unterkapitel, sowie Simone Mahrenholz, „Kritik des Denkens. Kreativität als Herausforderung für Erkenntnis- und Rationalitätskonzepte".

[62] Vgl. Leibniz, *Neue Abhandlungen* I. , S. XXVII.

für die empirische Wirklichkeit, die doch mit Zeichen „bewegt" werden soll, herausgenommen aus den Kalkulationen, und im Falle der „unmerklichen Perzeptionen" sind diese herausgenommen aus dem Bereich des Bemerkens. In beiden Fällen wimmelt es für das eigene Augenmerk nicht mehr.

Gemeinsam ist beiden Seiten also eine Form der *Entlastung* der menschlichen Geistesaktivität[63]: ‚unten' im Kontinuum gleichsam physiologisch bedingt („anders ginge die Sache auch nicht, denn wenn wir auf alles achten würden, so müßte man mit Aufmerksamkeit an unendlich viele Dinge zu gleicher Zeit denken"[64]), ‚oben' im Kontinuum kulturtechnisch bedingt, durch Symbolgebrauch. „Comprehension is *compression*", sagt Gregory Chaitin.[65] Und genau dieser Gedanke bildet den gemeinsamen kreativitätstheoretischen Kern beider Ansätze. Wir hatten von Kreativität als einer Übersetzungs- oder Transformationsfigur gesprochen; im Falle der *„ars characteristica"-mit-dem-Ziel-einer-„ars inveniendi"* ist dies von Leibniz selbst schon ausgesprochen worden[66], im Falle der „petites perceptions" andererseits ist dieses Neues-schaffende Element bei näherem Hinsehen ebenfalls evident – wenngleich es sich hier auf ganz anderem Niveau abspielt. Was geschieht nämlich, wenn die Fülle der möglichen Perzeptionen unsere Aufmerksamkeits- und Verarbeitungskapazität überfordert? Sie werden *über-setzt*. An die Stelle der Wahrnehmung von Bewegung etwa tritt, wenn die Bewegung „zu schnell oder zu zahlreich" wird, etwas in der Tat – phänomenal – Neues, etwas, das in der Natur selber gar nicht vorkommt und in ihr daher auch nicht zu perzipieren ist (sondern nur gleichsam zu konstituieren, konstruieren): es entstehen phänomenale Qualitäten, ‚sekundäre Qualitäten', wie Wärme, Farbe, Tonhöhe, Klangfarbe.[67] Es sind dies, informell gesprochen, „Informations-Stapel", die uns *codiert*, *als* Farbe, *als* Temperatur, etc., begegnen. Aus der Not – begrenzte Aufnahmekapazität für Unterschiede hinsichtlich Tempo und Größenqualität – wird sinnesphysiologisch eine Tugend: Sinnesqualitäten (mit Leibniz auch „unsere Lust ausmachend, … das Salz und die Würze").[68] Auch diese sind Abkürzungen oder „Kompressionen" oder Komplexitätsreduktionen von Informationen, und sie können in dieser umcodierten Form viel schneller verarbeitet werden.

63 Diesen Begriff verwendet Leibniz selber für die „algorithmische" Seite, vgl. ders., *Fragmente zur Logik*, S. 93.

64 Leibniz, *Neue Abhandlungen* I., S.107

65 Gregory Chaitin, „On the intelligibility of the universe and the notions of simplicity, complexity and irreducibility", S. 517.

66 Vgl. etwa Leibniz, *Fragmente zur Logik*, S. 93, 95-97 und in zahlreichen weiteren Passagen der Textsammlung.

67 Vgl. stellvertretend für zahlreiche gleich argumentierende Passagen etwa *Neue Abhandlungen* I, S. 123 f.

68 Die Passage im Zusammenhang: Leibniz äußert, daß „diese kleinen Perzeptionen … uns bei vielen Vorfällen, ohne daß man daran denkt, *bestimmen* und die gewöhnliche Betrachtungsweise durch den Schein eines völlig *indifferenten Gleichgewichts* täuschen, als wenn es uns zum Beispiel völlig gleichgültig wäre, ob wir uns nach rechts oder links wenden. Auch brauche ich hier … nicht darauf hinzuweisen, daß sie die Ursache jener *Unruhe* sind, die, wie ich zeige, in einem Phänomen besteht, das sich vom Schmerz nur wie das Kleine vom Großen unterscheidet, und die doch oft unser Verlangen, ja unsere Lust ausmacht, indem sie dieser gleichsam das Salz und die Würze gibt." *Neue Abhandlungen* I., S XVII.

Die finite sinnliche Verfaßtheit des Menschen ist also durchaus von Vorteil: die Information, die wir durch derlei sekundäre Qualitäten wie Temperatur oder Klangfarbe von einem Objekt schlagartig gewinnen, können wir viel schneller nutzen als eine, die uns in der Fülle ihrer Bestandteile „einzeln“ fordert.[69] Was hier vorliegt ist in der Tat ein angewandtes Kontinuitätsprinzip[70], allerdings mit Schwellen und Umschlägen: Erst ab einer bestimmten Geschwindigkeits-Grenze etwa schlägt periodisches Klopfen in „pitch“, Tonhöhe um und auch hier mit Schwellen übergangsweiser Uneindeutigkeit zwischen beiden.[71] Was in diesen Umschlägen stattfindet ist gleichsam der Sprung der Wahrnehmung auf die Ebene eines neuen (phänomeno-)logischen Typs: es wird eine neue sinnliche Region erreicht, in welcher Informationen so umkodiert und schneller wahrgenommen werden können als in der alten Form.

Es geht in beiden diskutierten Modellen also um Komplexitätsreduktion nach dem Kontinuitätsprinzip, könnte man sagen. *Die Physiologie* – die eben diskutierte Black Box – lagert Prozesse aus, indem sie Wahrnehmungen über-setzt und auf einer neuen Stufe, in einem neuen Modus komprimiert wahrnehmbar macht. *Der Geist* wiederum – die zuvor diskutierte Black Box – lagert Bedeutungen aus, indem er für sein Denken Symbole findet und deren Relationen dann syntaktisch formalisiert. In beiden Fällen entsteht Neues (wenn auch nicht notwendig immer Kreatives): in ersterem Fall, auf der Stufe der (petites) perceptions, neue phänomenale Wahrnehmung(sform)en, in letzterem Fall, mit Glück, neue Entitäten, neue Erfindungen.

Bilden wir diese Komplexitäts-Reduktionen qua Übersetzungsprozeß einmal auf unsere Ausgangs-Formel ab – von der Kreativität als Aufeinanderprall von Finitisieren und Re-Infinitisieren beziehungsweise einer Konfrontation von analog-digital- und digital-analog-Konversion – so heißt das im physiologischen Fall der *petites perceptions*, daß diskrete, also distinkte Geschehnisse (Frequenz-Schwingungen, Bewegungen, periodisches „Klopfen“ etc.) *als* analoge Qualitäten, Farbe, Klangfarbe, Tonhöhe, Temperatur erfaßt werden. Diese phänomenalen Gehalte sind insofern „analog“, als sie nicht intern nach Elementen gegliedert sind (rot oder warm oder ein gehörter Ton a’ bestehen phänomenal nicht aus Bestandteilen), daß vielmehr nach Nuancen sortiert wird: Es gibt zwischen Tonhöhen in der „Natur“ grundsätzlich fließende, dichte Übergänge (musika-

---

69 Emotionen, um den Bereich des mit Leibniz Angesprochenen hier für einen Moment zu erweitern, haben dieselbe Funktion. *Quält* mich der Laut eines leidenden Nächsten oder tropfenden Daches sinnlich, werde ich schneller etwas unternehmen, als wenn ich ihn zunächst präzise analysiere.

70 *Neue Abhandlungen*, S. XXIX: „Nichts geschieht auf einen Schlag, und es ist eines meiner größten und bewährtesten Grundsätze, *daß die Natur niemals Sprünge macht*. Das nannte ich *das Gesetz der Kontinuität*“.

71 Diese Schwellen sind grundsätzlich die bedeutsamsten hinsichtlich der Wahrnehmung und des Körper-Geist-Kontinuums. Zwischen dem „Hören“ von Impulsen als periodischem Rhythmus und dem „Hören“ von beschleunigten Impulsen schließlich als Tonhöhe liegt immer eine kritische Phase, wo sehr spürbar der Körper als ganzer reagiert im Auffassen des Reizes. Dies läßt sich etwa in Kirchen mit großen Orgeln bei den tiefsten Orgelpfeifen erfassen: statt mit den Ohren zu hören, nimmt übergangsweise der ganze Körper die Schallwellen wahr. Und nie stärker als in solchen Momenten erfährt man die eigene Trias Leib, sinnliche Wahrnehmung und Geist als untrennbar miteinander verknüpft: weshalb diese transitorisch-transgressierende „Kulturtechnik“ auch gerade in Kirchen eingesetzt wird und in deren modernen Transzendenz-fördernden Pendants: den Clubs und Discotheken.

lisch als *expressive* Intonation eingesetzt), und dies gilt ebenso selbstverständlich für Farben, Klangfarben, Temperaturen etc. Der Bereich des Phänomenalen ist grundsätzlich nicht-diskret verfaßt, obwohl seine nicht wahrgenommenen Bestandteile – Wellen, Mikro-Oszillationen – wiederum in Elemente gliederbar sind und daher nach *Maß*-Angaben kommuniziert werden (440 Hz etwa). Die Wahrnehmung von „petites perceptions" als phänomenaler Qualitäten läßt sich also auch als *digital-analog-Konversion* betrachten.[72] Wir erfassen *anstelle von Quantitäten Qualitäten* - oder auch *Qualia*!

Wie verhält sich das nun auf der Gegenseite der Symbolisierungen? In der Invention „klarer und distinkter" Zeichen, deren Distinktheit gerade in ihrer Finitheit liegt, im Übergang also von empirischen Einzeldingen *erst* zu deren Zeichen, Begriffen, Ideen, und *dann* zu deren rein intrasymbolischer (nur noch syntaktischer) Bedeutung[73], werden die Übersetzungsverhältnisse umgekehrt vorgenommen: vom Analogen der „wirklichen Welt" zum Digitalen der Kalküle. Wir haben hier also eine *analog-digital-Konversion*.

Liegt hierin also der Unterschied und das Verhältnis beider Seiten? In einer komplementären Übersetzungstätigkeit? Und gibt es weitere Unterschiede? Betrachten wir dazu auch das „Innere" der jeweils freigelegten bzw. diagnostizierten „Black Box" näher (und diese Metapher meint in diesem Buch natürlich nie eine Entität, sondern einen strukturell uneinsehbaren Bereich von Operationen oder auch *Übergängen* von einem mentalen Zustand zum anderen). Oben (4.1.1) sprachen wir davon, daß die Unterschiede der beiden Black Boxes in ihrer divergierenden Operationsweise, „Logik" liegen. Worin besteht diese? Im Bereich der verwendeten Symbole bzw. Kalküle ist dies die „Logik" des *entweder-oder*, entsprechend der binären Organisation der verwendeten Zeichen – welche sich jeweils auf die Scheidung von 0 und 1 reduzieren lassen, auch darstellbar als Minus und Plus bzw. „nichts" und „etwas". Entscheidend ist für Sprachen das Bestehen der Möglichkeit der Symbolisierung von „nein", „nicht" oder einem Minuszeichen. Im Unterschied zu diesem *entweder-oder* ist die „Logik" innerhalb der zweiten Black Box, jener der „perceptions insensibles", eine des *mehr-oder-weniger*. Die Unterschiede zwischen beiden Denk-Operationsweisen sind gravierend. Was über Sein oder Nichtsein von etwas entscheidet, sind Übergänge zwischen Quantitäten. *„Mehr oder weniger"* hat kein Nein, keine Negation, ist damit der formalen Logik nicht fähig und folgt demnach intern ganz anderen Anschluß- und Übergangsformen von einem Zustand zum anderen.[74] Es sind eher *Allianzen* als *Alternativen*. Die Transformations- oder *Über-Setz*ungs-Verhältnisse sind andere im Bereich des Analogen als im Bereich des Digitalen.[75]

Damit können die beiden Seiten allerdings nicht mehr zusammenfallen. Wie steht es jedoch mit der oben diagnostizierten „Escher"-Progression, wenn wir diese auf den gerade angesprochenen Kompressionsgedanken abbilden? Wir hatten in Abschnitt 4.1.2 die faszinierende, leicht zu übersehende, logisch anomale Eigenschaft dieses Modells

---

72 Siehe zu diesen „Konversionen" genauer unten, insbes. 5.4. und dort insbes. die Auseinandersetzung mit Fred Dretske.

73 Vgl. hierzu Krämer, *Symbolische Maschinen*, S. 113.

74 Vgl. Freud, *Die Traumdeutung*, S. 309-324.

75 Zur Erinnerung und zugleich vorgreifend: es wird hier nicht behauptet, daß Sprache digital ist, sondern nur, daß sie syntaktisch digital ist. Mit Goodman läßt sich diese Differenzierung präzisieren: Sprache ist ein notationales Schema, aber kein Notationssystem. Vgl. unten Kap. 5.1 und 5.2.

betont, daß wir über den *Aufstieg* mittels der Verdeutlichung schließlich *unterhalb* der menschlichen Kategorisierung landen.[76] Stellen wir uns dies noch einmal als Komplexitätsreduktionsbewegung vor. Mit der Übersetzung von fließenden Sinneseindrücken in begriffliche Form nehmen wir eine „Quantisierung" vor: wir bündeln Informationen zu diskreten Einheiten, rüsten Einzelwahrnehmungen zu beim Subsumieren unter Begriffe, gestalten das Kontinuum des Verschiedenen zu diskreten Einheiten. Damit machen wir diese Einzelwahrnehmungen *bestimmbar*, verleihen ihnen Merkmale. Je mehr Merkmale wir ihnen verleihen, desto „klarer und distinkter" wird unsere *perceptio* bzw. *cognitio*. Wir reduzieren die Komplexität des Wahrgenommenen im Interesse seiner Bestimmbarkeit. Wir bewegen uns so im Sinne des Erkenntniskontinuums aufwärts. Jegliche Bestimmung negiert jedoch alternative Bestimmungen, hierin liegt gerade ihr bestimmender Charakter. Sie führt Grenzen ein. Das ideale Ziel einer solchen Erkenntnisbemühung ist aber nun gerade, im Sinne der oberen Spitze des Erkenntniskontinuums zu einer nicht nur „adäquaten", sondern auch „intuitiven" Auffassung des Erkenntniskomplexes zu gelangen. Beide werden meist in einem Atemzug genannt, dabei arbeiten sie strenggenommen gegeneinander. „Adäquat" heißt hier nämlich per definitionem *nicht*: adäqat den Gegenständen der Erkenntnis (im Sinne einer Korrespondenztheorie der Wahrheit), sondern es heißt, wie wir sahen, Begriffs-*intern* möglichst maximal bestimmt, es bezeichnet eine möglichst maximale Merkmals-Fülle.[77] „*Intuitiv*" hingegen: dieses Wörtchen ist in Leibniz' Konzeption strenggenommen so etwas wie die Falltür, das Scharnier, das das gesamte Gebäude kippt. Denn „intuitiv" heißt ihm zufolge, sämtliche Merkmale des Erkannten gleichzeitig, simultan, in einem Augenblick zu erfassen, und das heißt eben auch, nicht-diskursiv, nicht-in-den-Grenzen-der-Begriffe und der perspektivischen Endlichkeit zu agieren, sondern in einer Art ganzheitlich-umfassenden *Schau*. *Hinter* die Worte sich zu bewegen, im Sinne von *jenseits* ihrer, *trans*-konzeptionell, ist nun aber logisch nichts anderes als *vor* die Worte zu gelangen: wir haben nicht zwei Welten, Universen, sondern nur eines. Wenn wir uns also auf der Stufenleiter erst im Sinne der analog-digital-Konversion im Interesse der zu erfassenden *Merkmals*-Fülle ‚aufwärts' bewegen, müssen wir uns bei weiterer intendierter Steigerung nun zur Merkmals-*Fülle* strenggenommen aus der Digitalisierung wieder herausbewegen. Wir müssen *zwischen* die Distinktionen, müssen „Dichte" einführen, und damit landen wir – oder genauer, nicht „wir", sondern der/die logisch ‚ideale' Erkennende – wieder „unten", bei der Wahrnehmung und davor: bei jener *umfassenden* idealen Perzeptionen-„Fülle". In der Tat ist dies eine Kreisbewegung, eine paradoxe Kreisbewegung mit gleichsam „*Escher*-Qualitäten".

Strenggenommen ist dies eine Spirale, aufgrund des kreisförmigen Auf- und Abstiegs.[78] Diese Spirale repräsentiert das obige *Paradox des Genauen*: erst führen wir Un-

[76] Horst Bredekamp hat in *Die Fenster der Monade. Gottfried Wilhelm Leibniz' Theater der Natur und Kunst* das logische Dilemma für Leibniz, das aus einer solchen Konsequenz folgt, gerade in seiner Auseinandersetzung mit der Metapher der (göttlichen) Schau immer wieder herausgearbeitet, vgl. dort insbesondere Kap. V.4 sowie VI. - Vgl. ferner unten Kap. 7.3.

[77] *Möglichst* maximal heißt: „adaequat" wird von Leibniz in der Regel ‚relativ' verwendet, also als ein graduelles Konzept.

[78] Vgl. unten Kap. 6, wo wir in einer Uminterpretation der Kreativitätstheorie Gregory Batesons ebenfalls eine (Denk-)Spirale konzipierten, die mit dieser hier logische Gemeinsamkeiten aufweist.

terscheidungen ein, um genauer zu werden, ab einem bestimmten Punkt müssen wir im Interesse weiter gesteigerter Genauigkeit diese Unterscheidungen wieder auflösen (immer ist etwas „Feineres" *zwischen* zweien von ihnen zu diagnostizieren) und landen im Ergebnis bei jener wimmelnden, winzigen Fülle, die uns ursprünglich deren Klassifizierung zu Merkmalen via Begriffsbildung vornehmen ließ. Genau diese Escher-Struktur des simultanen Auf- bzw. Abstiegs verbindet beide Seiten: denn bemerkenswerterweise ist eben dieser Bereich, der am digitalen Ende auftaucht, einer, der auf die analoge Seite führt: in den Bereich der nicht nach Merkmalen oder Bestandteilen auseinanderlegbaren ganzheitlich-umfassenden Wahrnehmung, „Schau".[79]

Der Durchgang durch Leibniz hinterläßt uns also zwei unterschiedliche Anstöße für Kreativitätstheorien (jeweils an eine der beiden Seiten des ‚Paradoxes des Präzisen' anknüpfend) sowie entweder *eine* Black Box, die wir auf zwei unterschiedliche Weise charakterisiert hatten, oder *zwei* Black Boxes, die auf bestimmte Weise konvergieren. Christian Wolff hat diese Mehrdeutigkeiten[80] insofern mit der für ihn charakteristischen Gründlichkeit aus der Welt zu schaffen gesucht, daß er radikal an der einen, „distinkten" Seite anknüpfte und von dort aus die „ars inveniendi" weiter zu entwickeln suchte. Diese Grundentscheidung rief prompt zwei Gegenreaktionen auf den Plan: zunächst seitens Alexander Gottlieb Baumgarten, dann von Immanuel Kant. Dabei schufen auch sie, in Gegenreaktion zu Wolff, jeweils *implizite* Kreativitätstheorien. Wie sie dies taten, sei nun im einzelnen näher betrachtet.

---

79 Für die Geltung dieser Figur spricht auch, daß neuerdings Studien zum „Unbewußten der Maschinen" prominenter werden; vgl. etwa das gleichnamige Buch von Henning Schmidgen.

80 Als Ausbuchstabierung in jeweils die komplementär entgegengesetzte Seite lassen sich exemplarisch Sybille Krämers und Horst Bredekamps Leibniz-Pointierungen ansehen. Vgl. Horst Bredekamp, *Die Fenster der Monade* sowie Sybille Krämer, *Symbolische Maschinen* sowie *Berechenbare Vernunft*.

4.2 Aufbruch und Übergang. Erfindungskunst und sinnliche Wahrnehmung. Christian Wolff und Alexander Gottlieb Baumgarten als Wegbereiter einer Philosophie des Kreativen

4.2.1 Christian Wolff: Die Logik der Begriffe als Erfindungskunst

Die nie vergessene Aufgabe einer ars inveniendi, die Wolff lebendig vor Augen steht, bringt einen Zug von Unruhe und Sehnsucht in das Bild einer Zeit, die im übrigen philisterhaft genug anmutet ... . Im Zusammenhang der Wolffischen Erkenntnislehre betrachtet verliert das Unternehmen Baumgartens alles Auffallende.

Alfred Baeumler

Christian Wolff ist für das Verständnis der neuzeitlichen Epistemologie aus mehreren Gründen eine Schlüsselfigur. Zunächst war er es, der vor allem über seine sehr eigenständige Leibniz-Rezeption die zentralen Konzeptionen kantischen und nachkantischen Philosophierens überhaupt erst prägte: Konzeptionen, von denen viele bis in die Gegenwart kontinentaler und analytischer Erkenntnistheorie nachwirken. Spezieller trug seine lebenslange Obsession mit der Entwicklung einer „ars inveniendi"[81] systematische Früchte, die teils direkt, teils über die Vermittlung Alexander Gottlieb Baumgartens in die Kantische Philosophie einwirkten. So wird erst vor dem Hintergrund seiner systematischen Grundentscheidungen die logische Dramaturgie der Umkonzeptionen von Leibniz bis Kant als in sich geschlossene und bemerkenswert radikale Entwicklung erkennbar.

Da Wolff ein philosophisches System auch in deutscher Sprache vorlegte und damit als erster das Deutsche in den Kanon der Wissenschaftssprachen einführte, stand er in der Position, zentrale philosophische Fachtermini überhaupt erst zu definieren und so Weichen für terminologische Entwicklungen zu stellen.[82] Eines der zentralen philosophisch-konzeptionellen Werkzeuge ist nun unzweifelhaft der Begriff des „Begriffs", und bis heute findet sich in unterschiedlichsten Kontexten der alles andere als triviale Hinweis, daß Wolff das Konzept des „Begriffs" überhaupt erst in die Philosophie einführte.[83] Da das Verhältnis von begrifflichem zu außerbegrifflichem mentalen Agieren ein Kern-Element der in dieser Arbeit verfolgten Grund-These bildet, sind die hier prägenden Entwicklungen aufschlußreich: zumal Wolff ausgerechnet die Begriffs-Analyse als das zentrale Mittel der „*Erfindungs*-Kunst" ansieht. Damit ergibt sich eine doppelte historisch-systematische Verbindung zur Kreativitäts-Thematik.

In der Tat: betrachtet man, *wie* Wolff „Begriff" als philosophischen Fachterminus darstellt, so zeigt sich, wie das, was seit Kant als Begriff in Umlauf ist, sich wenige Jahrzehnte zuvor überhaupt erst aus dem Umkreis anderer mentaler Aktivitäten wie „Per-

[81] Vgl. Hans Werner Arndt, „Einführung des Herausgebers" zu Christian Wolffs *Vernünfftige Gedankken von den Kräfften des Menschlichen Verstandes und ihrem richtigen Gebrauche in Erkänntnis der Wahrheit („Deutsche Logik")* S. 28 ff., 35 ff.

[82] Vgl. Ulrich Ricken, *Leibniz, Wolff und einige sprachtheoretische Entwicklungen in der deutschen Aufklärung* S. 20–26, ferner Eric A. Blackall, *The emergence of German as a literary language.*

[83] Exemplarisch Egbert Witte, *Logik ohne Dornen. Die Rezeption von A. G. Baumgartens Ästhetik im Spannungsfeld von logischem Begriff und ästhetischer Anschauung* S. 32.

zeption", „Vorstellung" oder „Gedanke" herausschälte. Damit wird die für die Argumentation dieser Arbeit zentrale Idee – des kreativen Handelns als grundsätzlich „irregulärer" Konfrontation zweier komplementärer und zugleich dichotomisch voneinander unterschiedener Unterscheidungsoperationen – bei ihm in *statu nascendi* beobachtbar.

Wolff schreibt 1712 in „Vernünftige Gedanken. Von den Kräften des Menschlichen Verstandes und ihrem richtigen Gebrauche in Erkenntnis der Wahrheit" („Deutsche Logik")[84] in dessen Eingangskapitel „Von den Begriffen der Dinge":

> „Einen Begrif nenne ich eine jede Vorstellung einer Sache in unseren Gedancken. Z. E. ich habe einen Begrif von der Sonne, wenn ich mir dieselbe in meinen Gedancken vorstellen kan, entweder durch ein Bild, als wenn ich sie selber gegenwärtig sähe oder durch blosse Worte […] Eben so habe ich einen Begrif von der Hochzeit, wenn ich mir entweder in meinen Gedancken, als in einem Bilde vorstellen kann, wie zwei Personen ihr Versprechen, einander zu heiraten, nach der in einem Land üblichen Gewohnheit vollziehen, oder auch durch blosse Worte, oder andere Zeichen (worunter man auch die Gemählte rechnen kan), entweder mir selbst, oder anderen zu verstehen gebe […]."[85]

Man beachte, wie Wolff hier dasselbe Beispiel wie Aristoteles in der Erörterung des *phantasma* wählt[86]. Nicht nur wird hier der Begriff des Begriffs, etwa am Beispiel „Hochzeit", aus heutiger Sicht geradezu als innerer Kurzfilm vorgestellt, als eine Art visualisierter Handlungsfolge. Faszinierend ist zugleich, wie Wolff hier den später bei Wittgenstein artikulierten Gedanken vorwegnimmt, daß wir mit Begriffen zuerst und vor allem *uns selbst* Dinge zu verstehen geben.[87] Der systematisch springende Punkt ist: „Begriff" befindet sich noch in auffälliger Nähe zu „Vorstellung", und die Zeichen, die für die materiale Verkörperung eines „Begriffs" verwendet werden können, schließen Pikturales, „Gemählte" durchaus ein. Damit ist „Begriff" im Grunde das, was vorher „repraesentatio" hieß und noch bis zu Kant *beides* umfaßte, sowohl die Anschauung als auch das, was wir seit Kant „begriffliches" Denken nennen.[88] (Wie nahe unser Alltagsbegriff von „Begriff" an eben dieser „repraesentatio" liegt, zeigt sich daran, daß wenn wir etwa äußern, wir hätten von etwas keinen Begriff bzw. „das ist mir kein Begriff", wir eigentlich so etwas wie „keine Anschauung" meinen.) Elemente sinnlicher Anschauung sind hier also von Anfang an in den „Begriff" eingeschrieben, sodaß Kants späteres Diktum, Begriffe ohne Anschauungen seien „leer", Anschauungen ohne Begriffe seien

---

84 Publiziert wurde das Werk zwischen 1713 und 1726, vgl. Hans-Werner Arndt, *„Einführung des Herausgebers" zu Christian Wolffs „Vernünftige Gedanken. Von den Kräften des Menschlichen Verstandes und ihrem richtigen Gebrauche in Erkenntnis der Wahrheit"* („Deutsche Logik") S. 7.

85 Christian Wolff, *Vernünftige Gedanken. Von den Kräften des Menschlichen Verstandes und ihrem richtigen Gebrauche in Erkenntnis der Wahrheit („Deutsche Logik")* Kap. 1. Von den Begriffen der Dinge: § 4: „Was ein Begriff ist". – Im folgenden beziehen sich Zitate von Wolff, wenn nicht anders ausgewiesen, auf dieses Werk, was zudem mit *Deutsche Logik* abgekürzt wird.

86 Vgl. oben Kap. 3.3.

87 „Wenn man aber sagt: ‚Wie soll ich wissen, was er meint, ich sehe ja nur seine Zeichen', so sage ich: ‚Wie soll *er* wissen, was er meint, er hat ja auch nur seine Zeichen.'" Ludwig Wittgenstein, *Philosophische Untersuchungen* § 504.

88 Vgl. Heinz Paetzold „Einleitung" zu Alexander Gottlieb Baumgarten, *Meditationes philosophicae de nonullis ad poema pertinentibus Meditationes*, S. IX.

„blind“[89], vor diesem Hintergrund beinahe eine Tautologie darstellt, jedenfalls an eine Selbstverständlichkeit grenzt. (Nebenbei bemerkt ist auch die rhetorische *Form* dieses berühmten Satzes nicht ganz neu.[90])

Paralleles gilt für den Begriff des „Gedankens“: auch dieses Konzept, aus dem das „Denken“ sich ableitet, wird bei Wolff, wiederum in der „Deutschen Logik“, hinsichtlich seiner sensualistischen Herkunft erkennbar. Er konstatiert, daß wir unsere Gedanken sinnlich wahrnehmen: „So *empfinden* wir den Schmertz, den Schall, das Licht und *unsere eigenen Gedanken*.“[91] Die Konsequenz ist, daß wir sie beobachten müssen, genauer: „mit Fleiß auf die Gedancken acht haben, wozu uns unsere Sinnen veranlassen. ... Das Dreyeck stellt sich gantz anders dar, als das Viereck.“[92] Gedanken werden also bei Wolff wie bei Leibniz durch die Sinne „*veranlaßt*“, was heißt, daß es Empfindungen sind, die den Stoff für sie abgeben. Das Erfassen von Begriffen liegt bei Wolff also im möglichst genauen Beobachten des – man könnte fast sagen – *Verhaltens* der Gedanken. Dies macht aufmerksam auf ein Merkmal des Denkens, das heute erneut systematisches Interesse findet: die Bedeutung der Passivität, beobachtenden *Aufmerksamkeit* für die Gedankentätigkeit: was auch Nietzsches Punkt, daß nicht „wir“, sondern „es“ denkt, vorwegnimmt. Denken ist gerade hinsichtlich seiner „Spontaneität“ (welche bei Kant das Unterscheidungsmerkmal zur rezipierenden Wahrnehmung ist) etwas, das wir in seiner Durchführung nicht tun, sondern erleiden.

Wolffs Begriffstheorie ist bekanntlich von Leibniz' „Meditationes de Cognitione, Veritate et Ideis“ beeinflußt, sodaß er dessen Taxonomie der *obskuren, konfusen, klaren* und *deutlichen* Vorstellungen auf seine Kasuistik der Begriffe überträgt. Anders als Leibniz macht er jedoch nicht nur die semantische Verworrenheit, sondern bereits die semantische Dunkelheit kognitionsfähig.[93] Wir erinnern uns: bei Leibniz gab es die logisch auffälligen „klaren und verworrenen“ Kognitionen: welche zwar (wieder-)erkennbar sind, jedoch nicht benannt, definiert werden können. Bei Wolff ist bereits auch eine Stufe darunter, die des „Obscuren“, der „Dunckelheit“ von kognitivem Interesse: jene Erfahrungen bzw. Identifikationen, welche wir nicht einmal sicher *als* diese ausmachen können.[94] „Dreyeck“ und „Viereck“ sind untereinander klar und deutlich geschieden; hingegen ist ein Begriff „dunckel“, wenn wir die dazugehörige Vorstellung nicht mit Sicherheit wiedererkennen und gegen Alternativen

Meditation – Betrachtungen Einzelfälle

---

89 Kant, *Kritik der reinen Vernunft* B 75, A 52, S. 95

90 „Wie nun die Beurteilungskraft ohne Geist ganz kalt und matt ist, so ist der Geist ohne die Beurteilungskraft ausschweifend und blind.“, schreibt Johann Christoph Gottsched 1726 in „Vernünftige Tadlerinnen – Moralische Wochenschrift für Frauen“ Band II, S. 61, zitiert nach Baeumler, *Das Irrationalitätsproblem*, S. 67.

91 Wolff, *Deutsche Logik*, Kap. 1, § 1, Hvh. S. M. (Dies heißt allerdings nicht, daß Wolff Denken und Empfinden nicht unterschiede – vgl. dazu in Kürze.)

92 Wolff, *Deutsche Logik*, Kap. 1, § 7

93 Vgl. Wolff, *Deutsche Logik*, Kap. 1, § 9 („Was ein klarer und dunckeler Begrif sei“) und 10 („Grade der dunckelen“). Zur Wirkungsgeschichte dieses Konzepts des Dunklen bis hin zu Herder vgl. auch Hans Adler, „Fundus Animae – der Grund der Seele. Zur Gnoseologie des Dunklen in der Aufklärung“, S. 197–220.

94 Wolff, *Deutsche Logik*, Kap. 1, § 9: „Sehen wir aber in einem Garten ein fremdes Gewächse, und können uns nicht recht besinnen, ob es eben dasjenige sey, welches wir an einem andern Orte gesehen, oder auch mit einem gewissen Namen nennen gehöret; so müssen wir von dem letzteren nur einen dunckelen Begrif haben.“

abgrenzen können. Wolff konstatiert daher *Grade* der Dunkelheit eines Begriffs – je nach Anzahl der bekannten Merkmale, und eben hier spielt das ‚Beobachten' bzw. besagte Aufmerksamkeit auf die Gedanken und deren ‚Währung' der Begriffe eine Rolle:

> „Also haben wir sehr dunckele Begriffe von allen den Wörtern, deren Bedeutung wir nicht recht wissen, ob sie uns gleich dem *Tone* nach bekandt sind, und wenn wir *darauf acht haben*, uns nicht gar ohne allen Gedancken lassen."[95]

Mit der Betonung jener der dunklen, ‚obscuren' Gehalte, die uns nur durch ihren „Ton" merklich sind (welcher Ton damit eine unvollständige, nichtsdestotrotz essentielle Informationsquelle darstellt), füllt Wolff folgerichtig eine Lücke, die Leibniz offengelassen hatte: die Integration nämlich nicht nur der „konfusen", sondern auch der „obscuren" Cognitiones in das Erkenntniskontinuum.[96] Der „Ton" kann nur wahrgenommen, nicht analysiert und nicht artikuliert, mithin auch nicht kommuniziert werden. Anders gesagt, bei den dunklen Begriffen bzw. dem ‚dunklen' Gehalt eines Begriffs hilft nur Aufmerksamkeit: das Wolff'sche „mit Fleiß acht haben" – man spricht ja auch heute noch von der „*dunklen* Ahnung".[97]

„Dunkel", „obscura", ist also von „confusa" (undeutlich, verworren) zu unterscheiden. Ersteres ist Gegenbild zu „klar", letzteres zu „deutlich" (distinkt). Die undeutlichen Begriffe *erkennen* wir im Unterschied zu den dunklen zwar zweifelsfrei, aber wir können ihre Merkmale nicht *nennen*. In anderen Worten: wir können keine Definitionen, keine Unterbegriffe angeben.[98] Wolffs Beispiel für einen zwar undeutlichen, nicht aber dunklen Begriff (übernommen aus Leibniz' „Meditationes") ist jener des „rot": er ist in seiner Extension evident, aber nicht definier- und zergliederbar.[99] Die Pointe, die Wolff heraushebt, ist so naheliegend wie in ihren Folgen nicht-trivial: klare aber undeutliche Begriffe bedürfen der Demonstration oder Darstellung, man muß sie „anders als mit bloßen Worten beybringen", nämlich „gegenwärtig darstelle[n]"[100]: *zeigen*. Damit hat man den Bereich der Sinnlichkeit, der Empirie, der Erfahrung im Spiel. Für die Wissenschaft der „ars inveniendi" gerade in ihrer innovativen Dimension, der Erklärung oder Rechtfertigung kognitiven Neulands, hat dies praktische wie theoretische Konsequenzen: vor allem neue Begriffe, Paradigmen, Konzeptionen bedürfen nicht nur der Verbalisierung, sondern der *Darstellung*[101] – und folglich auch der *Schulung*, der geschulten Wahrnehmung.[102]

---

95 Wolff, *Deutsche Logik*, Kap. 1, § 11

96 Für diesen Gesichtspunkt und seine Einordnung in moderne Debatten vgl. auch Wolfram Hogrebe, *Metaphysik und Mantik*, § 7, insbes. 68 f.

97 Den Begriff der „Ahnung" hat v. a. Wolfram Hogrebe an gegenwärtige philosophische Auseinandersetzungen angeschlossen, vgl. ders., *Ahnung und Erkenntnis: Brouillon zu einer Theorie des natürlichen Erkennens.*

98 Wolff, *Deutsche Logik*, § 13

99 Man kann ihn gleichsam horizontal definieren – gegen die Alternativen – aber nicht vertikal: durch Unterbegriffe, Zergliederung. ‚Klarheit' impliziert gleichsam das Modell des ‚horizontalen' Netzes, ‚Deutlichkeit' das ‚vertikale' Modell des Baumes, bzw. der Wurzel.

100 Vgl. Wolff, *Deutsche Logik*, § 14

101 Dies zeigt sich in der zeitgenössischen Wissenschaftspraxis in Journalen wie „Science" oder „Nature" u. a. an der insgesamt steigenden Präsenz von Visualisierungen. Schon im 18. Jahrhundert konnte die *Encyclopédie* nicht auf sorgfältig gestochene bildliche Darstellungen verzichten.

102 Diese praktische Konsequenz der theoretisch nicht ersetzbaren „Übung" theoretisch dingfest zu machen übernahm dann Baumgarten, vgl. unten Kap. 4.3; und auch bei Kant finden sich an theoretisch

Der „undeutliche" („verworrene") Begriff hat also eine unzweifelhaft an*schau*liche Komponente. Die Aspekte des „duncklen" Begriffs mußte man hingegen „*hören*": hier zählt Aufmerksamkeit für den „Ton". Und während Dunkelheit eine Sache des Grades ist[103], wird Verworrenheit (und ihr Gegenbild, Deutlichkeit) als Sache des Prinzips verstanden[104], ein Prinzip im Übrigen, an dem sich noch bis Kant die Frage der „höheren" oder „niederen" Erkenntniskräfte entschied.[105] Sodaß es von hier aus auch nicht verwundert, daß Wolff allen Ernstes in bestimmten Fällen der Wissenschaft „Vergrößerungs- und Fern-Gläser" zu den Mitteln zählt, „zu einem deutlichen Begriffe" zu gelangen.[106] Dieses Bild – das Benutzen technischer Hilfsmitteln zur Begriffsaufhellung – macht überdies deutlich, daß Begriffe nicht identisch mit ‚Wörtern' sind, sondern eher dem deutschen Ausdruck „ein *Konzept* haben von" (lat. conceptus) entsprechen.[107] „Wörter" werden bei Wolff extra abgehandelt.[108]

Gegen das Problem der „confusen" oder „verworrenen" Begriffe hilft also eine „Schau", Vorstellung, Anschauung. Dies beinhaltet bei Wolff, daß der Akt des „Vorstellens", der Imagination von Begriffen dazu verhilft, sich gegen die drohende „Konfusion" ihrer zu wehren:

> „Damit nun die einmahl erlangten Begriffe sich nicht verschlimmern, so müssen wir uns dieselben öfters vorstellen, und uns fleißig in acht nehmen, daß wir uns nicht mit vielen Dingen auf einmal verwirren."[109]

Denn einmal erzielte „deutliche" Begriffe tendieren (nach dem Modell gleichsam des Zweiten Hauptsatzes der Thermodynamik) dazu, wieder in Unordnung zu geraten, was hier heißt: gegeneinander Konturen einzubüßen, ‚indistinkt' zu werden. Es gilt also wiederholt, sich „vorstellend" ihrer Grenzen zu versichern, d. h. auch der ‚Übersicht' über ihre Bestandteile, Glieder, ihre Semantik. Was geschieht, wenn die entropische „Ver-

---

exponierter Stelle hierzu Referenzen (zur „Urteilskraft" als „ein besonderes Talent, welches gar nicht belehrt, sondern nur geübt sein will" vgl. *Kritik der reinen Vernunft*, B 172, A 133, S. 193 f.; vgl. auch im gegenwärtigen Unterkapitel unten).

103 Vgl. § 10.

104 Diese letztere, auf den ersten Blick kontraintuitive Konsequenz deckt sich mit Goodmans *logischer* Bestandsaufnahme, derzufolge Distinktheit/endliche Differenziertheit ebenfalls nur an- oder abwesend ist; bei einer Frage des Grades ginge es ineinander über. Vgl. Nelson Goodman, *Languages of Art*, Kap. III.

105 Das Kriterium der Deutlichkeit scheidet „obere" und „untere" Erkenntniskräfte; bei Baumgarten beginnt sich dies zwar zu ändern (vgl. etwa Constanze Peres, „Cognitio sensitiva. Zum Verhältnis von Empfindung und Reflexion in A. G. Baumgartens Begründung der Ästhetiktheorie", S. 5–48) und vollends bei Kant, der diese Sicht in der *Kritik der reinen Vernunft* mit seiner Zwei-Stämme-Lehre der Erkenntnis einerseits dezidiert aufgehoben hat, andererseits finden sich etwa noch in seiner *Logik* wie auch in der *Kritik der reinen Vernunft* Reminiszenzen an sie. (Vgl. unten Kap. 4.3.)

106 Wolff, Kap. I, § 22 (Zu Mikroskopen und Begriffsanalyse-als-Logik vgl. beiläufig auch Gottlob Frege, „Begriffsschrift" S. V: „Das Verhältnis meiner Begriffsschrift zu der Sprache des Lebens glaube ich am deutlichsten machen zu können, wenn ich es mit dem des Mikroskops zum Auge vergleiche", er verglich sie mit Blick auf die „Schärfe der Unterscheidung").

107 Der englische Begriff „concept" ist noch vergleichbar umfassend (er beinhaltet neben Begriff auch Vorstellung, Ansicht, Auffassung, Gedanke, Idee).

108 Vgl. dazu ebd., „2. Capitel. Von dem Gebrauche der Wörter", S. 151–156

109 Kap. 1, § 25

schlimmerung" der Begriffe eintritt, also Begriffe zu bloßen Worten degenerieren, denen kein anschaulicher „Begrif von der Sache" mehr korrespondiert, beschreibt er am Rande mit ebenso genüßlichen Seitenhieben gegen die eigene Profession, wie es parallele Polemiken auch bei Leibniz, Schopenhauer und anderen Philosophen gibt.

> „Hieraus ist nun Sonnenklar, daß man miteinander reden, und einander verstehen, und doch keiner einen Begrif von dem haben kann, was er redet, oder höret, indem von lauter nichts geredet wird. Dergleichen Discurse sind unter Gelehrten nicht selten, absonderlich trift man viele in der Natur-Lehre der Schul-Weisen an".[110]

Wolffs Begriffslehre nun ist Einstieg und in gewisser Hinsicht auch Zentrum seiner „Logik", welche Logik er, wie schon angekündigt, als „Erfindungskunst" versteht. Die Verbindung der beiden aus heutiger Sicht so unterschiedlichen Tätigkeiten, Analyse der Zeichen-Relationen und *empirischer* Erkenntnisgewinn, zeigt sich in der Art, wie Wolff wissenschaftliches Verstehen, Erklären und Beweisen zentral vom Umgang mit Begriffen aus aufbaut. Steht ‚Begriff' in engem Zusammenhang zur sinnlichen Erfahrung und sinnlich gewonnenen Vorstellung und entwickelt sich durch Zergliederung und Abstraktion zu steigender Klarheit und Deutlichkeit, so führen bei ihm die dabei produzierten „Wort-Erklärungen" zu *wissenschaftlichen Erkenntnissen bis hin zu technischen Erfindungen*. Der Prozeß des Ringens um begriffliche Deutlichkeit, ‚Distinktheit' dient dazu, mehr und mehr bestimmende Merkmale freizulegen, um von den ursprünglich sinnlichen *Erfahrungen* zu *Beschreibungen* und von dort zu *Erklärungen*, „Wort-Erklärungen"[111] fortzuschreiten. Diese Wort-Erklärungen nun haben einen explizit erfinderischen, im Glücksfall kreativen Aspekt. Wie Wolff diesen Übergang herstellt führt, weitergedacht, überraschend schnell in gegenwärtige Debatten um (kreative) Entdeckungen – etwa zur Induktionsproblematik sowie potentiell auch in darwinistische Entwicklungslehren.

Zunächst: Begriffe dienen Wolff ausdrücklich nicht nur zur Benennung, sondern auch zum Beweis und zur Erklärung von Sachverhalten:

> „Es dienen die Wort-Erklärungen nicht allein im gemeinen Leben dazu, daß die Sachen *jederzeit mit ihrem rechten Namen genennet* werden, sondern geben auch in denen Wissenschaften einen richtigen Grund zum Beweise, wie wir aus den mathematischen Wissenschaften zur Gnüge sehen können, auch bey Abhandlung anderer Theile der Welt-Weisheit, die von mir an das Tageslicht gestellet worden, erhellet. Ja, wir werden bald hören, wie aus der *Wort*-Erklärung, die Erklärung der *Sache* selbst gefunden wird."[112]

Dieses Moment eines Begriffs-Realismus ist vor dem Hintergrund der bereits bei Leibniz diagnostizierten und der heutigen Zeichentheorie weit näherliegenden „Blindheit" der Symbole einigermaßen überraschend. Der springende Punkt jedoch liegt in dem, was Wolff mit „die Sachen bei ihrem rechten Namen nennen" meint. Seine explizite Anknüpfung an die Mathematik und Geometrie, Beispiele formaler Fragen ohne Referent oder, modern, ohne Signifikat, schließt jedoch eine magische Theorie der Sprache aus, wie sich unten auch noch näher zeigt. Die konkrete Praxis der *Erklärungs*-Gewinnung wird Wolff dann nicht müde, als *Erkenntnis*-Gewinnung zu demonstrieren, da er in der Tat eine

---

110 Wolff, *Deutsche Logik*, Kap. 2, § 10, vgl. auch § 8 und § 9.

111 Vgl. etwa Wolff, *Deutsche Logik*, Kap. 1, § 36, 42–46.

112 Vgl. Wolff, *Deutsche Logik*, Kap. 2 § 45: „Nutzen der Wort-Erklärungen", Hvh. S. M.

„ars", eine Erfindungs-/Entdeckungs-*Praxis* vor Augen hat. Entdeckungen und Erfindungen werden zwar auseinandergehalten, doch zugleich traditionsgemäß in ihrer engen Verbindung beschrieben (und damit dem historischen Doppelsinn der „ars inveniendi" von „Erkennen" und „Erfinden" Rechnung getragen).[113]

Wie sieht nun dieser Erfindungs-qua-Entdeckungsprozeß durch Begriffsanalyse am Beispiel der Mathematik genauer aus? „Der erste Weg", angesichts unbekannter Objekte/Phänomene zu einer Erklärung zu gelangen, besteht darin, bei demjenigen Wissen einzusetzen, das man bereits besitzt.

> „Wenn ich gar noch nichts von einer Sache weiß; so muß ich solche Dinge annehmen, die mir schon bekandt sind, und mit Fleiß untersuchen, was durch ihre Verknüpfung herauskommet. U. E. In der Geometrie nimmt man Puncte und Linien an, und gedencket sich, als wenn eines an dem andern auf eine gewisse Art sich bewegte; so bekommet man allerhand Erklärungen von Flächen."[114]

Die Verbindung des Bekannten (hier: Punkte und Linien) soll also durch logisch-begriffsanalytische Schlüsse zu exploratorischem Neuland führen (hier: Flächen). Hinter diesem Modell steckt die schon bei Leibniz zentrale Idee, aus einer *endlichen* Menge (bekannter) Elemente ein *Unendliches* an Phänomenen zu beschreiben bzw. hervorzubringen. Auf diese Weise kann man das

> „*einfache* Rüstzeug auf allerhand Art und Weise *zusammen setzen*; so werden viele uns *zuvor unbekandte Machinen* heraus kommen. Wer mit der Chymie, Experimental-Philosophie und Künsten zu thun hat, der wird diese Regel öfters mit vielem Vortheile brauchen"[115]

Der Hinweis auf die Chemie ist schlagend, und in heutiger Zeit hätte Wolff sicherlich die Gen-Technologie verwendet: man setze die einfachen Codes anders zusammen, und herauskommen unvorhersehbare neue Merkmale[116] oder – „Machinen"![117] Deutlich wird, inwiefern in der Tat die ‚logische' Begriffsanalyse und -zergliederung hier zu einer ‚ars inveniendi' gerät. Es geht um *Kombination* jener Informationen, welche in einem Begriff enthalten sind, aus modernerer Sicht gesprochen, um die *Manipulation* von Daten[118], mit einem keineswegs immer berechenbaren Ausgang (in den „Experimental"-Wissenschaften nicht, doch selbst nicht in der Mathematik). Aus diesem potentiell überall gegenwärtigen Überraschungsmoment der syntaktischen Neu-Kombination des Alten mit oft unantizipiertem Ausgang zieht Wolff eine naheliegende, aber systematisch folgenreiche Konsequenz. So verläuft diese Manipulation/Kombination zwar üblicherweise nach ge-

---

113 Vgl. oben Kap. 4.1.4.

114 Wolff, *Deutsche Logik*, Kap. 1. § 51.

115 Ebd., § 51, Hvh. S. M.

116 Dies geschieht durchaus nach der Leibniz'schen Logik eines Zeichenbegriffs als, um mit Sybille Krämer zu sprechen, „Symbolischer Maschine". Vgl. Sybille Krämer, *Symbolische Maschinen.*

117 Julien Offray de la Mettrie publizierte seinen „*L'homme machine*" zu Wolffs Lebzeiten, nämlich 1747.

118 Daß diese rein formale Manipulation erfolgreich möglich ist und auch im Sprechen nicht immer einen Unfall bedeutet, in anderen Worten, die eben berührte ‚Blindheit' von Zeichen – hier: Wörtern –, wird Wolff nur wenig später ebenfalls thematisieren (Wolff, *Deutsche Logik*, Kap. 2. Von dem Gebrauche der Wörter, § 5: „Im Reden denkt man nicht stets an die Bedeutung der Wörter" sowie § 10: „Leere Worte können verstanden werden").

wissen Intentionen und Regeln, sie wird jedoch oft auch umgekehrt nach Prinzipien des *Zufalls* geschehen: aus dessen Ergebnissen dann im Nachhinein Regeln *abgeleitet* werden. In aller Deutlichkeit findet sich dieser Hinweis in einer der Schlußpassagen seiner – wohlgemerkt – „Begriffslehre“:

> „Es kommet hier ... vieles auf das blinde Glück an. Wenn man nämlich entweder ungefehr, oder auch wohl mit Vorsatze solche Dinge miteinander verknüpfet, von denen man nicht vorher sagen kan daß sie neues herausbringen werden, und nur anmercket, was die Erfahrung neues giebet. So sind die Fern-Gläser erfunden worden, da man zwey geschliffene Gläser, ein erhabenes und hohles, ungefehr von einander gehalten. Ebenso hat man das Pulver erfunden, da Kohlen, Schwefel und Salpeter zufälliger Weise unter einander gemischt worden. Und die meisten Erfindungen in den Künsten haben wohl keinen anderen Ursprung, als diesen.“[119]

Nicht nur ist man mit dieser letzten Bemerkung, ihrer Betonung des gleichsam Stochastischen, in der Nähe einer darwinistischen Entwicklungslehre angelangt (sei es für biologische, sei es für mentale oder physikalische Entitäten), der entscheidende Mechanismus oder die entscheidende Art und Weise, in der kreative Neuerungen gemacht werden, findet sich hier beschrieben als Dreischritt aus

a) (Neu-)Kombination von Bestandteilen,
b) Fest-Stellung, was dabei entsteht, und von hier aus
c) Rückschlüsse ziehen auf Gesetzlichkeiten, Eigenschaften, Regeln jener Komponenten, die bisher unbekannt waren.

Die infragestehenden Untersuchungsgegenstände können dabei durchaus Begriffe sein. Der Übergang von (mathematischen und anderen) Begriffen zur Empirie wird bei Wolff deswegen verschliffen, weil, wie wir oben sahen, bei ihm in der Tat zwischen Perzeption/Vorstellung/Anschauung und Begriff noch nicht sehr stark differenziert wird.

Das Neue findet sich hier also als *Erfindung* und *Entdeckung* im selben Prozeß. Wir erfinden neue *Gegenstände* oder „Machinen“ (etwa: Ferngläser, Mikroskope, Schießpulver etc.), wir entdecken dabei induktiv zugleich bislang unbekannte wissenschaftliche *Gesetzmäßigkeiten*. Oft geht dabei die (mehr oder weniger akzidentelle) *Erfindung* der wissenschaftlichen *Entdeckung* voraus: als Bedingung ihrer Möglichkeit.

Betrachten wir diesen Mechanismus genauer, so findet sich mit der Betonung des Zufalls oder „Glücks“ wie angedeutet nicht nur der evolutionäre bzw. darwinistische Erfindungsbegriff bereits vorformuliert, hingewiesen sei auch auf die Nähe dieses Modells zu jenem, das seit Peirce als „Abduktion“ (und deren Validierung durch Deduktion und Induktion) beschrieben wird.[120] Abduktion besteht darin, von einer (zufälligen bzw. unantizipierten) Beobachtung – mit dem Ziel ihrer *Erklärung* – zu einer neuen Hypothese zu gelangen, einer neuen, noch unbekannten Regel. Sie geht also von einer konkreten Beobachtung aus (sinnlicher, anschaulicher oder auch mathematisch-geometrischer Art), bei Wolff beispielsweise von einer unerwarteten Reaktion, die sich durch Kombination zweier in ihren Eigenschaften bekannten Bestandteile (hier der konvexen und der konkaven Linse) einstellt. Aus diesem Ereignis folgt einerseits die Erfindung eines neuen

[119] Wolff, *Deutsche Logik*, Kap. 1, § 52, ‚Was das Glück da bey thut‘, S. 148.

[120] Charles Sanders Peirce hat diesen bei Aristoteles und später bei Julius Pacius (1507) eingeführten Begriff wieder in die Debatte gehoben. Vgl. zur Abduktion auch das folgende Kap. 4.3.

Gegenstandes (des Fernglases) andererseits die Bereicherung des wissenschaftlichen *Regel*werks um neue Hypothesen (Entdeckung) – welche sich bei Bestätigung (Induktion und Deduktion) zu neuen Lehrsätzen verfestigen. Dieser Ketten-Prozess der Hypothesenbildung ist eine Technik der Wolff'schen „ars inveniendi".

Das *Er*-Finden neuer Techniken oder Geräte (die „zufällige Beobachtung", die „überraschende Tatsache") führt also zum *Auf*-Finden prä-existenter Gesetzmäßigkeiten, wie oben angesprochen. Hier ist der Doppelsinn von „ars inveniendi" repräsentiert: ‚kreativer' wie ‚re-kreativer'.[121] In letzter Konsequenz ist „Erfindungskunst" also als eine Induktionslogik oder auch Abduktionslogik zu betrachten:[122] in jedem Fall als Schluß von einem präsenten auf einen ungesicherten Sachverhalt (sei es von der Beobachtung auf eine Theorie wie bei der Abduktion, sei es von einer Hypothese auf weitere zu erwartende Fakten, wie bei der Induktion[123]). Es geht darum, zu entscheiden, wann bei einer bestimmten Beobachtung mit einer „Erwartung ähnlicher Fälle" zu rechnen ist. Dieses Urteil erfordert letztlich „Erfahrung", *Praxis*: ein Element der Kognition, welches schließlich bei Kant als „Urteilskraft" systematisiert wird: „ein besonderes Talent …, welches nicht belehrt, sondern nur *geübt* sein will".[124]

Die Konsequenz, die sich aus diesem Befund ergäbe, hat Wolff präzise vorbereitet und dann systematisch doch in ihren theoretischen Folgen gescheut. Die „Erwartung ähnlicher Fälle" (die „consecutiones empiricae"[125] bei Leibniz) fand – als ein empirisches Vermögen, das auch bereits die Tiere aufweisen – keinen Eingang in seine „Logik", sondern wird in die „empirische Psychologie" ausgegliedert. Hier betont er, daß besagte Erwartung die Vermögen der Sinnlichkeit, der Einbildungskraft und des Gedächtnisses verlangt: in der Tat Fähigkeiten, welche den Tieren ebenfalls zuzusprechen sind, zudem „untere" Erkenntnisvermögen darstellen (solche, die nicht durch „Distinktheit" ausge-

121 „Die Erfindungskunst war das Kampfwort seit der Renaissance. Durch ihre Forschungsleistung sollte die neue ‚Methode' sich auszeichnen vor der traditionellen Logik, die bloß als Organon für Beweis und Darstellung schon gefundener Wahrheiten zu brauchen sei." Heinz Heimsoeth, *Die Methode der Erkenntnis bei Descartes und Leibniz*, S. 202 f.

122 Zur „Induktionslogik" vor Kant vgl. auch Alfred Baeumler, *Das Irrationalitätsproblem in der Ästhetik und Logik des 18. Jahrhunderts bis zur Kritik der Urteilskraft, Darmstadt* 192, zu Induktion im Zusammenhang der „Logik der Erfindung" auch S. 174, S. 182.

123 Peirce bemühte sich lebenslang um die Abgrenzung der Abduktion von der Induktion. „Abduction makes its start from the facts, without, at the outset, having any particular theory in view, though it is motived by the feeling that a theory is needed to explain the surprising facts. Induction makes its start from a hypothesis which seems to recommend itself, without at the outset having any particular facts in view, though it feels the need of facts to support the theory. Abduction seeks a theory. Induction seeks for facts." („On the Logic of drawing History from Ancient Documents especially from Testimonies", CP 7.218, 1901) Gelegentlich bezichtigte er sich dabei selbst der Verwechslung: „Thus, the only error that paper contains is the designation as abduction of a mode of induction somewhat resembling abduction, which may properly be called abductive induction." (Carnegie Application (L75), HP 2:1031–1032, 1902). Damit weicht er hier vom überkommenen Begriff der Induktion ab, die von (individuellen) Fakten auf (allgemeine) Gesetze/Theorien zielt. Doch wie erwähnt, er hörte nie auf, das Konzept zu verändern.

124 Kant, *Kritik der reinen Vernunft*, B172, A 133, S. 193, Hvh. S. M.

125 Vgl. zur Geschichte dieses Begriffs Alfred Baeumler, *Das Irrationalitätsproblem*, S. 188 ff.

zeichnet sind).[126] Daß Wolff diese mentale Aktivität (von der, alias „Urteilskraft", Kant später sagen wird, daß ihr Mangel „eigentlich das sei, was man Dummheit nennt"[127]) theoretisch vorbereitet hat und sie erkenntnistheoretisch dann unterschlägt, stattdessen „psychologisiert", hat Baumgartens Reaktion auf den Plan gerufen. Er beabsichtigte, diese Leistung – einer „Erfahrungskunst" oder „Kunst, seine Erfahrung zu verbessern"[128] – in Form einer neuen Wissenschaft zu systematisieren: der Ästhetik. (Von hier aus, dem Gedanken an eine „*Wissenschaft der Verbesserung sinnlicher Erkenntnis*", ahnt man, wie Kant dazu kam, in der „Kritik der Urteilkraft" aus scheinbar heiterem Himmel das Urteil „das ist schön" als Ausdruck der Kalibrierung der Erkenntniskräfte für „Erkenntnis überhaupt" zu charakterisierten.[129]) Bis zum späten Kant dauerte die akademische Würdigung der hier bereits präsenten Einsicht, daß zentrale Urteils-Elemente der Erkenntnis nur als „Praxis" zu denken sind – und der Weg, den dieser Gedanke in den fast zwanzig Jahren von der „Kritik der reinen Vernunft" bis zur „Kritik der Urteilskraft" genommen hat, auch der Widerstand, den diese „Praxis" innerhalb einer *reinen* Philosophie, nicht nur bei Wolff, auslöst, ist faszinierend zu beobachten.[130]

So kann Baeumler die Ästhetik in der Zeit ihrer Entstehung als „ein Sammelbecken für alle methodologischen Gedanken, die sich im Rahmen der traditionellen Logik nicht unterbringen ließen", qualifizieren.[131] Präziser wäre es jedoch, von „erkenntnistheoretischen" Elementen zu sprechen: es waren solche methodologischen Inhalte, die in der Lehre dieser Zeit (aus welcher Christian Wolff, Alexander Gottlieb Baumgarten oder Georg Friedrich Meier nur die bis heute sichtbaren Protagonisten sind) zusehends stärker in den Vordergrund drängten. Von hier aus ist es kein Zufall, daß Kant seine Erkenntnistheorie in ihren dem „Schönen" gewidmeten Teilen der „Kritik der Urteilskraft" unvermindert weiterentwickelt und korrigiert.[132] Die Ästhetik sammelte und thematisierte alles, was mit (Neu-)Finden und *Er*finden zu tun hatte. Sie systematisierte das, was dem Begriff *noch nicht* oder *nicht mehr* korrespondierte: und was damit konzeptuelles Neuland ermöglicht.

Dies zeigt wiederum, daß „Ästhetik", in ihrem Doppelsinn als Lehre von der Wahrnehmung und Lehre vom Schönen, aus (symbol-)logischen Gründen immer auch mit Erkenntnistheorie zusammenfällt, und daß Erkenntnistheorie logisch Kreativitätstheorie impliziert. Bei Wolffs unmittelbarem Nachfolger und Bindeglied zu Kant, Alexander Gottlieb Baumgarten, wird dieser Sachverhalt in Form einer neu gegründeten Disziplin endgültig beim Namen genannt.

---

126 *Psychologia empirica*, vgl. §§ 29–233. Vgl. auch ders., *Vernünfftige Gedanken von Gott, der Welt und der Seele des Menschen, auch allen Dingen überhaupt* (1720), § 872.

127 Kant, *Kritik der reinen Vernunft*, B172, A 133, S. 194, Anmerkung *.

128 Alexander Gottlieb Baumgarten, „Philosophische Briefe, 2. Schreiben", (zitiert nach Alfred Baeumler, *Das Irrationalitätsproblem*, S. 191)

129 Vgl. *Kritik der Urteilskraft* §§ 9, 21; vgl. ferner unten Kap. 4.3.3.

130 Seine Motive lassen sich, wie wir oben in Kap. 3.1. sahen, bis zu Parmenides zurückverfolgen. Wäre die Philosophiegeschichte ohne Parmenides und die Konsequenzen seiner Vorentscheidung bei Platon in diesem zentralen Punkt anders verlaufen? Über die Gründe dieses durch die Jahrtausende beobachtbaren Widerstands nachzudenken, führte Philosophie und Psychologie heute wiederum in eine enge Verbindung zu einander.

131 Alfred Baeumler, *Das Irrationalitätsproblem*, S. 192

132 Vgl. dazu unten 4.3.3.

4.2.2 Alexander Gottlieb Baumgarten: Determiniert versus distinkt: Die Geburt der Ästhetik aus der logischen Konkurrenz der Präzisionen

A difference that makes a difference may introduce a distinction into the continuum of difference.

Anthony Wilden

Was Alexander Gottlieb Baumgarten bereits in seiner Magisterdissertation als Einundzwanzigjährigen umtrieb war eine logisch-erkenntnistheoretische Frage, die sich schon bei Leibniz und Wolff abgezeichnet hatte. Descartes hatte das Kriterium der „Klarheit und Deutlichkeit" als Wahrheitskriterium ins Spiel gebracht, Leibniz hatte betont, daß das Verhältnis dieser beiden Begriffe alles andere als geklärt sei, da es unterschiedlicher Maßnahmen bedarf, sie zu erreichen. Baumgarten entdeckte wiederum, daß „Klarheit" und „Deutlichkeit" in unterschiedliche Richtungen streben. Er war damit erste, der die beiden Formen von Präzision als *Konkurrenz* und als *Alternative* faßte. Damit eröffnete er eine Problemlage, die so gravierend war, daß er die Landkarte philosophischer Disziplinen letztendlich neu absteckte. Seine logische Neu-Formatierung der Erkenntnisproblematik motivierte wiederum grundlegend Kants epistemologisches Lebenswerk: Sie bildet, wie im folgenden auszuführen sein wird, eine historische Basis dessen, was wir oben, in der Etablierung der in dieser Studie verfolgten Grundidee zur Genese von Kreativität, das „Paradox des Präzisen" genannt hatten.[133]

Daß sich die Erkenntnisthematik ausgerechnet für den jungen Baumgarten als brennendes Problem darstellte, lag an einer Dreifach-Determinierung, die sich just an seiner historischen Koordinatenstelle entlud. Zum einen hatte Leibniz bereits dreißig Jahre zuvor die „perceptions insensibles" und deren Erkenntniskapazitäten etabliert[134], ein Gedanke, der seit den – freilich erst 1765 erschienenen – „Nouveaux Essais" erkenntnistheoretisch erst einmal nicht weiter aufgegriffen wurde. Zum anderen lag zu Baumgartens Zeit eine Aufgabe bereits vorformuliert in der Luft: die Forderung nach einer eigenständigen *Theorie der Sinnlichkeit*, welche diese nicht, wie die Schulphilosophie, *restriktiv* im Hinblick auf ihre Bedeutung für die Verstandeskräfte untersucht, sondern *prospektiv* auf ihren systematischen Terraingewinn hin.[135] Und drittens hatte Baumgar-

[133] Selbstverständlich kann es hier nicht darum gehen, das Oeuvre Baumgartens vollständig zu untersuchen, dies würde eine eigene Monographie erfordern. Das im folgenden Dargelegte konzentriert sich vielmehr a) auf die Rekapitulation der Entstehung seiner Überlegungen in den *Meditationes philosophicae de nonullis ad poema pertinentibus* (Philosophische Betrachtungen über einige Bedingungen des Gedichtes) von 1735, im folgenden zitiert als *Meditationes*, welchen nahezu alle wesentlichen Punkte seiner *Aesthetica* bereits enthalten, sowie b) den Vergleich und die Ergänzung dieser Gesichtspunkte durch Einbeziehung von Material aus der *Aesthetica* und der *Metaphysica*. Als Übersicht über die jüngere Baumgarten-Rezeption vor allem hinsichtlich seiner gegenwärtigen Aktualität vgl. den Baumgarten-Schwerpunkt der Allgemeinen Zeitschrift für Philosophie 49, 2001, Heft 2, darin insbesondere: Eberhard Ortland, „Ästhetik als Wissenschaft der sinnlichen Erkenntnis. Ansätze zur Wiedergewinnung von Baumgartens uneingelöstem Projekt" sowie Howard Caygill, „Über Erfindung und Neuerfindungen des Ästhetik".

[134] Vgl. oben Kap. 4.1.3.

[135] Georg Bernhard Bilfinger hatte die Forderung nach einer Theorie der Sinnlichkeit 1725 aufgestellt und auch gleich vorgeschlagen, sie nach dem Modell der aristotelischen Logik zu konzipieren. Vgl.

tens Lehrer Christian Wolff in seiner „Philosophia rationalis sive logica“ (1728) unlängst eine „theoria artem liberalium“ gefordert.[136] Diese theoretisch zugespitzte Situation fand in dem Literatur-begeisterten Baumgarten eine produktive Entladung, die darin gipfelte, daß er „dem jahrhundertelang unveränderten Chromosomensatz der Philosophie eine Disziplin hinzufüg[te]“.[137] Den logischen Hintergrund seiner Ausweitung philosophischer Disziplinen bildet also, so die These dieser Arbeit, exakt jenes Problem, das wir oben als „Paradox des Präzisen“ kennengelernt hatten.

In seiner ersten akademischen Qualifikationsschrift, den frühen *Meditationes philosophicae de nonnullis ad poema pertinentibus* (1735) reflektiert Baumgarten vordergründig, unter dem Schutz der alteingesessenen Schul-Disziplinen „Poetik“ und „Rhetorik“, die Frage, was das Wesen und die Funktion der Dichtung ausmacht. Dahinter geht es ihm jedoch um einen ‚theorie-politischen‘ Belang: nämlich dasjenige aufzuwerten und *positiv* zu charakterisieren, was die Tradition die „inferioren“, die „unteren“ Erkenntnisfunktionen nennt. Noch fallen sie bei ihm unter die Rubrik „poetisch“ – was jedoch bereits in diesem Frühwerk und vollends in der *Aesthetica* und der *Metaphysica* gleichbedeutend werden wird mit „ästhetisch“. Baumgarten unternimmt damit etwas, das mit vergleichbarer Dringlichkeit erst wieder Nelson Goodman unternehmen wird[138]: die Perspektive umzukehren, welche das Verhältnis von „sinnlicher“ und „logischer“ Erkenntnis bis dahin gekennzeichnet hatte. Die althergebrachte Rede von den „niederen“ Erkenntniskräften („facultatis cognitivae pars inferior“) wird von ihm strategisch durch den positiveren Ausdruck „sensitiv“ ersetzt. Die Art, wie er damit das „Poetische“ durch eine inhaltliche statt einer topologischen Charakterisierung qualifiziert, macht sofort das logische Problem deutlich, das die inspiratorische Basis und gedankliche Kraftquelle dieses Ansatzes war. Unter dem Codewort des „Poetischen“ geht es ihm um eine Spezialform der Kognition, und – das ist für unsere Thematik entscheidend – um Kognition als „ars inveniendi“: als Kunst wissenschaftlicher Ent-Deckung *einschließlich Erfindung*. Nicht nur will er freilegen, welche Potentiale von Erkenntnis in jenen Vorstellungen liegen, die „sensitiv“ sind und damit „indistinkt“ (Kant wird später sagen „unentwickelt“[139]), gleichsam noch nicht auf eindeutige Zwecke hin kategorialisiert und dafür mit digitalen „Lücken“ versehen.[140] Er kann dies zu jenem frühen Zeitpunkt auch am klarsten in Anknüpfung an die *bestehenden* Wissenschaften der Poetik und Rhetorik tun, welche Disziplinen er explizit „schöpferisch“ faßt.[141] Ihm zufolge ist

---

Bilfinger, *Dilucidationes philosophicae*, § 268, vgl. ferner Baumgarten/Poppe, *Kollegium über die Ästhetik* (Nachschrift der Ästhetik-Vorlesung) S. 70, vgl. ferner Friedrich Solms, *Disciplina aesthetica* 19 f. sowie Karlheinz Barck, Artikel „Ästhetik/ästhetisch“ S. 323 f.

136 Christian Wolff, Philosophia rationalis, Discursus praeliminarius, Cap. III, § 72, hier zitiert nach Friedrich Solms, *Disciplina aesthetica*, S. 18.

137 Wolfgang Welsch, *Aisthesis*, S. 22.

138 Man denke etwa an Nelson Goodmans Aussage, jegliche Konzeption von Kunst als „emotional bath or orgy“ sei „plainly preposterous“. Nelson Goodman, *Languages of Art*, S. 245.

139 Immanuel Kant, *Kritik der Urteilskraft* § 49, B 198, A 195/6, S. 417.

140 Er selbst nennt letzteres „abstrakt und intellektuell“, vgl. gleich unten.

141 Zu Baumgartens Einbindung seiner „Ästhetik“ in die Traditionen der Rhetorik und Poetik (sowie zur Abgrenzung von dieser) vgl. Hans Rudolf Schweizer, „Einführung zu Baumgartens ‚Theoreti-

„der Dichter gewissermaßen ein Schaffender oder Schöpfer [„factorem sive creatorem"] … . Daher muß ein Gedicht gleichsam eine Welt sein: daher muß in Analogie zu ihm beachtet werden, was von der Welt durch die Philosophen offenbar ist."[142]

Das Motiv nicht nur des Erschaffens als solches, sondern des (Er-)Schaffens *von Welt* steht hier im Sinne des Erkenntnis-Zuwachses. Baumgarten betont, daß dieser ebenso an Bestehendes anknüpft wie er Neues, Unbekanntes enthalten muß. Mit dieser ‚kreationalen' Dimension berührt das Poetische explizit Schöpferisches: im erkenntnis-orientierten Abgleich mit dem Wissen um bestehende Gesetze (‚Welt-Erschaffen ist *Um*-Erschaffen', wie Goodman später sagen wird).[143] Und nach Baumgarten ist nicht nur das Erkenntnisinteresse philosophisch – in der Absicht, jene philosophischen Tätigkeiten „zu üben, die damit beschäftigt sind, *den Gründen von allem nachzuforschen*"[144] – sondern auch die Sujets: Ziel des Poetischen ist die Vorstellung von „philosophischen oder allgemeinen Gegenständen".[145]

Das logische Problem, von dem hier die Rede ist, das Verhältnis von „determiniert" (*bestimmt* oder *klar*) und „distinkt" (*deutlich*), ist uns, wie angedeutet, bereits im Zusammenhang mit Leibniz und Wolff begegnet. Wieso Problem, könnte man fragen, ergänzen sie einander nicht? Ist doch das Ideal der Wissenschaftlichkeit bei Leibniz schon erreicht, wenn beide Bestimmungen zusammenfallen, wenn Vorstellungen *clare et distincte*, also ‚deutlich' *und* ‚bestimmt' sind. Das stimmt in der Tat, nur gab es bei Leibniz bereits unbequeme Indizien dafür, daß beide Anforderungen für eine optimierte Erkenntnis einander widersprechen – was sich daran zeigte, *daß das „Distinkte" in gewisser Weise vom Umfassenden, Vollständigen (der Anschauung Gottes) wegführte*. Das Distinkte führte in die Erkenntnis gänzlich säkulare Lücken ein. Das Problem lag darin, daß eine „vollkommene" Erkenntnis zwischen Umfassendheit (Schau) und Genauigkeit (Deutlichkeit) oszillierte und nicht beides aufweisen konnte. Dies hatte bei Leibniz zu dem unbequemen und nie ganz eingestandenen Problem geführt, daß „Gott" logisch auseinanderstrebende Attribute hatte.[146]

Die auch praktischen Konsequenzen dieses Auseinanderfalls jedoch zeigen sich in voller Deutlichkeit erst bei Baumgarten. Sie werden in den *Meditationes* schon daran deutlich, wie er in seiner Charakterisierung des Poetischen „Dunkelheit" durchgehend negativ kennzeichnet, (als gänzlich „unpoetisch"), „Verworrenheit" hingegen positiv. „Deutlichkeit" ist entsprechend poetisch von Übel, Klarheit wird hingegen gefo(e)rdert: vor allem „extensive" Klarheit: die auf möglichst viele Bestandteile hin ausgerichtet ist.

---

scher Ästhetik'" X ff.; vgl. ferner Marie-Luise Linn, „A. G. Baumgartens ‚*Aesthetica*' und die antike Rhetorik".

142 Alexander Gottlieb Baumgarten, *Meditationes philosophicae de nonullis ad poema pertinentibus*, § 68, S. 57, vgl. S. 41.

143 Vgl. Nelson Goodman, *Ways of Worldmaking*, Kap I., 4. Vgl. auch Eberhard Ortland, „Dichte und Fülle. Baumgartens uneingelöstes Projekt der ästhetischen Erkenntnis in der symboltheoretischen Perspektive Nelson Goodmans".

144 Baumgarten, *Meditationes*, S. 5, Hvh S. M.

145 Baumgarten, *Meditationes*, S. 47, aufbauend auf Aristoteles, *Poetik* 1451 b

146 Vgl. dazu oben Kap. 4.1.

Betrachten wir im folgenden also Baumgartens Konzept der ‚Poetik' probeweise zugleich als ‚Logik' – und damit jene Überlegungen, die der junge Baumgarten in den *Meditationes* anstellt, sein Frühwerk, welches die wichtigsten Elemente seiner gesamten Philosophie bereits enthält. Zunächst also: Baumgarten ersetzt den von der Tradition ererbten Begriff der „inferioren" Erkenntnisvermögen durch „sensitiv":

> „Vorstellungen [repraesentationes], die durch den niederen Teil des Erkenntnisvermögens erworben worden sind, sollen SENSITIV heißen."[147]

Was ist dessen Gegenbegriff? Nicht kognitiv – es handelt sich schließlich um einen von zwei Teilen der Erkenntnis – vielmehr „intellektuell" oder auch „abstrakt".

> „So wie kein Philosoph zu einer solchen Tiefe gelangt, daß er mit dem reinen Verstand alles durchschaut ... , ebenso ist nahezu keine Rede so ausschließlich wissenschaftlich und intellektuell, daß nicht eine sensitive Idee in dem ganzen Zusammenhang vorkäme. Daher kann man auch, zumal wenn man sich mit deutlicher Erkenntnis beschäftigt, diese oder jene deutlichen Vorstellungen in einer sensitiven Rede finden. Die Rede bleibt dennoch sensitiv, wie die frühere abstrakt und intellektuell."[148]

Das frühere „inferior" versus „superior" ist hier also als „sensitiv" versus „abstrakt" bzw. „intellektuell" positioniert (auch bei Leibniz war die für den Menschen eigentlich favorisierte „symbolische" Erkenntnis „blind"). Die damit eingeleitete Umwertung wird weitergetrieben, indem schrittweise ein *quantitatives* Maß als Kriterium des Sensitiven auftritt, also eine Fülle von Bestandteilen, die zur Erkenntnis sensitiver Vorstellungen beitragen,:

> „EINE VOLLKOMMENE SENSITIVE REDE ist eine solche, deren Bestandteile zur Erkenntnis sensitiver Vorstellungen streben. ... Eine sensitive Rede wird umso *vollkommener* [perfectior], je *mehr* Bestandteile in ihr dazu beitragen, sensitive Vorstellungen anzureizen."[149]

Die Einführung der Anzahl, Menge von Vorstellungs-Bestandteilen ist der entscheidende Schritt einer *logischen* Umwertung. Die neue (Meß-)Einheit, die hier vorgestellt wird, ist das „Poetische": als Sammlung derjenigen Eigenschaften, die „zur Vollkommenheit eines Gedichts" („poema") beitragen[150], wobei Gedicht weit gefaßt ist als jegliche „sensitive Rede", die „vollkommen" zu nennen ist.[151] Sensitive Reden wiederum sind jene, die „zur Erkenntnis sensitiver Vorstellungen streben".[152] Damit wird die Untersuchung des Poetischen eine systematische Angelegenheit von basaler erkenntnistheoretischer Relevanz.

---

147 Baumgarten, *Meditationes,* § 4. – Indem er den Ausdruck „repraesentationes" als Oberbegriff verwendet, kann er ferner sensitiv-anschauliche Erkenntnis (perceptio) mit begrifflicher direkt vergleichen. Auch noch bei Kant war „repraesentatio" Oberbegriff für beides: vgl. Heinz Paetzold, *Einleitung. Alexander Gottlieb Baumgarten als Begründer der philosophischen Ästhetik* S. IX., der u. a. auf zwei Aspekte der repraesentatio hinweist: ihre einheitsstiftende Funktion, sowie ihre Wiederholbarkeit.

148 Baumgarten, *Meditationes,* § 4 (10 f.)

149 Ebd., § 7, 8; kursive Hvh. S. M.

150 Ebd., § 11.

151 Ebd., § 9.

152 Ebd., § 7.

Vor dem so etablierten erkenntnistheoretischen Hintergrund werden die traditionsreichen epistemologischen Begriffe, die Leibniz von Descartes wieder aufgegriffen hatte, nun auf Baumgartens grundlegendes Argumentationsinteresse hin umakzentuiert – welches sich hinter der so harmlosen und Diskurs-kompatiblen Charakterisierung des „Poetischen" verbirgt. Hier seine Argumentationslinie:

> „In dunklen Vorstellungen sind nicht so viele Vorstellungen von Merkmalen enthalten, wie zureichend sind, um das Vorgestellte wiederzuerkennen und es von anderen Gegenständen zu unterscheiden. Genügende hierfür sind hingegen in klaren Vorstellungen enthalten."[153]

Bis hierhin stimmt die Qualifizierung mit Leibniz' und Wolffs Darstellung überein.

> „Folglich vermögen mehr Bestandteile zur Mitteilung sensitiver Vorstellungen beizutragen, wenn sie klar, als wenn sie dunkel sind. Folglich ... [sind] klare Vorstellungen ... poetischer ... als dunkle."[154]

„Klarheit" wird hier also eine Frage der Quantität, der Anzahl oder Fülle von „Bestandteilen", derer man gewahr werden kann. In dieser Form ist das jedoch nach wie vor zwiespältig. „Klare" Vorstellungen kommen bekanntlich in zwei Arten vor, als „deutliche" und als „verworrene".[155] Die erste Gruppe fällt aus der Charakterisierung des Poetischen heraus: zu ihm zählen *nicht* die *deutlichen* unter ihnen, wie das Folgende klarstellt.

> „Deutliche Vorstellungen, vollständige, adäquate, durch alle Stufen tiefgehende Vorstellungen sind nicht sensitiv, folglich auch nicht poetisch."[156]

Klarheit widerspricht also Deutlichkeit. Wir hatten schon bei Leibniz gesehen, daß „Deutlichkeit" [distinctio] eine Eigenschaft der *Begriffe* ist, was hier durch den verbalen Hinweis auf „Stufen" bzw. die mögliche Durchgestuftheit der Vorstellungen noch sichtbarer wird. Es ist eine Deutlichkeit oder „Distinktheit", die horizontal und vertikal auftritt: horizontal in Abgrenzung von Alternativen, vertikal durch das Verhältnis von Ober- und Unterbegriffen: beides als Ausdruck ihrer „Logik". „Deutlichkeit" ist deshalb nicht „sensitiv" (und mithin nicht „poetisch"), weil jegliche „Distinktheit" nicht nur *Unterschiede* (wie das Klare, bzw. Bestimmte), sondern auch *Lücken* (Lücken der *relevanten* Unterschiede, Leerzonen) zwischen Repräsentationsformen einführt. Eben dies ist die begriffliche Leistung: Unterschiede einebnen (Reduktion), von Unterschieden absehen (Abstraktion), Unterschiedliches unter dasselbe subsumieren (Klassifikation). Der Klarheit der sensitiven Vorstellungen geht es im Vergleich dazu umgekehrt nicht um Reduktion, sondern – wie wir gerade sahen – um *Mehrung* möglicher Bestimmungen, wie sich am poetischen Ideal der „extensiven Klarheit" zusätzlich zeigt. Zunächst folgt daraus aber, daß *klare* Vorstellungen poetisch sind, *deutliche* jedoch nicht, daß es folglich die klaren und *verworrenen* Vorstellungen sind, die zum poetischen Ideal und We-

153 Ebd., § 13.
154 Ebd., § 13.
155 Vgl ebd., § 15, 17.
156 Ebd., § 14.

sen beitragen. Sie korrespondieren der Leibniz'schen II. Stufe des „clara et confusa".[157] Wenn Baumgarten diesen Punkt also dahingehend präzisiert, daß sich die „klaren und konfusen" Bestimmungen untereinander wiederum im *Grad* ihrer Bestimmtheit unterscheiden, wenn er also anstelle des rein logischen *entweder-oder* (entweder dunkel oder klar) ein zusätzlich graduelles Phänomen einführt (*mehr* oder *weniger*), so ist es nur konsequent, dieses im folgenden mit einem Merkmal zu systematisieren: der *extensiven Fülle*:[158]

> „In extensiv sehr klaren Vorstellungen wird mehr sensitiv vorgestellt als in weniger klaren. ... Folglich tragen sie mehr zur Vollkommenheit ... bei. ... Daher sind extensiv klarere Vorstellungen äußerst poetisch. ... Je mehr die Dinge bestimmt werden [determinantur], desto mehr umfassen die Vorstellungen von ihnen. Je mehr indessen in einer verworrenen Vorstellung angehäuft wird, desto extensiv klarer ... und desto poetischer ... wird sie. Folglich ist es poetisch, in einem Gedicht die vorzustellenden Dinge so viel wie möglich zu bestimmen."[159]

„Bestimmtheit" (determinatio) ist also ein poetischer Gradmesser, und er ist meßbar an der *Anzahl* bzw. *Fülle* der Bestimmungen. Die Konsequenz ist, daß ein *Individuum*, eine *Einzelvorstellung* bzw. ein einzelner Gegenstand besonders poetisch ist: als (idealerweise) vollständig determiniert.[160] Daher auch setzt sich Baumgarten wiederum ausführlich mit der Rolle der Beispiele für den poetischen Erkenntnisgewinn auseinander.[161]

„Bestimmen" heißt hier jedoch gerade nicht, distinkt auseinanderlegen! Determiniertheit (Bestimmtheit) und Distinktheit (Deutlichkeit) kollidieren hier, ersteres als poetisch, oder wie er bald sagen wird, ästhetisch, letzteres als a-ästhetisch, und daß dies auf den ersten Blick überrascht, drückt die paradoxale Logik bzw. die Dynamik aus, die in dieser epistemologischen Situation steckt. Baumgarten hat dieses Problem als erster klar als Antagonismus artikuliert. Präzision im Sinne von Informations-Fülle und Vielzahl wird in ihr gesucht, Präzision im Sinne von Ein-Deutigkeit, Ab-Grenzung wird in ihr gemieden – wenngleich an dieser Stelle nur in „poetischer" Hinsicht.[162] Baumgarten hat dies ferner in einem Zusammenhang formuliert, der sich explizit sowohl mit dem Schöpferischen (dem poetischen Welten-Herstellen) als auch mit der Logik der Forschung („ars inveniendi") auseinandersetzt, und er kann die daraus resultierende Spannung nicht anders auflösen als dadurch, daß er neben der Logik eine zweite *Erfindung-als-Erkenntnis*-Form statuiert und sich bemüht, sie als neue Disziplin zu situieren und mit der „Logik", der Ratio im überkommenen Sinn, zu verschwistern.

---

157 Vgl. oben Kap. 4.2.1.

158 „Wenn in der Vorstellung A mehr vorgestellt wird als in B, C, D usw., dennoch alle verworren sind, so wird A EXTENSIV KLARER als die übrigen sein." *Meditationes* § 16, (17) – Von der extensiven Klarheit wird anschließend die intensive Klarheit unterschieden, als eine Form der Deutlichkeit; vgl. ebd. sowie die Rede in § 41 von der „intensive[n] Klarheit, welche der symbolischen Erkenntnis durch Wörter gegenüber der anschaulichen Erkenntnis einen Vorrang einräumt".

159 Ebd., § 17, § 18, (17 f.), vgl. auch § 32 (31).

160 Vgl. ebd., § 18, 19.

161 Vgl. ebd., § 21, 22.

162 In seinen späteren Werken „*Aesthetica*" und „*Metaphysica*" werden diese Ansprüche dann auf die im strengerem Sinne epistemologische Sphäre hin ausgedehnt und überprüft, etwa in der *Aesthetica* § 560 ff., vgl. dazu unten.

Denn erkenntnistheoretisch erstrebenswert ist natürlich auch für ihn beides, Deutlichkeit wie Klarheit. Erstere arbeitet mit der *Reduktion* der Unterschiede zugunsten ihrer Distinktheit, letzteres mit der *Maximierung* der Unterschiede zugunsten ihrer Fülle. Was hier auftritt (und sich in der Opposition der einander wiederum so nahen Begriffe ‚Dunkel-' und ‚Verworrenheit' wiederholt[163]) ist reformulierbar als die zeichen- und medientheoretische Opposition von Analogem und Digitalem (finites oder nicht-endliches Differenzieren).

Soweit also das logische Problem, das am Ende der Schrift zur ersten Ausrufung der „Ästhetik" führt. Wo lag das historisch-theoretische Risiko, das er damit einging? Baumgarten hat deutlich gesehen, daß seine anvisierte Wissenschaft der „niederen Erkenntniskräfte" den philosophisch immer wieder Rechtfertigungen provozierenden Bereich des „Herstellens von Neuem" in sich trägt: systematisch ungesichertes Terrain. Nicht nur, wie oben zitiert, schafft das „Poetische" eine „Welt", aus deren „Analogie" zur wirklichen Welt Schlüsse für beide Seiten gezogen werden sollen. Der Zusammenhang vom Poetischen zum Inventiven ist auch im engeren Sinne begrifflicher Art und knüpft an das eben angesprochene paradoxale Zusammenspiel an. Es ist kein Zufall und dennoch überraschend, wie sehr Teile seiner Reflexionen hier bereits Elemente der Kantischen Genie-Theorie vorwegnehmen. Und diese Genie-Theorie verdankt sich, um auf das nächste Kapitel vorzugreifen, bei Kant in der Tat einem Risiko, nämlich seiner schöpferischen Neu-Konzeption in der *Kritik der Urteilskraft*, welche die Kompensation seiner ungelösten erkenntnistheoretischen Probleme in der *Kritik der reinen Vernunft* darstellt.[164] Die gedanklichen Keime von Kants epistemologischen Reflexionen in der Dritten Kritik sind in den *Meditationes* unübersehbar zu finden. So charakterisiert Baumgarten ab § 92 das *Sinnesurteil* als „iudicium de perfectione sensorum confusum"[165] – wobei „verworren" hier impliziert: „von den *Sinnen* ausgeführt". Die Ergebnisse dieser Sinnenurteile werden als „*Lust*" oder „*Unlust*" wahrgenommen, und die Grade dieser (Un-)Lust bestimmt Baumgarten dort als *Grade* des *Zusammenstimmens* oder Widerstreitens unter den Momenten des Gegenstandes, die im „verworrenen" Sinnesurteil wahrgenommen werden. Dies sind entscheidende Elemente der *Kritik der Urteilskraft* des späten Kant.[166]

Freilich bestehen zwischen Baumgarten und Kants späterer Konzeption natürlich bedeutende Unterschiede. Erstens hinsichtlich der Frage: *was* stimmt hier zusammen? Wenn dies bei Baumgarten nicht direkt angegeben ist, so weil es für ihn klar zu sein scheint. Es ist ein Zusammenstimmen der Bestandteile des konkreten künstlerischen *Materials*, jener Bestimmungen, die das Sinnesurteil wahrnimmt, also dessen formale Harmonie, Form – oder eben ihr Gegenteil: Zusammenhanglosigkeit, Formlosigkeit, diffuse ‚Dunkelheit'. An diesem Anknüpfen am Material wird Kant seine ‚kritische Wende' vornehmen, insofern jegliches materiale ‚Zusammenstimmen' von unserer, des Subjekts Fähigkeit logisch abhängt, diese Zusammenhänge zu konstatieren. Die Folge dessen ist, daß bei Kant radikalerweise schließlich die „Erkenntniskräfte" zusammenstimmen werden statt ihrer

[163] „Klar" und „deutlich" sind heute bekanntlich alltagssprachlich nahezu synomym.

[164] Vgl. unten Kap. 4.3.2.

[165] *Meditationes* § 92, in Paetzolds etwas doppeldeutiger Übersetzung: „verworrenes Urteil über die Vollkommenheit der Sinne", womit die Vollkommenheit des sinnlich erschlossenen Gegenstands gemeint ist.

[166] Vgl. etwa Immanuel Kant, *Kritik der Urteilskraft*, §§ 9 und 21; vgl. ferner unten Kap. 4.3.2.

Inhalte (und zwar die in ihren Aktionen *konkurrierenden* Erkenntniskräfte Einbildungskraft und Verstand). Zugleich jedoch ist evident, daß Kants Verbindung von Schönheit und Stimmen/Passen, samt dessen Erkenntnis- und Genie-theoretischer Ausrichtung ihre nicht wegzudenkende Quelle in Baumgarten hat.

Letzterer unterscheidet sich in einer zweiten bemerkenswerten Hinsicht von dem, was wir von Kant kennen. Hören wir den Originaltext:

> „Je mehr als zusammenstimmend oder als widerstreitend bemerkt wird, um so größer ist die Unlust oder um so intensiver die Lust. Nun ist jedes Sinnesurteil verworren. ... Wenn also das Urteil A feststellt, daß mehr übereinstimmt oder sich widerstreitet, als das Urteil B, so wird es extensiv klarer ... als B, folglich poetischer sein. ... Also ist es sehr poetisch, den Ohren [respektive den Sinnen allgemein[167]] höchste Lust oder höchste Unlust zu verschaffen."[168]

„Oder höchste Unlust". Die Bemerkungen sind neutral gegenüber einer entscheidenden Frage: ob zwischen Lust und Unlust zu *wählen* ist, wenn auf „poetische" Rede abgesehen wird.[169] Poetisch scheint hier beides. Zusammenstimmung wie Widerstreit: Hauptsache „extensiv" – Lust oder Unlust: Hauptsache „intensiv". Ursprünglich hat also beides seinen steigernden Effekt auf Affekt und Grad des Poetischen. Dies hat System und Methode – eine Methode, welche direkt zum Aspekt des Schöpferischen führt.[170] (Und nebenbei liegt hier auch eine Wurzel für eine zwanglos anschließbare „Ästhetik des Häßlichen".)

Zusammenstimmen und Widerstreit (und damit in gewisser Hinsicht auch Lust und Unlust) sind nämlich nicht alternativ, sondern *in ihrem Verhältnis zueinander* von entscheidend für Baumgartens Qualifizierung der poetischen Darstellung „philosophischer oder allgemeiner Gegenstände".[171] Dies zeigt sich etwa, wenn er die Rolle des „Ungewohnten", der „Verwunderung" [admiratio], des Außerordentlichen und „relativ Unfaßbaren" betont.[172] Derlei Aufmerksamkeit- und Verständnis-steigernden Elemente verlangen einer-

---

167 Zusatz S. M.

168 Baumgarten, *Meditationes*, § 94 (71), kursive Hvh. S. M. – Bereits in § 27 hatte er vergleichbare Neutralität geübt bezüglich der *Qualität* der Affekte (Lust *oder* Unlust) zugunsten ihrer *Quantität*, Intensität: „Was für uns *entweder als das Schlechteste oder als das Beste* verworren vorgestellt wird, wird extensiv klarer vorgestellt, als wenn es als weniger Gutes oder weniger Schlechtes vorgestellt würde." (Hvh. S. M.) Vgl. auch § 25, wo Affekte als „Stufen der Lust und Unlust" dargestellt sind. Auffallend ist, wie hier wieder die Anzahl der Bestimmungen mit der Intensität der Lust oder Unlust korreliert, es geht also immer um so etwas wie Fülle (und, modern gesprochen, eine Annäherung an ‚Dichte').

169 Erst in § 96 wird hier eine Einschränkung vorgenommen. Da Unlust zum Abbruch der Aufmerksamkeit des Aufnehmenden führe, womit das Gedicht seinen Zweck verfehle, sei es also „poetisch, den Ohren die höchste Lust zu erzeugen". Vgl. dazu auch *Aesthetica* § 564: „Der Ästhetiker freut sich innerhalb seines Horizontes an seinem unübersehbaren Reichtum, an dem Chaos und dem Stoff." Dies entspricht einer Weichenstellung beim späten Kant: auch bei ihm wird das Nicht-Zusammenstimmen ein systematisch zentrales Fortleben haben, in einer Theorie des Erhabenen, das dem Urteil des Schönen in der *Kritik der Urteilskraft* komplementär beigesellt wird.

170 Hier, in der Unlust, artikuliert sich andererseits ein Element, das in Kants Charakterisierung des „Erhabenen" in der *Kritik der Urteilskraft* eingegangen sein mag.

171 Baumgarten, *Meditationes*, § 58.

172 Vgl. Baumgarten, *Meditationes*, § 43 ff.; lat: „non usitata, admiratio, extraordinaria. inconceptibile relativum." – Johann Jakob Bodmers hier einschlägige *Critische Abhandlung von dem Wunderba-*

seits die darstellerische Technik, „Unbekanntes mit Bekanntem passend zu mischen“[173]: also keineswegs rein auf Neues zu setzen; dies wäre unpoetisch. (Dies entspricht auch dem logisch wie neurophysiologisch bestätigten „Gesetz“, demzufolge „Kreatives“ immer als Kombination aus alt und neu entsteht, ohne Präsenz des Alten könnte sich die Überraschung als Novum nicht artikulieren.) Die Elemente von Zusammenstimmen und Widerstreit drücken sich hier nicht nur als Bekanntheit und Überraschung aus, sondern auch als Abgleich mit dem „Gewohnten“, als Basis jedes partiellen Bruchs. Das Neue ist nie alleine zu denken, sondern verhält sich relational zu demjenigen, in Bezug auf welches es neu ist, es ist, wie oben dargelegt, ein relationales und in diesem Sinne „negatives“ Konzept.[174]

Ferner wird in einer zweiten Argumentation der schöpferischen Freiheit des „poetisch“ Tätigen eine Grenze oder besser, eine Ausrichtung gewiesen: hinsichtlich des notwendigen Abgleichs mit möglichen Welten. Es geht dabei um jene Darstellungen, die Frucht von *phantasmata* sind. Wir erkennen hier Aristoteles’ oben vorgestellte und diskutierte[175] Definition wieder, wenn Baumgarten Phantasmata als „reproduzierte Sinnesvorstellungen“ beschreibt, „wiedererschaffene Bilder ... von sinnlichen Dingen, die [früher] von den Sinnen aufgenommen worden sind“.[176] Die dieser „facultas imaginandi“[177] entsprungenen poetischen Produkte sind nun entweder in der realen Welt *möglich*, dann sind sie „wahre Erdichtungen“, oder in ihr unmöglich. In letzterem Fall sind „heteroskopisch“, sofern sie nur in der bestehenden Welt unmöglich sind. Sind sie „in allen möglichen Welten“ undenkbar, so sind sie „utopisch“.[178] Nur wahre einerseits oder heterokosmische Vorstellungen andererseits gelten als poetisch.[179] Das heißt: ohne eine bestimmte Verbindung zur Realität bzw. Wahrheit ist selbst das „Ungewohnte“, das „nicht früher Gehörte“[180] ohne alles poetische Interesse – da von keinerlei kognitivem Aufschluß.

Auch in dieser Hinsicht hat sich im Überraschenden oder Unerwarteten grundsätzlich „Unbekanntes mit Bekanntem“ zu mischen. Nur in ihrer Verbindung mit zumindest potentieller Realität ist das „Unerwartete“ von poetischer Relevanz (wie sich gerade an anspruchsvoller Science-Fiction-Literatur von Stanislav Lem bis Thomas Pynchon sofort ablesen läßt). Der Dichter ist Schöpfer, dessen Schöpfung „gleichsam eine Welt sein“ muß, die gerade darin von Interesse ist, daß aus ihr „in Analogie“ etwas „von der Welt durch die Philosophen“ ableitbar ist.[181]

---

ren in der Poesie und dessen Verbindung mit dem Wahrscheinlichen erschien fünf Jahre später, also 1740.

[173] Baumgarten, *Meditationes*, § 48, vgl. 47.

[174] Vgl. oben Kapitel 1.2.

[175] Vgl. oben Kapitel 3.3.

[176] Baumgarten, *Meditationes*, § 28, Zusatz S. M.

[177] Ebd.

[178] Ebd., § 52; zum poetisch-fiktiven Welten-Erschaffen vgl. ausführlicher Franke, *Kunst als Erkenntnis*, 95–98.

[179] Ebd., § 53.

[180] Ebd., § 45, S, 39.

[181] Ebd., § 68 (57). Vgl. § 41.

Im Zusammenhang mit dieser Baumgartenschen Absicht, den *Erkenntnischarakter* der „Erdichtungen" zu belegen, steht eine methodologische Beobachtung, der wir in anderer Form schon bei Wolff begegnet waren.

> „Jeder Eintritt des Unerwarteten hat seinen Grund, aber er war vorher unbekannt."[182]

Das Unerwartete und darin „Wunderbare" ist von Interesse nicht trotz, sondern wegen seiner Abweichung vom Realen oder Erwartbaren: da es *in* dieser Abweichung Informationen beinhaltet (die bislang Unbekanntes über die eigene Welt mitteilen). Den dahinterstehenden Gedanken hat Peirce später unter Berufung auf Aristoteles mit dem Begriff der „Abduktion" systematisiert.

> „Die überraschende Tatsache C wird beobachtet; doch wenn A wahr wäre, würde C eine Selbstverständlichkeit sein: folglich besteht Grund zu vermuten, daß A wahr ist." [183]

In jedem Fall wird hier das unerwartete Einzelereignis als Quelle neuer Erkenntnisse gewertet: mit einem Rückschluß auf noch un-entdeckte allgemeine Gesetze. Diese abduktive Figur steckt schon in dem alten, von Baumgarten hier ebenfalls verwendeten Begriff „admiratio": der Verwunderung als Samen bzw. Quelle der Wissenschaft, von Francis Bacon, einem weiteren Theoretiker der „ars inveniendi" auch als „Samen der Wissenschaft", „semen scientiae"[184] bezeichnet. Die abduktive, oder, dem damaligen Terminus eher entsprechend, induktive Figur beinhaltet, daß das Einzelding, das Individuum für die Erkenntnis des Allgemeinen unverzichtbares Potential aufweist. Aus dem einzelnen Unerwarteten lassen sich per Analogie mit bekannten Kausalitäten unbekannte Gesetze erschließen, eben dies ist auch der Sinn des „Beispiels"[185], dem Baumgarten große theoretische Aufmerksamkeit widmet. So ist ein Einzelfall „extensiv klarer" als Oberbegriffe, weil er mehr einzelne Merkmale enthält – ein Umstand, der auch für das Verhältnis von Unter- zu Oberbegriffen gilt!

> „Weil spezifische Bestimmungen, die zur Gattung hinzutreten, die Art ergeben und weil die niedrigere Gattung erst dann entsteht, wenn man zur höheren Gattung generische Bestimmungen *hinzufügt*, deshalb sind die Vorstellungen der niedrigeren Gattung und der Art poetischer als die … der höheren Gattung." [186]

An dieser kognitiven Bevorzugung der Unterbegriffe mit Tendenz hin zum Einzelfall zeigt sich zunächst eher beiläufig Baumgartens revolutionäre Umdeutung der Perspektive. Denken wir an die Aufstiegsmetapher von Leibniz: das Klare und Distinkte entwickelte sich aus dem Dunkeln und Verworrenen wie Phönix aus der Asche. Der entsprechende Prozeß wurde dort beschrieben als *Gewinn*: an Deutlichkeit/Distinktheit und Klarheit. Bei Baumgarten ist dieselbe Bewegung beschrieben als *Verlust*: Wenn die Bewegung nach unten, hin zu feinerer Auflösung der repraesentatio (bis hin zum Einzelfall des Einzeldings) im *Hinzufügen* von Eigenschaften besteht, dann ist der Aufstieg komplementär der Akt des Wegnehmens bzw. Abstrahierens von Einzelbestimmungen (die Erkenntnisausrichtung

---

182 Ebd., § 59.

183 Charles Sanders Peirce, Collected Papers 5, S. 189.

184 Zitiert nach Artikel „admiratio", in Rudolf Eisler, *Wörterbuch philosophischer Begriffe*

185 Vgl zum „Beispiel" *Meditationes* § 21, sowie 20.

186 Ebd., § 20, Hvh. S. M.

‚auf Lücke'). Man kann sich ersteren Akt des Hinzufügens von Eigenschaften im „poetischen" Gang zu niedrigeren Vorstellungen vorstellen wie das Aufsetzen schärferer Brillen: je „niederer" die (begriffliche) Gattung, die man examiniert, desto umfassender alias ‚extensiv klarer', ‚feinkörniger' die Bestimmungen, die man gewinnt.[187]

Baeumler nennt diese Logik der Induktion und Analogie eine „Logik des Individuellen": eine „nicht zum obersten Gattungsbegriff aufsteigende, sondern ... zum untersten Artbegriff absteigende Begriffsbildung".[188] Diese, mit Hogrebe gesprochen, „Erweiterung der Erkenntnistheorie nach unten"[189] artikuliert eine charakteristische und in dieser Charakterisierung wieder paradoxale Gegenläufigkeit. Wo das Verallgemeinernde des Begriffs, also das Unterschiede-*Zusammenfassende* im Ergebnis *scheidet*, Grenzen setzt, *verbindet* das *Individuelle* auf der andern Seite „zur größtmöglichen Kompossibilität".[190] Das *Zusammenfassende scheidet* – das *Einzelne verbindet*: diese Gegenläufigkeit gilt es aufzuklären. Sie hängt damit zusammen, daß das Grundprinzip des Begriffs die Negation ist: das Ausscheiden dessen, was nicht unter ihn fällt. Mit dem Auftreten der Begriffe treten auch immer Zeichen für „nein", für „nicht" und damit Oppositionen ins Spiel. Die Negation ist Beiprodukt des Diskursiven, des Gliedernden und Reihenden;[191] das Individuelle (und darin Analoge) hingegen besitzt keine Negation, in ihm ist „alles zugleich da", was bedeutet, daß dieses Zugleich in eine „Kompossibilität", in einen Zusammenhang, Kohärenz gezwungen wird.

Nun gilt natürlich gerade begriffliches Abstrahieren als fundamentales Erkenntnismittel; in Baumgartens, zur rationalistischen Erkenntnistheorie gegenläufigen Bewegung artikuliert sich das beschriebene Paradox des Genauen. Wie kann man beide Seiten miteinander verbinden? Nicht zuletzt so, daß das Eine auf dem Anderen aufbaut. Die exploratorische Phase einer Erkenntnissuche zielt auf Präzision im Konkreten und benötigt Einzelfälle. Die konfirmatorische Phase, in der aus dem Erworbenen Lehrsätze, Gesetze und Prognosen werden, zielt auf Präzision hinsichtlich Abstrahierbarkeit und benötigt

---

187 Allerdings verliert man, anders als bei den Brillen und eher wie in einem Zoom, dafür komplementär an Ausdehnung, Extension.

188 Alfred Baeumler, *Das Irrationalitätsproblem in der Ästhetik und Logik des 18. Jahrhunderts bis zur Kritik der Urteilskraft*, S. 212.

189 Wolfram Hogrebe, *Metaphysik und Mantik*, S. 66 – „Erkenntnistheorie ohne Erkenntnis" lautet kongenial das entsprechende Kapitel.

190 Hans Feger, „Logik ohne Dornen", Zum Zusammenhang von wissenschaftlicher Methode und sinnlicher Erkenntnis im 17. und 18. Jahrhundert, S. 261. Feger weiter: „Die Mitteilbarkeit (enuntiatio) dessen, was durch den Begriff nicht mitgeteilt werden kann, wird mit Baumgartens Aesthetica zur Aufgabe der Kunst. Ihre individualisierende Begriffsbildung kompensiert die generalisierende Begriffsbildung der Logik. Der Verstand, der mit der Distinktheit seiner Termini arbeiten muß, um sich nicht selbst aufzuheben, erhält mit dem Koinzidenzgedanken der sinnlichen Erkenntnis, die allein zusammenhalten kann, was der Verstand in Gegensätze auseinanderreißt, einen methodischen Ausgleich bei der Erkenntnis der Welt." Ebd., S. 262.

191 Damit liegt im Zusammenhang der Begriffe eine Negation in zwei Dimensionen vor: einerseits implizieren Begriffe immer eine Bestimmung dessen, was *nicht* unter sie fällt, andererseits implizieren sie in ihrem Zwang zur Ordnung (Gliederung und Reihung) eine Entscheidung darüber, was noch nicht jetzt, sondern erst gleich gesagt wird (eine Entscheidung über die temporale Reihenfolge). Der Preis des Gewinns der Begriffe ist, daß man nicht alles zugleich sagen kann und statt der simultanen Schau auf die sukzessive Reihung angewiesen ist.

Generalisierung: sie sucht Fixierung und Abtransport des kognitiv Erworbenen auf andere Fälle.[192] Das Verhältnis von ehemals „niederen" und „höheren" Erkenntniskräften wird hier also dynamisiert, in einer Weise, die sich oben bereits vorbereitet hatte: in der Diagnose der Kreisförmigkeit von Leibniz' Stufenmetapher der Erkenntnis. Diese Entwicklung spiegelt sich darin, daß das Verhältnis der Erkenntniskräfte bei Kant zunächst als Symbiose des diametral Entgegengesetzten auftritt (die strikte Trennung von Anschauung und Begriff bei gleichzeitiger Interaktion in der *Kritik der reinen Vernunft*[193]) und später dynamischer und oszillierender an einen Tanz gemahnt („harmonische Proportioniertheit", „freies Spiel" der Erkenntniskräfte in der *Kritik der Urteilskraft*).[194]

Die beiden hier herausgearbeiteten Formen der Deutlichkeit, die als „Determiniertheit" und „Distinktheit" miteinander konkurrieren, versucht Baumgarten später in der 1750/58 erschienenen *Aesthetica* als Differenz von „*materialer Vollkommenheit*" und „*formaler Vollkommenheit*" zu präzisieren. Das Determinierte (bzw. in modernerer Terminologie „Dichte", „Volle" oder „Analoge") versucht, „die Objekte einer *möglichst bis ins Einzelne bestimmten* metaphysischen Wahrheit zu erfassen"[195], während demgegenüber die *formale*, also abstrahierte Vollkommenheit „logische Wahrheit" verlangt: eine formal überzeugende, d. h. vor allem an logischer Präzision (Distinktheit) ausgerichtete Erkenntnis.[196] Sie geschieht „mit Hilfe genauer wissenschaftlicher Methoden"[197], ist „den Gegenständen methodischen Denkens und wissenschaftlicher Darstellung"[198] gewidmet, stellt „eine durchaus vollkommene, oft schöne und auch *im engern Sinne logische Wahrheit*" dar[199] und leistet dies in Gestalt möglichst deutlich und vollständig bestimmender Allgemeinbegriffe.[200]

Auf diese Analyse der *Aesthetica* läßt Baumgarten unmittelbar eine Diagnose folgen, die die Andeutungen des 21jährigen in den *Meditationes* nun, fünfzehn Jahre später, klar artikuliert. Ihm stellt sich die Frage, ob in Bezug auf das bevorzugte Erkenntnisinstrument, den *Allgemeinbegriff*,

> „die metaphysische Wahrheit diesem Allgemeinbegriff äquivalent sei, so wie sie dem individuellen Gegenstand entspricht, der in dem Allgemeinbegriff enthalten ist."

Und er antwortet mit ungewöhnlicher Radikalität:

> „Ich wenigstens glaube, es müßte den Philosophen völlig klar sein, daß nur mit einem großen und bedeutenden Verlust an materialer Vollkommenheit all das hat erkauft werden können, was in der Erkenntnis und in der logischen Wahrheit an besonderer formaler Vollkommenheit enthalten ist. *Denn was bedeutet die Abstraktion anderes als einen Verlust*"?[201]

---

192 Vgl. hierzu auch Baumgarten, *Aesthetica* § 570.

193 „Der Verstand vermag nichts anzuschauen, und die Sinne nichts zu denken. Nur dadurch, daß sie sich vereinigen, kann Erkenntnis entspringen.", Kant, *Kritik der reinen Vernunft*, B 75

194 Vgl. dazu unten Kap. 4.3.3.

195 *Aesthetica* § 561

196 Baumgarten definiert die „formale Vollkommenheit" in *Aesthetica* § 560 (vgl. § 562).

197 *Aesthetica* § 562

198 *Aesthetica* § 560

199 Ebd., Hvh. S. M.

200 Ebd., Hvh. S. M.

201 Ebd.

Zu dieser unverblümten Aussage hätte sich Baumgarten 1735 noch nicht hinreißen lassen, doch der Sache nach war der Gedanke da. „Materiale Vollkommenheit“ wird zu „logischer Vollkommenheit“ in eine seriöse Konkurrenz versetzt, die nur an der Oberfläche mit dem Hinweis auf unterschiedliche Erkenntnisdomänen befriedet wird.[202] Letztlich sind materiale wie formale Wahrheit gleichermaßen auf „metaphysische Wahrheit“ ausgerichtet; der Erkenntnis-Suchende „wagt es … in Rücksicht auf die materiale Vollkommenheit der Wahrheit nicht, dasjenige zu vernachlässigen, was viel *ins Einzelne* gehende *metaphysische* Wahrheit enthält.“[203] Neben der formalen Begründung für eine Integration der *cognitio sensitiva* gibt es also auch eine inhaltliche. Die „unteren Erkenntniskräfte“ erfassen und beinhalten mehr von jenem Material, aus dem die „metaphysische Wahrheit“ sich zusammensetzt, als es die Abstraktionen tun:

> „In einem Gegenstand der allgemeinen Wahrheit wird nie so viel metaphysische Wahrheit angetroffen wie in einem Gegenstand der individuellen Wahrheit, vor allem im Bereich sinnlicher Erfahrung. Und je allgemeiner die … Wahrheit ist, desto weniger metaphysische Wahrheit enthält ihr Gegenstand, *und zwar in jedem Falle*, vor allem aber im Bereich des der Vernunft analogen Denkens [analogon rationis].“[204]

‚Und zwar in jedem Falle‘ heißt nun in der Tat: auch im Falle des wissenschaftlichen Denkens, auch beim *oberen* Erkenntnisvermögen; nicht nur im *Analogon* der Ratio, sondern vor allem auch in dieser selbst. Damit sind wir bei jenem Sachverhalt angelangt, der sich anläßlich der Rekonstruktion von Leibniz’ Theorie als implizite Kreisfigur dargestellt hatte und nun bei Baumgarten zu einer Umstrukturierung des traditionellen epistemischen Modells führt. „Metaphysische Wahrheit“ bedeutet hier schlicht „objektive Wahrheit“[205], auch materiale Wahrheit („veritas metaphysica, realis, materialis“[206]), und diese ist gemeinsames Erkenntnisziel der ästhetischen wie der wissenschaftlich-logischen Erkenntnisbemühungen.[207] Wenn metaphysische Wahrheit also die Wahrheit dessen ist, was *ist*, dann sind ihr im Widerstreit der Ideale von materialer und formaler Vollkommenheit jene Erkenntnisformen angemessener, die inhaltlich *reicher*, nicht die, die *abstrakter*

---

202 Vgl. etwa *Aesthetica* § 570. „Metaphysische Wahrheit“ wiederum ist zugleich „materiale“ Wahrheit: „Die metaphysische Wahrheit („veritas metaphysica, realis, materialis“) ist die Uebereinstimmung eines Dinges mit den allgemeinen Erkenntnißgründen.“ § 68 der *Metaphysica* (zitiert nach der deutschen Ausgabe, übers. v. Georg Friedrich Meier).

203 *Aesthetica* § 563, Hvh. S. M. Aufgrund dieser gemeinsamen Ausrichtung beider spricht Baumgarten auch teilweise von „ästhetikologischer Wahrheit“ als beider Vermittlung, ohne diesen Begriff ob seiner systematischen Inkonsistenz lange durchzuhalten; vgl. etwa *Aesthetica* § 440, §§ 561 f. Zum Begriff der ästhetikologischen Wahrheit bei Baumgarten vgl. auch Hans Rudolf Schweizer, *Ästhetik als Philosophie der sinnlichen Erkenntnis. Eine Interpretation der Aesthetica A. G. Baumgartens mit teilweiser Wiedergabe des lateinischen Textes und deutscher Übersetzung*, S. 40 ff.

204 *Aesthetica* § 440.

205 Vgl. *Aesthetica* § 424.

206 Vgl. *Metaphysica* § 68.

207 Vgl. auch *Aesthetica* § 561.Vgl. ferner zu diesem Punkt und näher zur Interaktion der unterschiedlichen Wahrheitsbegriffe auch Dagmar Mirbach, „Einführung“ zu: *Alexander Gottlieb Baumgarten, Ästhetik*, S. XLVII ff.

operieren.[208] „Reichtum" versus „Deutlichkeit" heißen die Gegenspieler in anderen Worten, sodaß ihr Verhältnis laut Baumgarten dem „Prinzip" folgt, daß

> „der Ästhetiker, der sich um die höchste Wahrheit bemüht ..., den allgemeineren, den abstraktesten und umfassendsten Wahrheiten die bestimmteren, weniger allgemeinen, weniger abstrakten ... so weit wie möglich vorzieht. In dieselbe Richtung wird er durch das *Prinzip des Reichtums* [ubertas] geführt, denn je bestimmter [determinantum] ein Gegenstand ist, den man vor sich hat, desto mehr Unterschiede [differentias] und daher auch mehr Merkmale kann man in das ... Denken über ihn mit einbeziehen."[209]

Materiale Vollkommenheit wird also gegen formale Vollkommenheit ausgespielt[210], Merkmals-Reichtum (ubertas) gegen Deutlichkeit (Distinktheit der Merkmale). Die alte Hierarchie steht nicht mehr unhinterfragt fest. Beide werden in Baumgartens Werk durchgehend zumindest dergestalt parallelisiert, daß er offiziell eine Gleichberechtigung behaupten kann. Inoffiziell wird stärker noch eine *Um*-Wertung der kognitiven Werte eingeleitet. Mit dieser Bewegung greift Baumgarten einerseits hinter Wolff zurück auf Leibniz und dessen Lehre von den „petites perceptions". Dieser hatte den Prozeß der Aufwertung des kognitiven ‚Feinstaubs' des „Verworrenen" angestoßen, ohne ihn deswegen schon zu vollziehen.[211] Andererseits ist spätestens von nun an der Alleinherrschaft des cartesianischen Erkenntnisideals des Klaren und Distinkten offiziell ein Konkurrent erwachsen, – woraus später Kant entscheidende Konsequenzen ziehen wird. Das Ineinanderspiel dieser beiden Seiten (statt einer Hierarchie) wird im folgenden nicht mehr enden, und es bildet eine weitere Gestalt des „Paradoxes des Präzisen". Es beinhaltet, daß es die „metaphysische Wahrheit" ist – ursprünglich die Domäne *jenseits* sinnlicher Erkenntnisreichweite – in deren Namen nun die Aufwertung jenes Materials geschieht, das von der sinnlichen Erkenntnis bzw. den niederen Erkenntniskräften beigebracht wird. Gerade die metaphysische Wahrheit wird hier zum Advokaten, zum Argument der Sinnlichkeit.

Baumgartens Vorgehen hat hier also durchaus zwei Gesichter; er argumentiert über weite Strecken strategisch. Seine offizielle Legitimation, die „Ästhetik" als gleichberechtigt neben der „Logik" anzusiedeln, lautet: „Wir wissen ..., daß die sinnliche Erkenntnis der Grund der deutlichen ist, soll also der ganze Verstand gebessert werden, so muß die Ästhetik der Logik zu Hilfe kommen."[212] Mit dieser Sicht auf das Ästhetische als „Grund", Basis, als durch Abstraktion trockenzulegender Sumpf hin zum Deutlichen ist Baumgarten im Einklang mit der Tradition. Im Ergebnis enthalten seine Überlegungen jedoch ein anderes Modell: das Ästhetische ist nicht *Grund* des Deutlichen, sondern in der konkreten Erkenntnisarbeit dessen *Konkurrent*.[213] Diese Verhältnisse sind solche der

---

208 Zum Wahrheitsbegriff bei Baumgarten und speziell der „metaphysischen Wahrheit" in ihrem Verhältnis zu subjektiver, objektiver, ästhetischer, logischer und „ästhetikologischer" vgl. *Aesthetica* §§ 423 – 444, ferner Horst Michael Schmidt, *Sinnlichkeit und Verstand*, S. 184 ff.

209 *Aesthetica* § 440. Hvh. S. M.

210 Vgl. *Aesthetica* § 558.

211 Vgl. oben Kap. 4.1. Vgl. ferner Heinz Paetzold, *Ästhetik des deutschen Idealismus*, Wiesbaden 1983, S. 10.

212 *Kollegium über die Ästhetik* § 1, S. 66.

213 Vgl. *Aesthetica* § 558.

logischen Inkompatibilität[214], und Kant wird die Anerkennung dieser Inkompatibilität in der *Kritik der reinen Vernunft* artikulieren und ihre Konsequenzen in der *Kritik der Urteilskraft* vollziehen.

Rekapitulieren wir: Die Ausrufung der Ästhetik als gleichberechtigte Erkenntnisdisziplin neben der Logik (als „ars inveniendi", die als eine Induktionskunst gedacht wird, als Schluß vom konkreten Einzelfall auf das Allgemeine) ist die Frucht zweier Formen des Ringens um Präzision, um Erkenntniszuwachs, die sich in beständiger Konkurrenz zu einander befinden. Der These dieser Arbeit zufolge speisen sich Baumgartens Aktivitäten damit direkt aus jener Spannung, die wir hier als „Grundidee" vorgestellt hatten. Dies geschieht durch das Zusammenwirken mehrerer Einflüsse. Sie liegen unter anderem darin, daß sich das logische Problem, das bei Leibniz im Umgang mit ‚Gottes Erkenntnis' deutlich wurde (die als *schauend*, nicht aber *denkend* eine gefährliche Nähe von unterster und höchster Erkenntnisstufe, des Prä- und Post-Humanen suggerierte: eine Kreisfigur), in dem durch Wolffs dogmatische Schule gegangenen Geist des 20jährigen Baumgarten deutlicher als bisher artikuliert. Baumgarten skaliert die Erkenntnis für ein menschliches Maß: wie sich auch an der *Säkularisierung* des Konzeptes der „metaphysischen Wahrheit" zeigt.

Insgesamt finden wir in Baumgarten drei Figuren, zwischen denen seine Darstellung auf den verschiedenen Ebenen der Argumentation oszilliert. Die Leibniz'sche: das Logische geht aus dem Ästhetischen hervor, indem es es überwindet. Deren Umkehrung im Sinne von Um*wertung*: das Logische geht nicht aus dem Ästhetischen hervor, indem es es überwindet, sondern es basiert auf dem Ästhetischen als dessen Grund und ist von ihm, seiner materialen Fülle, im Abbilden der „metaphysischen Wahrheit"abhängig. Keine Seite läßt sich auf die andere reduzieren oder steht hierarchisch höher[215], sondern auszugehen ist von einer Symmetrie, einer *Gleichberechtigung heterogener* Fakultäten. Baumgarten favorisiert die dritte Variante, auch wenn er sie immer wieder durch Anklänge an die erste oder zweite Position tarnt. Er versetzt damit einer überkommenen, von Descartes codifizierten Erkenntnis-Konzeption den Todesstoß – indem er sie als Letzter noch einmal ausführlich diskutiert.

---

[214] Vgl. *Aesthetica* § 560. Vgl. zu dieser Einschätzung als „incompatibily of the rational and aesthetic realms" auch Dabney Townsend, „Baumgarten, Alexander Gottlieb", S. 671.

[215] Vgl. hierzu auch Dagmar Mirbach, „Einführung", S. XL.

4.3 Die Horizontalisierung der „Erkenntniskräfte" und ihre notwendige Ergänzung um eine Kreativitätstheorie: Immanuel Kant

4.3.1 Vorbemerkung: Zu Kants architektonisch-logischem Umsturz des Erkenntnisgebäudes

Für die Entwicklung der Erkenntnis- und Kreativitätstheorie der Gegenwart ist Kant eine Schlüsselfigur. Dies zeigt sich deutlich vor dem Hintergrund der Überlegungen jener Philosophen, die Kant beerbte: speziell dann, wenn man die Kontinuität zur Antike nicht aus den Augen verliert. Dies versuchten die vorangestellten Ausführungen vorzubereiten. Sie präsentierten die kontinuierliche Erkenntnisleiter bei Leibniz sowie die Rationalismuskritik inbesondere seines Nachfolgers Baumgarten, welcher jener Hierarchie, die Leibniz' Kontinuum implizierte, sukzessive die Grundlage entzog (darunter der Auftrennung in „untere" und „obere" Erkenntniskräfte, also in inferiore Sinnlichkeit und superioren Verstand).

Inwiefern Erkenntnistheorie auch eine Kreativitätstheorie impliziert, läßt sich vielleicht bei keinem Denker so klar studieren wie bei Kant, gerade wenn man die Entwicklung zwischen *Kritik der reinen Vernunft* und der *Kritik der Urteilskraft* studiert: eine Entwicklung, an der die für den hier verfolgten Argumentationsgang entscheidenden Ereignisse deutlich zu verfolgen sind. Mit Kants „Umsturz" des Erkenntniskonzepts von der vertikalen Leiter zum horizontalen Symmetrie-Modell der zwei Erkenntnis-Quellen oder -Stämme, sind moderne Konzeptionen vorbereitet, wie sie sich heute im Gefolge der Informations-, Kommunikations- und Medientheorien finden.[216]

Vor allem aber ist mit dieser Entwicklung die Bedingung der dieser Studie zugrundeliegenden systematischen Figur zur Genese und Möglichkeit von Kreativität architektonisch eingeführt worden, nämlich die Gleichzeitigkeit und Konfrontation zweier inkommensurabler Denkformen. Wie, wird hier zu zeigen sein. In der Zeit vor Kant fehlte die Möglichkeit, die beiden Seiten in dieser Form aufeinander zu beziehen, weil sie als Kontinuum aufgefaßt wurden. Damit stellt sich das Problem bzw. die Frage in gewisser Weise nicht, dessen Lösung oder Antwort hier die Herausbildung kreativer Leistungen ist, bzw. genauer, deren *Unvermeidbarkeit*. Daß Kant die beide Seiten einerseits radikal auseinanderreißt und andererseits doch in intimer Verschränkung halten will, hält sein Oeuvre zeitlebens in einer letztlich unaufgelösten Spannung, deren Geschichte und Austragungsformen hier in Auszügen nachgezeichnet wird.

Als Kant mit der *Kritik der reinen Vernunft* die Bühne der Öffentlichkeit betritt, hat er hinter den Kulissen bereits einen radikalen Bruch mit der epistemischen Tradition vollzogen. Schon im allerersten Satz des Buches – ohne die Einleitungen und Vorreden gerechnet – wird dieser implizit eine Absage erteilt. Der erste Satz des Buches lautet:

> „Auf welche Art und durch welche Mittel sich auch immer eine Erkenntnis auf Gegenstände beziehen mag, so ist doch diejenige, wodurch sie sich auf dieselbe unmittelbar bezieht, und *worauf alles Denken als Mittel abzweckt, die Anschauung*."[217]

---

[216] Vgl. hierzu unten Kap. 5.

[217] *Kritik der reinen Vernunft*, A 19 B 33, S. 63, Hvh. S. M.

Dies beinhaltet eine schlagartige Umkehrung der Traditionslage. Man könnte Leibniz' Position demgegenüber geradezu umgekehrt formulieren. Bei ihm ‚zweckte' sozusagen in der menschlichen kognitiven Aktivität alle Anschauung schließlich auf Denken ab. Die „obskure" und „konfuse" Anschauung sollte durch wachsende Klarheit und Distinktheit in die völlige Transparenz der begrifflich bestimmten Erkenntnis überführt werden.[218] Der Erkenntnisprozeß war eine Art Begriffsdrainage: Aufstieg aus dem dunkel-konfusen Sumpf der Sinnlichkeit durch begriffliches Trockenlegen in das „klare und deutliche" Format der begrifflich und algorithmisch wohlbestimmten *cognitiones*. In gewisser Weise hat Kant Leibniz damit auf den Kopf gestellt, oder zumindest um 90 Grad gedreht; und das Vorangegangene zeigte, daß und inwiefern dieser radikale „Befreiungs"-„Schlag" die Vorarbeit Christian Wolffs und Alexander Gottlieb Baumgartens zur Voraussetzung hatte. Diese hatten das von Leibniz aufgegriffene Descartes'sche Kriterium der „Distinktheit", Deutlichkeit als Kriterium der Wahrheit und Erkenntnis fortentwickelt, wobei Wolff sich wesentlich mit dem Aspekt der Logik und der Definition der Begriffe beschäftigt hatte, während Baumgarten den komplementären Anteil aufgriff, die Aisthesis oder sinnliche Anschauung: als ebenfalls einer Deutlichkeit fähig, ebenfalls einen Erkenntnisbestandteil darstellend und folglich einer eigenen Disziplin und eigener wissenschaftlichen Würden bedürfend.[219]

Kant hatte die „Metaphysica" des nur zehn Jahre älteren Baumgarten zwei Jahrzehnte lang zur Grundlage seiner Vorlesungen gemacht, und er radikalisierte Baumgartens ‚halbe Sache', den Anspruch, die sinnliche Wahrnehmung gegenüber der Logik aufzuwerten, einerseits zur ganzen, indem er sie als gleichberechtigt innerhalb der Erkenntnis ansiedelte und ihr Verhältnis damit ent-hierarchisierte. Er befestigte deren Differenz andererseits umso deutlicher, insofern er Sinnlichkeit und Verstand innerhalb der Erkenntnis voneinander separierte: als zwei grund-unterschiedlichen Stämmen entspringend. So zieht die Polemik gegen das Konzept der „Leibniz-Wolffschen Schule" sich als ein Zentralmotiv durch die *Kritik der reinen Vernunft*. Kant:

> „Die Leibniz Wolfsche Philosophie hat daher allen Untersuchungen über die Natur und den Ursprung unserer Erkenntnisse einen ganz unrechten Gesichtspunkt angewiesen, indem sie den Unterschied der Sinnlichkeit vom Intellektuellen bloß als logisch betrachtete [‚logisch' hinsichtlich der Deutlichkeit oder Verworrenheit, S. M.], da er offenbar transzendental ist, und nicht bloß die Form der Deutlichkeit oder Undeutlichkeit, sondern den Ursprung und den Inhalt desselben betrifft, sodaß wir durch die erstere die Beschaffenheit der Dinge an sich selbst nicht bloß undeutlich, sondern gar nicht erkennen".[220]

Man höre die leicht vibrierende Ironie an der Stelle; die Betonung liegt auf „an sich selbst": so gesehen erkennen wir nicht nur sinnlich, sondern auch intellektuell „gar nicht". Kant kritisiert die strukturell-syntaktische („logische") Unterscheidung zwischen Sinnlichkeit und Intellektuellem (unterschiedlich ‚Deutlichkeits-fähig') und scheidet sie stattdessen *inhaltlich* und *genealogisch*; was vor allem impliziert, daß beide, Sinnlichkeit und Verstand nicht *graduell* unterschieden sind, nicht im Verhältnis des *Kontinuums* stehen,

---

[218] Vgl. oben Kapitel 4.1.2.

[219] Vgl. die obigen Kapitel 4.1. und 4.2.

[220] Kant, *Kritik der reinen Vernunft* B 62, § 8, S. 85. Zu verwandten Stellen zählen: „Erste Einleitung" in die Kritik der Urteilskraft (siehe unten zitiert); ferner ders. *Logik*, Einleitung, S. 456, ferner ebd., S. 459, S. 616, vgl. ferner *Anthropologie* S. 425 (§ 7, *-Fußnote).

sondern sich grundsätzlich hinsichtlich ihres Ursprungs unterscheiden. Klarer artikuliert er dies in der *Kritik der Urteilskraft*, über ein Jahrzehnt später:

> „Man kann überhaupt sagen, daß Dinge durch eine Qualität, die in jede andere durch die bloße Vermehrung oder Verminderung ihres Grades übergeht [Kontinuum], niemals für spezifisch-verschieden gehalten werden müssen. [...[221]] Anschauung aber und Begriff unterscheiden sich von einander spezifisch: denn sie gehen in einander nicht über: das Bewußtsein beider, und der Merkmale derselben, mag wachsen oder abnehmen, wie es will. Denn die größte Undeutlichkeit einer Vorstellungsart durch Begriffe (wie z. B. des Rechts) läßt noch immer den spezifischen Unterschied der letztern in Ansehung ihres Ursprungs im Verstande übrig, und die größte Deutlichkeit der Anschauung bringt diese nicht im mindesten den ersteren näher, weil die die letztere Vorstellungsart in der Sinnlichkeit ihren Sitz hat. Die logische Deutlichkeit ist auch von der ästhetischen himmelweit unterschieden und die letztere findet statt, ob wir uns gleich den Gegenstand gar nicht durch Begriffe vorstellig machen, das heißt, obgleich die Vorstellung, als Anschauung, sinnlich ist."[222]

Klarer kann man den Kontinuitätsgedanken nicht kappen. Oder auch: Strenggenommen wird die Kontinuitätsidee schlicht dupliziert, wir hätten sozusagen eine Erkenntnisleiter im Anschaulichen und eine Erkenntnisleiter im Intellektuellen, denn Anschauungen können deutlich sein wie Begriffe, oder Verstandesleistungen undeutlich.[223] Die Deutlichkeit/ Distinktheit ist jedenfalls nicht länger der Domäne des Intellekts und der Begrifflichkeit vorbehalten; dies hatte Baumgarten bereits vorbereitet. Kants vehemente Verneinung der Idee, daß das Anschauliche und das Begriffliche (syntaktisch Analoge und syntaktisch Digitale) ineinander übergehen, entspricht seiner Umkonzeption der Architektur beider Seiten als zwei Quellen entspringend (moderner: zwei unterschiedlichen Operationsformen, Fähigkeiten oder Aktivitäten): nämlich Sinnlichkeit und Verstand. Der (Un-)Deutlichkeit fähig sind sie beide.

Damit ist also zumindest pro forma und an der artikulierten Oberfläche die Hierarchie unter beiden Komponenten der Erkenntnis aufgehoben[224] – bis hin zu besagter Umstrukturierung ihrer Ordnung: Denken als Mittel „*zweckt*" auf Anschauung ab. (Unser geistiges Tun zielt ja nicht auf das Denken, sondern unser geistiges Tun *ist* Denken, und

---

221 Kant schließt an: „Nun kommt es bei dem Unterschiede der Deutlichkeit und Verworrenheit der Begriffe lediglich auf den Grad des Bewußtseins der Merkmale, nach dem Maße der auf sie gerichteten Aufmerksamkeit an, mithin ist sofern eine Vorstellungsart von der andern nicht spezifisch verschieden."

222 Kant, „Erste Fassung" der „Einleitung in die Kritik der Urteilskraft", H 33, S. 204, Fußnote.

223 Vgl. etwa, wiederum im Ton nur leicht verhohlener Ironie, Kants Rede von der „Verworrenheit, die dem Begriffe anhängt (die man Sinnlichkeit zu nennen sich anmaßt), die aber schlechterdings keinen spezifischen Unterschied der Urteile ausmachen kann. Denn sonst würde eine unendliche Menge nicht allein von Verstandes, sondern so gar von Vernunfturteilen, auch ästhetisch heißen müssen, weil in ihnen ein Objekt durch einen Begriff, der verworren ist, bestimmt wird, wie z. B. die Urteile über Recht und Unrecht: denn wie wenig Menschen (so gar Philosophen) haben einen deutlichen Begriff von dem was Recht ist." (Haupttext zur eben zitierten Fußnote) *Erste Fassung der Einleitung in die Kritik der Urteilskraft* H33, S. 204.

224 Zumindest pro forma heißt: im Kant'schen Oeuvre finden sich auch in dieser Hinsicht immer wieder Spannungen, Tribute an die Schule und die Debatten seiner Zeit; gelegentlich fällt er in einzelnen Formulierungen hinter diese Pointierung zurück; dies kann hier nicht im einzelnen nachgezeichnet werden, vgl. jedoch unten Kap. 4.3.2.

Denken zielt zumeist nicht nur auf Denken ab – auch wenn die zeitgenössische Verabschiedung des „Signifikats“ derlei zuweilen insinuiert.) Durch diese Umarchitektur – kritisch könnte man sagen, durch diesen restituierten Dualismus – hat er nun allerdings das Problem, das Aristoteles ebenfalls hatte und Platon und Leibniz dagegen nicht[225]: Wenn Sinnlichkeit und Verstand oder auch Anschauung und Begriffe „himmelweit“ auseinanderliegen, nichts miteinander teilen[226], wie können sie sich dennoch aufeinander beziehen?[227]

In dieser Frage ‚materialisiert‘ sich exakt das Grund-Thema der vorliegenden Arbeit: Wie können (*was geschieht wenn*) zwei mentale Operationsweisen zusammenkommen, wenn diese doch grundlegend Unterschiedliches bis hin zu Inkompatibles (Inkommensurables) tun?

Kant wird dieses Problem durch eben diese gerade dargestellte architektonische Grundentscheidung nie wieder los werden, er wird es direkt oder indirekt in mannigfacher Form exponieren, und er wird es fast zwei Jahrzehnte später in der *Kritik der Urteilskraft* einer unerwarteten Lösung zuführen. Diese Gesichtspunkte werden im folgenden darstellt. Es geht zunächst (in Kapitel 4.3.2) um die Aufstellung der erkenntnistheoretischen Grundsituation in und zwischen „Transzendentaler Ästhetik“ und „Transzendentaler Logik“ in der *Kritik der reinen Vernunft*. Anschließend wird die „Lösung“ der erkenntnistheoretischen Problematik, wie sie in der Genie-Konzeption vorliegt, freigelegt (4.3.4).

4.3.2 „Transzendentale Ästhetik“ und „Transzendentale Logik“. Die Dynamik von Anschauung und Begriff, Sinnlichkeit und Verstand und ihre scheiternde Verbindung in der „Kritik der reinen Vernunft“

Daß die Einbildungskraft ein notwendiges Ingredienz der Wahrnehmung selbst sei, daran hat wohl noch kein Psychologe gedacht.

Immanuel Kant

Das Verhältnis von Anschauung und Begriff, Sinnlichkeit und Denken, Körper und Geist, Empfangen (Rezeptivität der Eindrücke) und Produzieren (Spontaneität der Begriffe und ihrer Synthesis) zeigt sich bereits in der Großarchitektonik der *Kritik der reinen Vernunft* als das Grundverhältnis des Buches, um das letztlich die ganze Konzeption kreist. In gewisser Weise kann man Kants erkenntnistheoretisches Hauptwerk als Materialisierung

---

225 Vgl. Kants Bemerkung in der *Anthropologie*, § 7, S. 425: „Leibniz war aber eigentlich Schuld daran. Denn er, der platonischen Schule anhängig, nahm angeborne reine Verstandesanschauungen, Ideen genannt, an, welche im menschlichen Gemüt, jetzt nur verdunkelt, angetroffen würden und deren Zergliederung und Beleuchtung durch Aufmerksamkeit wir allein die Erkenntnis der Objekte, wie sie an sich selbst sind, zu verdanken hätten. [Am Rand von H: Sinnlichkeit ist das Vorstellungsvermögen eines Subjekts so fern es affiziert wird // Als Mangel und als Ergänzungsstück zum Erkenntnis]“

226 Vgl. hierzu etwa Kants Schematismus-Kapitel, *Kritik der reinen Vernunft* B 176 / A 137–B 187 / A 148, S. 196–205.

227 Dieses Problem hatte bei Aristoteles die *phantasia* bzw. die *phantasmata* auf den Plan gerufen, vgl. oben Kapitel 3.3.

eines kontinuierlichen Projekts betrachten, das mit dem, was Aristoteles in *De Anima* unternahm, parallel geht.[228]

Aristoteles behandelte, wie wir sahen, in *De Anima* unter anderem das Problem, wie *aisthesis* und *noesis* (oder auch *logos*) zueinander kommen. Er hatte zur Beantwortung dieser Frage ein vermittelndes Drittes eingeführt, die *phantasía*, die eben diese Verbindung erst zu leisten vermag.[229] Genau diese Problemlage spiegelt sich nun in der Gliederung der *Kritik der reinen Vernunft*. Die komplexe Architektonik des Werks teilt sich auf der grundlegenden Ebene exakt in zwei Hauptteile: „Transzendentale Ästhetik“ und „Transzendentale Logik“[230]. Erstere umfaßt in der B-Auflage circa siebzig Seiten, letztere die restlichen gut sechshundert. Grob gesagt setzt Kant zwischen diese beiden Blöcke, genauer, nach einem knappen Fünftel der „Transzendentalen Logik“, seine Erläuterungen zum „Schematismus“: als Erstem Hauptstück der „Analytik der Grundsätze“. Sie verstehen sich als Ausführungen zum Vermögen der „produktiven Einbildungskraft“.[231] Damit macht Kant, ebenso wie Aristoteles, die Einbildungskraft zu einem vermittelnden dritten Vermögen zwischen Anschauung und Begriff.[232]

Im Übergang von der „Transzendentalen Ästhetik“ zur „Transzendentalen Logik“ also sind die erkenntnistheoretisch entscheidenden Weichenstellungen des Buches exponiert, jene systematisch hoch dynamischen Theoriemomente, die auch sein späteres Oeuvre durchziehen. Es ist jener Bereich, an dem sich Kluft wie Verbindung der beiden großen Fakultäten Verstand und Sinnlichkeit artikulieren, und so treten auch die Konzepte „Einbildungskraft“, „Urteilskraft“ und „Schematismus“ hier nachhaltig in Erscheinung.

Paradigmatisch findet sich die Artikulation dieses Verhältnisses in der berühmten Passage am Eingang des Übergangs zwischen „Transzendentaler Ästhetik“ und „Transzendentaler Logik“, genauer, in der „Einleitung“ zu letzterer. Diese beginnt:

> „Unsere Erkenntnis entspringt aus zwei Grundquellen des Gemüts ... ; durch die erste wird uns ein Gegenstand g e g e b e n, durch die zweite wird dieser ... g e d a c h t. Anschauung und Begriffe machen also die Elemente aller unserer Erkenntnis aus.“[233]

---

228 Sowohl Foucault in *Les mots et les choses* wie auch Gregory Bateson bezogen auf sein Werk im Ganzen haben später ihre Bemühungen als moderne Varianten der Kantischen *Kritik der reinen Vernunft* betrachtet.

229 Vgl. oben Kap. 3.3.

230 Vgl. die Visualisierung der Gliederung des Buches in Otfried Höffe, *Kants Kritik der reinen Vernunft*, S. 84.

231 Vgl. Kant, *Kritik der reinen Vernunft* B 181. Ausgeführt wird dies gleich näher. Die folgenden Kant-Zitate in diesem Unterkapitel entstammen, sofern nicht anders ausgewiesen, der *Kritik der reinen Vernunft*, im folgenden häufig als KrV abgekürzt.

232 Trotz Unterschiedlichkeiten in den Konzeptionen zwischen der Aristotelischen *phantasía* und der Kantischen Einbildungskraft bestehen doch unübersehbare Kontinuitäten in der andererseits wechselvollen und mit Brüchen ausgestatteten Geschichte des Begriffs. Diese Parallelen beginnen damit, daß beide Autoren die Einbildungskraft als sinnliche Vergegenwärtigung des Abwesenden charakterisieren. Für eine luzide und materialreiche geschichtliche Darstellung der Verbindungen und Differenzen dieses Begriffs siehe Jochen Schulte-Sasse, Artikel „Einbildungskraft“ in „Ästhetische Grundbegriffe“.

233 KrV B 75, A 51 ff., S. 94.

Die wichtigsten Motive der Architektur der Kantischen Erkenntnistheorie sind hier angesprochen:

a) die Unabhängigkeit der beiden Seiten voneinander („zwei Grundquellen"); nicht mehr entspringt das Eine aus dem Anderen oder geht aus ihm hervor,

b) die wechselseitige Abhängigkeit, Aufeinanderbezogenheit der beiden Seiten; nicht mehr gilt es, die Sinnlichkeit (das Konfuse) zugunsten der Begriffe (Klares und Distinktes) zu überwinden.

c) die zumindest an der Oberfläche Hierarchie-freie Gleichberechtigung beider Seiten. „Keine dieser Eigenschaften ist der anderen vorzuziehen", heißt es (B 76/A 52). Aus diesen drei Eigenschaften leitet sich anstelle der alten Aufstiegs-Vertikale eine Zwei-Quellen-Horizontale ab.

d) Ebenfalls angedeutet ist die Scheidung der beiden Seiten nach Passivität des Sinnlichen (Erleiden, *pathein*) und Aktivität bzw. Spontaneität des Verstandes bzw. der Begriffe. Dies findet sich gleich deutlicher:

> „Wollen wir die Rezeptivität unseres Gemüts, Vorstellungen zu empfangen, sofern es ... affiziert wird, Sinnlichkeit nennen, so ist dagegen das Vermögen, Vorstellungen selbst hervorzubringen, oder die Spontaneität des Erkenntnisses, der Verstand."[234]

Eine zwar explizit negierte, implizit dennoch präsente Hierarchie bzw. Bewertung läßt sich in dieser Zuordnung schwer übersehen; es ist gerade aus heutiger Sicht, die um das aktiv-Konstruktionale der Wahrnehmung weiß, auffallend, daß Kant dieses Relikt der von ihm hier andererseits explizit bekämpften Trennung beibehält. Wenn er ergänzt:

> „Keine dieser Eigenschaften ist der anderen vorzuziehen. Ohne Sinnlichkeit würde uns kein Gegenstand gegeben, und ohne Verstand keiner gedacht werden. Gedanken ohne Inhalt sind leer, Anschauungen ohne Begriffe sind blind."[235],

so ist das immerhin auf der Oberfläche eine funktionale Gleichstellung. Diese deutet sich ferner an in der kurz darauf folgenden Explikation:

> „Daher ist es ebenso notwendig, seine Begriffe sinnlich zu machen (d. i. ihnen den Gegenstand in der Anschauung beizufügen), als seine Anschauungen sich verständlich zu machen (d. i., sie unter Begriffe zu bringen). Beide Vermögen, oder Fähigkeiten, können auch ihre Funktionen nicht vertauschen. *Der Verstand vermag nichts anzuschauen, und die Sinne nichts zu denken.*"[236]

Letztere Aussage ist die zwingende Konsequenz seiner radikalen Zwei-Stämme-Lehre, die andererseits gerade angetreten war, die Hierarchie der Erkenntnisvermögen zu beseitigen. Es ist ein Dualismus (Sinne passiv-rezeptiv, Verstand aktiv-produktiv), der in dieser Form nicht nur philosophisch[237], sondern unter andrem auch durch die Gestaltpsychologie, Kognitionstheorien und die Neurophysiologie obsolet ist [238]. Kants Aussagen

---

[234] KrV B 76, A 52, S. 95.

[235] KrV B76/A52, S. 95.

[236] KrV B76/A52, S. 95 , Hvh. S. M.

[237] Vgl. dazu stellvertretend die im Februar 08 am Philosophischen Institut der FU Berlin verteidigte Dissertationsschrift David Lauers, „Die Sinnlichkeit der Sprache" (Manuskript).

[238] Vgl. etwa Antonio Damasio, *Descartes' Irrtum. Fühlen, Denken und das menschliche Gehirn.*

zufolge jedenfalls wird entweder gedacht oder gefühlt, aber Geist fühlt nicht, und Körper – Sinnlichkeit – denkt nicht. In diesem Sinne darf man, wie Kant direkt fortfährt,

> „auch nicht ihren Anteil vermischen, sondern man hat große Ursache, jedes von dem andern sorgfältig abzusondern, und zu unterscheiden. Daher unterscheiden wir die Wissenschaft der Regeln der Sinnlichkeit überhaupt, d. i. Ästhetik, von der Wissenschaft der Verstandesregeln überhaupt, d. i. der Logik."[239]

Auf der anderen Seite unterminiert, wie wir zeigen werden, Kant diesen seinen Dualismus in dem Moment, wo er das Zusammenspiel der beiden Seiten konkreter auszubuchstabieren genötigt ist (etwa in seiner Rede von der „produktiven Einbildungskraft"[240]). Insofern läßt sich an ihm gut beobachten, wie auch innerhalb eines Textkorpus', eines Gedankengebäudes, einer Theorie oder eines Systems bezüglich ein- und derselben Frage[241] unterschiedliche Antworten je nach Schicht und Fragehorizont auftreten. Doch dies greift vor. Radikaler und gründlicher jedenfalls als Kant es tut, lassen sich die beiden Fakultäten Anschauung und Begriff, Sinnlichkeit und Verstand zunächst nicht voneinander trennen. Er konstruiert sie als diametral entgegengesetzt, nicht so sehr als inkompatibel denn als inkommensurabel. Wie kommen sie zusammen? Was sind die „Bedingungen der Möglichkeit" ihres sich-auf-einander-Beziehens? Traditionell gibt es für eine solche Problem-Architektonik drei „Lösungen":

A) Man reduziert beide Seiten auf eine – schlägt die jeweils andere Seite der einen zu (-Ismen)

B) Man zeigt, daß die beiden Seiten auseinander hervorgehen (das ist Leibniz' Variante): die Begriffe sind drainierte, abstrahierte, ge-klärte Anschauungen; modern *type F Monismus*:[242] die Materie/das Universum hat Bewußtsein.

C) Man findet ein vermittelndes Drittes.

Genau diesen dritten Weg beschreitet Kant, und er tut es unter anderem mit demselben Werkzeug wie Aristoteles: mit der „Einbildungskraft". Sie definiert er inhaltlich nach demselben Prinzip wie dieser die *phantasia*:

> „Einbildungskraft ist das Vermögen, einen Gegenstand auch ohne dessen Gegenwart in der Anschauung vorzustellen."[243]

Einerseits liegt die Einbildungskraft also voll und ganz auf seiten der Anschauung: ihr Gegenstand und ihre Nährquelle ist die Sinnlichkeit. Wie sich in Kants näherer Bestimmung der Einbildungskraft jedoch ebenfalls herausstellt, ist nicht nur die Wahrnehmung ohne diese nicht möglich[244], sondern auch die Anwendung der Begriffe verlangt sie; Kant gibt ihr nicht nur implizit-funktional, sondern auch explizit eine zentrale vermittelnde Stelle. Einerseits ist sie selbst sinnlich, andererseits kommen erst durch sie die *Begriffe*

---

239 KrV B76/A52.

240 Dies geschieht u. a. im Schematismus-Abschnitt, vgl. dazu unten.

241 Etwa: Ist die Sinnlichkeit rein rezeptiv? Ist eine rein rezeptive Sinnlichkeit/Wahrnehmung zu denken?

242 Zum „Type-F-Monismus": David Chalmers, „Consciousness and its place in nature".

243 KrV B 152, S. 166. Dies entspricht in gewisser Weise der komplementären Fähigkeit des Denkens, sich durch die Bedingungen unserer sinnlichen Anschauung nicht einschränken zu lassen und erst beim „E r k e n n e n dessen, was wir uns denken", Anschauung bedürfen. (B 166, S. 187, Fußnote).

244 Vgl. A 120, S. 175 sowie A 123, S. 180.

überhaupt zustande, sodaß ohne sie, als „produktiver", „gar keine Begriffe von Gegenständen in eine Erfahrung zusammenfließen würden."[245] In Worten, welche diese *Mittlerstellung* noch einmal anders akzentuieren:

> „an sich selbst ist die Synthesis der Einbildungskraft, obgleich a priori ausgeübt, jederzeit sinnlich, weil sie das Mannigfaltige nur so verbindet, wie es in der Anschauung erscheint. ... Durch das Verhältnis des Mannigfaltigen aber zur Apperzeption werden *Begriffe*, welche dem Verstande angehören, aber nur vermittelst der Einbildungskraft in Beziehung auf die sinnliche Anschauung *zustande kommen können*. Wir haben also eine reine Einbildungskraft".[246]

„Nur vermittelst der Einbildungskraft" kommt Bewußtsein zustande! Hier also tritt sie als jene Fakultät auf, deren Fähigkeit zur Synthesis, zum Zusammenziehen des Vielen zu Einem die Kristallisation von Begriffen überhaupt erst ermöglicht! In anderen Worten: in der Welt gibt es keine Begriffe, nur Mannigfaltiges. Erst die Leistung, „Kraft" der Einbildung synthetisiert daraus überhaupt Begriffe. Hier scheint urplötzlich wieder, „unbewußt" gleichsam für Kant, Leibniz' Modell vorzuliegen, demzufolge Begriffe das „Ziel" der sinnlichen Tätigkeit sind: Allerdings nun nicht mit den Begriffen als synthetisierenden *Agenten*, sondern mit Begriffen als *Produkten*: deren Agentin die – *sinnlich* synthetisierende – (Ein-)bildungs*kraft* ist.

Ohne Einbildungskraft also keine Begriffe, damit auch keine Gesetze oder Regeln. Und ohne Einbildungskraft mithin keine Wahrnehmung überhaupt: von etwas *als* etwas.[247] Die verbindende oder „vermittelnde" Funktion zwischen Sinnlichkeit und Verstand wird ersichtlich deshalb möglich, weil sie von *beiden* Seiten etwas hat (und so beschreibt sie Kant auch wiederholt): sie spielt sich im Bereich der *Sinnlichkeit* ab, und sie leistet *Verstandes*typtisches: generiert bzw. ermöglicht Begriffe. Ihre „Handlung" ist, in anderen Worten, das Mannigfaltige der Erscheinung zu synthetisieren, ‚in ein Bild zu bringen'[248], und mit dieser vereinheitlichenden Bewegung (woanders auch „Form"-Gebung genannt[249]) leistet sie die synthetisierende Einheitsbildung (die Reduktion *von mehr auf weniger*).[250] Es versteht sich, daß Kant, wenn er hier von „Einbildungskraft" spricht, fast stets die „produktive" im Sinn hat.[251]

245 A 123, S. 180.

246 A 124, S. 181, Hvh. S. M.

247 Kant spricht in diesem Zusammenhang von der „Rekognition der Erscheinungen", A 125, S. 183.

248 Vgl. B 180, A 141, S. 199.

249 Vgl. A 126, S. 185a; Kant spricht auch davon, daß die Einbildungskraft „das Mannigfaltige der Anschauung in ein Bild bringen" soll (A 121, S. 177), vgl. ferner die Rede vom „Figürlichen" (B 151, B 152, B 155, S. 166 f., 171).

250 „Das Erste, was uns gegeben wird, ist Erscheinung, welche, wenn sie mit Bewußtsein verbunden ist, Wahrnehmung heißt ... Weil aber jede Erscheinung ein Mannigfaltiges enthält, mithin verschiedene Wahrnehmungen im Gemüte an sich zerstreut und einzeln angetroffen werden, so ist eine Verbindung derselben nötig, welche sie in dem Sinne selbst nicht haben können. Es ist also in uns ein tätiges Vermögen der Synthesis dieses Mannigfaltigen, welches wir Einbildungskraft nennen", A 120, S. 175.

251 Kant unterscheidet zwischen „produktiver" (nämlich spontaner) und „reproduktiver" Einbildungskraft: „Sofern die Einbildungskraft nun Spontaneität ist, nenne ich sie auch bisweilen die produktive Einbildungskraft, und unterscheide sie dadurch von der reproduktiven, deren Synthesis lediglich

Das ganze Konzeption erwies sich allerdings strenggenommen von vornherein als nicht klar. Einbildungskraft und Verstand kommen sich gewissermaßen von Beginn an in die Quere: beide „synthetisieren", die Einbildungskraft per ‚Formbildung', der Verstand über Begriffe. Doch synthetisiert die Einbildungskraft, wie sich zeigte, auch die Begriffe! Und plötzlich sind beide unterschiedslos auf der Seite der Spontaneität bzw. Aktivität – dies ungeachtet der ursprünglichen Aussage, daß die Anschauung rein „erleidend" bzw. passiv ist. Ja, da keine Wahrnehmung ohne Einbildungskraft vonstatten geht (was wir schon bei Aristoteles angetroffen hatten[252]), ist die reine Wahrnehmung eben auch zu keinem Zeitpunkt als passiv einzustufen. Damit ist der bereits erwähnte epistemische Dualismus, jene Zwei-Stämme-Lehre also, ‚immer schon' unterminiert, was sich genau dann zeigt, wenn es an das Ausbuchstabieren geistiger Leistungen geht.[253]

Und selbst wenn Kant diesen Dualismus wenig später versucht, in anderer Form noch einmal zu restituieren („Sinnlichkeit gibt uns Formen (der Anschauung), der Verstand aber Regeln"[254]), so ist doch hier zumindest implizit ausgedrückt, daß das Geben von Formen ebenso ein spontaner Akt ist wie das Geben von Regeln. Es ist derselbe synthetisierende Prozeß, nur in unterschiedlichen Medien: einmal „figürlich", einmal diskursiv, wie sich nicht zuletzt im Schematismus-Kapitel zeigt. Deutlich wird, daß Kant in der „Transzendentalen Deduktion" sich bereits mit einem anderen Interdependenzgrad der beiden Seiten konfrontiert sieht als im Ausgangspunkt des Buches, der „Transzendentalen Ästhetik". Dies verdeutlicht dasjenige, was die Lektüre auch sonst ununterbrochen spürbar macht: daß in der Entwicklung der „Kritik der reinen Vernunft" seine zentralen Positionen beständig in Bewegung sind – hin zu Einsichten, die dort nur untergründig formuliert sind und erst in der *Kritik der Urteilskraft* in ihren Konsequenzen vollzogen werden.

Betrachten wir also das Schematismus-Kapitel und die – wie man sagen könnte – ‚Etablierung' der ‚transzendentalen Black Box'. Es ist nach dem Vorhergegangenen kein Wunder, daß Kant gleichsam aus heiterem Himmel noch einmal einen Neuansatz wagt. Aufgrund der beschriebenen sich durchhaltenden Problematik (Kant nennt seine eigene Konzeption der Rolle der Einbildungskraft auch selbst „befremdlich"[255]) behandelt er in dem Abschnitt „Von dem Schematismus der reinen Verstandesbegriffe" sein Ausgangsproblem des Zusammenspiels von Sinnlichkeit und Verstand, Anschauung und Begriff erneut von der Wurzel an. Er diskutiert damit ein Problem, daß er via „Transzendentale Deduktion" für die reinen Verstandesbegriffe offiziell als schon gelöst bezeichnet hatte, und er diskutiert es nun auf drei unterschiedlichen Ebenen gleichzeitig und häufig in einem Atemzug: dies sind die Ebene der „reinen Verstandesbegriffe" (Kategorien), die „reinen Begriffe" (Beispiel: Dreieck, Geometrie) und die „empirischen Begriffe" (Beispiel: Hund): Ebenen, die als unhintergehbar auseinanderzuhalten er andererseits zu einem zentralen Gesichtspunkt seiner kritischen Philosophie gemacht hatte.

---

empirische Gesetzen, nämlich denen der Assoziation, unterworfen ist … [und in die Psychologie gehört]." B 152, S. 167; vgl. auch: A 123, S. 180: „Die Einbildungskraft ist also auch ein Vermögen einer Synthesis a priori, weswegen wir ihr den Namen der produktiven Einbildungskraft geben."

252 Vgl. oben Kap. 3.3.

253 Und wie unter anderem in Martin Heideggers *Kant und das Problem der Metaphysik* luzide darlegt, unterminiert Kant selber diese Zwei-Stämme-Lehre, vgl. ebd., S. 126 ff.

254 A 126, S. 185.

255 A 123, S. 180.

Die Überlegung beginnt sehr grundsätzlich logisch – und daß er diese Grundsatzüberlegung nicht am Anfang des Buches, sondern in einem eher unerwartet auftretenden Zehn-Seiten Stück aufrollt, samt sorgfältiger Entwicklung einer Terminologie („Schema", „Schematismus", „Bild"), auf die er in den folgenden 700 Seiten sowie in seinem gesamten Œuvre kaum noch zurückkommt[256], zeigt, daß er hier ursprünglich ‚spontan', als Notarzt in eigener Sache handelt:

> „In allen Subsumtionen eines Gegenstandes unter einen Begriff muß die Vorstellung des ersteren mit der letzteren gleichartig sein, d. i. der Begriff muß dasjenige enthalten, was in dem darunter zu subsumierenden Gegenstande vorgestellt wird, denn das bedeutet eben der Ausdruck: ein Gegenstand sei unter einem Begriffe enthalten."[257]

Er fährt fort, daß dies für reine Verstandesbegriffe (Kategorien) ein Problem darstellt, da diese „mit empirischen, ja überhaupt sinnlichen Anschauungen, ganz ungleichartig" sind.[258] Er schließt

> „daß es ein Drittes geben müsse, was einerseits mit der Kategorie, andererseits mit der Erscheinung in Gleichartigkeit stehen muß, und die Anwendung der ersteren auf die letzte möglich macht. ... Eine solche [vermittelnde Vorstellung, S. M.] ist das transzendentale Schema."[259]

Diese Figur hatten wir schon bei der Einführung und Charakterisierung der „Einbildungskraft" beobachten können: einerseits tritt diese auf, sofern die beiden thematischen Seiten einander nicht erreichen, andererseits ist sie bestimmt als Fakultät, die die wichtigsten Eigenschaften von beiden Seiten hat: von der einen die Domäne der Sinnlichkeit, von der anderen die Tätigkeit des *Ver-endlichens* („Digitalisierens" könnte man sagen). Und in der Tat, das „Schema" wird eingeführt als „Produkt" der Einbildungskraft.[260] Was dieses „Schema" entsprechend leistet, ist „den Verstandesbegriff in seinem Gebrauch restringieren"[261], einschränken auf „Bedingungen, die außer dem Verstande liegen (nämlich in der Sinnlichkeit)" (B 186, S. 204). In anderen Worten:

> „die Kategorien, ohne Schemate, [sind] nur Funktionen des Verstandes zu Begriffen, stellen aber keinen Gegenstand vor. Diese Bedeutung kommt ihnen von der Sinnlichkeit, die den Verstand realisiert, indem sie ihn zugleich restringiert."[262]

Diese beiläufige Pointe, im Abschlußsatz des Schematismus-Kapitels, zur *Sinnlichkeit, die den Verstand realisiert, indem sie ihn zugleich restringiert*, drückt etwas dem oben zitierten Eingangssatz der *Kritik der reinen Vernunft* Verwandtes aus: sie stellt das begriff-

---

256 Zu den Stellen, an denen dieses Lehrstück noch einmal indirekt aufgegriffen wird, gehören seine Ausführungen zur „Hypotypose", zur „Versinnlichung" („Darstellung, subiectio sub adspectum") in § 59 der *Kritik der Urteilskraft*.

257 B 176, A 136, S. 196.

258 B 176, A 136, S. 197.

259 B 177, A 138, S. 197.

260 Vgl. B 180 f., S. 199 f. Und zugleich ist der Schematismus ein Produkt des „reinen Verstandes". Vgl. B 179, A 140, S. 199.

261 B 179, A 140. S. 199.

262 B 187, A 147, S. 205.

liche Denken in den Dienst der sinnlichen Anschauung[263]: was den Verstand restringiert, regiert ihn auch.

In der näheren Bestimmung dessen, was dieses Schema ist und wie es funktioniert, äußert Kant allerdings, daß das diagnostizierte Problem des Zusammenkommens beider Erkenntnisformen ebenso bei abstrakten Kategorien („reinen Verstandesbegriffen") wie bei gewöhnlichen empirischen Begriffen (Alltagsbegriffen) auftritt. Ein Schema charakterisiert er als „Methode", „Verfahren der Einbildungskraft", „einem Begriff sein Bild zu verschaffen".[264] Betrachtet man, in welcher Hinsicht sich dieses „Bild" von einem gewöhnlichen Bild unterscheidet, wird schnell klar, inwiefern das Schema das logisch Gesuchte ist, nämlich ein Mittelding zwischen Anschauung und Begriff, das von beidem etwas hat. Dieses Schema-„Bild" ist einerseits anschaulich, es hat andererseits *endlich* viele Merkmale (es stellt gleichsam einen Katalog ihrer auf; das eben bedeutet es, ‚schematisch' zu sein). Wir erinnern uns: eben diese logische Eigenschaft der Doppelzugehörigkeit hatte die Einbildungskraft – welche just diese Schemata hervorbringt.[265]

Kant illustriert dies am empirischen Begriff des Hundes: es gibt so unterschiedliche Hunde (hinsichtlich der Größe, Farbe, Form etc.), daß man keine Chance hat, sich bei einem weiteren Exemplar zu diesem Begriff legitimiert zu sehen, es sei denn, man hat einen *endlichen* Katalog von Merkmalen, auf die man sich beschränkt: das Schema. Vom Begriff hat das Schema also die Endlichkeit („Restriktion") der Merkmale, von der Anschauung das Moment des Sinnlichen bzw. Materialen. Was wir gerade „endlichen Katalog der Merkmale" nannten, bezeichnet Kant auch als „Regel"; welche charakteristisch ist für einen jeden Begriff[266]:

> „Der Begriff vom Hunde bedeutet eine Regel,[267] nach welcher meine Einbildungskraft die Gestalt eines vierfüßigen Tieres allgemein verzeichnen kann, ohne auf irgendeine einzige, besondere Gestalt, die mir die Erfahrung darbietet, oder auch ein jedes mögliche Bild, was ich in concreto darstellen kann, eingeschränkt zu sein."[268]

Hier findet sich auch die kurz darauf noch einmal erneuerte Identifikation zwischen der Leistung der Schema-Bildung und der Leistung der Einbildungskraft. Und er fährt fort mit der alles andere als trivialen Bestandsaufnahme:

> „Dieser Schematismus unseres Verstandes, in Ansehung der Erscheinungen und ihrer bloßen Form, ist eine *verborgene Kunst in den Tiefen der menschlichen Seele*, deren wahre Handgriffe wir der Natur schwerlich jemals abraten, und sie unverdeckt vor Augen legen werden."[269]

---

263 Vgl. zu einer solchen „Rangordnung" der Anschauung gegenüber dem Verstand auch Heidegger, *Kant und das Problem der Metaphysik*, S. 40.

264 B 180, A 141, S. 199.

265 B 181, A 142, S. 200.

266 Vgl. zu einer Interpretation des Schemas, welche den „Vollzugscharakter" dieser „Regel" treffend stark macht, Friedrich Kaulbach, „Schema, Bild und Modell nach den Voraussetzungen des Kantischen Denkens", insbes. S. 106 f.

267 Damit ist hier ein weiteres Merkmal des Verstandes, das ihn gegenüber der Anschauung/Sinnlichkeit auszeichnete, seine „Regel"-Haftigkeit, nun von der sinnlichen Fakultät der Einbildungskraft (die das Schema produziert) usurpiert worden.

268 B 181, A 142, S. 200.

269 B 181, A 142, S. 200, Hvh. S. M.

Betrachten wir diese Aussage unter dem Gesichtspunkt, daß sie immerhin eine Fähigkeit charakterisiert, die wir ersichtlicherweise allein schon zum Sprechen ununterbrochen ausüben, so ist die letzte Bemerkung, das Eingeständnis einer Rätselhaftigkeit, doppelt bemerkenswert. Impliziert sie doch, daß die Grundlage dessen, wovon die „Kritik der reinen Vernunft" auf mehreren hundert Seiten handelt – wie Begriffe oder Regeln sich auf sinnliche Anschauung beziehen können – letztlich in diesen Bereich einer Black Box verwiesen wird.

Man kann sagen: dies ist der Preis, den Kant für die Trennung der beiden Vermögen zahlt, welche Trennung doch den entscheidenden Bruch mit der epistemischen Tradition und die Basis seiner kritischen Wende darstellt, und er wird schwerlich nicht auch selbst unbefriedigt geblieben sein. Unbefriedigend ist nebenbei auch, daß er zu Beginn dieses Schematismus-Abschnittes, betitelt: „Transzendentale Doktrin der Urteilskraft", eben nicht die *Einbildungskraft*, sondern die *Urteilskraft* mit dieser Aufgabe betraut hatte: „zu zeigen, wie reine Verstandesbegriffe auf Erscheinungen überhaupt angewandt werden können."[270] Unklar ist hier nicht nur, wie sich die beiden Fakultäten zueinander verhalten, auffällig ist vor allem, daß Kant auch hier wiederum *die eigentliche Leistung ins kognitiv Unzugängliche* verlegt, wenn er die Urteilskraft beschreibt als „ein besonderes Talent, welches nicht belehrt, sondern geübt sein will".[271]

Kant wird also mit dem Eindruck einer gewissen explanatorischen Leerstelle aus der Phase des Schreibens seiner „Kritik der reinen Vernunft" herausgetreten sein – zumal er im Übergang zwischen Transzendentaler Ästhetik und Transzendentaler Logik die *Erkenntnis* als solche nochmal genau in dieser Verbindung spezifiziert hatte, als Eingangssatz nun zur „Transzendentalen Logik":

> „Unsere Erkenntnis entspringt aus zwei Grundquellen des Gemüts, deren erste ist, die Vorstellung zu empfangen (die Rezeptivität der Eindrücke), die zweite das Vermögen, durch diese Vorstellungen einen Gegenstand zu erkennen (Spontaneität der Begriffe): ... Anschauung und Begriffe machen also die Elemente aller unserer Erkenntnis aus, so daß weder Begriffe, ohne ihnen auf einige Art korrespondierende Anschauung, noch Anschauung ohne Begriffe, ein Erkenntnis abgeben können."[272]

So sind also alle Fakultäten, welche für die Vermittlung und Realisierung dieser architektonischen Grund-Exposition aufgeboten werden, in Nebenbemerkungen als in eine Black Box des Denkens zu verweisende Fakultäten qualifiziert worden. Da ist es kaum noch überraschend, daß es weitere Bemerkungen dieser Art auch für die Einbildungskraft gibt: immerhin Produzentin des ‚Schemas' und diejenige Fakultät, welche in ihrer Synthesis-Bildung die Verbindung zwischen Sinnlichkeit und Begriffen stiftet. Kant spricht von der Einbildungskraft gerade in dieser Funktion als

> „einer blinden, obgleich unentbehrlichen Funktion der Seele, ohne die wir überall gar keine Erkenntnis haben würden, der wir uns aber selten nur einmal bewußt sind."[273]

---

[270] B 177, A 138, S. 197; vgl. auch zur späteren Entwicklung des Verhältnisses beider Fakultäten in der *Kritik der Urteilskraft* Walter Biemel, *Die Bedeutung von Kants Begründung der Ästhetik für die Philosophie der Kunst*, S. 107 f.

[271] B 172, A 133, S. 193.

[272] B 75, A 51, S. 94.

[273] B 103, A 78, S. 116

Die zentralen Fakultäten der Erkenntnis also lassen sich in der Regel nicht „unverstellt vor Augen führen", fallen ins Unbewußte, hier schweigt die Analyse, und zugleich sind sie die Bedingung, der zentrale Kern jeder Erkenntnis. Dies hat als Bestandsaufnahme der *Kritik der reinen Vernunft* etwas Verblüffendes. Und etwas in der Richtung muß auch Kant weiterhin umgetrieben haben.

4.3.3 Die Genietheorie als Modell-Lösung des generellen Erkenntnisproblems

> *Wobei zugleich die sehr nahe Verwandtschaft der Materien Anlaß giebt, bei der Kritik der Vernunft einige Blicke auf die Kritik des Geschmacks, d. i. die Ästhetik, zu werfen, davon die Regeln der einen jederzeit dazu dienen, die der andern zu erläutern, und ihre Abstechung ein Mittel ist, beide besser zu begreifen.*
>
> Immanuel Kant

4.3.3.1 Ästhetische Synchronisation der Geisteskomponenten zu „Erkenntnis-überhaupt"

In der Tat trieb Kant das Beschriebene so um, daß es in der *Kritik der Urteilskraft* ganze acht Paragraphen dauert, bis er an demselben Punkt angelangt war – wenngleich in leicht verschobenem begrifflichen Gewand und angenähert aus anderer Perspektive. Und obwohl Kant die zwei ganz unterschiedlichen Bedeutungshöfe von „Ästhetik" explizit auseinanderhält[274] – die epistemische Bedeutung der „Aisthesis" als ‚transzendentale Wahrnehmungslehre' aus der *Kritik der reinen Vernunft* und die kunsttheoretischen Bedeutung als ‚Analytik des Schönen' in der *Kritik der Urteilskraft* –, gerät ihm nach besagten acht Paragraphen Letzteres als Grundlegung zu Ersterem. Wenn er über die ‚materiale' Ursache eines ästhetischen Urteils der Art „das ist schön" reflektiert, ist er sofort und umweglos bei Wahrnehmungs- und Urteils-Problemen, welche sich bei ihm schnell und unter der Hand und in Nebensätzen letztlich zugleich als Erkenntnisprobleme darstellen. Fundamentaler noch: er erklärt die Basis der Erkenntnis aus etwas, das Basis auch des Schönen ist, zu einem Gefühl. Es ist das Gefühl der Gestimmtheit der begrifflichen und der anschauenden Fakultät zu Erkenntnis, welche Empfindung von ihm im Einklang mit der Tradition „Lust" genannt wird. Man sieht an seinen, im folgenden näher untersuchten Überlegungen für einen Moment besonders scharf, wie auf verschiedenen bewußtseinsgenealogischen Schichten sich die logischen Relationen und gleichsam diplomatischen Beziehungen unter den systematischen Begriffs-Protagonisten ganz unterschiedlich darstellen. An der Oberfläche regiert die Intention, die hier der Logik des Geschmacksurteils gilt, in den Tiefenschichten, die sich in den argumentativen Richtungen sowie in Randbemerkungen äußern, lenkt eine Intuition, welche die ‚Wunden' aus der Kritik der reinen Vernunft schließen will.

---

274 Vgl. kritisch zu dem doppelten Sprachgebrauch von „Ästhetik" in der *Kritik der reinen Vernunft* B 35, A 21.

Bekanntlich geht es in der „Kritik der ästhetischen Urteilskraft“ (die gegenüber ihrem Pendant, der „teleologischen Urteilskraft“, drei Viertel des Buches ausmacht) zunächst um Fragen des ästhetischen Geschmacksurteils. Kant bemerkt, einem Detektiv gleich, an diesem Urteil eine logische Anomalie: A) Das Urteil ‚das ist schön‘ ist *„subjektiv“*. Das heißt, es ist ein Urteil über das Subjekt, das es ausspricht, nicht über das beurteilte Objekt. B) Das Urteil „das ist schön“ erhebt Anspruch auf intersubjektive Allgemeingültigkeit als sei es *objektiv*, und dies ganz unabhängig davon, daß wir wissen, daß über Urteile des Typs „dies ist schön“ in der Realität in der Tat gestritten wird. Nichtsdestotrotz: daß der Anspruch der „allgemeinen Mitteilbarkeit“ dieses Urteils besteht, exponierte Kant in den §§ 1–8 als Fall einer „subjektiven Allgemeinheit“. Konsequent setzt er sich auf die Spur dieses Indizes, und es führt ihn nahezu umweglos wieder in den Kern des gerade verhandelten Problems: zum Verhältnis der grundlegend unterschiedlichen Fakultäten der Sinnlichkeit und des Verstandes im Erkenntnisprozeß.

Besagte Tendenz, unser subjektives Urteil „dies ist schön“ jedermann „anzusinnen“, führt ihn in einem schlichten logischen Schluß vom „Schönen“ zu seinem alten erkenntnistheoretischen Problem:

> „Es kann aber nichts allgemein mitgeteilt werden, als Erkenntnis, und Vorstellung, sofern sie zum Erkenntnis gehört. Denn sofern ist die letztere nur allein objektiv, und hat nur dadurch einen allgemeinen Beziehungspunkt, womit die Vorstellungskraft aller zusammenzustimmen genötigt wird.“[275]

Im nächsten Schritt wird diese besondere Erkenntnissituation im ästhetischen Urteil spezifiziert. Liegt dessen Bestimmungsgrund, als ein subjektiver, nicht in einem Begriff, so kann die innere Basis nur in etwas Sinnlichem gründen: einem „Gemütszustand“. Und aus diesem *Mangel*, der Abwesenheit begrifflicher Regulative, gelingt es ihm, ein für das Ästhetische charakteristisches Plus zu formen: mit einer Situationsbeschreibung, in der wir uns direkt auf dem Schauplatz des Vorigen wiederfinden, wenngleich mit einem leicht umakzentuiertem Personal und anderer Dynamik:

> „Nun gehören zu einer Vorstellung, wodurch ein Gegenstand gegeben wird, damit überhaupt daraus Erkenntnis werde, Einbildungskraft für die Zusammensetzung des Mannigfaltigen der Anschauung, und Verstand für die Einheit des Begriffs, der die Vorstellungen vereinigt. Dieser Zustand eines freien Spiels der Erkenntnisvermögen, bei einer Vorstellung, wodurch ein Gegenstand gegeben wird, muß sich allgemein mitteilen lassen: weil Erkenntnis, als Bestimmung des Objekts, womit gegebene Vorstellungen (in welchem Subjekte es auch sei) zusammen stimmen sollen, die einzige Vorstellungsart ist, die für jedermann gilt.“[276]

Da der in der Anschauung eines schönen Objekts sich einstellende „Zustand“ der Erkenntniskräfte als allgemein gültig empfunden wird, muß es sich um Erkenntnis handeln (denn ‚es kann nichts allgemein *geteilt* werden als Erkenntnis, und Vorstellung nur, sofern sie zur Erkenntnis gehört‘), und weil diese Erkenntnis ohne Begriff und Regel fungiert, muß es sich um eine auf Empfindung gründende handeln. Dies ist eine Argumentation, die auf der empirischen Beobachtung der tief im Gemüt verankerten Eigensinnigkeit fußt, das

[275] *Kritik der Urteilskraft*, § 9, B 27, S. 295. Im folgenden stammen alle Kant-Verweise, wenn nicht anders angegeben, aus diesem Werk.

[276] § 9, B 27, S. 296.

eigene ästhetische, d. h. subjektive Urteil jedermann „anzusinnen". Wir tun dies in der Tat und ohne jede Legitimation. Daher diskutiert er im zweiten Anlauf dieser Darstellung ab § 20 auch die Frage nach der notwendigen Annahme eines „sensus communis".[277]

Die Pointe für unseren Zusammenhang folgt auf eben diesen Gedanken, und Kant kombiniert hier den erkenntnistheoretischen Sinn von Ästhetik aus der *Kritik der reinen Vernunft* mit dem beurteilenden Sinn von Ästhetik, von dem er sich dort noch distanziert hatte:

> „Die subjektive allgemeine Mitteilbarkeit der Vorstellungsart in einem Geschmacksurteile, da sie, ohne einen bestimmten Begriff vorauszusetzen, Statt finden soll, kann nichts anders als der Gemütszustand in dem freien Spiele der Einbildungskraft und des Verstandes (sofern sie untereinander, wie zu einem Erkenntnisse überhaupt erforderlich ist, zusammen stimmen) sein, indem wir uns bewußt sind, daß dieses zum Erkenntnis überhaupt schickliche subjektive Verhältnis eben so wohl für jedermann gelten und folglich allgemein mitteilbar sein müsse, *als es eine jede bestimmte Erkenntnis ist, die doch immer auf jenem Verhältnis als subjektiver Bedingung beruht.* / Diese bloß subjektive (ästhetische) Beurteilung des Gegenstandes … ist der Grund dieser Lust an der Harmonie der Erkenntnisvermögen."[278]

Die hier kursiv markierte Passage birgt Sprengstoff, beinhaltet sie doch, daß jede bestimmte, also begriffliche und *objektive* Erkenntnis auf einem *subjektiven* Verhältnis basiert, welches wahrgenommen wird als *Lust* oder Unlust. Das heißt: Jedes objektive *Erkennen* gründet in einem subjektiven *Empfinden*!

Dieses Empfinden nun hat interessanterweise nicht die Struktur eines einfachen Gefühls. Es ist ein Verhältnis oder eine *Relation*. Sie beinhaltet eine „Stimmung", in die unsere Erkenntniskräfte (d. h. Einbildungskraft und Verstand) durch das „schöne" Objekt versetzt sind: eine Relation, die günstig ist für „Erkenntnis-überhaupt". Dies ist ein kategorialer Übergang von der Schönheits- oder Empfindungs-Thematik zur Wahrheits- oder Erkenntnisthematik;[279] man könnte sagen, es ist ein Ebenenbruch oder ein bewußt begangener Kategorienfehler. Ein strategischer Kategorienfehler, aus dem sich die ganze „Lösung" seines erkenntnistheoretischen Lebenswerks ableitet: ein produktiver „Bruch".

Die ästhetischen Lust signalisiert Gestimmtheit zu „Erkenntnis überhaupt". Also ist der Geist ist keineswegs grundsätzlich und immer in dieser Verfaßtheit. Da *dieses* „schön" ist, liegt Erkenntnisbereitschaft vor: die Fakultäten des Geistes werden durch diesen schönen Gegenstand „gestimmt", ge*tuned*. Und zugleich andersherum: Der Geist bemerkt durch seine Fähigkeit, Schönheit zu empfinden, sein ‚Passen' in die Welt und damit seine „Gestimmtheit" und Fähigkeit zu Erkenntnis; eben hierin gründet ästhetische „Lust". In noch freierer Formulierung: Das Erlebnis, die ‚Erkenntnis' der Schönheit zeigt uns indirekt an, daß wir etwas existenziell begriffen, erfaßt haben, wenn wir auch noch nicht wissen, *was*. Wir sehen hier eine Antwort – wir suchen die Frage dazu.[280]

---

[277] Vgl. hierzu §§ 20, 21, 40.

[278] § 9, B 29, A 29, S. 296, Hvh. S. M.

[279] Eingeleitet hatte diesen Übergang und seine Legitimierung bereits Baumgarten.

[280] *Ich weiß nicht was die Frage ist, aber die Antwort ist Ja.* So äußerte sich Leonard Bernstein, bezugnehmend auf Charles Ives' Musik in: Leonard Bernstein, *The Unanswered Question. Six talks at Harvard*, Schlußsatz des Buches.

Das Problem aus der *Kritik der reinen Vernunft* liegt damit wieder auf dem Tisch. Der Schlüssel für seine Lösung ist die Umkehrung der Perspektive (nebenbei der „Kreativitätstechnik" des *do the opposite* entsprechend). Das Problem: wie kommen Begriffe und Anschauungen zu einer Erkenntnis zusammen, lautet nun: Was ist bereits geschehen, wenn Verstand (Zusammenfassung durch Begriffe) und Einbildungskraft (Zusammenfassung zu Anschauungen) zusammengekommen sind? Die Ebene der Betrachtung wird gleichsam tiefergelegt. Die „bestimmte Erkenntnis" beruht auf einem empfundenen *Verhältnis*. Die Empfindung ist gleichsam ein Sinnesorgan, das uns beim Denken die Richtung weist.

Doch welches Verhältnis ist es, das empfunden wird? Welche Harmonie (im Erfolgsfall des Schönen) wird in der Empfindung signalisiert? Es ist jenes Zusammentreffen, deren Möglichkeit Kant in der *Kritik der reinen Vernunft* untersucht hatte! Harmonie *wessen*? Harmonie der Erkenntniskräfte. Welche Erkenntniskräfte? Einbildungskraft und Verstand. Wie operieren die? Die eine synthetisiert Anschauungen, der andere synthetisiert mit Begriffen. ‚Harmonisch' in welcher Hinsicht? Hinsichtlich einer für „Erkenntnisse überhaupt" „proportionierte[n] Stimmung".[281]

Dies verweist wie schon angedeutet auf den zuweilen übersehenen Umstand, daß die Erkenntniskräfte „Einbildungskraft" und „Verstand" offenbar alles andere als automatisch „gestimmt" sind. Sie sind dies nicht, weil sie sich gegeneinander spezialisiert haben, und Spezialisierungen definieren sich generell in *Abgrenzung* zu ihren Alternativen. In anderen Worten, die imaginative sinnliche Anschauung und das Grenzen-setzende Vermögen der Begriffe[282] „passen" nicht von Natur aus zusammen. Dies ist keine neue Beobachtung Kants. Sie wurde ausdrücklich im Schematismus-Kapitel artikuliert, und die ‚Inkommensurabilität' beider Seiten ist Ausgangspunkt dessen, was Kant später als Leistung des „Genies" beschreibt. Sie müssen – auch schon hier – erst durch eine aktive Leistung oder Fähigkeit in Kontakt, in eine „Harmonie" gebracht werden; welche Harmonie ursprünglich quer steht zu ihren unterschiedlichen Aufgaben und Bindungen. Offensichtlich muß über das „Schöne" etwas gänzlich Außerplanmäßiges eintreten, das beide Seiten von ihren jeweiligen Zielsetzungen „befreit": ein vorübergehender Attraktor, der stärker ist als besagte operationalen Unterschiede. Diese Attraktor kann nur in einem Ebenen-Sprung liegen oder aus dem Jenseits kommen, dem Jenseits einer ‚Wert-Grenze': „Schönheit" und ästhetische „Lust".[283]

---

[281] B 29, A 29, S. 296; B 32, B 32, S. 298.

[282] Kant spricht vom „Denken, welches jederzeit Schranken beweist", *Kritik der reinen Vernunft* B 72, S. 92.

[283] Hiertzu böten sich eine Fülle von bzw. Parallelen aus anderen Disziplinen an, etwa aus der Neurophysiologie die Entdeckung des „brain-reward-systems", das auf empfundene Schönheit gerade im Zusammenhang mit Erkenntnis mit der Ausschüttung körpereigener Belohnungssubstanzen (körpereigener Drogen) reagiert: Stichwort „Kalogenese". (Vgl. Fredererik Turner/Ernst Pöppel, „Metered Poetry, the Brain, and Time", S. 75 f.). Ferner entspricht dies dem Umstand, daß Naturwissenschaftler häufig das Vorliegen von „Schönheit" im Umgang mit einer neu zu findenden Theorie bzw. Beobachtung als relevantes Anzeichen wissenschaftlicher Richtigkeit sehen. Hierzu finden sich zahllose Hinweise etwa in Werner Heisenbergs *Allgemeinverständlichen Schriften* (in ders., Gesammelte Werke Abt. C), vgl. ferner das populärwissenschaftliche Œuvre des Physikers und späten Einstein-Kollegen David Bohm, darunter *Science, Order, and Creativity*, sowie *On Creativity*.

Wenn Kant in diesem Sinne von der „*zweckmäßigen* Stimmung der Einbildungskraft *zur* Übereinstimmung mit dem Vermögen der Begriffe überhaupt“ spricht[285], so kann man für diese „wohlproportionierte Stimmung“ durchaus als von einer „Synchronisation“ der Tätigkeiten des Geistes sprechen, der Geistesfakultäten oder moderner: der Hirnhälften: was schließlich auch die philosophisch ungewöhnliche Rede von „Erkenntnis-überhaupt“ motivieren würde. Bilden wir Kants Gegenüberstellung der „Erkenntniskräfte“ für einen Moment tabellarisch ab, so finden sich folgende Zuordnungen:

Verstand	*Einbildungskraft*
verbal	„figürlich“, bildlich, „schematisierend“
bestimmend	gestalthaft-gestaltbilden
begreifend-begrifflich	(visuell) erfassend
logisch	sinnlich
sequentiell-trennend-gewichtend	simultan holistisch
„nach Begriffen“ operierend	„nach der Empfindung“ (des „Zusammenstimmens“)
[Verbindung zum Bewußtsein]	[unbewußtes Handeln][286]

Eine solche Gegenüberstellung entspricht fast wörtlich jener, die knapp 200 Jahre nach Kant in ganz anderem Zusammenhang John C. Eccles aufgestellt hat: damit die jeweils dominanten Leistungen des menschlichen Gehirns in den beiden Hirn-Hemisphären zusammenfassend.[287] Zwar ist die, der Split-Brain-Forschung der 60er-bis 80er Jahre entsprungene, Begeisterung für derlei laterale Modelle mittlerweile auf der Basis detaillierterer bildgebender Verfahren abgeflaut[288], dennoch sind derlei zweiseitige Tabellen in den Neurowissenschaften nach wie vor präsent und offensichtlich von heuristischem Nutzen. Die sachliche Übereinstimmung zwischen den beiden ‚Modellen‘ ist jedenfalls auffallend.[289] Die in besagter Übersicht linken und rechten Inhalte (entsprechend den Funk-

---

[285] B 243, A 240, S. 450, Hvh. S. M.

[286] Vgl. zu diesem „Unbewußten“ die berühmte Passage aus Kants Anthropologie: „Daß das Feld unserer Sinnesanschauungen und Empfindungen, deren wir uns nicht bewußt sind, ob wir gleich unbezweifelt schließen können, dass wir sie haben, d. i. dunkeler Vorstellungen im Menschen … unermesslich sei, die klaren dagegen nur unendlich wenige Punkte derselben enthalten, die dem Bewusstsein offen liegen; dass gleichsam auf der großen Karte unseres Gemüts nur wenig Stellen illuminiert sind, kann uns Bewunderung über unser eigenes Wesen einflößen …. So ist das Feld dunkler Vorstellungen das größte im Menschen.“ *Anthropologie,* BA 16, 18 § 5, S. 418 f.

[287] Zitiert nach Manfred Eigen, „Mozart – oder unser Unvermögen, das Genie zu begreifen“, S. 35. Zu dieser Tabelle gibt es bis heute unzählige Varianten.

[288] Vgl. kritisch beispielsweise Gazzaniga, *Organization of the Human Brain* 1989, S. 63–76.

[289] Vgl. etwa die Übersicht in Otto Grüsser, Thomas Selke und Barbara Zynda, „Cerebral Lateralization and Some Implications for Art, Aesthetic Perception, and Artistic Creativity“, S.258; vgl. ferner Sally Springer, Georg Deutsch, *Left Brain, Right Brain*, S. 236 f., samt der dortigen Diskussion, ob die Zweiteilungen „label truly distinct and separate qualities or a set of continuous behaviours?

tionen der linken und rechten Hemisphäre beim normalen Rechtshänder) werden häufig noch altmodisch mit „dominante" und „subdominante" Hemisphäre überschrieben[290], was an die traditionsreiche, bei Wolff wie Baumgarten zu findende Unterscheidung zwischen „cognitio superior" und „cognitio inferior" erinnert.

Die Operationen bzw. Spezialisierungen der beiden Hirnhemisphären sind auch neurophysiologisch gesehen sehr verschieden. Ihre Aktivitäten müssen *getuned*, aufeinander abgestimmt werden; physiologisch leistet diesen Austausch und Abgleich bekanntlich das *corpus callosum*, der „Balken". Daß der wechselseitige Rapport, die Ineinander-Übersetzung oder Aufeinander-Abbildung der Informationen beider Seiten immer unvollständig verläuft[291], zeigt sich schon *praktisch* etwa bei Versuchen, mit der anderen als der üblichen Hand zu schreiben, zu zeichnen oder die Zähne zu putzen. Man kann hier einwenden, daß zwischen Kants Analysen und diesen empirischen Sachverhalten methodisch Welten liegen. Doch inwiefern Kant tatsächlich mit seinem Ringen um das Problem der „Stimmung" und Abstimmung zweier grundverschiedener operationaler Tätigkeiten etwas thematisiert, das diesen physiologischen Bestandsaufnahmen entspricht (etwa der Aufgabe des *corpus callosum*), zeigt sich im kommenden Unterabschnitt 4.3.3.2 deutlicher, wenn er in den Passagen zum „Genie" genau jene Problematik, die hirnphysiologisch unter dem Stichwort „Hemisphärenlateralisation" verhandelt wird, erneut aufleben läßt. Selbst falls die Verknüpfung von Kants Charakterisierung mit jener der älteren und jüngeren Hirnforschung kaum systematische Zusammenhänge beinhalten würde, so wäre sie schon aufgrund der inhaltlichen Parallelen schon historisch von erheblichem Interesse.

Für den systematisch so zentralen wie inhaltlich kryptischen Ausdruck von „Erkenntnis-überhaupt" enthält die Rede von „Stimmung" und „Proportioniertheit" auch vor diesem Hintergrund einen Schlüssel.[292] Die Assoziation zur Stimmung eines Instruments *zu* bestimmten Zwecken weist hier den Weg. Es geht um Relationen, Verhältnisse: nicht im Sinne von *mood*, Athmosphäre, Laune (ein einstelliges Konzept), sondern von *tuning*, „Ge*stimmt*heit" (zweistellig) – daher auch Kants hier fallende Begriffe „Harmonie",

In other words, are we dealing with all-or-none-difference, or are there gradiations in between?... Another view is that the formulation of dichotomies or opposites is just a convenient way of viewing complex situations", S. 236 ff.

290 So noch z. B. Eccles in *Das Gehirn des Menschen* sowie Eigen in „Mozart – oder unser Unvermögen, das Genie zu begreifen".

291 Zu dieser „Unvollständigkeit" des interhemisphärischen Austausches, ihrem evolutionären Nutzen und Hemisphärenlateralisation bei Tieren, vgl. Joseph E. Bogen und Glenda Bogen, „The Corpus Callosum and Creativity", S. 194 ff., vgl. dies., „Creativity and the Corpus Callosum", S. 296 f. Stottern beispielsweise scheint der Effekt einer ‚ungestimmten' Zusammenarbeit zu sein (Dieter E. Zimmer: „Die beiden Seiten des Gehirns", S. 8, ebenso auch Springer/Deutsch, *Left Brain, Right Brain*, S. 222–225). – Vgl. auch Zimmers These zur Hirnhemisphärenasymmetrie: ihr zufolge bildete die unterschiedliche Spezialisierung sich heraus, um ein (Informations-)Chaos der beiden Hirnhälften zu vermeiden; Zimmer, „Die beiden Seiten", 8 f.

292 Vgl. zur Begriffsgeschichte des philosophischen Konzepts von „Stimmung" den ausgezeichneten Artikel „Stimmung" von David Wellbery; für ihn hat die Stimmungsmetapher bei Kant die Funktion, „Normativität (Allgemeingültigkeit) in die sinnliche Vorstellungsaktivität einzuführen" (709); vgl. zu Kant insbesondere S. 707–710.

„Spannung" und sogar „Ton" (samt dessen Nähe zu *tune*).[293] In § 21 wird deutlich, daß offenbar die perzipierten Gegenstände verantwortlich sind für die jeweilige Stimmung bzw. Spannung:

> „die ... Stimmung der Erkenntniskräfte hat, *nach Verschiedenheit der Objekte, die gegeben werden*, eine verschiedene Proportion."[294]

Man kann also vom *Feintuning der Hirnhälften* in der Konfrontation mit dem Schönen oder Ausrichtung auf das Schöne reden.

Der hierin steckende Gedanke, daß eine *Empfindung*, Stimmung uns gleichsam beim Denken als Kompaß, oder besser, Meßgerät für die eigene kognitive Verfaßtheit dient, läßt sich exzellent mit einer physiologischen Gegebenheit illustrieren: dem Umstand nämlich, daß in der Akustik ebenfalls das Hören, genauer die Wahrnehmung von Harmonien, ein exakter Indikator mathematischer Proportionen ist. Kurz gesagt: als je „schöner", „harmonischer" ein Zusammenklang empfunden wird, desto exakter das mathematische Verhältnis, die mathematische Stimmung, die wahrgenommen wird. „Lust" (an der „Harmonie") gibt hier also direkt eine kognitive Information. Etwas genauer beschrieben: Das ästhetische Wohlempfinden anläßlich einer klanglichen Harmonie – etwa eines Dur-Dreiklangs, der verbreitetsten Harmonie im westlichen tonalen System überhaupt – indiziert das Vorliegen einer einfachen mathematischen Relation unter den Schwingungsfrequenzen: 1:2 (der Oktave), 2:3 (Quinte), 3:4 (Quarte) und 4:5 (große Terz). Ein Dur-Dreiklang, in unserem Kulturkreis der maximal harmonische Zusammenklang, besteht aus dem Schwingungsverhältnis:

$$1:2:3:4:5$$ [295]

Zugleich sind dies auch die ersten in der uns umgebenden und uns durchdringenden physikalischen Realität vorkommenden Obertöne.[296] Anders gesagt, unsere Instrumente und wir als Körper verhalten sich just nach diesen mathematischen Gesetzen, die wir in der Klangharmonie *in nuce* wahrnehmen. Dies hatte bereits Leibniz' Rede vom Musikhören als unbewußtem Zählen der Seele prominent gemacht, auch wenn diese Metapher insofern nicht ganz korrekt ist, als es sich eher um ein relationales *Messen* handelt; dieses Messen wird uns von der Physiologie des Ohrs und unserem dies verarbeitenden Gehirn dergestalt abgenommen, daß seine Ergebnisse als Harmonie oder Disharmonie ‚gemeldet' werden und damit als ‚Lust' oder ‚Unlust'.

---

293 B 211, A 209, S. 426; Kant zu „Stimmung" ferner: „so muß die Natur im Subjekte (und durch die Stimmung der Vermögen desselben) der Kunst die Regel geben" (B 182/ A 180. S. 406); vgl. auch seine Rede von der „Stimmung (Spannung) des Sinns, dem die Empfindung angehört, d. h. den Ton desselben" (B 211, A 209, S. 426).

294 B 66, A 65, S. 322, Hvhbg S. M.

295 1 ist der Grundton, 2 die erste Oktavverdoppelung, 3 die Quinte, 4 ist die zweite Oktavverdoppelung des Grundtons, 5 die große Terz. Zusammen sind es die Bestandteile des Dur-Dreiklangs. In genau dieser Verteilung als C-Dur-Dreiklang entspricht dies etwa dem Anfang von Beethovens Waldstein-Sonate op. 53.

296 Welche Übereinstimmung kein Zufall ist: die Fähigkeit, physikalische Obertonverhältnisse akustisch exakt wahrzunehmen, scheint evolutionär einen Informationsvorsprung zu bedeuten.

Physiologisch-akustisch erweist sich also diese Idee Kants von der Lust an der Harmonie als Zeichen der „Gestimmtheit" für Erkenntnis-überhaupt also Realität: die Harmonie der beteiligten Zusammenklänge indiziert ein exakt vorliegendes einfaches mathematisches Schwingungsverhältnis (wenn auch nicht in Zahlen). Eine leichte Verstimmtheit ist mit einem gewissen Training sofort erkennbar und zeigt die Abweichung von jener exakten Proportioniertheit in ganzzahligen Vielfachen.[297] Auch von daher ist Kants Charakterisierung der Urteilskraft in der Tat als „ein besonderes Talent, welches nicht belehrt, sondern *geübt* sein will" treffend beschrieben.[298] Erfordert ist das Erfassen von Wahrnehmungsnuancen, das Hineingehen in Bereiche des Urteilsvermögens, die wir in uns erst *schulen*, erschließen müssen. Im weitesten Sinne ist „Schönheit" dann ein Indikator der Übereinstimmung oder Korrespondenz zwischen uns und dem Wahrgenommenen.[299] Oder anders: wir erfassen Schönheit, indem wir uns selber als in die Welt „passend" wahrnehmen.[300]

Unter der Hand haben wir hier also eine Antwort – aber auf was? *Wie machen es Sinnlichkeit und Verstand, Anschauungen und Begriffe, daß sie zur Erkenntnis zusammenkommen?* So hatte Kant in der *Kritik der reinen Vernunft* gefragt. Und die Antwort lautete: es bedarf dazu Zwischenfakultäten, die als Einbildungskraft, Urteilskraft und auch Schema auftraten. Und bei der Charakterisierung eben dieser genannten Vermögen mußte Kant stets etwas Rätselhaftes oder Unbewußtes statuieren, eine merkwürdige Verbeugung machen vor den sich letztlich der Analyse und dem Bewußtsein entziehenden Akten dieser Institutionen.[301] In § 9 der „Kritik der Urteilskraft" erfolgt also eine Antwort auf diese Frage, wenngleich sie sich als Antwort auf eine ganz andere Frage – die nach dem Schönen und dessen Allgemeinheit – ausgibt. (Und wie wir sahen, rührte diese Antwort auf Erkenntnisfragen *zugleich* von einer ganz anderen Frage her, der nach dem Ästhetischen im engeren Sinne: auf welche Frage Antworten anderer Art erfordert sind, Antworten, die einen ‚Symmetriebruch' beinhalten: wie „Schönheit" und „Lust".[302])

Die logisch anomale „subjektive Allgemeinheit" des ästhetischen Urteils war also ein Indiz dafür, daß es sich bei ihm eigentlich um ein Erkenntnis betreffendes Urteil handelt. Die zwei antagonistischen Grund-Fakultäten, eine sinnlich-anschauend, die andere begrifflich-begreifend, treten in ein ausgezeichnetes Verhältnis, und dieses ist nicht durch Begriffe reguliert, sondern „frei", und in dem Sinne immer neu spielerisch in stimmige

---

[297] Daher können Menschen auch Instrumente präzise stimmen, ohne dafür auf technische Meßgeräte angewiesen zu sein. Die Physiologie des Ohres ist qua Empfindung ein zuverlässiges Meßinstrument.

[298] *Kritik der reinen Vernunft*, B 172, A 133, S. 193.

[299] Vgl. den Satz Peter Handkes aus Wim Wenders' Film „Der Himmel über Berlin" (1987): „Das Betrachten eines schönen Gesichts ist wie der Welt beim Denken zusehen."

[300] Die Debatte um die Auslegung gerade dieser Passagen der „Kritik der Urteilskraft" nahm in den letzten Dekaden auffällig zu und wird bis heute intensiv geführt. Vgl. stellvertretend Christel Fricke: *Kants Theorie des reinen Geschmacksurteils*. Vgl. ferner Jens Kulenkampff, *Kants Logik des ästhetischen Urteils*. „Vom Geschmacke als einer Art von sensus communis – Versuch einer Neubestimmung des Geschmacksurteils", Hannah Ginsborg, *The role of taste in Kant's theory of cognition*, Gottfried Gabriel, „Der ‚Witz' der reflektierenden Urteilskraft", Dieter Henrich, *Aesthetic Judgement and the Moral Image of the World. Studies in Kant* – um nur einige zu nennen.

[301] Vgl. dazu oben den Schluß des Abschnittes 4.3.2.

[302] Dies greift vor auf die Kapitel 6 und 7.

Relation zu bringen, neu auszujustieren. Die Lust als Indikator, Ziel gelingenden Zusammenpiels tritt an die Stelle von Begriffen und konkreten Erkenntnis‚zwecken'. Die Frage also, wie die beiden Seiten zusammenkommen, ist damit so beantwortet: im Erlebnis des Schönen *sind* die beiden immer schon zusammengekommen; das *Schöne* und die *Lust* sind gleichsam jene *strange attractors,* die die beiden Seiten von den üblichen Bindungen, die sie voneinander isolierten, freimachten, und sie können dies in der Tat nur, weil sie – Schönes und Lust – gänzlich anderen Regelsystemen, Wertsphären als die Erkenntniskräfte entstammen.

Letztendlich geht es Kant untergründig immer wieder um das Verhältnis von Freiheit und Gesetz; die Einbildungskraft repräsentiert tendenziell erstere, der Begriff geht in Richtung Gesetz[303] (eine wieder andere Form des immer neu aufzuhebenden Dualismus). Das Vermittelnde – dort wo der Begriff nicht restringiert – ist an dieser Stelle das „Spiel": welches Freiheit und Regeln, Interessen kombiniert und gerade in dieser Anbindung sein „kreatives" Potential hat. (Man denke an die spätere Karriere des Ausdrucks „Sprachspiel": das eben jenes regelgebundene Schöpfertum artikuliert.)

Zusammengefaßt: es kostete Kant in der „Kritik der Urteilskraft" ganze acht Paragraphen und sechzehn Seiten, um an dieser seiner alten Problem-Architektur wieder einzusetzen oder auch einzurasten: vor allem in den §§ 9 und 21 und in den späteren Passagen zum „Genie". Bevor die weitere Gestalt dieses Gedankens in den Genie-Passagen betrachtet wird, sei unsere Ausgangsproblematik noch einmal zusammengefaßt:

a) Die in der Grundidee dieser Studie vertretene These zur Kreativität lautete, daß Neues entsteht in der wechselseitigen Übersetzung unter inkompatiblen oder antagonistischen Handlungsformen: deren eine lautet: *ziehe Grenzen des Unterscheidens* (das Digitalisieren, man könnte auch sagen: appliziere Begriffe), deren andere lautet: *jeder Unterschied gilt* (das Analoge, man könnte auch sagen: perzipiere möglichst feinkörnig, finde beim zweiten, dritten Blick die vormals ungesehenen Nuancen). Gerade dadurch, daß zwischen beiden basalen geistigen Operationsweisen keine logisch eindeutigen Übersetzungsformen („Zusammenstimmungen") möglich sind, müssen nicht-determinierte Ergebnisse aus diesen Transformationen entstehen, die auf keine der beiden Seiten zurückführbar sind und die sich auch in jeder dieser Übersetzungen *anders* ergeben können. (Es ist hier strenggenommen keine Wiederholung möglich).
b) Kants perennierendes Problem der Erkenntnis, weit über die „Kritik der reinen Vernunft" hinaus, war die Frage, wie zwei Seiten, welche in Inhalt und Herkunft „himmelweit" auseinander liegen,[304] sich zu Erkenntnis zusammenfinden.

Was sich als Kants Dauer-Problem artikuliert, bildet die Basis unserer Kreativitäts-Figur. Insofern kann sich Kants Problem auch nur dort lösen, wo er Kreativität thematisiert. Inwiefern bei Kant exakt dies geschieht, sei im folgenden gezeigt. Zugleich verdeutlicht dieser Zusammenhang auch die Grundthese dieser Arbeit, daß eine Erkenntnistheorie, die

303 Vgl. seinen Hinweis, daß die „freie Übereinstimmung der Einbildungskraft zur Gesetzlichkeit des Verstandes eine solche Proportion und Stimmung dieser Vermögen voraussetze", (B 199, A 197, S. 418 f.).

304 Kant, *Erste Fassung der Einleitung in die Kritik der Urteilskraft*, H 33 (S. 204) Fußnote.

nicht zugleich auch eine Kreativitätstheorie ist, mit unüberwindlichen Schwierigkeiten konfrontiert ist: ja, scheitern muß. Dabei ist gerade die Analyse dieser Schwierigkeiten der Schlüssel für die Analyse der Bedingung der Möglichkeit menschlicher Kreativität.

Heißt dies jedoch, die Aporie des Kreativitäts-Phänomens – als „immer schon" in jedem Erkenntnisakt im Keim vorhanden – unangemessen zu befrieden? Es von seinem subversiven Stachel, von seinem immer auch Scheitern-Können, von seiner Nähe zu Katastrophe und Wahnsinn befreien? Nein. Es heißt umgekehrt, die jahrtausendealte philosophische Suche nach gesicherter Erkenntnis rückblickend zu motivieren: in der Erfahrung, daß diese Erkenntnis nicht final zu sichern *ist*, nicht von Wahn, Irrtum und Auseinanderfall, Alterität, Veräußerlichung und Ex-stasis des Erkenntnis-Subjekts zu trennen.[305] Was sicher, abzusichern ist, wird nicht in anhaltender Anstrengung versucht, auf einen „sicheren Weg" zu bringen. – Doch dieser Ausblick greift vor.

4.3.3.2 Genietheorie als Synchronisationstheorie

Kants Antwort auf das gesuchte Zusammenkommen der beiden Fakultäten kann sich nach den vorangehenden Ausführungen schwerlich anders darstellen denn als Beschreibung des Hervorspringens von Innovativem, und in der Tat erfolgt diese in Kants Beschreibung dessen, was das „Genie" leistet.[306] Man kann diese Beschreibung auch auf die Exposition der Grundidee in Kapitel 2.2. abbilden: als eine Antwort auf die Frage, wie das Analog-Anschauliche, bei dem jeder Unterschied zählt, und das digitalisierend Unterschiede-ignorierende Begriffliche zusammenkommen.

Die zentrale Passage in § 49 der Kritik der Urteilskraft, „Von den Vermögen des Gemüts, welche das Genie ausmachen" wirkt vor dem Hintergrund der eben resümierten Bestandsaufnahme von §§ 9 und 21 zunächst wie eine Rekapitulation. Dasselbe noch einmal in anderen Worten. Nur ist hier auffälligerweise vom Schönen keine Rede mehr.

> „Die Gemütskräfte also, deren Vereinigung (in gewissem Verhältnisse) das Genie ausmachen, sind Einbildungskraft und Verstand. Nur, da, im Gebrauch der Einbildungskraft zum Erkenntnisse, die Einbildungskraft unter dem Zwange des Verstandes steht, und der Beschränkung unterworfen ist, dem Begriffe desselben angemessen zu sein; in ästhetischer Absicht aber die Einbildungskraft frei ist, um über jene Einstimmung zum Begriffe, doch ungesucht, reichhaltigen unentwickelten Stoff für den Verstand, *worauf dieser in seinem Begriffe nicht Rücksicht nahm*, zu liefern, welchen dieser aber, nicht sowohl objektiv zum

---

[305] Vgl. als eine der jüngsten Studien mit diesem Gegenstand Constantin Rauer, *Wahn und Wahrheit. Kants Auseinandersetzung mit dem Irrationalen* (2007).

[306] Im folgenden kann es auch nicht ansatzweise um eine erschöpfende Behandlung des Geniebegriffs aus philosophischer Sicht gehen („Genie" stand zu Kants Zeiten noch dem französischen „esprit", „Geist" näher, vgl. dazu auch den Beginn von § 49), auch nicht um eine Analyse des Kant'schen Geniebegriffs. Vielmehr wird dieser unter der einen Frage beleuchtet, was seine Konzeption innerhalb der kantischen Entwicklung des Erkenntnisbegriffs und dessen Verbindung zum Kreativitätsgedanken dieser Arbeit bedeutet. Vgl. jedoch zum Genie-Begriff philosophisch Eberhard Ortland, „Genie" in „Ästhetische Grundbegriffe"; vgl. ferner Christoph Hubig, „‚Genie' – Typus oder Original? Vom Paradigma der Kreativität zum Kult des Individuums"; vgl. ferner Piero Giordanetti, „Das Verhältnis von Genie, Künstler und Wissenschaftler in der kantischen Philosophie"; zu Kants Herleitung des Begriffs aus sowie dessen Verbindung zum „Witz" vgl. auch Otto F. Best, *Der Witz als Erkenntniskraft und Formprinzip*, insbes. 43 f.

Erkenntnisse, als subjektiv zu Belebung der Erkenntniskräfte, indirekt also doch auch zu Erkenntnissen anwendet ..."[307]

Dies, bevor Kant unmittelbar anschließend zur näheren Erklärung der besonderen Leistung des Genies ansetzt, ist nicht zufällig eine leicht mühselige Rekapitulation des von ihm zuvor Dargestellten. Es scheint, als ob *jeder* gewöhnliche Mensch, „gestimmt" durch das Erlebnis des Schönen, vor der Aufgabe steht, das hier Beschriebene auszuführen. Da „in ästhetischer Absicht" die Einbildungskraft also frei ist, so Kant eben,

„... so besteht das Genie eigentlich in dem glücklichen Verhältnisse, welches keine Wissenschaft lehren und kein Fleiß erlernen kann, zu einem gegebenen Begriffe Ideen aufzufinden, und andrerseits zu diesen den Ausdruck zu treffen, durch den die dadurch bewirkte subjektive Gemütsstimmung, als Begleitung eines Begriffs, anderen mitgeteilt werden kann. Das letztere Talent ist eigentlich dasjenige, was man Geist nennt ..."[308]

Bis hierher wird also ‚Genie' als exakt jene Übersetzungs- bzw. Transformationstätigkeit beschrieben – Wechsel-Abbildung zwischen Idee (Anschauung) und Ausdruck (Begriff) – die oben als „freies Spiel" in der Konfrontation mit dem Schönen auftrat. Hier verläuft die Übersetzung in zweierlei Richtung: vom gegebenen Begriff zur Idee bzw. Anschauung, und umgekehrt von Ideen, Vorstellungen, Anschauungen zum *Ausdruck*, begrifflich wie unbegrifflich artikuliert. Es ist ein Ausdruck allerdings, dessen Mitteilungscharakter nicht in erster Linie Inhalte, sondern vor allem die begleitende „subjektive Gemütsstimmung" betrifft. Deutlich ist diese Intention bei ästhetischen Gebilden wie Gedichten; diese wollen in der Regel in der Tat ‚Ausdruck' transportieren, die Gemütsstimmung. Das Genie, immerhin die höchste Steigerung dessen, zu dem menschlicher Geist fähig ist, wird hier präzise definiert als diejenige Fähigkeit, die zwei antagonistischen Tätigkeiten der Sinnlichkeit und des Verstands zusammenzuführen.[309] Die weitere Argumentation verschiebt den Fokus allerdings von der Evokation einer „subjektiven Gemütsstimmung" als *Begleitung* eines Begriffs – hin zur *Schaffung* eines Begriffs. Der unmittelbare Fortgang lautet:

„...denn das Unnennbare in dem Gemütszustande bei einer gewissen Vorstellung auszudrücken und allgemein mitteilbar zu machen, der Ausdruck mag nun in Sprache, oder Malerei, oder Plastik bestehen: das erfordert ein Vermögen, das schnell vorübergehende Spiel der Einbildungskraft aufzufassen, und in einem Begriff (der eben darum original ist und zugleich eine neue Regel eröffnet, die aus keinen vorhergehenden Prinzipien oder Beispielen hat gefolgert werden können) zu vereinigen, der sich ohne Zwang *der Regeln* mitteilen läßt."[310]

Die Kunst besteht also darin, für etwas so Zeitlich-Flüchtiges wie die „ästhetische Idee" eine Zusammenfassung, einen Begriff hervorzubringen. Dies ist notwendigerweise ein *neuer*, darin „originaler" Begriff. Das macht Kants Einführung der „ästhetischen Idee" kurz zuvor deutlich, welche gleichsam an die Stelle der „ästhetischen Erfahrung" tritt.

---

[307] § 49, B 198, A 195/6, S. 417 f., Hvh S. M.

[308] § 49, B 198, A 195/6, S. 417 f.

[309] Die „beiden wesentlich verschiedenen Grundvermögen" nennt er sie in der *Logik* auch: A 45, S. 460.

[310] § 49, B 198 ff, S. 418 (Hvh. Kant).

Das systematische Gebilde der ästhetischen Idee leistet hier sehr Ähnliches wie oben der schöne Gegenstand, insofern sie

> „die Gemütskräfte zweckmäßig in Schwung versetzt, d. i. in ein solches Spiel, welches sich von selbst erhält und selbst die Kräfte dazu stärkt".[311]

„Gemütskräfte" meint hier, wie der Fortgang zeigt, exakt wieder das Wechselverhältnis von Einbildungskraft und Verstand; „von selbst" bezieht sich auf die Aktivität trotz „Interesselosigkeit" – bzw. auf ein nicht-auf-objektive-Erkenntnis-gerichtetes Tun. Die *Ersetzung des Schönen* als Stimulans („Schwung") der Erkenntniskräfte *durch die „ästhetische Idee"* als Motor bringt nun auf interessante Weise genau jenes logische Element ins Spiel, das auch der Motor der Erkenntnisproblematik ist und die Kreativität zu einem Phänomen der Übersetzung unter Inkommensurablem macht. Kant qualifiziert die „ästhetische Idee" als

> „diejenige Vorstellung der Einbildungskraft, die viel zu denken veranlaßt, ohne daß ihr doch irgend ein bestimmter Gedanke, d. i. Begriff adäquat sein kann, die folglich keine Sprache völlig erreicht und verständlich machen kann."[312]

Es ist klar, daß eine solche, gleichsam, Alltags-Problemlage von Vorstellungen, die sich begrifflich nur unzureichend beschreiben lassen, sich jedem stellt, nicht nur Menschen mit „Esprit". Was hier als Genie-Thematisierung auftritt, ist also strenggenommen eine Weiterentwicklung der generellen Erkenntnisproblematik, wie sie aus der Kritik der reinen Vernunft einerseits, aus den §§ 9 und 21 ff. andererseits ererbt war und ungelöst im Raum steht.

Wir begegnen hier also wieder dem Problem der Übersetzung unter Inkommensurablem, und dies in der Tat nicht nur als gleichsam analog-digital-Konversion von Vorstellungen zu Begriffen, sondern auch umgekehrt, als digital-analog-Konversion. Denn Kant ergänzt die Ausführungen dahin, daß die „ästhetische Idee"

> „das Gegenstück (Pendant) einer Vernunftidee sei, welche umgekehrt ein Begriff ist, dem keine Anschauung (Vorstellung der Einbildungskraft) adäquat ist."[313]

Die ästhetische Idee hat also gerade Anschauungs- und Vorstellungscharakter, und die Übersetzung findet damit durchaus in beide Richtungen statt; wieder geht es um das Zusammenkommen zweier Seiten oder mentaler Fakultäten, die unterschiedlich operieren (und auch nach Kant entgegengesetzte Abstammung und Inhalte haben). Kant charakterisiert die ästhetische Idee wiederholt als „Belebung" der Begrifflichkeit, und diese nennt er ihrerseits „bloße Buchstaben", wenn er erstere als Tätigkeit eines „freien Gebrauchs" der Einbildungskraft beschreibt – für den wiederum

> „kein Ausdruck, der einen bestimmten Begriff bezeichnet, gefunden werden kann, der also zu einem Begriffe viel Unnennbares hinzu denken läßt, dessen Gefühl die Erkenntnisvermögen belebt und mit der Sprache, als bloßem Buchstaben, Geist verbindet."[314]

---

311 B 193, A 190, S. 413.,

312 B 193, A 190, S. 413 f.

313 B 193, A 191, S. 414.

314 B 198, S. 417.

Was in der *Kritik der reinen Vernunft* noch ein Problem des *Zusammenkommens* beider Seiten war, enthüllt sich Kant jetzt präziser als ein *Übersetzungsproblem*! Er formuliert es als Transformations-Aufgabe, in der von Natur aus „Überschuß" und Abweichung angelegt sind, insodern er das Scheitern, die unvermeidlichen, indeterminierten Alternativen in den beiden zuletzt zitierten Passagen gleich mit beschreibt.

Das so markierte Problem nun stellt sich letztlich Jedem, wie Kant schon in den Passagen zum Schönen dargestellt hatte. Wenn er das Genie jedoch als die Fähigkeit zur Darstellung ästhetischer Ideen qualifiziert[315], so deshalb, weil es offensichtlich deutlich unterschiedliche Erfolgsgrade in dessen Bewältigung gibt. Kant qualifiziert die fragliche Leistung dahingehend, aus etwas *genuin Subjektivem* etwas der *Form nach Objektives* (*als-ob*-Objektives) zu machen. Diese Figur hatten wir oben bereits angesichts der „subjektiven Allgemeinheit" des ästhetischen Urteils vorgefunden. Genau sie taucht nun, fast dreißig Paragraphen später, wieder auf. Betrachten wir die zu Beginn dieses Unterkapitels zitierte Passage aus § 49, „Von den Vermögen des Gemüts, welche das Genie ausmachen", noch einmal:

> „[D]as Unnennbare in dem Gemütszustande bei einer gewissen Vorstellung auszudrücken und allgemein mitteilbar zu machen, der Ausdruck mag nun in Sprache, oder Malerei, oder Plastik bestehen: das erfordert ein Vermögen, das schnell vorübergehende Spiel der Einbildungskraft aufzufassen, und in einem Begriff (der eben darum original ist und zugleich eine neue Regel eröffnet, die aus keinen vorhergehenden Prinzipien oder Beispielen hat gefolgert werden können) zu vereinigen, der sich ohne Zwang *der Regeln* mitteilen läßt."[316]

Besagtes Problem also, das sich jedem Individuum stellt, ist a) das Vorkommen von Unnennbarem in subjektiven Gemütszuständen, mithin auch die Aufgabe der Konversion von Vorstellungen (der produktiven oder auch reproduktiven Einbildungskraft) in Begriffe, ferner das Problem der Mitteilbarkeit diffuser Gemütsstimmungen. Diese Schwierigkeit der Benennung des Unnennbaren gilt für jedes Individuum. Das „Genie" nun macht aus dieser Not eine Tugend, indem es a) jenen *Mangel* (der Übersetzbarkeit) in eine *Fülle* verwandelt (Kreation des Neuen, des „originalen Begriffs", des Unvorhergesehenen).[317] Und dieses Neue, die „neue Regel", hat b) das besondere Merkmal, „allgemein mitteilbar" zu sein, und dies wiederum in dem Doppelsinn, der auch schon die §§ 9 und 21 kennzeichnete: mitteilbar im Sinne von a) *artikulierbar* (als Öffentlich-Machen des Unnennbaren) und von b) *teilbar* (verallgemeinerbar). Das Genie macht also aus etwas Privatem etwas nicht nur Öffentliches, sondern auf allgemeine Gültigkeit Anspruch Erhebendes, und im Erfolgsfall wird diese Leistung tatsächlich anschlußfähig, übernommen, zur „Regel". Dazu paßt, daß Kant in der vorhergehenden Bemerkung die notorisch rätselhafte Rede von der „Erkenntnis-überhaupt" aus den §§ 9 und 21 paraphrasiert, wenn er äußert, daß die Einbildungskraft „unentwickelten" Stoff für den Verstand liefert,

315 Vgl. B 193, A 190, S. 413 f.; B 198, A 195, S. 417; B 242 f., A 139 f., S. 449 und 450.

316 § 49, B 198 ff., S. 418 (Hvh. Kant).

317 Erinnert sei bei dieser Terminologie an die Namen der Eltern des Daimon Eros (*Poros*: Wegfinder, Fülle und *Penia*, Armut, Mangel): jenes Dämon, der bei Platon zwischen der Endlichkeit der Menschen und der Unendlichkeit der Götter den „Fährmann" spielte, s. o. Kap, 3.2.

> „... welchen dieser aber, nicht sowohl objektiv zum Erkenntnisse, als subjektiv zu Belebung der Erkenntniskräfte, *indirekt also doch auch zu Erkenntnissen* anwendet".[318]

Es überrascht, daß Kant an dieser Stelle nicht den Kreis zum Schönen schließt, denn was das Genie damit herstellt, ist seinen eigenen Voraussetzungen in § 9 nach kaum anders denn zugleich als „schön" zu qualifizieren. Von „Genie" sprechen läßt sich somit bei denjenigen Leistungen, die rein private Vorstellungen in etwas Objektives bzw. intersubjektiv Gültiges verwandeln – und somit vermutlich Schönheit in Wahrheit und umgekehrt.

Dieses Neue (Regel, Begriff) gründet also in der medial-artikulatorischen *Widerständigkeit* der ‚Vorstellung': in diesem Sinne ihrer „Unnennbarkeit". Diese Unnennbarkeit, können wir hinzufügen, ist nicht „innerlich" (im Sinne eines Rätsels oder Geheimnisses des Inneren), sondern medial-logisch zu beschreiben, oder auch: syntaktisch-strukturell. Sie ist individuell – und wird über-individuell. Wo wir in Begriffen nicht kommunizieren können, weil diese nicht ‚passen', müssen wir mit „Gemütszuständen" bzw. „Stimmungen" operieren: aus deren Inkommensurabilität zur Sprache die „geniale" Aktivität den Funken des Neuen schlägt: indem sie die Sprach- und Denkkonventionen erweitert – um eine neue Regel bzw. einen ungehörte Begriffs- bzw. Darstellungskategorie, welche sich im Idealfall schlagartig objektiviert. Hier ist die Übersetzungsproblematik *in nuce* gegeben: Kant qualifiziert das Genie als die Fähigkeit, eben diese „Inadäquatheit" zu übersetzen, aus ihr den schöpferischen Funken zu schlagen, indem es genau dies vermag: das *Inadäquate* oder auch in unserer Terminologie *Inkompatible* zu kombinieren. Damit ist die Einbildungskraft ausdrücklich etwas, das er ihr in der *Anthropologie* explizit zu sein abspricht: „schöpferisch".[319] Sehr klar ist dieser Gedanke auch in Verbindung mit der „Vernunftidee" ausgedrückt, dem Pendant zur ästhetischen Idee:

> „Wenn nun einem Begriffe eine Vorstellung der Einbildungskraft untergelegt wird, die zu seiner Darstellung gehört, aber für sich allein so viel zu denken veranlaßt als sich niemals in einem bestimmten Begriff zusammenfassen läßt, mithin den Begriff selbst auf unbegrenzte Art ästhetisch erweitert: so ist die Einbildungskraft hierbei schöpferisch, und bringt das Vermögen intellektueller Ideen (die Vernunft) in Bewegung, mehr nämlich, bei Veranlassung einer Vorstellung zu denken (was zwar zu dem Begriffe des Gegenstands gehört) als in ihr aufgefaßt und deutlich gemacht werden kann."[320]

Die logische Pointe dessen liegt exakt in dem, was die ‚Grundidee' dieser Arbeit bildet: das Inkompatible zwischen Begriff und Vorstellung produziert aus *Mangel* an Paß-Genauigkeit notwendig artikulatorischen *Überschuß*, neue Artikulations-Möglichkeiten und damit -Wirklichkeiten („Regeln"). Der Begriff wird *de-limitiert*, ent-endlicht, aufgesprengt, er wird gleichsam digital-analog-gewandelt, das heißt, „auf *unbegrenzte* Art ästhetisch erweitert". Und genau diese Wandlung führt den Inhalt ins Un- oder besser Trans-Bestimmte, moderner: ins Mehrdeutige. Genie ist damit das Vermögen, die arti-

---

[318] B 198, A 195, S. 417.

[319] Auch Walter Biemel etwa weist in *Die Bedeutung von Kants Begründung der Ästhetik für die Philosophie der Kunst*, S. 107, darauf hin, daß „Kants Einschätzung der Einbildungskraft im Laufe der Entfaltung seines Gedankengangs [in der *Kritik der Urteilskraft*] schwankt".

[320] B 195, A 192/3, S. 415.

kulatorischen ‚Spielregeln' der Sprache, der Künste und Wissenschaften[321] zu erweitern: dergestalt, daß die neuen Erfindungen exemplarisch zu werden vermögen.[322]

Anders gefaßt, die „geniale" Leistung besteht darin, die Linie zwischen Bestimmtem und Unbestimmtem neu und dergestalt anders zu ziehen, daß Spätere von da ab nicht umhinkönnen, daran anzuschließen.

Kants „Typologie" des Genies und damit der, in heutiger Terminologie, kreativen Ausnahmeleistung, beinhaltet also drei Komponenten, die alle zirkulär miteinander interagieren. Es ist 1), da „prä-" oder besser, „trans-begrifflich" operierend, nicht lehr- oder lernbar, verlangt „Talent"[323]; seine Produkte sind 2) selber jedoch exemplarisch, fungieren als Muster, Modell für Späteres, und 3) kann das „Genie" nicht angeben, wie es sie hervorgebracht hat, da sie nicht aus Regeln stammen; damit geschehen diese Prozesse unbewußt und unplanbar.[324] Deutlich sind hier die klassischen späteren Elemente von Kreativitätstheorien sämtlich schon versammelt: nämlich Neuheit, Nützlichkeit/Musterhaftigkeit, Unaussprechliches/Unnennbares („je ne sais quoi"[325]) und damit verbunden Unbewußtes. Dieser letzte Gesichtspunkt, die Unangebbarkeit von Regeln, führt Kant denn auch zu dem Schluß, daß „Genies" nur in der Kunst, nicht in den Wissenschaften vorkommen, da die wissenschaftlichen Geistesgrößen (Kants Beispiel ist Newton[326]) das Ergebnis ihrer Entdeckungen und deren Zustandekommen jederzeit darlegen könnten – eine vielfach kritisierte Annahme, die heute als rationalistisches Wissenschafts(miß)verständnis gelten muß.[327] – Zumal auch der Wissenschaftler seine herausragenden Eingebungen immer erst im Nachhinein rational rekonstruieren kann.

Fassen wir zusammen: Wir hatten das Kapitel zum 17. und 18. Jahrhundert, das in dieser Arbeit mit Kant kulminiert, begonnen mit dem Hinweis auf den Aufstieg und „Fall" der Stufenleiter der Erkenntnis. Aus der „monarchistischen" Aufstiegsleiter und mithin Hierarchie (das Sinnliche wird zugunsten des Rationalen „trockengelegt"; es gibt „inferiore" und „superiore" Erkenntnis) wird eine demokratische und gleichsam team-orientierte „Zwei-Stämme-Lehre" bei Kant. Damit hat er einen kreativen Schub im doppelten Sinne ausgelöst. Einerseits hat er das heutige Verständnis von Kreativität vorbereitet in Formen, die gerade angesprochen wurden. Andererseits, und dies ist Teil und zugleich Voraussetzung derselben Entwicklung, hat er das Konzept dessen, was Kognition, Erkenntnis ist, auf der Basis der Impulse Lockes, Humes und vor allem der hier erörterten Denker Leibniz, Wolff und Baumgarten neu gefaßt. Er hat durch das Salonfähig-Machen des Gedankens, daß Anschauungen und Empfindungen den unsichtbaren genealogischen Grund der Erkenntnis bilden, auch den zeitgenössischen Erkenntnisbegriff mit

321 Zu Kants Einschränkung, Genialität in den Wissenschaften betreffend, vgl. umittelbar unten.

322 In Kants Worten: ihre Originalität wird „musterhaft"; B 201, A 198, S. 419.

323 B 198, A 197, S. 418.

324 Vgl. hierzu B 182, A 180, S. 406 f.

325 Vgl. zur Geschichte dieser „logischen" Vorstellung Erich Köhler, „Je ne sais quoi. Ein Kapitel aus der Begriffsgeschichte des Unbegreiflichen".

326 B 185, A 182, S. 408.

327 Vgl. B 185, A 182/3, S 408; B 199, A 197, S. 418. Vgl. Eberhard Ortland, Artikel „Genie", S. 694. Gegen diese Kantische Einschätzung der Selbst-Transparenz der wissenschaftlichen Entdeckung stehen zahllose Selbstauskünfte von Physikern und Mathematikern wie Einstein, Poincaré, Heisenberg u.v.a. Vgl. dazu etwa Hadamard, *The Psychology of Invention in the Mathematical Field.*

vorbereitet, der Emotionen, Sinnliches und Körperliches beinhaltet.[328] Und wenn 200 Jahre später der Ethnologe, Kybernetik-Co-Entwickler und Erkenntnistheoretiker Gregory Bateson davon spricht, das A&O einer auf Erkenntnis ausgerichteten Observation sei die Erfassung des „feel",[329] des Gefühlseindrucks, so sind Kants Bestandsaufnahmen zur „Stimmung" und zum Auffangen und Kommunizieren des „schnell vorübergehenden Spiels der Einbildungskraft" rückwirkend wie von einem Echo aus der Zukunft bestätigt: als methodische Basis der Gewinnung von Analysekategorien zur Beschreibung der Entstehung von Neuem.[330]

Wie wir zeigten, gründen Kants Erkenntnistheorie und ihre Probleme samt der ihnen entspringenden Kreativitätskonzeption in einer ‚logischen' Inkompatibilitätsfigur, die jene der vorliegenden Arbeit spiegelt. Daß deren Formulierung aus zeitgenössischen Problemlagen und Terminologien gewonnen ist (Informationstheorie, Kommunikationstheorie, Moderne Logik, Sprachphilosophie, Symbol- und Medientheorie), zeigt indirekt, wie viel an zeitgenössischem Denken von Kant architektonisch vorbereitet worden ist. Nicht zuletzt ist der moderne Kreativitätsdiskurs von seinen Ausführungen zum „Genie" zentral geprägt; in gewisser Hinsicht ist Kant damit „gegenwärtiger" als die uns in anderer Hinsicht kreativitätstheoretisch näher stehenden Nachfolge-Stadien.[331] All dies wurde erst ermöglicht durch die beschriebenen Weichenstellungen in jenen ziemlich genau 100 Jahren von Leibniz' Descartes-kritischen „Meditationes" von 1684 bis hin zu Kants *Kritik der Urteilskraft* von 1790: eine Weichenstellung, in der die kontinuierliche, „analoge" Aufstiegsleiter der Erkenntnis – vom „Dunklen und Konfusen" zum „Klaren und Distinkten" – Konkurrenz bekam von einer binären Zwei-Stämme-Lehre – aus Aisthesis und Noesis, Ästhetik und Logik, Sinnlichkeit und Denken.

Wie geht diese Entwicklung weiter? Das Konkurrenzverhältnis und die Verbindung zwischen diesen zwei Erkenntnis-Modellen, des Kontinuierlichen und des Binären, ist ein Thema, das die Philosophie untergründig nie wieder verlassen hat und das mit dem Aufkommen des Computers und der Nachrichtentechnologie auch als analog/digital-Unterscheidung explizit prominent wurde. In dieser Zeit, genau in der Mitte 20. Jahrhunderts, ereignen sich die ersten Debatten über die Definition und das Verhältnis beider „Prozessierformen" (genauer, in der siebten der interdisziplinären „Macy-Konferenzen" von 1950[332]), und 1968 fand die Analog/Digital-Opposition erstmals systematisch Ein-

[328] Philosophisch findet dieser sich z. B. klar artikuliert in Nelson Goodman, *Sprachen der Kunst*, Kap. VI, neurophysiologische Bestätigungen dessen sind inzwischen Gemeinplatz; vgl. etwa Antonio Damasio, *Descartes' Irrtum* sowie *Ich fühle, also bin ich.*

[329] Gregory Bateson, „Experiments in Thinking About Observed Ethnological Material", in ders., *Steps to an Ecology of Mind* S. 81, deutsch *Ökologie des Geistes*, S. 125.

[330] Gerade Bateson zog denn auch in seinem Spätwerk, wie Kant in seinem Spätwerk, eine direkte Parallele von seiner Epistemologie zur Ästhetik, wobei bei ihm die Ästhetik die Antwort auf bestimmte Fragen der Epistemologie darstellt. Vgl. Bateson, *Wo Engel zögern (Angel's Fear) sowie* auch *Geist und Natur* (*Mind and Nature*).

[331] Hierzu zählen Hegel, Schiller, Schelling, Schlegel, generell die Romantik, mit ihrer noch weit expliziteren Betonung des Unbewußten, des Unaussprechlichen, des kreativen, spielerischen Oszillierens zwischen Sinn- und Sinn-Entzug etc. Vgl. Winfried Menninghaus, *Unendliche Verdoppelung. Die frühromantische Kunsttheorie im Horizont absoluter Selbstreflexion*; vgl. ferner Ruth Sonderegger, *Für eine Ästhetik des Spiels. Hermeneutik, Dekonstruktion und der Eigensinn der Kunst.*

[332] Vgl. Pias, *Cybernetics* I, inbes. S. 171–202.

gang in die Philosophie: in einem Werk, daß sich der logischen Verbindung von Epistemologie und Ästhetik, Erkenntnis und Künsten auf der Basis moderner symbolischer Logik verschrieben hatte.[333]

Auf der Basis dieser Verbindung sei nun direkt der Sprung in die jüngere Gegenwart des letzten halben Jahrhunderts angeschlossen.

[333] Nelson Goodman: *Languages of Art*.

5. Systematischer Hauptteil I: Die Logik der Zeichen und die Logik des Denkens. Vom anbrechenden Informationszeitalter zur zeichen- und medial vermittelten Gegenwart: Nelson Goodman und Fred Dretske

5.1 Das logische Gegenstück zum Logischen, oder: Die Einführung der analog-digital-Unterscheidung in die Philosophie

Unverhüllt ist das Wahre der diskursiven Erkenntnis, aber dafür hat sie es nicht; die Erkenntnis, welche Kunst ist, hat es, aber als ein ihr Inkommensurables.

Theodor W. Adorno, *Ästhetische Theorie*

In den beiden zurückliegenden historischen Hauptteilen hatte sich die Geschichte des Theoretisierens über menschliche „Kreativität" gezeigt als Nachdenken über die wechselseitige Konfrontation und Transformation von Endlichem und Unendlichem. Das begann in der vorliegenden Darstellung mit Platon, bei dem die Instanz des Daimon „Eros" sich als Fakultät herausstellte, die Neues hervorzubringen tendiert, und dies als eine Mittlerfigur, als Dolmetscher zwischen „unendlichen" Göttern und „endlichen" Menschen. Im Fall der platonischen manía, dem heiligen oder inspirierten Wahnsinn wiederum galt es, das „Hindernis" des *endlichen* Bewußtseins auszuschalten, um damit in jene Regionen geistiger Prozesse vorzustoßen, die operational „Neues", Unpräzediertes und von der Ratio bzw. Zensur Unkontrolliertes freizusetzen vermögen.[1] Mit Aristoteles wiederum nähert man sich dem gleichen Problem, aus nun weder theologischer noch psychologischer Sicht und doch logisch vergleichbar, insofern er ebenfalls eine ‚Dolmetscher'-Instanz, Verbindung statuiert, nun zwischen aisthesis und noesis: dem Wahrnehmen, Anschauen einerseits, dem ver*end*lichenden Abstrahieren, Denken, Logos, Gesetz andererseits. Hier sind es die phantasía und deren Produkt, das phantasma, welche diese Dienste leisten, und ohne welche jegliche Abstraktion und damit jegliche Erkenntnis unmöglich ist. Und obwohl die Geschichte dieser phantasía später imaginatio und noch später „Einbildungskraft" zugleich eine des *Verdachts* ist (auf Trugbilder, Täuschung,

[1] Man kann sich hier an Albert Einsteins Bemerkung erinnert fühlen, demzufolge „full consciousness is a limit case which can never be fully accomplished ... connected with the fact called the narrowness of consciousness (Enge des Bewußtseins)." Zitiert nach Jacques Hadamard, *The psychology of invention in the mathematical field,* S. 142.

Traum, Wahn)[2], ist sie dennoch innerhalb des menschlichen Geistes, seiner Entwicklung und seiner Darstellung vollkommen unverzichtbar. Und so läßt sich bei Aristoteles auch ablesen, daß phantasía und phantasmata ihre verbindende Zwischenstellung gerade dadurch ausüben können, daß sie ‚frei' Neues produzieren: eben von beiden Seiten nicht determiniert sind. Zu den modernen Termini für diesen Akt des Neues-Hinzufügens in der Produktion von Begriffen, Regeln, generell Erkenntnis gehören auch Induktion oder Abduktion (griech: apagoge); und wie man an dem durch Aristoteles hervorgebrachten Diskurs sieht, ist gerade das Unsichere, nicht Determinierte dieser Leistung die Bedingung ihres produktiven Potentials.

Kant wiederum hat, wie dargestellt, genau diese Problemlage aufgegriffen, sie in seiner Darstellung in der *Kritik der reinen Vernunft* in unübersehbarer Schärfe formuliert und in der *Kritik der Urteilskraft* ‚aufgelöst'[3]: in Form einer ‚Synchronisationstheorie', als oszillierend–spielende Übersetzungstätigkeit zwischen zwei Formen mentaler Aktivität, nämlich dem Medium des Begriffs seitens des Verstands einerseits und andererseits einem „schnell vorüberziehenden Spiel der Einbildungskraft"[4]. Eben diese logisch unmögliche Synchronisation leistet bei ihm der nicht lehrbare „Witz", „Geist" oder das „Genie"[5], insofern es, wie er es ausdrückt, „das Unnennbare in dem Gemütszustande bei einer gewissen Vorstellung auszudrücken und allgemein mitteilbar zu machen" vermag,[6] bzw. „zu einem gegebenen Begriffe Ideen aufzufinden, und andererseits zu diesen den Ausdruck zu treffen".[7]

Daß wir gerade hier, ausgehend von Kant und dem mit Nelson Goodman und Fred Dretske vollzogenen Sprung in die Darstellung der informations-, kommunikations- und symboltheoretisch beeinflußten Philosophie den Übergang in die „systematische" Darstellung vornehmen, liegt einerseits daran, daß die systematische Grundidee der Arbeit in Auseinandersetzung mit ebendieser Phase entstanden ist. Dagegen war das vorangehend Dargestellte aus der Perspektive der Entwicklung des vorliegenden Gedankengangs „logisch später", wenngleich historisch früher als das folgende. Es liegt andererseits daran,

2 Vgl. Jochen Schulte-Sasse, demzufolge der Begriff „über rund 2200 Jahre hin eine in der Hierarchie der psychischen Vermögen niedrige Fähigkeit bezeichnete und aus ontologischen, erkenntnistheoretischen und moralischen Gründen skeptisch betrachtet wurde". Artikel „Einbildungskraft/Imagination" der „Ästhetischen Grundbegriffe", S. 89.

3 Vgl. oben Kap. 4.3.

4 *Kritik der Urteilskraft*, § 49, B 198 ff., S. 418.

5 Kant benutzt die Termini Genie, Geist und Talent nicht sehr strikt voneinander geschieden, was aus der Herkunft des Begriffs vom französischen „Esprit" resultiert; vgl. etwa den Beginn und Verlauf von § 46 sowie § 49.

6 § 49, B 198 ff., S. 418.

7 Im Zusammenhang: Genie besteht „eigentlich in dem glücklichen Verhältnisse, welches keine Wissenschaft lehren und kein Fleiß erlernen kann, zu einem gegebenen Begriffe Ideen aufzufinden, und andrerseits zu diesen den Ausdruck zu treffen, durch den die dadurch bewirkte subjektive Gemütsstimmung, als Begleitung eines Begriffs, anderen mitgeteilt werden kann." § 49, B 198, A 195/6, S. 417 f. Und seine Ergänzung, „Das letztere Talent ist eigentlich dasjenige, was man Geist nennt" bestätigt die hier zugrundegelegte These: daß Kants Genie-Theorie artikuliert, was von jedem denkenden Menschen vorausgesetzt werden muß, sowie – weitergeführt zur größeren These dieser Arbeit – daß jegliche Erkenntnistheorie ebensowohl eine Kreativitätstheorie beinhalten muß.

daß eine *logische*, und darin eben mehr als historische Denk-Bewegung[8], welche sich durch Baumgartens Anstrengungen zu einem folgenreichen Ausdruck kondensierte, erst in der jetzigen, sprachphilosophisch und informationstheoretisch imprägnierten Phase mit einem verifizierbaren Anspruch auf Wissenschaftlichkeit artikulieren ließ.

Die Innovation nun, die im 20. Jahrhundert Nelson Goodman vornimmt, ist wiederum eine Reaktion auf das gerade dargestellte systematische Problem und seine historische Form.[9] Sie legt den Blick frei, zu sehen, inwiefern besagtes Inkommensurabilitätsverhältnis in die *Formate* unseres Denkens eingelassen ist, d. h., symbol-logisch begründet. Wie nicht selten, so wurde auch hier eine philosophisch-theoretische Neuerung angestoßen durch eine technisch-technologische: hier durch den Zusammenfall der amerikanischen Rüstungsforschung und -industrie um die Zeit des Zweiten Weltkriegs mit der Entwicklung des Computers. War das Paradigma des materiellen und technologischen Fortschritts bis dahin noch die Industrialisierung im Zuge der Aufklärung gewesen – bei Kant und im übrigen auch noch bei Freud schwingen in den psychischen Vermögen immer „Kräfte“ mit – so wird mit dem Aufkommen des Computers die *Information* der neue Schlüsselbegriff, samt dem Problem seiner *Kommunikation*. Es stellt sich als Frage nach Wiederholbarkeit, Kopie, Repetition. Anschaulich formuliert diesen neuen Geist der Mathematiker und „Kybernetik“-Begründer Norbert Wiener 1948:

> „If the seventeenth and early eighteenth centuries are the age of clocks, and the later eighteenth and the nineteenth centuries constitute the age of steam engines, the present time is the age of *communication* and control. There is in electrical engineering a split ... between the technique of strong currents and the technique of weak currents, which we know as the *distinction between power and communication engineering*. It is this split which separates the age just past from that in which we are now living. Actually, communication engineering can deal with currents of any size whatever ... what distinguishes it from power engineering is that its main interest is *not economy of energy but the accurate reproduction of a signal*.“[10]

Um diese Entwicklung auf unsere Ausgangsthematik abzubilden: Die akkurate Reproduktion, Wiederholung, Kopie und damit Kommunikation eines Informationsgehaltes schafft ein Setting, in dem sich die alte Frage nach dem „Klaren und Distinkten“ neu und anders stellt. Wieder geht es um Präzision, *accuracy*, aber nun nicht um Präzision der statischen Abbildung von Wahrheiten oder Sachverhalten, sondern Präzision der – die temporale Dimension einbeziehenden – *Wiederholung*. Damit ist der Fokus von der Darstellung und Abbildung von Zeichen – im Sinne ihrer *Operationalisierbarkeit* und darin Produktivität – verschoben zu einer scheinbar kleiner dimensionierten Problemlage, die aber dafür die Frage der zeitlichen und räumlichen Ausdehnung einbezieht: die der *Transportier-* und *Kopierbarkeit*.

Auf diese Neuerung im Problemdesign reagiert die Einführung der analog-digital-Unterscheidung in die Philosophie. Der Credit, sie geleistet und damit philosophisch folgen-

---

8 Wobei natürlich auch die Formulierung logischer Sachverhalte historisch konditioniert und wandelbar ist.

9 Denn hinter jeder historischen Problemlage liegt trivialerweise eine systematische, oder anders, jede systematische Problemlage kleidet sich in historisch bedingte Formen.

10 Norbert Wiener, *Cybernetics*, S. 50; Hvh. S. M.

reiche Weiterentwicklungen angestoßen zu haben, geht, wie gleich näher ausgeführt, an Nelson Goodman, die Art und Weise aber, wie sie sich hier niederschlug, ist mindestens doppelt, wenn nicht dreifach determiniert. Und man versteht das systematische Potential der Neuerung erst richtig vor dem Hintergrund ihrer historischen Entwicklung. In wenigen Sätzen: Die erste sich hier manifestierende Denk-Linie ist jene, die von Baumgarten ausgeht, seiner Bemühung, die „Fülle" des „Poietischen" über die Disziplin der „Ästhetik" wissenschaftlich dingfest zu machen – über Kant und Cassirer hin zu Goodmans symboltheoretischem „Konstruktionalismus". Dieser hat eine deutlich transzendentalphilosophische Seite: die Struktur – nun nicht mehr unserer reinen Formen der Anschauung und Kategorien, sondern unsere Symbolsysteme – bestimmt, was und wie wir denken und wie Welt sich uns präsentiert. Unsere Symbolsysteme ‚erzeugen' in diesem eingeschränkten Sinne unsere Welt.[11] Die zweite Linie wiederum ist in sich selbst gedoppelt. Es ist die Linie, die vom Wiener Kreis ausstrahlte und in die analytische Philosophie des anglo-amerikanischen Raums einging. Sie hat ihren doppelten Kern einerseits in Wittgenstein und dessen Einführung des „Zeigens", der (Ab-)„Bild"haftigkeit und „Übersicht"-lichkeit als Elemente gerade der *sprachlichen* Darstellung. Andererseits und noch folgenreicher gründet sie in dem auf Logik ausgerichteten Strang der sprachanalytischen Philosophie, die nicht als „ordinary language philosophy" antrat, sondern in die Richtung einer Idealsprache zielte. Die dritte Linie, die Goodman in seiner Philosophie ebenfalls beerbte, ist wie bereits angedeutet technologischen und zugleich stark interdisziplinären Ursprungs.[12] Es sind die, indirekt von der US-amerikanischen Rüstungsforschung finanzierten, interdisziplinären „Macy-Konferenzen"[13], in deren Verlauf und als deren Wirkung sich die Disziplin der „Kybernetik" zu einer interdisziplinären Bewegung auskristallisierte. Eine der vielen Definitionen ihrer war die „Wissenschaft von Steuerung und Kommunikation in Lebewesen und Maschine"[14] (oft als Steuerung *von* Lebewesen oder als ‚Roboterkunde' mißverstanden) – wobei die entscheidenden Theorie-Elemente in der Einführung von Feedback-Mechanismen (dem Rückkopplungsprinzip), der Grundgröße

---

11 Dargelegt ist dies in Nelson Goodmans *Ways of Worldmaking*.

12 Diese wurzelt in indirekter Weise in Leibniz; vgl. dazu Norbert Wiener, „Zurück zu Leibniz", in: ders., *Futurum Exactum. Ausgewählte Schriften zur Kybernetik und Kommunikationstheorie*, Hg. v. Bernhard Dotzler, S. 71–92.

13 Die Konferenzen wurden unter finanzieller Unterstützung der durch US-amerikanische Rüstungsgelder co-finanzierten Josiah Macy Jr. Foundation zwischen 1946 und 1953 jährlich in New York ausgerichtet; ihr ursprünglicher Titel lautete „Circular Causal, and Feedback Mechanisms in Biological and Social Systems". Die sich hier ausentwickelnde „Kybernetik" mitsamt des sie kennzeichnenden Feedback-Gedankens hatte ursprünglich bei Norbert Wiener nicht zuletzt der Berechnung von Flugbahnen feindlicher Flugkörper gegolten. Zu den interdisziplinär debattierenden Konferenzteilnehmern gehörten Norbert Wiener, John von Neumann, Gregory Bateson, Margaret Mead, Warren McCulloch, Walter Pitts, Arturo Rosenbluith, Paul Lazarsfeld, Lawrence Kubie, Stafford Beer, Heinz von Foerster, gelegentlich auch Claude Shannon, Max Delbrück und Erik Erikson. Die Konferenzen hatten zum ‚Programm', Ingenieurswissenschaften, biologische und soziale Systeme mittels gemeinsamer Analyse-Instrumente zu parallelisieren. Vgl. zur Geschichte, Wirkung und den von dort ausgehenden Schriften der Macy-Konferenzen Claus Pias, Kybernetik – Cybernetics Bd. I und II, darin auch eine ausführliche Einführung. Vgl. ferner unten Kapitel 6.

14 Norbert Wiener, zitiert nach Norbert Dotzler in: Norbert Wiener, *Futurum Exactum*, S. 6.

„Information", dem System-Ansatz und dessen technischen Abbildung und Materialisation seitens des Computers bestanden.[15]

Eben auf den Macy-Konferenzen wurde 1950 erstmals ausführlich interdisziplinär über die Definition und Differenz von „analog" und „digital" und ihrer beider Verhältnis gestritten.[16] Einen Hintergrund bildeten die damals vorhandenen sowohl ersten „digitalen" als auch „analogen" Computer, deren Entwicklung während des Zweiten Weltkriegs intensiv vorangetrieben worden war. Eben in dieser Zeit, Ende der 50er Jahre konzipierte Nelson Goodman jene Überlegungen, die zu einer Serie von Vorlesungen führten, aus welchen wiederum *Languages of Art* wurde: das Buch, in dem die Rede vom „Analogen" auch philosophisch erstmals eine Rolle spielte.[17] Dabei hing am Begriff „analog" letztlich wenig; Goodman hatte auch die Begriffe „kontinuierlich", „dicht" oder „stetig" in Gebrauch, die zwar nicht durchweg synonym, aber phänomenologisch ko-extensiv sind. Der Vorteil des Begriffs „analog" liegt darin, daß die „analog-digital"-Unterscheidung mittlerweile aus kommunikations- und medien-theoretischen wie -praktischen Gründen ins allgemeine Theoriebewußtsein gedrungen ist: niemand, der nicht durch neue digitale Meß- und Darstellungsgeräte wie Uhren und Musikanlagen-LCDs sowie durch die Umstellung von analogem Vinyl zu digitalen CDs und von digitalen Tasten zu analogen Touch-Screens mit der Differenz bekannt ist, in wie intuitiver Weise auch immer. Einen Ausgangspunkt ihrer Darstellung, an dem sich die Unterscheidung artikulierte, bilden in der Tat, ganz wie eben von Norbert Wiener zitiert, „clocks", allgemeiner: Meßgeräte.[18] Goodman ist mit seiner Allgemeinen Symboltheorie ein Kulminationspunkt aller drei Theorielinien, wie gleich noch deutlicher werden wird.

Eben die informationstheoretische Thematik der *Kopier-*, mithin *Wiederholbarkeit* und damit vor allem *Notierbarkeit* ist es also, die den Schlüssel für eine ganz andere Erscheinungsform der Genauigkeitsproblematik und damit auch des obigen Synchronisationsproblems lieferte. Wir erinnern uns, daß das Descartes'sche Erbe die *Präzision* (und damit auch die *Wahrheit*) auf der Seite des Klaren und Distinkten ansiedelte. Leibniz allerdings hatte bereits mit der Entdeckung des Infinitesimalen auf mathematischer wie psychologischer Ebene eine andere Seite zumindest theoriefähig gemacht[19], ohne sie jedoch als epistemologisches Element gegenüber der Operationalisierbarkeit des Finiten systematisch stärker auszubauen. Daher konnte vor allem Baumgarten (durch die Vorarbeit Wolffs) die Gegenseite einer möglichst maximalen Unterscheidung und Feinkörnigkeit ins Spiel bringen – etwas Defensives in seiner Argumentation dabei niemals ganz verlierend. Diese Defensivität des unablässig ins Spiel gebrachten Arguments, daß die Gegenseite des finit Differenzierten nicht nur ebenfalls der Präzision fähig ist, sondern in deren Dienst steht (wenn auch nicht im Dienste beliebiger Operationalität, Ablösbarkeit, Transportierbarkeit) – diese Position wurde nun, mit der neuen, aus den Kybernetik-

[15] Vgl. ebd., S. 4.

[16] Vollständig nachzulesen ist die initiale Debatte in Ralph W. Gerard, „Some of the Problems Concerning Digital Notions in the Central Nervous System" von 1950, abgedruckt in Claus Pias, *Cybernetics*, Bd. 1, S. 171–202.

[17] Er fungierte als Gegenbegriff zum „endlich Differenzierten" oder „Digitalen".

[18] Vgl. Nelson Goodman, *Languages of Art*, Kap. IV, 7. und IV, 8.

[19] Die psychologische und damit auch epistemologische Ebene des Infinitesimalen sind eben die „petits perceptions". Vgl. oben Kap. 4.1.4.

Diskussionen stammenden, und zunehmend interdisziplinär fruchtbaren Unterscheidung *zweier* Operationsformen philosophisch bestätigt.

In dieser Hinsicht bildete die Erstpublikation 1968 von Nelson Goodmans *Languages of Art* 1968 eine wahrhaft historische Zäsur; hatte die Philosophie sich doch gerade zur Zeit von Goodmans philosophischer Prägung, dem Aufleben des Logischen Empirismus und der analytischen Sprachphilosophie, wesentlich mit der Gegenseite der Sprache beschäftigt: demjenigen, was an der Sprache positivierbar ist: präzis, diskret strukturiert, logisch, klar und in gewisser Weise mathematisch.[20] Auch die Entwicklung einer „Idealsprache" war teilweise prominentes philosophisches Programm, explizit verfolgt von Philosophen wie Gottlob Frege und Rudolf Carnap.[21] Genau hieran knüpfte Goodman an, mit im Ergebnis allerdings entgegengesetzter Stoßrichtung. Mit ihm hat ausgerechnet ein Autor, der Carnap mehr als jedem anderen Philosophen verdankt, den Sprung über den Rubicon vollzogen: das Logische auch des scheinbar A-Logischen definierend dessen, was gerade nicht *distincte* ist, ohne deswegen aufzuhören, *clare* zu sein, mithin etwas, das in seiner Präzisions-Intention über das endlich Differenzierte hinausgeht. Dies ist die Problemlage, die sich von Baumgarten untergründig zu ihm fortgepflanzt hatte. Ihre von Goodman vorgeschlagene ‚Lösung' oder Auflösung ist die Formulierung des logisch Gesuchten als Denkformat, Darstellungsformat, Lesart – und vor allem: operationale Anweisung. Es ist das Format des „*Kontinuierlichen*", des „*Dichten*" – oder eben auch des „*Analogen*".[22] Gerade sein Ansatz bei der Dichte („density"), welche ein *mathematischer* Begriff ist, um das ‚Ästhetische' gegenüber dem ‚Notationalen' zu kennzeichnen, knüpft damit an Baumgarten an, um ihn zugleich zu überbieten. Baumgarten wollte das Ästhetische in den Rang des Wissenschaftlichen erheben, indem er es als „jüngere Schwester der Logik" qualifizierte, Goodman bindet es an die Mathematik.

> „Density, far from being mysterious and vague, is explicitly defined; and it arises out of, and sustains the unsatisfiable demand for absolute precision."[23]

Das Neue der in *Languages of Art* etablierten „Allgemeinen Symboltheorie" liegt also darin, das Analoge *positiv* zu bestimmen. Damit gelingt es dem Ansatz, eine alte philosophische Intuition, die sich vor allem bei Leibniz und Baumgarten in der Entwicklung jeweils neuer Theoriestücke niedergeschlagen hatte,[24] auf der Basis von Logik und Mathematik *logisch-rational* zu beschreiben. Das Dichte und das Digitale stehen sich jetzt symmetrisch und gleichberechtigt gegenüber; nicht mehr baut das Eine auf dem Anderen asymmetrisch auf. Präsentiert wird dies bei Goodman in Form seiner Allgemeinen Symboltheorie. Diese Theorie setzt sich aus drei interagierenden ‚Stücken' zusammen: der Notationstheorie, der hierzu komplementären ‚Theorie' des „Ästhetischen" sowie der Exemplifikations- und Ausdruckstheorie. In gewisser Weise beerbt erstere, die Notations-

---

20 Wir sahen allerdings bereits oben in Kap. 4.1, daß es immer eine Parallelgeschichte gab, die man ebenfalls durchgehend darstellen könnte, etwa anhand der Linie Leibniz-Schelling-Heidegger etc.

21 Man denke etwa an Freges *Begriffsschrift* oder an Carnaps *Der logische Aufbau der Welt* (1928).

22 Diese Termini sind, wie schon oben in der Einleitung (1.1) angesprochen, zwar nicht synonym, weisen aber für die hier vorliegenden Zwecke eine hohe ‚logische Familienähnlichkeit' auf.

23 Nelson Goodman, *Languages of Art*, S. 253.

24 Bei Leibniz waren dies „perceptions insensibles" bzw „cognitions insensibles"; bei Baumgarten die „Ästhetik"; vgl. zu Leibniz und Baumgarten oben Kap. 4.1. und 4.2.

theorie, den Carnap-Strang des Logischen Positivismus sowie außerdem die Kybernetik-Tradition; die zweite, die Theorie des Ästhetischen, beerbt die Kant–Cassirer Linie der „Symbolischen Formen", und die Exemplifikationstheorie den Nebenstrang Wittgenstein-Langer: der Entdeckung des „Zeigens" und dessen Wandlung zum „Präsentativen".[25]

In den folgenden Unterkapiteln werden die Details dieser Goodman'schen Theoriestücke genauer vorgestellt; sie werden ferner um einige informationstheoretische Elemente Fred Dretskes ergänzt, die für die Entwicklung unserer Grundidee weiterführende Bedeutung haben.[26]

Abschnitt 5.2 stellt zunächst die Grund-Unterscheidungen der *Notationstheorie* vor, welche bei Goodman vor allem die Funktion haben, seine *symboltheoretischen* Termini einzuführen. Hierzu gehören sehr wesentlich die logischen Gegenbegriffe zum Notationalen: jene Charakteristika des „Ästhetischen", vorgestellt in Abschnitt 5.3. Diese als nicht schlicht „rätselhafte" (man denke Adornos „Rätselcharakter") oder mystische, sondern gerade in ihrer Vieldeutigkeit logisch präzise artikulierbare Konzepte zu erweisen, ist ein wesentlicher systematischer Anspruch der Allgemeinen Symboltheorie. An dessen Darstellung schließt der besagte informationstheoretische Exkurs zu Fred Dretske an, der die logischen Konsequenzen einer Transformation unter unterschiedlichen symbolischen Formaten noch genauer zu denken ermöglicht – allerdings ohne selbst die Konsequenzen dessen vollständig gezogen zu haben (5.4). Hier jedenfalls, in den Formulierungen Dretskes, zeigt sich die im Zusammenhang mit Kant angesprochene Synchronisationsproblematik in neuer und deutlicher Perspektive. Und schließlich läßt sich aus dem Dargelegten die in dieser Arbeit immer wieder in Anspruch genommene Idee des „Inkommensurablen" zwischen den unterschiedlichen Formaten des Symbolisierens und mithin Denkens herauspräparieren, samt der in diese notwendig eingebauten kreativen, überschießenden, Neues produzierenden Elemente (5.5).

5.2 Das Paradox der endlichen Differenziertheit. Die Geburt der Notationstheorie aus dem Problem der Wiederholbarkeit der Zeichen

Goodman setzt die Analyse von Symbolsystemen radikal bei dem, wie wir sahen, informationstheoretisch induzierten Problem ihrer Wiederholbarkeit, Reproduktion an und damit dem der Transportation und Transformation von Information durch Raum und Zeit. Strenggenommen nun wiederholt sich gar nichts, auch kein Zeichenvorkommnis: Notationen legen fest, was als Wiederholung gilt. Die notationalen Ziele sind daher, wie oben angedeutet, Präzisierbarkeit, d. h. Kopierbarkeit, Operationalisierbarkeit, Abstrahierbarkeit, Objektivierbarkeit. Alle diese Eigenschaften verlangen eine bestimmte Basis-Struktur oder Syntax; sie wird gleich beschrieben. Goodmans Notationstheorie dient dazu,

[25] Vgl. hierzu Susanne K. Langer, *Philosophy in a New Key*, Kap. IV.

[26] Dabei greift diese Arbeit, anders als im Falle Goodmans, selektiv nur auf einen eng begrenzten Gesichtspunkt der Dretske'schen Theorie zurück; sie teilt nicht bestimmte seiner informationstheoretischen Grundannahmen: etwa die der strikten Trennbarkeit von Perzeption und Kognition. Vgl. unten Kap. 5.4.

Äquivalenzrelationen unter Zeichen herzustellen:[27] festzustellen, was für ihre Reproduktion als konstitutiv gilt, kurz: im konkreten Einzelfall einer Symbolisation die Kriterien von Identität zu stiften. Hierzu wird ein – endlich differenziertes, also „digitales" – Symbolschema verlangt. Und obwohl die Notationstheorie bei ihm am Modell der Musiknotation dargelegt wird, ist sie alles andere als eine Musik-Theorie oder auch nur eine Theorie der Kunst oder der idealen Symbolisationsform.[28] Vielmehr ist die Musiknotation schlicht eine besonders geeignete Illustration: nicht nur, weil hier das Phänomen des Transitorischen und damit stets (Re-)Produktionsbedürftigen von Zeichen besonders auffällig ist, sondern auch, weil gerade im Falle Moderner Musik eine enorme Varietät von Notationssystemen existiert: was sinnfällig macht, daß ‚Identität' unter Zeichen vollständig (zweck-)relativ ist. *Je nach Kontext können die phänomenologisch unterschiedlichsten Symbol- oder Klangvorkommnisse als identisch gelten* – das entsprechende Notationssystem vorausgesetzt!

Die Begriffe „Notation" wie „digital" sind nun doppeldeutig hinsichtlich der Frage nach Notations*schema* oder Notations*system*. Was unterscheidet beide, Symbol*schemata* von Symbol*systemen*? Zunächst: Der Begriff „Symbol" umfaßt im weitesten Sinne alles mit dem der Mensch sich artikuliert, ausdrückt, Welt und Selbst (er)faßt und – so zugleich konstituiert. Neben den üblichen Formen wie Sprache, Zahl, Schrift, Bild, Skulptur etc. zählen auch Tanz, Musik, Gestik, Mimik und gewöhnliche Alltagsgegenstände dazu: im Prinzip kann alles alles andere symbolisieren, Teil eines Symbolsystems werden, der entsprechende Kontext vorausgesetzt.[29] Symbol*systeme* nun bestehen aus einem Symbol*schema* (dem Set verfügbarer Zeichen-Charaktere) plus seinem Anwendungsbereich: jenem Bereich von Gegenständen oder Sachverhalten, auf den die Zeichen bezugnehmen.

Die Unter-Einheit ist also das Symbol*schema* bzw., im Fall von Notationen, das Notations*schema* Es besteht aus dem konkret auftretenden materialen Zeichen, dem „token" oder der „Marke" sowie dem „type", oder „character": der Abstraktionsklasse, dem ein solches konkretes Zeichen zugeordnet ist (*wenn* es denn einem solchen zugeordnet ist[30]).

---

[27] Ein terminus-technicus hier ist „character-indifference". Vgl. zu den Darlegungen des folgenden insbesondere Nelson Goodman, *Languages of Art*, Kap. IV 1.: The Theory of Notation, 1: The Primary Function.

[28] Vgl. Simone Mahrenholz, *Musik und Erkenntnis*. – Besagte Irrtümer sind in der Sekundärliteratur begangen worden; Koppe zum Beispiel etwa mißverstand Goodmans „ideales Notationssystem" als „ideales Symbolisationssystem" (Franz Koppe, *Perspektiven der Kunstphilosophie*, S. 81, 87), und jüngst kritisierte Andrew Bowie Goodmans Notationstheorie dafür, daß ihr zufolge etwa Artur Schnabel niemals eine Beethovensonate gespielt habe, da er stets falsche Töne in seine Interpretationen mischte. Vgl. Andrew Bowie, „Was heißt ‚Philosophie der Musik'"?, S. 5.

[29] Vgl. Goodman, *Languages of Art*, S. xi f.

[30] Nach Goodmans Symbolbegriff ist dies keinesfalls immer der Fall, insbesondere nicht für ästhetische, oder allgemeiner, pikturale Zeichengebilde.

Symbolschema = konkretes Zeichen plus Zeichen-Abstraktions-Klasse

Ein Symbolschema sieht also im Fall der Buchstaben so aus:

Zeichen	=	„Z" + „E" + „I" + „C" + „H" + „E" + „N"
(konkret)		(abstrakt)
marks (oder *token*)		*characters* (oder *types*)

Kein Symbol bzw. Zeichen nämlich funktioniert isoliert, sondern immer nur als Teil eines Symbolschemas: eines Sets von Alternativen. Jedes konkret auftretende Zeichen bringt immer das ganze Schema, die ganze Ordnung (von Alternativen) mit, innerhalb dessen es existiert und aus dem es seinen Wert bezieht. Das Schema bestimmt die innere Struktur oder „Syntax" des Symbolsystems und besteht aus *zwei Ebenen*: der Ebene der konkret auftretenden Zeichen (Marken, Laut-Äußerungen, token) – und der Ebene der *characters* (types), der impliziten Alternativen von Zeichen, aus denen die konkrete Marke stammt.[31] Man kann dies auch die *Sortierung* oder *Geordnetheit* des Schemas nennen. Ein Symbol*system* enthält nun ein Symbolschema plus dessen Anwendungsbereich, in anderen Worten, es setzt fest, wie sich der Zeichenkomplex auf die Welt bezieht.

Symbolsystem = Symbolschema plus Anwendungsbereich

oder auch:

Symbolsystem = Zeichen plus WELT

Wenden wir dies nun auf Notationen an:
Im vorliegenden Fall, dem der Schrift, haben wir bereits ein *notationales* Schema. Eine konkrete Marke (Token) bezieht ihre Bedeutung aus dem Gesamtsystem der vorhandenen Buchstaben-*Typen*, und einen Buchstaben als einen solchen zu erkennen oder lesen heißt, Alternativen auszuschließen. (Ein a kann nicht zugleich als ein ‚a' und ein ‚d' gelesen werden.) Eben dies wird von den ersten beiden syntaktischen Erfordernissen garantiert.

Hier sind die fünf Erfordernisse an ein Notationssystem im Überblick. Deren ersten beide betreffen das notationale Schema (die „Syntax"), die letzten zusätzlich den Anwendungsbereich (daher „Semantik"[32]) und mithin das vollständige System.

1. *syntaktische* Diskunktivität
2. *syntaktische* endliche/finite Differenziertheit

---

3. *semantische* Unambiguität
4. *semantische* Disjunktivität
5. *semantisch* endliche Differenziertheit

[31] Vgl. für das folgende *Languages of Art*, Kap. IV., insbes. 2.–6.

[32] Goodman hat sehr unambitiöse Begriffe von Syntax und Semantik. Erstere bezeichnet schlicht die Relation von Marke und Charakter, oder type und token – und damit die Sortiertheit des Schemas, letztere bezeichnet die hinzutretende Ebene der Bezugnahme.

Konkreter:

1. Syntaktische Disjunktivität bedeutet gleichsam eine ausschließende *entweder-oder-Logik*. Es heißt: jedes konkrete Zeichen (*mark, token*) darf *nur einem* Charakter (*type*) zugehören, nicht beiden oder mehreren: in diesem Sinne ist die Relation disjunktiv.

Gehört die Marke ‚d' dem Charakter ‚d' oder vielleicht doch eher ‚a' an? Diese Entscheidung ist bei Notationen zwingend; in unklaren Fällen stiftet oft pragmatisch der Kontext: beispielesweise im Fall von Bdum.

2. Syntaktisch endliche Differenziertheit („finite differentiation") ist das logische Mittel, besagte Disjunktivität (*entweder-oder*) zu erreichen. *Endlich* differenziert heißt: *nicht jeder Unterschied darf zählen*. So macht gerade *nicht* jeder winzige Unterschied in der Hals-Länge dieser Marke d bereits ein anderes Zeichen aus; insofern: *finite* Differenziertheit. Diese meint: es ist im Prinzip entscheidbar, zu welchem Charakter eine Marke gehört.

Die ersten beiden, die *syntaktischen* Erfordernisse bilden ein Notationsschema. Dieses liegt etwa im Fall des sprachlichen Alphabets vor. Sind zusätzlich auch die drei semantischen Erfordernisse erfüllt, haben wir ein Notationssystem. Daraus ergibt sich der wichtige Punkt, daß „notational" zweideutig ist, insofern nicht jedes notationale Schema auch ein notationales System ist – wie sich etwa am prominenten Beispiel der Sprache zeigt: die nur syntaktisch notational, also nur ein Notations*schema* ist.

3. Semantische Unambiguität: Kein Zeichen darf zu mehr als einem Anwendungsbereich gehören. (Dies wird etwa von der Sprache verletzt: das Zeichen „Bank" etwa kann als Referenzbereich Sitzmöbel wie z. B. Geldinstitute beinhalten.)

4. Semantische Disjunktivität: Die Bereiche der Bedeutung eines Zeichens dürfen sich nicht überlappen (also, ein- und derselbe Gegenstand darf nicht zwei unterschiedlichen Zeichen zugeordnet sein (von der Sprache ebenfalls verletzt: ein bestimmtes Gemüse etwa wird als „Mohrrübe" oder „Karotte" korrekt bezeichnet).[33]

5. Schließlich semantisch endliche Differenziertheit: Es muß stets möglich sein, zu bestimmen, zu *welchem* Zeichen ein konkret auftretender Gegenstand im Anwendungsbereich gehört. Dies wird wiederum dadurch erreicht, daß nicht jeder Unterschied gilt, nicht für jede Differenz potentiell Zeichen zur Verfügung stehen:[34] in diesem Sinne *endliches* Differenzieren.

Erst die fünf Erfordernisse zusammen garantieren die zentrale Funktion eines Notationssystems, Identität von Zeichen – und von Zeichen-und-Referenz – durch eine im Prinzip endlose Kette von Schritten vom konkreten Symbol zum Gegenstand und wieder zurück zum Symbol zu gewähren. Die klassische Musiknotation, das bekannteste wenn auch

---

33 Die Sprache ist ferner auch darum kein Notationssystem, weil sie Begriffe unterschiedlicher Allgemeinheitslevels miteinander kombiniert – ein Notationssystem hat nur eine Allgemeinheitsebene.

34 Wäre jeder noch so winzige Unterschied bezeichenbar, so wäre nicht mehr klar zu sagen, ob der Gegenstand von diesem oder nicht doch eher von dem anderen Zeichen korrekt bezeichnet wird: damit wäre die primäre Funktion der Notationalität, *Identität in der Reproduktion zu sichern*, torpediert.

nicht perfekte Beispiel für Notationssysteme, ist so gestaltet, daß nicht nur aufgrund einer Partitur eine Aufführung möglichst präzise bestimmt ist, sondern daß vor allem auch von einer Aufführung aus im Prinzip eine Partitur erstellbar wäre.[35] An der Sprache ist die syntaktische Notationalität ebenfalls gut sichtbar: eine imaginierte Kette vom Diktat zur Mitschrift, von dieser wieder zum Diktat$_2$, zurück zur Mitschrift$_2$, von dieser aus zum Diktat$_3$ etc. läßt zu einem hohen Grad Identität des Textes erwarten.[36]

Die beiden Paradebeispiele für Notationalität – Sprache für ‚syntaktische', Musik für zusätzlich auch ‚semantische' Notationalität – verdeutlichen, inwiefern es bei dem theoretischen Instrument „Notationstheorie" um Kopierbarkeit geht, um Wieder- und Neu-Erschaffung von Zeichenhaftigkeit: aus dem Umstand ihrer Transitorik geboren. Und während etwa Jacques Derrida zur gleichen Zeit wie Nelson Goodman auf die informationstheoretische Herausforderung mit seinem Konzept der „différance" komplementär reagierte, d. h. die Seite der buchstäblichen Unmöglichkeit von Kopie und Identität akzentuiert und radikalisiert hat (ihm zufolge ist kein Begriff, kein Zeichen zweimal identisch verwendbar, ist eine „Kopie" strenggenommen unmöglich), interessiert sich Goodman *gerade auf dieser Basis* für die pragmatische Aufgabe der *Herstellung* von Identität und Kopierbarkeit, welche in jedem Akt des Sprechens und Kommunizierens vorliegt und mit unterschiedlichen Präzisions- oder Freiheitsgraden gelöst wird.[37]

Das Paradox des Begriffs der „Differenziertheit", welche Eigenschaft die Basis des Notationalen und der Identitäts-, Wiederholungs- und Kopie-Stiftung ist, liegt also darin, daß mit der Konstatierung von Differenzen gerade an ein Ende gelangt werden muß: weitere Differenzen ignoriert werden müssen, um eine Anschluß-Operationalität im Kommunizieren bzw. in der Informationsübertragung zu gewährleisten. Die klassische Optik wird also umgekehrt: nicht geht es um die Frage: wie ist Identität zu garantieren, sondern: unter welchen Bedingungen und Toleranzen ist man im konkreten Fall bereit, Identität zu konstatieren.

Identität und Differenz – eines Zeichens, eines Begriffs, einer Kopie – stehen notationstheoretisch also gerade nicht in Opposition zu einander, sondern Identität kann nur auf der Basis von Differenz und durch diese hindurch hergestellt werden – so daß ein logisch präziserer Begriff die „character-indifference" ist. Artikulierbar wird dies durch die Differenz von *type* und *token*: die Differenz auf der *token*-Ebene wird zur Basis der Identitäts-Stiftung auf der *type*-Ebene.[38] Während Goodman also pragmatisch die Bedingungen kommunikativer Operationalisierbarkeit analysiert (die „was *ist* ...?"-Frage

---

35 Ausführlich dargestellt und kritisch kommentiert ist Goodmans Notationstheorie und ihre Anwendung in: Simone Mahrenholz, *Musik und Erkenntnis*, Kap. I – III.

36 Das Postleitzahlensystem ist ebenfalls ein – primitives – Beispiel für ein Notationssystem: auf Zahlen basierend ist es evidenterweise syntaktisch endlich differenziert und disjunktiv, und da keine Überlappungen im Anwendungsbereich erlaubt sind (keine Region gehört zwei Postleitzahlen zu, und es ist entscheidbar – nämlich festgelegt – zu welcher Zahl jede Region gehört), sind auch die semantischen Erfordernisse erfüllt.

37 Vgl. Simone Mahrenholz, „Nelson Goodman und Jacques Derrida. Zum Verhältnis von (post-)analytischer und (post-)strukturalistischer Zeichentheorie".

38 Heraklits Aussage „Man steigt nicht zweimal in denselben Fluß" arbeitet ebenfalls mit dem Unterschied von token (hier: denselben als das konkrete Wasser) und type (hier: Fluß als Abstraktionsklasse).

durch die „was *tut* ...?"-Frage ersetzend[39]), fällt der Metaphysik-Kritiker Jacques Derrida seine korrekte Diagnose der ständigen Verschiebung und Prozessualität von Zeichen und deren Bedeutungen von metaphysisch-theoretischer Perspektive aus.

Dies heißt nun allerdings keineswegs, daß symboltheoretisch die Seite der Differenz ausgeblendet würde. Im Gegenteil, sie wird logisch auf der Gegenseite des Notationalen angesiedelt und bestimmt: dem „Ästhetischen". Dies wird im folgenden dargestellt.

5.3 Das Ästhetische als Ausdruck des unabschließbaren Impulses nach absoluter Präzision

Eine zentrale systematische Bedeutung von Goodmans Notationstheorie liegt darin, daß sie indirekt des Ästhetische definiert: über die impliziten logischen Gegenbegriffe zum Notationalen. Daß diese Leistung, eine *logische* Charakterisierung des *Ästhetischen*, zu welcher auch eine präzise referenztheoretische Neu-Beschreibung des alten ästhetischen Problems des „Ausdrucks" gehört[40], überhaupt zustande kam, mag auch mit dem Umstand zusammenhängen, daß Goodman die zehn Jahre des Verfassens seiner Dissertation als Kunsthändler in der Walker-Goodman Art Gallery in Boston finanzierte[41]: daß also eine Expertise in Sachen Bildender Kunst zu den Überlebens- und Schaffens-Bedingungen seiner Arbeit gehörte.

Goodman stellt eine ebenfalls fünf Punkte umfassende Kasuistik des Ästhetischen auf: nun jedoch nicht im Sinne logisch notwendiger und hinreichender Bedingungen, sondern im Sinne von „Symptomen". Im Unterschied zum Notationalen qualifiziert hier das Auftreten bereits eines von ihnen ein Symbolsystem als „ästhetisch" – was allerdings das Ästhetische nicht zu einem relativen Begriff macht, im Sinne von: je mehr „Symptome" vorliegen, desto ästhetischer.[42] Diese Merkmale sind:

1. syntaktische Dichte
2. semantische Dichte
3. relative syntaktische Fülle (*repleteness*)
4. Exemplifikation
5. multiple und komplexe Bezugnahme.[43]

Der hier zentrale Begriff ist Dichte (*density*): Gegenbegriff zur „endlichen Differenziertheit", in anderen Worten, eine kontinuierliche Struktur – im Unterschied zu Diskretheit und Disjunktivität. Dichte wird hier wie folgt definiert:

---

39 Vgl. zu dieser Ersetzung auch Nelson Goodman, *Weisen der Welterzeugung*, Kap. III.

40 Vgl. hierzu unten Kap. 5.5.

41 Catherine Z. Elgin, Israel Scheffler, Robert Schwartz, Nelson Goodman 1906–1988 (Nachruf), S. 210.

42 Vgl. für das folgende *Languages of Art*, S. 252–255, *Ways of Worldmaking*, S. 67–70.

43 *Languages of Art* nennt noch vier „Symptome des Ästhetischen", das fünfte trat in *Ways of Worldmaking* hinzu (S. 67 ff.).

> „A scheme is syntactically dense if it provides for infinitely many characters so ordered that between each two there is a third.[44] … [When] a scheme has no gaps [it] may be called dense *throughout*."[45]

Dichte ist also bestimmbar als: ‚zwischen allen zwei Zeichen befindet sich ein drittes', was gleichbedeutend ist mit: ‚*jeder Unterschied zählt*'. Dabei ist zu beachten, daß Dichte nicht durchgängig vorliegen muß – in einem „dichten" Symbolsystem bzw. Zeichenkomplex können Zonen mit Lücken existieren. Dichte sowie ihr Gegenstück der Diskontinuität sind ferner keine metaphysischen oder ontologischen Gegebenheiten, sondern eine Frage der Lesart[46], in anderen Worten: der Sortierung (*ordering*) des vom Kontext abhängigen aktiven Symbolsystems.

Auch Dichte liegt – wie ihr Gegenstück das Notationale – syntaktisch *und* semantisch vor. Das Auftreten des einen impliziert nicht die Anwesenheit des anderen:

- *Syntaktische Dichte* bedeutet, daß ein Schema unendlich viele Zeichen bereitstellt: so sortiert, daß zwischen beliebigen zweien von ihnen immer ein drittes liegt. Ein Symbolschema also, das nicht disjunktiv ist, ist syntaktisch dicht.[47] Synaktische Dichte ist charakteristisch für diverse nicht-sprachliche Systeme und eine Eigenschaft, die Gemälde oder auch Zeichnungen von Partituren und Scripten unterscheidet.[48]
- *Semantische Dichte* impliziert: jeder minimale Unterschied im Zeichen bedeutet einen Unterschied im Anwendungsbereich; sie verbindet Sprachen und Gemälde und unterscheidet Zeichnungen und Skripte von Partituren.[49] Sprache, mit der sich, entsprechende Zeit bzw. Raum vorausgesetzt, feinste Nuancen beschreiben lassen, ist in dieser Hinsicht *semantisch* dicht. (Syntaktisch ist sie, wie wir sahen, ein notationales Schema.)
- *Relative syntaktische Fülle* meint: ein Symbol symbolisiert in mehr als einer Hinsicht. So sind bei einer Zickzacklinie auf schwarzem Grund, die beispielsweise den Mount Fujiyama von Hokusai darstellt[50], eine Fülle von Aspekten von symbolisierendem Belang: darunter die Pinselstrich-Dicke, die Farbe des Papiers, die Schwarz-Nuance der

---

44 *Languages of Art*, S. 136. Weiter: „Such a scheme may still leave gaps, as when the characters correspond to all rational numbers that are either less than 1 or not less than 2. In this case, the insertion of a character corresponding to 1 will destroy density." (Das Zeichen 1 paßt nicht zu einem dichten Schema, „alles unter 1 und über 2" jedoch sehr wohl.)

45 *Languages of Art*, S. 136. Vgl. ferner ebd.: „the ordering in question is understood as to be such that any element lying between two others is less discriminable from each of them than they are from each other. … The distinction between density or compactness and continuity – between the rational and the real numbers – need not trouble us much here; for a dense scheme, whether continuous or not, is undifferentiated in the extreme."

46 Goodman: „‚Dense" and ‚discontinous' are of course short for ‚densely ordered' and ‚discontinuously ordered': a given set may be dense under one ordering and discontinuous throughout under another". *Languages of Art*, S. 137, Fußnote.

47 Technischer gesprochen: „the ordering in question is understood as to be such that any element lying between two others is less discriminable from each of them than they are from each other", *Languages of Art*, S. 136.

48 *Languages of Art*, S. 252.

49 Ebd.

50 Zu diesem Beispiel vgl. *Languages of Art*, S. 229 f., *Ways of Worldmaking*, S. 68.

Tinte, die Größe des Formats, die Farbschattierung des Hintergrunds, die Struktur des Untergrunds und andere. Bei derselben Kurve, verstanden als Börsen- oder Fieberkurve, zählt hingegen nichts als die Ordinate über der Abszisse.[51]

- *Exemplifikation*, das *Vor*weisen, Stehen-für oder *Zeigen* im Unterschied zur Denotation oder dem *Ver*weisen, wird im übernächsten Abschnitt 5.5 ausführlicher diskutiert; es beinhaltet auch expressive Eigenschaften und ist klarerweise ein Merkmal, bei dem jede Nuance zählt.
- *Multiple und komplexe Bezugnahme* schließlich beinhaltet, daß ein Symbol auf diverse Weisen gleichzeitig bezugnimmt und darunter auch konfligierende bzw. einander widersprechende Botschaften aussenden kann.[52]

Deutlich wird: sämtliche dieser Züge des Ästhetischen sind klar definiert. Sie zielen nicht auf Vagheit, sondern im Gegenteil auf größtmögliche Genauigkeit:

> „All these features call for maximum sensitivity of discrimination. Syntactic and semantic density demand endless attention to determining character and referent, given any mark of the system."[53]

Dies ist zweifellos eine treffende Charakterisierung der ästhetischen Einstellung. „Dichte", relative syntaktische Fülle und multiple Bezugnahme sind Ausdruck des Bedürfnisses bzw. der Notwendigkeit, immer *noch genauer* zu differenzieren: die Folge ist Unabschließbarkeit der Analyse. Die „Unendlichkeit" oder Unausschöpfbarkeit eines Kunstwerks (des ästhetischen Symbolisierens allgemein) ist also – und dies ist unter den ästhetischen Theorien genuin neu – symbol-*logisch* identifizierbar:

> „Impossibility of finite determination may carry some suggestion of the ineffability so often claimed for, or charged against, the aesthetic. But *density*, far from being mysterious and vague, is explicitly defined; and it arises out of, and sustains the unsatisfiable demand for absolute precision. ... ‚Ineffability' upon analysis turns into density rather than mystery".[54]

Charakteristische traditionsreiche Bestimmungen des Kunstwerks wie „Unaussprechbarkeit" und „Rätselcharakter", aber auch Unbestimmtheit, Vagheit werden hier über die Bestimmungen der syntaktischen und semantischen Dichte und relativen Fülle aufgelöst und in eine Bestimmung überführt, die *logisch* qualifiziert ist.

Damit ist zugleich der Begriff des „Analogen" etabliert; es definiert sich durch Dichte. Doch verlangen die Ausdrücke ‚analog' und ‚digital' eine gewisse Vorsicht:

> „perhaps the best course is to try to dissociate them from analogy and digits ... and distinguish them in terms of density and differentiation ... A symbol scheme is analog if

---

51 In diesem Fall – ein Schema – ist das Symbolsystem „attenuated", ausgedünnt. Vgl. hierzu *Languages of Art*, S. 252, *Ways of Worldmaking*, S. 68, 69.

52 Dies findet sich deutlich in Malerei und Musik: in letzterer kann eine konkrete gespielte Note zugleich Bestandteil der Melodie, der Harmonie, des Rhythmus, der Klangfarbe und mehr sein. Zum Konfligierenden simultaner Symbolisation hat Oliver Sacks in seinem Buch *Der Mann, der seine Frau mit einem Hut verwechselte* diverse Beispiele geliefert: vgl. zu diesem Gesichtspunkt auch unten 5.5.

53 *Languages of Art*, S. 253

54 Ebd.

> syntactically dense; a system is analog if syntactically and semantically dense. Analog systems are thus both syntactically and semantically undifferentiated in the extreme: for every character there are infinitely many others such that for some mark, we cannot possibly determine that the mark does not belong to all, and such that for some object we cannot possibly determine that the object does not comply with all. A system of this kind is obviously the very antithesis of a notational system. ... a system is analog only if dense. ... The real virtues of digital instruments are those of notational systems: definiteness and repeatability of readings."[55]

Hier zeigen sich also zwei Formen der Genauigkeit: das Analoge oder syntaktisch Dichte liegt im Interesse grenzenloser Präzision, das Digitale oder (endlich) Differenzierte sucht Abschließbarkeit und Wiederholbarkeit, d. h., Kopierbarkeit. Diese ‚Dialektik' war uns bereits in der Auseinandersetzung mit Baumgarten begegnet: wir hatten sie in Anlehnung an sein Vokabular als jene von „determiniert" versus „distinkt" beschrieben. Symboltheoretisch taucht sie hier wieder auf – etwa in Gestalt von „Exaktheit" versus „Korrektheit" – wenn am Beispiel des *Messens* der Versuch, steigende Genauigkeit und wachsende „Dichte" durch das Hinzufügen von Dezimalzahlen herzustellen, dazu führt, daß „*exactness is improved* but our ability to establish *correctness diminished* as we carry our answer to more and more decimal places".[56]

Digitalisieren heißt also Finitisieren: mit dem Unterscheiden irgendwann abbrechen. Dies ist die „kritische" im Sinne von unter-scheidende Gegenposition zum Ästhetischen: dem nicht-endlichen Differenzieren, bei dem wir das Ergebnis buchstäblich nicht *feststellen* können – und damit auch nicht wiederholen – wie sich auch ein Gemälde nicht wiederholen, im Sinne von exakt kopieren läßt.

Das Digitale ist nun, wie sich unschwer am (Parade-)Beispiel des digitalen Messens sehen läßt, nichts anderes als Unterschiede *löschen*. Will man die Geschwindigkeit der 100-m-Läufer messen, gilt es die Anzahl der Stellen hinter dem Komma zu limitieren: die Messung also irgendwann *abzubrechen*. Es gilt, *Präzision zu minimieren im Dienste der Präzision*. Hier liegt das beschriebene Paradox der Präzision. Doch klar ist: würden wir die Differenzierung nicht begrenzen, bestünde die Welt für uns ausschließlich aus Einzelfällen, und die Etablierung von Erfahrung, Regularitäten, Extrapolationen und subsumierenden Begriffen wäre nicht möglich.[57]

Diese Verbindung im Ästhetischen von Singulärem und Exemplarischen hatte bereits Baumgarten gesehen und ausführlich thematisiert[58]: gerade hinsichtlich der Bedeutung von Beispielen für die Erkenntnis. Goodman macht daraus, Baumgarten überbietend, sogar eine eigene Form der Bezugnahme: die Exemplifikation. Sie wird im übernächsten Abschnitt (5.5) ausführlicher thematisiert. Zunächst jedoch sei die Kreativitätsthematik symboltheoretisch unter dem Gesichtspunkt der Transformation bzw. Synchronisation logisch unterschiedlicher Symbolsysteme betrachtet, samt der ihr eigenen Indeterminiertheit und potentiellen Produktivität.

---

55 *Languages of Art*, S. 160 f.

56 *Languages of Art*, S. 235, Hvh. S. M.

57 Jorge Louis Borges hat diese Form der Welt-, Wahrnehmungs- und Sprech-Organisation in seiner Erzählung von Funes in „Das unerbittliche Gedächtnis" festgehalten.

58 Vgl. Baumgarten, *Meditationes philosophicae de nonullis ad poema pertinentibus*, § 21, 22 sowie dazu oben Abschnitt 4.2.2.

5.4 Die Genese des Neuen aus der nicht-determinierten Transformation zwischen Löschen (Vergessen) und Ergänzen (Erfinden)

Wir sahen, inwiefern Goodman die schon bei Baumgarten angetroffene Position symbollogisch präzisiert. Ihr zufolge sind beide, sowohl die digitale als auch die kontinuierliche oder analoge Verarbeitung oder Darstellung von Inhalten von Bedürfnissen nach maximaler Präzision geleitet, obwohl sie dabei in entgegengesetzter Richtung vorgehen: einmal Unterschiede reduzierend, einmal Unterschiede maximierend. Fred Dretske beschreibt in „Knowledge and the Flow of Information"[59] das Verhältnis dieser beiden Denk-, Darstellungs- oder *Codierungs*formen, bezugnehmend auf Goodman, doch mit stärkerer informationstheoretischer Ausrichtung, unter dem uns hier interessierenden ‚operationalen' Gesichtspunkt. Ihm zufolge besteht ein Großteil des wahrnehmenden und kommunikativen Alltagslebens wie der technischen Operationen in der Tat in der *Transformation* unter diesen beiden Formen. Das *Erreichen* jener ‚digitalen' Präzision, die gewöhnlich mit Erkenntnis im wissenschaftlichen Sinne assoziiert wird (symbol-logisch „definiteness and *repeatability of readings*"[60]), ist von Dretske auch als „analog-digital-Wandlung" beschrieben worden. Dretske artikuliert aus informationstheoretischer Perspektive mit größerer Radikalität, was sich symboltheoretisch bereits zeigte: daß unser gewöhnliches Konzept von Erkenntnis-*Gewinn* im *Tilgen* von Informationen besteht.

> „Until information has been *lost*, or *discarded*, an information-processing system has failed to treat *different* things as essentially the *same*.[61] ... Cognitive activity is the conceptual mobilization of incoming information, and this conceptual treatment is fundamentally a matter of *ignoring differences*.[62] ... What is gained by this loss of information is a *classification*."[63]

Diese Klassifikation über das Ignorieren von Differenzen ist also zugleich ein Prozeß der Aufhebung von Vagheit und Mehrdeutigkeit. Hier liegt erneut das beschriebene Paradox: man *konstruiert* Präzision durch das *Ignorieren* von Unterschieden. Genau dies zählt, wie wir oben sahen, zu den Funktionen von Notationen: sie sind zu verstehen als Anleitung oder Handlungsanweisung, Unterschiede zu ignorieren, oder auch, aus der „dichten" und „vollen" Matrix der Wahrnehmung Aspekte zur weiteren (kognitiven) Verarbeitung herauszulösen. Jede Erklärung, jeder Entwurf, jede Hypothese und jede Theorie ist in diesem Sinne notwendig selektiv. Dretske:

> „Perception is a process by means of which information is delivered within a richer matrix of information (hence in analog form) *to* the cognitive centers for their selective use. (...) It is the successful conversion of information into (appropriate) digital form that constitutes

---

[59] Vgl. für das folgende Fred Dretske, *Knowledge and the Flow of Information,* Kap. 6: „Sensation and Perception".

[60] Goodman, *Languages of Art*, S. 160 f.

[61] „It has failed to classify or categorize, failed to generalize, failed to ‚recognize' the input as being an instance (token) of a more general type." Dretske, *Knowledge and the Flow of Information,* S. 141.

[62] Dretske, *Knowledge and the Flow of Information,* S. 142

[63] Ebd., Hvh S. M.

the essence of cognitive activity. ... The traditional idea that knowledge, belief, and thought involve *concepts* while sensation (or sensory experience) does not, is reflected in this coding difference. (...) It is, in short, a matter of making the analog-digital-transformation."[64]

Zwar trennt Dretskes Wahrnehmungs- bzw. „*perception*"-Konzept allzu strikt zwischen Wahrnehmung und Erkenntnis.[65] Seine Darstellung ist jedoch nützlich für den eingeschränkten Zweck der klaren Herausarbeitung der Interaktion zweier „Coding"-Modalitäten oder eben *Formate*, welche im mentalen Prozeß ununterbrochen aufeinander abgebildet werden:

„Sensation, what the ordinary man refers to as the look (sound, smell, etc.) of things, and what the psychologist refers to as the *percept* or (in some contexts) the sensory information store, is informationally *profuse* and *specific* in the way a picture is. Knowledge and belief, on the other hand, are *selective* and exclusive in the way a statement is."[66]

Der sprechende Ausdruck „profusion", über-reich, für die Wahrnehmung und den Darstellungsmodus der Bilder enthält implizit die symboltheoretischen Ideen der „Dichte" und „Fülle"[67]; die Verarbeitung des Wahrgenommenen in seiner Gesamtheit ist, wie schon Leibniz betonte[68], kapazitätsmäßig unmöglich und verlangt daher Ausdünnung. Wieder haben wir hier eine deutliche Gegenüberstellung – gleichsam einen Clash – der Präzisionen: Waren es bei Goodman zuletzt „exactness" und „correctness"[69], so interagieren im hier beschriebenen Wandlungsprozeß die Charakteristika „specific" und „selective". Wir sahen, daß diese „coding-difference" in Prozessen wie „Konstruieren" und „Ignorieren" besteht, und beides sind Aktivitäten mit erheblichem Freiheitsgrad und eben darin produktivem Potential: sie liegen strukturell nicht in der Sache selbst. Dies ist der Aspekt, der in Dretskes informationstheoretischer Zuspitzung der symboltheoretisch freigelegten Problemlage erst in ganzer Radikalität sichtbar wird: das einmal Gelöschte in der analog-digital-Wandlung ist irreversibel gelöscht. Es ist gedächtnisfrei verloren.[70]

Die kreativitätstheoretischen Implikationen dessen fallen erst richtig ins Auge, wenn man Dretskes analog-digital-Wandlung um die komplementäre Seite ergänzt. Denn der Kognitionsprozeß verläuft natürlich in *beide* Richtungen: zu der beschriebenen analog-digital-Wandlung tritt die digital-analog-Wandlung. Daß Dretske dies nicht sieht und daher auch nicht thematisiert, liegt in dem angesprochenen Umstand, daß er Perzeption und

---

64 Ebd., S. 142.

65 Philosophen wie Nelson Goodman haben intensiv gegen die Trennung von Kognition und Emotion Erkennen, Wahrnehmen und Fühlen, *cognition* auf der einen, *bodily experience* und *emotion* auf der anderen Seite argumentiert, Neurophysiologen wie Antonio Damasio oder Ronald de Sousa begründeten geradezu ihre Karriere auf der Basis just eben dieses Ergebnisses. Vgl. etwa Antonio Damásio, *Ich fühle, also bin ich – Die Entschlüsselung des Bewusstseins*, ders., *Descartes' Irrtum – Fühlen, Denken und das menschliche Gehirn*, München, 1994; ferner Ronald de Sousa, *Die Rationalität des Gefühls*.

66 Dretske, *Knowledge and the Flow of Information,* S. 142, Hvh. und Ergänzung S. M.

67 Alternativ spricht Goodman für Dichte auch von „compactness", vgl. *Languages of Art* 136.

68 Vgl. oben Kap. 4.1.4 und 4.1.5.

69 Vgl. oben Kap. 5.3.

70 Überträgt man, um ein alltägliches Beispiel zu wählen, etwa eine Vinyl-Schallplatte auf CD und nimmt diese CD wieder auf Schallplatte auf, so gewinnt man gewinnt man damit die ursprüngliche Klangqualität/Aura nicht zurück – dasselbe gilt für das Verhältnis von CD und MP3.

Kognition voneinander grundlegend trennt. Doch wandeln wir nicht nur Anschauungen, Sinneswahrnehmungen, innere und äußere Bilder in Worte, Texte, Schemata, Formeln, Modelle um, sondern der Weg geht immer auch zurück: von der Formel, von dem Text zur Anschauung, Abbildung, Imagination, Visualisierung oder schlicht: *Realisierung*. Dies ist Alltag etwa in der Konstruktion eines Artefakts (Hauses, Symphonie) nach einem Plan oder auch einer Aufführung nach einer Partitur. Dretske läßt aus, daß das kognitive Tun des Menschen in beiden Bewegungen gleichermaßen besteht. Obwohl die ursprünglichen ‚Original'-Gehalte durch besagte analog-digital-Konversion des Kognitionsprozesses (u. a. der Ver-Begrifflichung) verloren sind, übersetzen wir Begriffe, Konzepte, Schemata auch zurück in die *profusion* der Anschauungen, und dies tun wir ununterbrochen – beim Lesen eines Textes, beim Hören eines Berichts, beim Validieren oder Visualisieren einer wissenschaftlichen Theorie und vielem mehr. Das heißt: wir dichten hinzu. Und auch dies ist ein Prozeß der *Kognition*. Darin besteht eben Verstehen. Wie füllen aus. Denn wie sagte schon Kant im Eingangssatz der „Kritik der reinen Vernunft": dasjenige, „worauf alles Denken als Mittel *abzweckt*, [ist] die Anschauung".[71] Diese ist kein Rückfall aus der Kognition, sondern eine Form des Eintritts in sie .

Hier liegt die kreativitätstheoretische Pointe der Allgemeinen Symboltheorie, die auf der Basis von Dretskes (eingeschränkter) informationstheoretischer Darstellung nichtsdestotrotz erst richtig deutlich hervortritt. Wenn die „coding difference" und ihre permanente wechselseitige Synchronisation sich unter inkompatiblen bzw. inkommensurablen Seiten austrägt – und genau dies ist der Fall in der Transformation von Bild zu Wort, von „dicht" zu „endlich differenziert", von „voll" oder „profuse" zu ausgedünnt oder „attenuated", von Unterschiede reduzieren zu Unterschiede hinzufügen, von ver-endlichen zu aus-*füllen* – dann wohnt jedem solchen Übersetzungsprozeß ein *Überschuß* inne, eine Nicht-Determiniertheit, aus der sich das kreative Potential jeglichen Denkens speist.[72] Wie bereits betont: die Welt ist in keiner Weise vor-perforiert in Begriffe, Schemata, Regeln oder Gesetze; unserer Auffassung und Applikation ihrer wohnt ein Freiheits-, ein Dichtungs-Grad inne, welcher permanent kreative Keimzellen bildet und der sich – siehe die Termini „Einbildungskraft", „Urteilskraft", „Schematismus" – bereits Kant als letztlich unanalysierbar, unpositivierbar gezeigt hatte.[73] In Gestalt solcher Leistungen wie der „Induktion"[74] oder der „Abduktion" (Peirce) zieht er ferner in zeitloser

---

71 *Kritik der reinen Vernunft*, A 19 B 33, S. 63, Hvh. S. M.

72 Dieser Umstand spiegelt sich einerseits in den trivialen, in Kreativitätsratgebern präsenten Aufforderungen zur Visualisieruung, zu Mind-Maps, um Denkblockaden zu lösen; im Olymp der Geschichte epochemachender Entdeckungen andererseits kommen genau diese Übersetzungen ebenfalls zuhauf vor. Man denke an den schon erwähnten Traum Kékulés von der Schlange, die sich in den Schwanz beißt, welcher zur Entdeckung der Molekularstruktur des Benzolrings geführt haben soll. Vgl. Richard Anschütz, *August Kekulé*, Band 2, S. 942. Vergleichbares wird etwa von Faradays Entwicklung der Theorie der elektromagnischen Strahlen berichtet, vgl. Arthur Koestler, *Der göttliche Funke*, S. 178 f. – Siehe im übrigen andererseits die kritische Interpretation von entsprechenden Wissenschafts-Mythen von Genialität in Stefan Majetschak, „Genialität. Zur philosophischen Deutung der Kreativität des Künstlers", insbes. S. 1179 ff.

73 Vgl. oben Kap. 4.3.2.

74 Vgl. zur philosophischen Problematik der Induktion Nelson Goodman, *Tatsache, Fiktion, Voraussage*.

Weise theoretisches Interesse auf sich – und dies verstärkt in kreativitätstheoretischer Hinsicht.[75]

Man könnte die kreative Situation damit – vorgreifend – so verstehen: *Wenn unser üblicher Kognitionsprozeß beschreibbar ist als intendierter und damit kalkulierter Verlust von Informationen, von Wissen, von Sinnesmaterial, so gibt es komplementär Techniken oder Aktivitäten, die in Situationen intellektueller Stagnation, Krisen, im Problemlösen dieses Dauergelöschte, Dauer-Ausselektierte dem Pool des für den wissenschaftlichen Fortschritt Offenen wieder zur Verfügung stellen* – aber eben notwendig immer *als ein Anderes*. Als Alternatives. Der Witz ist wie wir sahen: das „wieder" zur Verfügung Gestellte ist immer aus einem symbol-logisch eingebauten Überschuß gespeist, es ist notwendig immer Un-Eigenes, Un-Antizipierbares und darin tendenziell in seinen kognitiven Auswirkungen Unkontrollierbares.

Der kreativitätstheoretische Schluß, der aus diesen informationstheoretischen Verdeutlichungen zu ziehen ist, ist also: Die in jeder solchen analog-digital-Konversion beinhalteten Prozesse des Tilgens und Ergänzens, d. h. *Erfindens* (von unwiederbringlich Gelöschtem) sind a) Akte, die aus *Nichts Etwas* machen, sind damit arbiträre Akte, die jederzeit auch anders sein könnten, also kontingente *Wahlen*. Sie sind b) nicht determinier- oder bestimmbar: weil zwischen Analogizität und Digitalem Inkompatibilität herrscht. Beide, das endlich Differenzierte und das Analoge gehorchen unterschiedlichen Symbol-Logiken oder Ratios (die einen, qua ‚digital' verfaßt, Logik- und Negations-fähig, die anderen, qua ‚analog', nicht), sie sind nicht aufeinander abbildbar (in diesem Sinne ‚inkommensurabel'). Insofern bestimmt die Logik der Zeichen die Logik des Denkens. Genau hier, in der Transformation zwischen Inkommensurablem liegt die Basis für Neues, Unvorhergesehenes, das nichtsdestotrotz nicht „ex nihilo" ist. Diese wechselseitige Transformation/Übersetzung geschieht in nicht-determinierbarer Form: es sind „freie" und darin potentiell kreative Tätigkeiten, welche Momente der Kontingenz (Wahl, Gewichtung) enthalten, wodurch kognitive Sprünge, *strange loops of transformation* möglich und unvermeidlich werden. Kurz, dieser Prozeß ist nicht algorithmisierbar. Nicht algorithmisierbar jedoch mit *a-rational* oder gar *irrational* gleichzusetzen, wäre ein Fehlschluß: exakt jener Fehlschluß, gegen den philosophische Autoren von Baumgarten über Nietzsche bis Goodman argumentierten.[76]

Die Verwandlung von ‚Welt' in Information oder von (partiell unbewußter) Wahrnehmung in (bewußtseinsfähige) Erkenntnis erfordert ein ständiges Ausmerzen von Aspekten. Der *kreative* Prozeß besteht figürlicher gesprochen darin (gleichsam flußaufwärts schwimmend), dieses Ausgemerzte wieder einzuholen (rekompensieren), dafür aber ins „Vermischte" zu gehen (entweder neu anfangend mit der Wahrnehmung – als *‚reset'* – oder erfindend, per Imagination).

Der Prozeß läßt sich auch beschreiben als ein Zurückzoomen: in eine größere Distanz, in der mehr wahrzunehmen ist, aber unschärfer. Genau hier, könnte man sagen,

75 Vgl. etwa Helmut Pape, *Kreativität und Logik. Charles S. Peirce und das philosophische Problem des Neuen*.

76 Die Reihe anderer hier zu nennender Namen wäre lang, Schelling wäre ein wichtiger, andere entstammen der Romantik; und in der Gegenwart, in welcher Philosophie sich zunehmend mit den Ergebnissen der Neurophysiologie, der Medienwissenschaften, der Kognitionswissenschaften und der Psychologie synchronisiert, wird eine solche Bestandsaufnahme zunehmend vertraut.

ist der logische oder strukturelle Einsatzpunkt solcher intellektueller Maßnahmen, die wir im Nachhinein als Kreativitäts-fördernd (nicht der Praxis entsprechend, un-üblich) qualifizieren.

Der Kunsthistoriker Anton Ehrenzweig hat die hier angedeuteten bilateralen Transformationsprozesse beschrieben als kreative Alteration des Bewußtseins zwischen verschiedenen Ebenen.

> „Creative use of a symbol is made possible by the alternation of consciousness between different levels of the mind. In the gestalt-free state of consciousness, the symbol, freed of its rigidity, reassumes its original undifferentiated structure and *enormously widens its frame of reference*. This *alternation between gestalt-bound (rigid and static) structures and gestalt-free (flexible and creative) structures* can be seen as dynamic shifts between different layers of perception or, struggle between … Eros (differentiation) and Thanatos (undifferentiated entropy).“[77]

Natürlich ist hier für einen vergleichbaren Gedanken ein gänzlich anderes Vokabular in Anspruch genommen, auf das näher einzugehen dies nicht der Ort ist. Es geht mit diesem Ausschnitt nur um einen Vor-Schein dessen, was aus dem entwickelten Gedanken bzw. Modell für die Frage nach Kreativität zu machen wäre bzw. mit unterschiedlichem Material gemacht worden ist.[78] Interessanterweise wird Eros hier als das differenzierende Prinzip und keineswegs als das ‚unkritisch' verschmelzende gesehen – was mit dem obigen, von Platon seinen Ausgang nehmenden Konzept des Eros als – auch – ver-*endlichendem* Prinzip parallelisiert werden kann.[79] Ferner ruft die Rede von der „Gestalt“ noch einmal einen ganz anderen, für die Allgemeine Symboltheorie in fruchtbarer Weise herausfordernden Theoriediskurs auf den Plan, der hier ebenfalls nicht zu führen ist.

Wir haben uns im Vorangehenden ein strukturelles oder auch syntaktisches ‚Modell' der Synchronisations- oder Inkommensurabilitätsproblematik vor Augen geführt. Die Struktur, d. h. der Aufbau der – je nach Betrachtungsebene unterschiedlichen – Denk-, Darstellungs-, Codierungs- oder Operationsformen bildete den Grund jenes „Überschusses“, in den das Potential kreativer Neu-Schöpfungen oder Problemlösungen eingelassen ist. Dies ist jedoch nur *eine* Quelle des theoretisch mit dem Inkommensurabilitätsgedanken zu Erfassenden. Die zweite Quelle geborgen zu haben, läßt sich vor allem Wittgenstein und Goodman zuschreiben. Es ist die Figur von Sagen und Zeigen, und sie diskutiert grundverschiedene und dennoch eng verquickte Formen der Bezugnahme. Dies wird im folgenden dargestellt.

---

77 Anton Ehrenzweig, *The hidden order of Art*, S. 114, Hvh. S. M.

78 Vgl. hierzu die Übersicht in Kapitel 7.

79 Auch Eros operiert zwingend in *beiden* Richtungen, ver-endlichend und die menschliche Endlichkeit aufhebend – sowie erneut – *anders* – ver-endlichend. Vgl. zu dieser Figur Simone Mahrenholz, „Rhythmus als Oszillation zwischen Inkommensurablem. Fragmente zu einer Theorie der Kreativität“.

5.5 Sagen und Zeigen – Denotation und Exemplifikation als produktive Überlagerung zweier Sinnsysteme

Was sich *in der Sprache ausdrückt,*
können wir *nicht durch sie ausdrücken.*
Ludwig Wittgenstein

In den letzten beiden Unterkapiteln wurde die Übersetzungsproblematik unter *syntaktisch inkompatiblen*, das heißt aufeinander nicht restfrei übersetzbaren Symbolschemata thematisiert: von notationalen Schemata (digitalen, endlich differenzierten) in dichte Schemata (kontinuierliche) – und zurück. Übersetzung *trotz* Unübersetzbarkeit, oder auch Übersetzung *auf der Basis von* Unübersetzbarkeit, unter produktiver Ausnutzung ihrer, bildet den Schlüssel des kreativen Akts. Verbalisierung und Piktoralisierung interagieren, sowohl auf dem Papier als auch ununterbrochen im Kopf: in Form von Denken in Begriffen und Denken in Visualisierungen, Bildern, Schemata. Wie wir sahen, hatte diese Interaktion – als jene von Anschauung und Begriff oder allgemeiner Wahrnehmen und Denken – samt der zwischen ihnen in produktiver Unruhe agierenden Einbildungskraft bereits Denker wie Aristoteles und Kant zeitlebens beschäftigt.

Die Übersetzungsproblematik zwischen denotierendem Wort bzw. Aussagen einerseits und exemplifizierenden, *zeigenden* oder auch expressiven Formen wie Bildern andererseits existiert jedoch auf zwei unterschiedlichen logischen Ebenen: besagter *interner* Struktur der Zeichen einerseits (der Syntax: notational versus kontinuierlich), sowie der *externen* Relation ihrer Bezugnahme andererseits (Semantik: Sagen versus Zeigen). Diese beiden Ebenen liegen auseinander, insofern ein Wort bzw. eine Aussage auch zeigen kann, und ein Bild auch sagen. Daß Sagen und Zeigen inhaltlich nicht nur *nicht miteinander*, sondern *gegeneinander* operieren können oder auch *unter Ausschluß* von einander, daß hier also ein philosophisch herausforderndes Problem liegt, hatte erstmals Wittgenstein in seinem „Tractatus logico-philosophicus" ins Bewußtsein gehoben. Daß diese Ebene des Sagens und Zeigens (als eine der *Bezugnahme*) von der Ebene „Begriff" versus „Anschauung" (als eine der Syntax) zu unterscheiden ist, systematisierte wiederum Nelson Goodman. Allerdings wäre die Art, wie er das tut, nicht denkbar ohne jene Autorin, von der er entscheidende symboltheoretische Anregungen erhielt: Susanne K. Langer.[80] Wittgensteins „Tractatus" war von intensiven Diskussionen mit Bertrand Russell beeinflußt, Langer gewann ihre Vorstellung von Logik wiederum u. a. in Auseinandersetzung mit ihrem Lehrer Alfred North Whitehead.[81] Dieser hatte mit Russell in zehnjähriger Zusammenarbeit die „Principia Mathematica" geschrieben, in welchen die Diskussion der Typentheorie eine zentrale Rolle spielt, welche wiederum für Wittgensteins Sagen/Zeigen-Unterscheidung einen entscheidenden Anstoß bildete.[82]

80 Vgl. vor allem Susanne K. Langer, *Philosophie in a New Key*, deutsch: *Philosophie auf neuem Wege*, dort insbes. Kap. 4.

81 Vgl. Susanne K. Langer, *An Introduction to Symbolic Logic* (zuerst erschienen 1937).

82 Vgl. etwa Wittgensteins Bemerkung aus den *Notes Dictated to G. E. Moore in Norway*: „The same distinction between what can be shown by the language but not *said*, explains the difficulty that is

Wie genau trat diese Unterscheidung philosophisch ins Leben? Wir sahen bei Leibniz, daß dieser die Zeichen und deren formale Manipulation dezidiert unter Absehung von ihrer Bedeutung betrachtet hat; eben hierin gründete ein wesentliches Potential seines Verständnisses der Möglichkeit von Innovationen.[83] Wittgenstein nun knüpft in seiner Zeichenanalyse an diese algorithmisch-formale Seite Leibniz' an, wenn er betont:

> „In der logischen Syntax darf nie die Bedeutung eines Zeichens eine Rolle spielen; sie muß sich aufstellen lassen, ohne daß dabei von der *Bedeutung* eines Zeichens die Rede wäre".[84]

Daß Wittgenstein in einem Satz hier untypisch vor und nach dem Semikolon zweimal dasselbe sagt, erklärt sich im anschließenden Bezug auf die Typentheorie. Er kritisiert diese, indem er von ihr Gebrauch macht:

> „Kein Satz kann etwas über sich selbst aussagen, weil das Satzzeichen nicht in sich selbst enthalten sein kann (das ist die ganze ‚Theory of Types')."[85]

Allerdings fällt über die Analyse der Aussagefunktionen des Satzes das zentrale philosophische Problem der sinnvollen und sinnlosen Sätze und damit der „Gedanke" ins Auge: und zwar genau im zentralen Übergang in der numerischen Mitte des „Tractatus" von Satzgruppe 3 zu Satzgruppe 4.[86] Dieser lautet:

> „3.5 Das angewandte, gedachte, Satzzeichen ist der Gedanke. / 4. Der Gedanke ist der sinnvolle Satz."

Man sieht diesem Übergang seinen Sprengstoff nicht an – es ist der Sprengstoff des Übergangs von der Syntax zur Semantik oder Bedeutung. Hier stellen sich zeichen-logische Probleme: vor allem solche der Selbstreferenz – Probleme, die Wittgenstein in seiner jahrelangen Diskussion mit Bertrand Russell permanent vor Augen gehabt hatte. Die berühmte Aussage im Satzensemble 4 ist ohne diesen Einfluß nicht denkbar: es ist ein typentheoretischer Satz.

> „Was *sich* in der Sprache ausdrückt, können *wir* nicht durch sie ausdrücken. … Was gezeigt werden *kann, kann* nicht gesagt werden.[87]"

---

felt about types". Abgedruckt in: Brian McGuinness und Joachim Schulte (Hgs), *Ludwig Wittgenstein: Tractatus logico-philosophicus*. Kritische Edition, S. 65.

83 Vgl. hierzu oben Kap. 4.1.1, 4.1.3.

84 *Tractatus* 3.33; vgl. auch 3.317.

85 *Tractatus* 3.332. Die Typentheorie besagt, in einem Satz zusammengefaßt, daß eine Klasse nicht bei sich selbst Mitglied sein kann, daß also etwa die Klasse der schwarzen Gegenstände nicht selber schwarz ist; daß mithin eine *Diskontinuität* besteht zwischen einer Klasse und seinen Mitgliedern. Dieses Prinzip wurde von Bertrand Russell um 1902 erstmals aufgestellt, um u. a. logische Paradoxien, die mit einer Selbstreferenz einhergehen, zu vermeiden. Hierzu näheres im folgenden Kap. 6.

86 Der letzte Satz des Buches ist Satz 7, und er enthält bekanntlich nichts als: „Wovon man nicht sprechen kann, darüber muß man schweigen." – Die numerische Mitte ist allerdings nicht die räumliche Mitte: der Text unter den jeweiligen Satzgruppen wird länger, je weiter er fortschreitet.

87 *Tractatus* 4.121; 4.1212.

Wittgenstein gewinnt diese sehr generelle Aussage aus einem zunächst enger gefaßten Problem: dem, wie sich ein Satz auf die Wirklichkeit bezieht.[88]

> „Der Satz kann die gesamte Wirklichkeit darstellen, aber er kann nicht das darstellen, was er mit der Wirklichkeit gemein haben muß, um sie darstellen zu können – die logische Form. / Um die logische Form darstellen zu können, müßten wir uns mit dem Satz außerhalb der Logik aufstellen können, das heißt außerhalb der Welt.“ [89]

Er kann sie nicht darstellen (sagen), aber er kann sie aufweisen (beinhalten, zeigen). Das, was etwas klassifiziert oder charakterisiert, kann nicht zu dem gehören, was klassifiziert oder charakterisiert wird: es muß außerhalb dessen liegen. Diese Aussage grenzt zwei Ebenen voneinander ab: eine typentheoretische Figur. Damit eine Klassifizierung auf einen Sachverhalt zutreffen kann, darf sie nicht Bestandteil dessen sein, was sie klassifizieren will: sie kann nur von „außerhalb“ agieren. Um dieses für jeden Satz unmögliche „außerhalb der Logik, das heißt außerhalb der Welt“ zu umgehen, wird nun von Wittgenstein im nächsten Satz eine andere Mitteilungsart als die Klassifizierung eingeführt und terminologisch umkreist. Statt darzustellen (sagen, denotieren) wird nun „gespiegelt“, oder „aufgewiesen“, bis hin zum „Zeigen“:

> „Der Satz kann die logische Form nicht darstellen, sie spiegelt sich in ihm.
> Was sich in der Sprache spiegelt, kann sie nicht darstellen.
> Was *sich* in der Sprache ausdrückt, können *wir* nicht durch sie ausdrücken.
> Der Satz *zeigt* die logische Form der Wirklichkeit.
> Er weist sie auf.“[90]

Wenn wir diese Figur verallgemeinern, wie es Wittgenstein zumindest im eben zitierten Satz selbst tut („Was gezeigt werden *kann, kann* nicht gesagt werden“),[91] wenn wir also die Alternative ‚*Zeigen*, d. h. Haben – *oder Sagen*‘ anvisieren und inhaltlich auseinanderlegen, dann findet sich schnell eine logische Nähe dieses Gedankens zu einem berühmten Diktum Adornos:

> „Unverhüllt ist das Wahre der diskursiven Erkenntnis, aber dafür hat sie es nicht; die Erkenntnis, welche Kunst ist, hat es, aber als ein ihr Inkommensurables.“[92]

Setzen wir für „Kunst“ allgemeiner „Zeigen“, so ist das Zueinander-Querstehen von Sagen und Zeigen hier formuliert als Relation von diskursiver Erkenntnis und verkörperter

---

[88] Wir sehen hier ein schwaches Echo des Problems von Aristoteles und Kant: wie sich ein Begriff auf die Anschauung beziehen kann – obwohl die Probleme ersichtlicherweise nicht identisch sind.

[89] *Tractatus* 4.12.

[90] *Tractatus* 4.121.

[91] Allerdings oszilliert der *Tractatus* durchaus hinsichtlich der Reichweite dieser Aussage. Keineswegs alles was gezeigt werden kann, kann Wittgenstein zufolge *nicht* gesagt werden, sondern was *sich in* einem Gebilde zeigt, können *wir* nicht noch einmal mit diesem Gebilde sagen. (Vgl. auch 3.263: „Was in den Zeichen nicht zum Ausdruck kommt, das zeigt ihre Anwendung. Was die Zeichen verschlucken, das spricht ihre Anwendung aus“; vgl. ferner auch 4.126). – Dennoch, die Passagen zum Sagen und Zeigen bei Wittgenstein sind weder in ihrer Bedeutung noch hinsichtlich des Grades ihrer Reichweite eindeutig. Vgl. für das hier dargestellte Problem Fabian Goppelsröder, *Zwischen Sagen und Zeigen*, insbes. S. 13–34 sowie 787ff. – Vgl. dazu auch das folgende sowie Dieter Mersch, *Was sich zeigt*, Kap. II, 2.2.

[92] Theodor W. Adorno, *Ästhetische Theorie*, S. 191.

„Wahrheit“. Dieses Verhältnis in den unterschiedlichsten Gestalten und seine Eigendynamik nach Art eines *strange loops* wird im weiteren Verlauf immer wieder Gegenstand sein.

Zunächst geschieht dies in einer kurzen Rekapitulation der Genese des Problems bei Wittgenstein. Anschließend wird Goodmans *Staging* oder auch (Auf-)Lösung dieses Problems mittels der Unterscheidung der Bezugnahmemodi Denotation, Exemplifikation und Ausdruck beschrieben, anhand einiger künstlerischer Beispiele. Im anschließenden Kapitel 6 wird das Problem in trans-philosophischer Perspektive bei Gregory Bateson betrachtet: der es nicht philosophisch, sondern kybernetisch-informationstheoretisch ererbte, zeitlich parallel zu Goodman. Er entwickelte es in einer für unseren Gegenstand aufschlußreichen Form weiter, indem er, ebenfalls an Russells Typentheorie anknüpfend, daraus einerseits eine Kommunikationstheorie ableitete, andererseits eine biologisch motivierte kreativitätstheoretische Erkenntnistheorie.

Worum Wittgenstein in den genannten Passagen ringt, ist ein Konzept von Referenz, Bezugnahme, oder in seinen Termini, „Abbildung“. Die Bedingungen der Möglichkeit der Abbildungsrelation unter Zeichen, von Kommunikationsmedien hin zur Wirklichkeit stehen hier in Frage, wie sich in der Passage kurz vor den zitierten zeigt, wo Wittgenstein das Verhältnis von Sprache und Welt thematisiert:

> „Die Grammophonplatte, der musikalische Gedanke, die Notenschrift, die Schallwellen, stehen alle in jener abbildenden internen Beziehung zu einander, die zwischen Sprache und Welt besteht. Ihnen allen ist der logische Bau gemeinsam. … / Daß es eine allgemeine Regel gibt, durch die der Musiker aus der Partitur die Symphonie entnehmen kann, durch welche man aus der Linie auf der Grammophonplatte die Symphonie und nach der ersten Regel wieder die Partitur ableiten kann, darin besteht eben die innere Ähnlichkeit dieser scheinbar so ganz verschiedenen Gebilde. Und jene Regel ist das Gesetz der Projektion. … / Die Möglichkeit aller Gleichnisse, der ganzen Bildhaftigkeit unserer Ausdrucksweise, ruht in der Logik der Abbildung. / Um das Wesen des Satzes zu verstehen, denken wir an die Hieroglyphenschrift, welche die Tatsachen die sie beschreibt abbildet. Und aus ihr wurde die Buchstabenschrift, ohne das Wesentliche der Abbildung zu verlieren.“[93]

Der erste Satz des Passus wirkt bereits einigermaßen überraschend: er behauptet einen unproblematischen Übergang von der *Zeichen-über-Zeichen-Bildung* (etwa von der Schallplatte zu Schallwellen zu Noten) zur *Zeichen-über-Welt-Bildung*. Das Verhältnis von Zeichen zu Zeichen und das Verhältnis von Zeichen zu Welt werden hier analog verstanden. „Abbildende interne Beziehung“, „logischer Bau“, „allgemeine Regel“, „innere Ähnlichkeit“, „Gesetz der Projektion“, „Logik der Abbildung“ – die Passage bietet für das Gesuchte nicht weniger als sechs Umschreibungen oder Metaphern, deren jede im Prinzip erläuterungsbedürftig ist, sechs Ausdrücke, die nicht in der substitutiven Relation von Definitionen zueinander stehen, sondern in der additiv-ergänzenden Relation der Familienähnlichkeit. Übergangslos folgt darauf in den letzten beiden Sätzen eine identifizierende Überleitung vom *Abbilden des Bildes* zum *Abbilden des Satzes*: in ihr kulminiert diese Metaphernfülle in der Sammelbestimmung der *„Abbildung“*:

93 *Tractatus*, 4.014–4.016.

„Um das Wesen des Satzes zu verstehen, denken wir an die Hieroglyphenschrift, welche die Tatsachen die sie beschreibt abbildet. Und aus ihr wurde die Buchstabenschrift, ohne das Wesentliche der Abbildung zu verlieren."[94]

Hier wird die Art und Weise, wie Sprache Tatsachen abzubilden vermag, von Wittgenstein am Modell des Bildes gedacht. Die Referenz auf „innere Ähnlichkeit", die von Wittgenstein durch das Bild-Modell gewonnen wird, ist jedoch durch die Arbitrarität der Sprache gerade unterlaufen.[95] Die Frage also, die sich angesichts der in diesem größeren Zusammenhang gefundenen Ausdrücke „Sagen" und „Zeigen" stellt, ist, was beides verbindet und was es andererseits voneinander unterscheidet. Die Mischmetapher „logische Form", von Wittgenstein hier immer wieder beschworen, erinnert in ihrer Hybridität inhaltlich an das Kantische „Schema", das in seiner vermittelnden Funktion ja gerade explizit dadurch gekennzeichnet war, daß es von *zwei* zu einander inkommensurablen Seiten Eigenschaften besitzt.[96]

Susanne K. Langer greift die hier von Wittgenstein etablierte und anschließend eher verlassene als gelöste Problematik greift wieder auf in ihrer Unterscheidung von „diskursiven" und „präsentativen" Symbolisationsformen[97] – wobei sie ebenfalls immer von neuem und eher beschwörend als wirklich erklärend auf Wittgensteins „logische Form" zurückgreift.[98] Langers wichtiges Buch wurde zu einem zentralen Anstoß für Nelson Goodmans Exemplifikationstheorie: welche Theorie seither das Verständnis der Ästhetik einerseits, der Semiotik und hier vor allem der Formen der Bezugnahme andererseits wesentlich weiterentwickelt hat.

Mit Nelson Goodman nun „löst" sich das hier auftretende Problem von Sagen und Zeigen (auf), indem dieser die Referenz- oder „Abbild"-Funktion, welche Wittgenstein für das Bildliche wie das Schriftliche gleichermaßen in Anspruch genommen hatte, in zwei Formen der Bezugnahme aufteilt: die *Denotation* (in etwa entsprechend dem Wittgenstein'schen „Sagen" oder „Darstellen") und die *Exemplifikation* (das „Zeigen", „Vorweisen" oder „Spiegeln"). Diese auf den ersten Blick wenig spektakuläre Ausweitung der Referenz auf zwei Grundformen bedeutet eine Revolution nicht nur für die Erklärung des potentiell „Welt"-haltigen Charakters von – auch abstrakter – Kunst, sondern es hat eine Fülle von Erkenntnis-, Wissenschafts- und Medien-theoretischen Implikationen.[99] Zunächst sei daran erinnert, daß Goodman, den „linguistic turn" zugleich fortsetzend und ablösend, das Konzept von „Symbol" erweitert: um eine Fülle auch nonverbaler Zeichen. Gut semiotisch – und so heterogene Autoren wie Peirce, Cassirer und Morris sowohl beerbend als auch radikalisierend – kann bei Goodman im Prinzip alles bezugnehmen und damit Symbol sein: der entsprechende Kontext vorausgesetzt.[100] Der ‚Witz' und damit die Lösung dieser Erweiterung ist, daß Goodman nicht nur *eine* Form

94 *Tractatus*, 4.0141–4.016.

95 Die Arbitrarität von Notationen thematisiert Wittgenstein andererseits in der Bemerkung 3.342.

96 Vgl. hierzu oben Kap. 4.3.2.

97 Vgl. Susanne K. Langer, *Philosophy in a New Key*, Kap. 4.

98 Vgl. zur „logischen Form" auch die näheren Ausführungen in Langer, *An Introduction to Symbolic Logic*, Kap. I, 2. Auch sie bleiben jedoch eigentümlich unbestimmt.

99 Vgl. hierzu näher Verf., *Musik und Erkenntnis*, sowie dies., „Musikverstehen jenseits der Sprache".

100 „Symbol" ist entsprechend ein sehr allgemeiner Term und umfaßt alles, insofern es bezugnimmt, darunter außer Buchstaben, Worten, Text und Zahlen auch beispielsweise Bilder, Diagramme, Kar-

der Bezugnahme vorsieht, die „Denotation“: das Benennen, Bezeichnen, *Ver*weisen, das „Mapping“ oder eben auch das Wittgenstein'sche „Abbilden“ oder „Darstellen“. Er fügt eine zweite Form an, wie unsere Symbolsysteme auf „Welt“ bezugnehmen oder *‚über etwas‘* sind: Neben der erwähnten denotativen Bezugnahmerichtung vom Symbol auf den symbolisierten Gegenstand oder Sachverhalt (sei dieser real, fiktiv oder eine Eigenschaft) – wie sie im Benennen, Beschreiben, Abbilden, Verweisen usw. vorkommt – gibt es auch die umgekehrte Bezugnahmerichtung: vom Symbolisierten auf das Symbolisierende: *exemplifizierend*. „Umgekehrte Bezugnahmerichtung“ klingt zunächst überraschend: Wie soll das näher aussehen? Es vollzieht sich nach dem Modell der „Probe“. Die Probe (*sample*) ist ein Symbolkomplex, welcher eine oder mehrere Eigenschaften (*label*) symbolisiert; es ist häufig ein Gegenstand, wie eine Farbprobe, oder gleich ein ganzes Musterobjekt, etwa ein Baum in einem botanischen Garten oder beim Gartenarchitekten.

Denotation: [z. B. „arbre“]➔➔(*ver*weisend) ➔➔ Gegenstand [z. B. ]

Exemplifikation: [z. B. ]←➔ (*vor*weisend)←➔ Eigenschaft [z. B. grün]

Das Symbol exemplifiziert, d. h. symbolisiert jene *Eigenschaften*, Züge seiner selbst, die es erstens hat und die es zweitens – kontextrelativ – vorweist. Es sind zugleich jene, von denen es sich denotieren läßt Wenn ein Objekt bzw. Symbolkomplex also „grün“ *exemplifiziert*, heißt dies, daß das Label „grün“ den Symbolkomplex *denotiert*. (Daher haben wir hier einen Doppelpfeil: die Richtung der Bezugnahme auch zurück auf das Symbolisierende: Exemplifikation beinhaltet damit immer eine Doppelrichtung der Bezugnahme). Der exemplifizierende Gegenstand – Probe, Modell, Kunstwerk – fungiert als Exempel für eines oder mehrere seiner Eigenschaften. Dies ist das Zeigen, Vorweisen, als-Beispiel-Fungieren.

Für die Exemplifikation ist also kennzeichnend a): daß das jeweils Symbolisierte eigene, vom Symbolkomplex besessene Eigenschaften sind, b) daß nicht die ganze unendliche Fülle der *besessenen* Eigenschaften eines Objekts auch die *exemplifizierten* sind, sondern nur bestimmte seiner Eigenschaften. Interessanterweise sieht man einer Probe daher das, was sie symbolisiert, nicht automatisch an – ebensowenig wie man dem Wort „semaforo“ ansieht, daß es auf Verkehrsampeln bezugnimmt oder dem Wort „arbre“, daß es auf französisch Bäume symbolisiert. Der Grund dafür ist allerdings bei der Probe genau der umgekehrte wie bei arbiträren Zeichen: nicht enthält der Symbolkomplex materialiter *keine* Anhaltspunkte für dasjenige, worauf er bezugnimmt (wie das arbiträre Zeichen), sondern es enthält zu viele. Alles ist allem irgendwie ähnlich. Der Umgang mit exemplifizierenden Symbolkomplexen wie Proben oder Kunstwerken beinhaltet also die Aufgabe, herauszufinden, welche seiner zahlreichen Eigenschaften er exemplifiziert,

ten, Modelle, Gestik, Mimik, Klänge, Gegenstände allgemein; vgl. Goodman, *Languages of Art*, S. xi.

d. h., für welche er eine Probe ist, und welche er nur kontingenterweise besitzt. Dies ist natürlich eine Frage des Kontextes, und die hierfür nötige Fachkenntnis hier variiert von trivial bis anspruchsvoll. In den Künsten erfordert das Treffen dieses Unterschieds Expertise und Urteilskraft; ein Werk verstehen heißt gerade, unterscheiden können, welche Eigenschaften bloß besessen und welche von ihnen auch exemplifiziert sind, ferner, welche von letzteren wiederum die ästhetisch relevanten, hervorgehobenen sind.[101] Die Übergänge zwischen relevant und nicht relevant bzw. relevant und weniger relevant sind im Fall des Ästhetischen und speziell der Kunst allerdings fließend. Es geht in der Exemplifikation vordringlich nicht um *entweder-oder*-Relationen (binäre Verhältnisse), sondern um *mehr-oder-weniger*-Relationen (Relevanz-Grade). Dies ist auf Betrachter-Seite eine Frage der *Selektion*. Damit ist auch erneut das Phänomen des endlichen oder nicht-endlichen Differenzierens berührt: Die Frage, ob ein Label einen Gegenstand *denotiert*, läßt sich mit Ja oder Nein beantworten (bestimmte Kontexte vorausgesetzt), in einem endlich-differenzierenden Akt. *Exemplifikation* hingegen ist immer von *besessenen* Eigenschaften, sie ist daher *immer positiv*. Eben darum, wegen der rein positiven Werte, die keine Negation auszudrücken erlauben[102], kann es sich logisch nicht um *entweder-oder* handeln, sondern um Grade des symbolisierenden Gewichts (stärker oder schwächer, mehr oder weniger, näher oder ferner). Die Frage, welche Eigenschaften genau ein Kunstwerk exemplifiziert, ist eine Frage von potentiell endlos feiner Gradierung. Ferner: Während die Denotation meist Gegenstände oder Sachverhalte symbolisiert, bezieht sich Exemplifikation auf Eigenschaften, Züge, oder technisch „labels“: häufig nicht verbaler, sondern sinnlicher Art.

‚Zeigende‘ Gebilde – und damit auch Kunstwerke – *bedeuten* also, indem sie bestimmte ihrer eigenen Züge *ausstellen* und – in dieser Form gilt es Goodmans Theorie weiterzudenken – mittels ihrer über sich hinausweisen und Generelles an Strukturen oder Eigenschaften des ‚in-der-Welt-seins‘ freilegen. Kunst spendet sozusagen neue nonverbale Prädikate, die die Welt neu und anders aufgliedern: sie gebiert damit ‚*neue Label*‘.[103] Zu diesem Prozeß gehört auch der *Ausdruck (expression)*: ‚Ausdruck‘ ist *metaphorische Exemplifikation*, ebenfalls eine Bezugnahmeform des „Vorweisens“, des (nun: *metaphorisch*) Denotiert-Werdens von nonverbalen Labels, nonverbalen Prädikaten aus einem ursprünglich anderen Bereich.[104] Gerade ausgedrückte Züge sind in dieser Betrachtungs-

[101] Im Autogeschäft oder Teppichwarenladen sind wir normalerweise geübt darin, zu entscheiden, welche Elemente einer Probe oder eines Modells die für uns relevanten sind, und welche wir getrost ignorieren dürfen (bei Proben und Modellen etwa häufig Größe, Geruch, Drapierung oder begleitende Code-Nummer). Dennoch gibt es auch hier Möglichkeiten zu Verwirrungen (vgl. *Ways of Worldmaking*, IV, 3.), und dies vor allem in den theoretisch und praktisch interessanten Fällen der Künste oder der Alltagskommunikation (Vgl. auch Goodman, *Languages of Art*, Kap. VI, 2: „Searching and Showing“.)

[102] Diesen logischen Punkt hat als erster Sigmund Freud in seiner „Traumdeutung“ ausführlich herausgearbeitet (weder Bilder noch das Unbewußte können ihm zufolge negieren), anschließend wurde er in der Nachfolge kybernetischer Überlegungen von Watzlawick, Beavin, Jackson in *Menschliche Kommunikation* systematisiert. Vgl. zu letzterem unten Kap. 6.

[103] Vgl. zu dieser Figur des „neuen Labels“ und ihrer epistemisch-ästhetischen Komponente Verf., „Musikverstehen jenseits der Sprache“.

[104] Vgl. zum „Ausdruck“ Goodman, *Languages of Art*, Kap. II, insbes. II 6–9, sowie Verf., *Musik und Erkenntnis*, Kap. II., 2.

weise Eigenschaften, die symbolisiert werden: und zwar metaphorisch. Ein abstraktes Bild kann vibrierend sein, ein Musikstück kann Schwärze ausdrücken: d. h., es wird metaphorisch von dieser Schwärze denotiert.

Das der Theorie eigene eigentlich große epistemisch-ästhetische Potential, das Goodman wenig herausarbeitet, gründet in dieser Ausdrucks-Konzeption: in Verbindung mit den neuen Labels;[105] es liegt in der prinzipiell grenzenlosen Reichweite der Bezugnahme der Künste auf Außerkünstlerisches oder auch auf andere Kunstformen. Eben davon leben trans-mediale Effekte aller Art: von der Oper oder Filmmusik über Konsum- oder Wellness-steigernde Ambient-Noises bis zum Gesamtkunstwerk. Aus jedem Medium (Klänge, Farben, Emotionen etc.) und jeder Sinnesmodalität (Hören, Sehen, sinnliches Fühlen, Empfinden) kann man in jede andere mediale Modalität, jede Seins-Form hinein- bzw. aus ihr heraussymbolisieren und darin die Wahrnehmung und mithin Wirklichkeitsaspekte amplifizieren, alterieren, beeinflussen oder sogar erschaffen. Von hier aus erklärt sich eben die Relevanz nicht-assertorischer und nicht-verbaler Artikulationsmodi für jegliche Form der Erkenntnis, Wahrheits- oder Weltbild-Artikulation, der Orientierung und vor allem des Wissens-Zuwachses sowie der Möglichkeiten von Denken und Kommunikation.

Was also geschieht in dem, von den Künsten immer wieder inszenierten und von den Wissenschaften umgekehrt tendenziell zu minimieren gesuchten Fall, daß Inhalt und Ausdruck, Denotation und Exemplifikation nicht mit-, sondern gänzlich oder teilweise gegeneinander arbeiten? Mit Blick auf das Verhältnis von Denotation und Exemplifikation dürfte deutlich sein, daß *Worte nie genau das zeigen, was sie sagen*. (Sehr evident ist das bei dezidiert *ästhetischer* Wort-Verwendung wie in Lyrik oder Prosa oder hoch emotionellem Wort-Ausdruck, doch es gilt verhüllter und weniger extrem auch für die Wissenschaften und die Alltagssprache.) Die Exemplifikation einer verbalen Form ist nie selber verbal. Umgekehrt gilt entsprechend: falls Bilder etwas *denotieren*, so wird dies nicht das sein, was sie *exemplifizieren*. Dies entspricht der Wittgenstein'schen Bestandsaufnahme des logisch zwingenden Auseinanderfalls von Sagen und Zeigen. Die mit diesem symbol-logischen Umstand einhergehende Problematik – oder Chance – faßt Richard Rudner treffend in die Gestalt einer Frage:

> „A symbolic system such as a scientific theory, which consists of a set of claims or assertions, may *tell* us – verbally, what the world is like. Alternative symbolic systems – paintings, diagrams, relief maps, photographs – may *show* us, non-verbally (but not, of course, by merely resembling it), what the world is like – exemplificationally or denotatively. *How do we cogently determine that the telling and the showing are telling and showing the same thing or that they are even symbolizations which are coherent with each other…?*"[106]

Hier sind wir wieder am Kern unserer Kreativitäts-These. Zu Rudners Frage: sie sind weder „the same thing", noch verhalten sie sich kohärent zueinander. Genau hier liegt die omnipräsente Möglichkeit für kreatives Handeln bzw. Denken. Umkreist und versuchsweise ausgereizt werden die sich hier abzeichnenden Handlungsspielräume und begleitenden Paradoxa seit je her in der Kunst, aber nicht nur in ihr. Die Varianten einer aktuell auftretenden *Kreuzung* oder Interaktion aus beiden Bezugnahmeformen sind theoretisch

[105] Vgl. dazu Verf., *Musik und Erkenntnis*, Kap. V, 3 sowie in Kurzfassung dies., „Musikverstehen jenseits der Sprache".

[106] R. Rudner, „Show or tell: Incoherence among Symbol Systems", S. 132.

äußerst interessant und vielgestaltig. Diese Kreuzung kann beispielsweise versehentlich, als Störung eintreten (etwa bei einem Politiker, der ein schlechter Schauspieler ist[107]), sie kann aus pathologischen Gründen eintreten (etwa im Zusammenhang mit Schizophrenie[108]), und vor allem: sie kann Strategie sein, in den Künsten wie in jeder anderen Orientierungsform, darunter Wissenschaften, Ökonomie, Alltagsproblematiken – als Maßnahmen, Grenzen inhaltlicher und ausdrucksmäßiger Art zu sprengen.

Im weiteren Sinn geht es also um Formen der *Synchronisation* von Sagen und Zeigen, eine stets volatile, eigendynamische Angelegenheit, und wir erinnern uns, wie bereits Kant deren Notwendigkeit einerseits als Alltagskunst und Alltagsfertigkeit beschrieb, andererseits in seinem Genie-Kapitel als nicht lern- oder lehrbar charakterisierte.[109] Obwohl diese beiden Bezugnahmeformen, verweisendes Darstellen und vorweisendes Zeigen, sich theoretisch zueinander entgegengesetzt verhalten, interagieren sie dennoch in vielen Fällen bis zum Verschmelzen: sie arbeiten, wie sich in der Betrachtung konkreter Beispiele zeigt, teils mit- und durch einander, teils gegeneinander. So denotiert ein abstraktes Bild zwar keinen Gegenstand, kann aber z. B. einen Gefühlszustand darstellen: nämlich mit Mitteln, die wir als exemplifikativ bezeichnen: darunter Mittelns des *Ausdrucks*.[110] Dies kann man dann als indirekte oder sekundäre Denotation bezeichnen.[111] Das genaue Verständnis der exemplifizierten Eigenschaften etwa eines Musikstücks ermöglicht uns schließlich die klangliche ‚Darstellung' eines Flusses, einer Landschaft oder eines Festes[112] herauszuhören: eine Frage des Interpretierens und Gewichtens (‚Selektierens') unter den wahrgenommenen besessenen Eigenschaften: des Verstehens. Und das Interpretieren, *Sortieren, Gewichten* von Tönen und Geräuschen in einem Klanggebilde oder von Farbklecksen auf der Leinwand ermöglicht uns erst, Gestaltkomplexe, also Wahrnehmungs- und Sinneinheiten aufzufassen (häufig übrigens eine unbewußte, nicht gesteuerte, und in diesem Sinne „anonyme" Tätigkeit – die nichtdestrotrotz Kennerschaft verlangt.)

Generell – und hierin zeigt sich praktisch die intime Interaktion dieser logisch auseinanderstrebenden Formen[113] – erforschen wir zum Erkennen der relevanten *ästhetischen* Ei-

---

[107] Dargestellt wird beispielsweise dieser Fall – und dessen klarere „Aufdeckung" gerade von Menschen mit bestimmten Hirnläsionen – halbliterarisch bei Oliver Sacks, *Der Mann, der seinen Frau mit einem Hut verwechselte*, Kap. 9: Die Ansprache des Präsidenten. Sacks weist darauf hin, daß beide Aspekte, das Sagen und das Zeigen einer Kommunikation, in unterschiedlichen Hirnregionen prozessiert werden.

[108] Vgl. hierzu das nächste Kapitel 6.

[109] Vgl. hierzu oben Kap. 4.3. Eben deshalb haben die Genie-Passagen bei Kant immer wieder auch die ganz gewöhnlich Alltags-Kreativitäts zum Gegenstand; der Übergang von der „kleinen" zur „großen" Kreativität ist als ein kontinuierlicher zu betrachten. Vgl. hierzu auch Günter Abel, „Die Kunst des Neuen. Kreativität als Problem der Philosophie".

[110] Zur Erinnerung: Ausdruck ist symboltheoretisch ein Sonderfall der Exemplifikation: metaphorisches Zeigen sozusagen; vgl. Goodman, *Languages of Art*.

[111] Zur komplexen Interaktion von Denotation und Exemplifikation vgl. Verf., *Musik und Erkenntnis*, Kap. II, 2 (b).

[112] Man denke an Smetanas „Die Moldau", Joaquin Rodrigos „Concierto d'Aranjuez", u. v. m.

[113] „Logisch entgegengesetzt" heißt hier, wie oben angesprochen, *entweder-oder*-Relationen versus *mehr-oder weniger*-Relationen (binär versus graduell), positive und negative Werte versus nur-positive-Werte. Mit diesen Unterschieden verknüpft sind eine Fülle logischer Konsequenzen; vgl. dazu auch das nächste Kapitel 6.

genschaften eines Gebildes (dem *Wie,* der Exemplifikation) meist zugleich Informationen über die Denotation (das *Was,* den Inhalt). Meist greifen wir reflexhaft nach dem Titel in der Erkundung der relevanten, ästhetisch bedeutsamen unter den Eigenschaften eines Werks und damit Suche der künstlerische Aussage, seinem – stilistischen, emotionalen oder genereller: expressiven – ‚Gehalt'. Dies gilt gerade bei „moderner" ungegenständlicher Kunst. Und die spielerische Tendenz diverser Künstler, für ihre Skulpturen Titel wie etwa „Mondfrucht" (Hans Arp) oder „Der kleine Abschied" (Henri Laurens) zu wählen, zeigt das Bemühen, genau diese Neigung unserer kreativ aufzugreifen und fruchtbar zu stören.

Henri Laurens: Der kleine Abschied (Le petit adieu), 1940

Was geschieht, wenn ein Titel und damit eine angebliche Denotation, Darstellung auf den ersten Blick zu dem Werk in deutlicher Spannung steht? Es findet eine Reorganisation der Wahrnehmung statt, eine Reverberation zwischen Denotation und Exemplifikation, ein Hin- und Herschwingen: der Widerstreit zwingt zum neueren und näheren Hinsehen auf die ästhetischen Eigenschaften des Objekts, die neu erkundeten Eigenschaften modifizieren wiederum die Wahrnehmung des Dargestellten (der ‚Titel' bekommt andere Aspekte), dies provoziert wiederum neue Erkundungen der Werks, und so fort, in einem potentiell nicht endenden „Spiel".[114]

[114] Hier läßt sich zu Recht Kants „freies Spiel" der „Gemütskräfte" aus der *Kritik der Urteilskraft* assoziieren; vgl. oben Kap. 4.3.3.

Man kann versucht sein, das Spektrum der Formen, in denen diese Diskrepanz fruchtbar auszuspielen versucht wird, ansatzweise zu systematisieren.[115]

1. Fall: Denotation und Darstellung fallen mehr oder weniger aggressiv auseinander – und beeinflussen sich gerade dadurch inhaltlich gegenseitig: wie in der gerade angesprochenen Figur von Laurens.

2. Fall: Das Zeigen des Bildes und Sagen des Bildes, Exemplifikation und Denotation arbeiten zwar vorbildlich zusammen, können aber dennoch inhaltlich nie zusammenfallen. Auf diesen Fall hatten uns die Wittgenstein-Überlegungen vorbereitet: Was *sich* im Bild zeigt, kann das Bild nicht *nochmal* abbilden. Offensichtlich ist dies im Falle gegenständlicher Malerei; was *sich* beispielsweise in einem Gemälde von Hausdächern des ungarischen Donaustädtchens Szendendre zeigt (im Sinne von exemplifiziert oder *ausdrückt*), ist nicht das, was das gegenständliche Bild abbildet (oder *denotiert*). Dies ist beinahe trivial. Evident ist es, wie gesagt, in der Sprache vor allem für das Genre der Lyrik. Auf der anderen Seite gilt gleichermaßen, daß stets beide Faktoren interagieren: es gibt kein Zeigen ohne ein Sagen, in welchem letzteres sich gerade austrägt, material präsentiert (und umgekehrt): der *Inhalt* des Bildes ist direkter Bestandteil seines *Ausdrucks*.[116]

3. Fall: Konsequenterweise gilt Entsprechendes auch für nichtgegenständliche, also nicht-denotierende Malerei: was die Farben, Formen, Figuren materialiter *sind*, ist nicht dasselbe wie das, was sie exemplifizieren, und beides unterscheidet sich naheliegenderweise von dem, was sie ausdrücken.

Wyndham Lewis: Protraction, 1913

Hier, bei Wyndham Lewis mit Hilfe des Titels, wo weder eine gegenständliche Denotation, noch ein *unmittelbarer* Ausdruck in ein anderes Medium vorliegt, sondern eine abstrakte Eigenschaft mit malerischen Mitteln behauptet wird – Verzögerung, Hinziehen

---

[115] Diese Auflistung erhebt keinerlei Anspruch auf Vollständigkeit oder auch nur auf die beste der möglichen Systematisierungen.

[116] Vgl. zu dieser Interaktion auch Mersch, *Was sich zeigt*, S. 224f.

René Magritte: Femme, 1923

Pablo Picasso: Stierkopf, 1942

(protraction), – öffnet sich dennoch ein Bedeutungsfenster in prozessuale Dimensionen, allgemein in Geschehnisse: in etwas, das die Entstehung und auch die Rezeption des Bildes begleiten kann, das *die Ontologie des Bildes jedoch nicht umfaßt*, im Unterschied zu Musik, Sprache, Film und Alltagsgeschehnissen. Auf der Leinwand bewegt sich nichts – und dennoch exemplifiziert sie „Verzögerung". – Damit ist indirekt bereits der „Ausdruck" berührt.

4. Fall: Noch offensichtlicher gilt das Querstehen und dennoch *durch einander Existieren* von Zeigen und Sagen für Bilder, die versuchen, die Grenze zwischen gegenständlicher und nichtgegenständlicher Malerei aufzubrechen. In diesem Beisspiel, bei Magritte, ist die Denotation (Frau) wiederum einerseits *Produkt* der abstrakten Formen und Farben (Exemplifikation); andererseits arbeiten letztere zugleich dieser Denotation *entgegen*, indem sie sich in ihrer Aktion und Exzentrik gleichsam selbständig machen, weit über die Abbildungsfunktion stellen. Gegenstands- und Formassoziationen stehen hier in konfligierenden Ähnlichkeitsrelationen zueinander; *die Denotation wird gleichsam dekonstruiert, aufgelöst, indem die reinen Formen immer plastischer hervortreten.*

Generell können beide ‚Dimensionen', Denotation und Exemplifikation, unterschiedlich weit auseinander- oder zusammenstreben. Eine beinahe endlose Fülle von Bildern lassen sich als Beispiele für ein *absichtliches Kollidieren-Lassen exemplifizierend-materialer und denotierend-‚inhaltlicher' Komponenten* ansehen; nicht nur speisen sich daraus die unterschiedlichsten Formen kombinatorischer Kreativität, sondern sie statten

Paul Klee: Bergdorf, herbstlich, 1934

den Betrachter mit einem neuen Sinn-, Sensibilitäts- und Wahrnehmungs-Vokabular aus, wecken neue Anschauungen und Gestalt-Gedanken, wie etwa im folgenden Beispiel:

Dieses Gebilde denotiert – mit oder ohne Titel – einen Stierkopf, seine Bestandteile exemplifizieren jedoch ganz andere Sinnbereiche: funktionale aus dem Bereich ihrer materialen Herkunft. Nicht nur verdeutlicht es hier geradezu mit ironischer Deutlichkeit, daß das Hervorbringen von ‚Neuem' in Künsten wie in Wissenschaften oft auf der Re-Kombination von Altem basiert, sondern das Neue führt in diesem Falle naheliegenderweise zu einer Neubewertung der ‚alten' Teile: zu einer buchstäblich neuen „Sicht" auf die materialiter beteiligten Alltagsobjekte Fahrradsattel, Lenkstange und Tierkopf: zu einer anderen Form ihrer Kategorisierung.[117] Etwa: was hat der Stier mit dem Fahrrad zu tun und *nicht zu tun*, oder das Fahrrad mit dem Stier? Die Konfrontation aus beidem wird häufig zu einem *neuen Label* führen (bzw. einem komplexen ‚*Mischlabel*'): dessen Kreativität in dem Grad liegt, in dem sich Welt anders aufschließt, anders ‚zufällt' als ohne es.

Zum Thema *neue Label*: Betrachtet man längere Zeit obiges Bild von Paul Klee ohne die Angabe des Titels, so stellen sich zweifellos andere Wahrnehmungen, Beurteilungen, Ausdrucksinhalte ein als mit ihm. In letzterem Fall versucht man, das hier ausgestellte ‚Vokabular' zu verstehen, zu erlernen, was dazu führt, daß der Blick danach auf ein reales Bergdorf im Herbst zu einer tatsächlich umsortierten visuellen Wahrnehmung führen kann. Die vom Bild kommunizierten *Label* re-organisieren die Wirklichkeit – und auch die Farb-Wahrnehmung. Hier wäre es beispielsweise das stimulierend-auffordernde Rot, das die herbstlichen, in der Realität weniger augenfälligen Rot-Töne nun in der Tat prominenter wahrzunehmen erlaubt, oder als – *bedeutungsgeladener.* Für die Kunst Vincent van Goghs beispielsweise – und für die Literatur gleich mit – hat diesen Gedanken George Steiner formuliert. Steiner spricht von

[117] Das Zustandekommen auch neuer *wissenschaftlicher* Theorien wird bekanntlich häufig beschrieben als Rekombination dessen, was als Information „allen" vorlag, zu einer neuen Verbindung, die niemand gesehen hat. Ein Beispiel hierfür ist das In-Verbindung-Bringen des Phänomens von Ebbe und Flut mit dem ‚Verhalten' des Mondes. – Vgl. hierzu etwa Arthur Koestler, *The Act of Creation* sowie ders., „The Three Domains of Creativity".

Wassily Kandinsky: Gegengewichte, 1926

„Anordnungen von Zeit und von Raum, die auf eine Weise, die wir umfassend erfahren, wenn wir sie auch rational noch nicht erfassen können, den erlebten Puls unseres täglichen Lebens verändern. Die Straßen unserer Städte sind nach Balzac und Dickens andere geworden, Sommernächte, vor allem gen Süden hin, haben sich mit van Gogh gewandelt."[118]

Die hier angesprochene trans-künstlerische Bezugnahmeform wiederum durch den *Ausdruck* wird so der,

5. Fall, als eine eigene Interaktion von Sagen und Zeigen ebenfalls künstlerisch umgesetzt: so gibt es beispielsweise zahlreiche Bilder, die Musikalisches darzustellen versuchen[119] wie es umgekehrt vielfach Musik gibt, die durch Malerei inspiriert wurde.[120] Diverse doppelbegabte bildende Künstler wie Paul Klee oder Wassily Kandinsky schlugen hier praktische wie theoretische Brükken[121]; und natürlich betrifft der Medien-Transfer nicht nur Verbindungen hinein in andere Künste (von der Malerei in die Musik oder die Literatur), sondern auch schlichter in andere Seins- oder Existenzweisen als jene aus materiell-immateriellen Formen und Farben.

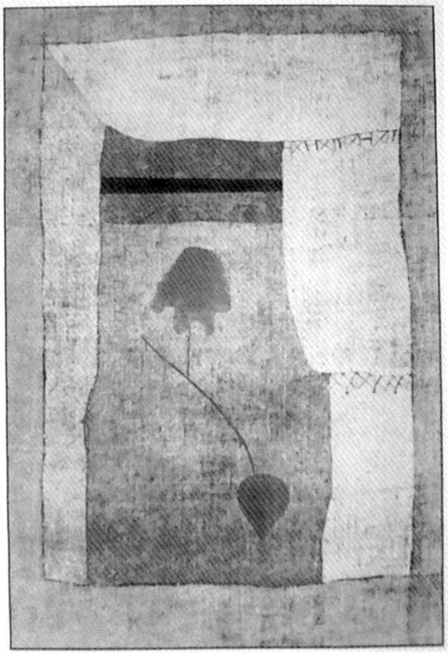

Paul Klee: Arabian Song, 1932

Hatten wir eben bereits die Kollision zwischen gegenständlichen und ‚materialen' Komponenten eines Werks als eine von Sagen und Zeigen bezeichnet, so reicht das bezugnehmende Zeigen hier, wie auch in den nächsten Beispielen, zusätzlich in eine andere Dimension hinein: dies ist die für den „Ausdruck" charakteristische Medien-Erweiterung. Die Verbindung zwischen Bild und Klang – oder hier,

118 George Steiner, *Von realer Gegenwart*, S. 217.

119 Ausführlich dokumentiert sind solche wechselseitigen Bestrebungen nicht nur für das 20. Jahrhundert in dem umfangreichen Kunst-Band zur gleichnamigen Ausstellung der Staatsgalerie Stuttgart 1985: *Vom Klang der Bilder. Die Musik in der Kunst des 20. Jahrhunderts,* Hg. Katrin Maur.

120 Dies gilt nicht nur für sakrale Musik bzw. Kirchenmusik, die immer auch mit pikturalen Darstellungen besagter Szenen im Kontakt steht, sondern auch für Komponisten unterschiedlicher Epochen, wie etwa Modest Mussorgsky („Bilder einer Ausstellung"), Claude Debussy oder Wolfgang Rihm – um nur einige zu nennen.

121 Vgl. etwa Wassily Kandinskys Schrift: *Über das Geistige in der Kunst*, in welchem trans-künstlerische Brücken zu systematisieren versucht werden; zum Teil auch über die Synästhesie.

abstrakter: Schwerkraft – ergibt sich dabei daraus, daß im Falle der pikturalen Ausdrucksbeziehung vom Bild auf Musik ein- und dasselbe „Label" (nonverbale Prädikat) beides bezeichnet: das Bild buchstäblich, die Musik bzw. die abstrakte Eigenschaft der Schwerkraft (oder oben: Verzögerung) bezeichnet es metaphorisch.[122]

Daß die verwendeten Beispiele alle aus dem historisch engen Zeitfenster des Übergangs von der gegenständlichen zur „abstrakten" Malerei stammen, liegt an dem kontingenten Umstand stärkerer Anschaulichkeit; Entsprechendes gilt jedoch, wie längst deutlich geworden sein dürfte, für jede Epoche künstlerischer Darstellung, auch die ‚rein' gegenständliche, auch die ‚rein' ungegenständliche, und zweifellos könnte man es sogar für steinzeitliche Höhlenmalerei in Anspruch nehmen.

6. Fall (a): Betrachtet man Albrecht Dürer-Darstellungen von Gesichtern im Original – etwa „Die Heiligen Johannes und Petrus" von 1526 – so findet sich darin ein fast bestürzender Gesichter-Realismus.[123] Sofern es sich hier um „Heilige" handelt, sind sie Alltags-Beladene und gänzlich unmystische Figuren von durchschnittlich (un)attraktiver Individualität, die die Fähigkeit haben, mit ihrer zeitgenössischen Präsenz und Privatheit des Ausdrucks nahezu zu schockieren. Sie vermögen im Betrachter die Wirkung auszulösen, in einen Spiegel zu sehen, ja, die innere Biochemie dieser Individuen in unserer eigenen widerhallen zu fühlen: mitsamt deren alltäglicher Not des Daseins. Anders gesagt, was diese Bilder „sagen", ist weit direkter verbunden mit ihrem „Zeigen" als mit ihrer Denotationsaussage, der Abbildung der Heiligen. Das inhaltliche Sagen fällt hier mit dem Zeigen zusammen: es malt sich in dem Ausdruck ihrer Gesichter, und genau der Widerspruch, könnte man sagen, zwischen dieser Individualität und der überindividuellen Allegorik üblicher Heiligendarstellungen ist es, von dem der Unterschied zwischen ‚großer' und – *most art is bad art* – ‚schlechter' Kunst lebt.

6. Fall (b): Komplementär ließe sich auf die andere Seite des historischen Pendels sehen[124], auf das Bild eines Künstlers, in welchem nicht nur die Sagen-Zeigen-Opposition, sondern eine Fülle anderer dichotomisch organisierter Kategorien innerhalb der Malerei preisgegeben sind: Bild–Rahmen, im Bild–außerhalb des Bildes, bewußtes und unbewußtes Schaffen, und vieles mehr.

Wie sieht hier der Aufeinanderprall der „inkommensurablen" Darstellungsweisen aus? Läßt er sich diagnostizieren – anders denn als gänzliche Verweigerung aller darstellenden, formalen Komponenten, sodaß weniger als das reine Zeigen die reine Materialität, übrigbleibt?[125] Taucht die sagende Komponente nur noch als pure Negativität,

[122] *Wie genau* das im jeweils konkreten Fall inhaltlich-*materialiter* vonstatten geht, genau welche pikturale Eigenschaft mit genau welcher klanglich-strukturellen assoniert, korrespondiert, dies zu sagen ist Sache der Kunstpsychologie, wenn es nicht sogar prinzipiell unmöglich ist.

[123] Das Werk befindet sich in der Alten Pinakothek in München.

[124] Wobei es historisch gerade in den letzten Jahrzehnten sich wieder zurückbewegt; dies gilt etwa für die „Neue Leipzier Schule" – oder für Künstler wie die Berliner Malerin und Animationsfilmerin Gabriela Gruber.

[125] Jackson Pollock: „When I am *in* my painting, I'm not aware of what I'm doing. It is only after a sort of ‚get acquainted' period that I see what I have been about. I have no fear of making changes, destroying the image, etc., because the painting has a life of its own. I try to let it come through. It is only when I lose contact with the painting that the result is a mess. Otherwise there is pure harmony, an easy give and take, and the painting comes out well." Jackson Pollock, „My Painting"

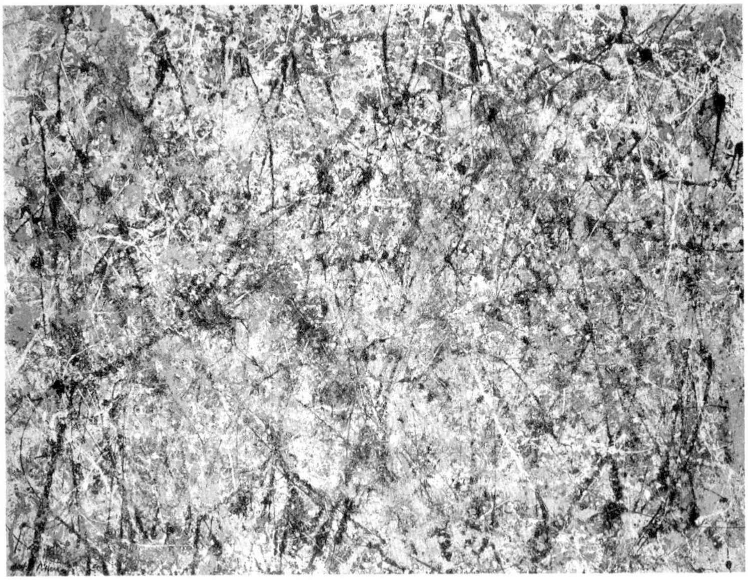

Jackson Pollock: Lavender Mist Number 1, 1950

als mit jede Geste weniger verweigerte als aufgegebene Idee auf, und ist als solche, als Abwesendes sozusagen, wiederum überlaut präsent?[126] Nichts davon kann hier diskutiert werden; es geht mit diesem Evozieren von Beispielen schlicht darum, Sensibilität für die Evidenz dieser Bewegung, der Kollision oder treffender vielleicht Oszillation zu wecken, der sich künstlerisches Schaffen von Neuem verdankt.[127]

Allerdings sei hier, um den Horizont der potentiell kreativen Sagen-Zeigen-Spannung um Außerkünstlerisches zu erweitern, noch eine andere Form des Übergangs diskutiert: von Bildlichkeit im engen Sinne von Abbildlichkeit[128] zu einer Darstellungsweise, die ebenfalls das Imitative gänzlich verläßt. So gibt es eine Form des Betrachtens von Kurven und Linien, die mit „Abbildung" in einer ganz anderen Weise als der figürlichen Abbildung zu tun hat: dies ist die Daten-in-Kurven-Transformation. Bekannt beispielsweise in der Wirtschaft (Börsenkurven), in der Medizin (Fieberkurven, Cardiogramme)

---

in „Possibilities I" (Winter 1947–8), zitiert nach Claude Cernuschi, *Jackson Pollock. Meaning and Significance*, S. 105.

126 Natürlich lassen sich diese Fragen für jeden der hier angesprochenen Künstler im gegebenen Rahmen nur anreißen; nicht mehr als eine flüchtige Evokation der Realitäten und Versuche ist hier intendiert: im Sinne ihrer „Bedingung ihrer Möglichkeit". Ferner erheben die Beispiele hinsichtlich der Epochen und Varianten evidentermaßen nicht einmal ansatzweise den Anspruch auf Repräsentativität. Gerade im Fall von Pollock wäre zumal die Untersuchung des vom einflußreichen Kunstkritiker Clement Greenberg sehr früh angestoßenen Diskurses über und vor allem auch *mit* Jackson Pollock mehr als aufschlußreich. Darstellt und dabei inhaltlich überzeugend vorgeschlagen sind diese Zusammenhänge in dem Film „Pollock" (2000), Regie und Hauptdarsteller Ed Harris.

127 Hierzu jedoch ausführlicher S. Mahrenholz, „Piktoriale Reflexivität – (Nach-)Denken über Bilder als Denken in Bildern".

128 Einen solchen engen und darin sehr eingeschränkten Bild-Begriff verwendet etwa Lambert Wiesing in *Phänomene im Bild*.

und generell in statistischen Darstellungen allgemein (Diagramme), handelt es sich bei dieser Transformation darum, eine nicht-mehr oder schlecht zu verarbeitende Fülle von Daten leichter handhabbar zu machen: es geht also um eine Form der kognitiven Ökonomisierung (darunter fällt auch die wachsende Branche des „Informationsdesigns"). Daß diese Form der Entlastung qua Übersetzung in eine andere Anschauungsform auch ‚automatisch' von der Sinnesphysiologie unternommen wird, hatten wir bereits ansatzweise bei Leibniz gesehen: Die Wahrnehmung solcher „sekundärer" Qualitäten wie Tonhöhen, Temperaturen oder auch Farben ist eine phänomenologische Übersetzung mit dem Ziel, das ‚Allzuviele' oder ‚Allzuschnelle' dennoch instantan und ohne viel kognitiven Aufwand aufzufassen.[129] Bei der Umwandlung von Frequenzen (Schwingungs-Geschwindigkeiten) in Tonhöhen, und hier genauer in Harmonie- oder Disharmonie-Wahrnehmung, ist das evident,[130] bei Fieber- und anderen Kurven ebenso. Bei Börsenkurven, die eine kognitiv ökonomischere Basis für schnelle Entscheidungen sind als eine tabellarische Aufstellung von Daten, urteilen wir auf der Basis des „Zeigens". Selbstverständlich nun existiert, da eine solche Transformation auf dem Löschen und Ergänzen (und dem ihm vorgängigen Gewichten) beruht, also einer Form der Induktion,[131] nicht die *eine* oder auch nur die *beste* Möglichkeit eines solchen Medien-Transfers, es existieren stets mehrere Alternativen, es herrscht Unbestimmtheit, und diese Freiheit ist so ausgeprägt, daß hierzu problemlos auch Kurven konstruiert werden können, die jeden einzelnen Meßwert verfehlen. Es zeigt sich darin, wie unbestimmt, indeterminiert gerade der Übergang von Denotation zu Exemplifikation ist, aber auch, wie intim er zusammenhängt mit der diskutierten digital-analog-Konversion: wenn nämlich im Extremfall Aus-Dichtung oder Ergänzung so erfolgen, daß sämtliche Daten des Digitalen ignoriert, ‚gelöscht' werden um einer bestimmten ‚analogen' Form willen.

Genau in diesem Übergang liegt das Potential für Fehlschläge, aber vor allem für kreative Freiheit und Unvorhersagbarkeit: Welches die fruchtbareren bzw. schlechteren Generalisierungen aus einer endlichen Anzahl von Daten sind, ist nicht bestimmt voraussagbar. Wir entscheiden unter konkurrierenden Varianten nicht mehr im Stil von ja/nein, wahr/falsch, sondern hier gibt es, wie oben für exemplifikatorische Systeme bereits festgestellt, nur Grade der Relevanz, nur Selektions- und Durchsetzungsprinzipien. Ein Modell ist nicht wahrer als das andere, aber es ist vielleicht richtiger im Sinne von durchsetzungsfähiger.[132] Wir sind mit ihm von digital gemessenen Daten zu analogen Figuren übergegangen, und diese beinhalten, qua analog, keine Negationen und damit auch keine Fundierung für das Artikulieren von wahr-falsch-Relationen.[133]

---

129 Vgl. Kap. 4.1.4.

130 Wie bereits oben (Kap. 4.3.3.1) angedeutet klärt uns Harmonie- oder Disharmonie blitzartig über mathematische Relationen unter den Schwingungen auf (die Anwesenheit des Verhältnisses von ganzzahligen Vielfachen 1:2, 2:3, 3:4 etc.). Vgl. auch Verf., „Der notationale Fehlschluß".

131 Vgl. zum „Tilgen", „Ergänzen", „Gewichten" etc. Nelson Goodman, *Ways of Worldmaking* Kap. I., 4, sowie zur Induktion ders., *Fact, Fiction, Forecast*.

132 Vgl. hierzu Nelson Goodman / Cathérine Z. Elgin, *Reconceptions in Philosophy and Other Arts and Sciences*, insbesondere des Schlußkapitel.

133 Zur Rhythmizität von Kurven oder auch Mustern und den mit ihnen verbundenen Voraussagen einer Wiederkehr vgl. Verf., „Rhythmus als Oszillation zwischen Inkommensurablem. Fragmente zu einer

Man vergesse nicht den zentralen Punkt: Jegliche dieser Generalisierungen samt Übergängen in eine andere logische Prozessierung ist mit einem Medien-Wechsel verbunden, einem gänzlich anderen Modus der Wahrnehmung. Möglicherweise liegt, um auf Jackson Pollock zurückzukommen, in dem, verglichen mit der gewöhnlichen Wahrnehmung in seinen Bildern sehr direkt, nackt und *brute* erfahrenen/ausgetragenen „Medienwechsel" ein Grund für die quasi-metaphysischen Erfahrungen, die mit seinen Bildern gemacht werden können.[134] Hierzu gehört auch die Ozillation zwischen den ja/nein-Entscheidungen und der Aufhebung ihrer:

> „his all-over line does not give rise to positive or negative areas: we are not made to feel that one part of the canvas demands to be read as figure, whether abstract or representational, against another part of the canvas read as ground. There is not inside or outside to Pollock's line or the space through which it moves.... Pollock has managed to free line not only from its function of representing objects in the world, but also from its task of describing or bounding shapes or figures, whether abstract or representational, on the surface of the canvas."[135]

Genau dies, die Linie zu entbinden von der seit der Steinzeit geläufigen Funktion, Objekte oder Umrisse und Figuren darzustellen, ist für die künstlerische wie die wissenschaftliche „Lesart" eines Strichs gleichermaßen zutreffend.[136] Dieselbe Freiheit von direkten Darstellungsfunktionen gilt für die sogenannten „sekundären Qualitäten" der Sinnesphysiologie: die Wahrnehmung von Tonhöhen oder Farben *informiert* zwar präzise, aber anders als die Wahrnehmung von Formen, Shapes, Konturen bildet sie nichts ab. Kann man – um probeweise eine These zur Relevanz dieser Art von Kunst aufzustellen – folglich sagen, daß das Studium, die Erfahrung nicht-gegenständlicher Bilder wie eine Art Meta-Erfahrung dieser anderen Form von Informations-Übermittlung ist? Eine ästhetische Vorführung der Bedingungen der Möglichkeit nicht-abbildenden Sehens, nicht-abbildenden In*form*iert-Seins? In diesem Sinne würden die Linien und Formen (und der im Bild sichtbare Prozeßcharakter der Herstellung) von etwas grundsätzlich Anderem künden, im Sinne von: etwas in einem anderen Medium, auf andere Weise mitteilen. Linien und Konturen und Farben exemplifizieren hier eben *nicht* Formen und Konturen, und nicht einmal Farben – sie sind Nachrichten *aus* und führen *in* andere Existenzformen, führen *in* diese, und damit vor allem in unsere Wahrnehmung, hinein. Eben hier, in der Evokation der kognitiven Medienwechsel, wie man diese Transformation nennen kann, liegt auch

---

Theorie der Kreativität", S. 165. Sie tun dies qua Entzeitlichen des Temporalen, qua Zeit-in-Raum Konversion. – Die Raum-in-Zeit Konversion ist demgegenüber die Diskursivierung der *Intuition*.

134 Dem Kunstkritiker Bernhard Schulz zufolge steigerte sich: „in seinen besten Arbeiten ... Pollock in einen Bewußtseinszustand, der die écriture automatique der Surrealisten zu einer von diesen selbst nie erreichten Vollendung brachte. Wunderschöne, rhythmische Farblandschaften entstanden auf diese Weise, wie etwa ‚Herbstrhythmus (Nr. 30)' von 1950 oder der ‚Lavendelnebel: Nummer 1' aus demselben Jahr. Es sind entgrenzte Flächen, die das Auge ins Unendliche fortsetzen kann, die kein Zentrum mehr haben, keinen Fluchtpunkt, keine Perspektive und keine Tiefe; von höchster Spannung, *oft beinahe unerträglich für ein längeres Betrachten*." Bernhard Schulz, „Der dunkle Stern", S. 1.

135 Pepe Karmel, *Jackson Pollock, Interviews, Articles, and Reviews*, S. 132.

136 Kunst – Pollock – verlangt üblicherweise die analoge Lesart: „dicht" und „voll", Datenkurven hingegen die „digitale" oder „notationale" Lesart.

der kognitive Wert des Ausdrucks – also der künstlerischen Referenz auf oder in andere Medien. Wir verstehen vielleicht *mehr* über visuelle Wahrnehmung durch ihren Transfer in Musik – oder aus Musik. Paul Valery spricht sogar von der künstlerischen Erfahrung unserer „Funktionsweise des Geistes" in einer Region, die jeglicher Entscheidung für ein Medium vorausgeht.

> „Manche Gedichte, die ich gemacht habe, hatten zum Keim nur eine dieser Anregungen ‚formaler' Sensibilität, die jedem ‚Sujet', jeder ausdrückbaren und fertigen Idee vorausgehen. Die ‚Junge Parze' war eine völlig unabgegrenzte Untersuchung, wieweit sich in der Dichtkunst etwas dem vergleichbar durchführen läßt, was in der Musik ‚Modulierung' heißt. Die Überleitungen haben mir viele Schwierigkeiten gemacht; aber diese Schwierigkeiten zwangen mich, eine Anzahl präziser Probleme in der Funktionsweise meines Gehirns zu entdecken und festzuhalten, und letzten Endes war es das, worauf es mir ankam. Nichts beschäftigt mich in den Künsten mehr als diese Überleitungen, in denen ich das Delikateste und Kunstvollste sehe, was es zu vollbringen gibt".[137]

Die hier angesprochenen Fälle von medialen Transformationen als Illustrationen der Problemlösungsstrategien des Geistes seien noch durch ein ganz anderes Beispiel ergänzt. Es betrifft wiederum die Produktivität oder gar Kreativität des Medienwechsels von Daten in Anschauungen. Über den neunjährigen Carl Friedrich Gauß existiert die bekannte Geschichte, daß sein Mathematik-Lehrer in der Schule die Kinder eine Zeit lang beschäftigen wollte mit der Aufgabe, die Zahlen 1 bis 100 zu addieren. Gauß löste das Problem in kürzester Zeit, indem er es in die Reihung umwandelte:

$$1 + 100 = 101$$

$$2 + 99 = 101$$

$$3 + 98 = 101$$

$$\dots$$

und in dieser Form auf einen Blick erkannte, daß dabei 50 x 101 = 5050 herauskommt: die Geburt der „Gauß'schen Summenformel". Die Übersetzung der zahlenmäßigen Reihung in eine gestalthafte Anordnung – die Übersetzung von digitalem in ein quasi analoges Denken – ist für die Lösung des Problems der Schlüssel: die Anordnung „zeigt" den Schritt zu ihr. Weniger für Laien nachvollziehbar ist die in gewisser Weise verwandte Geschichte der autistischen Zwillinge bei Oliver Sacks, die die unwahrscheinliche Leistung beherrschten, 8- und 10-stellige Primzahlen zu nennen – für welche nicht einmal Tabellen existieren. Auf die Frage, wie sie das machten, sagten sie den sprechenden Satz: „Wir *sehen* es".[138]

Noch eine weitere, das Phänomen des Schöpferischen oder Neuen beleuchtende Konsequenz zeigt sich hieran. Wir sagten oben, und verwiesen zur Illustration auf Wittgenstein, daß das, was ein Satz oder generell Gebilde sagt und das, was es zeigt, auseinanderfallen. Dies gilt unabhängig davon, ob sich beide Seiten um Konvergenz oder um Divergenz bemühen. Dieses Umstands bedienen sich natürlich vor allem Dichter, die im Unterschied zu den „exakten" Wissenschaftlern die schöpferische Unruhe, die in der Di-

[137] Paul Valéry, *Zur Theorie der Dichtkunst*, S. 113.

[138] Vgl. Oliver Sacks, *Der Mann, der seinen Frau mit einem Hut verwechselte*, Kap. 23: „Die Zwillinge".

vergenz dieser beiden Dimensionen liegt, nicht zu begrenzen, sondern zu nutzen suchten. Paul Valéry brachte die Arbeit, die darin liegt, diese differierenden Dimensionen in ein Verhältnis zu setzen, präzise für die Poesie auf den Punkt:

> „Es ist merkwürdig, daß man sich bemüht, eine Sprechweise zu schaffen, die gleichzeitig völlig verschiedenen Bedingungen gehorchen muß: *musikalischen, rationalen, sinngebenden, suggestiven* – und darüber hinaus eine ständige Verknüpfung von Rhythmus und Syntax, *Klang* und Sinn verlangt … [Die Wörter] folgen *zwei Wertordnungen, die gleichzeitig und gleich stark wirken.…* [Dies] wirft Probleme der Fortführung und Konvergenz auf."[139]

Diesen Punkt, das Zeigen des Sagens am Beispiel gereimter Logik, hat vor allem Arthur Koestler kreativitätstheoretisch untersucht.[140] Wir werden darauf im übernächsten Kapitel zurückkommen, wo es um Anknüpfungspunkte der hier vorgestellten Theorie an bestehende Kreativitätstheorien geht.

Es folgt hieraus dieselbe Bestandsaufnahme wie bei der Übersetzung von Daten in Kurven: was bei dem Zusammenwirken der beiden (oder mehreren) beteiligten Sinn- und Verwandtschaftsdimensionen entsteht, ist etwas Anderes als es beide Dimensionen alleine wären. Es resultiert aus diesem „Problem der Fortführung und Konvergenz" etwas Neues, Drittes, das nicht nur nicht (vom Künstler) vorhersagbar ist, sondern das auch letztlich bei jeder neuen ‚Aufführung' (jedem neuen Lesen) zu anderen Kollisionen, Kohäsionen, Verbindungen führt. Insofern liegt in dieser Übereinanderlagerung und Synchronizität verschiedener Sinn-Ebenen die Basis des potentiell Schöpferischen.

Das Verhältnis dieser unterschiedlichen Sinn-Ebenen in Künsten, Wissenschaften und Alltagskommunikation wird im folgenden Kapitel einer kommunikations-, System- und typentheoretischen Sicht unterzogen, am Beispiel des Anthropologen, Biologen und Kybernetikers Gregory Bateson, der die analog-digital-Differenz als erster in die Geisteswissenschaften einführte. Kreativität wird dabei, vorgreifend gesagt, als Ergebnis eines *Bruchs der Diskontinuität* unterschiedlichen logischer Ebenen oder „Stufen" dargestellt, oder auch als ‚kalkulierter Kategorienfehler'.

139 Paul Valéry, *Über Kunst*. Zitiert nach Arthur Koestler, *Der göttliche Funke*, S 352, Hvh. S. M. Vgl. auch Anthony Wilden, *System and Structure*, S. 164: „The poet may employ devices such as alliteration or onomatopoeia or association to make the digital elements on the page or in his reading into analogs or in order to evoke analog sensations".

140 Vgl. Koestler, *Der göttliche Funke*, Kap. 16 sowie in der – umfangreicheren – engl. Originalausgabe *The Act of Creation* Kap. XVI; vgl. ferner ders., „The Three Domains of Creativity".

6. Systematischer Hauptteil II. Kreativität als kalkulierter Kategorienfehler. Logische Typen und Typen der Logik: Gregory Bateson

6.1 Vorbemerkung: Russells Typentheorie

Es gibt fast keine formale Theorie, die sich mit analoger Kommunikation befaßt, und insbesondere kein Äquivalent der Informationstheorie. Diese Lücke im formalen Wissen ist hinderlich, wenn wir die verfeinerte Welt der Logik und Mathematik verlassen.

Gregory Bateson

Die bisherigen Betrachtungen der unterschiedlichen Weisen des Menschen, Wissen über sich selbst und die Welt zu erwerben und weiterzugeben, legten immer wieder in unterschiedlichen Terminologien eine Grundunterscheidung zwischen zwei kognitiven Verhaltensformen frei: dem ‚endlichen Differenzieren' bzw. ‚eine Grenze des Unterscheidens ziehen' und ‚nicht-endlichem Differenzieren' bzw. ‚jeder Unterschied zählt'. Dieses Verhältnis läßt sich auch als Denken und Kommunizieren in diskreten (disjunkten) im Unterschied zu solchen in kontinuierlichen Zeichensystemen beschreiben. Allerdings ist die Rede von „Zeichensystemen" intern zu differenzieren nach Syntax (Zeichen*schema*) – und Semantik bzw. Bezugnahmeebene (Zeichenschema plus Referenzbereich: Zeichen*system*). Auf beiden Ebenen können Symbolsysteme unterschiedlich „dicht" bzw. „disjunkt" sein. Eine weitere Differenz, die mit ersterer nur partiell parallel geht, ist jene von Verweisen und Vorweisen, Denotation und Exemplifikation/Ausdruck oder unspezifischer: Sagen und Zeigen. Besagte Verhältnisse wurden im letzten Kapitel unter symbol- und informationstheoretischen Aspekten thematisiert, mit dem Ergebnis, daß jegliche Übersetzung unter ihnen aus symbol-logischen Gründen ein Element des Unkontrollierbaren, Nicht-Determinierten oder ‚Freien' aufweist. Dies gründet darin, daß beide Seiten in diesen Übersetzungen niemals restfrei aufeinander reduzier- oder ineinander transformierbar sind – in diesem Sinne also inkommensurabel. In anderer Form hatte sich diese dynamische Beziehung bereits oben im Kant-Kapitel anhand des Verhältnisses von Anschauung und Begriff gezeigt (welches Verhältnis das vermittelnde „Schema" als ebenso notwendiges wie kreatives Moment auf den Plan rief)[1], sowie zuvor am Verhältnis

[1] Vgl. oben Kap. 4.4.2.

von Wahrnehmen und Denken bei Aristoteles – was die zentrale verbindende Bedeutung der phantasía, der Imagination bzw. Einbildungskraft hervortreten ließ. In allen diesen Fällen ist es ein *aktiver* ‚Link' zwischen beiden, der einerseits die komplementären Seiten aufeinander bezieht und der andererseits ein nicht-determiniertes, ‚freies' Moment in sich birgt.

In dieser Hinsicht läßt sich eine Kontinuität über die vergangenen 2500 Jahre konstatieren.[2] Vor dem Hintergrund verdient es ein um so höheres systematisches Interesse, daß um 1950 ein alternatives Modell auftrat, ursprünglich in einem ganz anderen Diskussionszusammenhang. Die Rede ist von Gregory Bateson und seiner interdisziplinären Forschergruppe am *Department of Sociology and Anthropology* der Stanford University, welche Bertrand Russells Typentheorie auf Fragen der Kommunikation angewendet haben.[3] Batesons den kommunikationstheoretischen Gedanken weiterentwickelnde Theorie bietet nun, wie wir sehen werden, gleichsam ein drittes Modell für das Verhältnis der beiden ‚inkommensurablen' Seiten. Bei Kant trafen wir eine kategoriale Trennung ihrer an; zuvor bei Leibniz fand sich eine kontinuierliche Hierarchie – hier nun finden wir so etwas wie eine Hierarchie der Gleichberechtigung, insofern die beteiligten Seiten gleichsam ständig die Plätze tauschen. Aus der Stanforder Variante der Typentheorie entspringt mithin eine neue und provozierend anschauliche Möglichkeit, das kreative Potential und „Grenz-überschreitende" Moment in der Kombination des Heterogenen zu formulieren: gleichsam logisch in Aktion zu sehen.

Das folgende stellt die Elemente von etwas dar, das man als unausgesprochene Kreativitätstheorie Gregory Batesons betrachten könnte. Es wird zunächst sichtbar am Beispiel seiner Spiel-, Lern- und Schizophrenie-Theorie. Da diese Theorien alle verwandt sind und auf demselben theoretischen Fixpunkt basieren, sei zunächst eine kurze Darstellung der Russell'schen Typentheorie vorweggeschickt. Diese klingt auf den ersten Blick kompliziert, beinhaltet aber einen sehr einfachen Grundgedanken.

Russell stellte besagte Überlegungen ursprünglich an, um bestimmte Paradoxienbildungen zu vermeiden, die sich bei reflexiven, also selbstbezüglichen Aussagen innerhalb der mathematischen Mengen-Theorie bilden.[4] Zu den historischen Vorläufern solcher Paradoxien zählt das Kreter-Paradox des Epimenides, also die Aussage ‚Alle Kreter lügen – ich bin ein Kreter', oder auch allgemeiner: ‚Diese Aussage ist falsch'. In Russells mengentheoretischer Reflexion stellt sich das Problem in Form der Frage, ob die Klasse aller Klassen, die nicht bei sich selbst Mitglied sind, selber bei sich Mitglied ist. Der

---

2 Leibniz' Kontinuum unter den Seiten (welche eine Hierarchie zwischen „analog" und „digital" einschloß), fiel allerdings in gewisser Weise aus dem Modell heraus, doch auch hier ist mit der auffallenden Kategorie des „Klaren und Konfusen" eine vermittelnde Instanz etabliert; vgl. oben Kap. 4.1.2.

3 Zur Geschichte der Anwendung von Russells Theorie auf geistes- und sozialwissenschaftliche Fragen innerhalb der kalifornischen interdisziplinären Forschergruppe vgl. Gregory Bateson, „Vorstudien zu einer Theorie der Schizophrenie" (1956), wiederabgedruckt in ders., *Ökologie des Geistes. Anthropologische, psychologische, biologische und epistemologische Perspektiven*, S. 270, Fußnote 1. (Originalausgabe: *Steps to an Ecology of Mind* (1972).

4 Vgl. für das folgende Bertrand Russell, *Die Philosophie des Logischen Atomismus. Aufsätze zur Logik und Erkenntnistheorie 1908–1918*, darin: „Mathematische Logik auf der Basis der Typentheorie", insbes. S. 38 ff. Vgl. ferner Bateson, *Ökologie des Geistes*, S. 363 ff.

Versuch der Antwort führt in ein nicht endendes logisches Oszillieren: in ein Paradox.[5] Um dieses zu unterbinden gliedert Russell Aussagenteile bzw. „Objekte" (Variablen) in *Typen* unterschiedlicher Abstraktionsklassen: Mengen und ihre Elemente bzw. Klassen und ihre Mitglieder. Das Grundprinzip dieser Aufgliederung lautet, daß keine Gesamtheit Elemente enthalten kann, die durch diese selbst definiert sind.[6] In anderen Worten, keine Menge oder Klasse kann bei sich selbst Mitglied sein; ferner kann auch umgekehrt kein Element selbst die ganze Klasse *sein*. Vielmehr gehören die Elemente der Klasse und die Klasse selber unterschiedlichen Abstraktions-Ebenen, in diesem Sinne unterschiedlichen *logischen Typen* an. (Angewendet auf normale Sprachen heißt das etwa: die Klasse aller weißen Katzen ist selbst weder eine Katze noch ist sie weiß, auch ist die Klasse der Nicht-Katzen keine Nicht-Katze, und die Partitur eines Stücks Musik ist selbst nicht Musik.) Russell gliedert dabei sein typentheoretisches Modell wie folgt – und dieses wird später von Bateson verändert aufgegriffen. Den ersten oder untersten Typ bilden „Individuen", welche qua Individuation keine Mengen als Unter-Elemente enthalten können. Sie sind der sogenannte *erste logische Typ*, die Terme elementarer Aussagen beinhaltend: immer Partikel, atomare Einheiten, keine Relationen.[7] (Man kann – in Abwandlung von Bateson und Watzlawick – diesen *ersten logischen Typ* auch als *Aussagen nullter Ordnung* bezeichnen: sie liegen *vor* jeder Ordnung: nämlich vor den relationalen Beziehungen von Typen-, Mengen- oder Klassenaussagen.)

Auf diesen nun basieren alle weiteren Schritte:

> „Aussagen *über* diese Individuen, also solche, die nur Individuen als gebundene Variablen enthalten, werden wir *Aussagen erster Ordnung* nennen. Sie verkörpern den zweiten logischen Typ."[8]

Damit ist die Relation des „über" eingeführt; in dem Moment, wo eine Aussage eine ‚über' eine andere ist (diese zum Gegenstand hat), sind zwei logische Typen im Spiel. (Die Klasse der weißen Katzen ist ein Prädikat, das „über" weiße Katzen ist und verkörpert damit einen anderen Typ als die Katzen selber.) Solche Aussagen *über* den ersten logischen Typ verkörpern den *zweiten logischen Typ* und sind *Aussagen erster Ordnung*.[9] Von hier aus geht die hierarchische Schichtung entsprechend weiter:

---

5 Vgl. hierzu Batesons Aussagen in dem Werk, das er 1951 in den USA zusammen mit dem Schweizer Psychiater Jürgen Ruesch verfaßt hat: Jürgen Ruesch/Gregory Bateson, *Kommunikation. Die soziale Matrix der Psychiatrie*. Kap. 7 („Information und Kodifikation"), insbes. 217 ff. Zum Paradox nach Bateson: „Ein Mann klassifiziert Entitäten in Klassen, und jede Klasse, die er definiert, führt eine Klasse von anderen Entitäten ein, die nicht ihre Elemente sind. Er stellt fest, daß die Klasse von Elefanten nicht selbst ein Elefant ist, aber daß die Klasse von Nichtelefanten selbst ein Nichtelefant ist. Er verallgemeinert, daß manche Klassen Elemente ihrer selbst sind und andere es nicht sind. Dadurch schafft er zwei umfassendere Klassen von Klassen. Dann muß er entscheiden: Ist die Klasse der Klassen, die nicht ihre eigenen Elemente sind, ein Element ihrer selbst? … Wenn die Antwort ‚ja' ist, dann muß sie ‚nein' sein, aber wenn sie ‚nein' ist, dann muß sie ‚ja' sein." Ebd. S. 217.

6 Vgl. Russell, *Die Philosophie des Logischen Atomismus*, S. 38.

7 Vgl. Russell, ebd. S. 39.

8 Ebd.

9 Dies wirkt nur auf den ersten Blick verwirrend: Da Elemente noch keine Aussagen enthalten, ist der Index ihrer – als Typen – immer höher als der der Aussagen, welche zwei Typen kombinieren.

„Wir können nun neue Aussagen bilden, in denen Aussagen erster Ordnung als gebundene Variable vorkommen. Sie werden *Aussagen zweiter Ordnung* genannt, und sie verkörpern den dritten logischen Typ. So behauptet etwa Epimenides eine Aussage zweiter Ordnung, wenn er sagt ‚Alle von mir behaupteten Aussagen erster Ordnung sind falsch'. Er kann das wahrheitsgemäß behaupten, ohne eine wahre Aussage erster Ordnung zu behaupten. Daher kommt kein Widerspruch zustande. – Der obige Prozeß kann unbegrenzt fortgeführt werden. Der n+1te Typ besteht aus Aussagen nter Ordung, die derart sind, daß sie Aussagen n-1ter Ordnung als gebundene Variable enthalten, aber keine Aussagen höherer Ordnung. Die so gewonnenen Typen schließen einander aus."[10]

Dieser letzte Satz artikuliert Russells fundamentale Absicht. Zwischen beiden Typen gibt es keinen Übergang, d. h. auch keine gemeinsam besessenen Mitglieder. Folglich kann sich jede Aussage, die auf einer bestimmten Ebene gemacht wird, immer nur auf die logische Abstraktionsebene *darunter* beziehen, auf den *niederen Typ* also, nie gleichzeitig auch auf sich selbst. Damit fällt die Möglichkeit selbstbezüglicher Aussagen weg und so die Basis von Paradoxien.

Um auf das Beispiel zurückzukommen: die Konstruktion der Klasse aller weißen Katzen impliziert logisch eine Aussagen-Ebene, die selbst *außerhalb* der Klasse der weißen Katzen steht und sowohl über ihr situiert ist wie sie *über* sie ist; und sie impliziert die Möglichkeit anderer Farben und anderer Lebewesen. Dies beinhaltet daß die Klasse selbst weder weiß sein kann noch schnurren. Dieser Punkt ist logisch bedeutsam und hat vielfältige Konsequenzen: so besagt er, daß ein Phänomen oder eine Gruppe von Phänomenen nie von ihr selbst aus, sondern immer nur von einer höheren Abstraktions- oder Organisationsebene aus beschrieben werden kann.[11] Und umgekehrt: daß jede Beschreibung oder Analyse eines Phänomens unweigerlich den Wechsel der Ebene, eine Distanzierung, ein Herausbegeben impliziert, will es nicht als selbstbezüglich in Paradoxa geraten. Später wurde diese Figur systemtheoretisch dahingehend gewendet, daß jede intendierte Selbstbeobachtung immer eine weitere Beobachterperspektive impliziert, die über diese hinausreicht (etwa in Form eines externen Beobachters/Coachs/Therapeuten/Über-Ichs – welcher/s auch internalisiert werden kann). In andern Worten: wenn ein Kreter sagt, „Alle Kreter lügen", so umfaßt die Aussage nicht auch die Position des Sprechers – selbst wenn der Sprecher Kreter ist. „Alle Kreter" kann dieser Position zufolge nur von außerhalb der Gruppe der Kreter gesagt werden.[12] Hier zeigt sich schnell, daß die Alltagssprache nicht typentheoretisch organisiert ist.

10 Ebd.

11 In Anthony Wildens Worten: „no communication can be properly defined or examined at the level at which the communication occurs". *System and Structure. Essays in Communication and Exchange*, S. 113. Noch deutlicher wird der philosophische Stellenwert solcher Analysen, wenn wir Wittgensteins Beobachtung als einen Ausdruck ihrer sehen: „Wenn es einen Wert gibt, der Wert hat, so muß er außerhalb alles Geschehens und So-Seins liegen. Denn alles Geschehen und So-Sein ist zufällig. Was es nicht zufällig macht, kann nicht *in* der Welt liegen, denn sonst wäre dies wieder zufällig. Es muß außerhalb der Welt liegen." Ludwig Wittgenstein, *Tractatus Logico-Philosophicus*, 6.41.

12 Diese logische Struktur wird von dem Umstand verkörpert, auf den wiederum Wittgenstein aufmerksam machte, daß ein Auge sich selbst nicht sehen kann, in seinem Gesichtsfeld nicht vorkommt. Vgl. *Tractatus* 5.632/3: „nichts am Gesichtsfeld läßt darauf schließen, daß es von einem Auge gesehen wird". Kommt ein Auge in einem Gesichtsfeld vor, so ist es notwendig nicht das Auge, von dem aus

In der Verletzung eben dieses wechselseitigen Ausschlußverhältnisses liegt nun die Basis des Konzepts vom „logischen Fehlschluß", als immer dann auftretend, wenn die Grenze bzw. die Diskontinuität zwischen logischen Typen oder Aussagen-Ordnungen durchbrochen wurde: wenn beide sich mischen. Ein Mensch, der „Obst" verlangt, jedoch in Obsthandlungen zu seiner wachsenden Verzweiflung nur Bananen, Äpfel, Kirschen etc. vorfindet, macht diesen Fehler (was beinhaltet, daß viele von uns ihn *unbewußt* häufig machen[13]), und im folgenden werden noch verschiedene andere Beispiele für pathologische und kreative Brüche dieser Art betrachtet.

In die Sprachphilosophie und „philosophy of mind" wurde das Konzept des „category mistake" zuerst von Gilbert Ryle in seinem 1949 erschienenen Buch „The concept of mind" hineingetragen. Kategorienfehler logischer Art sind es, in denen laut Ryle zentrale philosophische Irrtümer der ‚philosophy of mind' gründen,[14] und er sah eine philosophische Grundaufgabe darin, „anzuzeigen, zu welchen *logischen Typen* die entsprechenden Begriffe eigentlich gehören".[15] Russells mathematisch-mengentheoretische Typen-Unterscheidung wurde also in die Philosophie importiert, und sie ist seit Ryle daraus nie wieder völlig verschwunden.

Früher noch wurden Russells Ideen jedoch von Gregory Bateson in die Geistes-, Sozial- und. Kommunikationswissenschaften übertragen; dies geschah wesentlich auf Anregung Norbert Wieners.[16] Wiener, der u. a. bei Russell studierte hatte und zu des-

---

gesehen wird. Und ist der Sprecher ein Kreter, so ist das Kreter-Sein nicht die logische Perspektive, von der aus der Satz gesprochen wird.

13 In Beziehungen beispielsweise sowie etwa bei der Wahl von Berufen oder Reisezielen kommen Fehler dieser Art unbewußt häufig vor. – Man könnte umgekehrt sagen, daß Verliebtheit darin besteht, diesen Kategorienfehler zu machen: wir sind so lange verliebt, wie eine Kirsche für uns in der Tat „Obst" repräsentiert.

14 Vgl. Gilbert Ryle, *Der Begriff des Geistes,* S. 13. – Ryles Beispiele für Kategorienfehler verkörpern auf amüsant wörtliche Weise seine Kritik an einer Konzeption des „Geistes" als eines verdinglichten „Gespensts in der Maschine": „Ein Südseeinsulaner sieht seinem ersten Fußballspiel zu. Man erklärt ihm die Funktion des Torwarts, der Stürmer, Verteidiger, des Schiedsrichters usw. Nach einer Weile sagt er: ‚Aber es fehlt jemand, der den berühmten Mannschaftsgeist beisteuert'". Ebd. S. 15

15 Vgl. ebd. S. 5, Hvh. S. M. Es beinhaltet „Kategoriengewohnheiten durch Kategoriendisziplin zu ersetzen", ebd.

16 Bateson hatte Wiener 1946 auf einer der Macy-Konferenzen zur Kybernetik kennengelernt und ad hoc als seinen selbstgewählten Mentor adoptiert. Zu den Gründen und Umständen der Bateson'schen Teilnahme an den Macy-Konferenzen vgl. Bateson *Ökologie des Geistes*, 10 f. Die Vorgeschichte der Übertragung der Kybernetik auf Sozial- und Verhaltenswissenschaften beschreibt Lawrence S. Bale in: „Gregory Bateson, Cybernetics, and the social/behavioural Sciences": „Even in the social/behavioural sciences, references to mind remained suspect. Building on the work of Norbert Wiener, Ross Ashby and Warren McCulloch, Bateson realized that it is precisely the mental process of mind which must be investigated. Thus, he formulated the *criteria of mind* and the *cybernetic epistemology* that are pivotal elements in his ‚ecological philosophy'. In fact, he referred to cybernetics as an epistemology, e. g. the model, itself, is a means of knowing what sort of world this is, and also the limitations that exist concerning our ability to know something (or perhaps nothing) of such matters. *As his work progressed, he proposed that we consider Epistemology as an overarching discipline of the natural sciences ... a meta-science whose parameters extend to include the science of mind in the widest sense of the word.*" Ebda S. 27 f. , Hvh. S. M.

sen „kybernetischen“ Inspirationen dezidiert Leibniz zählte[17], machte Bateson mit der Typentheorie bekannt[18], der sie wiederum in seine interdisziplinären Arbeitszusammenhänge hineintrug: neben der erwähnten Stanford-Gruppe war dies vor allem das *Mental Research Institute* in Palo Alto. Übertragen von mathematischen Problemen auf reale menschliche Kommunikationsabläufe zeigt sich das Phänomen einer solchen Typisierung von Mitteilungen als eines des „Framings“ oder Rahmens.[19] Indem ein klassifizierender Rahmen um eine bestimmte Gruppe von Mitteilungen gezogen wird (‚Dies ist Spaß‘, ‚Das ist ein Befehl‘, ‚Das ist Ironie‘, ‚Ich liebe Dich‘), definiert dieser, zu welcher Klasse von Mitteilungen ein Verhalten zu zählen ist und ermöglicht damit erst dessen Interpretation. Der Rahmen gehört jedoch nicht selbst zu dieser Art Mitteilungen, und er muß auch keineswegs notwendig *verbal* gezogen werden.[20] Er operiert von einer „höheren“ (Abstraktions-)-Ebene aus.

An diesem Punkt nun beginnen in der realen Kommunikation aufschlußreiche Probleme. So klar die Ebenen-Trennung in der Theorie ist, so verschwommen – und in dieser Verschwommenheit potentiell hoch wirksam – ist sie potentiell in der Praxis.[21] Eine rahmende (Meta-)Mitteilung alias ‚Aussage zweiter Ordnung‘ kann leicht als Aussage erster Ordnung mißverstanden werden: etwa wenn ein ritualisierter Angriff zwischen zwei Stämmen (Ritus = Rahmung) zu Zwecken eines Friedensschlusses als ein tatsächlicher Angriff aufgefaßt wird und einen Gegenangriff provoziert.[22] Genau ein solcher *Bruch* der geforderten *Dis*kontinuität logischer Ebenen ist nun laut Bateson gerade die Basis nicht nur für Pathologien und Eskalationen im menschlichen Denken und Verhalten, sondern auch für wichtige Formen kreativer Entwicklung und Produktivität.[23] Die Vielfalt dessen sei im folgenden näher beleuchtet.

---

17 Vgl. etwa Norbert Wiener, „Zurück zu Leibniz!“ von 1932, in ders., *Futurum Exactum. Ausgewählte Schriften zur Kybernetik*, S. 93–104.

18 Zu den Hintergründen dieser Bekanntschaft und Einflüsse sowie der Rolle der Macy-Konferenzen für Batesons intellektuelle Entwicklung vgl. Max Visser, „Gregory Bateson on Deutero-Learning and Double-Bind: A Brief Conceptual History“.

19 Erving Goffman hat diesen Gedanken in seiner eigenen „Frame-Analysis“-Theorie weitergeführt; vgl. ders., *Frame Analysis; an essay on organization of experience.*

20 Ein Zwinkern oder ein bestimmter Tonfall beispielsweise kann ihn ebenfalls stiften.

21 Dazu folgendes Erlebnis: Am Tag nach der Trauung erklärte auf einem Ausflug der frisch gebackene Ehemann der Hochzeitsgesellschaft so beiläufig wie dezidiert: „Übrigens, der gestrige Standesbeamte war gar keiner, war nur ein von uns organisierter Schauspieler.“ Hier galt es, seine neue Rahmung der rituellen Handlung des Heiratens (als: das war Theater, also Spiel) nun wieder daraufhin zu überprüfen, ob diese neue Meta-Mitteilung nun ihrerseits Ernst oder „nur“ ein weiterer Fall von „Spiel“ war. In diesem Fall machte zweimal ‚dies ist Spiel‘ aus der Handlung wieder Ernst. (In gewisser Weise ähnelt das der doppelten Verneinung, die wiederum zur Bejahung führt.) Es ist potentiell Ernst, sofern es für die frisch Angetraute wiederum möglicherweise einen eigenen Rahmen um die eben stattgehabte Handlung zieht.

22 Die Möglichkeit, in der „Rahmung“ Fehler zu machen bzw. in der Rahmung zu lügen bzw. zu täuschen, zeigt der Film „Das Leben der Anderen“ (2006) von Florian Henckel von Donnersmarck in der sprechenden Szene, wo ein Stasi-Mann in der Kantine seinen Kollegen ermutigt, einen Regimekritischen Witz zu erzählen – mit existentiellen Folgen.

23 Bateson spitzt dies dergestalt zu, daß „Russells Regel nicht aufgestellt werden kann, ohne daß sie verletzt wird“, Bateson, *Ökologie des Geistes*, S. 256.

6.2 Vom ‚Bite' zum ‚Nip': Die Entstehung der Negation und der arbiträren Zeichen aus dem spielerischen Biß

Nicht nur meinen spielende Tiere nicht ganz, was sie sagen, sondern sie kommunizieren auch über etwas, das es gar nicht gibt. Auf der menschlichen Ebene führt dies zu einer unermeßlichen Vielfalt von Komplikationen und Verdrehungen im Bereich von Spiel, Phantasie und Kunst.

Gregory Bateson

Evidenterweise liegt eine Aufgabe jeglicher Theorie des Denkens und Erkennens in der Aufgabe, logische Irrtümer und ihre Konsequenzen zu untersuchen. Doch wo Grenzen bestimmt werden, entstehen logische Lockungen, theoretische Attraktoren. So hat es nicht lange gedauert, bis die Diagnose logischer Fehlschlüsse nicht nur als Analysemittel für Denk-Fehler, Paradoxien und Kommunikations-Pathologien, sondern zugleich und wesentlicher zur Beschreibung der produktiven Leistungen der Kultur diente. Eben dies geschah, wie bereits angedeutet, in den interdisziplinären Forschergruppen um Gregory Bateson: zunächst in Stanford, später im kalifornischen *Mental Research Institute Palo Alto*. Betrachten wir zunächst die symboltheoretischen und epistemologischen Implikationen, die sich in der tierischen und menschlichen Kommunikation des „Spiels" finden. Auf der Basis der so herausgearbeiteten symbol- und kommunikations-logischen Überlegungen geht die Betrachtung in den nächsten Unterkapiteln über zu den strukturell verwandten Phänomenen aus Pathologie, Lerntheorie, Kognition und Kreativität.

Der Anthropologe, Biologe, Soziologe und Erkenntnistheoretiker Gregory Bateson[24] leitete mit seiner Theorie der (Meta-)Kommunikation eine Betrachtung menschlicher (und tierischer) Erkenntnis- und Verständigungsformen ein, die von Watzlawick/Beavin/ Jackson, Anthony Wilden, später auch Humberto Maturana und Francisco Varela weiterentwickelt bzw. ausgeweitet wurden.[25] Bateson analysierte typentheoretisch zunächst so verwandte Kommunikations- und Sinnstiftungs-Modi wie Humor, Spiel und Ritual.[26] Sein nicht zuletzt durch seine Teilnahme an den Macy-Konferenzen kybernetisch inspirierter Ansatz stiftete gleichermaßen Verbindungen zwischen Mensch und Tier wie zwischen Mensch und Maschine.[27]

---

[24] Die einzigen Monographien zu Bateson im deutschsprachigen Raum stammen von Wolfram Lutterer: *Gregory Bateson. Eine Einführung in sein Denken*, vgl. ders., *Auf den Spuren ökologischen Bewußtseins. Eine Analyse des Gesamtwerks von Gregory Bateson*, im folgenden abgekürzt als *Spuren*; vgl. ferner die umfangreiche Biographie von David Lipset, *Gregory Bateson, The Legacy of a Scientist*.

[25] Eine der wichtigsten Schriften in diesem Kontext bildet Watzlawick/Beavin/Jackson, *Menschliche Kommunikation. Formen, Störungen, Paradoxien*. (Englische Originalausgabe: *Pragmatics of Human Communication. A Study of Interactional Patterns, Pathologies, and Paradoxes*, 1967). Für eine umfassendere Kontextualisierung im Rahmen alternativer, insbesondere französischer Ansätze vgl. ferner das sehr eigenständige Werk von Anthony Wilden, *System and Structure*.

[26] Vgl. Gregory Bateson, *Ökologie des Geistes*.

[27] Vgl zu den Macy-Konferenzen, deren Einschätzung sowie den Protokollen, in denen auch Batesons Teilnahme dokumentiert ist: Claus Pias, *Cybernetics – Kybernetik,* Bd 1 und 2; vgl. ferner Laurence Bale, *Gregory Bateson, Cybernetics, and the social/behavioural Sciences*, Max Visser, *Gregory Ba-*

Ausgehend von Beobachtungen der Kommunikation unter Säugetieren entwirft Bateson eine Art ‚Genealogie‘ der menschlichen Kommunikation. Ihr zufolge ist jene Kommunikationsform, welche sämtlichen Säugetieren zur Verfügung steht und als die für Tier wie Mensch gleichermaßen geno- und phänotypisch *erste* gelten kann, die expressive oder ostensive (zeigende) Beziehungskommunikation: jene Form, die Bateson die *„analoge“* Kommunikation nennt.[28] Sie ist von vergleichsweise großer Direktheit: ein Akt oder Zeichen bedeutet das, was es ist. Der Code *ist* die Message. Kämpfen beispielsweise *bedeutet* Kämpfen, ist also einerseits Ausdruck eines aktiven Beziehungsprozesses und damit eine Botschaft, zugleich aber ist es vor allem ein physiologischer Prozeß mit kausal-materialen wie symbolischen Folgen. Zwischen Zeichen und Bedeutung ist hier nicht zu trennen, dennoch ist beides gegeben. Ein weiteres Beispiel sind Geruchssignale.[29] Sie sind der äußerlich wahrnehmbare Teil eines physiologischen Prozesses: Düfte *bedeuten* nicht nur diesen Prozeß, im Sinne von: sie zeigen ihn an, vielmehr sind sie eine Verkörperung dieses Prozesses – so das sich auf den Rücken Werfen eines unterlegenen Hundes. Kapitulation bedeutet aber auch Kapitulation *ist*.

Nun sahen wir bereits, daß analoge Symbolisierung nur positive Werte hat.[30] Dasselbe gilt logischerweise für Analog-Kommunikation, es bedeutet, daß hier keine Negation, kein „nein“ und kein „nicht“ symbolisiert werden können. (Der Tanz der Biene etwa, der sich mit Anthony Wilden auffassen läßt als eine komplexe Form analoger Codierung, sagt etwas über die räumliche Relation der Biene zur Nahrungsquelle, aber sie kann nicht sagen: „there is *no* food here“.[31]) Um also in analoger, non-verbaler, expressiver, auf Handlungen statt Worte angewiesener Form eine Negation zu kommunizieren, muß man das, was man *nicht* zu tun mitteilt, *tun*. Will ein Delphin seinem menschlichen Partner mitteilen „ich werde Dich *nicht* beißen“, muß er – vorsichtig – beißen. Bateson schlägt unter Bezugnahme auf Russells Typentheorie vor, daß es sich hier um eine Kommunikation auf mehreren Ebenen gleichzeitig handelt. Da ist einerseits die Inhaltebene (der andeutende Biß), andererseits die diese kontextualisierende Meta-Ebene (‚dies ist Spiel‘, man könnte hinzufügen: ‚dies ist Freundschaft/Zuneigung‘). Entsprechendes gilt für die analoge, also gestische, agierende Mitteilung, daß man *keinen* Angriff plant. Um dies zu agieren, zeigen, muß man – symbolisch – angreifen.

> „Das heißt, das Gegenteil der endgültigen Mitteilung [ich werde Dich *nicht* ...] wird durchgespielt, um bei einer *reductio ad absurdum* anzugelangen, die dann als Grundlage des beiderseitigen Friedens, des hierarchischen Vorgangs oder sexueller Beziehungen dient. Viele der erstaunlichen Interaktionen von Tieren, die man als ‚Spiel‘ bezeichnet und die

---

teson on Deutero-Learning and Double-Bind: A Brief Conceptual History sowie Wolfram Lutterer, *Gregory Bateson. Eine Einführung in sein Denken.*

28 Diese ist in der Tat „analog“ auch im Goodman'schen Sinn: nicht nur zählen hier Nuancen und Übergänge, sondern es ist eine zeigende, exemplifizierende Kommunikation, in der dasjenige, was symbolisiert wird, *an* dem Symbolisierenden angetroffen, dort verkörpert wird. – Bateson kommentiert das Verhältnis zwischen der analog-digital-Unterscheidung und den logischen Typen allgemein u. a. in: „Die logische Kategorie von Lernen und Kommunikation“, in: Bateson, *Ökologie des Geistes*, S. 362–399, inbes. S. 376 f. zu „Lernen I“.

29 Vgl. dazu Bateson, *Ökologie des Geistes*, 242

30 Vgl. oben Kapitel 5.

31 Vgl. Wilden, *System and Structure*, S. 167.

dem Kampf ähneln (aber kein Kampf sind), dienen wahrscheinlich *dem Überprüfen und der erneuten Versicherung einer solchen negativen Übereinkunft*. Dabei handelt es sich aber um mühsame und schwerfällige Methoden, das Negativum zu erreichen."[32]

So wird mit diesem Erreichen des Negativums als Durchgang durch die doppelte Negation (*nicht negieren = nicht beißen* bzw. *nicht angreifen*) eigentlich ein Positivum zu erreichen versucht: die Etablierung von ‚Frieden', ‚Freundschaft' (welche man ja als sekundäre Zustände interpretieren kann: als die verhinderte Möglichkeit von Krieg bzw. Feindschaft.). Wer vorübergehend mit Welpen gelebt hat, kennt folgendes Phänomen: der Welpe liebt es, zur Aufnahme oder Intensivierung der Beziehung seine nadelspitzen Zähne in die Hand oder den nackten Arm des Menschen zu schlagen, aber nur so vorsichtig, daß es nie verletzen würde, obwohl er es leicht könnte. Versucht man, den Inhalt hinter dieser vom Welpen präzis geführten Interaktion herauszufiltern, so drückt dieses Spiel etwas aus zwischen Vertrauen, Provokation und Humor, es ist immer eine *Aufforderung* damit verknüpft, und es ist in jedem Fall der Entwurf bzw. das Anbieten einer intimen Beziehung, im Sinne des ‚Ich könnte Dich verletzen, beiße Dich aber nicht, das heißt, wir sind Freunde'. Vor allem beinhaltet sie die Aufforderung, symmetrisch „zurückzuspielen", also den Beziehungsvorschlag aufzunehmen und zu festigen (etwa – da man schlecht beißen kann – indem man spielerisch den Hund in die Flanke greift und dabei knurrt).

> „[Spiel] ist eine Situation, die deutlich das Auftreten von Metamitteilungen veranschaulicht, deren richtige Unterscheidung für das Zusammenwirken der beteiligten Individuen von entscheidender Bedeutung ist; so kann zum Beispiel eine falsche Unterscheidung leicht zum Kampf führen."[33]

Diese Beobachtung, daß der spielerische Biß Anderes bedeutet als ein gewöhnlicher Biß, gibt in der Tat Anlaß zu aufschlußreichen Überlegungen. *Deren zentrale ist der Vorschlag Batesons* (der nicht Welpen, sondern Affen, Ottern, Oktopusse und Delphine beobachtete), *daß der spielerische Biß („nip") den entscheidenden Schritt im Übergang von analoger zu digitaler Kommunikation* darstellt – und damit auch von ikonischen Zeichen zu arbiträren. Dies gilt ihm zufolge, weil er das genealogisch, onto- und phylogenetisch erste identifizierbare Zeichen ist, welches etwas kommuniziert, was es zugleich auch *nicht* ist!

> „Das spielerische Zwicken bezeichnet den Biß, aber es bezeichnet nicht, was durch den Biß bezeichnet würde".[34]

Es bezeichnet nicht einen realen Kampf, einen realen Macht- oder Vernichtungsanspruch, es beinhaltet eine *Kontextualisierung*, im Sinne des: „Diese Handlungen, in die wir jetzt verwickelt sind, bezeichnen nicht, was jene Handlungen, *die sie bezeichnen*, bezeichnen würden."[35] Mit Russells Theorie im Rücken läßt sich eine solche Mitteilung als Verletzung der logischen Typenlehre interpretieren, insofern das Wort „bezeichnen" in zwei

[32] Bateson, *Ökologie des Geistes*, S. 547, Hvh. S. M.
[33] Bateson, *Ökologie des Geistes*, S. 296.
[34] Bateson, *Ökologie des Geistes*, S. 244
[35] Ebd., Hvh. S. M.

Abstraktionsgraden auftritt, welche als synonym behandelt werden.[36] Das heißt, wir finden in diesem Phänomen des tierischen Spiels einen Bruch (Aufhebung) der *Diskontinuität* unter logischen Typen (abstrakter formuliert: einen Kategorienfehler). Und in der Tat zählen Spiel und Humor bei Bateson zu den zentralen Beispielen menschlicher wie tierischer Kreativität.[37] Anders als für Russell folgt für Bateson also keineswegs das Verbot einer Überschreitung der Grenze unter involvierten Abstraktionsebenen. Im Gegenteil, er macht diese Grenzüberschreitung Zeit seines Lebens zum Gegenstand immer neuer „Modelle" für Kognition, Lernen, Wachstum, Kreativität auf der menschlichen, tierischen und auch der rein biologisch-evolutionären Ebene. Die näheren Details seines-Modells werden unten dargelegt.[38] Zunächst einmal leiten er und in seinem Gefolge auch Watzlawick/Beavin/Jackson aus dieser Denkfigur ab, daß tierisches und vor allem auch menschliches Verhalten nicht nur immer wieder solche *Brüche der Diskontinuität* zwischen logischen Ebenen aufweist, sondern daß diese Grenzübertritte charakteristisch sind für eine Fülle produktiver kultureller Verhaltensweisen.[39] In dieser Art Grenz-Überschreitung in Form des ‚Spiels' – der „nip" als Schritt hin zu einem Zeichen, das nicht mehr schlicht *bedeutet*, was es *ist* – liegt die Basis des Übergangs von der reinen *tierischen Analog-Kommunikation* zur *menschlichen Analog- plus Digital*-Kommunikation. Wie sieht dies näher aus?

Spiel, mit seinem Moment des „als-ob", des „dies ist *nicht* das, was es zu sein vorgibt", wird in der metakommunikativen Betrachtung deswegen als zentraler Schritt in der Entwicklung der menschlichen Symbolisationsformen angesehen,[40] weil es einerseits wie beschrieben den Weg bahnt hin zu Zeichen, deren *Bedeutung* sich von dem, was sie *sind*, lösen. Vielleicht ist dies mit ein Grund, warum Kinder in ihrem mehr als eineinhalb Jahrzehnte währenden Übergang hin zum Erwachsenen nichts so leidenschaftlich und facettenreich entfalten wie das Spielen. Mit diesem tierisch-spielerischen „nicht" des *nips* ist die erste Stufe auf dem Weg hin zu arbiträren Zeichen erreicht: ein Schritt von enormer Reichweite innerhalb der Kommunikationsentwicklung.

Andererseits beinhaltet Spiel die Anwesenheit mehrerer Sinn-Ebenen gleichzeitig, mit deren Koinzidenz in realen Kommunikationsabläufen oft virtuos jongliert wird – sodaß ein Handeln jederzeit als Probehandeln (Schein) dementierbar ist und dennoch die Beteiligten wissen, daß eine bestimmte Dimension an Ernst des Spiels in jedem Fall nicht zurückzunehmen ist. (Und sei es etwa die des Kräftemessens und Rang-Austestens.)[41]

---

36 Ebd.: „nach der logischen Typenlehre ist eine solche Mitteilung natürlich unstatthaft".

37 Vgl. dazu auch unten, insbes. Kap. 6.3.

38 Vgl. unten Kap. 6.5. zur „Denkspirale".

39 Vgl. hierzu unten Abschnitt 6.4. und 6.5.

40 Bateson, *Ökologie des Geistes*, S. 245, 251.

41 Damit wäre die „Infanthood" beim Menschen die Entwicklungsstufe des höchsten Erfindungsreichtums. Kinder erfinden und lernen als Lieblingsbeschäftigung neue Spiele, was hiernach konkret heißt: sie erfinden ständig neue Beziehungen zwischen Einzelhandlung und deren Kontext, Rahmung. Was ist am Phänomen des Spiels so interessant? Warum auch leben Kinder auf bei Scherzen: wenn die Erwachsenen sich plötzlich so verhalten, daß man eine Bemerkung als Spiel auffassen kann? Es ist das sich Öffnen von Türen, die Möglichkeit neuer Regel-Welten, das exploratorische Erkunden von Grenzen. ‚Das ist Spiel' eröffnet in der Tat schlagartig eine neue Ebene, die alte besteht aber weiter, sodaß die neue Ebene eine neue Information über das Alte gibt: eine Lust-steigern-

Das Spiel führt also die Dimension der Negation in die Ursprungs-Domäne des Analogen ein. Dabei kommuniziert es generell zwei Arten des „Nein" oder des „Nicht": a) die im Spiel ausgetauschten Mitteilungen oder Signale sind in gewissem Sinne unwahr oder nicht gemeint, vielmehr gilt ihr Gegenteil (wie beim rituellen Schein-Angriff zu Freundschaftszwecken), und b) das, was mit diesen Signalen symbolisiert ist, existiert nicht.[42] ‚Dies ist Spiel' besagt eine Negation der gewöhnlichen Realität, es heißt gewissermaßen: ‚dies findet in einem anderen logischen Rahmen oder in einem anderen Realitätsfeld statt'. Wer ein Spiel erfindet, entdeckt eine neue Mechanik/Gesetzlichkeit ‚hinter' den Erscheinungen: *schafft gewissermaßen neue Generalisierungen über Einzelfälle.* (Kinder tun dies ununterbrochen, und verstärkt dann, wenn neue, unbekannte Spielgefährten auftauchen: es ergibt sich ein Austausch neuer Spielregeln und damit alternativer Meta-Ebenen: es ist wie ein neuer ‚Regel-Gen-Pool', der hier ausgetestet wird: auf seine Fruchtbarkeit alias Anschließbarkeit hin).[43]

Neue Spielregeln sind nun evidenterweise eine Form des „*Kommunizierens über Kommunizieren*", Spielregeln sind Meta-Regeln und damit von einem höheren logischen Typ als Spielhandlungen (sie sind „über" diese), vor allem aber ist die Markierung von etwas als „Spiel" ein erster vermittelnder Schritt zwischen Handlung und einer *von dieser abgelösten* ‚Bedeutung' – mithin ein Schritt hin auf dem Weg zu arbiträren Zeichen. Beschreiben kann man diesen entscheidenden Sprach- und Denk-evolutionären Schritt als die Integration von etwas, das Alfred Korzybski die „map-territory-Relation" nennt („The map is not the territory.").[44] Sprache ist „über" Welt, wie Regeln „über" Handlungen sind oder die Bezeichnung von *sets*, Klassen, eine Information „über" ihre Mitglieder. Die Möglichkeit, zwischen Karte und Territorium zu unterscheiden ist Produkt der *Sprache* und der *Codes*, und Spiel ist das (logische und wohl auch genealogische, phylogenetische

---

de Erfahrung. (Vgl. Bateson, *Geist und Natur*, S. 90: die Schnittmenge AB gibt Information neuen Typs über A)

42 Vgl. auch Bateson, *Ökologie des Geistes*, S. 247 f.

43 Sich untereinander im-Moment-erfundene Geschichten-Erzählen in der Kindheit: ist das angestrebte Ziel in diesem Phantasieren nicht Expertise in (subversiven) Meta-Regeln?

44 Alfred Korzybski prägte diesen Satz 1931 in seinem Vortrag „A Non-Aristotelian System and its Necessity for Rigour in Mathematics and Physics", präsentiert vor der American Mathematical Society des Meeting der American Association for the Advancement of Science (wieder abgedruckt in ders., *Science and Sanity, An Introduction to Non-Aristotelian Systems and General Semantics*, S. 747–761). Vgl. zu Korzybskis Diktum etwa Bateson/Bateson, *Wo Engel zögern*, Kap. XV, S. 214–220. – Als treffende philosophische Beschreibung eines solchen Mißverständnisses bzw. einer dergestalten professionellen Konfusion zwischen Karte und Territorium vgl. Nelson Goodman: „Philosophers sometimes mistake features of discourse with features of the subject of discourse. We seldom conclude that the world consists of words just because a true description of it does, but we sometimes suppose that the structure of the world is the same as the structure of the description. This tendency may even reach the point of linguomorphism when we conceive the world as comprised of atomic objects corresponding to atomic sentences. A *reductio at absurdum* blossoms when an occasional philosopher maintains that a simple description can be appropriate only if the world is simple; or asserts (and I have heard this said in all seriousness) that a coherent description will be a distortion unless the world happens to be coherent. According to this line of thinking, I suppose that before describing the world in English we ought to determine whether it is written in English, and that we ought to examine very carefully how the world is spelled." In: Nelson Goodman, *Problems and Projects*, S. 24.

und ontogenetische) Zwischenstadium auf dem Weg zu dieser Entwicklung. Hier liegt vielleicht die wichtigste ‚Spiel'-theoretische Beobachtung Batesons, und man lasse sich nicht dadurch irritieren, daß er für „analog" und „digital" die Freud'schen Ausdrücke „Primärprozeß" (Medium Bild) und „Sekundärprozeß" (Medium Sprache) verwendet, wenn er festhält, daß

> „Spiel in der Entwicklung der Kommunikation den einen Schritt nach vorne bedeutet – den entscheidenden Schritt in der Entdeckung von Karte-Territorium-Relationen. Im Primärprozeß werden Karte und Territorium gleichgesetzt; im Sekundärprozeß können sie unterschieden werden. *Im Spiel werden sie sowohl gleichgesetzt als auch unterschieden.*"[45]

Folgende Hierarchien von Verhaltensformen können also unterschieden werden. *Erstens* gibt es die gerade beschriebene Ebene, in der Handlungsformen oder auch Geschehnisse auftreten als das, was sie sind: etwa im realen Kampf. *Zweitens* entwickelt sich – als kulturelle Leistung – von hier aus jene Ebene, in der die Handlungen zugleich sind was sie sind und dies *nicht* sind, etwa beim Ritual, beim rituellen Angriff, Spiel etc. Um derlei angemessen zu interpretieren, muß man zugleich inner- und außerhalb des Rahmens sein, das heißt auf einer perspektivisch „höheren" oder „weiteren" Beobachtungsstufe, die beide umfaßt. Und in der Tat ist diese Gleichzeitigkeit immer dann erreicht, wenn wir versucht sind, uns *über* eine Situation bzw. Handlung zu verständigen. („War das Ernst?" „Machen Sie Witze?" „Sollte das ironisch sein?" „Ist das eine verhüllte Drohung?") „Spiel" kann man als primären Fall von „*Kommunikation über Kommunikation*" auffassen: in diesem Sinne als den basalen Akt von „logical typing". Die *dritte* Kommunikationsebene schließlich ist die der Sprache, Codes, Notationen, in der Zeichen überwiegend arbiträr sind.

Auf der Basis dieser Analyse nun stellt Bateson diverse Beispiele kulturellen und kognitiven Verhaltens vor, die die These der notwendigen Diskontinuitäts*aufhebung* (also des kalkulierten Kategorienfehlers) zwischen logischen Ebenen veranschaulichen. Zunächst werden im Folgenden die hierauf gründenden Kommunikations-Pathologien thematisiert (6.3), dabei geht es auch um Begrifflichkeiten zum „Double-Bind" und zur Schizophrenie-Analyse. Anschließend (6.4) geht es um die damit eng verbundenen produktiven Formen der kulturellen Evolution, insbesondere die Lerntheorie. In Abschnitt 6.5 wird versucht, das in Batesons Werk implizit steckende evolutionstheoretische Kreativitätsmodell zu rekonstruieren. Schließlich wird auf dessen Basis in Kap. 6.6 ein eigenes Modell zur Theorie der schöpferischen Prozesse vorgeschlagen.

---

[45] Bateson, *Ökologie des Geistes*, S. 251, Hvh. S. M.

6.3 Pathologie und Produktivität: Entfaltung und inszenierter Bruch der Diskontinuität logischer Hierarchien

> *Wir glauben, daß Paradoxien der Abstraktion in jeglicher Kommunikation auftauchen müssen, die komplexer ist als die der Stimmungs-Signale, und daß die Entwicklung der Kommunikation ohne diese Paradoxien am Ende wäre. Das Leben wäre ein endloser Austausch von stilisierten Mitteilungen, ein Spiel mit strengen Regeln, ohne Entlastung durch Veränderung oder Humor.*
>
> Gregory Bateson

Der Import der Russell'schen Typentheorie in sozialwissenschaftliche und philosophische Bereiche seitens Batesons Forschergruppen erregte zunächst über die Schizophrenie-Analyse Aufmerksamkeit.[46] Es stand damit ein Beispiel *entgleisender* Kommunikation im Vordergrund; ein Blick auf die im selben Zeitraum und Arbeitszusammenhang entstandenen Texte zeigt jedoch, daß die pathologischen (Schizophrenie) und die produktiven (Spiel, Humor, Ritual, Kreativität) Konsequenzen der beobachteten Diskontinuitäts*aufhebung* (also hergestellten *Kontinuität*) zwischen logischen Ebenen letztlich denselben Prozeß beschreiben.[47] Die altbekannte Nähe zwischen Produktivität und Wahn(-sinn) findet sich unter dem typentheoretischen Blick in neuer Version. Bateson und seine Kollegen untersuchen das Verhältnis unterschiedlicher Mitteilungsebenen zueinander: der Inhalts- oder Handlungsebene(n) einerseits und der ihren Kontext festlegenden Meta-Ebene(n) andererseits. Sie analysieren sie analog zum Verhältnis von *Element* und dessen *Klasse* (also einer Aussage oder einem Akt und einer verbalen oder nonverbalen Metakommunikation wie „Dies ist Spiel" oder „Dies ist eine Drohung"). Das Ergebnis:

> „[W]ährend … in der formalen Logik der Versuch unternommen wird, diese Diskontinuität zwischen einer Klasse und ihren Elementen zu erhalten, … [wird] diese Diskontinuität in der Psychologie realer Kommunikationsabläufe kontinuierlich und unausweichlich durchbrochen."[48]

Letzteres geschieht ihnen zufolge einerseits in den unten näher analysierten produktiven Verhaltensformen von Humor, Phantasie, Ritus etc., vor allem aber in pathologischen Fällen. In diesen müssen wir „a priori mit dem Auftreten einer Krankheit im menschli-

---

46 Der zentrale Aufsatz „Toward a Theory of Schizophrenia" (1956; wieder abgedruckt in Bateson, *Ökologie des Geistes*, S. 270–301) ist eine Gemeinschaftsproduktion von Gregory Bateson, Don D. Jackson, Jay Haley und John H. Weakland: Produkt eines zweijährigen Forschungsprojekts des Department of Sociology and Anthropology der Stanford University. Es war Batesons Schüler und Mitarbeiter, der spätere Familientherapeut Jay Haley, der offenbar als erster die Russellsche Typentheorie auf kognitive Störungen wie Schizophrenie übertrug (vgl. dort Fußnote 1) und damit die Basis für die verzweigten Implikationen der ganzen Bateson'schen Theorie legte. Bateson betrachtet die Kommunikationstheorie als *Ausweitung der Informationstheorie um die analoge Seite*; vgl. *Ökologie des Geistes*, S. 376 f.

47 Zu den für das folgende zentralen Texten gehört neben dem genannten Schizophrenie-Aufsatz v. a. „A theory of play and fantasy" („Eine Theorie des Spiels und der Phantasie"), ebenfalls abgedruckt in *Ökologie des Geistes*, S. 241–261.

48 Bateson, *Ökologie des Geistes*, S. 271.

chen Organismus rechnen …, wenn gewisse formale Muster dieser Durchbrechung [*breaching*] in der Kommunikation zwischen Mutter und Kind auftreten."[49]

In diesem Bruch der Diskontinuität liegt, so die These, die Basis des Verhaltensphänomens der Schizophrenie. Zur Veranschaulichung der Ätiologie dieser Störung beschreiben die Autoren eine Kommunikationsform von Mutter und Sohn, in der die (primäre) Kommunikations- oder *Inhalts*ebene mit der (sekundären) Meta- oder *Beziehungs*-Ebene kollidiert.[50]

> „Ein junger Mann, der sich von einem akuten schizophrenen Schub leidlich gut erholt hatte, wurde im Krankenhaus von seiner Mutter besucht. Er freute sich über ihr Kommen und legte ihr impulsiv seinen Arm um die Schultern, worauf sie erstarrte. Er zog seinen Arm zurück, und sie fragte: ‚Liebst du mich nicht mehr?' Daraufhin wurde er rot, und sie sagte: ‚Lieber, du darfst nicht so leicht verlegen werden und Angst vor Deinen Gefühlen bekommen.' Der Patient war danach nicht in der Lage, länger als ein paar Minuten mit ihr zusammenzusein, und nachdem sie gegangen war, griff er einen Assistenten an und wurde ins Bad gesteckt."[51]

Das Forscherteam identifiziert in derlei Interaktionsmustern einen *Double-Bind*, den es als charakteristisch für Interaktionsstrukturen in jenen Familien ansieht, in denen schizophrenes Verhalten entsteht. Die Pointe dieser Situation liegt darin, daß der Konflikt nicht unter Situationen auf derselben Ebene statthat (wie anders der Fall etwa beim Kierkegaard'sche Diktum ‚heirate, du wirst es bereuen, heirate nicht, du wirst es bereuen, heirate oder heirate nicht, du wirst beides bereuen'), sondern zwischen zwei unterschiedlichen logischen Typen: der Inhalts- und Meta-(Beziehungs-)Ebene.[52] Die konfligierenden Signale führen zu einer besonderen *no-win-situation*[53]: Egal, was man hier tut, man wird „bestraft". Doch der Widerspruch ist logisch eben genau darum nicht zu formulieren, weil die beteiligten Komponenten nicht direkt aufeinanderprallen, sondern – als auf unterschiedlichen Ebenen bestehend – gleichsam wie in einer Möbius-Schleife immer wieder ineinanderfallen, ohne einander zu begegnen und ohne daher als widersprüchlich erkannt zu werden.

---

49 Bateson, *Ökologie des Geistes*, S. 271, Ergänzung S. M.

50 Die Begriffe „primär" und „sekundär" entsprechen hier nicht dem Primär- und Sekundärprozeß im Freud'schen Sinn, sondern bezeichnen in gewisser Weise jeweils das Umgekehrte. Dies birgt insofern das Potential für Verwirrungen, als Bateson sich andernorts wiederum genau besagter Freud'scher Terminologie für dieses Ebenen-Problem bedient; vgl. dazu die folgenden Unterkapitel.

51 Ebda 289. – Diese, wie andere prominente Stellen aus Batesons *Ökologie des Geistes* finden sich wörtlich zitiert in Watzlawick/Beavin/Jackson, *Menschliche Kommunikation:* ein Buch, das aus dem Bateson-Umkreis des *Mental Research Institute* Palo Alto hervorging. Zu den zum Teil bedeutsamen Differenzen zwischen den beteiligten Autoren vgl. Lutterer, *Spuren*, S. 107–109.

52 Beispiel: „Bei dem, was bei ihr zu Identifikation von Mitteilungen führt, widerspricht sie ständig. Sie lacht, wenn sie sagt, was für sie am wenigsten lustig ist, und so weiter. … [Die Konsequenz ist, daß] das Ich zwischen Tatsache und Phantasie, zwischen Buchstäblichem und Metaphorischem nicht mehr zu unterscheiden vermag". Bateson, *Ökologie des Geistes*, S. 268

53 „Das unmögliche Dilemma lautet also: ‚Wenn ich meine Bindung an Mutter behalten will, darf ich ihr nicht zeigen, daß ich sie liebe, aber wenn ich ihr nicht zeige, daß ich sie liebe, werde ich sie verlieren.'" Bateson, *Ökologie des Geistes*, S. 291. (Alternative: Wenn Du geliebt werden willst, darfst Du nicht zeigen, daß Du selbst liebst. = Du wirst nur geliebt, wenn Du selbst nicht liebst.)

Generell stellen die Autoren eine Liste von Ingredienzen auf, welche gemeinsam zu besagter „double-bind"-Situation mit pathologischem Resultat führen. Diese beinhaltet

1.) zwei oder mehr beteiligte Personen (den Adressaten/Opfer und die Bezugsperson/Familie)
2.) eine nicht einmalige, sondern wiederholte Erfahrung, die sich zu habitueller Erwartung verdichten kann,
3.) ein *primäres Gebot* negativer Art (wenn Du so [nicht] handelst, werde ich Dich bestrafen/verlassen),
4.) ein *sekundäres Gebot*, das mit dem ersten in Widerspruch bzw. Konflikt steht und ebenfalls durch Strafen oder Signale verstärkt wird, die das Überleben bedrohen – wobei dieses sekundäre Gebot in einer anderen „Sprache" und auf einer anderen Ebene kommuniziert wird als das erste,
5.) ein *ternäres Gebot*, das es verbietet, den Schauplatz des Konflikts zu fliehen.

Da sich das primäre und das sekundäre Gebot auf zwei verschiedenen Abstraktions- und Kommunikationsebenen befinden, läßt sich der Widerspruch nicht auflösen. Die beiden Abstraktionsebenen zeigen sich wesentlich darin, daß sekundäre Gebote wie im obigen Beispiel („sie erstarrte") nonverbal, d. h. über Verhalten, Ausdruck, Körper, Tonfall, Anspielungen vermittelt werden – und im übrigen von den Akteuren in der Regel unintendiert ausgesendet und von den Rezipienten unbewußt wahrgenommen werden. *Das sekundäre Gebot ist „über" das primäre Gebot, d. h. es rahmt, kategorialisiert oder kontextualisiert es und setzt es zugleich außer Kraft. Es erstellt ein Paradox.* Nicht selten gehen das primäre und das sekundäre Gebot auch von unterschiedlichen Personen innerhalb desselben (Familien-)Systems aus.

Charakteristisch ist nun, daß die Autoren nicht nur besagtes zweites Gebot mittels der Russell'schen Typentheorie analysieren, sondern im selben theoretischen Atemzug sämtliche klassifizierende Kontext-modifizierende Signale, zu denen auch Elemente des menschlichen und tierischen Spiels, der Phantasie, Ritus, Metapher, Kunst u. a., gehören. Sie alle sind generell

> „von einem höheren logischen Typ als die Mitteilungen, die sie klassifizieren. Bei menschlichen Wesen erreicht diese Rahmung und Etikettierung [*framing and labelling*] von Mitteilungen und bedeutungsvollen Handlungen eine beträchtliche Komplexität, allerdings mit der Besonderheit, daß unser Vokabular für solche Unterscheidungen noch sehr spärlich entwickelt ist, und wir uns überwiegend auf nonverbale Ausdrucksmittel der Körperhaltung, der Gestik, des Gesichtsausdrucks, des Tonfalls und auf den Kontext für die Kommunikation dieser hochabstrakten, aber lebenswichtigen Etikettierungen verlassen müssen."[54]

Je höher der logische Typ, so ließe sich verallgemeinern, desto schwieriger ist sein Inhalt in Worten zu identifizieren. Auch wenn Sätze wie „dies ist nur Spaß" oder „es tut mir leid" oder „ich liebe Dich" mehr oder weniger leicht über die Lippen gehen – sie sind *alleine* nicht aussagekräftig. Und in realen lebenspraktischen Kommunikationsabläufen beobachten wir die nonverbalen Anzeichen zur Identifizierung von Meta- bzw. Beziehungsebenen eben deshalb so genau, weil ihr Inhalt entweder nicht präzise und feinkörnig

---

[54] Bateson, *Ökologie des Geistes,* S. 272

artikulierbar ist oder – ebenfalls häufig – nicht in Worte gefaßt werden *soll*. Oft existiert ein gesellschaftliches Tabu der direkten Artikulation dieser nonverbalen Beziehungs-Inhalte, selbst wenn sie allen Beteiligten bewußt sind und sein sollen.[55]

Das Neue dieser Analyse gegenüber älteren der ‚Gleichzeitigkeit des Unterschiedlichen'[56] ist wie betont, daß die infragestehende kognitive Kollision nicht nur eine von Inhalten, sondern zugleich von Ebenen ist, das heißt auch, nicht nur von logischen, sondern auch ontologischen ‚Typen'. Die „Elemente" sind Einzelfälle von Handlungen (in dem Beispiel etwa das Umarmen, das Zurückziehen und Erröten), der „Set" sind die, hier emotiven, Klassifizierungen dieser Handlungen (Verlegen-werden, eigene Gefühlen fürchten). Deutlich ist, daß die Mutter die *Einzelhandlungen* des Sohnes (Elemente) zu *generellen* Verhaltensdeutungen für ganze Klassen oder Sets von zukünftigen Handlungen umdeutet. Dies stellt evidenterweise einen Akt der Gewalt und Willkür dar, weil eine Einzelhandlung nie zugleich ihre Klasse mitliefert, d. h. jeweils diverse Generalisierungen (Typisierungen) erlaubt. In eben diesem Punkt ist die Analyse Batesons noch zu ergänzen: die Kollision der logischen Ebenen äußert sich in einer *Umdeutung* – von der Einzelhandlung zu ihrer Kategorialisierung. Man kennt dies aus vielen Familienkonflikten: aus einem Tun wird oft umstandslos die Charakterisierung des ganzen Charakters bzw. einer ganzen Einstellung abgeleitet. („*Immer* mußt Du …!")

Ferner: die Kollision arbeitet mit einem komplexen Ineinander von verbalen und nonverbalen/expressiven Mitteilungen. So sind in diesem Beispiel sowohl die Einzelhandlungen (Umarmen, Rückzug, Erröten, „liebst Du mich nicht mehr?") als auch die Klassifizierungen beides: zugleich *sagend*/verbal und *zeigend*/expressiv. In anderen Worten, das Individuum gerät in eine Situation, in der es von *Vorteil* ist, die Kommunikation bzw. ihre Meta-Ebenen *nicht* genau zu interpretieren, will es sich bzw. die Beziehung nicht gefährden.[57] *Das Individuum lernt, seine Fähigkeit, zwischen logischen Typen zu unterscheiden, aufzugeben.*[58] – Das Resultat solcher Interaktionen ist logischerweise im Extremfall eine schwere kognitive ‚Verstimmung' (von der emotionellen ganz zu schweigen).[59]

---

55 Ein Beispiel: Im ländlichen Ungarn existiert angeblich der Brauch, daß der junge Mann, der bei der Familie um die Hand seiner Erwählten anhält, in die gute Stube geführt wird und seinen Hut dort auf das Bett legt. Wenn der Hut dort beim Weggehen noch liegt und nicht weggeräumt wurde, ist der Bräutigam akzeptiert. Man kann die Abweisung nicht *direkt* ausdrücken, ohne das Gegenüber zu entehren. – Vgl. auch Coaching-Regeln für Bewerbungen: ‚Achte auf unbewußte Doppelsignale: Wenn du schüchtern bist und das zu verbergen suchst, kommt als nonverbale Botschaft heraus: Ich mag euch nicht! (Vgl. auch *Ökologie des Geistes*, S. 273: „Das Subjekt kann Schüchternheit für Mißachtung halten, etc.")

56 Diese Analyse liegt etwa der „Bisoziationstheorie" Arthur Koestlers zugrunde, auf welcher seine Kreativitätstheorie aufbaut. Vgl. Arthur Koestler, „The Three Domains of Creativity" sowie unten.

57 Vgl. *Ökologie des Geistes*, S. 285

58 In so einem Fall gilt für den – hier – Patienten etwa folgendes: „Fragt [ihn jemand]: ‚Was würden Sie heute gerne tun?', so wird [er] unfähig sein, aufgrund des Kontextes, des Tonfall oder der Gestik genau zu beurteilen, ob [er] wegen seines gestrigen Verhaltens gemaßregelt werden soll, ob man es zu einer sexuellen Handlung einlädt, oder was sonst gemeint ist." Bateson, *Ökologie des Geistes*, S. 281, vgl. auch S. 262.

59 Der einzige mir persönlich begegnete Fall diagnostizierter Schizophrenie (der in Selbstmord endete) ist jener des Bruders einer Schulfreundin. Dieser wurde als Kind von seinem Vater gezwungen,

Der Gewinn einer solchen typentheoretischen Analyse liegt darin, diese spezielle pathologische Konditionierung nicht als Ver-rücktheit oder Verwirrtheit zu beschreiben, sondern als in sich folgerichtige Denkstruktur ‚mit System': Es gilt in dieser Analyse der Schizophrenie, die Logik jenes Systems oder Universums zu erfassen, welche jene unkonventionellen Kommunikationsgewohnheiten angemessen oder gar überlebensnotwendig macht.[60] Auch wenn diese auf der Double-Bind-Analyse basierende Schizophrenietheorie viel Kritik erfuhr und ihr noch Jahre nach Erscheinen des ersten Aufsatzes teilweise selbstkritische Ergänzungen angefügt wurden,[61] hatte der Text doch „den Effekt einer Bombe, die einen Damm von rigiden Vorstellungen zum Wesen dieser rätselhaften Affektion ins Wanken brachte und eine Flut von Publikationen zum Problem der schizophrenen Kommunikationsstörungen auslöste, die bis heute nicht verebbt ist".[62]

Die logische Verwandtschaft von Pathologie und Produktivität zeigt sich von hier aus deutlicher. Der ‚Kranke' leidet darunter, unter konkurrierenden Klassifikations- oder Set-Möglichkeiten keine positive Wahl treffen zu können, weil jede Wahl die Verletzung oder das unbotmäßige Verlassen einer von zwei logischen Ebenen bedeutete (Effekt: Gefängnis). Der ‚Kreative' nutzt just diese logische Verstrickung, um mit einem Bruch ihrer eine Inhaltsebene mit neuer, veränderter Bedeutung aufzuladen (Effekt: Freiheit). Letzteres Modell zeigt sich etwa am Prinzip des Humors bzw. Witzes[63], und es ist Bateson zufolge ein entscheidendes Prinzip wissenschaftlicher Entdeckungen und des Lernens generell.[64] Ein Witz aus dem kreativitätstheoretischen Standardwerk des Bateson-Zeitgenossen Arthur Koestler möge dies veranschaulichen:

> „A nobleman at the court of Louis XV had unexpectedly returned from a journey and, on entering his wife's boudoir, found her in the arms of a bishop. After a short hesitation, the nobleman walked calmly to the window and made blessing gestures to the people in the street. – ‚What are you doing?' cried the anguished wife. ‚Monseigneur is performing my functions', replied the nobleman, ‚so I am performing his'"[65]

---

seine jüngeren Schwestern zu fangen, dem Vater auszuliefern und festzuhalten, sodaß letzterer sie schlagen konnte. Der Fall entspricht der Bateson'sche Beschreibung sehr genau.

60 Vgl. Bateson, *Ökologie des Geistes*, S. 275

61 Vgl. Lutterer, *Spuren*, S, 104 f., zur Veröffentlichungs- und Rezeptionsgeschichte des Aufsatzes auch ebd. S. 97–104.

62 Luc Ciompi, *Affektlogik: über die Struktur der Psyche und ihre Entwicklung; ein Beitrag zur Schizophrenieforschung,* S. 177.

63 Verbindungen zu Witz- bzw. Humor-Analysen Sigmund Freuds, Arthur Koestlers, Henri Bergsons, Georges Batailles u. a. müssen hier notwendigerweise vernachlässigt werden, obwohl Parallelen bestehen.

64 Dieser Gesichtspunkt wird von Bateson noch deutlicher in seiner späten Publikation *Geist und Natur* dargelegt. Vgl. hierzu auch unten, Kap. 6.4 und 6.5.

65 Arthur Koestler, „The Three Domains of Creativity", S. 4. – Man könnte als Alternative auch folgenden Witz betrachten: Ein bayrischer Katholik liegt auf dem Sterbebett. Kommt der Priester und fragt wohlwollend, ob er noch etwas zu beichten hat. Der Sterbende windet sich, zögert lange und gesteht schließlich widerstrebend, er sei kürzlich in die SPD eingetreten. *Was?*, so der Geistliche, *bist Du verrückt? Warum um Himmels Willen hast Du das gemacht? – Nun*, antwortet der Katholik, *ich dachte es ist besser, es stirbt einer von denen!*

Koestler analysiert diese Geschichte als Kollision oder, wie er sagt, „Bisoziation" zweier wechselseitig inkompatibler Kontexte.[66] Allerdings hat er kein sehr ausgearbeitetes Konzept unterschiedlicher Abstraktions-Ebenen und -Hierarchien, obwohl seine kreativitätstheoretischen Formulierungen genau auf Derartiges zielen. Der komische Effekt liegt jedoch nicht nur im Austausch vom Profanen gegen das Heilige (oder vom Obszönen gegen das Erhabene). Er läßt sich hier gerade als Aufeinanderprall unterschiedlicher logischer Klassen analysieren. Der Bischof vollzieht mit der Frau zusammen eine Einzelhandlung (die für sich selbst steht und gerade auffällig wenig symbolische Relationen zu seiner Funktion als Amtsträger aufweist). Die segnende Geste des Adligen hingegen ist gewöhnlich gerade eine Geste höheren logischen Typs (der Segen ist „über" die Empfänger, schreibt den Empfängern einen Modus zu: ‚Ihr seid gesegnet').

Batesons Analyse des Humors ist geeignet, einen solchen Fall zu illustrieren:

> „Humor … seems to be a method of exploring the implicit themes in thought or in a relationship. The method of exploration involves the use of messages which are characterized by a condensation of Logical Types or communicational modes. A discovery, for example, occurs when it suddenly becomes plain that a message was not only metaphoric but also more literal, or vice versa. That is to say, the explosive moment in humor is the moment when the labeling of the mode undergoes a dissolution and resynthesis. Commonly, the punch line compels a re-evaluation of earlier signals which ascribed to certain messages a particular mode (*e. g.* literalness of phantasy). This has the peculiar effect of attributing *mode* to those signals which had previously the status of that higher Logical Type which classifies the modes."[67]

Der Koestler'sche Witz arbeitet genau mit diesen Ebenen-Re-Evaluationen. Dadurch, daß der Adlige zum Fenster geht und die Geste macht (also eine Geste, die ursprünglich gerade *nicht für sich steht*, sondern für ein höheres Gut: das wohltätige Wirken Gottes an den gesegneten Objekten), und dies als symmetrischen Austausch zwischen zwei „Funktionen" deklariert, werden beide Taten umgewertet, re-klassifiziert, einem neuen „*mode*" unterzogen. Die sexuelle Handlung zwischen Bischof und fremder Ehefrau, die in jenem Moment in der Regel gar nichts *symbolisiert* und symbolisieren soll[68] sondern allein für sich steht, wird durch die adlige Reaktion *ex post* ebenso in jenen „höheren" Bereich rituellen Über-sich-Hinausweisens gehoben wie die segnende Geste herunterprofanisiert wird. Zugleich hat die Geste auch den umgekehrten Effekt: dergestalt, daß die Berufsausübung des Bischofs durch das gestische Zitat des profanen Adligen am Fenster rückwirkend aller „höheren" Ebenen entkleidet wird und nichts mehr bedeutet als die nackte Armbewegung. Kurz, durch den behaupteten „Tausch" bekommen beide Aktivitäten schlagartig einen anderen Modus: einerseits typen-hierarchisch und in diesem Sinne logisch, andererseits kollabiert der scheinbar weite und grundsätzliche Abstand von heiligen, transkörperlichen, moralisch aufgeladenen zu trivialen, körperlichen, moralfreien Handlungen. Die Kollision ist eine logische, und der komische Effekt resultiert

[66] Generell finden sich zwischen Batesons hier dargelegter Theorie und Koestlers Kreativitätstheorie diverse Ähnlichkeiten, wobei vieles des Koestler'schen Gedankenguts, etwa zum Rhythmus, durch die Russell-Bateson'sche Interpretation präziser beschreibbar wäre.

[67] Bateson, *Steps to an Ecology of Mind*, S. 203. Die deutsche Übersetzung in *Ökologie des Geistes*, S. 272 ist an dieser Stelle leicht irreführend.

[68] Sie *symbolisiert* nichts, wenngleich sie auch etwas *bedeutet*: den beteiligten Personen.

aus dieser typentheoretischen „Übersprungshandlung“ nicht nur vom Profanen/Obszönen zum Heiligen, sondern auch von der Einzelhandlung zur Klasse der Handlungen, die für Allgemeines stehen. So ist die Pointe in der Tat nicht nur ein Zusammenprall des Inkompatiblen, sondern Größe wie Witz der Reaktion des Adlige bestehen in seinem ‚calculated category-mistake‘.

Die Existenz und die Wechselrelation mehrerer logischer Ebenen gleichzeitig ist nun evidenterweise weder allein ein Merkmal von Pathologie noch von Produktivität; sondern es ist auch die alltägliche – wenngleich häufig übersehene – Situation in gewöhnlicher Selbst- und Fremdverständigung. Kein Inhalt besteht ohne kontextualisierende Rahmen, und diese Ebenen können mehr oder eben auch weniger stark übereinstimmen.[69]

Bateson leitet eine Kritik aus der vielfach gut verankerten Praxis von Geistes- und Naturwissenschaften im akademischen Bereich ab, beim Tradieren von (digitalem) Wissen dessen Einbettung in einen größeren, umfassenden Zusammenhang zu unterschlagen oder gar zu löschen – im Interesse wissenschaftlicher Objektivität und Abstraktion. Batesons Credo von „pattern that connects“ lautet: „Brich das Muster auf, das die ... Wissens-Inhalte verbindet, und du zerstörst notwendigerweise alle Qualität.“[70] Anthony Wilden sekundiert: „Ignorance of the context seems to be one of our most highly developed cultural values.“[71]

In anderen Worten: Inhalt ohne Kontextualisierung dieses Inhalts ist logisch nicht existent. Pragmatisch heißt es ferner: löse die Erkenntnisse aus ihrem Gesamtkontext, und sie verlieren ihre existenzielle Bedeutung – bis hin zu im Ergebnis fatalen Konsequenzen für das Gesamtsystem. Die Schlußfolgerung daraus wäre, nicht nur den individuellen Sinn jeder Aussage als abhängig vom umfassenderen Kontext zu betrachten, sondern – in einem kalkulierten Ebenen-Sprung – das Denken und Handeln jedes konkreten Individuums grundsätzlich als Teil eines umfassenderen Systems wahrzunehmen. Letzteres ist im weitesten Sinne als „ökologisch“ zu begreifen – und es beinhaltet die kybernetische Grundidee, daß die Produkte auf der Einzelebene wiederum rekursiv auf das Gesamtsystem einwirken: in einer Form, die nie linear kausal, sondern zirkulär vonstatten geht, mit Konsequenzen, die ebenso im Kontext der Politik, Soziologie und Ästhetik wie der Biologie und Religion relevant sind.[72]

Insofern ist mit der Interaktion von „analog“ und „digital“ in Form einer ‚diskontinuierlichen‘ Hierarchie logischer Ebenen (und deren gelegentlich kalkuliertem Bruch) zumindest potentiell eine weitreichende Epistemologie abzuleiten, die ebenso aus der Kybernetik gespeist wird wie sie diese selbst wiederum fundiert.[73]

---

[69] Erving Goffmans *Frame-Analysis* übernimmt Batesons Rahmen-Konzept weitgehend unverändert.

[70] Gregory Bateson, *Geist und Natur*, S. 15, Zusatz S. M.

[71] Anthony Wilden, *System and Structure*, S. 114. – Vgl. auch ebda S. 166 f.: „In our universities ... analog knowledge – and especially the (analog) context of (digital) knowledge – is generally denied, rejected, or ignored.“ Vgl. dort weiter sowie S. 114 f.

[72] Vgl. zu dieser ‚ökologischen‘ Epistemologie etwa programmatisch Bateson, *Ökologie des Geistes* S. 591 ff. – sowie umfassender Bateson/Bateson, *Wo Engel zögern*. – Zur Quelle seiner Rede von „Ökologie“ (bezogen auf Ideen) bei Sir Geoffrey Vickers vgl. ebda S. 592.

[73] Bateson hat dies vor allem in seiner spät und zusammen mit seiner Tochter verfaßten, posthum erschienenen Publikation *Wo Engel zögern* unternommen. Vgl. zu dieser Wechselwirkungs-Figur auch Peter Harries-Jones, „Revisiting Angels Fear: Recursion, Ecology and Aesthetics“ (online:

6.4 Kognition und Meta-Kognition: Lerntheorie, die Hierarchie der Ebenen und der logische ‚Sprung'

Es gibt eine tiefe und unbeantwortbare Frage hinsichtlich der Natur jener ‚zumindest zwei' Dinge, die zusammen den Unterschied hervorbringen, der dadurch, daß er einen Unterschied macht, zur Information wird. Eindeutig ist jedes für sich – für den Geist und für die Wahrnehmung – eine Nicht-Entität, ein Nicht-Seiendes. Nicht unterschieden vom Seienden und nicht unterschieden vom Nicht-Seienden. Ein Unerkennbares, ein Ding an sich, *das Geräusch einer klatschenden Hand.*

Gregory Bateson

Parallel zur Anwendung der Typentheorie auf pathologische und schöpferische Kommunikations-Phänomene wie Schizophrenie, Spiel, Ritual, Humor und Kunst[74] hat Bateson mit seinen Co-Autoren eine explizite Lerntheorie vorgelegt.[75] Nach einer Phase der direkten Übertragung kybernetischer Grundideen auf Formen des Erfahrungs- und Informationszuwachses haben Lern-Phänomene und generell Probleme der Wissens-Vermittlung in Batesons Oeuvre eine immer differenziertere Gestalt angenommen. Er beschreibt darin einerseits kreative Leistungen, andererseits visiert er vor allem im Spätwerk „Geist und Natur" eine direkte *Parallele zwischen geistiger und biologischer Evolution* an. Eben dieses Parallele wird sich als Grund- und Zielgedanke seines Lebenswerks erweisen. Was also zunächst als Theorie des Lernens und der Wissensakkumulation beginnt, wird unter dem Stichwort „ecological epistemology" zu einer immer weitreichenderen Auffassung von der Strukturierung des Wirklichen und des Geistes. Die Lerntheorie und die ‚epistemische Ontologie' hat Bateson jahrzehntelang modifiziert.

In diesem Unterabschnitt werden Grundzüge der ersteren dargestellt: unter dem Aspekt ihrer Konsequenzen für ein Konzept der Kreativität. Im nächsten Unterabschnitt wird dann der Versuch unternommen, Batesons Motive unter kreativitätstheoretischem Gesichtspunkt in eine eigenständige Synthese zu überführen.

Wie sich eben andeutete, liegt ein Grundmotiv der ‚ökologischen' Erkenntnistheorie im Motiv der „Kontextualisierung". Information kommt nie alleine vor, sie wird erst zu einer solchen in Relation zu einem Rahmen, *frame*, Label. Sie benötigt die Anwesenheit mindestens zweier logischer Ebenen. Genau hier liegt im Spätwerk sein Credo bezüglich der Vermittlung von Inhalten: die digitale Information ohne deren analoge Kontextualisierung bzw. Vermittlung (das „Muster, das verbindet") führt zu sterilen und wirkungslosen Modi der Lehre und Erziehung. Doch dies greift vor.

Betrachten wir zunächst die ein Vierteljahrhundert früher artikulierte „theory of learning ". Bateson entwickelte sie wiederum aus der Typentheorie, insofern sich aus ihr die stufenförmige und paarweise Schichtung von Denk-Inhalten bzw. Denk-Kategorien er-

http://www.library.utoronto.ca/see/SEED/Vol4-1/Harries-Jones.htm, 28.5.08), sowie ders., *A Recursive Vision: Ecological Understanding and Gregory Bateson.*

74 Vgl. zur Kunst etwa: „Stil, Grazie und Information in der primitiven Kunst". In: Bateson, *Ökologie des Geistes*, S. 182–212.

75 Auch diese Theorie entwickelte sich ursprünglich aus Studien für die USA im Rahmen der psychologischen Kriegsführung während des zweiten Weltkriegs.

gab – mit nach oben offenem Ende.[76] Hier noch einmal eine Übersicht der oben beschriebenen logischen Hierarchisierung.[77] Jeweils die höhere Schicht stellt den Rahmen dar, aus dem heraus die untere Schicht ihre Kategorie oder Klassen-Zugehörigkeit bezieht. (Die folgende Visualisierung lese man *von unten nach oben.*)

etc.

↑

plus vierter logischer Typ (Meta-Meta-Sets) = zusammen: Aussage 3. Ordnung
Dritter logischer Typ (Meta-Sets)

↑

plus dritter logischer Typ (Sets über Sets: Meta-Sets) = zusammen: Aussage 2. Ordnung
Zweiter logischer Typ (Sets über Individuen)

↑

plus zweiter logischer Typ = zusammen: Aussage 1. Ordnung
(Generalisierungen/Sets über Individuen)

↑

erster logischer Typ (Individuen)

Illustration 1

Aus diesem Modell folgt epistemologisch: a) daß eine jede gültige Aussage in einer Paarung aus Ebenen unterschiedlicher Abstraktionsgrade besteht (einen Kontext benötigt, Teil eines *Musters* ist), b) daß Aussagen *über* eine Ebene innerhalb dieser Paarung immer nur von der höheren Stufe aus gemacht werden können, also *top-down* verlaufen.[78]

Wenden wir nun dieses hierarchische Modell auf die Idee des Lernens an: Ihr zufolge operieren Lebewesen mit Ebenen, die paarweise hierarchisch geordnet sind. Entspre-

---

76 Bertrand Russell schreibt in diesem Sinne in der Einleitung zu Wittgensteins *Tractatus*: „Diese Schwierigkeiten legen meiner Meinung nach die Möglichkeit nahe, daß jede Sprache, wie Herr Wittgenstein sagt, eine Struktur hat, über die in der Sprache selbst nichts ausgesagt werden kann, daß es aber vielleicht eine andere Sprache gibt, die von der Struktur der ersten Sprache handelt und selbst eine neue Struktur hat, und daß diese Hierarchie von Sprachen möglicherweise unbegrenzt ist.“ Bertrand Russell, „Einleitung zu Ludwig Wittgensteins Logisch-Philosophische Abhandlung“, S. 23.

77 Vgl. oben Kap. 6.1.

78 In Watzlawick/Beavin/Jackson, *Menschliche Kommunikation*, S. 242 heißt das, „daß die Welt, in der wir leben, und das Bewußtsein unserer selbst und anderer einer hierarischen Ordnung zu unterstehen scheinen und daß gültige Aussagen über eine Stufe dieser Ordnung nur von der nächst höheren aus gemacht werden können“.

chend unternimmt Bateson die folgende lerntheoretische Aufgliederung[79] – sie nicht ohne gewisse Rhetorik für „Computer, Ratten und Menschen“ konstatierend, entsprechend der ‚holistischen‘ kybernetischen Herkunft dieser Überlegungen.[80]

Die *Erste Ebene* besteht im „*Lernen Null*“ („zero-learning“, Bateson) oder auch „*Wissen erster Ordnung*“ (Watzlawick).[81] Es entspricht jenem Verhalten, das weitgehend genetisch programmiert ist (oder, im Fall von Maschinen, kausal ‚eingelötet‘[82]) und höchstens minimal durch Erfahrung bzw. Konditionierung beeinflußt wird. Formal gleicht es jenem noch-nicht-relationalen, noch nicht interpretierten/kontexualisierten Bereich der *Elemente*; wir können „Lernen Null“ als Basis in Form sinnlicher Wahrnehmung interpretieren (*Wissen-von* im Unterschied zu *Wissen-über*).[83] „Zero-Learning“ klingt wie ein Selbstwiderspruch, in der Tat ist es insofern noch kein Lernen, als das Individuum hier noch *nicht des Irrtums fähig* ist, das heißt, in Reaktion auf einen Reiz keine (bewußte) Korrektur vornimmt.[84]

Zweite Ebene: In dem Moment, wo das System sein Verhalten in Reaktion auf etwas Begegnendes längerfristig verändert, agiert es bereits auf zwei Ebenen gleichzeitig, befindet es sich im Lernen I (wobei vermutlich sowohl im tierischen wie menschlichen Verhalten Übergangsformen existieren).[85] *Lernen I* oder auch „Proto-Lernen“ (entsprechend „*Wissen zweiter Ordnung*“) ist Wissenserwerb *über* etwas, es entspricht unserem gewöhnlichen Begriff von Lernen: wenn ein Einzelwesen *zum Zeitpunkt* t_2 *eine andere Reaktion auf „denselben“ Reiz zeigt als zum Zeitpunkt* t_1. Lernen I ist gleichsam die „durch Versuch und Irrtum gewonnene Einschränkung (‚*revision*‘) der in Betracht gezogenen Wahlmöglichkeiten innerhalb einer unveränderten Menge von Alternativen“.[86] Dabei ist es, wie Bateson zufolge Lernen auf allen Ebenen, in hohem Maße „stochastisch“: verbindet also eine Zufallskomponente mit einem selektiven Prozeß. Charakteristischerweise setzt Lernen I voraus, daß das lernende Einzelwesen bestimmte Ereignisse *als dieselben* „interpunktiert“ (interpretiert), also innerhalb des Erlebten Identität stiftet. Dies geschieht durch – etwa begriffliche – Klassifikation. Ein bestimmtes Ereignis wird als neuer Fall (Wiederholung) eines alten Ereignisses klassifiziert, damit „Lernen“ stattfinden kann. Diese Handlung einer *Identifikation* (zweier Dinge) geschieht bereits *von einer höheren Ebene* aus, jener Ebene nämlich, die die *Klassifizierung*, das Applizieren von Prädikaten ermöglicht. Hierin liegt jene oben dargestellte Paarung (Illustration 1).

---

79 Vgl. zu Batesons Lerntheorie ders., *Ökologie des Geistes*, S. 362–399, ferner Max Visser, „Gregory Bateson on Deutero-Learning and Double-Bind: A Brief Conceptual History“, sowie Watzlawick/Beavin/Jackson, *Menschliche Kommunikation*, S. 244 f.

80 Bateson, *Ökologie des Geistes*, S. 366, vgl. S. 367.

81 Zu „Lernen Null“ vgl. Bateson, *Ökologie des Geistes*, S. 366–371.

82 *Ökologie des Geistes* , S. 367.

83 Watzlawick/Beavin/Jackson, *Menschliche Kommunikation*, S. 242, ersteres ist, in Russells Terminologie, „knowledge by acquaintance“.

84 Die Amöbe wäre hierfür vielleicht ein Beispiel: sie stößt gegen eine Wand, ändert daraufhin ihren Kurs; wenn man sie erneut in dieselbe Richtung laufen läßt, läuft sie erneut gegen die Wand und ändert nach dem Zufallsprinzip erneut die Richtung, *ad infinitum*.

85 Vgl. Bateson, *Ökologie des Geistes*, S. 367.

86 Ebd. S. 371.

„Die konventionelle Annahme, daß ein Kontext zumindest in einigen Fällen wiederholt werden kann, [ist der …] Eckpfeiler der These, daß die Erforschung des Verhaltens sich nach der logischen Typenlehre richten muß. *Ohne* die Annahme eines wiederholbaren Kontexts (und ohne die Hypothese, daß die Abfolge der Erfahrung *für den Organismus*, den wir studieren, tatsächlich in dieser Weise interpunktiert ist), würde folgen, daß alles ‚Lernen' von einem Typ wäre, nämlich ‚Lernen null'."[87]

Logischerweise liegt, wie oben erörtert, die Funktion des überwiegenden Teils begrifflicher Ausdrucksformen darin, zu *klassifizieren*, d. h. identifizierende Kontexte zu schaffen (Verschiedenes als Fall des Gleichen zu markieren).

Dritte Ebene: *Lernen II oder auch* „Deutero-Lernen" *(*entsprechend *Wissen dritter Ordnung)* läßt sich in der einfachsten Form als „Lernen zu lernen" oder *Meta-Lernen* bezeichnen.[88] Diese dritte Ebene beinhaltet erstens die pragmatische Herausbildung abkürzender Heuristiken oder generellerer Orientierungen zur Lösung einer Problemklasse von Aufgaben. Seine Fähigkeit verbessern, eine Sprache zu beherrschen ist ein Fall von *Lernen I*, seine Fähigkeit verbessern, Sprachen zu lernen ist ein Fall von *Lernen II*. So lernt, wer ein Instrument oder eine Sprache beherrscht, die nächsten gewöhnlich leichter bzw. schneller. Solches Lernen lernen geschieht zumeist durch das Erfassen einer neuen Klasse von Regeln.

Bateson und später Watzlawick/Beavin/Jackson siedeln auf dieser Ebene jedoch auch einen ganz anderen kognitive Erwerb an, nämlich den eines einhcitlichen Weltbildes",[89] einer instrumentellen Lebensanschauung (oder auch einer Konditionierung für „schizophrene" Überlebensstrategien) und generell den Gewinn von so etwas wie einer Sinndimension für das eigene Tun und Erleiden. Da die Grundlagen für diesen Rahmen bereits in die frühe Kindheit hineinreichen, sind Überzeugungen auf dieser Ebene oft nur eingeschränkt zu beinflussen.[90] Dennoch sind Änderungen, Re-Organisationen hier oft begehrt – und sie sind wiederum nur möglich von einer darüberliegenden Ebene aus. Man kann sie also nie direkt anzielen, sondern nur über Umwege, gleichsam über „höhere" Ziele. (Wer in großen Räumen mühelos laut Sprechen lernen will, muß – Singen lernen.)

Vierte Ebene: Lernen III (Wissen vierter Ordnung)[91]*:* Nach dem bisher Gesagten hat ein Sich-Hinbewegen auf diese vierte Ebene einige miteinander zusammenhängende Charakteristika. A) Sie ist nur unter Ausnahmebedingungen, in herausgehobenen Momenten zu erreichen (Krisen, Umbrüche, ‚Erleuchtungen', etwa durch Kunst, Therapie, Ritual oder Religion); B) die Ebene ist (wie auch teilweise die vorigen) nonverbaler Art, bzw. die Überzeugungen hier entziehen sich gewöhnlich der Sprache. Oben wurde bereits gesagt, daß je höher die Abstraktionsebene reicht, desto unbestimmter und letztlich un-

87 Ebd. S. 373.

88 Evident ist, daß Menschen und Tiere lernen (Wissen erwerben), evident ist auch, daß Menschen und Tiere *lernen zu lernen*, also die Ökonomie und Geschwindigkeit des Erfahrungs-Erwerbs steigern. In der Literatur wird diese Stufe auch als *Deutero-Lernen* (Bateson), *Set-Lernen, Lernen lernen* oder *Lerntransfer* bezeichnet, vgl. Bateson *Ökologie des Geistes*, S. 378, vgl. zu weiterer Literatur auch Watzlawick/Beavin/Jackson, *Menschliche Kommunikation*, S. 244 f.

89 Vgl. Watzlawick/Beavin/Jackson *Menschliche Kommunikation*, S. 243.

90 Bateson *Ökologie des Geistes*, S. 389.

91 Ebd. S. 389 ff.

genügender die Semantik der Ausdrücke wird eben daher bedarf ihre Beeinflussung nicht der Worte, sondern indirekter Wege des Agierens: durch ggf. Hindernisse wie Paradoxa hindurch: entsprechend etwa der Praxis des Zen-Buddhismus. C) Da sie eine Herausforderung/Änderung grundlegender Steuerungs- und Orientierungsmuster der umfassenden ‚Persönlichkeits'-Organisation sind, ist jeglicher Eingriff hier eine sensible Angelegenheit, ‚gefährlich' (ein dramatisierendes Stichwort hierzu wäre: „Vernichtung des Selbst"). Damit zusammenhängend D): Es ist die Ebene mit der größten Chance einschneidender und vergleichsweise dauerhafter kreativer Veränderungen: des Neuen.[92] – Genau diesen Punkt, mitsamt der Interaktion von Pathologie und Produktivität, hat Bateson später mit Forschungen an Delphinen experimentell zu verifizieren gesucht, in einer Weise, die indirekt auch Rückschlüsse für die „Mechanik" menschlicher Kreativität erlaubt. Der folgende Teil dieses Unterkapitels skizziert diese Forschungen im Hinblick auf Schlüsse für dasjenige, was an dem unkontrollierbaren und nicht voraussagbaren Phänomen der Kreativität verallgemeinerbar ist.

Zunächst: Wie kam es zu dem Übergang von Forschungen am Menschen hin zu solchen am Tier? Obwohl der theoretische Durchbruch seiner Kommunikationstheorie mit der „Entdeckung" des Double-Bind einherging, als direkter Frucht der Typentheorie war, galt Batesons Hauptinteresse kommunikationstheoretischen Aspekten und dem Wunsch, die viel thematisierte digitale Kommunikation um Forschungsmaterial zur analogen Kommunikation zu ergänzen. Bereits vor seiner Zeit am *Mental Research Institute* in Palo Alto hatte er eine Zeitlang Unterschiede zwischen digitaler und analoger Kommunikation an Ottern studiert.[93]

Überraschenderweise war es denn auch die anschließende, insgesamt acht Jahre währende Forschungsarbeit zur Intelligenz und Kommunikation bei Delphinen am *Oceanic Institute* in Hawaii bis 1971, der die ersten konkreten empirischen Beispiele für die These

[92] Vgl. auch Watzlawick/Beavin/Jackson, *Menschliche Kommunikation,* S. 248 f.: „Es scheint bedeutsam, daß nur kurze Augenblicke der Erkenntnis auf der vierten Stufe möglich sind und diese nur sehr schwer, wenn überhaupt, in Worte gekleidet werden können. Der Leser dürfte sich erinnern, wie schwer es bereits war, den Sinn des Satzes ‚Die Klassen aller Klassen, die sich nicht selbst als Element enthalten' zu erfassen, dessen Komplexität aber nur der einer Prämisse dritter Ordnung entspricht. In ähnlicher Weise ist es noch möglich, der Bedeutung von ‚So sehe ich, daß du dich von mir gesehen siehst' gedanklich zu folgen, während die nächste (vierte) Stufe (‚So sehe ich, daß du siehst, daß ich mich von dir gesehen sehe') gedanklich bereits schwer faßbar ist – womit keineswegs gesagt sein soll, daß unsere Beziehungen nicht davon beeinflußt werden. Um diesen wichtigen Punkt noch mal zu wiederholen: Kommunikation oder sogar Denken über Prämissen dritter Ordnung sind nur von der vierten Stufe aus möglich, so wie in der Theorie der Sprachstufen Aussagen über eine Sprache nur von der nächsthöheren Stufe, also in der Metasprache, gemacht werden können. Die vierte Stufe aber liegt anscheinend bereits sehr nahe an den Grenzen menschlichen Erfassens, und Bewußtsein auf dieser Stufe besteht selten, wenn überhaupt. Dies scheint uns der Bereich der Intuition und der Empathie zu sein, des ‚Aha'-Erlebnisses und vielleicht der unmittelbaren Wahrnehmungen, die gewisse Durchbruchserlebnisse vermitteln; und es ist sicherlich die Stufe, von der ... *ein ... Wandel ausgeht, von dem man später nicht sagen kann, wie und warum er zustande kam und worin er eigentlich besteht.*" (Hvh. S. M.)

[93] Vgl. Max Visser, „Gregory Bateson on Deutero-Learning and Double-Bind: A Brief Conceptual History" sowie Bateson, *Ökologie des Geistes*, Vorwort. Batesons aus mangelnder institutioneller Unterstützung gescheiterte vorhergehende Arbeit mit Oktopussen sowie seine Motive dafür finden sich beschrieben in Lutterer, *Spuren*, S. 115 ff.

des Entstehens kreativer Akte aus der Kollision logischer Ebenen entsprungen waren.[94] Was diese Experimente jedoch zunächst erbrachten war der Hinweis auf das Vorkommen von „Deutero-“ bzw. Meta-Lernen bei Delphinen. Ein Delphin namens Malia war ausgewählt worden, in öffentlichen Shows die Prinzipien des „Delphin-Trainings“ vorzuführen. Gezeigt werden sollte einem Publikum, „wie man einen Delphin dressiert“, und das Tier mußte dazu bei jeder Vorführung ein neues Kunststück ‚erlernen‘. Das heißt, der Delphin schwamm ins Schaubecken, und sowie es irgend ein auffälliges Verhalten hinlegte, einen Schwanzschlag, eine besondere Drehung, einen Sprung, indizierte ein Pfiff des Dresseurs, daß eine Belohnung erfolgt, und er bekam einen Fisch. Nach dreimaliger Wiederholung eben dieser Folge – das Tier wurde ‚konditioniert‘ – wurde es zurückgeschickt, und nach zweistündiger Pause erfolgte eine neue Vorführung. Natürlich legte Malia dasselbe Verhalten an den Tag, für das sie in der Runde zuvor belohnt worden war und erwartete Pfiff und Futter – vergeblich. Erst als sie – wiederum zufällig – ein anderes auffälliges Verhalten an den Tag legte, wurde sie belohnt. Allerdings führte die vielfache vergebliche Vorführung zunächst belohnter Verhaltensweisen beim Delphin immer wieder zu Frustration.

Um die instruktive Geschichte abzukürzen: Was der Delphin in der Tat lernte, war naheliegenderweise eine Lektion „zweiter Ordnung“, nicht, daß ein bestimmtes Verhalten zu bieten war, um die Belohnung zu erhalten, sondern daß *bei jedem Auftritt eine andere* Verhaltensweise zu bieten war (das Lernen einer Meta-Regel oder Lernen zweiter Ordnung).[95] Der Delphin mußte eigenesVerhalten auf zwei Ebenen gleichzeitig klassifizieren: erstens als konkrete Einzelhandlung (das obige „Element“), zweitens als „neu“ oder „anders“ als die vorige: eine Meta-Klassifikation, ein Rahmen. Allerdings – und erst aus dem folgenden resultierte die eigentlich aufschlußreiche Erweiterung des theoretischen Rahmens, wie üblich aus einem Unfall – stieß das Experiment auf eine natürliche Grenze: dadurch, daß irgendwann das Repertoire neuer Verhaltensweisen, das der Trainer verstärken konnte, erschöpft war: ein Moment der Krise. Schließlich, in einer Phase hoher Erregung, legte das Tier plötzlich und unerwartet eine ganze Serie neuen Verhaltens an den Tag, einiges davon für Delphine vollständig ungewöhnlich: z. B. Auf- und Abspringen, mit-in-die-Höhe-gestreckem-Schwanz-Schwimmen etc.

Bateson war vom Ergebnis dieser Arbeit, an der er persönlich nicht beteiligt gewesen war, derart beeindruckt, daß er darauf drang, diese einmal beobachtete Entwicklung mit einem anderen Delphin zu wiederholen: in einem kontrollierten und streng protokollierten Experiment. Der zweite Delphin, wiederum ein weibliche Tier namens Hou, lernte

[94] Zwischen 1964 und 71 war Bateson an einem Forschungsprojekt für das *Oceanic Institute* in Hawaii beteiligt. Die vergleichsweise ausführliche Zusammenfassung dieser Arbeit, auch auf der Basis der Publikationen von Karen Pryor, Leiterin des Forschungsprojekts, findet sich in Visser (2003), 273–275. – Konrad Lorenz äußerte nach einem Besuch in Hawaii, daß Bateson eines der „größten biologischen Genies unserer Zeit“ sei und noch nicht die ihm gebührende Aufmerksamkeit erfahren habe. Vgl. hierzu Lutterer, *Spuren*, S. 122. Zu den Gründen und Manifestationen von Batesons Interesse an Verhaltensforschung bei Tieren vgl. Lutterer, *Spuren*, S. 115–117, Max Visser, „Gregory Bateson on Deutero-Learning“, S. 273, Bateson, *Ökologie des Geistes*, S. 11–33.

[95] Bateson stellt die Versuche und Ergebnisse sowohl in *Ökologie des Geistes* als auch in *Geist und Natur* dar; vgl. insbes. Bateson *Geist und Natur*, S. 153–156, ferner *Ökologie des Geistes*, S. 359 ff. Vgl. für ausführlichere Darstellungen und Hintergründe auch Visser, „Gregory Bateson on Deutero-Learning and Double-Bind“, S. 273–275.

mit deutlich mehr Mühe und Frustration die Meta-Regel des „neues-Verhalten-Zeigens“. Bei ihr verlief dieser Lernprozeß weniger sanft und vergleichweise schmerzfrei, sondern mit diversen Ausflügen in pathologisches, hochgradig verhaltensauffälliges Agieren. Die Erfahrung, ins Unrecht gesetzt zu werden, war für den Delphin so krisenhaft, daß der Dresseur viele Regel- bzw. Experiment-widrige Fische geben mußte, um den Kontakt zu dem Tier und die bisherigen Lernergebnisse nicht zu gefährden. Vor allem bot Hou erwartungsgemäß in jeder Vorführung zahlreiche vergebliche Wiederholungen eines Verhaltens, das in der Runde zuvor belohnt worden war – gleichsam, um den Dresseur doch noch des Unrechts zu bezichtigen. Neues Verhalten schien er zunächst nur zufällig an den Tag zu legen. Schließlich:

> „In der Pause zwischen der vierzehnten und fünfzehnten Sektion schien der Delphin sehr erregt zu sein, und als er zum fünfzehnten Mal auftrat, legte er eine hochentwickelte Vorführung hin, in der acht auffällige Verhaltensweisen vorkamen, von denen vier völlig neu waren – etwas, das bei dieser Tierart noch nie beobachtet worden war. – Diese Geschichte veranschaulicht zwei Aspekte … Erstens, daß starker Schmerz und Fehlanpassung induziert werden können, wenn man ein Säugetier bezüglich seiner Regeln ins Unrecht setzt, in einer wichtigen Beziehung zu einem anderen Säugetier Sinn zu stiften [*regarding its rules for making sense of an important relationship with another mammal*[96]]. Und daß zweitens, wenn es gelingt, diese Pathologie abzuwehren oder zu überstehen, die Gesamterfahrung *Kreativität* fördern kann.“[97]

Was hier geschah war die Erfahrung einer „logisch-unlogischen“ Situation, und das Tier fand schließlich die „Flucht“ aus diesem Double-Bind (von Verstärkung und Nicht-Verstärkung für Dasselbe) durch einen Sprung auf eine neue Kategorien-Stufe („jedes Mal etwas *neues Neues*“). In anderen Worten: der Widerspruch, welchen das Lebewesen in der Interaktion mit seiner Bezugsperson erfährt, führte gerade bei Hou zunächst in pathologisches Verhalten und anschließend, mit der energetischen „Hilfe“ großer innerer Erregung, zu dem ‚Spill-Over‘, als Sprung auf die höhere Kontextualisierungs-Ebene. Die Metapher des Sprungs indiziert das Überbrücken der Kluft zwischen den logischen Klassifikations-Ebenen. Generell provoziert der Umgang mit einem unlösbaren Widerspruch die Suche nach einem „Sprung“ hinaus: in den Bereich einer Regel-Dimension, auf welcher der Widerspruch keiner mehr ist. (Vielleicht sind gerade Delphine für eine solche Lektion ein Stück weit prädestiniert, insofern für ihre Physiologie ein kreativer Sprung hier mit einem buchstäblichen Sprung zusammenfällt und damit wiederum produktiv eine logische Diskontinuität erzeugt wie durchmessen wird.)

Interessanterweise wiesen beide Delphine, auch nachdem die Versuchsserie eingestellt worden war, anhaltende Charakter-Veränderungen auf, die nicht unproblematisch waren[98] – ein von Bateson nicht erwähnter Umstand, der gut in seine Theorie gepaßt

---

96 Bateson, *Steps to an Ecology of Mind*, S. 278

97 Bateson, *Ökologie des Geistes*, S. 360 f. Visser zitiert dazu den Bericht der Forschungsleiterin Karen Pryor: „After 32 sessions … the behaviour of the porpoise became so complex that it could no longer be reliably discriminated and decribed by the observers, at which point the experiment was terminated.“ Visser, „Gregory Bateson on Deutero-Learning and Double-Bind“, S. 273.

98 „After the experiements, Hou and Malia remained highly creative in their behaviour, which for Hou in particular involved a definite change in „character“. The dolphins became big nuisances, opening gates and even drawing the attention of trainers by leaving the water and sliding on the

hätte: derzufolge dauerhafte Verhaltens- und Charakteränderungen möglich sind, wenngleich auf ggf. schwer erreichbaren und für das System durchaus risikoreichen indirekten Wegen des Agierens – die irreversibel sind.

Insgesamt läßt sich aus dieser Geschichte folgendes ableiten:

Erstens (Stochastik und Evolution): Entdeckungen kommen meist zufällig (‚blind variation'), und es gilt, aus den unerwarteten Ergebnissen die richtigen Schlüsse zu ziehen (‚selective retention'). Diese Schlüsse sind notwendig von einem höheren logischen Typ als die Beobachtungen: es sind Aussagen, Hypothesen über ganze Klassen von Phänomenen, weshalb – aus dem Schluß von Einzelfällen auf Allgemeines – Bateson auch zunehmend den Begriff der „Abduktion" verwandte, um diese Hierarchie-Struktur zu beschreiben.

Offensichtlich hatte vor allem Hou, der zweite Delphin, in Sektion 1 bis 14 nur „zufällig" neues Verhalten an den Tag gelegt. Und der ‚Durchbruch' (in der Pause, in der er „sehr erregt" war) wurde offensichtlich durch einen derartigen kognitiv-emotiven ‚Überdruck' (des fälschlich ins Unrecht gesetzt Werdens) möglich, daß der Delphin beim nächsten Mal zusätzlich zu den nicht gefragten vier alten nicht *eine*, sondern gleich *vier neue* Verhaltensweisen brachte: damit auch gleichsam seinen Dresseur „ins Unrecht setzend", indem er ihn überbot.

Zweitens (Pathogenese und Produktivität): Das starke Bild, daß aus einer intensiven kognitiven und begleitenden emotiven Dissonanz nach einer „Krise" der „Durchbruch" zum Neuen entsteht, aber eben vorbei an der riskanten (Übergangs-)Zone der ‚Auflösung' der alten Ratio des Indiviuums, zeigt gleichsam *in nuce* die Mechanik der Nähe von mentalen Höchstleistungen und Geisteskrankheit (pathologischer Dysfunktion): erstere werden buchstäblich „im Vorbeigehen" den Abgründen letzterer abgerungen, und wenn der Sprung auf die höhere Ebene (einer Verallgemeinerung, die die Schmerz- oder Sinnlosigkeitserfahrungen im Nachhinein integriert) nicht gelingt, ist man *nach* einer solchen Erfahrung sicherlich schwerer beschädigt als vor ihr.

Generell lassen sich diese Lernprozesse, die von individuellen Leistungszuwachsen (Lernen 1) zu adaptiven Veränderungen des ganzen Charakters führen (Lernen 2 und höher), als ein rekursiver, also auf feedback-Mechanismen basierender Prozeß verstehen, der mit *trial und error*, Zufall und selektivem Vergleich arbeitet. Insofern verbindet diese Theorie des Lernens Elemente aus der Kybernetik mit solchen aus der Evolutionstheorie. Genauer: der evolutionstheoretische Mechanismus aus Zufall und positiver Verstärkung wird als *feedback*-Prozeß gedeutet, und dies auf mehreren, hierarchisch

pool pavement. *In another experiment, a porpoise, after reliably showing correct responses, deliberately made a long series of 100% wrong choices to communicate the fact that the fish, used for reinforcement, was dried out and inedible. With the advent of fresh fish, the animal went back to a flawless performance.*" Visser, „Gregory Bateson on Deutero-Learning and Double-Bind", S. 274 (Quelle wiederum Pryor). Dies ist eine durchaus faszinierende Illustration einer Art von analoger Kommunikation (ich tue das Falsche) einer Negation (der Fisch ist nicht gut). Genaugenommen ist das Verhalten jedoch näher an der oben im Übergang vom *bite* zum *nip* beschriebenen Entwicklung hin zu einem Zeichen, das *nicht* das *bedeutet*, was es *ist* (Krieg, Biß) und damit hin zur digitalen Kommunikation. Insofern ist dieser Fall von größter und ungewöhnlicher Signifikanz.

sortierten Ebenen.[99] Es zeichnet sich hier ab„ was im folgenden Kapitel deutlich wird: daß der geistige und der biologische Evolutionsprozeß nach denselben Prinzipien beschreibbar sind.

6.5 Die Struktur der Evolution der Natur und des Geistes: Produktives Denken und Organisation als ‚stochastisches' Geschehen

Es gibt Detaillücken zwischen Details. Wie feinmaschig unser Beschreibungsnetz auch sein mag, kleinere Details werden sich der Beschreibung immer entziehen. Dies nicht deswegen, weil wir etwa achtlos oder faul wären, sondern weil die Beschreibungsmaschinerie prinzipiell digital und diskontinuierlich ist, während die der zu beschreibenden Sache immanenten Variablen analog und kontinuierlich sind. Ist die Beschreibungsmethode jedoch analog, machen wir mit dem Umstand Bekanntschaft, daß keine Quantität irgendeine andere Quantität exakt wiedergeben kann – jede Messung ist immer und unvermeidlich eine Näherung.

Gregory Bateson

Batesons Äußerungen zur Kreativität in „Ökologie des Geistes" lassen sich bislang im wesentlichen so zusammenfassen: Die Chance auf produktives oder schöpferisches Neues entsteht in einer ‚transkontexuellen' Bewegung[100] zwischen zwei unterschiedlichen logischen Typen oder Ebenen: entsteht also, wenn die zwei divergierenden logischen Ebenen ‚regelwidrig' zusammengebracht oder aufeinander bezogen werden, wenn die Grenze zwischen ihnen kollabiert. Zu den wesentlichen Weisen, in denen dies geschieht, zählen Phänomene wie Spiel, Humor, Ritus, Kunst, Religion, Metapher, Gleichnis und nicht zuletzt innovatives Wissenschaftshandeln. Wie am Beispiel von „bite" und „nip" schon angedeutet, hat vor allem das Phänomen des ‚Spiels' in dieser Theorie einen zentralen Status: den eines hybriden (gemischten) Mittlers zwischen Stufen der Evolution des Denkens. Bateson bedient sich neben der analog-digital-Distinktion auch der Freud'schen Rede vom Primär- und Sekundärprozeß, um diese Ebenen zu beschreiben und gegeneinander abzugrenzen. Der Primärprozeß entspricht der ‚analogen' Stufe mit ihrem Denken in Bildern, ihrer eingeschränkten Bewußtseinsfähigkeit, ihrem Kommunizieren über Beziehungen: alles Formen, die auch der tierischen Kommunikation eigen sind. Der Sekundärprozeß entspricht dem ‚digitalen' Mitteilen mit seinen Formen der Sprache, Negation, Denotation, Wiederholung, Klassifizierung, formaler Logik etc.[101] Die Mittler-Rolle des Spiels liegt darin, daß, wie dargestellt[102], in ihm phänotypisch wie genotypisch erstmals in der Kommunikation „nein" oder „nicht" aktiv artikuliert sind:

[99] Vgl. hierzu, sowie zur hierarchischen Komponente dessen Max Visser, „Gregory Bateson on Deutero-Learning and Double-Bind", S. 275.

[100] Zu „transkontextuell" vgl. Bateson, *Ökologie des Geistes*, S. 354 f.

[101] Zur Relation von „analog" und „digital" und der psychoanalytischen Terminologie von Primär- und Sekundärprozeß vgl. Mahrenholz, *Musik und Erkenntnis*, Kap. V., 2 sowie dies., „Logik, A-Logik, Analogik. Musik und die Verfahrensformen des Unbewußten".

[102] Vgl. oben Kap. 6.2.

Die im Spiel gemachten Mitteilungen sind zugleich wahr und ‚nicht wahr'; das mit ihnen Bezeichnete existiert in gewissem Sinne nicht. ‚Ich beiße Dich' (nip) ist ein Zeichen für: ‚Ich werde Dich *nicht* beißen' (bite). Diese Möglichkeit, etwas Abwesendes mit etwas Anwesendem zu symbolisieren, diese Negation also ist es, die den entscheidenden Schritt nicht nur zur Sprache, sondern damit auch zu einer höheren Abstraktions-Ebene einleitet: vom „Territorium" oder „Ding" (etwa: Handlung) hin zur „Karte" oder dem „Namen" (etwa: Beziehungsstatus wie „Feind" oder „Liebe").

‚Spiel' hat damit einen gleichsam doppelten Status, einen diachronen (die zeitliche Entwicklung betreffenden) und einen synchronen, simultanen. Einerseits ist es – *diachron* – in der Entwicklung der Kommunikation ein Schritt hin zu den arbiträren Zeichen der Sprache (und damit zum Denken als kontrafaktischem Probehandeln). Andererseits ist die ‚Spiel'-Erklärung (wie auch komplementär die ‚Kriegs'-Erklärung) *synchron* ein *Shifter* von Kontexten, der es ermöglicht, ein- und derselben Handlung ganz unterschiedliche Bedeutungen zuzumessen.[103] Eben mit diesem *Shift* „bricht" Spiel die Diskontinuität zwischen beiden Ebenen (Aktion und ihrem Kontext) auf, oder, in anderen Worten: Spiel vermittelt zwischen den beiden ansonsten zueinander diskontinuierlich stehenden Seiten. Spiel ist ein Daimon. Wem dieser Gedanke willkürlich erscheint, der sei daran erinnert, daß bei Kant ebenfalls eine systematisch vermittelnde Rolle des ‚Spiels' zu finden ist. Hier sind es zwei gleichfalls diskontinuierliche, d. h. ansonsten *unüberbrückbar voneinander geschiedene* Fakultäten, „Einbildungskraft" und „Verstand", die über die Ausnahme-Situation des ästhetisch initiierten „freien Spiels" zueinander in „Harmonie" treten.[104] Wenn bei Bateson also Spiel *diachron* als Mittelglied zwischen Stufen der Evolution auftritt[105] und *synchron* als Katapult hinaus in eine neue Ordnung, so fungiert es bei Kant ebenfalls synchron: als Mittler zwischen Einbildungskraft und Verstand. Auch hier führt Spiel hinaus und hinüber in eine andere Ordnung des Zusammenwirkens mentaler Fakultäten.[106] Der späte Bateson wird schließlich, wie gleich markiert, „Ästhetik" und „Epistemologie" engstens miteinander verknüpfen. Auch hatte, wie wir uns erinnern, Platons Eros („ein großer Zauberer") die Rolle eines solchen *Shifters* zwischen ansonsten unüberbrückbaren Klüften von Ordnungen inne.[107]

---

[103] In Michael Hanekes Film „Funny Games" (1997/2008) bleibt die zuweilen fließende Grenze zwischen „Spiel" und „Krieg" lange auf grausam eindrückliche Weise im Unklaren. Manche Kämpfe, so Bateson, finden gerade statt, damit zwei Individuen/Parteien herausfinden, ob/daß sie Freunde (oder Feinde) sind, vgl. *Ökologie des Geistes*, S. 91 f. – Vgl. auch Donald W. Winnicott, *Vom Spiel zur Kreativität*: „Das Subjekt … sagt zum Objekt: ‚Ich habe dich zerstört,' und das Objekt nimmt diese Aussage an. Von nun an sagt das Subjekt: ‚Hallo, Objekt! Ich habe dich zerstört! Ich liebe dich! Du bist für mich wertvoll, weil du überlebt hast, obwohl ich dich zerstört habe. Obwohl ich dich liebe, zerstöre ich dich in meiner (unbewußten) *Phantasie*.'", ebd. S. 105.

[104] Ausführlich dargestellt wurde dies oben, Kap. 4.3.3.

[105] Vgl. Bateson, *Ökologie des Geistes*, S. 251

[106] Vgl. Kant, *Kritik der Urteilskraft*, § 9 und § 21. Zum Verhältnis dieser Konzeption zur Genietheorie vgl. oben 4.3.3. Kant betont ausdrücklich, daß es nicht-analysierbare *Ausnahme*bedingungen wie die Anwesenheit des Schönen oder die geniale Gestimmtheit des Subjekts sind, welche diese Harmonie bzw. wechselseitige Übersetzbarkeit stiften: das „Schöne" läßt sich mithin gerade auch bei Kant als ein solcher „Shifter" zwischen mentalen Ebenen verstehen.

[107] In seinem Fall waren es der göttliche und der menschliche Diskurs; vgl. oben Abschnitt 3.2.1.

Die Eigendynamik dieser Verbindung zwischen Heterogenem wird von Bateson in den Jahrzehnten nach dem Erscheinen von *Ökologie des Geistes* 1972 immer wieder neu logisch und terminologisch umkreist. Das Thema wird in ähnlicher Weise Fokus eines Lebenswerks wie unter ganz anderen begrifflichen und systematischen Voraussetzungen die parallel plazierte Einbildungskraft bei Kant. Eine der charakteristischen Schwierigkeiten von Batesons Modell der Ergänzung der „analog"-„digital"-Unterscheidung durch die Figur der *Meta*-Ebenen liegt darin, daß die Frage, welche Seite von beiden „meta" ist, *über* die andere, mehrdeutig bleibt. Das Verhältnis oszilliert, und dies nicht nur bei Bateson.[108] Unvermindert und zu bis seinem Tod 1980 werden die Versuche fortgesetzt, ein gültiges Modell zu finden, das dieses Ebenenproblem löst, wobei der Allgemeinheitsgrad der hierzu verwendeten Begriffspaare stetig wächst. Zu ihnen gehören nun solche Abstrakta wie „Struktur und Prozeß", „Ding und Relation", „Epigenese und Evolution". Vor allem aber auch „Zufall und Selektion"; was zusammen „Stochastik" ergibt: eines der Grundprinzipien, dem Bateson alle geistigen und biologische Entwicklungen zuschreibt: die von Mind *and* Nature – wie seine einzige als Monographie verfaßte Publikation nicht ohne Grund heißt.[109]

Die folgenden Betrachtungen versuchen dasjenige, was Bateson Zeit seines Lebens intendierte: nämlich diese heterogenen Ansätze zusammenzufassen zu einer Art Modell. Denn mit der Frage, ob und wie Batesons Modell „hält", ist zugleich die avancierteste (außerphilosophisch-)philosophische Kreativitätstheorie diskutiert, die mit einer Gedankenfigur arbeitet, die der hier verwendeten Grundidee verwandt ist und sie auf pan-disziplinäre Weise zu konkretisieren sucht.

Den Motor von Batesons Bemühungen bildet die Frage nach dem Zusammenhang von biologischer und *geistiger* Evolution. Dies ist eine Form der Frage nach Kreativität: verstanden hier vor allem als Weiterentwicklung auf immer komplexere und hochentwickeltere Stufen biologischer und geistiger Organisation einerseits, als Frage nach „Lern"- und Kognitionsformen andererseits.

Wie hängt beides zusammen, das Denken und das Sein? Inwiefern ist Epistemologie zugleich Ontologie? Aus diesen Fragen lassen sich alle weiteren Bateson'schen Motive ableiten: sie führen hin zur ‚Ästhetik' (im weiten Sinn als Organisation von Wahrnehmung[110], im engeren Sinn als Bedeutung der Künste) sowie zu Fragen der Sinnhaftigkeit

---

108 Sehr deutlich findet sich diese Oszillation auch bei Anthony Wilden, *System and Structure.*

109 Diese auf den ersten Blick überraschende Parallelisierung von Geist und Natur, von Epistemologie und Biologie ist in der Philosophie nicht ohne Vorgänger: unter den neueren Autoren seien Friedrich Nietzsche, Henri Bergson, Alfred North Whitehead oder Susanne K. Langer genannt. Zu der Verbindung von Darwinismus bzw. Naturalismus und Philosophie vgl. Hans Lenk, *Kreative Aufstiege*, hier auch generell zur Verknüpfung von Naturalismus, Ontologie und Epistemologie.

110 Vgl. zu Batesons Konzept von „Ästhetik" Bateson/Bateson, *Wenn Engel zögern,* ferner auch Bateson, *Geist und Natur* 16 f.: „Mit Ästhetik meine ich die Aufmerksamkeit für das Muster, das verbindet. … Niemals Quantitäten, immer Gestalten, Formen und Relationen." Für eine solche, zugleich ästhetische und typentheoretische Betrachtung vgl. als Beispiel ebda 18 f.: „Die Anatomie des Krebses beruht auf Wiederholung und Rhythmus. Wie die Musik wiederholt sie mit Modulationen. In der Tat entspricht die Richtung vom Kopf zum Schwanz einer Zeitfolge: In der Embryologie ist der Kopf älter als der Schwanz. Ein Informationsfluß vom Vorder- zum Hinterteil ist möglich. … 1. Die Teile jedes Mitglieds der *creatura* [Kreatur] müssen mit anderen Teilen desselben Indiviuums verglichen werden, um Verbindungen erster Ordnung zu ergeben. 2. Krebse müssen mit Hummern, Menschen mit Pferden

des Ganzen (Holismus), in diesem Sinne der Religion. Der damit verbundene Grundgedanke ist der einer systemisch verfaßten „*ecology of mind*": eine Radikalisierung des Wissenschaftskonzepts der Kybernetik, an deren Entstehung Bateson wie erwähnt als Gründungsmitglied der Macy-Konferenzen mit beteiligt war.[111] Das kybernetische Vokabular implizierte ausdrücklich die Verbindung von Biologie, Technik und Sozialwissenschaften.

Nun sind die zwei eben genannten Fragen nach dem Denken und dem Sein, nach Epistemologie und Ontologie und nach geistiger und biologischer Entwicklung bekanntlich sehr unterschiedlich, und derlei zu vermischen (bzw. zu „vermaschen"[112]) gilt philosophisch als typischer Kategorienfehler. Batesons vorsätzliches Verbinden dieser Fragen ist also ein selbstreferentielles Exempel jenes kalkulierten *category mistake*, den er beschreibt. Wenn er schöpferische Evolution und Lernen nicht nur als *die* epistemologische, sondern als *ontologische* Frage sieht, ist sein Verhältnis zur ‚Realität' dabei jedoch nicht etwa von Hegel (Substanz-Subjekt-Identität), sondern eher von Kant geprägt: dessen Ansatz er wiederum eine besondere, „relationale" Pointe gibt. Sie lautet: das, was *„ist"* (im metaphysischen, Beobachter-unabhängigen Sinne), ist zwar epistemisch nicht zugänglich (qua ‚Ding an sich'), was jedoch zugänglich ist, sind Strukturen, Relationen *zwischen* dem, was „ist".[113] Bateson:

> „Als Beobachter bin ich in einer Position, die der des Mathematikers ähnelt. Auch ich kann nichts über ein einzelnes Ding sagen, ich kann nicht einmal aus Erfahrung behaupten, daß ein solches existiert. Ich kann nur etwas über Relationen zwischen Dingen wissen. Wenn ich sage, der Tisch sei ‚hart', gehe ich über das hinaus, was meine Erfahrung bezeugt. Was ich weiß, ist, daß die Interaktion oder Beziehung zwischen dem Tisch und einem Sinnesorgan oder Instrument einen besonderen Charakter differentieller Härte hat, für den ich kein angemessenes Vokabular habe und den ich verzerre, indem ich den besonderen Charakter der Beziehung völlig einer ihrer Komponenten zuschlage. Ich verzerre so das, was ich über die Beziehung wissen *könnte*, zu einer Aussage über ein ‚Ding', das ich nicht wissen *kann*. Der Referent aller gültigen Aussagen ist immer eine Beziehung zwischen Dingen."[114]

Das Ding „hinter" der Relation wäre für uns ohnehin einigermaßen wertlos: es wäre, in Batesons Worten, „das Geräusch *einer* klatschenden Hand"[115]. Damit ist das was *ist*,

---

verglichen werden, wenn man ähnliche Relationen zwischen den Teilen entdecken will (d. h. Verbindungen zweiter Ordnung). 3. Der *Vergleich* zwischen Krebsen und Hummern muß mit dem Vergleich zwischen Menschen und Pferden verglichen werden, um Verbindungen dritter Ordnung zu ergeben. Wir haben eine Stufenleiter des Denkens konstruiert … Meine zentrale These läßt sich nun in Worten andeuten: Das Muster, das verbindet, ist ein Metamuster. Es ist ein Muster von Mustern."

111 Zum Theorie-Einfluß der „Kybernetik" auf Bateson vgl. auch unten 6.6 sowie Peter Harries-Jones, „Revisiting Angels Fear: Recursion, Ecology and Aesthetics", insbes. 11–14.

112 Vgl. Bateson/Bateson, *Wenn Engel zögern*, S. 234.

113 Vgl. ebd. S. 222 ff., S. 66.

114 Ebd. S. 222 f., Hvh. S. M.

115 Bateson, *Geist und Natur*, S. 87 f. Dieser Gedanke im Gesamtkontext: „Es gibt eine tiefe und unbeantwortbare Frage hinsichtlich der Natur zumindest jener ‚zumindest zwei' Dinge, die zusammen den Unterschied hervorbringen, der dadurch, daß er einen Unterschied macht, zur Information wird. Eindeutig ist jedes für sich – für den Geist und für die Wahrnehmung – eine Nicht-Entität, ein Nicht-Seiendes. Nicht unterschieden vom Seienden und nicht unterschieden vom Nicht-Seienden. Ein Unerkennbares, ein *Ding an sich*, das Geräusch *einer* klatschenden Hand." – Vgl. Bateson ebd.,

zugleich erkennbar und unerkennbar: auf gleichsam zwei verschiedenen logischen Ebenen:

> „Es fällt ... schwer, die gewaltige geistige Organisation der Welt und ihrer Teile zu erörtern, aber mir scheint, wir können, wenn wir vorsichtig sind, darüber reden, *wie* diese gewaltige Organisation denkt. Wir können die Verknüpfungen erforschen, die sie zwischen ihren Aussagen benutzt, wohingegen wir niemals wissen können, *was* sie denkt."[116]

(In gewisser Weise ist diese epistemisch-perspektivistische Doppelheit eine eigenständige Variante von Kants Doppel-Positioniertheit in der „Kritik der reinen Vernunft": als zugleich transzendentaler Idealist und empirischer Realist.)

Bateson bemüht sich in „Geist und Natur" wie schon angekündigt um eine vereinigende Sicht auf die Evolutionsprozesse in beiden Phänomenen. Hierfür überträgt er zentrale evolutionstheoretische Grundmotive (Elemente von Darwin, Lamarck und Samuel Butler verbindend[117]) vom biologischen auf den geistigen Entwicklungsprozeß – dabei „geistig", wie angedeutet, weitfassend.[118] Jedes System oder Subsystem verbindet ihm zufolge eine Zufallskomponente und einen Selektionsprozeß, der auf die Produkte ersterer einwirkt.[119] In dieser „stochastischen"[120] Gleichzeitigkeit gegenstrebiger Prinzipien erkennen wir ohne Mühe das darwinistische Grundprinzip von „blind variation" und „selective retention" wieder.[121] Bateson begreift diese beiden gegenstrebigen Grundprinzipien auffallenderweise wiederum als eine Variante der Unterscheidung von „analog" und „digital": nun aber typentheoretisch hierarchisiert. In der Tat ist die Selektion „über" die Produkte des Zufalls oder der „blinden Variation". Sie greift bestimmte Komponenten heraus und ignoriert andere: in nichts anderem besteht Digitalisierung. Während auf der Ebene der Zufallsprozesse, der blinden Variation, eine Kontinuität besteht, im Sinne der Gleich-Gültigkeit beliebig feinkörnig gestreuter Varianten, „negiert" der Selektions-Akt: validiert die einen um den Preis des Verlustes der anderen. In die Kontinuität des Vorhan-

---

S. 120: „Wir ziehen [draw] Unterscheidungen; das heißt, wir entnehmen sie. Die Unterscheidungen die nicht gezogen werden, existieren *nicht*. Sie sind für alle Zeiten verloren, wie der Klang des fallenden Baums, den Bischof Berkeley nicht hörte. Der Bischof meinte, daß nur das Wahrgenommene ‚real' ist, und daß der Baum, der *ungehört* fällt, kein Geräusch macht. Meiner Ansicht nach können latente Unterschied, d. h. solche, die, aus welchem Grund auch immer, keinen Unterschied machen, nicht als *Information* gelten, sodaß ‚Teile', ‚Ganzheiten', ‚Bäume' und ‚Geräusche' als solche nur in Anführungszeichen existieren. *Wir* sind es, die ‚Baum' von ‚Luft' und ‚Erde' unterscheiden, ‚Ganzes' von ‚Teil' und so weiter."

116 Bateson/Bateson, *Wo Engel zögern*, S. 222 f.

117 Vgl. etwa *Geist und Natur* S. 30; zu Batesons Darwin-Kritik vgl. Harries-Jones, *A Recursive Vision: Ecological Understanding and Gregory Bateson*, insbes. S. 160–164.

118 Was für einen „Geist"-Begriff legt Bateson zugrunde? Evidenterweise einen sehr weiten. Vgl. hierzu vor allem *Geist und Natur* Kap. I. und insbes. Kap. IV. „Definition", hier insbes. S. 113 ff.

119 Vgl. Bateson, *Ökologie des Geistes*, S. 220.

120 Bateson verwendet den Begriff „stochastisch" als Oberbegriff, von dem „Selektion" ein Unterbegriff ist. („Wenn eine Abfolge von Ereignissen eine Zufallskomponente derart mit einem selektiven Prozeß kombiniert, daß nur bestimmte Ergebnisse des Zufallsfaktors Bestand haben dürfen, heißt diese Abfolge stochastisch." Bateson/Bateson, *Wo Engel zögern*, S. 297 u. ö. Gewöhnlich steht „Selektion" für das Ergebnis dieses kombinierten Prozesses.)

121 Vgl. zu dieser evolutionären Kreativitätstheorie den klassischen Text von Donald T. Campbell (1960), „Blind Variation and Selective Retention in Creative Thought as in Other Knowledge Processes".

denen werden bewertende Schneisen geschlagen (ja/nein; 1/0). Die Selektionsprozesse bewirken indirekt Negation durch Nicht-Verstärkung. Damit ist das klassifizierende Selektionsprinzip ein Prinzip ‚endlicher Differenzierung'.

Charakteristischerweise sind *beide* Prinzipien, Variation und Selektion, vom Zufall mitgestaltet: nichts in ihnen determiniert, wie sie stattzufinden haben. Vielmehr sind sie von den externen Faktoren der *Umwelt* (auf biologischer Ebene) und des *Kontexts, Interesses oder Problems* (auf geistiger Ebene) geprägt. Innerhalb dieses stochastischen Gesamtsystems der Weiterentwicklung läßt sich besagte Relation auch mit einem anderen, bekannten Begriffspaar beschreiben: „Epigenese" und „Evolution" (bzw. „kreative Weiterentwicklung").[122] Auf biologischer Ebene ist „Epigenese" die Ausfaltung jener „Tautologie"[123], welche die genetische Information beinhaltet und sichert, daß es nicht zu zu starken Abweichungen kommt. Epigenese betrifft also den Genotypus, das innere System und hat eine ‚konservative' Ausrichtung. Evolution hingegen (im kreativen Sinn der Entstehung neuer Arten) betrifft das Umwelt-Moment bzw. vollzieht sich in beweglicher Interaktion mit kontingenten Umweltfaktoren, welche aus der zufälligen Streuung von Varianten bestimmte herausselektieren.

> „Die Evolution muß immer janusköpfig in zwei Richtungen weisen: nach innen, auf die Entwicklungsgesetze und die Physiologie des lebendigen Geschöpfs, und nach außen, auf die Launen und Anforderungen der Umgebung. ... Die innere Entwicklung – die Embryologie oder Epigenese – ist konservativ und verlangt, daß alles Neue mit den Regelmäßigkeiten des status quo ante übereinstimmt." [124]

Eben diese Paarung aus interner Konservativität und externer Variabilität – das Merkmal der ‚kreativen' Ausgangssituation – ist nach Bateson wiederum auch im Geistigen aufweisbar: Auf der Ebene des Lernens und der geistig-kulturellen Weiterentwicklung beinhaltet „Epigenese" damit die Gebote der Kohärenz und der Logik, „Evolution" hingegen die ‚spontane' Streuung, Neuverteilung und Neukombination von Ideen.[125] Dies entspricht der Gleichzeitigkeit von Strenge und Phantasie, Strenge als „Analogon der *inneren Kohärenz* in der Evolution,[126] *Phantasie* hingegen als Analogon der Streuung und entsprechend der in Teilen ‚blinden' Schöpfung neuer und abweichender Ideen, und beide zusammen als jene „großen Gegensätze des geistigen Prozesses, von denen sich jeder für sich genommen tödlich auswirkt. Strenge allein ist lähmender Tod, aber Phantasie allein ist Geisteskrankheit".[127]

Wie sich oben bereits zeigte, faßt Bateson mit der Differenz von Zufall und Selektion auch jene der unterschiedlichen logischen Ebenen oder Typen als eine Form der ana-

---

[122] Vgl. zu dieser Unterscheidung Bateson, *Geist und Natur*, Kap. VI, insbes. S. 202–206, 219–231, ferner S. 63 f.

[123] Zum Verhältnis von „Beschreibung", „Erklärung" und „Tautologie" vgl. Bateson, *Geist und Natur*, S. 103–112.

[124] Bateson/Bateson, *Geist und Natur*, S. 267.

[125] Bateson, *Ökologie des Geistes*, S. 230.

[126] Ebd. S. 231. Deutlich dürfte sein, inwiefern in dieser Paarung sowohl die Ausgangsidee von endlichem und unendlichem Differenzieren widerhallt als auch Kants oben wiedergefundenes „Spiel" der Erkenntniskräfte Verstand und Einbildungskraft in der *Kritik der Urteilskraft*.

[127] Bateson/Bateson, *Geist und Natur*, S. 265.

log-digital-Unterscheidung. Sie betrifft in anderen Worten das Verhältnis von *Ding* bzw. *Geschehnis* einerseits, deren Variablen immer analog und kontinuierlich verfaßt sind, und dazugehörigen Bezeichnungen (Klassifizierungen) andererseits, welche prinzipiell digital und diskontinuierlich sind.[128] Die zentrale Frage richtet sich auf die Möglichkeiten, ihrer Interaktion:

> „Schließlich ist es notwendig, die beiden stochastischen ...[Seiten][129] zusammenzufügen, die ich zum Zwecke der Analyse getrennt habe. Welche formale Relation besteht zwischen ihnen? Wie ich es sehe, liegt die Wurzel des Problems im Kontrast zwischen dem Digitalen und dem Analogen, oder, in anderer Terminologie, zwischen dem *Namen* und dem benannten *Prozeß*."[130]

Zumindest für den späten Bateson ist die mit der analog-digital-Differenz verknüpfte Frage nach dem Verhältnis von *Prozeß* und *Struktur* (bzw. hier: Name) die Frage schlechthin: *Prozeß* einerseits als der erwähnte singuläre, analoge und nie in seiner singulären und analogen Fülle und Multiperspektivität wahrnehmbare Fluß der Dinge – *Struktur* andererseits als Umstand, daß alles Organische (das bei ihm, da genetisch bestimmt, ebenfalls als „Geistiges" firmiert) nach klar erkennbaren, wiederholbaren (und darin digitalen) Mustern, Relationen organisiert ist. Letztere finden sich einerseits in genetischen ‚Bauplänen', andererseits beobachtet das Forscherauge ununterbrochen Strukturen: qua Ähnlichkeiten und Verwandtschaften. Wir finden in der Natur wieder und wieder dieselben Formen; Bateson akzentuiert hier den auf biologischer Ebene überall zu findenden ‚kybernetischen' Aspekt der Selbst-Ähnlichkeit oder Rekursivität (‚*feedback-loops*'). In dem letzten großen Kapitel aus „Geist und Natur" entwickelt er ein Schema, das versucht, diese beiden Prinzipien in einen engen systematischen Zusammenhang zu stellen und damit ein übergreifendes Modell von geistiger Kreativität und biologischer Evolution anzubieten.

6.6 Die Denk-Spirale

Alle Teile des Organismus bilden einen Kreis.
Daher ist jeder Teil sowohl Anfang als auch Ende.
Hippokrates

Dieses finale Zusammendenken aller beteiligter Komponenten initiiert eine neue Phase in Batesons biologisch-epistemologischer Rekonstruktion der Russell'schen Typen-Hierarchie.[131] Während er zunächst feststellte, daß der *Prozeß*, qua analoger Fluß, kontinuierlich verfaßt ist, und daß die – u. a. begriffliche, aber z. B. auch DNA-förmige – *Struktur*, als digitale, auf einer höheren logischen Ebene und „über" den analogen Prozeß ist, konsta-

[128] Und zwar *syntaktisch* digital und diskontiniuerlich. Zur syntaktischen Digitalität von Sprache vgl. oben Kap. 5.3. sowie Goodman, *Languages of Art*, Kap. IV, 2.

[129] Bateson spricht hier von „Prozessen".

[130] Bateson, *Geist und Natur*, S. 232.

[131] Vgl. auch Bateson, *Geist und Natur*, S. 240, 244, ferner Bateson/Bateson, *Wo Engel zögern*, S. 64–68.

tiert er in einem weiteren Schritt wie angedeutet, daß auch die Struktur-schaffende Namens- oder Klassenbildung selbst einem Prozeß unterliegt[132], der Prozeß also auch „über" die Begriffsstruktur oder Klassen-Ebene ist. So ist es wiederum diese *Paarung* von Prozeß und Struktur/Klasse, welche in einer hierarchischen Form der Abstraktion auftritt.

> „Was in den Principia[133] als eine *gleichartige* Stufenleiter erscheint (Namen und Namen von Namen und so weiter), wird zu einer alternierenden Anordnung von *zwei Arten* von Stufen. Will man vom Namen zum Namen des Namens gelangen, so muß man den Prozeß der Benennung des Namens durchlaufen. Es gibt immer einen Entstehungsprozeß, durch welchen die Klassen hervorgebracht werden, bevor man sie benennen kann."[134]

Dieser Gedanke erweitert das typentheoretische Modell, indem er die Hierarchie zwischen höherem und niedrigerem logischen Typ und zwischen „Analogem"/Prozessualem und „Digitalem"/Strukturellem komplexer und quasi oszillierend faßt. Bateson konstatiert selber die Grenzen der Artikulation und Faßbarkeit der hier zu beschreibenden Verhältnisse: statt die Beschreibung dieses Verhältnisses als den „schwierigsten und vielleicht wichtigsten Teil des Buchs" bezeichnend.[135]

> „Aus dem bereits Gesagten ist klar, daß die Struktur sowohl den Prozeß determinieren kann als auch umgekehrt. Daraus folgt, daß eine Relation zwischen zwei Ebenen von Strukturen bestehen muß, wobei die Vermittlung durch eine dazwischentretende Beschreibung des Prozesses hergestellt wird. Ich glaube, das ist die in der realen Welt gegebene Analogie zu Russells abstraktem Schritt von der *Klasse* zur *Klasse der Klassen*."[136]

Was ist hier die Pointe? Es werden (nun) nicht mehr nur unterschiedliche logische Ebenen von *Klassen* unterschieden, sondern auch unterschiedliche logische Ebenen von *Prozessen*: Da ist einerseits der Prozeß der Klassen-*Bildung* (Kategorie-Bildung), also der Herausbildung des ‚Namens', unter dem klassifiziert wird, andererseits der Akt der Benennung/Klassifizierung selber. Diese beiden Seiten werden von Bateson dann als „Prozeß" und „Form" auseinandergenommen. Der „Prozeß" besteht darin, zu einer individuellen Sache, Handlung, Sachverhalt den Begriff zu finden (aus einer Reihe von Alternativen) oder neu zu bilden – je nachdem wie kreativ oder alltäglich die Aufgabe ist. Diesen Begriff dann applizieren heißt, von einer bereits feststehenden Form oder Kategorie Gebrauch zu machen. (Kant unterscheidet eben diese Aufgaben als „reflektierende" und „subsumierende" Urteilskraft.) Ersteres, das Erstellen des Allgemeinbegriffs, des „sets", ist die anspruchsvollere Tätigkeit – die Typisierung oder Klassifizierung („Struktur") ist dagegen routinemäßig erlernbar. Der kognitiv fordernde „reflektierende" Akt ist jener ‚von unten nach oben' aufsteigende und dabei abstrahierende: jener der Kategorie-*Bildung*. Der umgekehrte, subsumierende, ‚von oben nach unten' verlaufende Akt ist von

---

[132] Vgl. v. a. Kap. VII von Bateson, *Geist und Natur* sowie Bateson/Bateson, *Wo Engel zögern*.

[133] Gemeint sind die *Principia Mathematica* (1910–1913) von Russell und Whitehead.

[134] Bateson, *Geist und Natur*, S. 233, Hvh. S. M.

[135] Bateson, *Geist und Natur*, S. 220, Fußnote. Dabei handelt es sich insbesondere um den Schlußabschnitt „Vergleich und Kombination der beiden stochastischen Systeme" des Kapitels VI, das den „großen stochastischen Prozessen" gewidmet ist.

[136] Bateson, *Geist und Natur*, S. 243.

ersterem determiniert.[137] ‚Prozeß' produziert erst ‚Form', könnte man sagen.[138] Klar ist in typentheoretischer Perspektive, daß sich das auf mehreren Ebenen wiederholt.

Zur Darstellung dieses Umspringens unter den Ebenen, dieser *hierarchischen* Alteration von „Prozeß" und „Form", schlägt Bateson in seinem Spätwerk das Modell einer aufsteigenden Zickzacklinie vor. Er präsentiert diese im wesentlichen anhand dreier Beispiele: seiner Analyse der neuguinesischen Kultur der Iatmul, wie er sie in dem frühen ethnologischen Buch „Naven" beschrieben hat,[139] ferner der Funktionsweise eines Heizthermostats sowie des Schießens mit einem Gewehr im Unterschied zum Schießen mit einer Schrotflinte.[140] Wir werden nur das erste Beispiel etwas näher vorstellen.[141] Vor allem aber verdeutlicht jenes erste Beispiel die Genealogie der Russell überbietenden Idee der *Herausbildung der Kategorie*.

Bei der Untersuchung der Iatmul auf seiner zweiten Reise nach Neuguinea 1936 (in deren Verlauf er auch sein Konzept der „*Schismogenese*" konturierte) begegnete Bateson einer Fülle von Kategorien, die er von erfahrenen Ethnologen vorgegeben bekam: darunter von Margaret Meads *Sex and Temperament*[142] (1935), Ruth Benedicts Patterns of Culture (1934) sowie Ernst Kretschmers *Körperbau und Charakter* (1921). Konfrontiert dabei mit einer Fülle ererbter und sich gegenseitig durchdringender Begriffspaare (wie Benedict/Nietzsches „apollinisch" und „dionysisch" oder Kretschmers „zyklothom" und „schizothom") realisierte er schnell die produzierende Kraft – und damit auch die Relativität – begrifflicher Typologien. Er behandelte diese Typologien „als eine abstrakte *Karte, deren Raster* ich über meine Beschreibung von Iatmul-Männern und -Frauen warf",[143] und das Studium des Effekts der Abgrenzungen führte seine eigene Forschung schnell auf Fragen der Entstehung von Typologien – von ihm beschrieben im Zusammenhang mit seiner Herausbildung des „Schismogenese"-Konzepts.

> „Mit anderen Worten, ich ging von einer Klassifizierung oder Typologie zu einer Untersuchung der Prozesse über, die die in der Typologie zusammengefaßten Unterschiede hervorbrachten. Aber der nächste Schritt führte vom Prozeß zu einer *Typologie des Prozesses*. Ich etikettierte die Prozesse mit dem allgemeinen Terminus *Schismogenese*, und nachdem ich die Prozesse mit einem Etikett versehen hatte, ging ich dazu über, sie zu *klassifizieren*. Mir wurde klar, daß eine grundlegende Dichotomie möglich war. Die Interaktionsprozesse, die an der allgemeinen Potentialität teilhatten, die Schismogenese zu fördern ... ließen sich

137 Hier lassen sich natürlich ‚Deduktion' und ‚Induktion' assoziieren – Bateson selber bevorzugte den Peirce'schen Begriff der ‚Abduktion'. Vgl. etwa *Geist und Natur*, S. 108–110, u. ö.

138 Kant hat genau jenes Problem, das der Erstellung von Kategorien, Klassen, Begriffen, als jene rätselhafte Tätigkeit identifiziert, welche in den „dunklen" Bereich der Einbildungskraft, Urteilskraft und des Schematismus gehört. Er artikulierte in diesen Konzepten, daß das epistemologisch Interessanteste *vor* der Herausbildung der Begriffe liegt. Vgl. oben Kapitel 4.4.

139 Gregory Bateson (1936), *Naven. A Survey of the Problems suggested by a Composite Picture of the Culture of a New Guinea Tribe drawn from Three Points of View*.

140 Sämtliche Beispiele samt der Darstellung der gesamten Idee finden sich in Bateson, *Geist und Natur*, Kap. VII: „Von der Klassifizierung zum Prozeß", vgl. insbes S. 240, 244.

141 Dies auch deswegen, weil die beiden anderen in Batesons Schriften vergleichsweise ausführlich diskutiert sind; vgl. vorige Fußnote. Eine teilweise veränderte Wiederaufnahme dieser Motive findet sich in Bateson/Bateson, *Wo Engel zögern*, Kap. IV, inbes. S. 64–68 sowie ebd. S. 235, inbes. Fußnote.

142 Vgl. Margaret Mead, *Sex and Temperament in Three Primitive Societies* (1935)

143 *Geist und Natur*, S. 237, engl. 212, leicht abgewandelte Übersetzung, Hvh. S. M.

in zwei große Gattungen klassifizieren: die symmetrischen und die komplementären. Ich wandte den Terminus *symmetrisch* auf all jene Interaktionsformen an, die sich mit Hilfe von Konkurrenz, Rivalität, wechselseitiger Überbietung und so weiter beschreiben ließen … Im Kontrast hierzu wandte ich den Terminus *komplementär* auf Interaktionssequenzen an, in denen die Handlungen von A und B verschieden, aber wechselseitig zueinander passend waren (z. B. Herrschaft – Unterwerfung, Exhibitionismus – Voyeurismus, Abhängigkeit – Versorgung). … An diesem Punkt verfügte ich über eine Klassifizierung oder Typologie nicht von *Personen*, sondern von *Prozessen*. … Ich war ohne, dies bewußt geplant zu haben, auf einer alternierenden Stufenleiter von der Beschreibung zum Vokabular der Typologie vorangeschritten. “[144]

Die Russell'sche Idee, Namen oder Kategorien nach aufsteigenden Hierarchien von Abstraktionsebenen zu ordnen, überträgt Bateson – zumindest in seiner rückblickenden Analyse – auch auf die Prozesse, aus welchen jene Kategorien hervortreten, und ordnet sie ebenfalls hierarchisch. Hieraus resultiert eine Zickzacklinie, welche die Abstraktionsebenen wie Produktions- und Abhängigkeitsrelationen beider Seiten symbolisiert. Bateson liefert hierfür eine Fülle unterschiedlicher und im Detail konfligierender Beschreibungen. Aus ihnen konstruieren wir folgendes Schema – wiederum von unten nach oben zu lesen.[145]

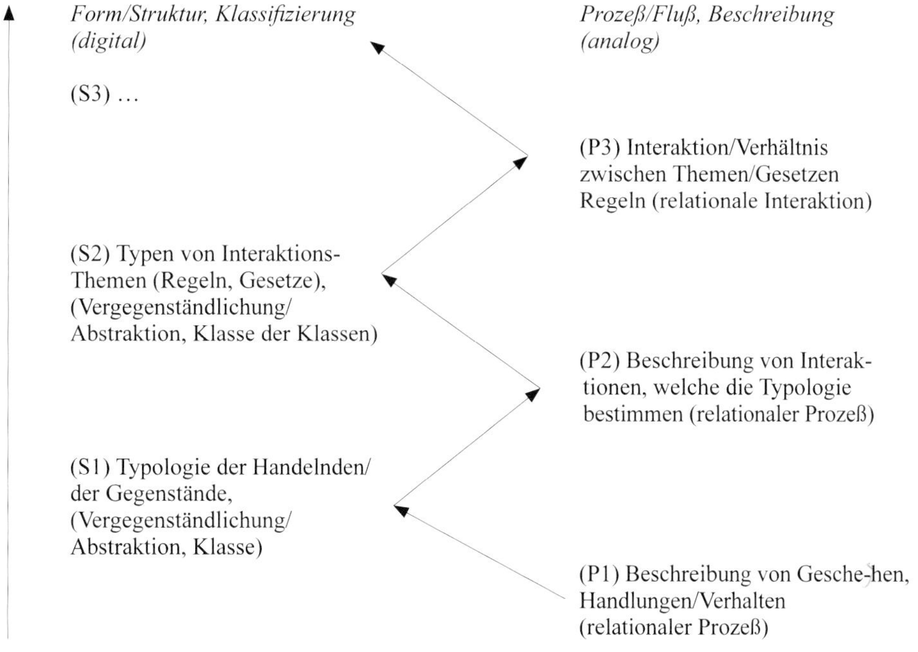

Illustration 2

---

144 *Geist und Natur*, S. 238 f.

145 Vgl. insbes. Bateson, *Geist und Natur*, Kap. VII; entsprechendes auch in Bateson/Bateson, *Wo Engel zögern*. Seine Darstellungen wurden unsererseits ergänzt um die Klassifizierungen zum Prozeß P1–3, S1–3.

Auf der untersten Ebene (P1) haben wir die Beschreibung individueller Geschehnisse oder Handlungen, die uns *als kontinuierlich* sowie als Individuelles (als Analoges) begegnen. Im kognitiven oder auch nur *wahrnehmenden* Umgang mit dieser basalen Prozeß-Ebene geschieht, oft unwillkürlich, der Prozeß der Klassen- oder Namen-Bildung, mit dem die Typisierung vorgenommen wird. Für Bateson ist daher auch bereits der Wahrnehmungsprozeß ein „Akt der logischen Typisierung"![146] Im genannten Iatmul-Beispiel ist dieser Prozeß der Gewinnung von Klassifizierungen die *Beschreibung* konkreter *Verhaltensweisen*. Dieser Prozeß P1 der Klassenbildung (ausgehend von dem ‚Material', das oben als „erster logische Typ" oder „Aussage nullter Ordnung" beschrieben wurde[147]) führt auf eine nächste Ebene („Form" oder „Struktur": S1), auf welcher wir etwas – ein Geschehen, einen Prozeß – *klassifiziert* vorfinden: *als* Sturm, Nebel, Iatmul-Frau, den Vermieter oder die Handlung des Segnens. (In Batesons Beispiel wird vom Handlungsgeschehen auf Personen und dann auf deren Charaktere abstrahiert.) Der nächste Schritt, auf ‚höherer' Ebene ‚zurück' von S1 zu P2 ist jener von typisierten *Personen* zu typisierten Beziehungen, Interaktionen: *Prozeß*- bzw. Interaktionsklassen. In seinem Beispiel sind dies: *komplementäre* und *symmetrische „Schismogenese"*. Diese Begriffsbildungsprozesse (P2) wiederum dienen dazu, die Typologie auf der Ebene S2 hervorzubringen: von ihm als „Regeln", „Gesetze" beschrieben: Regeln etwa, nach denen sich komplementäres oder symmetrisches Verhalten klassifizieren lassen, die also potentiell in psychologische Lehrbücher eingehen können, als Definitionen bzw. Typologien von Symptomatiken. Von hier an aufwärts wird es schwieriger, Beispiele anzugeben, weil die Abstraktionsebenen immer umfassender und damit unschärfer werden.[148]

Damit findet sich wiederum die oben in Abschnitt 6.1 beschriebene grundsätzliche Ebenen-Paarung. Allerdings herrscht nun die beschriebene Oszillation bezüglich der Frage, ob der Prozeß „über" die Struktur oder die Struktur „über" den Prozeß ist (bzw. ihm vorausgeht): wie wir sehen, ist beides der Fall. Die Klassifizierung geschieht immer von oben, aber die Bildung von Klassen „über" den Prozeß geschieht von unten.

Folgende Beispiele aus gänzlich unterschiedlichen Lebensbereichen lassen sich für die beiden Seiten von Prozeß/Fluß/Individuellem einerseits, Struktur/Form/Kategorie/Typ andererseits nennen.

---

146 *Geist und Natur*, S. 235 – entsprechend Goodmans sehen-*als;* vgl. Nelson Goodman, *Languages of Art*, Kap. I. Oft bilden wir Kategorien, ohne es zu merken – diese sind vermutlich mindestens so häufig nonverbaler (sinnlicher oder gestalthafter oder gemischter) wie verbaler Art.

147 Vgl. oben Kap. 6.1.

148 Allgemeinere Beispiele für den Übergang von S1 zu P2 und höher zu S2 bestünden etwa darin, aus bestimmten Interaktionen eines Individuums mit seiner Umwelt (= Produkt der Transformation von P1 zu S1) auf eine individuelle *Handlungs*disposition zu schließen (Produkt des Transfers von S1 – P2) und von dort eine solche verallgemeinerbare („klinische") *Charakter*disposition, sprich, Metaklassifizierung zu bilden (hysterisch, Paranoia etc.).

Prozeß/Fluß	*Struktur/Form*[149]
konkrete Temperatur	Thermostat[150]
Ding, Akt	Kategorie
Quantität	Qualität, Zahl, Muster
Kontinuität	Diskontinuität
Variationsprozeß	Artenbildung
Ausbildung	Beruf/Status
Liebe	Heirat
Rückkopplung	Kalibirierung
„Geist"	„Buchstabe"
Phantasie	Strenge
„Handeln"	„Denken"
„zufälliges Auftretendes"/Kontingentes	„Selektiertes"
somatische/ontogenetische Veränderung	phylogenetische Veränderung
Musik	Notation[151]

Deutlich wird, daß beide Seiten für sich, isoliert, als Einzelebene nicht existieren, vielmehr ‚dialektisch' und komplementär aufeinander bezogen sind. Dies gilt, obwohl viele der Paare einander diametral entgegengesetzt sind, bis hin zu in einigen Fällen einander inkommensurabel gegenüberstehen. *Die rechte Seite (Struktur, Klasse) geht immer aus der linken hervor (per Abstraktion, Erfahrung, Abduktion), ist aber immer* über *die linke; sie klassifiziert sie.* Klassifizierung ist *temporal später* und *logisch früher* als das Phänomen.

Unser Modell in Illustration 2, die alternierende Schichtung, hat damit einen gegenüber Russells Ausgangsmodell erheblich erweiterten Anwendungsradius. Doch war Batesons genannte Kautele, es handele sich hier um den schwierigsten Teil seiner Darstellungen, Symptom eines Problems, das sich schon beim reinen Beschreiben immer wieder einstellt: daß die Beispiele für die Prozeßseite letztlich immer schon auf die Struktur-Seite tendieren, man kann auch sagen: daß Abstrakta wie die reine Wahrnehmung, das reine

[149] Zu diesen Beispielen vgl. Bateson, Geist und Natur, S. 241, ferner ebda S. 270.

[150] Der Heizthermostat ist Batesons favorisiertes Beispiel für ein Ineinander analoger und digitaler Strukturen, u. a. weil es den kybernetischen („feedback"-) Aspekt seines Modells veranschaulicht. Die kontinuierlich (‚analog') schwankende Temperatur auf der *Prozeß*seite bewegt sich zwischen zwei Polen, die ein auf Schwellenwerte eingestellter Thermostat regelt, der sich dadurch „digital" an- oder ausstellt – die *Struktur*seite. Das ganze System ist kreisförmig-rekursiver oder auch autopoietischer Natur (vgl. Bateson/Batson, *Wo Engel zögern*, S. 60–66). Humberto Maturana hat im Anschluß an Bateson eine solche Analyse auf lebende Systeme als ganze angewendet, ja, Leben als autopoietisches System definiert. (Niklas Luhmann hat dies wiederum auf soziale Systeme übertragen, und der ungarische Biologe Tibor Ganti hat etwa zeitgleich mit Maturana/Varela ein ebenfalls rekursives („autokatalytisches") System als Definition der Struktur des „Lebens" entwickelt. Zum Verhältnis von Bateson und Maturana/Varela vgl. Harries-Jones, „A Recursive Vision: Ecological Understanding and Gregory Bateson".

[151] Zur logischen Stellung der Notation innerhalb des Musik-Partitur-Verhältnisses vgl. Verf., „Der notationale Fehlschluß" sowie dies., *Musik und Erkenntnis*, Kap. III.

Phänomen, der Fluß, das Ding-ohne-Struktur im Moment ihres Gedacht-Werdens schon zerfallen. Es heißt in anderen Worten, daß die Idee einer Meta-Ebene des Analogen, des Prozessualen (welches ja zugleich das Konkrete, Individuelle, Einzigartige, nicht-Kopierbare beinhaltet) sinnwidrig ist: das Meta-Individuelle ist nicht selbst individuell. Ein „Meta" des Analogen, das wiederum selbst analog und prozessual wäre, sich aber diskontinuierlich zu einem Teil seiner selbst verhielte, ist selbstwidersprüchlich, und dies hat Bateson Jahre nach *Geist und Natur* zu einer Korrektur veranlaßt. Er betrachtet es nun als Irrtum, die „Prozeßseite" als aus diskontinuierlichen Schritten, Stufen bestehend aufzufassen. Das heißt in unserer Terminologie: P1, P2, P3 sind untereinander als *ein* kontinuierlicher Prozeß zu verstehen, und dies horizontal wie vertikal: in ihrer internen Struktur wie in ihren Verbindungen untereinander.[152]

Wie läßt sich dies nun konzipieren? Es legt einen neuen, Bateson korrigierenden Theorie-Vorschlag nahe. Betrachten wir noch einmal das von ihm mehrfach exponierte Zickzack-Paradigma: nun in abstrahierter Form, wobei die linke Seite die Struktur, die rechte Seite den Prozeß darstellen.

S1 – Sn P1 – Pn

Illustration 3

Wiederum lösen sich Probleme, indem man eine weitere Dimension hinzufügt. In diesem Fall, so der hier unterbreitete Vorschlag, gilt es, das zweidimensionale Zickzack-Paradigma durch das Bild einer sich weitenden *Spirale* (Helix, Schraube) zu ersetzen. Das bedeutet nichts anderes, als sie um eine weitere Raum-Dimension zu erweitern: Eine Spirale von der Seite gesehen ist eine Zickzacklinie.[153]

[152] Vgl. Bateson/Bateson, *Wo Engel zögern*, S. 235, Fußnote.

[153] Der Weg eines Besuchers in der gläsernen, spiralförmigen Berliner Reichstagskuppel bei Nacht, dessen Kleidung leuchtete, würde aus größerer Distanz als Zickzackbewegung gesehen – hier sich nach oben verjüngend.

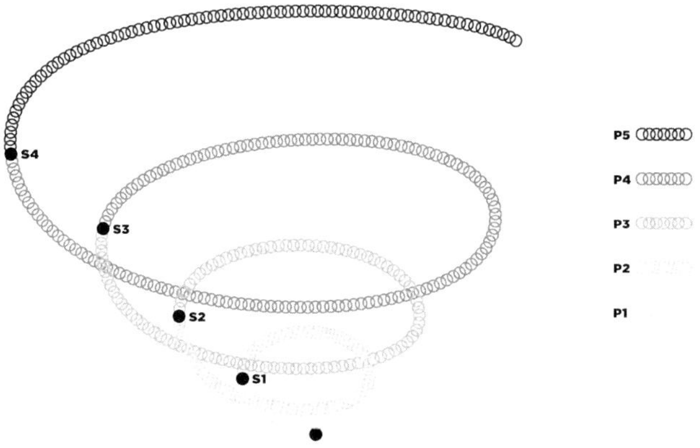

Illustration 4

Wir finden in dieser von unten/innen nach oben/außen aufsteigenden Spirale einerseits die verschiedenen Klassen oder Ebenen von Strukturen, in Form der Ringe. Andererseits ist der „Prozeß" jetzt ein kontinuierlicher: die farbigen Mikro-Spirale-Linien symbolisieren die *Hervorbringung* von Klassen bzw. den „Prozeß der Benennung des Namens"[154]. Damit ist das Ziel erreicht, daß uns „anstelle einer Hierarchie der Klassen ... eine Hierarchie von Ordnungen der Rekursivität" begegnet.[155] Die Übergänge zwischen S_1, S_2, S_3 etc. sind dabei zugleich kontinuierlich und diskontinuierlich zu verstehen: auf der zweidimensionalen Linie selber sind sie – wie diese selber – ein Kontinuum und als Übergänge nicht existent; unter Hinzufügung der dritten Dimension (der Spiral-Raumdimension) wiederum existieren Brüche unter den übereinander liegenden Ringen: von unten nach oben (oben nach unten) gesehen. Die Paradoxie oder Aporie produziert eine weitere Dimension und löst sich darin auf.

Mit dem „Spiral"-Paradigma ist also einerseits das Geschehen ein einheitlicher Prozeß: wir haben eine kontinuierliche Bewegung. Ferner ist das zirkulär-rekursive Moment des Bateson'schen Denkens visualisiert. Vor allem aber illustriert diese Figur die besondere Interaktion zwischen analoger und digitaler Struktur: *die Spirale ist beides, kontinuierlich* (als Band) *und diskontinuierlich* (hinsichtlich ihrer gestuften Ringe). Sie beinhaltet bereits eine ‚typentheoretische' Struktur (ebenso übrigens wie ein eingerollter Faden – ein Gen-Faden oder auch die Doppelhelix). Ein anschaulicheres und in seiner Rekursivität ‚kybernetischeres' Bild für die Gleichzeitigkeit von Prozeß und Struktur läßt sich schwer denken.

Darüber hinaus artikuliert sich in der Spirale, die wir als dehnbar, ausziehbar konzipieren, auch das Variable, Relative der Digitalisierung: den Umstand, daß man in jeder Form und mit beliebigen Abstraktions-Ebenen oder Auflösungs-Skalen strukturieren kann: die Ringe bilden in ihrer Diskontinuität gleichsam *kontinuierliche Stufen*. Eben dieses ge-

154 Bateson, *Ökologie des Geistes*, S. 233, vgl. S. 232.

155 Bateson, *Geist und Natur*, S. 249

dankliche Paradox wird in der *visuellen Darstellung* gelöst bzw. aufgelöst: durch Hinzufügung einer weiteren Dimension.

Ein Unterschied dieses Schemas zu dem einer gewöhnlichen Spirale liegt allerdings in ihrem mit jeder neuen Umdrehung wachsenden Radius, was den Umstand symbolisiert, daß der Relevanzbereich auf jeder dieser Prozeß- und Form-Ebenen umfassender wird, wir haben immer abstraktere Informationen und damit weiterreichende Sphären.[156] Damit ähnelt sie letztlich der Form eines *Spiralnebels*. Auch die umgekehrte Cochlea, also die Hör-Spirale im Innenohr eines Säugetiers[157] oder die berühmte Treppe im Museum des Vatikans sind Beispiele für eine solche Figur – die in Natur und Kultur aus guten Gründen immer wieder vorkommt.[158]

Die hier herauspräparierte „Denkspirale" erinnert damit vermutlich nicht zufällig an jene Figuren in Kosmos, Architektur und Biologie, welchen ein hervorbringender, produzierender (Doppelhelixen, Genfäden) oder auf andere physische (Treppe) oder akustische Ebenen (Cochlea) führender Charakter eigen ist.[159]

Ist die sich verjüngende oder verbreiternde Helix oder auch Schraube also ein Modell, das das Leibniz'sche Kontinuum und die Kantische Gleichheit zweier distinkter Seiten verbindet? Und dies über jenes Begriffspaar (analog und digital), das, in die Philosophie eingeführt von Nelson Goodman, die *kontinuierlichen* Zeichen, Symbole des Denkens überhaupt erst der epistemischen Betrachtung zugänglich machte? Ist damit, ausgehend von Batesons komplexem Versuch, Prozeß und Struktur oder eben „analog" und „digital" in ihrem rekursiven Verhältnis zueinander zu denken, ein Modell gefunden, das zugleich die hervorbringende (kreative) Progression des Geistes zu symbolisieren vermag wie die Entwicklungsprozesse in der Natur?

---

156 Vgl. Bateson, *Geist und Natur*, S. 246.

157 Elektronenmikroskopischer Scan der Cochlea einer Ratte. – Das Bild ähnelt überraschend der Schnecke am Hals einer Geige, eines Cellos oder Kontrabasses. Ferner besteht in der Musiknotation der Violinenschlüssel sogar aus zwei logarithmischen Spiralen. Abbildung Marc Lenoir, http://www.cochlea.org, von Rémy Pujol et al., INSERM and University of Montpellier (11.6.2011).

158 Vatikanische Museen, Rom: „Scala Bramante": Treppe in Form zweier ineinander gewundener Spiralen einer Doppelspirale.

159 Vgl. etwa folgende naturwissenschaftliche Begründung für das häufige Vorkommen der Figur der Helix in der Natur: http://www.iurc.montp.inserm.fr/cric51/audition/english/sound/fsound.htm (4.6.08).

Und weiter: Der Umstand, daß bei Leibniz die Richtung des Kontinuums in mehrdeutig war (insofern die unterste und die oberste Stufe auf bestimmte Weise zusammenfielen): spiegelt er sich in der Doppelrichtung der allen Lebewesen eigenen DNA-Doppelhelix, aus der Geist *und* Natur hervorgehen und deren Stränge gegenläufig zu einander verlaufen? Ist also auch die Denkspirale, als Modell des (nicht nur geistigen) Entwicklungsprozesses im Escher'schen Sinne als in zwei Richtungen gleichzeitig verlaufend zu denken: auf- und absteigend? Haben wir also gleichsam eine *Escher-Helix*? – Derartige Reflexionen sind natürlich vor allem eines: spekulativ. Sie sind jedoch zumindest eine Emanation der These dieser Studie, daß sämtliche kreativen Durchbrüche aus einem zum Teil sehr komplexen Interagieren mindestens *zweier* differierender Progressionsformen hervorgehen.

* * *

„So what?" lautet die Überschrift des letzten Kapitel von Batesons einziger Monographie *Mind and Nature*. Die Frage stellte sich also schon ihm selbst: Warum dieser beträchtliche Aufwand, ein Denkgebäude darzustellen, dessen implizite ‚theory of everything' sich bis heute systematischen Darstellungen weitgehend entzieht?[160] Hierfür gibt es aus Sicht dieser Studie vor allem drei Gründe. Der erste ist systematisch und betrifft die evidente Parallele seiner Theorievorschläge zum vorgestellten Kreativitäts-Modell. Der zweite ist historisch und beabsichtigt, die geschichtliche Kontextualisierung jener systematischen Elemente der Informations- und Kommunikationstheorie näher ins Bewußtsein zu heben, die heute vor allem in Bild- und Medientheorien, Philosophie des Geistes und natürlich „KI"- und Kognitionswissenschaften eine Rolle spielen. So wie Bateson die Kommunikationstheorie für eine *Ausweitung der Informationstheorie um die „analoge" Seite* hält, so entwickelte Goodman unabhängig davon die Allgemeine Symboltheorie als eine *Ausweitung der Sprachphilosophie um die „analoge" Seite*. Der dritte Grund liegt damit in den impliziten Herausforderungen, die Batesons „Epistemologie" für die zeitgenössische Philosophie, speziell die Erkenntnistheorie beinhalten. Dies sind wohlgemerkt die *Motive* der partiellen Rekonstruktion seiner Absichten; da dies keine Studie über Gregory Bateson, sondern über eine systematische Idee zur Kreativität und ihre historischen und systematischen Ausfaltungen ist, konnte jeder Aspekt nur selektiv verfolgt werden. Um zusammenzufassen: Bateson verwendet (a) die analog-digital Unterscheidung als zentralen analytischen Schlüssel für seine Analyse der Fülle der Phänomene und Begriffe, aber er verbindet mittels seines Zickzackparadigmas (bzw. unseres Modells der Spirale) die – historisch – Alternative von Hierarchie und Symmetrie, die gleichsam zwischen dem Analogen (Prozessualen) und dem Digitalen, „Strukturellen" oszilliert: auf verschiedenen Stufen. Damit kennzeichnet er (b) das Verhältnis von analog und digital – neu – als

---

[160] Diese Situation betraf auch Bateson selber sowie seine Studenten und Mitarbeiter. „Fast jedes Jahr kam so etwas auf wie eine Klage, die gewöhnlich in Form eines Gerüchts bis zu mir drang. Es wurde vorgebracht, daß ‚Bateson etwas weiß, das er uns nicht sagt', oder ‚Hinter dem, was Bateson sagt, steckt etwas, aber er verrät nie, was es ist'." Bateson, *Ökologie des Geistes*, S. 17 f. Entsprechend der Psychiater Jay Hayley, Kollege und Co-Autor in Palo Alto: „wir versuchten herauszufinden, über was in aller Welt Gregory eigentlich sprach. Und er konnte es uns nicht sagen." Zitiert nach Lutterer, *Spuren*, S. 88.

ein selber prozessuales; (c) er *kombiniert, vereinbart* mittels des Zickzackparadigmas die dargestellten Alternativen von *Hierarchie und Symmetrie* der Erkenntnisformen (Leibniz und Kant) über seine Version des Verhältnisses von Prozeß und Struktur. Schließlich parallelisiert er (d) die geistige und die biologischen Evolution mittels seiner Kombination von Zirkularität und Typentheorie. Dies wurde vorbereitet durch die Kybernetik, welche das Moment des Rekursiven, des *Re-Entry* (Selbstkorrektur, Eingehen der Information in eine neue Schleife von Information) als gemeinsames Struktur- und Analyse-Merkmal von Leben, Geist und Maschinen ansieht.[161] Bei Bateson geschieht dies allerdings explizit ohne die restriktiven Momente von Macht, Steuerung und Kontrolle, die historisch wie systematisch häufig mit der Ausdifferenzierung kybernetischer Modelle verbunden sind.[162]

So sieht es an dieser Stelle so aus, als ob letztlich alle großen Kreativitäts‚theorien' (die selten explizit als solche deklariert werden) dasselbe Verhältnis, zu umschreiben versuchten, von den großen Denkern der Philosophiegeschichte wie Platon und Aristoteles über Leibniz und Kant bis hin zu den Philosophen und Wissenschaftlern unseres modernen Informationszeitalters: das Verhältnis – kurz gesagt – von Endlichkeit und Unendlichkeit.[163] Im Abschlußkapitel wird überprüft, welche Konsequenzen sich aus dem Durchgang durch die hier freigelegten historisch-systematischen Formen der Grundfigur für die Frage nach einer philosophischen ‚Theorie' der Kreativität ziehen lassen.

---

161 Die Kybernetik parallelisiert also Tier, Mensch und Maschine und impliziert damit von je her eine Anthropologie. Die weitere historisch prominente anthropologische Kennzeichnung, die Parallele von Mensch und Gott bzw. Engel – angeregt ursprünglich ebenfalls durch die frühen Phasen der kybernetischen Bewegung in den Macy-Konferenzen – unternimmt Bateson dann in Bateson/Bateson, *Wo Engel zögern.*

162 Vgl. hierzu Lawrence S. Bale, „Gregory Bateson, Cybernetics, and the social/behavioural Sciences" (auch in http://www.narberthpa.com/Bale/lsbale_dop/cybernet.htm (16.8.07).

163 Und die *biologische* Variante dieses Verhältnisses wäre: Begrenzung/Steuerung und Vielfalt – oder eben: Struktur und Prozeß.

7. Zusammenfassung und Ausblick

7.1 Vorbemerkung: Der Verlauf der Arbeit

In der nächtlichen Aussaat, wo die im Chaos umherrasenden Sterne den Neuigkeiten vorangehen, kann alles geschehen, nichts Neues hingegen unter der Sonne.

Michel Serres

In dieser Arbeit geschah aus einer Makroperspektive gesehen dreierlei. Nach einer Einleitung (Kapitel 1.) haben wir erstens eine systematische, formale Figur vorgeschlagen, die Bedingung der Möglichkeit kreativer Neuerungen im Denken und Handeln betreffend (Kapitel 2.). Diese systematische Grundidee wurde anschließend zweitens in ihren verborgenen Erscheinungsformen untersucht und kontextualisiert: hinsichtlich ihres Vorkommens in der Geschichte der Philosophie in sowohl anderer Terminologie als auch oft innerhalb anderer systematischer Fragestellungen (Kapitel 3. und 4.). Drittens wurde die systematische Grundidee nach dem Durchgang durch ihre historischen Erscheinungsformen auf ihre jüngste Weiterentwicklung in den letzten Jahrzehnten hin untersucht sowie Vorschläge für ihre gegenwärtige und zukünftige Entwicklung skizziert (Kapitel 5. und 6.)

Die Auswahl der historischen Epochen entstammte der Überzeugung, daß hier zentrale systematische Weichenstellungen statthatten, ohne die unser heutiges Theoretisieren über Kreativität nicht denkbar wäre. Dennoch beabsichtigte diese Schwerpunktsetzung kein generelles Urteil über die wichtigsten Momente in der Geschichte dieses Gegenstands generell;[1] viele Philosophen und hier ausgelassene Epochen spielten für die Herausbildung heutiger Konzepte von schöpferischem Denken und Kreativität ebenfalls eine Rolle. Zu ihnen zählen zweifellos Hegel und Schelling, generell die Phase der Romantik und der Übergang vom 19. zum 20. Jahrhundert: mit Autoren wie Dewey, Bergson und

[1] Neben besagtem Übersichtsartikel „Kreativität" von W. Matthäus, ferner dem umfangreichen und diverse historische Momente der philosophischen „Kreativitäts"-Diskussion beinhaltenden „Genie"-Artikel von Eberhard Ortland, vgl. auch die Literaturübersicht zu „Kreativität / Schöpferkraft / Phantasie" von Roland Müller.

Whitehead – um nur einige zu nennen. Diese Arbeit erzwang im Interesse der Nachzeichnung (und Konstruktion) eines Gedankengangs in seinen Entwicklungs- und Erscheinungsformen über 2500 Jahre hinweg bereits im historischen Teil die Entschlossenheit zur Lücke.

Ohnehin ist die Auftrennung in historisches und systematisches Reflektieren von Themen bekanntlich problematisch bis unmöglich, wie sich hier einmal mehr zeigte. Denn jede der in diesem Teil dargestellten Überlegungen war zur Zeit ihrer Entstehung „systematisch“: sie ernstzunehmen heißt, sie *auch* als systematische zu diskutieren, und so ist der Übergang zwischen der historischen und der systematischen Darstellung generell eher als kontinuierlicher denn als kategorialer zu betrachten. In dieser Arbeit haftet dem Schnitt bewußt etwas Kontingentes an.[2] Eher noch ist die Relation die eines Ineinandergreifens: der „systematische“ Teil unternahm hier ebenfalls eine historische Situierung unseres derzeitigen Denkens, wie auch der „historische“ Teil erst das systematische Verstehen der Gegenwart in ihrer Tiefendimension ermöglicht.

In der vorliegenden Studie wurde diese historisch-systematische Gelenkstelle dort angesetzt, wo im 20. Jahrhundert erstmals jene theoretischen Begriffe und Denkwerkzeuge auftraten, denen die hier vertretene Grundfigur ihre Entstehung verdankt. Dies sind vor allem die terminologischen Werkzeuge der Allgemeinen Symboltheorie und der Semiotik, Informationstheorie und Kommunikationstheorie, welche sich alle in derselben Phase um 1950–60 herausbildeten.[3] Während die Grundfigur dieser Arbeit also zunächst in ihren historischen Erscheinungsformen betrachtet wurde, und zwar oft dort, wo man sie zunächst nicht erwartete (die *Dämon*-Figur des Platon beispielsweise stellt sich auf den ersten Blick schwerlich als informationstheoretische Beschreibung der Genese von Neuem dar), wurde anschließend ein Teil jener *Aufhebung qua Erweiterung* des Sprach- und Notations-Monopols für Rationalität und Erkenntnis skizziert, wie sie erst im Zeitalter des Computers und der Neuen Medien möglich wurde. Diese Darlegung geschah, ausgehend von Wittgensteins Sagen/Zeigen Unterscheidung, vor allem über die Ästhetik-qua-Erkenntnistheorie Nelson Goodmans, mittels derer nun beispielsweise Bilder oder Gesten ebenso kognitiv ‚salonfähig‘ wurden wie Sprache, Klänge ebenso wie Begriffsschemata, das Exemplifikative ebenso wie das Denotive, und das Emotive und generell Sinnliche nicht mehr grundsätzlich abgetrennt war vom Kognitiven. Insofern ist es kein Zufall, daß gerade heute der systematische Boden bereitet ist für ein auch außerhalb der empirischen Psychologie verstärkt zu verzeichnendes Interesse an „Kreativität“.[4] Konnte

---

[2] Diese Kontingenz zeigt sich auch hinsichtlich der Frage, bis wann ein wissenschaftliches und künstlerisches Werk noch zu „jung“, zu zeitgenössisch ist, um historisiert zu werden. Strenggenommen nie; und so wehrte sich beispielsweise der Komponist Wolfgang Rihm auf einer interdisziplinären Tagung „Carl Dahlhaus und die Musikwissenschaft“ zum Erscheinen der Carl-Dahlhaus-Gesamtausgabe vehement gegen kategorisierende Einordnungen seines Oeuvres innerhalb der Kompositionsgeschichte (10.–14.6.08, organisiert vom Musikwissenschaftlichen Seminar der Humboldt-Universität zu Berlin).

[3] Vgl. dazu Kap. 5 und 6.

[4] Der XX. Deutsche Kongreß für Philosophie, 26.–30. September 2005 mit dem Titel „Kreativität“ an der TU Berlin legt davon ebenso Zeugnis ab wie die 2000 erschienene Studie von Hans Lenk, *Kreative Aufstiege. Zur Philosophie und Psychologie der Kreativität.* Seither häufen sich in- und außerhalb der Philosophie geisteswissenschaftliche Tagungen und Publikationen zu diesem Thema. Vgl. die drei Kongreßbände, herausgegeben von Günter Abel: *Kreativität.*

Michael Polanyi noch 1966 die Philosophen als jene Berufsgruppe derer charakterisieren, die unfähig sei, das epistemische Potential von Intuition, Vision, Anschauung und Phantasie zu erkennen[5], da diese keinen rationalen Argumenten unterstünden, konnte er also einen Keil zwischen den Geistesfortschritt und dessen philosophischen Nachvollzug treiben, so hat sich dies mittlerweile geändert: Philosophie hat sich heute, über das Zusammenwirken von Semiotik, Informationstheorie, Kommunikationstheorie und Medienwissenschaften ein systematisches Feld eröffnet, in dem so unzweifelhaft epistemisch wirksame Aktivitäten wie „implizites Wissen", „unbewußtes" oder „vorbewußtes" Kalkulieren, Denken und Verstehen jenseits der Sprache sowie die Bedeutung des Emotionellen bzw. Affektiven für den Erkenntnisvollzug nicht nur akzeptiert, sondern auch zu systematisieren gesucht werden.

Diese Entwicklungen und ihre theoretische Ausbuchstabierung und Legitimation hingen nicht nur mit der Entwicklung des Computers sowie der damit einhergehenden Entwicklung der Neuen Medien zusammen, sondern zugleich mit jener der Neurowissenschaften – die ebenfalls, bedingt durch besagte technologische Entwicklung, einen enormen Sprung gemacht haben. Die Neurophysiologie bestätigt die Spekulationen der Allgemeinen Symboltheorie, derzufolge sinnliche Wahrnehmung, nicht zuletzt in den Künsten, stattfindet, und dies

> „through the feelings as well as through the senses. Emotional numbness disables here as definitely if not as completely as blindness or deafness. ... What we know through art is felt in our bones and nerves and muscles as well as grasped by our minds."[6]

Derlei Positionen sind kreativitätstheoretisch mittlerweile geradezu gängige Münze; so hat, um nur ein Beispiel zu nennen, der Mathematiker Henri Poincaré in einem Schlüsseltext nachdrücklich die Entstehung kreativer Einfälle durch explizit physisch-ästhetische Komponenten herausgestellt.[7]

Zahlreiche folgenreiche Hypothesen, die zum Zeitpunkt ihrer Entstehung Außenseiterpositionen waren, wie jene von Leibniz zum „subliminalen" Wahrnehmen, Denken und Rechnen sowie jene Baumgartens zum Erkenntnispotential des Ästhetischen, werden jetzt, im 20. und 21. Jahrhundert theoretisch eingelöst und näher ausbuchstabiert. Damit einher geht heute auch die Entwicklung weg von klaren disziplinären Grenzen hin zu interdisziplinären Forschungsverbünden – was sich nicht nur in der Praxis des Philosophierens[8], sondern vor allem auch in der Organisation von Lehr- und Forschungsverbünden innerhalb der akademischen Institutionen niederschlägt.[9] Der im letzten Kapitel diskutierte Gregory Bateson war für diese praktizierte radikale Interdisziplinarität eben-

5 Michael Polanyi, „Three Domains of Creativity", S. 85 f.

6 Goodman, *Languages of Art*, S. 248, 259.

7 Vgl. Henri Poincaré, „Die mathematische Erfindung", vgl. insbes. 46–49, sowie „Die Auswahl der Tatsachen".

8 Ein Beispiel: Während in den 90ger Jahren philosophische Dissertationen noch dafür kritisiert werden konnten, neurophysiologische Betrachtungen in ihre Argumentation einzubeziehen (Vorwurf unzulässiger Integration von Empirie in das reine Denken), repräsentieren heute auch in der Philosophie Forschungsverbünde wie die an der Humboldt-Universität ansässige „Berlin School of Mind and Brain" nachdrücklich die Entwicklung der Verbindung beider.

9 Die wachsenden interdisziplinär arbeitenden Institutionen wie Sonderforschungsbereiche, Cluster, Graduierten- und Forschungskollegs an den Universitäten sind Ausdruck dieser Entwicklung.

so formal ein Vorreiter wie er inhaltlich die für den vorliegenden Argumentationsgang zentralen Brücken schlug: von der Absorption der Informationstheorie (in Form der Kybernetik) hin zur Entwicklung einer Kommunikationstheorie, die vielfach Theoriestücke der Semiotik im allgemeinen und Symboltheorie im speziellen parallelisiert. Dies führte zur Entwicklung einer Kreativitäts‚theorie', welche die vielfach ausgeprägte theoretische Kluft zwischen *biologischer* Evolution und individueller *geistiger* Kreativität zu schließen beabsichtigt.[10]

Die systematischen Teile in Kap. 5 und 6 unternahmen also gleichzeitig eine Erklärung und Plausibilisierung der diese Arbeit motivierenden Grundfigur wie ihre *Weiterentwicklung*. Damit ist zugleich die grundsätzliche Frage nach der *Identität* von Denkmodellen aufgeworfen. Ab wann ist die Konkretisierung eines Modells nicht mehr dasselbe Modell, sondern kollidiert, ja konkurriert mit diesem als seiner Alternative? Bevor unter diesem Gesichtspunkt die im Verlauf der Arbeit berührten Modelle von kreativer Entwicklung in Denken und Handeln resümiert werden, sei diese Identitätsproblematik auch für das Vorhergehende, den historischen Teil angesprochen. Um das Beispiel noch einmal aufzugreifen: Eine „Identität" zu behaupten zwischen Platons Modell der Entstehung von Neuem im menschlichen Denken und Tun via besagtem *Daimon Eros*, der als Fährmann und Über-Setzer zwischen den *endlichen* Menschen und den *unendlichen* Göttern verkehrt – und jener hier vorgeschlagenen Grundfigur, derzufolge Kreativität Produkt ist jenes Übersetzungs- und Transformationsprozesses zwischen der Aktion des „finit Differenzierens/eine Grenze des Unterscheidens ziehen" und jener des „unendlich nuanciert Differenzierens/jeder Unterschied gilt" – dies ist in der Tat eine Konstruktion. Allerdings – und dies ist ein Grundthema der hier behandelten Figur – involviert naheliegenderweise bereits jegliche Begriffsverwendung ein Verschiedenes-als-Gleiches-Behandeln, ebenso wie jedes Aufstellen von Regeln und Gesetzen *über Konkretes* in Sprache, Denken und Natur ein konstruierendes Moment enthält. Die Unterschiede liegen im Grad, und die Frage seiner Legitimität bemißt sich an der Leistung. Seit Derrida wissen wir überdies, daß schon das zweimalige Verwenden ein- und desselben Wortes unterschiedlicher Sprecher wie desselben Sprechers eine Sinn-Verschiebung enthält und insofern Identität aufhebt,[11] und Michael Polanyi konstatiert, daß wir „alles Wissen durch die Weise, in der wir es wissen, zu einem gewissen Grade umformen".[12] Insofern ist diese Verschiebung, dieser scheinbar unhistorisch gedachte, systematische Schneisen schlagende Verrat am Original so unvermeidlich wie notwendig. Unterschiede betreffen den je nach Wissenschaftsdisziplin verschieden stark ausgeprägten Grad und die Legitimität des Motivs. Die Berechtigung entscheidet sich am Ergebnis der solcherart eingeleiteten Handelns- und Verstehensvollzüge. Diese Resultate sollen im folgenden noch einmal resümiert werden.

---

[10] Natürlich gab es philosophisch immer Versuche, diese Kluft zu schließen, unter den jüngeren Autoren seien exemplarisch Henri Bergson, Michael Polanyi und Alfred North Whitehead genannt; prominenter Vorläufer in dieser Hinsicht war Nietzsche. – Vgl. zu neueren philosophischen Analysen evolutionärer Kreativitätstheorien auch Maria E. Kronfeldner, „Creativity Naturalized", dies: „Darwinian ‚blind' hypothesis formation revisited", sowie dies., *Who's Afraid of Darwinism? – Darwinian Creativity and Memetics Demystified.*

[11] Vgl. Jacques Derrida, „Die Différance".

[12] Polanyi, *Implizites Wissen*, S. 71.

Verstehen, Fortschritt wurde wissenschaftstheoretisch häufig als ein blind durch Intuition und Vision geleiteter Prozeß hin zu größerer Kohärenz und Voraussagenkapazität beschrieben[13], und man kann die Entwicklung der Natur- wie der Geisteswissenschaften als Serie mehr oder weniger kühner Identitäts-Setzungen des Heterogenen ansehen. Insofern wissen die hier vorgenommenen Akte der Identifizierung von Gedankengut-über-2500-Jahre-hinweg um das Setzende und damit Differenzen ignorierende ‚Gewalt'-Moment dieser Handlungen. Marie-Thérès Fögens eingangs zitierte Kautele „Die Antike kennt uns nicht" ist in diesem Sinne zu ergänzen mit: Aber sie würde es gern, und sie vermöchte es schnell.

7.2 Das Modell und seine Varianten – Résumé und systematische Konsequenzen

A great truth is a truth whose opposite is also a great truth.
Niels Bohr

Wie hat sich die Ausgangs- und Grundfigur nun, *nach* dem historisch-systematischen Durchgang durch seine Erscheinungsformen und Entstehungsbedingungen, verändert? Bei näherem Hinsehen sind gewissermaßen drei Modelle an die Stelle des einem getreten (und auch das eine Modell war bereits in sich heterogen; es zeigte sich je nach Darstellung der betreffenden Autoren als zwei- oder dreistellig).[14] Konkurrieren diese Versionen nun, bis hin zum Kollidieren, löschen sie einander aus? Oder sind sie in der Lage, einander zu ergänzen und zu plausibilisieren?

Das *erste* Modell war jenes der Transformation, Übersetzung zwischen solchen Denk- und Symbolisierungsaktivitäten, die finitisieren, verendlichen, und solchen, in denen Nuanciertheit, Analogizität vorliegt, potentielles Gelten feinster Unterschiede. Das historisch Neue seiner lag darin, die zweite Seite aufzuwerten, sie sozusagen kognitiv auf die Augenhöhe der ersteren zu heben. Damit findet die Transformation, Übersetzung, Oszillation zwischen einerseits *symmetrischen*, andererseits zugleich ‚*inkommensurablen*' Partnern statt. Diese Figur fand sich eingangs in der Exposition der Grundidee ausgeführt (Kapitel 2) sowie später anhand von Wittgenstein, Gooodman und Dretske konkretisiert (Kapitel 5). Allerdings hatte sich vorher gezeigt, daß gerade dieser letztere systematische Punkt, demzufolge die beiden Seiten bei aller ihrer *praktischen* Interaktion nicht ineinander übergehen oder aufeinander reduzierbar sind, bereits ausdrücklich von Kant gegen die Tradition in Anschlag gebracht worden.[15]

[13] Vgl. hierzu Goodman/Elgin, *Reconceptions in Philosophy and Other Arts and Sciences*, insbes. Kap. X., vgl. ferner Polanyi, „Three Domains of Creatvitiy".

[14] Dreistellig ist das Modell beispielsweise bei Platon und Aristoteles, wo die Figur des Eros bzw. des Vorstellungsbildes („Phantasmas") den Vermittler zwischen den beiden heterogenen Seiten abgab. Bei Kant hat die Stelle des Dritten sehr unterschiedliche Namen, am explizitesten ist es im Schematismus-Kapitel beschrieben (systematisch jedoch ebenso sprechend sind die Erscheinungsformen dieses „undefinierbaren" Dritten an weniger prominenten Stellen, wo sie eher ein konzeptionelles Problem markieren); vgl. dazu oben Kap. 4.3.

[15] Vgl. dazu oben Kap. 4.3.1 und 4.3.2.

Die *zweite* Figur oder das zweite Modell führte zusätzlich Ebenen ein. Es war hier zunächst anhand von Russell und Bateson (sowie vorbereitet durch Wittgenstein) vorgestellt worden. Diesem Modell zufolge ist die Übersetzung zwischen den beiden heterogenen Seiten eine zwischen Partnern unterschiedlicher „logischer Ebenen" bzw „logischer Typen". Mit dieser Erweiterung erklärt sich rückwirkend auch, daß diese Arbeit früh den Begriff des Logischen verwendete: damit unter anderem auf die An- bzw. Abwesenheit der Möglichkeit anspielend, logische Relationen auszudrücken wie die Negation, die Kontradiktion etc. „Logische Typen" meint hier unterschiedliche Abstraktionsebenen im Sinne der Mengenlehre oder „set-theory". Bateson, der mit Russell sehr frei umgeht, überträgt das mathematische Modell des Verhältnisses von Klassen und ihren Mitgliedern auf das Verhältnis von Namen und Benanntem – oder auch *map* und *territory*. Wie bei Russell (und auch bei Batesons Schüler Watzlawick) ist mit dieser angefangenen Hierarchie jedoch eine prinzipiell nicht endende Abstraktionsfolge „nach oben" impliziert. Das Verhältnis von *territory* und *map* oder Ding und Namen setzt sich theoretisch auf höheren Abstraktionsebenen fort: die natürliche Grenze liegt allein in der menschlichen Abstraktionsfähigkeit.[16] Doch dies sind Details: kreativitätstheoretisch liegt das genuin Neue des Modells in dem Vorschlag, die *Aufhebung* der Diskontinuität unter den Ebenen – das heißt, den *Kategorienfehler* – als die genuine Quelle von Kreativität anzusehen.

Dieses zweite Modell ergänzt das erste ersichtlich, unterscheidet sich von ihm jedoch vor allem dadurch, daß der kreative Prozeß nun eine „Dreidimensionalität" bekommt: die Ebene des – metaphorisch – *höher* oder *tiefer*, des *über* bzw. *meta* ist eingeführt. Ferner ist auch dieses Modell in sich von erheblicher Heterogenität; es verändert seine Gestalt ständig: will man es rekonstruieren, so hat es unterschiedliche Konturen, je nachdem auf welche Darstellungsform man sich bezieht. Vor allem sind zwar „analog" und „digital" *über* einander (im Doppelsinn von Referenz und Hierarchie), doch wechseln sie, wie wir sahen, kontinuierlich die Plätze: der digitalisierende „Name" ist zwar *über* das analoge „Ding" oder den „Prozeß", bringt so Dinge und Prozesse durch ihre Unter-Scheidung erst hervor.[17] Doch ist reziprok die gliedernde (Benennungs-)Struktur wiederum erst in einem Prozeß hervorgebracht: ist dessen Produkt.[18] Damit ist die scheinbar aufgehobene Symmetrie nach wie vor zugleich präsent.

Das Problem dieses Ineinanders, dieser Gleichzeitigkeit von Hierarchie und Symmetrie führte hier zu Entwicklung eines *dritten* Modells: der Spirale, und diese Entwicklung ist just ein Beispiel des hier beschriebenen Modells der Emanation von Neuem. Zwei auf derselben Ebene angelegte Konzeptionen stoßen inkompatibel und konkurrierend aufeinander, die Auflösung dieses Widerspruchs erfordert einen Ebenen-Sprung, bzw. produziert den Zugewinn einer neuen Dimension; das Resultat auf dieser neuen Ebene hat gewöhnlich unerwartete, aus den alten Bestandteilen nicht ableitbare Eigenschaften.[19]

---

16 Vgl. Watzlawick/Beavin/Jackson, *Menschliche Kommunikation*, S. 249.

17 Dieser Platztausch im System findet sich auch in Watzlawick/Beavin/Jackson, *Menschliche Kommunikation*, S. 56, Fußnote.

18 Vgl. oben Abschnitt 6.6. sowie die dort erwähnte Verbindung zu Kants „reflektierender" und „bestimmender" Urteilskraft.

19 Dies ist eine Figur, die an Hegels Dreischritt von These, Antithese und Synthese erinnert, samt des dreifachen Sinnes von „Aufhebung". Vgl. zum „kreativitätstheoretischen" Wert dieses Modells auch Hans Lenk, *Kreative Aufstiege*, S. 164.

Dies berührt ein weiteres kreativitätstheoretisches Modell, die Figur der „Emergenz". Sie wurde in dieser Arbeit nicht extra thematisiert; Elemente seiner sind aber implizit überall enthalten, insbesondere in den Ausführungen des Kap. 6. Dargestellt ist die Emergenz-Idee im hier intendierten Sinne bei dem auch kreativitätstheoretisch argumentierenden Michael Polanyi.[20] Durch höhere Komplexitätsentwicklung von Organismen, aber auch durch die Weiterentwicklung menschlicher Artefakte oder Theorien werden neue Stufen der Organisation erzielt. Für diese ist die Figur charakteristisch, daß sie zwar auf den Gesetzen der niedrigeren Ebene *beruhen*, aber von ihnen nicht *determiniert* werden, was vor allem heißt, daß sie neue, unantizipierte Gesetze hervorbringen, verkörpern. So sind die Organisationsprinzipien lebender Systeme niemals aus den Gesetzen der Physik und Chemie ableitbar – ebensowenig wie die Gesetze des Maschinenbaus aus der Physik und Chemie ableitbar sind.[21] Dasselbe gilt für die Biologie[22] sowie für Artefakte aus dem Bereich der menschlichen Intelligenz.[23] Polanyis Grundgedanke für dieses Konzept der Emergenz besteht darin, daß die Gesetze der unteren Ebene stets Randbedingungen offenlassen, welche dann von Prinzipien kontrolliert werden, die der nächst höheren Ebene angehören: ein nicht-deterministisches System.[24]

Das eben genannte *dritte* Modell kreativer Entwicklung, das der logarithmischen Spirale, das wir im vorigen Kapitel als Weiterentwicklung der gescheiterten Modelle bei Bateson entwickelt hatten, weist nun Eigenschaften auf, deren charakteristische, faszinierende Logik sich im Verlauf der Arbeit mehrfach angedeutete, unter anderem bei Leibniz, und die kreativitätstheoretisch verallgemeinerbar sind. Dies sei im folgenden näher dargestellt.

---

20 Vgl. zum folgenden Michael Polanyi, *Implizites Wissen*, darin Kap. II, „Emergenz".

21 Dazu Polanyi: „Daher würden wir selbst bei vollständiger physikalischer und chemischer Erforschung eines Gegenstands weder erfahren, ob es sich bei ihm um eine Maschine handelt, noch – falls er eine ist – wie sie funktioniert und welchem Zweck sie dient." Ebd. S. 41

22 Vgl. ebd. S. 39 f., Hvh. S. M.

23 „Dementsprechend können die Gesetze der Elemente einer unteren Ebene nicht von den Operationen einer höheren Ebene Rechenschaft geben. Aus der Phonetik läßt sich noch kein Vokabular ableiten, aus dem Vokabular einer Sprache nicht ihre Grammatik; ein korrekter Gebrauch der Grammatik bietet noch keine Gewähr für guten Stil, und ein solcher sorgt noch nicht für den gedanklichen Gehalt eines Prosastücks. Wie können daraus den allgemeinen Schluß ziehen … daß sich die Organisationsprinzipien einer höheren Ebene nicht mit den Mitteln der für ihre einzelnen Bestandteile gültigen Gesetze darstellen lassen", ebd S. 39.

24 Vgl. hierzu etwa ebd. S. 43 f.

7.3 Aufstieg als Abstieg und *vice versa*. Die „Escher"-Logik

Freilich verliert man zugleich die Fähigkeit, der Gestalt Widersprechendes zu sehen.

Ludwik Fleck

Spiraling to deeper levels of consciousness, the performer takes us beneath the layers of illusion and peels us like an onion.

Kenny Werner

Charakteristisch an besagter Figur der logarithmischen Spirale ist ihre bereits erwähnte Ambivalenz hinsichtlich der Auf- bzw. Abwärtsbewegung. Wir hatten diese Doppelrichtung bereits im Umgang mit Leibniz und Baumgarten angetroffen. Bei Leibniz war der menschliche Erkenntnis*zuwachs* beim Aufstieg auf der Stufenleiter von der Fülle des „Obskuren und Konfusen" hin zum „Klaren und Distinkten" zugleich mit einem *Verlust* verbunden: insofern diese Bewegung mit einer Reduzierung der initialen Fülle des Materials einhergeht. Begriffe und Algorithmen werden verwendet durch Absehen von materialen Details; die mathematische Kalkülisierung ist erfolgreich, gerade weil sie von Konkreta abstrahiert – bis hin zu, im Grenzfall, „interpretationsfreiem" Operieren.[25] Die höchste Erkenntnisstufe bei Leibniz war die „adäquate und intuitive", die Leibniz zugleich als dem Menschen nicht möglich qualifizierte. Das Problem und die Ambivalenz bringt Bredekamp auf den Punkt: zwar muß der Mensch bei Leibniz

> „mit allen Kräften versuchen …, seine Ideen durch den Aufbau eines universalen Kalküls zu erweitern, aber diese Bemühungen waren durch das Eingeständnis begleitet, daß jeder *Fortschritt* vom göttlichen Vermögen *wegführe*, Klarheit durch intuitives Schauen zu erlangen."[26]

Wir können an dieser Stelle „göttliches Vermögen" als logische Chiffre für das theoretische *Ideal* eines Erkennens interpretieren, das umfassend und bar perspektivischer Grenzen ist: sein unerreichbarer Fluchtpunkt. Die charakteristische epistemische Ambivalenz liegt darin, daß aller wissenschaftlicher Erkenntnisfortschritt möglich wird über symbolische Verfahren, begriffliche und algorithmische Werkzeuge, Spezifizierung durch Ver-Endlichung. Eben dies vergrößert andererseits mit jedem Schritt die Distanz zu umfassender Erkenntnis.

Dieses Ideal der Wissenschaftspraxis bringt Sybille Krämer in einer Form auf den Punkt, die in der Tat an die paradoxale Figur erinnert, sich am Gipfel des Leibniz'schen Erkenntnis-Aufstieg an einem Ort wiederzufinden, der noch weniger beinhaltet als die unterste Stufe der nur „obskuren und konfusen" Wahrnehmungen:

> „Wenn es so ist, daß alle wissenschaftliche Erkenntnis auf symbolische Verfahren angewiesen ist, und wenn erst die Formalisierung dieser Verfahren eine größtmögliche Sicherheit

---

25 Vgl. Sybille Krämer, *Symbolische Maschinen*, S. 181. Vgl. generell oben Kap. 4.1.3.

26 Horst Bredekamp, *Die Fenster der Monade. Gottfried Wilhelm Leibniz' Theater der Natur und Kunst*. S. 109, Hvh. S. M. Die höchste Erkenntnisform ergibt sich daher auf der IV. Stufe, die das Symbolische hinter sich läßt, um „zugleich adaequat und intuitiv"zu sein, ebd.

> der Erkenntnis garantiert; wenn des weiteren alle formalisierten Verfahren sich nur auf ideale und abstrakte Konstrukte des Geistes beziehen können, zugleich aber alles, was wirklich existiert, individuell ist, dann können wir mit formalen symbolischen Verfahren keine Erkenntnis gewinnen über die wirklichen Begebenheiten unserer Welt, über das, was sich wirklich zuträgt. *Das Ideal einer vollständig kalkülisierten Wissenschaft wird erkauft mit dem Verzicht auf die Erkenntnis dessen, was wirklich existiert.*"[27]

Dies ist immerhin ihrer Studie und eigentümlich unfreiwillig wirkender Schlußsatz über „Kalkül und Rationalismus im 17. Jahrhundert". Aufschlußreicherweise akzentuieren Krämer und Bredekamp, die sich gerade in diesem Punkt berühren, ansonsten jeweils die entgegengesetzte Seite: Krämer den kalkülisierenden, die Erkenntnis mathematisierenden, Bredekamp den ver-anschaulichenden Autor, welcher die epistemologische Bedeutung der Verbildlichung prominent macht und dabei auch wesentlich Beispiele setzt: darunter das von ihm konzipierte „Theater der Natur und Kunst".[28] Bredekamp spielt, um besagte erkenntnistheoretische Aporie bei Leibniz zu illustrieren, die mathematisch-wissenschaftliche Erkenntnis gegen die intuitiv-künstlerische aus und legt damit eine Architektur von Alternativen frei, die wir kreativitätstheoretisch bereits kennen:[29]

> „[D]ie begriffslose Urteilsfähigkeit der Künstler wird zum Zerrspiegel der Kalkülisierung definierter und kombinierter Zeichen, welche die Klarheit der göttlichen Erkenntnis einzuholen versucht, von Beginn an aber weiß, *daß sie mit jedem Entwicklungsschritt die Distanz zum intuitiven Vermögen vergrößert.* Die unbegreifliche Urteilsfähigkeit der Künstler dagegen bewahrt die Simultaneität der qualitativen Erkenntnis. Das algebraische Kalkül ist klar, aber antiintuitiv, weil es Schritt für Schritt vorgehen muß und niemals *alle Beziehungen insgesamt* zu begreifen vermag. ... Beide Vermögen kompensieren die Defizite ihres Gegenübers."[30]

In diesem Sinne charakterisiert er die Erkenntnisform durch Bilder, Anschauung, Exponate, Material auch als Bestreben,

> „jenem intuitiven Blick nahe zu kommen, der im Gegensatz zur kalkulatorischen Sukzession alles auf einen Schlag zu erfassen vermag. Sie [Bilder] sind ein Vorschein der intuitiven, grenzenlosen Klarheit."[31]

In zwei Formen, hinsichtlich der Zeitlichkeit wie hinsichtlich des Mediums, ist hier also mit bis dahin beispielloser Deutlichkeit das Problem einer *Annäherung an* „göttliche" (alias ideale, umfassende, klare und präzise) Erkenntnis als zugleich wachsender *Abstand von* eben dieser beschrieben – im Sinne der Logik der Escher-Zeichnungen: eines Aufstiegs, der zugleich ein Abstieg ist.[32] *Erstens* ist mit der Verwendung notationaler

---

27 Sybille Krämer, *Berechenbare Vernunft*, S. 387, Hvh. S. M.

28 Dieses repräsentiert für Bredekamp die „Simulierung des göttlichen Blicks", vgl. ders., *Die Fenster der Monade*, S. 113.

29 Wir erinnern uns an Leibniz' Charakterisierung der II. Erkenntnisstufe des „Klaren und Konfusen" am Beispiel von Künstlern, die sicherer Urteile fähig sind, ohne über Begründungen zu verfügen. Vgl. oben Kap. 4.1.1.

30 Bredekamp, *Die Fenster der Monade*, S. 109f

31 Ebd. S. 112

32 M. C. Escher schuf bekanntlich Zeichnungen, die der Darstellung perspektivischer Doppeldeutigkeiten bzw. multistabiler Wahrnehmungsphänomene galten.

Zeichen – sei es Sprache, sei es ein Universalkalkül – die Einführung der Sukzession, der diskursiven Ordnung verbunden, des Schritt-für-Schritt. Diese ist bereits eine Begrenzung im Vergleich zur simultanen „Schau" des Ganzen, welche Schau dafür in ihren Einzelheiten dem Erfassen weniger zugänglich ist. Das heißt – sukzessiv versus simultan – die *Temporalisierung*, das Bringen der Anschauung und des Denkens in eine zeitliche Folge ist bereits eine einschränkende, partiell willkürliche und zugleich präzisierende Bearbeitung. Wenn Kant, wie erwähnt, in Abgrenzung vom göttlichen Erkenntnisideal äußert, daß „Denken ... jederzeit Schranken beweiset"[33], so gilt das auch für die temporalisierende Reihung und die ihr verbundene Hierarchisierung. Eben deshalb wird die „göttliche" Erkenntnis bei Leibniz wie bei Kant notwendig als „Schau" bzw. „Anschauung" konzipiert[34]: die Schau rezipiert *simultan*.[35] *Zweitens* ist damit zugleich das „Medium" der Anschauung, das Bild gegenüber dem Wort oder der Formel privilegiert (wobei allerdings bei Leibniz die mathematische Erkenntnis der göttlichen Schau am nächsten kommt). Eben dies, das produktive Ineinander von Bild, Schau, Intuition, Vision einerseits und Wort/Schrift/Formel (Notation) andererseits, ist ein kreativitätstheoretisch viel diskutierter Topos: zu finden etwa in Beschreibungen der freiwilligen oder unwillkürlichen Visualisierung von Problemen bei Henri Poincaré oder Albert Einstein.[36] Ferner findet es sich in ‚offiziellen' Kreativitätsratgebern als Visualisierungstechnik: beispielsweise als Bilden von *Mind-Maps*. Derlei ist mittlerweile ein Gemeinplatz.[37]

Die nähere Charakterisierung dieses Aufstiegs-als-Abstieg ist beispielsweise von den Wissenschaftstheoretikern Michael Polanyi sowie Ludwik Fleck unternommen worden. Polanyi, ursprünglich Chemiker, der wie Bateson eine Kontinuität zwischen biologischer und geistiger Entwicklung propagiert, konkretisiert dieses Verhältnis wie folgt:

> „Die Verbindung organismischer und mechanistischer Prinzipien wird im mentalen Bereich durch eine Kombination von *implizitem Verstehen* einerseits und einer Anzahl *fixierter logischer Operationen* andererseits ersetzt. Ein Kind beginnt mit einem kargen Repertoire angeborener logischer Verknüpfungen und ergänzt sie rasch, indem es seine Fähigkeit des Verstehens zur Aufstellung weiterer fester Erfahrungsrelationen einsetzt ... Diese Fähigkeit des Verstehens ist es vornehmlich, die im Verlauf der Erziehung – als dem Entstehungsprozeß des menschlichen Geistes – eingeübt wird. Ein sich entwickelnder Geist muß ja den

33 Kant, *Kritik der reinen Vernunft*, B 71.

34 Ebd.

35 Vgl. etwa Kant, *Kritik der reinen Vernunft*,

36 Vgl. Henri Poincaré, „Die mathematische Erfindung", insbes. S. 42–28; vgl. ferner Selbstaussagen Albert Einsteins, zitiert in Jacques Hadamard, *The psychology of invention in the mathematical field*: „The words of the language, as they are written or spoken, do not seem to play any role in my mechanism of thought. The psychical entities which seem to serve as elements in thought are certain signs and more or less clear images which can be ‚voluntarily' reproduced and combined" sowie „The above mentioned elements are, in my case, of visual and some of muscular type. Conventional words or other signs have to be sought for laboriously only in a secondary stage, when the mentioned associative play is sufficiently established and can be reproduced at will", in Hadamard, ebd, S. 140, 142. – Näher ausgeführt ist dies in Simone Mahrenholz, „Kritik des Denkens. Kreativität als Herausforderung für Erkenntnis- und Rationalitätskonzepte", S. 60 f.

37 Axel Kannenberg hat jedoch in einer Studie einige der gängigsten deutschen populärwissenschaftlichen Kreativitätsratgeber einer philosophischen Analyse unterzogen, vgl. ders., *Kreativitätstechniken und ihre theoretische Fundierung*.

> ganzen Begriffsrahmen und sämtliche Regeln des Verstandesgebrauchs, wie sie ihm von der Kultur überliefert worden sind, noch einmal schaffen. *Insofern vermindert jede solche Fixierung den Spielraum seiner schöpferischen Fähigkeiten, vergrößert diese Fähigkeiten aber auch durch die Bereitstellung neuer Instrumente.* Der Prozeß geht ähnlich der anatomischen Differenzierung eines sich entwickelnden Organismus vor sich, in dem sich die *Zonen der Äquipotentialität* verengen, dafür aber eine mächtigere biotische Maschinerie verfügbar wird."[38]

Dieselbe höchst aufschlußreiche Gewinn-Verlust-Rechnung der Erkenntnis hinsichtlich der Kreativiät beschreibt der Mikrobiologe und Wissenschaftstheoretiker Ludwik Fleck. Am Beispiel der Herausbildung von bakteriologischen Konzepten im Umgang mit Typhus-Erregern charakterisiert er mehrere „Typen" oder „Etappen"[39] des „Beobachtens" mit einer Skala der Übergänge: in einer Form, die man geradezu als der Praxis entnommene Veranschaulichung der Leibniz'schen Erkenntnis- oder Perzeptions-Stufenleiter ansehen könnte. So findet sich zunächst das „unklare, anfängliche Sehen":[40] „stillos: verworrene, chaotisch zusammengewürfelte Teilmotive verschiedener Stile, widersprechend Stimmungen treiben das ungerichtete Sehen hin und her; Streit der gedanklichen Gesichtsfelder".[41] Die demgegenüber *entwickelte*, gelernte, gerichtete Form des Wahrnehmens (die, mit Leibniz ‚klare und distinkte', mit Fleck „reproduzierbare"[42]) benötigt Erfahrung, die Herausbildung von Begriffen, eine „Denkstilentwicklung".[43] Sie

> „verlangt ein Erfahrensein in einem bestimmten Denkgebiete: erst nach vielen Erlebnissen, eventuell nach einer Vorbildung erwirbt man die Fähigkeit, Sinn, Gestalt, geschlossene Einheit unmittelbar wahrzunehmen. *Freilich verliert man zugleich die Fähigkeit, der Gestalt Widersprechendes zu sehen.*"[44]

Jegliche kognitive Progression beinhaltet also eine Regression: Bestimmte perzeptive Türen fallen zu. Die Weise, wie dieser Prozeß der visuellen Wahrnehmung im einzelnen vor sich geht, kann hier nicht im einzelnen verfolgt werden, er verdiente zweifellos mehr theoretische Aufmerksamkeit als er bisher fand.[45] Beide Autoren exponieren denselben Zusammenhang: Wir steigen durch Lernen, durch den Erwerb von Wahrnehmungs-Regeln, -Schemata, -Begriffe und mithin Filter *auf* zu einer gegliederten Erkenntnis, in der wir Erwartungen ausbilden und durch „harte Fakten" korrigiert werden können (Fleck nennt dies den dringend gesuchten „Denkwiderstand"). Zugleich verlieren wir alternative Möglichkeiten: wir bewegen uns sozusagen *herab* im Sinne von hinein in einem engeren Rahmen: *We are entering a box*. Diese Doppelrichtung ist eine Erscheinungsform unse-

---

38 Polanyi, *Implizites Wissen*, S. 46 f., Hvh. S. M.

39 Fleck, *Entstehung und Entwicklung einer wissenschaftlichen Tatsache*, S. 121, 123.

40 Ebd. S. 121, vgl. auch 123.

41 Ebd. S. 121.

42 Ebd. S. 124.

43 Ebd. S. 124.

44 Ebd. S. 121, Ergänzung und Hvh. S. M.

45 Vgl. jedoch Oswald Schwemmers phänomeno-logische Beschreibung einer solchen progressiven Konkretisierung und Wahrnehmung von „Formprägnanz" unter dem Stichwort „Reflexive Reaktivitierung", in ders., „Die symbolische Existenz des Geistes", S. 18ff; vgl. ferner dazu ders., „Das Neue und das Andere. Zum Verhältnis von Kontingenz und Kreativität", S. 187f („Die Formbildung in der Wahrnehmung").

rer besagten „Escher"-Logik. (Dieses Phänomen der sich einschränkenden und zugleich spezialisierenden Wahrnehmungsfähigkeit kennt im übrigen jeder Mensch am Beispiel des Sprachenlernens.[46])

Das heißt, die Konkretisierung, der Erwerb von Schemata, Gesetzen, Regeln, welche die Wahrnehmung verläßlicher machen, Analysen beschleunigen, die Ausbildung von Erwartungen und mithin Voraussagen allererst ermöglichen, kurz, Alltagsleben und Wissenschaft strukturieren, hat mit wachsender Perfektion den Preis, Alternativen und damit Kreativitäts-Optionen aus dem Repertoire zu rücken. Flecks beschriebener, mit dem zunehmend trainierten Forscherauge einhergehender ‚Verlust der Fähigkeit, der Gestalt Widersprechendes zu sehen', deutet diese Doppelrichtung an: „In der Sprache der ersten Beobachtungen sind die Ergebnisse ebensowenig aussagbar wie umgekehrt die ersten Beobachtungen in der Sprache der Ergebnisse."[47]

Was hier, bei Fleck, Gestaltbildung genannt wurde, ist eine Form der vielzitierten analog-digital-Konversion: der Minimierung, Auslese von Daten. Allerdings sind „Gestalten" doppeldeutig: sie sind wie Schemata Figuren der Mitte, Vermittlung (insofern das „Dritte"): wie Schemata haben sie von beiden Seiten etwas: vom Analogen das sinnlich-Formhafte, Geschlossene, Simultane, Ganzheitlich-Holistische, Sinnliche (mit Kant: „Bild"-hafte).[48] Vom Digitalen haben sie das Reduzierte, Finitisierende, mit Kant, „Regel"-hafte.[49]

Als weitere Alternative zum Modell der (etwa Leibniz'schen, aber auch schon bei Aristoteles zu findenden) „Aufstiegsleiter" unseres Wahrnehmens und Erkennens läßt sich auch die Vorstellung eines Ansetzens bei einem „mittleren Allgemeinen" heranziehen. Oswald Schwemmer beschreibt diesen Gesichtspunkt unter Berufung auf Henri Bergson, Susanne Langer, Gestalttheorien und Eleanor Roschs Prototypentheorie. Dieser Sicht zufolge beginnen wir wahrnehmend-kognitiv in der Mitte (einem mittleren Allgemeinheits- oder Abstraktionsgrad) und bewegen uns in zwei Richtungen gleichzeitig: hin zu individuellen Nuancen sowie hin zu stärker strukturierten Zusammenhängen.[50] Das Typische an diesem Gegensatzverhältnis ist die Wechselwirkung: „Mit einer stärkeren Nuancierung wird eine deutlichere Strukturierung möglich, und durch eine strukturierende Sicht können viele Nuancen überhaupt erst entdeckt werden."[51] Man kann sich

---

46 Für den durchschnittlich sprachbegabten Menschen endet die Fähigkeit, eine neue Sprache akzentfrei zu lernen, etwa in dem Alter, in dem seine Elternsprache(n) vollständig zu beherrschen gelernt hat. Das Ohr des Säuglings und Kindes ist noch offen für alle Unterschiede, diskriminiert in nicht- ausschließender Form und kann daher neue Sprachen und Dialekte absorbieren; das Ohr des Erwachsenen kann mit Sprache als Werkzeug weit virtuoser operieren, aber es kann die Nuancen und Unterschiede neuer Sprachen weder umfassend wahrnehmen noch reproduzieren: ein „Hörstil", „Hörgestalten", bestimmte Schemata filtern das Entgegenkommende und pressen es in die Wahrnehmungs-Bahnen der „Muttersprache", mit der bekannten Folge sprachlicher Akzente.

47 Fleck, ebd. S. 118.

48 Vieles dessen, was hier und oben im Kapitel zu Platon über diesen Mittler, das Dritte gesagt wird, berührt sich inhaltlich mit Ausführungen insbesondere zur „Hybrid"-Figur des Engels, wie sie Sybille Krämer im gerade erschienenen Buch *Medium, Bote, Übertragung. Kleine Metaphysik der Medialität* dargelegt hat, vgl. dort insbes. Kap. 10.

49 Kant, *Kritik der reinen Vernunft*, B 181.

50 Vgl. Oswald Schwemmer, „Das Neue und das Andere", S. 188 ff.

51 Ebd. S. 189.

diese Bewegung als Oszillation mit steigender Amplitude (Ausdehnungsradius) vorstellen: wachsendem Horizont und Allgemeinheitsgrad (womit wieder die Figur der Spirale auftritt). Es bleibt eine Transformation zwischen zwei Seiten und in zwei Richtungen, die nicht-determiniert ist, eine Übersetzung, welche also einen Spielraum und Alternativen enthält: jenen basis-schöpferischen „Überschuß", der die Bedingung der Möglichkeit von schöpferischem Neuen darstellt. Obwohl diese zwei Seiten sich in diesem Modell als Pole darstellen lassen, ist ihre Bewegung (von *mehr* Differenzen zu *weniger* Differenzen und zurück) doch eine funktional entgegengesetzte, und das Wie des *Mehrens* und *Löschens*, das mit ihnen verbunden ist, ist eine permanente Einsatzstelle handelnd-denkender Freiheit.

7.4 Black Box revisited – In die Box hinein oder aus der Box heraus?

I am living in a box.
Am I living in a Cardhouse Box?
Living In A Box[52]

Wir hatten eingangs die Metapher der „Black Box" für die Genese des potentiell Kreativen, Schöpferischen, wertvollen Neuen vorgeschlagen und gleichzeitig beansprucht, mit der logischen „Grundidee", dem roten Faden der historischen und systematischen Überlegungen, ein Stück weit Auskunft über das „Innere" dieser Box zu geben.[53] Diese Auskunft ist notwendigerweise nicht inhaltlich, sondern formal und logisch (wenn auch nicht formal-logisch). Sie leitet die Möglichkeit des kreativen Neuen aus den Übersetzungen und Konfrontationen zwischen zwei Formen mentalen Operierens ab. Die erste Operationsform, welche generell mit *Notationen* operiert, ermöglicht logische Beziehungen einschließlich der Negation, die letztere (analoge) Operationsform beinhaltet, qua material-*zeigender* Basis, ausschließlich positive Werte. Auf der Basis dieser grundlegenden symbol-logischen Differenz ist das Resultat einer solchen Ineinander-Überführung – drastischer gesagt, eines solchen Aufeinanderpralls – notwendig irregulär, nicht-linear, operiert mit Brüchen, Resten, Überschüssen. Das Endliche (Finite) und das Unendliche (In- bzw. Transfinite) aufeinanderstoßend bilden die allgegenwärtige Bedingung und Möglichkeit der Genese von Neuem.[54]

Wir haben damit zwei Seiten des Symbolisierens und des Denkens voneinander abgegrenzt, als diskontinuierlich bzw. zu einander querstehend. Natürlich sind in der Realität konkreter Artikulationsformen immer beide Seiten präsent, in unterschiedlichen Mischungsverhältnissen. Dies beginnt im Falle des gesprochenen wie geschriebenen Worts bei den *zeigenden* und damit *kontinuierlich strukturierten* Komponenten der Expression und des Stils, es findet sich in den pikturalen Elementen der Schrift und der Notationen generell (Schrift-Type, Schrift-Größe, visuelle Anordnung auf der Seite, Verhältnis Leere-

[52] Britische Popband der achziger Jahre

[53] Die Rede vom „Inneren" ist natürlich ebenso metaphorisch wie die Rede von der „Black Box": das Innere ist zugleich ein Außen – wie sich gleich erweisen wird.

[54] Dies ist der Kern der „Grundidee", vorgestellt auf dieser abstrakten, strukturellen Ebene in Kap. 2.

Text, Funktion des Randes uvm.), und umgekehrt wohnen allen pikturalen Gebilden gliedernde, subsumierende und in diesem Sinne ver-endlichende Schematisierungen inne. Unser sinnliches Wahrnehmen strukturiert unwillkürlich, auch wenn es sich die Maßgabe des ‚jeder-Unterschied-zählt' (symboltheoretisch: „Dichte" und „Fülle") vorlegt. Daß wir mithin in der Praxis den beiden Seiten in Reinform nicht begegnen, heißt also nicht, daß beide Seiten logisch ineinander übergehen.[55] Es heißt schlicht, daß beide Elemente anwesend sind, miteinander interagieren, und daß *in* diesen Mischungen und dem Umgang mit ihnen die beschriebene kreative „Unruhe" situiert ist.

Für die Metapher der Black Box bedeutet dies zunächst, daß das auf diese Weise anvisierte „Innere" ihrer sich als eine pure Prozessualität geheimnisfrei auflöst. Es bedeutet, daß das, was geschieht, wenn zwei zu einander quer stehende bzw. logisch inkommensurable Seiten aufeinandertreffen (nämlich: *immer etwas anderes,* wenn auch nichts Beliebiges) eine Dynamik ist, eine Bewegung, innerhalb der *sich nichts wiederholt.* Das Bild von Kreativität als einer uneinsehbaren Black Box ist damit vollständig dynamisiert: die Black Box wird von innen aufgelöst; sie angemessen aufzuklären heißt, sie zu ‚sprengen'.[56] Das „Geheimnis" der Kreativität gibt es nicht, es gibt nur die Irreversibilität nicht-linearer Prozesse in einem Transformationsprozeß unter Partnern, die eine gewisse Widerständigkeit unter einander strukturell nie ablegen (die, in anderen Worten, „yield while protesting"[57]). Diese Bewegung der Auflösung eines „Rätselcharakters" des Nicht-Diskursiven hatte bereits Nelson Goodman vollzogen: indem er das in der Kunst als

[55] In Auseinandersetzung mit einer jüngeren Publikation Sybille Krämers: „Sagen und Zeigen. Sechs Perspektiven, in denen das Diskursive und das Ikonische in der Sprache konvergieren", läßt sich der hier gemachte Unterschied illustrieren. Sie verdeutlicht dort anhand diverser Phänomene wie der Expressivität und ‚Materialität' der Stimme, der Deixis im Sprachvollzug, der Metaphorik in der Sprache, ferner verschiedenen Formen der „Schriftbildlichkeit", daß in jedem konkreten Symbolisierungsvollzug immer beide Elemente anwesend sind, das, abgekürzt, Diskursive *und* das Ikonische. Doch gerade mittels ihrer (u. a. auf Wittgensteins *Tractatus* bezugnehmenden) Hinweise, inwiefern „die Sprache wie ein Bild" funktioniert, sowie dem Verweis auf eine Sprach-Dimension, „die mit Ikonizität mehr zu tun hat als mit Diskursivität" (S. 510) ist diese Differenz auf der Begriffs-, nicht der Phänomen-Ebene zugleich auch quasi unfreiwillig als grundlegend distinkte festgeschrieben. Zwar bildet die Welt der konkreten medial-symbolischen Phänomene und Handlungsvollzüge *als Mischungsverhältnisse* ein Kontinuum vom Sprach-Pol zum Bild-Pol. Die Operationen selber aber, die an jeder Stelle innerhalb dieses Kontinuums stattfinden, stehen im Verhältnis des entweder-oder, stehen zu einander quer: was gerade beinhaltet: sie gehen nicht ineinander über. Dieser Punkt wurde in unterschiedlichen Formen sowohl von Wittgenstein gemacht (mit der von ihm betonten „Querständigkeit" von Sagen und Zeigen) wie auch von Adorno (Wahrheit der Kunst als ein der Sprache „Inkommensurables", *Ästhetische Theorie*, S. 191). Vgl. oben Kap. 5.5. Krämer selbst sieht diesen kategorialen oder logischen Unterschieds zwischen den beiden Seiten andererseits durchaus, wenn sie sagt: „Nicht anders als Kippfiguren exemplifizieren sprachliche Ausdrücke eine Doppeldeutigkeit, die darin besteht, sowohl als Sprache wie auch als Bild rezipierbar zu sein" (S. 517). Was in einer Relation der „Kippfigur" zu einander steht, bildet gerade kein Kontinuum.

[56] Der Begriff „Black Box" entstammt der militärischen Fernmeldetechnik und bezeichnete erbeutetes Feindgerät, das wegen der möglicherweise darin enthaltenen Sprengladung nicht geöffnet werden durfte, sondern gesprengt werden mußte.

[57] Goodman charakterisiert eine Metapher – das Produkt eines solchen diskontinuierlichen Übersetzungsprozesses – als „an affair between a predicate with a past and an object that *yields while protesting.*" *Languages of Art*, S. 69, Hvh. S. M.

Unaussprechliches sich darstellende „Mysterium" in die logischen Begriffe der Dichte (density) und Fülle (repleteness) übersetzte: in den Sachverhalt, daß eine Charakterisierung von Merkmalen in kontinuierlich strukturierten Gebilden aus logisch-strukturellen Gründen *nie abgeschlossen* ist: eine andere Form kognitiver „Unendlichkeit". Das „Geheimnis" tritt auf – hier das potentiell Neues-Schaffende, Schöpferische – wenn das Finite und das Infinite, Verendlichende und Öffnende als Unterscheidungsformen aufeinandertreffen und sich wechselseitig der anderen Logik anzuverwandeln suchen. Der Begriff „Geheimnis", diese kognitive Leerstelle, verhält sich darin wie die „Black Box"; mit ersterem ist auch letzteres aufgelöst, gesprengt.

Damit gilt es kreativitätstheoretisch also gerade nicht, in einen bislang unerkundbaren Bereich kognitiv-wissenschaftlich einzudringen oder vorzustoßen. Das nähere Verständnis kreativer Prozesse führt nicht in die Black Box hinein – „Box" nun bildlich verstanden als Begrenzung der Handlungsoptionen, Ausdruck für operative Schließung. Sondern es führt in die Erkenntnis, daß wir uns umgekehrt als Bedingung der schöpferischen Potenz die Möglichkeit des Heraustretens sichern müssen: aus der uns in allem rationalen Agieren tendenziell immer neu einholenden Schließung.[58] Es gilt also kreativitätstheoretisch und -praktisch vielmehr zu fragen, wie wir aus der Box herauskommen. Damit ist der Begriff „Box" erneut umdefiniert: von einem opaken, uns un-einsichtigen *Innen*raum (*„the only conceivable way of unveiling a black box, is to play with it"*[59]*)*, der als solcher eine abgegrenzte Ausnahme ist, hin zum transparenten, Geheimnis-freien, nicht final bestimmbaren *Außen*raum des Handelns: der uns umgibt, dem wir ursprünglich entstammen und mit dem wir in unseren mentalen Erkenntnis- und Herstellungs-Aktivitäten um so identischer sind, je inklusiver, offener wir geistig operieren.

Dies meint letztlich einen Gedanken, von dem in dieser Arbeit teils explizit, teils unausgesprochen wiederholt die Rede war: das Phänomen der *Selbst-Übersteigung*. Gemeint ist der Akt des Ansetzens unserer geistigen Operation bei und von etwas, von dem wir noch nicht wissen, noch nicht *bestimmt* haben, was dieses ist. Diesen Gesichtspunkt des im Interesse der Rationalität notwendigen Vor-Ausgriffs auf eine Erfahrungsart, die unserer gesamten rationalen Dimension vorgreift, ist in der Geschichte der Philosophie immer wieder thematisiert worden – allerdings fast stets in jenem kontinuierlichen Strang der Philosophie, der sich zum Zeitpunkt seiner Entstehung auf der „Unterseite" des Haupt-Diskurses befand. Wolfram Hogrebe hat diese Figur etwa in einer Schelling-Interpretation deutlich hervorgehoben, sich dabei zugleich auf Heidegger und Platon berufend.[60] Hogrebe arbeitet heraus, daß jeder prädikative bestimmende Akt nur von einer Position des ‚außerhalb' dieser bestimmten und bestimmbaren Dimension aus ergehen kann. Die Prädizierung eines Seins *als* das-und-das setzt das Ansetzen von etwas jenseits dieses von-uns-Bestimmbaren voraus, setzt in diesem Sinne ein vorgreifendes Außer-sich-Sein voraus. Dies gilt in mehrfachem Sinne.

> „Wir sind … bereit zuzugeben, daß etwas existiert, für das wir keine Pradikate zur Verfügung haben. … [Dies] setzt voraus, daß wir irgendwie Anschluß an den Außenbezirk der

---

[58] Diese Idee der stets zur Schließung tendierenden Eigenschaften von Systemen beinhaltet beispielsweise das umgangssprachliche Wort „Beziehungs*kiste*" für Partnerschaften.

[59] René Thom, *Mathematical Models of Morphogenesis*, S. 298.

[60] Vgl. für das folgende Wolfram Hogrebe, *Prädikation und Genesis,* S. 118–130, hier S. 122, 121.

semantischen Dimension haben. Diesen Anschluß haben wir prinzipiell schon durch unsere Sinnlichkeit. Durch sie erfahren wir immer mehr als wir semantisch charakterisieren können. Aber wir brauchen auch noch Anschluß an den Außenbezirk der sensiblen Dimension, denn wir sind ebenso prinzipiell bereit zuzugeben, daß der Sinn von Sein weiterreicht als unsere Sinne“.[61]

Daß sich hinter einer solchen Auffassung nicht einfach subjektive ästhetisch oder charakterliche motivierte Denkmentalitäten verbergen, sondern daß es hier im Gegenteil um die Aufdeckung philosophisch vernachlässigter Bedingungen von Vernunft, Rationalität, Erkenntnis geht, macht Hogrebe unter anderem mit dem Verweis auf den „Informationsvorsprung“ deutlich, den ein Rückgriff auf Material dieser, wie er es mit Schelling auch nennt, „Wahnkomponente unserer mentalen Verfassung“ bringt.[62] Wir hatten oben gesehen, daß Platon denselben Gedanken in seinem Konzept der Manía äußert. Und dies gilt keineswegs im Interesse des Verlassens der Vernunft, sondern im Gegenteil, dem des Verlassens unserer je individuell endlichen Subjekt-Perspektive, hin zur intersubjektiven Allgemeinheit unserer Geltungsansprüche.

Anders als in der Hauptlinie der erkenntnistheoretischen Praxis kodifiziert versuchen wir also nicht, so minutiös wie es geht *in uns*, das heißt hier, in unserer gesicherten Ratio- und Beobachtungs-Sphäre zu bleiben, um so zur anvisierten intersubjektiv erzielten Objektivität zu gelangen, sondern wir gelangen zur Subjektunabhängigkeit umgekehrt, indem wir den Überstieg über das, was wir *wissen* können, als Vorgriff, Vorausgriff investieren, um allererst zu dem zu gelangen, was wir wissen *könnten*.[63] Hierin liegt ein strategisch eingesetzter „Kategorienfehler“ auch des Mitteilens von Erkenntnis: wir müssen strenggenommen immer schon jenseits der Grenze dessen sein, was wir sagen können, um überhaupt sprechen zu können! Dieses, mit Hogrebe „transfinite Suchmodell [garantiert] ..., daß unsere Informationsverarbeitung offen bleibt“.[64]

Und dieses Außerhalb ist nicht nur ein Außerhalb des Sagbaren, es ist auch ein Außerhalb des sinnlich Zugänglichen. Wir wissen also, um Michael Polanyi zu paraphrasieren, nicht nur mehr, als wir zu sagen wissen[65], wir wissen auch mehr, als wir zu sehen oder fühlen vermögen. In diesem Sinne besteht das Verlassen der Black Box nun in einem „Heraus“ aus demjenigen, dessen traditionelle Formulierung auch als „cartesische Gefängnistheorie des Bewußtseins“ beschrieben wurde.[66] Gehen wir von diesem neuen „ursprünglichen Draußensein“[67] als Anschluß an etwas, das wir nicht selbst sind und das wir

---

61 Ebd. S. 121.

62 Schelling, zitiert nach Hogrebe, *Prädikation und Genesis,* S. 121. Diesen Punkt hatte schon Platon betont, vgl. Schelling: „Den Menschen hindert das In-sich-gesetzt-seyn; ihm hilft das Außer-sich-gesetzt-werden“. Ebd. S. 120.

63 „Wir sind in einem tiefliegenden Sinn faktisch *außer uns*, um überhaupt *zu uns* kommen zu können“, so Hogrebe, ebd. S. 121. Vgl. hierzu unten Abschnitt 7.7.

64 Ebd. S. 129.

65 Michael Polanyi, *Implizites Wissen*, S. 14.

66 Ebd. S. 124; vgl. auch S. 125: „Da das, wobei wir immer schon sind, nichts Prädikatives, Begriffliches an sich hat, nichts ist, worauf wir von Begriffen ausgehend erst *schließen*, ist dieses Schon-bei-etwas-das-existiert-Sein nicht etwas, was Kants Kritik trifft.“.

67 Ebd. S. 124.

(noch) nicht kennen, zurück zu unserer Kreativitätsfigur, so hat damit Zweierlei Kontur gewonnen:

Erstens wird die transformative Gegenüberstellung von finit und infinit hier durch die beschriebene Bewegung hinaus ins „Transfinite " insofern präziser bestimmt, als diese Seite nicht nur unsere *symbolisierend-unterscheidenden* Bemühungen übersteigt, ihnen vorgreift, sondern auch unser Konzept von „Sein" ausdehnt. Es ist klar, daß diese „transfinite Suchstrategie" nicht nur die hier beschriebene ‚logische' Quelle alles Neuen ist (sofern sie garantiert, daß unsere Informationsverarbeitung sich habituell öffnet), sondern daß sie auch in die Sphäre des Gefährdenden führen kann, oder: durch diese hindurch. Noch einmal in den plastischen Worten von Hogrebe:

> „In diesem Übergangsfeld von Nicht-Sinn zu Sinn erscheinen Einschließungen von Sinn in amorphe Massen von Nicht-Sinn, und erzeugen ein Plasma von Wahnsinn, aus dem die Vernunft erst hervorgehen soll."[68]

Auch diese Figur evoziert eine Passage: ein Übergangsstadium, das durch Irregularitäten, *strange loops*, Unberechenbarkeit gekennzeichnet ist, als „Fond", genea-logische Basis von Vernunft und Sinn. Ein Kreativitäts-Plasma.

Zweitens fragt sich auf der anderen Seite, ob dieses „Trans-Finite" historisch mit dem „Obskuren und Konfusen" der untersten Stufe der Leibniz'schen Stufenleiter zusammenzudenken ist. Schließt dieser Bereich einen Zustand ein, in dem die Grenze zwischen Sein und Nicht-Sein, Sinn und Nicht-Sinn *aufgehoben* ist?

Man kann dies bejahen – und gewinnt damit einen neuen Blick auf Leibniz' Erkenntnistheorie. Denn der Bereich, den Leibniz als „petites perceptions" der Debatte erst zugänglich macht (ein Ball, der historisch nur sehr verspätet aufgefangen und weitergespielt wurde), ist bei Leibniz explizit als „subliminaler" gekennzeichnet, als einer, der vom *Unbestimmbaren* und *Unwahrnehmbaren* her ein Fundament der Urteile und Prädikationen bildet: man denke auch an das „je ne say quoi", das die Basis durchaus sicherer Urteile abgeben kann.[69] Der Gedanke der *Selbst-Übersteigung* (der später von Autoren wie u. a. Georges Bataille im Anschluß an Nietzsche ausgeführt wurde) dreht besagte Figur jedenfalls um und radikalisiert sie: Kann das „je ne sais quoi", das Un- und Noch-Nicht-Bestimmbare die Basis des Sicheren abgeben, so beinhaltet dies umgekehrt den *Imperativ*, im Interesse des Sicheren das Gebiet des „ich weiß nicht was", das Gebiet des Trans-Finiten und Trans-Bestimmbaren systematisch zu erkunden.

Die Metapher von der Black Box hat sich jetzt als Kippfigur, als Scharnier, als Katapult erwiesen. Führte die Intention, die „Mechanik" des kreativen Prozesses zu verstehen, zunächst in die Box hinein, um diese als Austragungsort von irregulären und irreversiblen Transformationsprozessen zu charakterisieren, so wurde sie ineins mit dieser dynamischen Interpretation prozessual nach außen gewendet und aufgelöst: wiederum eine Figur Escher'scher logischer Doppelrichtung. Ebenso stellt der klar und distinkt daliegende

---

[68] Ebd. S. 118. Hier ließe sich, ganz in diesem Sinne, bereits Friedrich Cramers astronomischer „Chaos-Ordnung-Übergang" anschließen, der unten noch angesprochen wird. Vgl. Friedrich Cramer, *Der Zeitbaum. Grundlegung einer allgemeinen Zeittheorie*, S. 122, vgl. ferner ebd. S. 83–121.

[69] Dieses „ich weiß nicht was" charakterisierte bei Leibniz die II. Stufe der Kognition des „Klaren und Konfusen", vgl. oben Kap. 4.1.2., sowie Erich Köhler, „Je ne sais quoi. Ein Kapitel aus der Begriffsgeschichte des Unbegreiflichen".

Bereich des dem Bewußtsein und der Argumentation offen- und unterstehenden Rationalisierens, Prädizierens zugleich eine einschließende Begrenzung (Box) dar, aus der es im Interesse flexibler ‚Informationsverarbeitung' hinauszugelangen und – operativ – hinaus zu *langen* gilt: „ins Offene", um in dieser Interaktion von innen und außen, von finit und trans-finit die Zufuhr von „Unbestimmtem" und zu Neuland des Verfahrens Befähigendem inklusionslogisch sicherstellen und beschreiben zu können.

„Inklusionslogisch" meint hier: Das Verhältnis von in sich sein und außer sich sein, innen und außen also wird denk- und beschreibbar, indem von einem Höheren ausgegangen wird, das diesen Unterschied selbst noch umfaßt.[70] Dies eröffnet neue Denk-Dimensionen – allerdings auch einen ‚infiniten Progreß' hinein in potentiell immer weitere Unterscheidungsebenen. Diese Unabschließbarkeit ist der Preis für das letztlich typentheoretische Prinzip der „Inklusion".

Dieser Figur entsprechend hat sich die Grundidee dieser Arbeit im Verlauf des „systematischen" Teils konkretisiert und erweitert. Die Interaktion von digital und analog – von diskursiv und präsentativ, begrifflich-denkend und wahrnehmend-erfassend oder auch strategisch schließend und immer neu öffnend – ist aus der Fläche in eine Dreidimensionalität gewachsen. Mit dieser weiteren Dimension, die „höhere" Abstraktionsebenen oder Meta-Ebenen impliziert, ist aus der Idee des Zusammenpralls, der Interaktion zweier heterogener Seiten die differenziertere Figur des produktiven *‚Bruchs der Diskontinuität'* zwischen diesen Ebenen geworden (d. h. die Schaffung einer Kontinuität): in anderen Worten, der produktive „Kategorienfehler". Er bestand darin, die Grenzen zwischen unterschiedlichen logischen Ebenen kollabieren zu lassen. Die so hergestellte Kontinuität stellte sich auch als ein „Oszillieren" beider Seiten da. Ob das „Digitale" (Sagen, Bestimmen) *über* das „Analoge" ist und es bestimmt oder das „Analoge" (Sein) das Digitale (Sagen) umfaßt und es damit bestimmt – beides ist zutreffend.

Dieses ungeplante Oszillieren der logischen „theory of types" ist eine Form der Diskontinuität und der fruchtbaren Interaktion unter zwei voneinander getrennten Ebenen. Es ist ein anderer Ausdruck des Leibniz'schen Escher-Loops. Und es artikuliert das Zugleich von *Entweder-Oder* und *Sowohl-als auch*, als eines herausragenden und stets nur auf Zeit zu habenden Modus' exzeptioneller mentaler Operationen.

7.5 Zur Rolle des ‚dämonischen' Dritten: Das Schema als Gestalt oder die Gestalt des Schemas

Im Verlauf des historischen wie des systematischen Durchgangs ist der Kreativitätsprozeß in sehr unterschiedlichen Metaphern in Spiel getreten. Black Box, Escher-Loop, Denkspirale, Kategorienfehler, irregulärer Transformationsprozeß, aber auch Instanzen wie *phantasía*, Daimon Eros, Schema, Gestalt, Modell wurden angesprochen, als Vermittler, Scharnier, Mitte zwischen zwei grundlegend voneinander unterschiedenen, „inkommensurablen" Seiten. Für alle diese Instanzen ist charakteristisch, daß sie, mit einem Ausdruck Sybille Krämers gesprochen, „Hybridfiguren" sind: solche, die widerstrebende bis unvereinbare Merkmale in ihrer Existenz verbinden. Sybille Krämer hat in ihrer Mono-

[70] Eine solche Figur der Inklusion durchzieht das kosmologische Spätwerk Gregory Batesons.

graphie zur Medientheorie den *Boten* als Schlüsselfigur der kulturstiftenden Tätigkeit des Medialen ausgewählt und eine umfangreiche Charakterisierung den Erscheinungsformen dieses Botengangs gewidmet (vom Engel über das Geld, den Übersetzer und den Zeugen bis hin zum Botenstoff)[71]. Eine Pointe ihres Ansatzes liegt darin, daß dieser Bote inhaltlich ‚neutral' agiert, gleichsam mit fremder Stimme spricht. Dies gilt auf den ersten Blick evidenterweise vom Marathonläufer über die Geldwährung oder das Alphabet bis hin zum Übersetzer oder Psychoanalytiker. Diese Instanzen, die stets zwischen zwei grundlegend verschiedenen Seiten vermitteln, sind nicht Demiurgen von Sinn, sondern sie haben gleichsam eine „Mission": Sie sprechen im Dienste einer Sache, die nicht die ihre ist.[72] Bei diesem Grund-Szenario stellte sich als Ausgangs- wie Endpunkt die Frage, wie dieses oder dieser als heteronom, fremdbestimmt gefaßte „Dritte" kreativ, innovativ sein kann.[73] Die Antwort auf diese Frage findet sich mit dem gegenwärtigen Ansatz schon in der Grundkonstruktion des Modells des Mittler-Boten: gerade weil dieser zwischen so heterogenen Seiten vermittelt (wie es etwa „Engel", Viren oder Geld tun) – Seiten, die nichts miteinander teilen – ist deren Aufeinander-Abbildung durch nichts logisch determiniert: Irregularitäten und damit Freiheiten sind nicht nur möglich, sie sind zwingend. Der Bote ist zwar *fremd*bestimmt, aber er ist nicht fremd *bestimmt*; er bewegt sich auf weiter Flur. Fast nichts am Verhältnis zweier heterogener Instanzen *determiniert*, wie deren Verkehr unter einander auszusehen hat. (Dies zeigt sich schon an den Achterbahnfahrten an den Börsen.)

Dieses vermittelnde *Dritte* ist damit keinerlei Dementi unserer Grundidee, die von *zwei* inkommensurablen, strukturell unverbundenen Seiten ausgeht und zwischen ihnen das kreative Potential logisch ansiedelt. Auch bei Kant – als Schema – wie vorher bei Platon – als Daimon – wurde diese dritte Figur überhaupt erst in den Diskurs geholt: als vermittelnde Notwendigkeit vor dem Hintergrund zweier Partner, die zwar gleichsam intim aufeinander angewiesen sind (Anschauung – Begriff; Gott – Mensch), aber einander nicht erreichen, mit einander nichts teilen. Wir sahen, daß deren Verbindungsleistung im Interesse der kognitiven Ökonomie stattfindet und als solche eine ständige Wieder-Veranschaulichung, also Aus-Dichtung, Re-Phänomenalisierung verlangt: als Transformationsprozeß, der ohne Einschüsse von Neuem und ohne Wahl unter Alternativen nicht stattfinden kann. Das vermittlende Schema, in seinen unterschiedlichen Namen und Erscheinungsformen, war dabei ein Bindeglied zwischen den strukturell unverbundenen Seiten des Konzeptuellen und des Anschaulich-Phänomenalen, und hat als sein Charakteristikum von beiden Seiten etwas: die *endliche* Liste von Eigenschaften von der „digitalen" Seite, die Anschaulichkeit, Phänomenalität, das auf ein Ganzes Zielen von der „analogen".[74]

Diskutiert man nun die logischen Eigenschaften und die Produktivität des Schemas, so hat man es schnell auch mit Gestalt-Theorien und mit Überlegungen zur kognitiven Leistung von Modellen zu tun, auch mit Theorien des „*pattern-recognition*", der „*prototype-*

[71] Vgl. Sybille Krämer, *Medium, Bote, Übertragung. Kleine Metaphysik der Medialität.*

[72] Ebd. 343, 345.

[73] Vgl. ebd. S. 11, 341–350.

[74] In diesem Sinne sind sie in der Tat Verkörperungen von Hybridität. Vgl. Krämer ebd. S. 127–131.

theory“[75] wie des „*conceptual blending*“[76]. Und in der Tat, unsere kognitiven Werkzeuge zielen gewöhnlich, in der Formulierung Eleanor Roschs gesprochen, auf ein Zugleich von *maximaler* Information und *geringsem* Aufwand.[77] Eben das kennzeichnet die oben genannte „kognitive Ökonomie“. Wie läßt sich diese Sicht, derzufolge jegliche kognitive Tätigkeit eine synthetisierende, Details negierende, Einheit und Geschlossenheit stiftende ist, auf unsere Grundidee der Transformation zwischen *zwei* Differenzierungsformen abbilden? Auf den ersten Blick scheint die Synthese hin zu einer Gestalt, einem Muster, einem (Proto-)*Typ* als Form der Daten-Reduktion einseitig dem Akt des „endlichen Differenzierens“ zugehörig, der Digitalisierung. Auf der anderen Seite jedoch werden hierbei zugleich die komplementären Prozesse aktiv: das Ergänzen und Aus-Dichten der digital-analog-Konversion. Denn um Daten zu einer holistisch geschlossenen, einheitlichen Gestalt zu formen, bzw. sie als *in eine Form passend* zu verarbeiten, müssen wir sie ergänzen. Es ist das, was bei der Umwandlung von Daten zu Kurven in Wissenschaft, Ökonomie oder Journalismus täglich geschieht. Diese Umwandlung kann durchaus in einer Kurve, Gestalt resultieren, die alle konkreten Daten, aus denen sie generiert wurde, gerade verfehlt! Hier zeigt sich besagte Eigenschaft des „frei, aber nicht beliebig“.

Offensichtlich leisten „Gestalt“ wie „Prototyp“ beides: analogisierende Veranschaulichung und digitalisierende Informations-Reduktion. Damit stellt sich ad hoc die interessante Fragen nach den logischen Eigenschaften eines solchen Misch-Phänomens: Ist ein Schema, eine Gestalt der formalen Negation fähig, oder hat sie nur positive Werte? Sind Schema und Gestalt syntaktisch ein digitales oder ein analoges Phänomen? Einerseits herrschen unter Schemata (wie etwa dem Dreieck, Viereck, Fünfeck) durchaus diskontinuierliche Verhältnisse des entweder-oder: analog zu Begriffen. Lernt etwa ein Kind das visuelle Schema des Hundes sowie der Katze, so gehen diese beiden gerade potentiell *nicht* ineinander über. Sie stehen vielmehr zu einander im Verhältnis des entweder-oder. Eben dies unterscheidet Schemata, Gestalten, Figuren von *Bildern*. Ein konkretes Bild kann durchaus einen Zwitter, ein Hybridwesen zwischen Hund und Katze, zwischen Drei- und Viereck, zwischen Mann und Frau darstellen.

Es gilt also bei Gestalt- und Typenbildungen, ebenso wie beim „Modell“ gerade *nicht jeder* Unterschied; das unterscheidet sie vom Bild. Gestalten und Typen werden projiziert und konstruiert mit dem Ziel, in die Kontinuität der Erfahrung (in die Pluralität konkret auftretender Marken) diskrete Einheiten zu schlagen, Allgemeinheit zu stiften: im Interesse des Herstellens kognitiver Orientierung. (Rhythmen, Zeitgestalten sind darin ein vergleichbares Phänomen.[78]) Dennoch sind sie andererseits von phänomenaler, sinnlich wahrnehmbarer Existenzweise, ihre kognitive Funktion beinhaltet die Schaffung von Ganzheiten: sie operieren darin simultan. Vereinheitlichung ist hier auch Vergleichzeitigung. Eben dies teilen sie mit einem Bild.

„Gestalten“, „Formen“, „Schemata“ sind also eine Art struktureller Oszillatoren. Dies hatten wir bereits kennengelernt: sie sind gleichsam ein dämonisch-dynamisches Zwischenphänomen wie der eingangs vorgestellte Daimon „Eros“, der von beiden Seiten etwas

[75] Vgl. Eleanor Rosch, „Principles of Categorization“.

[76] Vgl. Gilles Fauconnier, „Conceptual Blending and Analogy“.

[77] Rosch, „Principles of Categorization“, S. 190.

[78] Dies wird näher ausgeführt in Verf., „Rhythmus als Oszillation zwischen Inkommensurablem“.

hat, der Endlichkeit der Menschen wie der Unendlichkeit der Götter. Für beide galt, daß sie nicht miteinander kommunizieren – nicht ‚ineinander übergehen' – und dennoch ohne den ‚daimonischen' Mittler ihre konstitutive Interaktion (keine Götter ohne Menschen) gar nicht ausführen könnten.[79] „Dämonisch" ist derjenige, der sich an das *‚entweder-oder'* nicht hält. Dämonische Mächte schreiben wir in unserer Alltagssprache etwas oder jemandem zu, der oder das gefährlich und gleichsam mitreißend ist, als Existenzweise, das Potential enthält, den Gesetzen des Raumes und der Zeit nicht einseitig zu unterliegen. Wir hatten oben im Zusammenhang mit Platon gesehen, daß die *Daimones* neben verantwortungsvolleren Aufgaben auch mit „Zauber" betraut sind.[80] Übertragen auf unsere Figur heißt dies: ohne vermittelnde „Stelle" ist die Transformation nicht zu haben. Die Dynamik, die passagere Kraft dieses „Mittleren" ist damit in der Tat „dämonisch", oder, weniger mythologisch ausgedrückt, sie beinhaltet und sie bewirkt logische-prozessuale Anomalien, Nicht-Linearitäten, Aufmodulierungen, Stromschnellen des Geistes. Die Transformation sitzt in diesem Scharnier der potentiell „Kreativititäts"-generierenden Irregularität. Sie kann in beiden Richtungen *grundsätzlich auch anders ausfallen*. Nichts am Phänomen diktiert, wie wir es zu strukturieren haben.

Hier liegt die Verbindung zu unserer Grundfigur wieder offen zutage. Die Transformationsprozesse, die Analog-Digital wie die Digital-Analog-Konversion geschehen in beide Richtungen als die schematisierende Bildung eines „Hybrids", dessen Ausformierung aus Gründen der Inkommensurabilität der Partner notwendig unbestimmt ist (wenngleich nicht beliebig). Dieses Schema ist der logische Ort, an dem vorher die „Black Box" angesiedelt war, es ist zugleich eine Art Umschlag-eröffnendes Scharnier (mit Friedrich Cramer wäre es *ein Chaos-Ordnung-Übergang*[81]).

Und damit hat sich die einstige geschlossene Metapher des Opaken, Undurchdringlichen nahezu in ihr dynamisches Gegenteil verwandelt: in einen offenen, struktur-logischen Schleudersitz.

---

79 Dies gilt für Anschauungen und Begriffe wie für Menschen und Götter: ohne ersteres keine letzteren.

80 Vgl. oben Kap. 2.

81 Vgl. Friedrich Cramer, *Der Zeitbaum. Grundlegung einer allgemeinen Zeittheorie*, S. 122.

7.6 Vorgriff: Desiderate weiterer Untersuchungen

Niemals können wir angeben, um was sich unsere Obsession, die uns anspornt und lenkt, eigentlich dreht. Ihr Inhalt ist undefinierbar, indeterminiert, ganz persönlich. Hinterher wird man den Prozeß, der ihren Inhalt zutage gefördert hat, genau deshalb als Entdeckung bezeichnen, weil sie durch keine noch so beharrliche Anwendung explizierter Regeln auf gegebene Tatsachen hätte gelingen können.

Michael Polanyi

Von hier aus böten sich diverse weitere Untersuchungsstränge an. Erstens gälte es, wie schon angesprochen, jene Philosophen auf Parallelen zu den vorgestellten Überlegungen hin zu untersuchen, die in unserem historischen Durchgang nicht auftraten, obwohl sie explizit so etwas wie eine Philosophie des Schöpferischen anbieten. Zu ihnen gehören – ohne jeden Anspruch auf Vollständigkeit – John Dewey, Henri Bergson, Alfred North Whitehead oder auch Peter Carruthers.[82] Zieht man auch die Wissenschaftstheorie hinzu, ferner die philosophischen Grenzbereiche wie Psychologie, Neurophysiologie oder die Literatur in ihren philosophischen Ausrichtungen, so steigt der Kreis der relevanten Autoren schnell exponentiell an.[83] Sie fehlen hier nicht nur deswegen, weil ihre Integration den Rahmen jeder Monographie sprengte und – *omnis determinatio est negatio* – jede bestimmte Auswahl und Gliederung von Material den Preis der Vernachlässigung von Alternativen zahlt. Sondern sie fehlen, weil diese Arbeit eine systematische These verfolgt. Selektivität ist die Bedingung jeglicher argumentativen Kontur. Im gleichsam anonymen Schwarm oder Orchester der Denkbewegungen, innerhalb dessen sich jedes Autoren-Individuum positioniert, ist jede übergreifende Idee ebenso Fund wie sie Konstruktion ist. Eine vollständige Geschichte philosophischer Thematisierungen von Kreativität wäre eine völlig andere Arbeit geworden und war nicht intendiert.

Zweitens gälte es ausgehend von der hier verfolgten philosophischen Grundidee näher als hier bereits geschehen zu überprüfen, ob Kreativitätstheorien in dem breiten disziplinären Spektrum jenseits der Philosophie zu Befunden gelangt sind, die mit den hier Dargestellten Eigenschaften teilen. Dies erforderte ebenfalls eine Extra-Studie. Nicht nur ist der Horizont der hier zu berücksichtigenden Disziplinen enorm, umfaßte neben der genannten Geschichte und Gegenwart der Neurophysiologie[84] und der Psychologie auch

---

[82] Vgl. John Dewey, *Kunst als Erfahrung*, Henri Bergson, *Denken und schöpferisches Werden* (L'évolution créatrice), Alfred North Whitehead, *Prozeß und Realität. Entwurf einer Kosmologie*, Peter Carruthers, „Human Creativity: its evolution, its cognitive basis, and its connections with childhood pretence", sowie ders., *The Architecture of the Mind. Massive Modularity and the Flexibility of Thought*.

[83] Zu nennen wären hier die zum Teil bereits zitierten Polanyi, Fleck, Koestler, Paul Valéry und eine Fülle von Psychologen und Psychoanalytikern.

[84] Um nur drei Beispiele aus diesem umfassenden Gebiet zu nennen: vgl. etwa Nancy C. Andreasen, *The Creating Brain. The Neuroscience of Genius* (2005), vgl. ferner exemplarisch die frühen Studien von Bogen und Bogen, „Creativity and the Corpus Callosum" (1988) sowie Wolf Singer, „Neurobiologische Anmerkungen zum Wesen und zur Notwendigkeit von Kunst". – Siehe auch die Literatur-Übersicht: „Visual Creativity and Brain Lateralization Bibliography" aus „Leonardo Online": http://www.leonardo.info/isast/spec.projects/ creativelateralizationbib.html (25.6.08).

die einzelnen Kunstwissenschaften[85], Psychoanalyse[86] sowie weitere Geistes- und Sozialwissenschaften.[87] Neben den Gemeinsamkeiten wäre vor allem zu bestimmen, wo die Unterschiede liegen.

Als ein Beispiel für diese notwendige Doppelrichtung der Untersuchung sei kurz auf jenen Autor eingegangen, dessen Theorie einiges teilt mit der hier vorgestellten Grundidee. Der mit einer sehr umfassenden Materialsammlung an die Thematik herangehende ungarisch-britische Schriftsteller und Universalwissenschaftler Arthur Koestler schlug eine allgemeine Theorie der „Bisoziation" vor.[88] Er, der Kreativität auf vielfachen Ebenen untersucht – Künste, Naturwissenschaften, Alltagslösungen – charakterisiert sie als ein der assoziativen Routine entgegenstehendes Denken, welches sich auf zwei Ebenen gleichzeitig bewegt, die einander ausschließenden Sinn-Gesetzen folgen:[89] „The creative act consists in combining previously unrelated structures in such a way that you get more out of the emergent whole than you have put in."[90] Generell ist es in einem Fall wie diesem leicht, auf einer allgemeinen Ebene Ähnlichkeiten zur hier vorgeschlagenen Theorie zu benennen.[91] Aufschlußreicher ist die Betrachtung der relevanten Unterschiede. So stellt Koestler keine näheren Überlegungen vor, in welcher Hinsicht sich die beiden miteinander konfrontierten Seiten zu *unterscheiden* haben, um zu fruchtbaren Ergebnissen zu führen. Vielmehr argumentiert er weitgehend am Material von Beispielen aus den unterschiedlichsten wissenschaftlichen und kulturellen Bereichen, damit ein Gegenstück

---

85 Einen mit der Grundthese dieser Arbeit in fruchtbare Verbindung zu bringenden Ansatz präsentiert der Kunsthistoriker Anton Ehrenzweig in *Ordnung im Chaos. Das Unbewußte in der Kunst*, sowie ders., *The Hidden Order of Art.*

86 Vgl. etwa die Studie des Psychoanalytikers Udo Rauchfleisch am Beispiel der Musik (welche dennoch auf Kreativität allgemein in vielen Hinsichten übertragbar ist), „Psychoanalytische Betrachtungen zur Musikalischen Kreativität".

87 Eine frühe interdisziplinäre kommentierte Textsammlung zur Kreativität, die Philosophie mit unterschiedlichen Disziplinen verbindet, liefern Albert Rothenberg, Carl R. Hausman, *The Creativity Question.*

88 Siehe zu Koestler auch oben Kap. 6.3.

89 Koestler: „Associative routine means thinking according to a given set of rules, on a single plane, as it were. The bisociative act means combining two different sets of rules, to live on several planes at once …, to perceive the situation at the same time in two self-consistent but habitually incompatible frames of reference …, to function on two wavelengths simultaneously. When this unusual condition lasts, the event is not, as is normally the case, perceived in a single frame of reference, but is bisociated with two. … [T]here are no point-to-point correspondences between the two planes; each obeys a different rule of the game". „Three Domains of Creativity", S. 4f, 12 f.

90 Ebd., S. 3.

91 So existieren unterschiedliche Verwandtschaften zum hier vorgestellten Kreativitätskonzept in der expliziten Kreativitätsforschung (vgl. den Überblicksartikel „Kreativität" von W. Matthäus in „Historisches Wörterbuch der Philosophie").Einer der Gründerväter der ursprünglich von der US-amerikanischen Rüstungsindustrie institutionalisierten Kreativitätstheorie, der Psychologe Joy Paul Guilford, charakterisiert kreatives Denken als *divergentes* (= originelles, mehrgleisiges, flexibles) Denken, im Unterschied zum einseitig auf konvergentes, d. h. auf ein bestimmtes Ziel gerichtetes Denken der herkömmlichen Intelligenzkonzepts. Vgl. Joy Paul Guilford, „Creativity"(1950) sowie ders., *The Nature of Human Intelligence* (1967). Eine etwa zeitgleich entstandene, inhaltlich verwandte Kreativitäts-Technik aus den 50iger Jahren ist William Gordons sogenannte „Synektik", vorgestellt in seinem Buch *Synectics: The development of creative capacity* (1961).

zur klassisch philosophischen Disziplin bildend, welche Beispiele und generell „Empirie" lange Zeit eher beiläufig zur Illustration heranzog.[92] Koestlers Ansatz ist materiell spezifischer, formell unspezifischer. Die Vor- und Nachteile dieser beiden methodischen Vorgehen zu bewerten führte zugleich in eine Debatte über die Rolle philosophischer Reflexion innerhalb der Kreativitätsforschung generell.

Dies berührt auch einen *dritten* Aspekt der sich von hier aus anbietenden weiteren Untersuchungen. Standen die bisherigen Überlegungen im Horizont der Frage, wie die Philosophie zum Verständnis des Phänomens Kreativität beitragen kann, so fragt sich auch komplementär dazu, was Reflexionen zum Phänomen Kreativität umgekehrt für die Disziplin Philosophie bedeuten. Die Antworten dieser Arbeit haben Implikationen vor allem für die Erkenntnistheorie, Wissenschaftstheorie und jegliche Theorie der Rationalität, der Vernunft und des Geistes. Dieser Theoriekomplex ist systematisch unvollständig, wenn er nicht Reflexionen zu demjenigen einschließt, was heute Kreativität heißt. Historisch zeigt dies die vorliegende Arbeit über den Aufweis, daß zu den ältesten uns vorliegenden Epistemologien und Theorien des Geistes stets Reflexionen zu den logisch-psychologischen Bedingungen des menschlichen Hervorbringens von Neuem gehören. Dies war evident bei Platon und Aristoteles, und es galt für die entsprechenden Abschnitte der Neuzeit (Leibniz bis Kant). Systematisch zeigt es sich daran, daß gerade die Passagen zur schöpferischen Genese von Neuem innerhalb des Theoriegebäudes, in das sie eingelassen sind, oft die Formulierung von Lösungswegen zu zentralen erkenntnistheoretischen Problemen darstellen – wiederum bei Autoren von Platon über Leibniz bis zu insbesondere Kant.

Je nachdem, wie man Erkenntnistheorie und allgemeiner Philosophie versteht, stehen also Philosophie und Kreativitätstheorie in einem Gegensatz- oder einem Ergänzungsverhältnis zu einander. Sofern es um „Liebe zur Weisheit" im Sinne von Wissen über die *Bedingungen im Sinne der Gesichertheit von Erkenntnis* geht, kann Kreativitätstheorie schnell wie der unseriöse Schatten der Erkenntnis- und Wissenschaftstheorie aussehen. Sofern es um Reflexionen über die *Gewinnung neuen Wissens* geht (welche durchaus Meta-Reflexionen methodischer Art des *wie-mache-ich-das* umfassen), ist erstere notwendiger Bestandteil der letzteren, ergänzen sich beide wie die rechte und linke Hand. Metaphorisch gesprochen ist zu konstatieren, daß Überlegungen zur Kreativität etwas Imperator-haftes an sich haben: Sie dienen der zuweilen ungezügelten Gewinnung von Neuland: des Erkennens wie des Erkannten. Klassisch epistemologische Erwägungen gelten dann nachträglich umgekehrt der Frage, ob das neue Land wirklich besessen ist, wie man dazu kam, ob man es haben will und wie es sich halten läßt. Zu ersteren Fragen, den kreativitätstheoretischen und damit verbunden auch Kreativitäts-*praktischen*, gehört die Frage nach Tricks und Strategien der Neuland-Gewinnung; die Legitimität der Mittel ist wenig interessant, wenn die gesetzten Ziele sie rückwirkend rechtfertigten.[93] ‚Unlogische' Verhaltensanweisungen wie ‚do the opposite', das ‚Ausschalten des inneren Kritikers' oder das Erstellen von Visualisierungen, Mind-Maps, theoretisch methodisch

[92] Allerdings ist das Verhältnis der Philosophie zu Beispielen generell seit je nicht nur Spannungs-, sondern auch Facetten-reich. Vgl. Mirjam Schaub, *Das Singuläre und das Exemplarische. Zum Beispiel in Philosophie und Ästhetik*.

[93] In der Philosophie ist dies die „induktive" bzw. mit Peirce, „abduktive" Methode, vgl. oben Kap. 5 u. ö.

nicht alle *a priori* legitimiert, werden hinsichtlich ihrer Rechtfertigung nach ihrem Erfolg bewertet. Kreativitäts*philosophisch* allerdings gilt es genau hier anzusetzen: mit der Frage, was ihr Erfolg beim Gewinn wissenschaftlichen oder praktischen Neulands für methodische Implikationen beinhaltet.[94]

7.7 Worüber man nicht sprechen kann, davon darf man nicht schweigen

> I must, before I die, find some means of saying the essential thing which is in me, which I have not yet said.
>
> Bertrand Russell

> Die Karte ist niemals das Territorium, aber manchmal ist es nützlich zu erörtern, worin die Karte vom hypothetischen Territorium abweicht. Näher können wir dem Unaussprechlichen, dem Unsagbaren nie kommen. Im Tonfall von Lewis Carroll gesprochen: *Immer Territorium morgen, niemals Territorium heute.*
>
> Gregory Bateson

Jede neue wissenschaftliche Theorie versucht etwas zu erklären, das bislang nicht zu erklären war, und jedes Kunstwerk, jeder neue Stil oder Ausdruck steht im Interesse der Artikulation des bis dahin nicht Artikulierbaren. Es ist unerheblich, ob man sich für die Sicht entscheidet, daß neue Artikulationsmöglichkeiten neue Realitäten erschaffen[95] oder sie ‚nur' entdecken[96]: es gilt eine Kombination aus beidem. Oft erkennt man erst, wenn man einer Realität zum ersten Mal begegnet, an dem schlagartig einschießenden Energie-Zugewinn, daß die Artikulation, die Bergung *dieser* Realität die ganze Zeit in einem gewartet hatte. Man weiß es erst im Moment der Begegnung. Die Vision, Intuition, Anschauung eines zu Sagenden, das selbst nicht Sprache ist, schärft und formt die Sprache – und ganz allgemein die Symbolisationsweisen – und trägt zu deren ständiger Veränderung bei. Gleichzeitig und im selben Akt formt und schärft die solcherart in Entwicklung befindliche Sprache, sei sie alltagssprachlicher, künstlerischer oder künstlich-wissenschaftlicher Art, das Artikulierte.

Ludwig Wittgenstein hat jenen Bereich, über den man „nicht sprechen" kann und der trotzdem das Entscheidende ist, beeinflußt von Russell das „Mystische" genannt.[97] Diverse Bemerkungen im Tractatus deuten darauf hin, daß er ihn für den zentralen hielt und über

---

94 Dies findet sich aus der Perspektive des hier Vorgetragenen bereits in Annäherungen in, Verf., „Kritik des Denkens. Kreativität als Herausforderung für Erkenntnis- und Rationalitätskonzepte".

95 „Die Straßen unserer Städte *sind* nach Balzac und Dickens andere geworden, Sommernächte, vor allem gen Süden hin, haben sich mit van Gogh gewandelt." George Steiner, *Von realer Gegenwart*, S. 217.

96 „[S]o bemerkte ich, daß ein großer Schriftsteller dieses wesentliche Buch, dieses einzig wahre Buch, da es in bereits in jedem von uns existiert, nicht im landläufigen Sinne erfinden, sondern übersetzen muß. Pflicht und Aufgabe eines Schriftstellers sind die eines Interpreten." Marcel Proust, *Die wiedergefundene Zeit. Auf der Suche nach der verlorenen Zeit*, S. 290.

97 Wittgenstein, *Tractatus* 6.522.

ihn dort zu sprechen glaubte: durch die spezielle Art, wie er ihn aussparte und dabei dennoch indirekt immer wieder thematisierte.[98] Russell wiederum äußerte in „Mysticsm and Logic", daß jeder große Philosoph sich im Konflikt zwischen zwei einander entgegengesetzten Impulsen finde, die er „mysticsm" und „science" nannte.[99] „Mysticism" bezeichnet eine Ausrichtung der Erkenntnis an „intuition" und „insight", gepaart mit der Erfassung der Realität als eines einheitlichen Ganzen; „science" steht entsprechend für die Ausrichtung an „reason" and „plurality".[100] Abgesehen davon, daß diese seine Überlegungen selber als Elemente einer Kreativitätstheorie des Philosophischen gelten können, entstammt ihre Herausbildung nicht zufällig der Zeit intensiver Diskussionen zwischen Russell und Wittgenstein.[101] Anzunehmen ist, daß vor allem Wittgenstein in diesem Fadenkreuz widerstrebender Kräfte dachte und schrieb, und so wendet sich sein Verdikt vom Schweigenmüssen über das, worüber man nicht sprechen kann, um. Das, was zu sagen möglich ist, richtet sich zugleich auf den Ort, *von dem aus gesprochen* ist: das „Unaussprechliche":[102]

> „Ich wollte einmal in das Vorwort einen Satz geben, der nun tatsächlich nicht darin steht … Ich wollte nämlich schreiben, mein Werk bestehe aus zwei Teilen: aus dem, der hier vorliegt, und aus alledem, was ich *nicht* geschrieben habe. Und gerade dieser zweite Teil ist der wichtige. Es wird nämlich … durch mein Buch gleichsam von innen her begrenzt. … Und darum wird das Buch … vieles sagen, … aber Sie werden vielleicht nicht sehen, daß es darin gesagt ist."[103]

Was das Buch „sagt", muß man also nicht ‚lesen', sondern „sehen". Wittgenstein schreibt im Interesse des Unaussprechlichen; damit dementiert er performativ, was er sagt, und so ist dieser vielzitierte letzte Satz vom notwendigen Schweigen just eine jener „Leitern", die man als „unsinnig" erkennt, nachdem man – auf ihr – über sie hinweggestiegen ist.[104]

Die Entstehung von Wittgensteins Sagen-Zeigen-Unterscheidung ist so gelesen vielleicht eines der exzentrischsten, im Sinne von prägnantesten, Beispiele aus dem Bereich der Philosophie für die hier vertretene Grundidee: Hin- und Hergerissen zwischen dem

[98] „Wenn man sich nicht bemüht das Unaussprechliche auszusprechen, so geht *nichts* verloren. Sondern das Unaussprechliche ist – unaussprechlich – in dem Ausgesprochenen *enthalten*!" Brief an Paul Engelmann, 9.4.1917, in Wittgenstein, *Briefwechsel*.

[99] „Metaphysics, or the attempt to conceive the world as a whole by means of thought, has been developed, from the first, by the union and conflict of two very different human impulses, the one urging men towards mysticism, the other urging them towards science. Some men have achieved greatness through one of these impulses alone, others through the other alone … But the greatest men who have been philosophers have felt the need both of science and of mysticism: the attempt to harmonise the two was what made their life, and what always must, for all its arduous uncertainty, make philosophy, to some minds, a greater thing than either science or religion." Bertrand Russell, „Mysticsm and Logic", S. 1.

[100] Vgl. ebda S. 11–21.

[101] Erstmals publiziert wurde die Studie im Juli 1914.

[102] Vgl. Wittgenstein, *Tractatus*, 6.52 ff.: Es gibt allerdings Unaussprechliches. Dies *zeigt* sich, es ist das Mystische.

[103] Briefstelle an Ludwig von Ficker zum *Tractatus*. Aus: Ludwig Wittgenstein, *Briefe an Ludwig von Ficker*, S. 35.

[104] Wittgenstein, *Tractatus*, 6.53.

Empfinden von der Gültigkeit seiner Anschauungen („insights" in Russells Worten) und seiner inneren Verpflichtung zu Logik, Wissenschaft, Analyse und argumentativem Rigor, war seine einzige Möglichkeit die, das *eine* zu schreiben (Anweisung, vom Entscheidenden zu schweigen) und darin zugleich das andere zu tun (vom Entscheidenden sprechen). Aus der existenziellen, in seinem Fall buchstäblich zehrenden Anstrengung um Verbindung zwischen den beiden inkompatiblen Selbstmaßgaben, oszillierend zwischen einerseits dem Auftrag zu strenger Ver-Endlichung und Präzision (analysierender Wissenschaft) und andererseits ent-grenzender Ganzheit (holistischen „intuitions" hinsichtlich des „Ethischen", ferner „mysticm"), emanierte eine philosophische Kategorie, die in dieser Form neu war und in ihrer Einfachheit, ihrem schlagartig Vor-Augen-Liegen alle Kennzeichen einer herausragenden Entdeckung aufweist: die Sagen/Zeigen-Unterscheidung, formuliert als *Ausschlußverhältnis*, als logisches Querstehen, das sich an ein- und demselben Handlungs-, Artikulations-Akt austrägt.[105] Dies ist oben in Kapitel 5.5. beschrieben worden.

Mit einer solchen Entdeckung oder auch Festlegung aber bricht in die Philosophie eine ganze Lawine von Stoff herein: ein Stoff, der zugleich die Grenzen ihrer Disziplin erweitert, sie nach außen hin porös macht. Wenn neben dem Sagen auch das Zeigen, das heißt die Stofflichkeit der Objekte in ihrer Erkenntnis-stiftenden Funktion rational analysierbar werden, dann ist eine „Wissenschaft" ihrer die zwingende Folge.[106] Eine Konsequenz dessen: Bild-, Medien- und auch Kunstwissenschaften verschmelzen vielfach mit der Philosophie oder gehen umgekehrt aus ihr hervor.[107]

In die Philosophie dringt seither ein, was in den Naturwissenschaften wie in den Künsten längst verhandelt wurde: daß Anschauung, Intuition, ästhetische Urteilskraft zu unverzichtbaren methodischen Werkzeugen und Leitlinien zählen: nicht zuletzt im Prozeß der Entscheidung unter alternativen Anschlußwegen innerhalb der konkreten Forschung.[108] Der unlösbare Konflikt zwischen „insight", holistisch-visionärer und häufig

[105] Vgl. hierzu oben Kap 5.5.

[106] Ein anschauliches Beispiel für derlei Betrachtungen liefert George Steiner: „Grammatikalisch-logischer Diskurs liegt radikal im Widerstreit mit Vokabular und Syntax von Materie, von Pigmenten, Stein, Holz oder Metall. Der idealistische Erkenntnistheoretiker spielt auf diese Unvereinbarkeit an, wenn er Materie als eine ‚der Sprachen Gottes' charakterisiert. ... Eine solche Übersetzung aus dem Bereich des Unartikulierten und Privaten in das allgemeine Gebiet menschlicher Erkenntnis erfordert ein äußerstes Maß an Kristallisierung und Anwendung von Introspektion und Selbstbeherrschung. ... Daß Intelligenz höchsten Ranges am Werk ist... ist unverkennbar. ... Wenn überhaupt, dann erreicht Sprache den Bereich von Materialität nur am Rande, das heißt, sie kann mittels der Aufzeichnungen von Künstlern nur streifen, was letztlich ungesagt bleiben muß." Steiner, *Von realer Gegenwart*, S. 30, 24, 30.

[107] Dies beinhaltet natürlich keinen eingleisigen und monokausalen Prozeß; wie oben angesprochen haben Philosophen wie Ernst Cassirer sowie Semiotiker wie Peirce, die meisten im Anschluß an Kant, diese Öffnung mit vorwärtsgetrieben. Auf die Rolle der Autoren von Leibniz bis Baumgarten für die Integration des sinnlichen *Materials* der Sprache(n) in erkenntnistheoretische Konzepte wurde im historischen Hauptteil II hingewiesen.

[108] Hier zu nennende Naturwissenschaftler wären Legion; vgl. etwa das Buch des Physikers Friedrich Cramer zusammen mit Wolfgang Kaempfer, *Die Natur der Schönheit*; vgl. ferner Henri Poincaré („Die Auswahl der Tatsachen", S. 19, ders. „Die mathematische Erfindung", S. 46 f.); die umfangreichen allgemeinverständlichen Schriften des Physikers Werner Heisenberg durchzieht dieser sach-

nicht-verbaler Anschauung einerseits – und „science“ andererseits, detailliert-partikularer Analyse am konkreten Material, ein Konflikt, der als unheilig-heilige Allianz große Forscherlaufbahnen zeitlebens in Bewegung hält,[109] ist die Basis kreativer, oft unfreiwilliger Neuerungen und Erweiterungen vertrauten Terrains. Hier findet sich erneut die basale Übersetzung zwischen öffnender, *ent*-endlichender Vision eines Ganzen und sequenzialisierender, *ver*-endlichender Konkretisierung des Einzelnen.[110]

7.8 Die kreative Grundformel, Philosophie und Physiologie, oder: *‚To aim for knowledge and gain the kingdom‘*

Die systematische Grundthese dieses Buches lautete kurz gefaßt, daß das Phänomen menschlicher Kreativität verbunden ist mit jenen Momenten menschlichen Denkens und Handelns, in denen zwei oder mehr logisch inkompatible Denkformen aufeinanderprallen, gleichzeitig im Spiel sind und in dieser funktionalen Entgegensetzung eine wechselseitige Transformation erfahren. Diese logischen Ordnungen lassen sich in ihrer allgemeinsten Form beschreiben als ‚endlich differenzieren‘ (Grenzen des Unterscheidens ziehen, Finitisieren, Scheiden) versus ‚nicht-endlich differenzieren‘ (keine prinzipielle Grenze des Unterscheidens ziehen; die Welt als kontinuierlich Strukturierte behandeln: als „analoge“). Es handelt sich hier bei diesen komplementären Gegensatzpaaren (finitisierend–öffnend, diskret–kontinuierlich etc.) stets um die Gleichzeitigkeit zweier dichotomisch einander ausschließender Ordnungen: eine, die Negationen, Verneinungen zuläßt, versus eine andere Ordnung, in der nur positive Werte vorhanden sind (da jene Diskretheit, Digitalisierung fehlt, welche die Existenz von Zeichen für „Nein“, „Nicht“ ermöglicht). Dies beinhaltet, daß die eine, die „endlich differenzierende“ Ordnung eine Darstellbarkeit logischer Relationen beinhaltet (Verneinung, *entweder-oder*, *wenn-dann* etc.), die andere mit ihren rein positiven Werten hingegen diese Darstellung nicht vermag. Aus *entweder-oder* wird im ‚analogen Modus‘ *sowohl-als auch* oder: *erst dies-dann da.* Aus *‚nicht‘* wird *‚ja‘*.[111]

Kreativität findet also statt – im Sinne von: wird ermöglicht –, wenn gleichzeitig eine Ordnung und die Aufhebung dieser Ordnung statthaben, wenn sowohl zeitliche Sukzessivität des Diskursiven als auch simultane Pluralität des Wahrnehmend-Aisthetischen (oft: Visuellen) präsent sind. *Wenn zugleich entweder-oder und sowohl–als-auch aufrechterhalten werden.* Klar ist: dies sind herausgehobene, nicht auf Dauer zu „haltende“ Zustände, die a) Vorbereitung brauchen und dann b) doch nur „zufallen“, auf „Gunst“

liche Punkt ebenso, mit mannigfachen Verweisen auf die Wissenschaftsgeschichte (*Gesammelte Werke*, Abteilung C, Allgemeinverständliche Schriften).

109 Außer Wittgenstein wären auch Forscherpersönlichkeiten wie der späte Quantenphysiker David Bohm deutliche Beispiele für diese Forscher-Dynamik. Vgl. etwa David Bohm, *Science, Order, and Creativity*.

110 Der Kunsthistoriker Anton Ehrenzweig betont für Künstler wie für Wissenschaftler diese Dialektik; vgl. ders., *The Hidden Order of Art*.

111 Vgl. hierzu auch Ignacio Matte-Blanco, *The Unconscious as Infinite Sets*.

angewiesen sind. Insofern rechnen sich „Kreative“ die Momente ihrer entscheidenden Einfälle oft nicht selber zu.[112]

Die Grundfigur, die wir vorgestellt hatten, beschreibt damit zugleich eine extreme Ausnahme und etwas Allgegenwärtiges. Allgegenwärtig: da die beschriebenen Übersetzungsleistungen zwischen den zwei entgegengesetzten Formen des Differenzierens im menschlichen Leben ununterbrochen stattfinden, inklusive der damit einhergehenden produktiven Irregularitäten, *strange loops*. Sind wir damit „immer kreativ“? Die Antwort ist ja und nein. In geringem Maße, sozusagen im trivialen Sinn einer „schwachen Kreativität“[113]: ja. Denn das Transformieren von Vorstellungen, inneren und äußeren Bildern, Visionen und Sinneseindrücken in ihre Versprachlichung sowie die Übersetzung von Worten in sinnliche Vorstellungen vollziehen wir ununterbrochen. Im nicht-trivialen Sinn der Kreativität im üblichen Sinne herausgehobener Leistungen lautet die Antwort evidenterweise: Nein. Besagtes Aufrechterhalten und Aushalten der Gleichzeitigkeit von *entweder–oder* und *sowohl–als auch*, das mit bedeutenden kreativen Leistungen verknüpft ist, vollzieht sich nur in Ausnahmesituationen und für den wohl Präparierten, fällt nur vorübergehend und ungeplant zu; und das Zulassen und Aushalten dieser Spannung beinhaltet, wie wir von zahllosen Selbstzeugnissen herausragender Denker, Wissenschaftler und Künstler wissen, signifikante emotionell-mentale Kosten samt begleitender Risiken.[114]

Wie ist diese herausgehobene Kreativität also zu analysieren? Generell besteht unsere geistige Orientierung in einem permanenten Aufeinander-Abbilden, einem Synchronisieren von *Ganzheits-Vision minus Details im Einzelnen* – und *sequenzieller Analyse von Einzelheiten unter Absehung vom Gesamtsystem*. In der Tat ist das damit Beschriebene eine andere Fassung des *entweder-oder* bzw. *Ausschlußverhältnisses* von einerseits verendlichender Detail-Analyse – und andererseits unendlichem (dafür im Detail unspezifischerem) Erfassen des multidimensionalen Ganzen – dem die Details erst ihre Bedeutung verdanken. In anderen Worten: Unsere menschlichen Denk- und Analyseprozesse bilden ihre Darstellungs-Formen ununterbrochen aufeinander ab: mit individuellen oder aus der Eigenlogik der konkreten Aufgabe geborenen Präferenzen für eine der Seiten. Der kreative Ausnahmezustand ist nun eine vorübergehende Suspension der normalerweise gebotenen binären *Alternativen*. Unabhängig davon, wie wir im einzelnen Fall zu diesem Zustand gelangen, besteht er in einer Aufhebung dieser Kippfigur des mentalen Agierens: dem „unlogischen“ Zustand, in dem Aktions- und Denkformen, die einander gewöhnlich ausschließen oder zumindest schwächen, nun nicht gegeneinander, sondern miteinander arbeiten und als Resultat etwas Neues, eine Art „Emergenz“ hervorrufen, ein Mehr und Anderes als die Addierung der beteiligten Komponenten. Dieser Zustand beinhaltet, daß in einem *simultanen Akt* die Vielheit des Gesamtgebildes erfaßt werden kann mit der

112 Vgl. beispielsweise oben Kap. 3 zu Platon, insbesondere 3.2.2.

113 Vgl. etwa Günter Abels Unterscheidung in „schwache“, „moderate“, und „starke“ Kreativität, in: Günter Abel, „Die Kunst des Neuen“, S. 4 f.

114 Depression und Melancholie des Künstlers sind sprichwörtlich, ebenso die Gefährdung des Abgleitens in schwere mentale Dysfunktionen (Schumann, Nietzsche, Hölderlin etc.) oder Depressionen (Michelangelo, Rachmaninoff); vgl. auch die Beschreibung der emotionalen Kosten literarischer Höchstleistungen am Beispiel von Jonathan Franzens „Freedom“, Porträt in „Der Spiegel“, 6.9.2010, abrufbar unter www.spiegel.de/spiegel/0,1518,716435,00.html (6.10.2010).

Detail-Klarheit des *Sequentiellen.*[115] Dieses *Mapping* zweier Denkformen auf einander geschieht vorübergehend so, daß auf ihren beiden „Seiten" ausnahmsweise nahezu das Gleiche passiert: die Seiten sind – kurz – ununterscheidbar.[116] Es resultiert eine vorübergehende „coincidentia oppositorum" – mit welcher wir übrigens historisch wieder beim „Mystischen" angelangt sind[117], obwohl wir damit auf eine *logische* Figur zielen.[118] Dies ist die logisch-alogische Ausnahmefigur der bereits genannten Gleichzeitigkeit von *entweder–oder* und *sowohl–als auch.* In dem Moment, wo der Geist diese hinsichtlich eines bestimmten Problemstoffs vollziehen kann – dem geht immer intensives Studium des konkret vorliegenden Materials voraus – arbeiten seine Bestandteile in einem modifizierten Interaktionsmodus.[119]

Natürlich stellt sich philosophisch wie kreativitäts-theoretisch und -praktisch die Frage: Wie entsteht ein solcher „Zustand" mentaler Operation? Läßt sich darüber etwas aussagen – abgesehen von der immer wieder betonten Notwendigkeit intensiven Arbeitens, Studierens am Material, welches der anschließend oft scheinbar aus dem Nichts kommenden kreativen Eingebung vorangehen?[120]

Häufig wurde dieser alterierte Interaktionsmodus physiologisch-neurophysiologisch zu erklären versucht: im Rahmen der Erforschung dessen, was in der Meditation sowie bei rhythmisch organisierten rituellen Praktiken im Gehirn geschieht. Physiologisch-neurophysiologisch gibt es für das Herbeiführen solcher Zustände, in denen offensichtlich alternative Lösungswege für Probleme gefunden werden, den Versuch von Beschrei-

---

115 Derlei wurde Mozart nachgesagt, auf der Basis eines ihm zugeschriebenen Briefes: das Gesamt einer zu schreibenden Symphonie in einem Moment „sehen" zu können. Und Kants oben zitiertes Ausnahme-Vermögen, die „ästhetische Idee" und „Vernunftidee" aufeinander abzubilden, bzw. „das schnell vorübergehende Spiel der Einbildungskraft aufzufassen, und in einem Begriff … zu vereinigen, der sich ohne Zwang *der Regeln* mitteilen läßt", ließe sich ebenfalls als Ausdruck dieser Ausnahmetätigkeit, der Gleichzeitigkeit von Simultaneität und Sukzession, verstehen. Vgl. oben Kap. 4.3.3.2.

116 Diese Beschreibung der beiden mentalen Vorgehensweisen ähnelt nicht zufällig den Charakterisierungen der linken und der rechten Hirnhemisphäre. Der kreative Ausnahmezustand wird dementsprechend auch als eine höhere Symmetrie dieser normalerweise komplementär arbeitenden Seiten beschrieben: als Aufhebung oder Reduktion der funktionalen Lateralisierung. Vgl. in diesem Sinne Bogen und Bogen, „The Other Side of The Brain III: The Corpus Callosum and Creativity".

117 Diese Denkfigur ist ein Grundgedanke der Philosophie des Mystikers und Theologen Nikolaus von Kues, vgl. etwa ders., *De docta ignorantia*, Bd. 1, 4. Kapitel.

118 Dies entspricht besagter von Russell diagnostizierten Nähe der scheinbaren Gegensätze Logik und Mystik.

119 Es ist ein Gemeinplatz, daß dieser Zustand oft mit etwas einhergeht, das als Extase beschrieben werden kann. Der Nobelpreisträger Joseph Brodsky beschrieb ihn als etwas, das „den Geist, das Denken und das Erfassen des Universums auf außerordentliche Weise beschleunigt. Wer diese Beschleunigung einmal am eigenen Leib erlebt hat, ist nicht länger in der Lage, auf die Chance einer Wiederholung dieses Erlebnisses zu verzichten. Er wird abhängig werden wie von Drogen oder Alkohol. Wer in dieser Weise abhängig ist von der Sprache, ist das, was man einen Dichter zu nennen pflegt." Joseph Brodsky, Rede anläßlich der Entgegennahme des Nobelpreises Dezember 1987, abgedruckt in DIE ZEIT 43, 22.4.1988, Nr. 17, S. 52.

120 Aus Henri Poincarés quasi-phänomenologischen Beschreibungen der Phasen seiner Arbeit, die nach bestimmten Rhythmen zu plötzlichen Eingebungen führten, hat Graham Wallas sein kreativitätstheoretisch einflußreiches vier-Stufen-Modell entwickelt. Vgl. Wallas, *The Art of Thought.*

bungen. Diese auch nur ansatzweise vorzustellen würde zwar den Rahmen dieser Arbeit sprengen; zumal uns nicht die physiologische Seite, sondern die kognitiv-mentale hier interessiert. Eine Figur jedoch, die in der Beschreibung des Herbeiführens solcher gesuchten Ausnahmezustände wiederholt beschrieben wurde, sei hier vorgestellt, da sie zu unserer Grundfigur in Beziehung steht.

Diese physiologische Theorie unterscheidet zwei komplementäre „Systeme" und drei Stadien ihrer Interaktion.[121] Die Systeme sind bezeichnet als „ergotropischer" und „trophotropischer" Teil des zentralen Nervensystems, ersterer zuständig für Erregungs- und Aktivitäts-Steigerung sowie generell für Energie-expandierende Zustände innerhalb des Nervensystems, letzterer, der trophotropische, komplementär für Ruhe, Stabilität, Aufrechterhaltung des Gleichgewichts. Beiden Zuständen korrespondieren sehr unterschiedliche physiologische und hormonelle Balancen. Die drei Stadien ihrer Interaktion sind die folgenden: Der erste Zustand (1) besteht in dem gleichsam gewöhnlichen Verhältnis, in welchem die wachsende Aktivität des einen Systems mit der Hemmung des anderen korrespondiert. Steigt die Aktivität des dabei dominierenden Systems über eine kritische Schwelle an, durch externe Stimulation (Meditation, starke anhaltende rhythmische Impulse) oder interne Stimulation (Drogen, auch Körper-eigene), so tritt der zweite Zustand ein (2). Nicht nur ist in ihm das inaktive System nun vollständig gehemmt, sondern jene Reize, dieses bis dahin aktivierten, erregen jetzt zusätzlich das aktive. Dies ist damit der Ort sogenannter „Umkehrphänomene". Steigt die Stimulation des aktiven Systems über eine weitere kritische Schwelle hinaus an (unabhängig davon, ob es sich um das Energie-expandierende oder das sedierende handelt), so wird – dritter Zustand (3) – aus dem einander-ausschließenden asymmetrischen Verhältnis ein symmetrisches: beide Systeme sind jetzt gleichzeitig aktiv (ein „paradoxer" Zustand von hoher Erregung bei gleichzeitiger Zentriertheit, Ruhe). Die folgende Beschreibung des Psychiater- und Anthropologen-Duos Eugene D'Aquili und Charles D. Laughlin[122] gilt jenem mentalen Ausnahme-Modus der Operation, dessen Charakterisierung hier gesucht ist.

> „In man, we propose, that, with the simultaneous stimulation of … both systems [they] … may function simultaneously. This is manifested cognitively with the presentation of *polar opposites* by the analytic [system] … *and the simultaneous experience of their union* … This explains the often-reported experience of *individuals solving paradoxical problems during certain states of meditation* or during states induced by some ritual behaviour."[123]

Zu den Wegen, diesen Ausnahmezustand zu erreichen, gehören einerseits langanhaltende rhythmische Stimulation (Steigerung des ergotropischen Systems) wie in Riten oder Festen mit ihren Elementen der Bewegung und Musik, andererseits komplementär Meditationstechniken (Steigerung des trophotropischen Systems).

---

[121] Vgl. für das folgende Barbara Lex, „The Neurobiology of Ritual Trance", sowie D'Aquili,/ Laughlin, „The Neurobiology of Myth and Ritual". Vgl. ferner eine etwas ausführlichere Darstellung in Verf., *Musik und Erkenntnis*, S. 294 ff., dort allerdings in anderem Argumentationskontext.

[122] Die beiden Autoren gelten als Begründer des sogenannten „biogenetic structuralism", welcher anthropologische Bestandsaufnahmen im Anschluß an Claude Levi-Strauss mit neurophysiologischen Ergebnissen zu kombinieren sucht.

[123] D'Aquili,/Laughlin, „The Neurobiology of Myth and Ritual", S. 175, Hvh. S. M. Sie operieren zugleich mit dem Verweis auf hirnlaterale Operations-Unterschiede, was wir hier außer acht lassen müssen.

Es ist philosophisch gewagt, eine Verbindung nahezulegen zwischen diesem, durch jenen Dreischritt erzielbaren physiologischen Moment der Gleichzeitigkeit einander gewöhnlich ausschließender Zustände (wie hohe Erregung und tiefe Ruhe) und dem kreativitätstheoretisch beschriebenen geistig-kognitiven Zustand des Zugleichs von einander ausschließenden Operationsformen (dem digital-logischen des *entweder – oder* wie dem Analogen des *nur-positive-Werte*). Am Ende dieser Studie soll jedoch diese Struktur-Koinzidenz zumindest nicht unerwähnt bleiben. Wenn Autoren, die über das Entstehen ihrer kreativen Entdeckungen berichten (wie etwa Henri Poincaré), davon sprechen, daß die entscheidenden Einfälle oft nach langen Phasen intensiven Arbeitens, die man als sinn- und erfolglos bereits abgeschrieben hatte, eintraten, so liegt es nahe, dieses anhaltende, bis an den Punkt des Aufgebens und darüber hinaus weitergetriebene Studium des Materials bzw. Problems zu parallelisieren mit jenen obengenannten physiologischen Momenten des über-kritische-Schwellen-hinweg Fortsetzens der einmal eingeschlagenen Richtung der Stimulation. Philosophisch *erklärt*, wie das transitorische Zugleich zweier einander logischer ausschließender Operationsmodi zustande kommt – ein Zugleich, das uns *nur auf Zeit zufällt* – wurde es nicht. Es ist mit Hilfe dieser Parallele vielleicht jedoch physiologisch-logisch zu *beschreiben*. Klar ist, daß besagter dritter Zustand in physiologischer und in mental-logischer Hinsicht ein Paradox darstellt, und daß dieses Paradox offensichtlich ein mentales Problemlösen bzw. mentale Anschauungen zugänglich macht, die auf den Bahnen des üblichen Komplementär- und Ausschlußverhältnisses von Gegensätzen nicht zu erreichen sind. Damit erhellt sich auch ein Stück weit der uns oben begegnete Umschlag von „Logik" in „Mystizismus" – und zurück.

George Spencer Brown, jener Mathematiker und Logiker, auf den sich Theoretiker der Luhmann'schen Systemtheorie wie des Konstruktivismus oft berufen und dessen „Laws of Form" samt der dort exponierten Logik auf der *injunction* des „Draw a distinction"[124] beruhen, beschreibt im selben Buch eine Form des Komplementaritätsverhältnisses.

> „To *explain*, literally to lay *out* in a *plane* where particulars can be readily seen. Thus to *place* or *plan* in *flat* land, sacrificing other dimensions for the sake of appearance. Thus to *expound* or to *put out* at the cost of ignoring the *reality* or *richness* of what is so put out. Thus to take a view away from its *prime reality* or *royalty*, or to gain knowledge and lose the kingdom."[125]

Es sieht so aus, als ob eine Studie über Kreativität im dreifachen Sinn – inhaltlich, darstellerisch sowie explizierend – darauf hinausläuft, das als logische Alternative auftretende Komplementaritätsverhältnis über diverse kritische bzw. logische Schwellen hinaus in ein für Kreativität charakteristisches ‚sowohl–als auch' zu überführen und damit die von Spencer-Brown beschriebene traditionsreiche Alternative aufzulösen:

to aim for knowledge and gain the kingdom.

---

[124] George Spencer Brown, *Laws of Form*, S. 3.

[125] Ebd. S. 126, Hvh. GSB.

8. Schlußwort

Am Ende der dargestellten Überlegungen zur Kreativität als Transformationsphänomen stehen sich zwei Modelle gegenüber. Dem im kollektiven Bewußtsein Verankerten zufolge ist Kreativität etwas Rares, Flüchtiges, strapaziös zu erzielen und kapriziös im Umgang, hohe Kosten fordernd und nur wenige Glückliche begünstigend. Das Modell, das aus der hier vorgestellten Grundformel folgt, lautet demgegenüber: Kreativität ist omnipräsent, kreative Energien sind nur mit großem Aufwand zu unterdrücken, und die Frage, wie man sie erzielt, verwandelt sich in die Frage, wie man ihr eine optimale Basis bereitet, ohne sie wesentlich zu behindern. Sind es in der Tat Phänomene wie fruchtbare Kopierfehler, die Vermischung logischer Ebenen, Fehlschlüsse und Übersetzungen unter inkompatiblen Partnern, aus denen sich kulturell und individuell das weiterführende Neue speist, dann ist die kreative Leistung nichts per Definition Abwesendes, zu erreichen nur über den Umweg von unverfügbarer Gunst, weltabgewandter Passion oder verborgenen Tricks. Vielmehr ist – gegeben eine Präparation aus Wissen und technischer Expertise – ihre Existenzweise die der Fülle, und ihr Hervortreten ist weniger ein Ergebnis des verstärkten Drucks und der Aufrüstung hinsichtlich Kraft und Energie als ein Phänomen der Entlassung, Entlastung, Ausfaltung, Dekompression.

Eine so veränderte Sicht, samt des mit ihr verbundenen Wandels in der Praxis des Sinnstiftenden Handelns überhaupt, beinhaltet nicht nur ein neues Verhältnis des Individuums zu sich selbst. Es impliziert synchrone Veränderungen gesellschaftlicher und politischer Art. Vorbereitet ist damit eine Organisation der Selbst- und Fremdverhältnisse, die man am treffendsten mit dem Begriff „ecology", Ökologie beschreiben kann: Ökologie hier nicht im engen Sinn von Umweltschutz und Nachhaltigkeit.[1] Sie bezeichnet, wie sich zeigte, vielmehr ein erkenntnis- und handlungstheoretisches Verhältnis in erster Linie des Systemcharakters: die Wechsel-Abhängigkeit, Vernetztheit und Rückkopplung von indivi-

[1] Der Begriff wird seit einigen Jahrzehnten von seiner ursprünglich biologischen Domäne auf erkenntnistheoretische, handlungstheoretische und soziologische Bereiche ausgeweitet – im Sinne auch von „ecological epistemology" oder „recursive epistemology". Vgl. exemplarisch Peter Harries-Jones, *Ecological Understanding and Gregory Bateson*, ferner Francesco Varela, Evan Thompson, Eleanor Rosch, *The Embodied Mind. Cognitive Science and Human Experience*, insbes. 195 ff., vgl. auch aus soziologischer Sicht Axel Gelfert, „Steps to an Ecology of Knowledge: Continuity and Change in the Genealogy of Knowledge", insbes. 76 ff.

duellen, gesellschaftlichen und global interagierenden Organisations- und Sinn-Systemen (Gesellschaft, Politik, Ökonomie etc.). An die Stelle einseitig kausaler Zusammenhänge setzt dieses Betrachtungsmodell die Idee der rekursiven, selbstkorrigierenden und komplexen Interaktionen – „multilooped" und „multilayered" – zwischen einzelnem Ereignis/Individuum und dem jeweils größeren System, dessen Teil es ist.[2] Aus ihm entwickelte sich in diesem Buch die Figur der (Denk-)Spirale.

Diese angedeutete Struktur steht bislang weitgehend im Kontrast zur Realität in Ausbildungsinstitutionen, Politik, Wirtschaft, Industrie und Alltagsleben. Stattdessen findet sich hinsichtlich des humanen, finanziellen und materiellen Kapitals eine Situation des generellen, individuelle wie kollektive Grenzen überschreitenden Ressourcen-Ausverkaufs. Die physische Situation ist das Hamsterrad, die psychische Situation jene des tendenziell Erschöpften und perspektivlos Immergleichen. Energetisch entspricht dies der steten Vollbremsung bei stetem Vollgas-Geben. Paradoxerweise entstehen so die höchsten Kosten im individuellen Leben wie in der Struktur von Organisationen darin, Kreativität zu verhindern.

Fruchtbare, potentiell Innovation schaffende Umgangsmodi sind demgegenüber solche der De-Komplexität und des Kollektivs, der De-Eskalation des Wettbewerbs und damit der Ent-Einzelung.[3] An die Stelle des Prinzips des *Stärker-Schneller-Besser* tritt das Kriterium der Anschlußfähigkeit an Andere sowie an die größere Ganzheit. An die Stelle individueller und kollektiver Verausgabung und der habituellen Aufrüstung tritt das Kommen-Lassen und Öffnen, das Entäußern und Integrieren. Diese gerade im Bereich der Kreativität zu machende Erfahrung einer fruchtbaren Interaktion von Individuum und Umgebung beinhaltet eine grundlegend veränderte Einstellung des Menschen zu sich selbst: zu seinen Leistungsmöglichkeiten sowie zu anderen Mitgliedern der Gesellschaft.[4] Diese sind nicht länger bewußt oder unbewußt als Konkurrenz, sondern als ‚mein' Potential, als mein potentiell noch zu inkludierendes Anderes zu betrachten – oder auch als der zu bejahende Preis für die eigene Individualität. *Omnis determinatio est negatio*. Man kann als Individuum nicht „Alle und überall" sein (Fernando Pessoa), aber man kann als Monade die ‚ganze Welt spiegeln' (Leibniz).

Die ‚energetische' Konsequenz dieses Ansatzes ist ein Moment der Entspannung, der De-Eskalation und der Inklusion von Alternativen.[5] Herauszulösen ist das Nachdenken über das Erzielen von Kreativität, Innovation, Schöpfertum aus dem impliziten Modell einer Verwaltung des Mangels. Die stete potentiell Präsenz von Lösungen, von Wegen aus Leeren und Krisen vielmehr (jene schon bei Platon gefundene Konjunktion von Mangel und Fülle) gilt es so zu entfalten und zu kanalisieren, daß sich bei aller Verantwor-

---

2 Vgl. etwa David Lipset, Gregory Bateson, *The Legacy of A Scientist*, S. 261

3 Beispiele hierfür sind etwa die kalifornischen TED-Konferenzen, Online-Expertenforen, Blogs, Freeware etc. Bei aller Janusköpfigkeit der Neuen Medien, ihren gesellschaftlichen und ökonomischen Problemen, beinhalten diese zugleich signifikante Chancen.

4 Vgl. etwa Richard Florida, *The Rise of the Creative Class. And How It's Transforming Work, Leisure and Everyday Life*. – Zu dem Möglichkeiten und Strukturern individueller und gesellschaftlicher Realisierung dessen vgl. Eike Gebhardt, *Kreativität und Mündigkeit. Zum gesellschaftspolitischen Stellenwert kreativen Verhaltens*.

5 Zur schöperischen Potenz der Tempo- und Energie-Rücknahme und der produktiven Hemmung vgl. auch Joseph Vogl, *Über das Zaudern* (2007).

tung und Konzentration die vielzitierte Mühelosigkeit einstellt. Es ist jenes Fließen, das uns alle mit Allem verbindet und das in Kunst, Wissenschaften und Alltagsleben jenes plötzliche und flüchtige Ineins von Erkenntnis und Bejahung des Seienden auslöst, um dessentwillen wir existieren: jenes körpereigene Belohnungssystem, das den Schleier der Maya kurz anhebt. Das Anvisieren dieses „Flow“ ist keine individuelle Möglichkeit. Es ist vielmehr der kreative Imperativ, dem zu folgen und ihn zu realisieren unserer aller Verantwortung ist als integrale Teile dieses Planeten.

9. Literaturverzeichnis

Abel, Günter (1995): Imagination und Kognition. Zur Funktion der Einbildungskraft in Wahrnehmung, Sprache und Repräsentation. In: Hoffmann, Thomas Sören, Majetschak, Stefan (Hg.): Denken der Individualität, Berlin, New York, S. 381–397.

Abel, Günter (1999): Sprache, Zeichen, Interpretation, Frankfurt am Main.

Abel, Günter (2004): Zeichen der Wirklichkeit, Frankfurt am Main.

Abel, Günter (2006): Die Kunst des Neuen. Kreativität als Problem der Philosophie. In: Abel, Günter (2006), S. 1–21.

Abel, Günter (Hg.) (2005): Kreativität. XX. Deutscher Kongreß für Philosophie. 26.–30. September 2005 in Berlin, Sektionsbeiträge, Bd. 1 und 2, Berlin.

Abel, Günter (Hg.) (2006): Kreativität. XX. Deutscher Kongreß für Philosophie. 26.–30. September 2005 an der Technischen Universität Berlin, Kolloquienbeiträge, Hamburg.

Adler, Hans (1988): Fundus Animae – der Grund der Seele. Zur Gnoseologie des Dunklen in der Aufklärung, Deutsche Vierteljahresschrift 62, S. 197–220.

Adorno, Theodor W. (1970): Ästhetische Theorie, Frankfurt am Main.

Adorno, Theodor W. (1978): Über einige Relationen zwischen Musik und Malerei. In: ders: Gesammelte Schriften 16, Musikalische Schriften I–III, Frankfurt am Main, S. 628–652.

Andersson, Ake E./Nils-Eric Sahlin (Hg.) (1997): The Complexity of Creativity, Dordrecht/Boston/London.

Andreasen, Nancy C. (2005): The Creating Brain. The Neuroscience of Genius, New York, Washington D.C.

Anschütz, Richard (1929): August Kekulé, Bd. 2: Abhandlungen, Berichte, Kritiken, Artikel, Reden, Berlin.

Aristoteles (1984): Zweite Analytiken. Mit Einleitung, Übersetzung und Kommentar Hg. von Horst Seidl, Würzburg.

Aristoteles (1993): Analytica Posteriora [= Zweite Analytiken]. Übersetzt und erläutert von Wolfgang Detel. Erster Halbband, Berlin.

Aristoteles (1995): De Anima / Über die Seele. Griechisch – Deutsch. Mit Einleitung, Übersetzung (nach W. Theiler) und Kommentar Hg. von Horst Seidl. Griech. Text in der Edition von Wilhelm Biehl u. Otto Apelt, Hamburg.

Aristoteles (1991): Poetik, griechisch/deutsch. Übers. und Hg. von Manfred Fuhrmann, Stuttgart.

Aristoteles (2003): Metaphysik. Übers., mit einer Einl. und Anm. vers. von Hans Günter Zekl, Würzburg.

Aristoteles(1997): Kleine naturwissenschaftliche Schriften (Parva naturalia). Übers. und Hg. von Eugen Dönt, Stuttgart.

Arnault, Antoine (1972): Die Logik oder die Kunst des Denkens, Darmstadt.

Arndt, Hans Werner (1965): Einführung des Herausgebers zu Christian Wolffs Vernünftige Gedanken. Von den Kräften des Menschlichen Verstandes und ihrem richtigen Gebrauche in Erkenntnis der Wahrheit (Deutsche Logik). In: Christian Wolff: Gesammelte Werke, 1. Abt, Deutsche Schriften, Bd. 1, Hildesheim, S. 7–102.

Auerbach, Erich (1967): Mimesis. Dargestellte Wirklichkeit in der abendländischen Literatur, Bern u. a.

Baeumler, Alfred (1974): Das Irrationalitätsproblem in der Ästhetik und Logik des 18. Jahrhunderts bis zur Kritik der Urteilskraft, Darmstadt (1. Auflage 1923).

Bale, Lawrence S. (1995): Gregory Bateson, Cybernetics, and the social/behavioural Sciences. First Published in: Cybernetics & Human Knowing: A Journal of Second Order Cybernetics & Cyber-Semiotics, Vol. 3, no. 1 (1995), S. 27–45, http://www.narberthpa.com/Bale/lsbale_dop/cybernet.htm (16.8.2007).

Barck, Karlheinz (2000): Ästhetik/ästhetisch. Artikel in: Ästhetische Grundbegriffe, Historisches Wörterbuch in sieben Bänden, Bd. 1, Hg. von Karlheinz Barck u. a.

Bartuschat, Wolfgang (1995): Ästhetische Erfahrung bei Kant. In: Esser (1995), S. 49–65 .

Bateson, Gregory (1936): Naven. A Survey of the Problems suggested by a Composite Picture of the Culture of a New Guinea Tribe drawn from Three Points of View. Second Edition:, Stanford, 1958.

Bateson, Gregory (1943): Cultural and thematic analysis of fictional films. In: Transactions of the New York Academy of Sciences. Series 2, 5, S. 72–78.

Bateson, Gregory (1981): Ökologie des Geistes. Anthropologische, psychologische, biologische und epistemologische Perspektiven, Frankfurt am Main, 1981 (Originalausgabe: Steps to an Ecology of Mind. Collected Essays in Anthropology, Psychiatry, Evolution and Epistemology, 1972).

Bateson, Gregory (1990): Geist und Natur – Eine notwendige Einheit, Frankfurt am Main, 1990 (engl. Originalausgabe: Mind and Nature. A Necessary Unity, 1979).

Bateson, Gregory, Bateson, Mary Catherine (1993): Wo Engel zögern. Unterwegs zu einer Epistemologie des Heiligen, Frankfurt am Main, 1993 (Engl. Originalausgabe: Angel's Fear. Towards an Epistemology of the Sacred).

Baumgarten, Alexander Gottlieb (1907/1750/51): Kollegium über die Ästhetik, Kollegnachschrift (1750/51). In: Poppe, Bernhard: A. G. Baumgarten. Seine Bedeutung und Stellung in der Leibniz-Wolffschen Philosophie und seine Beziehung zu Kant, nebst einer bisher unbekannten Handschrift der Ästhetik Baumgartens. Borna, Leipzig.

Baumgarten, Alexander Gottlieb (1983): Texte zur Grundlegung der Ästhetik. Übers. und Hg. von Hans Rudolf Schweizer, Hamburg.

Baumgarten, Alexander Gottlieb (1983/1735): Meditationes philosophicae de nonullis ad poema pertinentibus: lateinisch-deutsch = Philosophische Betrachtungen über einige Bedingungen des Gedichtes. Übers. und mit einer Einl. Hg. von Heinz Paetzold, Hamburg.

Baumgarten, Alexander Gottlieb (1988): Theoretische Ästhetik: Die grundlegenden Abschnitte aus der Aesthetica (1750/58); lateinisch – deutsch, Hamburg.

Baumgarten, Alexander Gottlieb (1998): Vorreden zur Metaphysik. Hg., übers. und kommentiert von Ursula Niggli, Frankfurt am Main.

Baumgarten, Alexander Gottlieb (2004/1783): Metaphysik. Übers. von G. Friedr. Meier (nach der zweiten, von Joh. Aug. Eberhard besorgen Ausgabe v. 1783). Anmerkungen von Joh. Aug. Eberhard. Jena.

Benedict, Ruth (1961): Patterns of Culture Reprint, Boston u. a. Originalausgabe 1935.

Bergson, Henri (1949): Denken und schöpferisches Werden, Meisenheim am Glan.

Bernstein, Leonard (1976): The Unanswered Question. Six Talks at Harvard, Cambridge, Mass.

Best, Otto Ferdinand (1989): Der Witz als Erkenntniskraft und Formprinzip, Darmstadt.

Biemel, Walter (1959): Die Bedeutung von Kants Begründung der Ästhetik für die Philosophie der Kunst, Kantstudien 77, Köln.

Bilfinger, Georg Bernhard (1982/1725): Dilucidationes philosophiae de Deo, anima humana, mundo et generalibus rerum affectionibus, Nachdruck der Ausgabe Tübingen 1925, Hildesheim u. a.

Blackall, Eric Albert (1959): The emergence of German as a literary language: 1700–1775, Cambridge.

Blumenberg, Hans (1957): Nachahmung der Natur. Zur Vorgeschichte der Idee des schöpferischen Menschen. In: Studium Generale 10, S. 266–283.

Boden, Margret (1972): Die Flügel des Geistes. Kreativität und künstliche Intelligenz, München.

Boden, Margret (1992): The Creative Mind: Myths and Mechanisms, New York.

Boden, Margret (Hg.) (1994): Dimensions of Creativity, Boston.

Bodmer, Johann Jacob (1966): Critische Abhandlung von dem Wunderbaren in der Poesie: Mit e. Nachw. von Wolfgang Bender, Johann Jacob Bodmer. Faks.-Dr. d. Ausg. v. 1740, Stuttgart.

Bogen, Joseph E., Bogen, Glenda M. (1969): The Other Side of The Brain III: The Corpus Callosum and Creativity. In: Bulletin of the Los Angeles Neurological Societies 34, 4, S. 191–220.

Bogen, Joseph E., Bogen, Glenda M. (1988): Creativity and the Corpus Callosum. In: Psychiatric Clinics of North America 11, 3, S. 293–301.

Bohm, David (1988): On Creativity, London u. a.

Bohm, David (2000): Science, Order, and Creativity, London u. a.

Borges, Jorge Luis (1981): Das unerbittliche Gedächtnis. In: ders.: Gesammelte Werke, Bd. III, 1: Erzählungen, 1935–1944, München, S. 173–182.

Bowie, Andrew (2007): Was heißt Philosophie der Musik? In: Musik-Konzepte, Neue Folge, Sonderband Musikphilosophie. Hg. von Ulrich Tadday, S. 5–18.

Bradley, Francis Herbert (1955): Appearance and reality: a metaphys. Essay. 2. Hg. with an introd. by Richard Wollheim, London u. a.

Bredekamp, Horst (2004): Die Fenster der Monade. Gottfried Wilhelm Leibniz' Theater der Natur und Kunst, Berlin.

Brodsky, Joseph (1988). Rede anlaßlich der Entgegennahme des Nobelpreises Dezember 1987, abgedruckt in DIE ZEIT 43, 22.4.1988, Nr. 17, S. 52.

Bruner, Jerome S.: (1962): The Conditions of Creativity. In: Gruber, Howard E. u. a. (Hg.): Contemporary Approaches to Creative Thinking, New York, S. 1–30.

Busche, Hubertus (2001): Die Seele als System. Aristoteles' Wissenschaft von der Psyche, Hamburg.

Busche, Hubertus (2003): Die Aufgaben der phantasia nach Aristoteles. In: Imagination – Fiktion – Kreation: Das kulturschaffende Vermögen der Phantasie. Hg. von Thomas Dewender u. Thomas Welt, München, Leipzig, S. 23–43.

Campbell, Donald T. (1960): Blind Variation and Selective Retention in Creative Thought as in Other Knowledge Processes. Psychological Review 67, 6, S. 380–400.

Capelle, Wilhelm (Hg.) (1968): Die Vorsokratiker. Fragmente und Quellenberichte, Stuttgart.

Carnap, Rudolf (1928): Scheinprobleme in der Philosophie: das Fremdpsychische und der Realismusstreit, Berlin.

Carnap, Rudolf (1961/1928): Der logische Aufbau der Welt, Hamburg.

Carruthers, Peter (2002): Human Creativity: its evolution, its cognitive basis, and its connections with childhood pretence. British Journal for the Philosophy of Science, 53, S. 1–25.

Carruthers, Peter (2006): The Architecture of the Mind. Massive Modularity and the Flexibility of Thought, Oxford.

Cassirer, Heinrich (1932): Aristoteles' Schrift Von der Seele und ihre Stellung innerhalb der aristotelischen Philosophie, Tübingen.

Castoriades, Cornelius (1984): Gesellschaft als imaginäre Institution. Entwurf einer politischen Philosophie, Frankfurt am Main.

Caygill, Howard (2001): Über Erfindung und Neuerfindungen der Ästhetik. In: Deutsche Zeitschrift für Philosophie, 49, 2001, Heft 2, S. 233–242.

Cernuschi, Claude (1993): Jackson Pollock. Meaning and Significance, New York.

Chaitin, Gregory (2004): On the intelligibility of the universe and the notions of simplicity, complexity and irreducibility. In: Hogrebe, Wolfgang (Hg.), S. 517–534.

Chalmers, David (2002): Consciousness and its place in nature, http://consc.net/papers/nature.pdf. (25.1.2006).

Ciompi, Luc (1982): Affektlogik: über die Struktur der Psyche und ihre Entwicklung; ein Beitrag zur Schizophrenieforschung, Stuttgart.

Corey, Anton (2003): Playing with Bateson: Denotation, Logical Types, and Analog and Digital Communication. In: American Journal of Semiotics, 19 (Special Issue on Gregory Bateson), S. 127–152.

Coy, Wolfgang (2005): Zur Ortsbestimmung analoger und digitaler Medien, Bielefeld.

Cramer, Friedrich (1996): Der Zeitbaum. Grundlegung einer allgemeinen Zeittheorie, Frankfurt am Main.

Csikzentmihalyi, Mihaly (1998): Creativity and genius: a systems perspective. In: Steptoe (1998), S. 39–66 .

D'Aquili, Eugene G., Laughlin, Charles D. (1979): The Neurobiology of Myth and Ritual. In: D'Aquili, Eugene G. (Hg.): The Spectrum of Ritual. A Biogenetic Structural Analysis, New York, S. 152–182.

Damasio, Antonio (1994): Descartes' Irrtum. Fühlen, Denken und das menschliche Gehirn, München.

Damasio, Antonio (2000): Ich fühle, also bin ich. Die Entschlüsselung des Bewußtseins, München.

Damschen, Gregor u. a. (Hg.) (2003): Platon und Aristoteles – sub ratione veritatis. Festschrift für Wolfgang Wieland zum 70. Geburtstag, Göttingen.

Danto, Arthur (1999): The body/body problem. Selected essays. Berkeley.

Dedekind, Richard (1872): Stetigkeit und irrationale Zahlen, Braunschweig.

Derrida, Jacques (1999): Die Différance. In: Randgänge der Philosophie, Wien.

Descartes, René (1976): Discours de la méthode: texte et commentaire par Etienne Gilson, Paris.

Descartes, René (1992): Meditationes de prima philosophia / Meditationen über die Grundlagen der Philosophie. Lateinisch-deutsch, Hamburg.

Detel, Wolfgang (1993): Einleitung zu Aristoteles' Analytica Posteriora, übersetzt und erläutert von Wolfgang Detel. Erster Halbband, Berlin.

Dewender, Thomas, Welt, Thomas (Hg.) (2003): Imagination – Fiktion – Kreation: Das kulturschaffende Vermögen der Phantasie, München, Leipzig.

Dewey, John (1919): How we think, Boston.

Dewey, John (1980): Kunst als Erfahrung, Frankfurt am Main.

Douchet, Jean (1996): Die Kunst zu lieben In: Meteor. Texte zum Laufbild Nr. 4, S. 44–51.

Dretske, Fred (1981): Knowledge and the Flow of Information, Cambridge, Mass.

Dutton, Dennis, Krausz, Michael (Hg.) (1981): The Concept of Creativity in Science and Art. The Hague, Boston, London.

Eccles John C. (1975) Das Gehirn des Menschen, München, Zürich.

Ehrenzweig, Anton (1965): The Hidden Order of Art. Berkeley, Los Angeles.

Ehrenzweig, Anton (1974): Ordnung im Chaos. Das Unbewußte in der Kunst, München.

Eigen, Manfred (2007/1985): Mozart – oder unser Unvermögen, das Genie zu begreifen. In: Naturwissenschaftliche Rundschau 38, 355–367 (1985), hier zitiert nach: http://digi.ub.uni-heidelberg.de/sammlung7/buch/pdf/hdjb2000_27-46.pdf (28.4.07).

Eisler, Rudolf (1922): Handwörterbuch der Philosophie, Berlin.

Elgin, Catherine Z., Israel Scheffler, Robert Schwartz (1999: Nelson Goodman 1906–1998, Proceedings and Addresses of the American Philosophical Association, Vol 72, No 5 (May, 1999)), 206–208.

Esser, Andrea (Hg.) (1995): Autonomie der Kunst? Zur Aktualität von Kants Ästhetik, Berlin.

Fauconnier, Gilles (2001): Conceptual Blending and Analogy. In: Gentner, Deidre u. a. (2001), S. 255–286.

Feger, Hans Detlef (1993): Logik ohne Dornen. Zum Zusammenhang von wissenschaftlicher Methode und sinnlicher Erkenntnis im 17. und 18. Jahrhundert. In: Daphnis 22, S. 197–264.

Finster, Reinhard, van den Heuvel, Gerd (1990): Gottfried Wilhelm Leibniz, Reinbek bei Hamburg.

Fischer, Eugen (2002): Linguistic Creativity, Dordrecht and Boston.

Fleck, Ludwig (1980): Entstehung und Entwicklung einer wissenschaftlichen Tatsache: Einführung in die Lehre vom Denkstil und Denkkollektiv, Frankfurt am Main.

Florida, Richard (2002): The Rise of the Creative Class. And How It's Transforming Work, Leisure and Everyday Life, New York 2002.

Fögen, Marie Thérès (2002): Römische Rechtsgeschichten. Über Ursprung und Evolution eines sozialen Systems, Göttingen.

Foucault, Michel (2002) Die Ordnung der Dinge, Frankfurt am Main.

Franke, Herbert W. (1982): Die geheime Nachricht. Methoden und Technik der Kryptologie, Frankfurt am Main.

Franke, Ursula (1971): analogon rationis. Artikel in: Historisches Wörterbuch der Philosophie, Darmstadt, S. 229–230.

Franke, Ursula (1972): Kunst als Erkenntnis. Die Rolle der Sinnlichkeit in der Ästhetik des Alexander Gottlieb Baumgarten, Studia Leibnitiana Supplementa Band IX, Wiesbaden.

Franke, Ursula (1975): Von der Metaphysik zur Ästhetik. Der Schritt von Leibniz zu Baumgarten. In: Akten des II. Internationalen Leibniz-Kongresses, Hannover (1972). In: Studia Leibnitiana, Wiesbaden, S. 229–240.

Franke, Ursula (Hg.) (2000): Kants Schlüssel zur Kritik des Geschmacks. Ästhetische Erfahrung heute – Studien zur Aktualität von Kants „Kritik der Urteilskraft", Hamburg.

Frede, Dorothea (1992): The cognitive role of phantasia in Aristotele. In: Nussbaum, Martha und Oksenberg Rorty, Amélie, Essays on Aristotle's De Anima, Oxford, S. 279–295.

Frede, Dorothea (2006): Kreativität bei Platon? In: Abel, Günter (2006), S. 709–726.

Frege, Gottlob (1993): Begriffsschrift und andere Aufsätze, Hildesheim.

Freud, Sigmund (1974): Die Traumdeutung. Freud-Studienausgabe Bd. II., Frankfurt am Main.

Freud, Sigmund (1975): Psychologie des Unbewußten. Freud-Studienausgabe Bd. III, Frankfurt am Main.

Freudenthal. Jakob (1863): Über den Begriff des Wortes phantasia bei Aristoteles, Göttingen.

Fricke, Christel (1990): Kants Theorie des reinen Geschmacksurteils, Berlin.

Fuchs, Thomas (2010): Das Gehirn, Ein Beziehungsorgan. Eine phänomenologisch-ökologische Konzeption, Stuttgart.

Gabriel, Gottfried (1976): Klar und deutlich. Artikel in: Historisches Wörterbuch der Philosophie, Hg. von Joachim Ritter u. a., Darmstadt, S. 846–848.

Gabriel, Gottfried (1997): Logik und Rhetorik der Erkenntnis. Zum Verhältnis von wissenschaftlicher und ästhetischer Weltauffassung, Paderborn u. a.

Gabriel, Gottfried (2004): Der ‚Witz' der reflektierenden Urteilskraft. In: Rodi (2003), S. 197–210.

Gabriel, Gottfried (2006): Die Kreativität der Logik und die Logik der Kreativität. In: Abel, Günter (2006), S. 47–57.

Galison, Peter (2001): Die Ontologie des Feindes. Norbert Wiener und die Vision der Kybernetik, in: Michael Hagner (Hg) (2001), S. 433–485: Ansichten der Wissenschaftsgeschichte, Frankfurt am Main.

Gasser, Georg (2005): Der aristotelische Seelenbegriff als Kreativitätsbegriff. In: Abel, Günter (2005), S. 51–61.

Gavroglu, Costas et al (1995) (Hgs): Physics, Philosophy, and the Scientific Community, Dordrecht.

Gebhardt, Eike (1992): Kreativität und Mündigkeit. Zum gesellschaftspolitischen Stellenwert kreativen Verhaltens, Weinheim.

Gelfert, Axel (2011): Steps to an Ecology of Knowledge: Continuity and Change in the Genealogy of Knowledge. In: Episteme. A Journal of Social Epistemology, 8,1 (2011), S. 67–82.

Gentner, Deidre, Holyoak, Keith J., Kokinov, Bocho N. (2001): The Analogical Mind. Perspectives from Cognitive Science, Cambridge, Mass.

Gerard, Ralph W. (2003): Some of the Problems Concerning Digital Notions in the Central Nervous System (1950). In: Pias, Claus (Hg.) (2003), Bd. 1, S. 171–202.

Gigerenzer, Gerd (1994): Where Do New Ideas Come From? In: Boden (1994). S. 53–74.

Gigerenzer, Gerd (2008): Bauchentscheidungen. Die Intelligenz des Unbewußten und die Macht der Intuition, München.

Ginsborg, Hannah (1990): The role of taste in Kant's theory of cognition. Garland, New York.

Giordanetti, Piero (1995): Das Verhältnis von Genie, Künstler und Wissenschaftler in der kantischen Philosophie. In: Kant-Studien 86, 406–430.

Gladwell, Malcolm (2005): Blink. The Power Of Thinking Without Thinking, Boston.

Glover, John A. u. a. (1989): Handbook of Creativity, New York, London.

Gödde, Günter (1999): Traditionslinien des Unbewußten. Schopenhauer, Nietzsche, Freud, Tübingen.

Goffman, Erving (1974): Frame analysis: an essay on organization of experience, New York u. a.

Goffman, Erving (1974): Frame Analysis, Boston.

Goldstein, Daniel G., Gigerenzer, Gerd (2002): Models of Ecological Rationality: The Recognition Heuristic. In: Psychological Review, Vol. 109, No. 1, S. 75–90.

Goodman, Nelson (1968): Languages of Art. An Approach to a Theory of Symbols, Indianapolis.

Goodman, Nelson (1972): Problems and Projects, Indianapolis, New York.

Goodman, Nelson (1978): Ways of Worldmaking, Indianapolis.

Goodman, Nelson (1988): Tatsache, Fiktion, Voraussage. (engl: Fact, Fiction, Forecast), Frankfurt am Main.

Goodman, Nelson, Elgin, Catherine Z. (1988): Reconceptions in Philosophy and other Arts and Sciences, Indianapolis.

Goppelsröder, Fabian (2007): Zwischen Sagen und Zeigen. Wittgensteins Weg von der literarischen zur dichtenden Philosophie, Bielefeld.

Gordon, William (1961): Synectics: The development of creative capacity, New York u. a.

Gottsched, Johann Christoph (1725/26): Die Vernünftigen Tadlerinnen. Moralische Wochenschrift für Frauen. Dritte Auflage: 1748, Hamburg.

Groys, Boris (1992): Über das Neue. Versuch einer Kulturökonomie, München, Wien

Gruber, Howard E. u. a. (Hg.) (1962): Contemporary Approaches to Creative Thinking, New York.

Grüsser, Otto-Joachim, Selke, Thomas, Zynda, Barbara (1988): Cerebral Lateralization and Some Implications for Art, Aesthetic Perception and Artistic Creativity. In: Rentschler u. a. (1988), S. 257–288.

Guilford, Joy Paul (1950): Creativity. In: American Psychologist 5, S. 444–454.

Guilford, Joy Paul (1967): The Nature of Human Intelligence, New York.

Hacking, Ian (1986): Weapons Research and the Form of Scientific Knowledge. In: Canadian Journal of Philosophy, Suppl. 12, S. 237–260.

Hadamard, Jacques (1945): The psychology of invention in the mathematical field, New York.

Hagner, Michael (Hg.) (2001): Ansichten der Wissenschaftsgeschichte, Frankfurt am Main.

Harries-Jones, Peter (1995): A Recursive Vision: Ecological Understanding and Gregory Bateson, Toronto.

Harries-Jones, Peter (2004): Revisiting Angels Fear: Recursion, Ecology and Aesthetics. In: SEED (Semiosis, Evolution, Energy, and Development) 4 (1). S. 2–19. www.library.utoronto.ca/see Volume 4.1 (Special Issue Celebrating Gregory Bateson's Centennial); http://www.library.utoronto.ca/see/SEED/Vol4-1/Harries-Jones.htm (28.8.2007).

Hausman, Carl R. (1984): A Discourse in Novelty and Creation (SUNY Series in European Social History), Albany, NY.

Hausman, Carl R. (1998): Creativity, in: Encyclopedia of Aesthetics, hg. V. M. Kelly, Oxford, S. 453–456.

Heidegger, Martin (1965/1929): Kant und das Problem der Metaphysik, Frankfurt am Main.

Heims, Steve Joshua (1977): Gregory Bateson and the mathematicians: From interdisciplinary interaction to social functions. Journal of the History of the Behavioural Sciences, 13, S. 141–159.

Heims, Steve Joshua (1991): The Cybernetics Group, Cambridge, Mass.

Heimsoeth, Heinz: (1912–14) Die Methode der Erkenntnis bei Descartes und Leibniz, Gießen.

Heisenberg, Werner (1984): Gesammelte Werke, Abteilung C, Allgemeinverständliche Schriften, Bd. I–III, Hg. von Walter Blum, Hans-Peter Dürr, Helmut Rechenberg.

Henrich, Dieter (1992): Aesthetic Judgement and the Moral Image of the World. Studies in Kant, Stanford.

Hintikka, Jaako (1997): On Creativity in Reasoning. In: Andersson, Ake E./Nils-Eric Sahlin (Hg.) (1997), The Complexity of Creativity, Dordrecht/Boston/London, S. 67–78.

Höffe, Otfried (2003): Kants Kritik der reinen Vernunft, München.

Hoffmann, Roald und Iain Boyd Whyte (Hg.) (2010): Das Erhabene in Wissenschaft und Kunst. Über Vernunft und Einbildungskraft, Frankfurt am Main.

Hofstadter, Douglas R. (1985): Gödel, Escher, Bach: ein endloses geflochtenes Band. 3. unveränd. Auflage, Stuttgart.

Hogrebe, Wolfram (1989): Prädikation und Genesis. Metaphysik als Fundamentalheuristik im Ausgang von Schellings Die Weltalter, Frankfurt am Main.

Hogrebe, Wolfram (1992): Metaphysik und Mantik. Die Deutungsnatur des Menschen (Système orphique de Iéna), Frankfurt am Main.

Hogrebe, Wolfram (1996): Ahnung und Erkenntnis: Brouillon zu einer Theorie des natürlichen Erkennens, Frankfurt am Main.

Hogrebe, Wolfram (Hg.) (2004): Grenzen und Grenzüberschreitungen: Vorträge und Kolloquien / XIX. Deutscher Kongress für Philosophie, Bonn, 23.–27. September 2002, Berlin.

Horn, Christoph, Rapp, Christof (Hg.) (2002): Wörterbuch der antiken Philosophie, München.

Hubig, Christoph (1983): ‚Genie' – Typus oder Original? Vom Paradigma der Kreativität zum Kult des Individuums. In: Propyläen. Geschichte der Literatur, Bd. 4: Aufklärung und Romantik 1700–1830, Berlin, S. 187–210.

Hübner, Johannes: Machen wir je etwas Neues? Aristoteles über technische Kreativität. In: Abel, Günter (2005), S. 27–39.

Iser, Wolfgang (1993): Das Fiktive und das Imaginäre. Perspektiven literarischer Anthropologie, Frankfurt am Main.

Jäger, Michael (1980): Kommentierende Einführung in Baumgartens Aesthetica, Hildesheim.

Janik, Allan, Toulmin, Stephen (1985): Wittgensteins Wien. Aus d. Amerikan. von Reinhard Merkel. – 2. Auflage, München

Jansen, Ludger (2005): Aristoteles und das Problem des Neuen: Wie kreativ sind Veränderungsprinzipien? In: Abel, Günter (2005), Bd. 2, S. 15–25.

Jansen, Stephan A., Eckard Schroeter, Nico Stoehr (Hg.) (2009): Rationalität der Kreativität? Multidisziplinäre Beiträge zur Analyse der Produktion, Organisation und Bildung von Kreativität, Wiesbaden.

Jaynes, Julian (1993): Der Ursprung des Bewußtseins durch den Zusammenbruch der bikameralen Psyche, Reinbek bei Hamburg.

Joas, Hans (1996): Die Kreativität des Handelns, Frankfurt am Main.

Kamlah, Wilhelm (1961): Der Anfang der Vernunft bei Descartes. Autobiographisch und historisch. Archiv für Geschichte der Philosophie 43, S. 70–84.

Kandinsky, Wassily (1970): Über das Geistige in der Kunst, Bern.

Kannenberg, Axel (2003): Kreativitätstechniken und ihre theoretische Fundierung, München.

Kant, Immanuel (1968): Erste Fassung der Einleitung in die Kritik der Urteilskraft. In: Werke, Bd. 8, Hg. von Wilhelm Weischedel, Darmstadt.

Kant, Immanuel (1968): Kritik der Urteilskraft, Werke, Bd. 8, Hg. von Wilhelm Weischedel, Darmstadt.

Kant, Immanuel (1976): Anthropologie in pragmatischer Hinsicht. In: Werkausgabe Band XII, Schriften zur Anthropologie, Geschichtsphilosophie, Politik und Pädagogik 2, Hg. von Wilhelm Weischedel, Frankfurt am Main.

Kant, Immanuel (1976): Kritik der reinen Vernunft, Hamburg.

Kant, Immanuel (1977/1800): Logik (Immanuel Kants Logik – ein Handbuch zu Vorlesungen). Werkausgabe Band VI, Schriften zur Metaphysik und Logik 2, Hg. von Wilhelm Weischedel, Frankfurt am Main.

Karmel, Pepe (Hg.) (1999): Jackson Pollock: Interviews, Articles, and Reviews, New York (The Museum of Modern Art).

Kaulbach, Friedrich (1973): Schema, Bild und Modell nach den Voraussetzungen des Kantischen Denkens. In: Prauss, Gerold: Kant. Zur Deutung seiner Theorie vom Denken und Handeln, Köln.

Keeney, Bradford P. (1987): Ästhetik des Wandels, Hamburg.

Kittler, Friedrich (1993): Draculas Vermächtnis. Technische Schriften, Leipzig.

Kobusch, Theo (1976): Intuition. Artikel in: Historisches Wörterbuch der Philosophie, Bd. 4, Hg. von Joachim Ritter u. a., Darmstadt, S. 523–539.

Koestler, Arthur (1964): The act of creation, New York.

Koestler, Arthur (1966): Der göttliche Funke. (gekürzte, vom Author authorisierte Übersetzung von 1964), Bern, München.

Koestler, Arthur (1981): The Three Domains of Creativity. In: Dutton, Denis, Krausz, Michael (1981), S. 1–17.

Köhler, Erich (1953/54): Je ne sais quoi. Ein Kapitel aus der Begriffsgeschichte des Unbegreiflichen. In: Romanistisches Jahrbuch, VI. Bd. (1953/54), S. 21–59.

Korzybski, Alfred ([4]1958): Science and Sanity. An Introduction to Non-Aristotelian Systems and General Semantics, International Non-Aristotelian Library Company, Erstausgabe 1933.

Krämer, Sybille (1988): Symbolische Maschinen. Die Idee der Formalisierung in geschichtlichem Abriß, Darmstadt.

Krämer, Sybille (1991): Berechenbare Vernunft. Kalkül und Rationalismus im 17. Jahrhundert, Berlin, New York.

Krämer, Sybille (1992): Symbolische Erkenntnis bei Leibniz. Zeitschrift für philosophische Forschung 46, 2, S. 224–237.

Krämer, Sybille (2001): Sprache, Sprechakt, Kommunikation. Sprachtheoretische Positionen im 20. Jahrhundert, Frankfurt am Main.

Krämer, Sybille (2003): Sagen und Zeigen. Sechs Perspektiven, in denen das Diskursive und das Ikonische in der Sprache konvergieren. In: Zeitschrift für Germanistik N.F. 3, S. 509–519.

Krämer, Sybille (2006): Wie aus ‚nichts' etwas wird: Zur Kreativität der Null. In: Abel, Günter (2006), S. 341–343.

Krämer, Sybille (2008): Medium, Bote, Übertragung. Kleine Metaphysik der Medialität, Frankfurt am Main.

Kretschmer, Ernst (1921): Körperbau und Charakter: Untersuchungen zum Konstitutionsproblem und zur Lehre von den Temperamenten. 7. und 8., verb. und verm. Auflage, Berlin.

Kris, Ernst (1957): Psychoanalytic Explorations in Art, New York.

Kronfeldner, Maria (2001): Zur Kreativität des Denkens. Einem Begriff auf der Spur. Magisterarbeit, Philosophische Fakultät I, Universität Regensburg, http://www.uni-regensburg.de/Fakultaeten/phil_Fak_I/Philosophie/theo_neu/Kronfeldner_HP/.

Kronfeldner, Maria (2009): Creativity Naturalized. In: The Philosophical Quarterly 59, No 237, October 2009, S. 577–592.

Kronfeldner, Maria (2010): Darwinian ‚blind' hypothesis formation revisited. In: Synthese 175 (2010), 193–218.

Kronfeldner, Maria (2011) Who's Afraid of Darwinism? – Darwinian Creativity and Memetics Demystified, Acumen.

Krüger, Gerhard (1948): Einsicht und Leidenschaft, Das Wesen des platonischen Denkens, Frankfurt am Main.

Kulenkampff, Jens (1995): Vom Geschmacke als einer Art von sensus communis – Versuch einer Neubestimmung des Geschmacksurteils. In: Esser (1995), S. 25–48.

Kulenkampff, Jens ([2]1994): Kants Logik des ästhetischen Urteils, Frankfurt am Main.

Langer, Susanne K. (1962): Philosophy in a New Key. A Study in the Symbolism of Reason, Rite, and Art, New York (A Mentor Book).

Leibniz, Gottfried Wilhelm (1904/1677): Dialog über die Verknüpfung zwischen Dingen und Worten. In: ders.: Hauptschriften zur Grundlegung der Philosophie. Bd. I., Hg. von Ernst Cassirer, Übersetzung H. Buchenau, S. 15–21.

Leibniz, Gottfried Wilhelm (1904/1684): Betrachtungen über die Erkenntnis, die Wahrheit und die Ideen. In: ders.: Hauptschriften zur Grundlegung der Philosophie. Bd. I., Hg. von Ernst Cassirer, Übersetzung H. Buchenau, Leipzig, S. 22–29.

Leibniz, Gottfried Wilhelm (1960): Fragmente zur Logik. Hg. von Franz Schmidt, Berlin.

Leibniz, Gottfried Wilhelm (1966/1684): Betrachtungen über die Erkenntnis, die Wahrheit und die Ideen. In: ders: Kleine Schriften zur Metaphysik, Philosophische Schriften, Bd. 1, Hg. und übersetzt von Hans Heinz Holz, Frankfurt am Main, S. 33–47.

Leibniz, Gottfried Wilhelm (1966/1684): Metaphysische Abhandlungen. In: ders: Kleine Schriften zur Metaphysik. Hg. und übersetzt von Hans Heinz Holz, Frankfurt am Main, S. 57–172.

Leibniz, Gottfried Wilhelm (2000): Prinzipien der Natur und der Gnade. In: ders.: Kleine Schriften zu Metaphysik, Hg. von Hans Heinz Holz, Frankfurt am Main.

Leibniz, Gottfried Wilhelm (2000/1707): Neue Abhandlungen über den menschlichen Verstand I. und II. In: ders.: Philosophische Schriften. Bd. 3.1. und 3.2., Frankfurt am Main.

Lenk, Hans (1995): Schemaspiele. Über Schemainterpretationen und Interpretationskonstrukte, Frankfurt am Main.

Lenk, Hans (2000): Kreative Aufstiege. Zur Philosophie und Psychologie der Kreativität, Frankfurt am Main.

Lenk, Hans (2006): Postmoderne Kreativität – auch in Wissenschaft und Technik? In: Abel, Günter (2006), S. 260–289.

Lex, Barbara (1979): The Neurobiology of Ritual Trance. In: Eugene G. d'Aquili (Hg.): The Spectrum of Ritual. A Biogenetic Structural Analysis, New York S. 117–151.

Linn, Marie-Luise (1967): A. G. Baumgartens Aesthetica und die antike Rhetorik, Dt. Vierteljahresschrift für Literaturwissenschaft und Geistesgeschichte 41, S. 424–443.

Lipset, David (1980): Gregory Bateson: The Legacy of a Scientist, Englewood Cliffs, N.J.

Lowe, Malcolm F.: (1983): Aristotle on Kinds of Thinking. In: Phronesis 28, S. 17–30.

Lutterer, Wolfram (2000): Auf den Spuren ökologischen Bewußtseins. Eine Analyse des Gesamtwerks von Gregory Bateson, Freiburg im Breisgau.

Lutterer, Wolfram (2002): Gregory Bateson. Eine Einführung in sein Denken, Heidelberg.

Mahrenholz, Simone (1999): Zur Physiognomie von Grenzen. Symbol- und subjekttheoretische Überlegungen, ausgehend vom Medium Film. In: Ludwig Nagl (Hg.): *Filmästhetik*. Wiener Reihe Bd. 10, Wien, München, 1999, S. 61–83.

Mahrenholz, Simone (2000): Logik, A-Logik, Analogik. Musik und die Verfahrensformen des Unbewussten. In: Klein, Richard u. a. (Hg.): Musik in der Zeit in der Musik, Weilerswist, S. 373–398.

Mahrenholz, Simone (2003): Analogisches Denken. Aspekte nicht-diskursiver Rationalität. In: Mersch, Dieter (Hg.): Die Medien der Künste. Beiträge zur Theorie des Darstellens, München, Paderborn, S. 75–91.

Mahrenholz, Simone (2005): Kritik des Denkens. Kreativität als Herausforderung für Erkenntnis- und Rationalitätskonzepte. In: Abel, Günter (2005), S. 53–64.

Mahrenholz, Simone (2005): Rhythmus als Oszillation zwischen Inkommensurablem. Fragmente zu einer Theorie der Kreativität. In: Primavesi, Patrick, Mahrenholz, Simone (2005), S. 155–170.

Mahrenholz, Simone (2006): Der notationale Fehlschluß – Programmatik als produktive Selbsttäuschung in der Neuen Musik. In: Paragrana. Internationale Zeitschrift für Historische Anthropologie, Berlin, Bd. 15 (2), S. 197–206.

Mahrenholz, Simone (2006b): Bildtheorie als Medientheorie. Der logische Doppelstatus der Bilder und sein paradoxaler Ursprung bei Leibniz und Kant. In: Klaus Sachs-Hombach (Hg.): *Bild und Medium. Kunstgeschichtliche und philosophische Grundlagen der interdisziplinären Bildwissenschaft*, Köln, S. 85–101.

Mahrenholz, Simone (2010): Komponisten als neue Philosophen? In: Marion Demuth, Jörn Peter Hiekel (Hg.): *Hören und Denken. Musik und Philosophie heute*, Mainz, S. 39–50.

Mahrenholz, Simone (2010): Piktoriale Reflektivität – (Nach-)Denken über Bilder als Denken in Bildern. In: Zeitschrift für Ästhetik und Allgemeine Kunstwissenschaft 55, 2, Themenschwerpunkt „Reflexivität in den Künsten – Zum Selbst- und Fremdbezug des Symbolischen in ästhetischen Medien", S. 261–273.

Mahrenholz, Simone (²2000): Musik und Erkenntnis. Eine Studie im Ausgang von Nelson Goodmans Symboltheorie, Stuttgart, Weimar, 2. neu durchgesehene Auflage.

Majetschak, Stefan (2006): Genialität. Zur philosophischen Deutung der Kreativität des Künstlers. In: Abel, Günter (Hg.) (2006), S. 1169–1184.

Makreel, Rudolf A. (1996): The Confluence of Aesthetics and Hermeneutics in Baumgarten, Meier, and Kant. In: Journal of Aesthetics and Art Criticism 54, 1, 1996.

Makreel, Rudolf A. (1998): On Sublimity, Genius, and the Explication of Aesthetic Ideas. In: H. Parret (Hg.): Kants Ästhetik (Berlin u. a.), S. 615–629 .

Matte-Blanco, Ignacio (1975): The Unconscious as Infinite Sets, London.

Matthäus, W. (1976): Kreativität. Artikel in: Historisches Wörterbuch der Philosophie, Bd. 4, I–K. Hrgs. von Joachim Ritter, Karlfried Gründer, Basel, S. 1194–1204.

Maur, Katrin (Hg.) (1985): Vom Klang der Bilder. Die Musik in der Kunst des 20. Jahrhunderts, München.

McDowell, John (1994): Mind and World, Cambridge, Mass.

McGuinness, Brian, Schulte, Joachim (Hg.) (1989): Ludwig Wittgenstein: tractatus logico-philosophicus. Kritische Ausgabe, Frankfurt am Main.

Mead, Margaret (1963/1935): Sex and Temperament in Three Primitive Societies, New York.

Menninghaus, Winfried (1987): Unendliche Verdoppelung. Die frühromantische Kunsttheorie im Horizont absoluter Selbstreflexion, Frankfurt am Main.

Mersch, Dieter (2002): Was sich zeigt. Material, Präsenz, Ereignis, München.

Mersch, Dieter (2006): Imagination, Figuralität und Kreativität. In: Abel, Günter (2006), S. 344–359.

Mersch, Dieter (2008): Paradoxie der Kreativität. Zu Ortschaften kultureller Produktion. In: Sohst, Wolfgang (Hg.): Die Figur des Neuen. MoMo Berlin Philosophie KonTexte, Bd. 1, Berlin, S. 171–196.

Metzinger, Thomas (1993): Subjekt und Selbstmodell, Paderborn.

Mirbach, Dagmar (2007): Einführung zu: Alexander Gottlieb Baumgarten: Ästhetik, Hamburg, S. XV–LXXX.

Mitchell, W. J. T. (1994): Picture Theory. Essays on Verbal and Visual Representation, Chicago.

Modrak, Deborah K. W. (1987) Aristotle – The Power of Perception, Chicago.

Müller, Roland: Literaturübersicht Kreativität / Schöpferkraft / Phantasie, http://www.muellerscience.com/PSYCHOLOGIE/Kreativitaet/Lit.Kreativitaet(1668–1997).htm (28.6.08).

Newmark, Catherine (2005): Die dýnamis des Aristoteles: Kreation und Prokreation, Kunst und Zeugung. In: Abel, Günter (2005), S. 41–49.

Nikolaus von Kues (1994): Die belehrte Unwissenheit / De docta ignorantia. Band 1 (4. erw. Auflage) Lateinisch-deutsch, Hamburg.

Noë, Alva (2004): Action in Perception, Cambridge, Mass.

Noe, Alva (2010): Out of Our Heads. Why You Are Not Your Brain and Other Lessons from the Biology of Consciousness, New York.

Nussbaum, Martha (1978): The Role of phantasia in Aristotle's Explation of Action, in: Martha Craven Nussbaum (Hg.): Aristotle's De motu animalium, Princeton, S. 221–269.

Nussbaum, Martha, Oksenberg Rorty, Amélie (1992): Essays on Aristotle's De Anima, Oxford.

Oberhausen, Michael (2002): Dunkle Vorstellungen als Thema von Kants Anthropologie und A. G. Baumgartens Psychologie. In: Eibl, Karl u. a.: Aufklärung. Interdisziplinäres Jahrbuch zur Erforschung des 18. Jahrhunderts und seiner Wirkungsgeschichte, Bd. 14, Themenschwerpunkt Aufklärung und Anthropologie, S. 123–146.

Ortland, Eberhard (1999): Dichte und Fülle. Baumgartens uneingelöstes Projekt der ästhetischen Erkenntnis in der symboltheoretischen Perspektive Nelson Goodmans. In: Mittelstraß, J. (Hg.): Die Zukunft des Wissens. XVIII. Deutscher Kongreß für Philosophie. Workshop-Beiträge, Konstanz 1999, S. 1330–1337.

Ortland, Eberhard (2001): Ästhetik als Wissenschaft der sinnlichen Erkenntnis. Ansätze zur Wiedergewinnung von Baumgartens uneingelöstem Projekt. In: Deutsche Zeitschrift für Philosophie, 49, 2001, Heft 2, 247–274.

Ortland, Eberhard (2001): Genie. Artikel in: Ästhetische Grundbegriffe. Historisches Wörterbuch in sieben Bänden, Bd. 2. Hg. von Karlheinz Barck u. a., S. 661–709.

Ortland, Eberhard (2003): Ist die Ästhetik eine Wissenschaft? In: Zeitschrift für Ästhetik und allgemeine Kunstwissenschaft 48, S. 303–313.

Paetzold, Heinz (1983): Ästhetik des deutschen Idealismus, Wiesbaden.

Paetzold, Heinz (1983): Einleitung. Alexander Gottlieb Baumgarten als Begründer der philosophischen Ästhetik. In: Alexander Gottlieb Baumgarten (1983).

Pape, Helmut (1994): Kreativität und Logik. Charles S. Peirce und das philosophische Problem des Neuen, Frankfurt am Main.

Pauen, Michael (2007): Was ist der Mensch. Die Entdeckung der Natur des Geistes, München.

Peirce, Charles Sanders (1958ff): Collected Papers in eight Volumes. Hg. von Charles Hartshorne, Cambridge, Mass.

Peres, Constanze (1986): Ästhetische Wahrheit und sinnliche Erkenntnis. Zu A. G. Baumgartens Begründung der Ästhetiktheorie. In: Andreas-Grisebach, Manon, Weisshaupt, Brigitte: Was Philosophinnen denken II, Zürich

Peres, Constanze (1986): Cognitio sensitiva. Zum Verhältnis von Empfindung und Reflexion in A. G. Baumgartens Begründung der Ästhetiktheorie. In: Körner, H. u. a. (Hg.): Empfindung und Reflexion. Ein Problem des 18. Jahrhunderts, Hildesheim, S. 5–48.

Perkams, Matthias (2005): Intuitives Erkennen und die einheitsstiftende Funktion der Vorstellungskraft. Zwei Entdeckungen in den neuplatonischen De anima-Kommentaren. in: Abel, Günter (2005), S. 63–74.

Perler, Dominik (Hg.) (2005): Der Geist der Tiere. Philosophische Texte zu einer aktuellen Diskussion, Frankfurt am Main.

Pias, Claus (2002): Die kybernetische Illusion. In: Claudia Liebrand, Irmela Schneider (Hgs): Medien in Medien, Köln.

Pias, Claus (2003): Cybernetics – Kybernetik – 1. The Macy Conferences (1946–53), Zürich.

Pias, Claus (2004): Cybernetics – Kybernetik – 2. The Macy Conferences (1946–53), Zürich.

Pierer, Heinrich von, Oetinger, Bolko von (Hg.) (1999): Wie kommt das Neue in die Welt? Hamburg.

Platon (1974): Symposion. In: Werke in acht Bänden, Griechisch und Deutsch, Bd. 3. Hg. von Günther Eigler, Deutsche Übers. von Friedrich Schleiermacher, Darmstadt.

Platon (1977): Ion. In: Werke in acht Bänden, Griechisch und Deutsch, Bd. 1. Hg. von Günther Eigler, Deutsche Übers. von Friedrich Schleiermacher, Darmstadt.

Platon (1981): Phaidros. In: Werke in acht Bänden, Griechisch und Deutsch, Bd. 5. Hg. von Günther Eigler, Deutsche Übers. von Friedrich Schleiermacher, Dietrich Kurz, Darmstadt.

Platon (1985): Der Sophist. Griechisch-Deutsch. Hg. von Reiner Wiehl, übers. von Otto Apelt, Hamburg.

Platon: Philebos. Zitiert nach Platon: Werke in acht Bänden. Griechisch und deutsch. Bd. 7. Übers. von Hieronymus Müller und Friedrich Schleiermacher, Darmstadt.

Poincaré, Henri (2003): Die Auswahl der Tatsachen. In ders: Wissenschaft und Methode. Unveränd. Neuauflage der 1. Auflage 1914, Berlin, S. 12–17.

Poincaré, Henri (2003): Die mathematische Erfindung. In: ders: Wissenschaft und Methode. Unveränd. Neuauflage der 1. Auflage 1914, Berlin, S. 35–48.

Poincaré, Henri (2003): Die Zukunft der Mathematik. In ders: Wissenschaft und Methode. Unveränd. Neuauflage der 1. Auflage 1914, Berlin, S. 19–34.

Polanyi, Michael (1958): Personal Knowledge. Towards a Post-Critical Philosophy, Chicago.

Polanyi, Michael (1981): The Creative Imagination. In: Dutton/Krausz (1981), 91–108.

Polanyi, Michael (1985): Implizites Wissen, Frankfurt am Main.

Poppe, Bernhard (1907): A. G. Baumgarten. Seine Bedeutung und Stellung in der Leibniz-Wolffschen Philosophie und seine Beziehung zu Kant, nebst einer bisher unbekannten Handschrift der Ästhetik Baumgartens. Borna, Leipzig.

Primavesi, Patrick, Mahrenholz, Simone (Hg.) (2005): Geteilte Zeit. Zur Kritik des Rhythmus in den Künsten. Schriftenreihe des Graduiertenkollegs „Zeiterfahrung und ästhetische Wahrnehmung“, Bd. 1, Schliengen.

Proust, Marcel (1988): Die wiedergefundene Zeit. Auf der Suche nach der verlorenen Zeit, Siebenter Teil, Frankfurt am Main.

Rauchfleisch, Udo (1990): Psychoanalytische Betrachtungen zur Musikalischen Kreativität. In: Psyche 44, S. 1113–1140.

Rauer, Constantin (2007): Wahn und Wahrheit. Kants Auseinandersetzung mit dem Irrationalen, Berlin.

Rentschler, Ingo, Herberger, Barbara, Epstein, David (Hg.) (1988): Beauty and the Brain. Biological Aspects of Aesthetics, Basel, Boston, Berlin.

Ricken, Friedo (1991): Probleme der Aristotelischen Wahrnehmungslehre [Rezension von Modrak (1987) und Welsch (1987)]. In: Philosophische Rundschau 38, S. 209–224.

Ricken, Ulrich (1989): Leibniz, Wolff und einige sprachtheoretische Entwicklungen in der deutschen Aufklärung. Sitzungsberichte der sächsischen Akademie der Wissenschaften zu Leipzig, Bd. 129, Heft 3, Berlin.

Rihm, Wolfgang (1999): Vertraue auf die Schwerkräfte. In: Pierer, Heinrich von u. a.: Wie kommt das Neue in die Welt?, S. 162–168.

Rodi, Frithjof (Hg.) (2003): Urteilskraft und Hermeneutik in den Wissenschaften. Beiträge zur Entstehung des Neuen, Weilerswist.

Rosch, Eleanor (1999): Principles of Categorization. In: Margolis, Eric, Laurence, Stephen (Hg.): Concepts. Core Readings, Cambridge, Mass., S. 189–206.

Rosenmeyer, Thomas G. (1986): Phantasia und Einbildungskraft. Zur Vorgeschichte eines Leitbegriffs der europäischen Ästhetik. In: Poetica 18, S. 197–248.

Rothenberg, Albert, Hausman, Carl R. (1976): The Creativity Question, Durham N.C.

Röttgers, Kurt (1975): Kritik und Praxis. Zur Geschichte des Kritikbegriffs von Kant bis Marx, Berlin, New York.

Rudner, Richard (1978): Show or tell: Incoherence among Symbol Systems. Erkenntnis 12, S. 129–151.

Ruesch, Jürgen, Bateson, Gregory (1995): Kommunikation. Die soziale Matrix der Psychiatrie, Heidelberg.

Russell, Bertrand (1951): Einleitung zu Ludwig Wittgensteins Logisch-Philosophische Abhandlung, New York.

Russell, Bertrand (1959): Mysticism and Logic. In: ders: Mysticism and Logic and Other Essays, London, S. 1–31.

Russell, Bertrand (1979): Mathematische Logik auf der Basis der Typentheorie. In: ders.: Die Philosophie des Logischen Atomismus. Aufsätze zur Logik und Erkenntnistheorie 1908–1918, München.

Russell, Bertrand, Whitehead, Gilbert (1925): Principia Mathematica, in 3 Bänden, Cambridge.

Ryle, Gilbert (1969): Der Begriff des Geistes, Stuttgart.

Sacks, Oliver (1987): Der Mann, der seine Frau mit einem Hut verwechselte, Reinbek bei Hamburg.

Saussure, Ferdinand de (2001): Grundfragen der allgemeinen Sprachwissenschaft, Berlin.

Schaub, Mirjam (2010): Das Singuläre und das Exemplarische. Zum Beispiel in Philosophie und Ästhetik, Zürich, Berlin.

Scheer, Brigitte (1976): Baumgartens Ästhetik und die Krise des Ästhetischen, in: Philosophische Rundschau 22, Tübingen, H. 1–2.

Schlapp, Otto (1901): Kants Lehre vom Genie und die Entstehung der Kritik der Urteilskraft, Göttingen.

Schmidgen, Henning (1997): Das Unbewußte der Maschinen: Konzeptionen des Psychischen bei Guattari, Deleuze und Lacan, München.

Schmidt, Horst-Michael (1982): Sinnlichkeit und Verstand. Zur philosophischen und poetologischen Begründung von Erfahrung und Urteil in der deutschen Aufklärung (Leibniz, Wolff Gottsched, Bodmer und Breitinger, Baumgarten), München.

Schmidt-Biggemann, Wilhelm (1983): Topica Universalis. Eine Modellgeschichte humanistischer und barocker Wissenschaft, Hamburg.

Schmidt-Biggemann, Wilhelm (1998): Philosophia perennis: historische Umrisse abendländischer Spiritualität in Antike, Mittelalter und Früher Neuzeit, Frankfurt am Main.

Schofield, Malcolm (1978): Aristotle on the Imagination. In: G. E. R. Lloyd, G. E. L. Owen (Hg.): Aristotle on Mind and the Senses. Proceedings of the Seventh Symposium Aristotelicum [Cambridge Classical Studies], Cambridge, London, New York, Melbourne, S. 99–140.

Schröter, Jens, Böhnke, Alexander (Hg.) (2004): Analog/Digital – Opposition oder Kontinuum? Zur Theorie und Geschichte einer Unterscheidung, Bielefeld.

Schulte-Sasse, Jochen (2001): Einbildungskraft. Artikel in: Ästhetische Grundbegriffe. Hg. von Karlheinz Barck, Stuttgart.

Schulz, Bernhard (2006): Der dunkle Stern. Auge des Unendlichen: Vor 50 Jahren starb das Malergenie Jackson Pollock. In: Der Tagesspiegel, 22. 8. 2006.

Schweizer, Hans Rudolf (1973): Ästhetik als Philosophie der sinnlichen Erkenntnis. Eine Interpretation der Aesthetica A. G. Baumgartens mit teilweiser Wiedergabe des lateinischen Textes und deutscher Übersetzung, Basel, Stuttgart.

Schweizer, Hans Rudolf (1983): Einführung. In: A. G. Baumgarten: Texte zur Grundlegung der Ästhetik, S. VII–XXII.

Schweizer, Hans Rudolf (1988): Einführung: Begründung der Ästhetik als Wissenchaft der sinnlichen Erkenntnis. In: A. G. Baumgarten: Theoretische Ästhetik, S. VII–XVI.

Schwemmer, Oswald (1994): Die symbolische Existenz des Geistes. In: Krämer, Sybille (Hg.): Geist – Gehirn – künstliche Intelligenz. Zeitgenössische Modelle des Denkens, Berlin, New York, S. 3–40.

Schwemmer, Oswald (2005): Kulturphilosophie. Eine medientheoretische Grundlegung, München.

Schwemmer, Oswald (2008): Das Neue und das Andere. Zum Verhältnis von Kontingenz und Kreativität. In: Schmidinger, Heinrich, Clemens Semak (Hg.): Der Mensch – ein kreatives Wesen? Kunst – Technik – Innovation, Darmstadt, S. 183–204.

Seel, Martin (2002): Sich bestimmen lassen. Studien zur theoretischen und praktischen Philosophie, Frankfurt am Main.

Simonton, Dean Keith (1999): Origins of genius: Darwinian perspectives on creativity, New York u. a.

Singer, Wolf (2002): Der Beobachter im Gehirn. Essays zur Hirnforschung, Frankfurt am Main.

Singer, Wolf (2002): Neurobiologische Anmerkungen zum Wesen und zur Notwendigkeit von Kunst. In: ders.: Der Beobachter im Gehirn, S. 211–233.

Sloterdijk, Peter (1999): Sphären I: Blasen, Frankfurt am Main.

Sloterdijk, Peter (1999): Sphären II: Globen, Frankfurt am Main.

Sohst, Wolfgang (Hg.) (2008): Die Figur des Neuen. MoMo Berlin Philosophie KonTexte, Bd. 1, Berlin.

Solms, Friedrich (1990): Disciplina aesthetica. Zur Frühgeschichte der ästhetischen Theorie bei Baumgarten und Herder, Stuttgart.

Sonderegger, Ruth (2000): Für eine Ästhetik des Spiels. Hermeneutik, Dekonstruktion und der Eigensinn der Kunst, Frankfurt am Main.

Sousa, Ronald de (2001): Die Rationalität des Gefühls, Frankfurt am Main.

Spencer-Brown, George (1972): Laws of Form, New York.

Springer, Sally P., Deutsch, Georg (1985): Left Brain, Right Brain. Revised Edition, New York.

Stafford, Barbara (2010): Noch tiefer. Das unbewußt Erhabene oder Die Kunst und Wissenschaft des Versunkenen. In: Roald Hoffmann und Iain Boyd Whyte, S. 59–73.

Steiner, George (1990): Von realer Gegenwart, München, Wien

Steptoe, Andrew (1998): Genius and the Mind. Studies of Creativity and Temperament, Oxford.

Sternberg, Robert J. (Hg.) (1988): The Nature of Creativity, Cambridge, UK u. a.

Sternberg, Robert J. (Hg.) (1999): Handbook of Creativity, Cambridge.

Tatarkiewicz, Wladyslaw (2003): Geschichte der sechs Begriffe Kunst, Schönheit, Form, Kreativität, Mimesis, Ästhetisches Erlebnis, Frankfurt am Main.

Thom, René (1983): Mathematical Models of Morphogenesis, London.

Townsend, Dabney (1998): Baumgarten, Alexander Gottlieb. In: Routledge Encyclopedia of Philosophie. Hg. von Edward Craig, S. 669–672 .

Turner, Frederick, Pöppel, Ernst (1988): Metered Poetry, the Brain, and Time. In: Rentschler, Ingo (Hg.): Beauty and the Brain: Biological Aspects of Aesthetics, Basel.

Valéry, Paul (1962): Zur Theorie der Dichtkunst, Frankfurt am Main.

Valéry, Paul (1991): Zur Theorie der Dichtkunst. In: ders.: Werke, Frankfurter Ausgabe in 7 Bänden, Bd. 5, Hg. von Jürgen Schmidt-Radefeldt, Frankfurt am Main, S. 7–176.

Valéry, Paul (1995): Leonardo da Vinci. In: ders: Werke, Frankfurter Ausgabe in 7 Bänden, Bd. 6, Hg. von Jürgen Schmidt-Radefeldt, Frankfurt am Main, S. 7–154.

Varela, Francesco, Evan Thompson, Eleanor Rosch ([2]1993): The Embodied Mind. Cognitive Science and Human Experience, Cambridge, Mass.

Visser, Max (2003): Gregory Bateson on Deutero-Learning and Double-Bind: A Brief Conceptual History. In: Journal of the Behavioural Sciences, Vol. 39 (3), S. 269–27.

Vogl, Joseph (2007): Über das Zaudern, Zürich.

Volpi, Franco (2003): Das Problem der Aisthesis bei Aristoteles. In: Damschen, Gregor u. a. (Hg.) (2003), S. 286–303.

Walker, Henry M. (1994): The Limits of Computing, Boston.

Wallas, Graham (1926): The Art of Thought, New York.

Wallner, Mathias (1995): American Creativity Research in a Bipolar World: A Look at One Chapter in World History and History of Science, In: Gavroglu, Costas et al, S. 253–272.

Watson, Gerald (1982): Phantasia in Aristotle, De Anima 3.3. In: The Classical Quarterly, 32, S. 100–113.

Watson, Gerald (1988): Phantasia in classical thought, Galvay.

Watzlawick, Paul, Beavin, Janet H., Jackson, Don D. (1990): Menschliche Kommunikation. Formen, Störungen, Paradoxien, Bern, Stuttgart, Wien.

Wegener, Mai: (2005): Unbewußt/das Unbewußte. Artikel in: Ästhetische Grundbegriffe (ÄGB), Historisches Wörterbuch in sieben Bänden, Hg. von Karlheinz Barck u. a., Bd. 7, S. 202–240, Stuttgart, Weimar.

Wellbery, David (2003): Stimmung. Artikel in: Ästhetische Grundbegriffe (ÄGB), Historisches Wörterbuch in sieben Bänden, Hg. von Karlheinz Barck u. a., Bd. 5, S. 703–733, Stuttgart, Weimar.

Welsch, Wolfgang (1987): Aistheis. Grundzüge und Perspektiven der Aristotelischen Sinnenlehre, Stuttgart.

Werber, Niels (2004): Vom Unterlaufen der Sinne. Digitalisierung als Codierung. In: Böhnke, Schröter (2004), S. 81–96.

Whitehead, Alfred North (1984): Prozeß und Realität. Entwurf einer Kosmologie, Frankfurt am Main.

Whitehead, Alfred North (2000): Abenteuer der Ideen, Frankfurt am Main.

Wiener, Norbert (1948): Cybernetics, New York.

Wiener, Norbert (2002): Futurum Exactum. Ausgewählte Schriften zur Kybernetik und Kommunikationstheorie. Hg. von Bernhard Dotzler. Wien, New York.

Wiesing, Lambert (2000): Phänomene im Bild, München.

Wilden, Anthony (1972): System and Structure. Essays in Communication and Exchange, London.

Wilden, Anthony (1972): System and Structure. Essays in Communication and Exchange, London.

Winnicott, Donald W. (1979): Vom Spiel zur Kreativität, Stuttgart.

Witte, Egbert (2000): Logik ohne Dornen. Die Rezeption von A. G. Baumgartens Ästhetik im Spannungsfeld von logischem Begriff und ästhetischer Anschauung, Hildesheim.

Wittgenstein, Ludwig (1969): Briefe an Ludwig von Ficker. Hg. von G. H. von Wright, Brennerstudien Bd. 1 Salzburg.

Wittgenstein, Ludwig (1980): Briefwechsel. Hg. von Brian McGuiness u. a, Frankfurt am Main.

Wittgenstein, Ludwig (1984): Tractatus logico-philosophicus. (Werkausgabe, Bd. 1), Frankfurt am Main.

Wolff, Christan (1983): Philosophia rationalis sive logica (Lateinische Logik), Gesammelte Werke, 2. Abt. Lateinische Schriften Bd. 1, Hildesheim u. a.

Wolff, Christian (1965/1713): Vernünftige Gedanken. Von den Kräften des Menschlichen Verstandes und ihrem richtigen Gebrauche in Erkenntnis der Wahrheit (Deutsche Logik), Gesammelte Werke, 1. Abt. Deutsche Schriften Bd. 1, Hildesheim u. a.

Wolff, Christian (1968/1732): Psychologia Empirica, Leipzig 1732- von der Ausg, Frankfurt und Leipzig 1738 reprogr. übernommen, 1968. - XXXVII, 18, 822 S. Abt. 2, Lateinische Schriften, 5, Hildesheim u. a.

Wolff, Christian (1983/1720): Vernünfftige Gedanken von Gott, der Welt und der Seele des Menschen, auch allen Dingen überhaupt (Deutsche Metaphysik) (1720), Gesammelte Werke, 1. Abt. Deutsche Schriften Bd. 2, Hildesheim u. a.

Wundt, Max (1945): Die Deutsche Schulphilosophie im Zeitalter der Aufklärung, Tübingen.

Zimmer, Dieter E. (1984): Die beiden Seiten des Gehirns (1), ZEITmagazin, 1984, http://d-e-zimmer.de/PDF/1984lateralisierung1.pdf, S. 1–14 (download 25.9.2006).

Personenverzeichnis (Auswahl)

ars inveniendi | K. der Entdeckungen u. Argumentation invenire erfinden

in der Antike gelehrte Künste
(Cicero)

ars iudicandi (K. (be)urteilens)

Leibniz Auffindung neuer Wahrheiten

Wolff Aufspüren bisher unbekannter Wahrheiten

[illegible] S. 103 begrifflichen Λ aussetbegrifflichen mentales Agieren
[illegible] S. 104 kreativen Handeln als grundsätzlich "irregulär" Konfrontation zweier komplementärer und zugleich dichotomisch unterschiedenen Unterscheidungsoperationen.

Ausdruck S. 183 ist metaphorische Exemplifikation

Prototyp Formen – Daimon Eros
Gestalt 260 Engel
Schema

Unterschied
Paradigma
Unbestimmtheit
komplex prägnante
Zuordnungen

3 Modelle [illegible] S. 245

1) – Transformation, [illegible], [illegible]

2) [illegible]

3) [illegible]

S. 260 Differenzierungsformen

Susanne K. Langer
diskursiv Λ
präsentativer Symbolisierung

jeder Unterschied zählt
S. 162
unendlichen Differenzieren
Grenze des Unterscheidens zwischen endlichen Differenzen

Kontinuität
Dichte
Analog
– stetig

kontinuierliche Zeichensystem / Langer
diskrete Zeichensysteme

repräsentative Praesentationsformen
diskursive Praesentationsform
diskursive Erkenntnis

Fruth
poietische
[illegible]
Zeigen
gespiegelt
aufgewiesen

sagen
denotieren

Bilder
Schemata
Begriffe

Wahrnehmung
verkörperte Wahrheit
Denken
F

↓ Exemplifikation
↓ Denotation

S. 226 Zufall & Selektion

Stochastik

223 Entdeckungen zufällig

224 Phänomen des Spiels

226 Aesthetik als Organisation v. Wahrnehmung